禁裏・公家文庫研究　第五輯

田島公　編

思文閣出版

序——禁裏・公家文庫雑感——

北　啓太

『禁裏・公家文庫研究』も第一輯の刊行以来、充実した論考や目録等を数々世に送り出し、ここに第五輯を刊行することとなった。編者の田島公氏はこの論集にとって基礎となる科学研究費補助金による一連の研究を主宰し、その精力的な活動に多くの研究者がつどってきた。いままた新たな成果が刊行されることを喜びたい。この研究の柱の一つは禁裏・公家社会における蔵書を群として把握することにあり、その形成・変遷・活用・伝来等を追究して禁裏・公家社会における伝統的知識の総体と伝承を明らかにしようとしている。またその中で大量のデジタル画像を集積し、蔵書群の目録の作成・紹介を積極的に行って各蔵書群の理解と利用に多大な利便をもたらしている。このような柱があればこそ、『禁裏・公家文庫研究』も高い意義を持った論集となり得て続いてきたのであろう。

　主要な具体的研究対象の一つとなっている宮内庁書陵部に、私は大学院を出て就職した。当初の仕事は『皇室制度史料』の編纂である。この書は多くの史料を掲載するが、そのための写本との突き合わせは重要な作業であり、年度末の出版に向けて秋と冬は毎日夜十一時くらいまで残業して校正刷と写本を突き合わせる作業が続いた。こうした徹底的な作業を通じて写本のことを色々学ぶことができたが、一方では、公家関係の写本が書陵部にはいかに多く所蔵されているかということを、この時に実感したものである。

『皇室制度史料』は全時代を扱うから、古代史を勉強してきた私もそれまで全く縁のなかった近世の公家日記なども読むことになった。一般に近世になると各方面で自筆日記が多く残るようになるが、書陵部にも近世の公家の自筆日記が多い。そこでは古代以来の伝統に関わるものが垣間見られ、儀式の記述の仕方も基本的に古代中世と同様である。古代以来の伝統的知識は近世の公家社会においても大きな拠り所であり、営々と伝えてきたその知識の実地への現れようをそこに種々見ることができる。書陵部に在職したことのある故早川庄八氏から、大学をやめて東京に戻ったら、書陵部に通って近世の日記をめくりたいと伺ったことがある。しかし残念ながら病に倒れ、氏の願いはかなわなかった。

　京都御所東山御文庫もこの一連の研究の主要な具体的対象である。

その蔵書は御物であることから、独特の近寄りがたさがあったことは否めないが、平成十一年（一九九九）から十二年にかけて『皇室の至宝　東山御文庫御物』全五冊が毎日新聞社から刊行された。その編集には私も関わったが、六六一件の御物が一、一〇〇点余りの図版と共に紹介されるという、大規模な公刊となった。ちょうどその頃に行われていたのが、田島氏の最初の科学研究費補助金による研究「東山御文庫本を中心とした禁裏本および禁裏文庫の総合的研究」であり、以来、蔵書の研究・紹介も大きく進んできた。また東山御文庫と言うと、従来後西天皇・霊元天皇から説き起こすのが普通であったが、それ以前の歴史との関わりも次第に解明されてきたし、江戸時代における禁裏文庫本の動きや明治以後の整理の過程についても少しずつ明らかになってきている。

最後の点は私も小論を第一輯に載せて頂いたが、近時も図書寮との関係を含め研究が出されている。禁裏に伝えられた本は、明治以後新たに献上・買上等によって皇室に入った本も加えて、いくつかのまとまりごとに整理が行われ、それらが大正十三年（一九二四）から昭和二年（一九二七）にかけてさらに整理統合されて現在の姿になっているものである。この間に図書寮に入ったものもある。一口に禁裏文庫と言うが、江戸時代の京都御所には多くの御文庫（蔵）があった（現在でも二〇棟近い御文庫がある）。右記のように整理が単純でなかったことからも、江戸時代末期の御所にあった本の存在形態は多様であったと思われる。そのような蔵書全体の構造的な把握も必要であろう。明治以後の整理の過程を追うことはその一助にもなるものである。

東山御文庫本を拝観すると、実に丁寧に整理されているという感を受ける。資料はそれが収められている箱の番号に始まり、まとまりごと、小さな一点ごとまで、枝番が階層をおって全てにつけられ、一々その番号を筆で手書きした紙片が付されている。目録も膨大で、書陵部にある目録の写しは二〇〇冊以上からなる。

私は書陵部の後、正倉院事務所を経て京都御所を管理する京都事務所にも勤務した。東山御文庫では毎年秋に曝涼があり、箱の勅封が解かれて中の書物等が参内殿に設えた棚に並べられる。侍従職の人たちが東京から代わる代わる来て、一か月ほどこの作業に従事するが、その時に京都事務所の職員もこれを手伝う。手伝うのはもっぱら御所離宮の管理や参観業務を行う管理係の職員である。御所離宮では秋は参観者や特別な来賓も多く、京都御所の一般公開もあって多忙であるが、京都事務所の職員はこの作業に参加できることを大切に思っている。

勅封と言えば、正倉院の勅封が有名だが、正倉院では他にも宮内庁長官封、正倉院事務所長封、さらには保存課長封というものまであって、場所や局面に応じてそれぞれが活用されている。勅封に限らず、大事な物を収める蔵や箱に封が付けられたことは、前近代に広く見られるところであろう。物理的には簡単に破ることができるものであるが、大事な物を守るために重要な役割を果たしてきた装置であろう。

古代以来の文庫の盛衰を見るとき、火事に遭いながらも、文庫だけは焼失を免れたり、あるいは中の書物を必死に救い出している例に出会う。書物を守るために古来様々な工夫がなされ、大きな努力が払われてきたのである。そのようにして伝えようとした禁裏・公家社会における伝統的知識を総合的に把握するために、この論集が果たす役割は小さくないであろう。今後も冊を重ねていってほしいと思う。

禁裏・公家文庫研究　第五輯☆目次

第三部

第四部

第 一 部

柳原家旧蔵書籍群の現状とその目録——蔵書群の原形復原のための予備的考察——

吉岡眞之

はじめに

藤原氏北家日野流の柳原家に伝来した書籍群は現在、宮内庁書陵部・西尾市岩瀬文庫に多くが収蔵されているが、小倉慈司氏の調査によれば、他にも京都府立総合資料館・三康図書館・国立歴史民俗博物館・東京大学史料編纂所など、数か所に所蔵されている（後掲注34～42参照）。柳原家に所蔵されていた蔵書群が何時、如何にして現在の形になったのか。その原形はどうであったのか。そのことを現存する蔵書目録などによりつつ追究することが研究の課題である。本稿は、公家文庫の復原研究のケース・スタディーとして柳原家の蔵書群を取り上げるものであるが、右に述べた研究課題を達成するためには調査・検討すべき多くの問題が残されていることを、あらかじめ述べておく。

1　柳原家とその蔵書

万治四年の火に、当家文書のくら〔板くらなり、古代のものとそ〕、北の敷地にありけるか、やけぬ、書とも少々とりのくといへとも、火、急にして、のこるところ十の一にも及はす、曩祖兵部卿〔俊みつの卿〕一流の文書を梅寮との〔すけあきらの卿〕につたへしめ給ふ所にて、たび／＼の兵乱にあひしかとも、をよそつゝかなくもちつたへたるを、大かたにうしなひぬ、なけくにも猶あまりあり、この外、身の具、ふるき調度なといふもさらなり、その後、宝永の火にも、くら一宇やけぬ、又文書をうしなひぬ、天明の火にこそ、五箇所のくら一宇もやけす、文書一巻もやきうしなはす、ひとへに祖神の加護とおほえ侍るなり、

これは近世中・後期の柳原家の当主で、史書『続史愚抄』[1]の編纂で名高い権大納言柳原紀光（延享三〔一七四六〕～寛政一二〔一八〇〇〕）が残した随筆『閑窓自語』[2]に収められた「当家書府」と題する一節である。ここには柳原家の蔵書群の伝来と退転が述べられている。それによれば、日野俊光（文応元〔一二六〇〕～嘉暦元〔一三二六〕）から四男で柳原家の祖である資明（永仁五〔一二九七〕～文和二〔一三五三〕）に伝えられた日野家累代の蔵書群は、中世の度重なる戦乱をかいくぐって近世前期にまでおおむね無事に持ち伝えられたが、万治四年（一

六六一）の大火によってその大半を失い、十分の一も残らなかったといい、さらに宝永五年（一七〇八）の火災でも倉一宇を焼き、蔵書を失ったという。

そもそも柳原家は藤原氏北家日野流に属し、弁官・蔵人を経由して大納言に至る名家の家格であるが、日野流は紀伝道の職を世襲する家柄であった。すなわち、藤原資業（永延二〔九八八〕～延久二〔一〇七〇〕）が寛仁元年（一〇一七）に文章博士に任じられて以来、柳原家六代の量光（文安五〔一四四八〕～永正七〔一五一〇〕）まで、代々その職を継承する者を多く輩出した。(3) この家職にともなって膨大な典籍類が日野流に集積され、それが日野俊光から四男の柳原資明に継承されたのである。その時期は鎌倉・南北朝のころであろう。

こうして柳原家に伝えられた蔵書群は、『閑窓自語』に述べられているように、万治四年の内裏の大火により、その大部分を失った。火災発生当日の『宣順卿記』(4)万治四年正月一五日条には「禁裏・本院・女院文庫焼亡、諸家文庫大略残」とあり、禁裏や院・女院の文庫は焼亡したが、「諸家文庫」はおおむね焼失を免れたかのような記述がみられる。しかし火災の翌日の『忠利宿禰記』(5)同年正月一六日条には「西三条大納言文庫・九条左大将殿御文庫等不焼亡、此外諸家ノ文庫大概焼亡、累代古物多以滅却云々、可惜、以上所伝聞也」と見え、公家諸家も多くの被害を出したとの「伝聞」が記されている。火災の混乱の中、情報が錯綜し、時間の経過とともに被害の実態が明らかになっていく様子が窺われるが、この度の火災が極めて規模の大きなものであり、その中で公家諸家も多大の被害を蒙ったことは疑いあるまい。

中世の動乱期を生き抜いた柳原家の蔵書群も、こうして万治四年の大火によってそのほとんどを失い、約半世紀後の宝永の火災でも書籍を失ったと見られる。

2　柳原家蔵書群の再興

柳原家が万治と宝永の二度の火災により失った書籍の実態については調査が行き届かず、今のところ不明とせざるを得ないが、その後、柳原紀光のころより改めて書籍の収集が本格的に図られたと推定される。先に述べたように、紀光は『続史愚抄』を編纂したが、その「自序」(6)に父光綱の遺言を引いている。

先考（中略）遺二言不肖紀光一曰、本朝之紀、三代実録以後、有二新国史之撰一、而泯滅不レ存、豈非二一大闕事一耶、顧二予家一、長保中、為二紀伝之職一、而応仁中、辞二是職一、雖レ然死灰不二復燃一乎、故用レ意歴年、独奈、官事鞅掌、未レ遑二纂録成編一、俾三汝遂二予素志一、謹以勿レ違、

これによれば、紀光の父の光綱は、古代以来、正史の編纂が途絶えたことを惜しみ、また中世に中絶したとはいえ、自家が平安時代中期以来、代々紀伝道を家職としてきた家柄であることに鑑み、六国史に続く史書の編纂を秘かに期していたが叶わず、それを子の紀光に託したことが知られる。ちなみに紀光の父光綱は武家伝奏の任にあり、宝暦一〇年（一七六〇）、第一〇代将軍徳川家治の将軍宣下の勅使として江戸に下向したが、その帰途にあった同年九月、参河国吉田駅で死去している。(7)この時、紀光は一五歳であった。

さらに「自序」は光綱の遺言に続いて、

謹奉二遺嘱一留二意于此一、官務余暇、不レ論二朝野一、遍二探秘策・珍書一

三十年所、考定纂録、遂得ニ成編一、題曰ニ続史愚抄一、

と述べている。すなわち一五歳の紀光もまた父の遺志を受け継いで史書の編纂に意を用い、そのために広く書籍を探索、収集すること三十余年、遂に『続史愚抄』を編纂したという。「自序」は「寛政三年庚戌七月」となっており[8]、時に紀光四六歳である。

『続史愚抄』は亀山天皇が践祚した正元元年（一二五九）に起筆し、安永八年（一七七九）の後桃園天皇の葬送までを対象とする編年体の史書である。序文にあるように、柳原光綱の意図は『日本三代実録』以後の歴史の編纂にあったと見てよいが、実際に紀光が編纂したものは亀山天皇から始まっている。この間の事情については武部敏夫氏による確度の高い推論が提示されている[9]。武部氏によれば、紀光が『日本三代実録』に続く宇多天皇紀から始めようとしていたことは、かつて宇多天皇紀～後一条天皇紀の存在が確認されていたことによって明らかであるが、何らかの事情で編集方針を変更し、優れた史書に乏しい『百錬抄』の後を受けることとしたのであろうという。かくして『続史愚抄』は安永六年（一七七七）に亀山天皇紀より筆を起こし、寛政五年（一七九三）の後桃園天皇紀の成稿によって「中清書」本が成立したが[10]、その後もなお幾度か修訂が加えられ、紀光が最終的に手を加えたのは、「寛政十一年（一七九九）十二月十六日、書ニ清書稿於岡崎幽居一（花押）」という奥書を有する、岩瀬文庫所蔵『続史愚抄』四六巻本で[11]あった。これは紀光の死（寛政一二年正月四日）の直前といってもよい時期である。

『続史愚抄』の大きな特徴の一つは、各日の記事の後に、その典拠となる史料名を注記していることである。記事の典拠史料名を掲載する史書の例はなくはないが、全面的にそれを掲記した点はやはり本書の特徴と認めるべきであり、武部氏前掲論文はここに「記事の考拠に対する紀光の強い関心を見るべきものがある」と指摘している。こうした特徴は今日、原史料を検索し、原史料にもとづいて記事の内容を利用者が自ら確認することを容易にするなど、我々に多大の便宜を与えてくれるものであるが、また同時に、現在知られている柳原家蔵書群と『続史愚抄』との有機的な関連を把握することができる点でも重要であろう。すなわち、三〇年余りの紀光の努力により『続史愚抄』の編纂のための史料収集がなされたという、先に引いた序文の記述は、『続史愚抄』に記載された典拠史料名と現存の柳原家蔵書群を比較することによって裏付けを得ることができるであろう。

以上のように、近世前・中期における二度の火災によって多くが焼失した柳原家の文庫・蔵書群は、光綱の遺志を継いだ紀光による『続史愚抄』の編纂の過程で再興され、三〇年余りの時間をかけた書籍の収集が行われた。その後については、先の『閑窓自語』によれば、「天明（八年―引用者注）の火にこそ、五箇所のくら一宇もやけす、文書一巻もやきうしなはす、ひとへに祖神の加護とおほえ侍るなり」とあり、天明八年（一七八八）の火災では難を逃れたと見られる。また嘉永七年（一八五四）四月の内裏周辺の火災について『実麗卿記』[12]同月七日条には「一条殿・西園寺・今出川・日野・烏丸・勧修寺・綾小路・醍醐・東園・梅渓・山本・久世等及ニ類焼一、寔可レ謂ニ天災一」と、罹災した諸家の名を挙げているが、ここには柳原の家名は見えず、この火災でも柳原家は書籍の焼失を免れた可能性がある。柳原家の蔵書群はこうして紀光を中心に再度形成され、幾度かの難を逃れて近代に

至ったと考えられる。

右にも述べたように、柳原家の蔵書集積には柳原紀光の力によるところが大きい。とりわけ彼が力を注いだのは、宮家・公家諸家・寺院などに収蔵されている記録類を中心とする書籍の書写ないしは買得であった。是澤恭三氏[13]は紀光の集書を、

i　家の記録として引き継いだもの
ii　職務上の備忘に供したもの
iii　国史編纂の用意に収集したもの
iv　『続史愚抄』完成以後に収集したもの

に分類したが、このうちではiiiに大きな力を注いだと見てよいであろう。「国史編纂」とは、いうまでもなく『続史愚抄』の編纂を意味する。是澤氏によれば、親王家の伏見宮家、摂家の近衛家・一条家、その他、滋野井・広橋・勧修寺・万里小路・中御門・山科・吉田・日野・烏丸・千種・甘露寺・正親町・岩倉・徳大寺・葉室・飛鳥井・坊城・三条西・西園寺などの公家諸家、また大和の内山永久寺の書籍を書写していたことが、写本の奥書によって知られるという。このような典籍の書写は紀光みずからも行っているが、家礼の土橋忠種による書写が非常に多く、また息男の均光・資前や養女の嘉久子、娘の多田子、弟の報恩院権僧正覚遍、姉の卜部兼隆室、妹の日野資矩室光子、妾の富喜子など、親族の援助も大きかった。

このようにして収集された柳原家の蔵書群は、冒頭にも述べたように現在、数か所に分蔵され、それぞれの実態を窺うことができる書籍目録も少なからず存在する。その中には活字化されているものもあるが、活字化されず、写本の形で伝わっている目録も少なくない。また内容が同じ目録が複数存在する場合もある。これらの目録の相互関係を整理することが蔵書群形成の研究の最初の課題であろう。本稿では、現在最も多くの柳原本を収蔵し、柳原家蔵書群の研究において中核的な位置を占める岩瀬文庫と宮内庁書陵部の蔵書群を主な対象として、それぞれの目録の現状を整理するとともに蔵書群の形成および変容の過程の概要について述べ、最後に東京大学史料編纂所所蔵の「柳原家記録」について概観する。

3　柳原家蔵書群の現状と目録（一）
——西尾市岩瀬文庫所蔵本を中心に——

（i）

岩瀬文庫所蔵柳原本の目録については、まず『岩瀬文庫図書目録』[14]を挙げる必要がある。これまで岩瀬文庫の柳原本の検索はこれによっていた。しかしこの目録は岩瀬文庫の蔵書全体についての目録であり、柳原本はその中に埋没しているため、検索には多大の労力を必要としていた。この労を大幅に軽減することができるのが、西尾市岩瀬文庫編「西尾市岩瀬文庫　柳原家旧蔵資料目録（A）（B）」[15]である。検索の労苦を経験した者にとって目録（A）の価値は絶大である。また目録（B）は、史料保存上の理由などで閲覧に供することができず、これまで『岩瀬文庫図書目録』にも掲載されていなかった柳原本の書目を初めて公表したものであり、これもまた極めて重要なデータである。岩瀬文庫所蔵柳原本の現状は、目録（A）・目録（B）によってその全貌を把握することが可能になったのであり、万治四年・宝永五年の罹災以後、柳原紀光らによって再興された柳原家蔵書群の復原研究に

寄与するところが極めて大きい。

（ii）

岩瀬文庫所蔵柳原本の現状は以上の目録によって把握することができるが、この蔵書群が岩瀬文庫に入った経緯およびその時点での柳原本の状況、その後の変容については別に検討することが必要である。まず経緯については、東京大学史料編纂所所蔵『岩瀬文庫所蔵 柳原家記録目録』[16]（以下、「東大本目録」と略称する）が重要な史料となる。この「東大本目録」についてはすでに乾安代氏の論考「もうひとつの〈柳原家旧蔵本目録〉のことなど」[17]があり、以下に述べる事柄に関してもこれを参照させていただいた点が少なくない。

右の「東大本目録」の冒頭には以下のような識語がある。

柳原家蔵書ハ明治三十四年柳原家ト当時ノ
館長島氏ト契約ノ上本館ニ保管シ置キタル処
仝四十三年七月柳原家ト三河国岩瀬彌助氏間ニ売
買ノ契約成立シ依頼ニヨリ本館ヨリ岩瀬家へ直接
発送シタリ
本目録ハ後日参考ノ為メ謄写セルモノニテ返却間際
ノ事トテ校合ノ暇ナク定メシ誤謬モ多カルベシ
（貼紙1）「四十三年七月二十五日
三河国幡豆郡西尾町
岩 瀬 彌 助 （岩瀬文庫 仝町）」
（貼紙2）「総計一千九部 二千百六十二冊」

さらに奥には、

右
岩瀬文庫所蔵 柳原家記録目録
京都帝国大学附属図書館所蔵
大正十五年七月謄写

との書写奥書がある。すなわち、柳原家の蔵書の一部は明治三四年（一九〇一）以来、京都帝国大学附属図書館（以下、京大図書館と略称する）に寄託されていたが、同四三年（一九一〇）七月に岩瀬彌助がこれを購入する契約が柳原家との間に成立し、京大図書館より岩瀬家に蔵書群が直接送付され、岩瀬文庫に収蔵されたという経緯が判明する。

右のような蔵書群の移動の過程で、いくつかの目録が作成されていたことが窺われる。「東大本目録」の識語によれば、京大図書館から岩瀬家への柳原本移送に際して、「後日参考ノ為メ」に京大図書館において「本目録」、すなわち「東大本目録」の祖本を「謄写」したという（これを「京大本目録」と仮称する。現在、所在不明）。「京大本目録」の親本で、「東大本目録」の祖本でもある「本目録」が何を指すかは必ずしも定かではないが、乾氏前掲論文の指摘のように、京大図書館に蔵書を移管する以前に柳原家で作成されていたと推定される目録（これを「原目録」と仮称する。現在、所在不明）と見るのが今のところ最も穏当かと思われる。「京大本目録」はその後、同図書館に収蔵され、これを大正一五年（一九二六）七月に書写したのが東京大学史料編纂所に所蔵される「東大本目録」ということになる。これらの関係を図示すれば次のようになろう。

「原目録」（柳原家作成カ。所在不明）—「京大本目録」（京大図書館書写。所在不明）—「東大本目録」（東大史料編纂所書写。同所ニ現存）

「東大本目録」の書写の主体は明記されていないが、同目録本紙第一紙の内題の右下部に「東京帝／国大学文／学部史料／編纂掛」の蔵書印があり、書写の主体も史料編纂掛と考えるのが自然であろう。ちなみに、「東大本目録」の内題（原表紙の外題か）は「柳原文書目録」とあり、これがその親本である「京大本目録」、さらには「原目録」の原題であった可能性が想定できるかもしれない。

右のような経緯を辿って、柳原家所蔵の書籍群の一部は明治四三年七月に岩瀬文庫に納められたのであるが、この書籍群は同年八月に同文庫により登録がなされた。その当時の書目が、岩瀬文庫所蔵の『図書原帳』に含まれている。この帳簿は全六冊から成る袋綴装で、第四、第六冊以外は表紙および本体の破損が著しく、外題にも傷みが及んでいるが、第四、第六冊の外題より類推すれば、各冊の表紙外題は

図書原帳　其一（〜六）
岩　瀬　文　庫

と打付け書きされていたと見て差支えない。この帳簿の第二冊に登録番号五七七四番〜六三七七番として著録された書目が柳原家旧蔵本である。版心に「図書原帳　岩瀬文庫」とある罫紙に「領収年月日」・「登録番号」・「図書名」・「冊数」・「著者又ハ発行者」・「出版年月」・「代価」・「函」・「号」・「装釘」・「大小」・「備考」の各欄が印刷されており、書目一点ごとに、該当する事柄がそれぞれの欄に適宜記入されている。これは岩瀬文庫所蔵柳原本の原形を伝える目録といって差支えないであろう。しかしその中には後日、棒線で一行を抹消し、当該史料を書肆に売却した旨を「備考」欄に注記しているものや、同じく抹消し、他の登録番号に移動させたことを注記したものがある。売却はいずれも昭和三年一〇月一八日に、同じ書肆に対して行われており、少なくともこの時点で岩瀬文庫所蔵柳原本の原形が損なわれた。ただ幸いにも売却、他の登録番号への移動が『図書原帳』に注記されたため、原形復原の手掛かりは辛うじて残された。

このように『図書原帳』に記録されたデータは、岩瀬文庫所蔵柳原本の原形復原研究にとって重要な意義を有している。よって『図書原帳』のデータを整理し、文末に〔参考資料〕1として提示する。

なお右の『図書原帳』と近似する資料に、『図書原帳』と同じく版心に「図書原帳　岩瀬文庫」とある罫紙に記録された図書目録が岩瀬文庫にある。全五冊から成る『図書原簿』がそれであり、各冊の外題は

図書原簿　其一（〜五）
財団法人　岩瀬文庫

と打付け書きされている。神尾愛子氏（西尾市教育委員会文化振興課文化財担当主査）の御教示によれば、これら簿冊の正確な作成年次は未詳ながら、表紙の外題に「財団法人」と見えることから、岩瀬文庫が財団法人化された一九三〇年（昭和五）一月以降の作成にかかるものと考えられる。柳原本の書目は『図書原簿』の第二冊に記録されており、内容は先の『図書原帳』を書写したものと見られる。東京大学史料編纂所所蔵『岩瀬文庫 柳原家旧蔵本目録』[18]は『図書原簿』の柳原本を含むページのみを複写しファイリングしたものである。この『図書原

簿』では、『図書原帳』で抹消されている史料については空欄になっている。すなわち『図書原簿』は『図書原帳』を写したもので、『図書原帳』がオリジナルな目録であり、岩瀬文庫所蔵柳原本の原形は『図書原帳』に示されていると考えて差支えないであろう。

岩瀬文庫で登録された柳原本の内容については桑山浩然・石井正敏・厚谷和雄「西尾市立図書館岩瀬文庫所蔵柳原家旧蔵資料調査」[19]の報告があり、解題を付して柳原本の史料目録が提示されている。解題によれば、「図書原簿をコピーさせていただき、これを利用」したとあり、『東京大学史料編纂所報』に掲載された書目はその調査の際に提供を受けた「コピー」にもとづいて翻刻されたと見られる。この「コピー」が右に述べた『岩瀬文庫柳原家旧蔵本目録』として史料編纂所に架蔵されているファイルである。したがって『所報』の翻刻にはオリジナルの『図書原帳』ではなく、岩瀬文庫より提供を受けた下位の写本である『図書原簿』のコピーを用いたものであろう。翻刻文中、『図書原帳』で抹消されている書目について「(欠番)」としているのは、『図書原簿』の空欄をこのように表記したものと見られる。

以上によって知られるように、岩瀬文庫所蔵柳原本については、かつて明治～昭和初期の間に少なくとも次に表示する五種類の目録が存在した。

(一)「原目録」(モト柳原家所蔵カ。所在不明)
(二)「京大本目録」(「原目録」ノ写本。モト京大図書館所蔵。所在不明)
(三)「東大本目録」(「京大本目録」ノ写本。東京大学史料編纂所所蔵)
(四)『図書原帳』(西尾市岩瀬文庫所蔵)
(五)『図書原簿』(西尾市岩瀬文庫所蔵)

(iii)

ところで、岩瀬文庫所蔵柳原本の目録には、「東大本目録」『図書原帳』『図書原簿』のほかにもう一つの目録が現存する。岩瀬文庫に所蔵される『柳原家旧蔵本目録』[20](以下、「岩瀬本目録」と略称する)がそれである。「岩瀬本目録」は半折、横長の冊子で、外題は「柳原家旧蔵本目録」と打付け書されている。成立時期は明らかではないが、同目録第三三張オモテに「一　明治元年御即位御当日旧儀参勤　壱冊」と見えるから、明治以降に作成されたものである。本文には朱の書き入れのほか、鉛筆、赤鉛筆、青鉛筆などの夥しい書き入れがある。この書き入れの性格の解明は今後の課題とせざるを得ないが、これと同じ性質と推定される朱と鉛筆による書き入れがこの目録の原表紙ウラに加えられている。その第一行目には「卅五、一、廿三」と見え、これが「明治卅五年一月廿三日」の謂であるとすれば、この日付は柳原本が京大図書館に保管されていた明治三四年から同四三年の間ということになり、したがって書き入れは京大図書館においてなされたということになろう。本文の夥しい書き入れも、京大図書館において蔵書整理が幾度か行われた際に加えられたもので、整理の台帳としてこの目録が用いられたことが推定されよう。この目録については島津忠夫・長友千代治・森正人・矢野貫一・瓜生安代編集・発行『岩瀬文庫本調査おぼえがき　付　柳原家旧蔵本目録』[21]に全文の翻刻がなされ、加えて各種の書き入れについても、その状態が判別できるような注記が施されており、極めて貴重な研究成果である。

この「岩瀬本目録」と「東大本目録」（＝「京大本目録」の写し）の内容は近似している。両目録のほか、岩瀬文庫所蔵柳原本に関する現存しない目録類も含めて、乾安代「もうひとつの〈柳原家旧蔵本目録〉のことなど」（注17所引）がこれらの相互関係に細かい検討を加えている。しかし現在、乾論文の内容について私見を述べるには筆者の準備が不足しているため、ここでは乾論文の主要な見解について現時点で筆者が理解したところを整理して示すにとどめ、後日、改めて内容について検討する機会を設けることとしたい。

乾氏の論旨は多岐にわたるが、おおむね以下のように整理できよう。[22]

1柳原家には「原目録」が存在（推定）。これは蔵書の京大依託に際し、柳原家において書目の点検等を行いつつ作成（推定）。

2「原目録」は、明治三四年に蔵書を京大図書館に依託する際に蔵書とともに京大へ移管（推定）。

3蔵書が京大に保管されていた時期（明治三四～四三年）に、京大図書館で「原目録」を書写するとともに蔵書点検を行い、「原目録」の写本に注記を加えた「原目録＋注記」が成立（推定）。

4明治四三年に蔵書を京大から岩瀬家に送付する際、「後日参考ノ為メ」、「原目録＋注記」を京大で書写。これが「京大本目録」。その際、「原目録」は柳原家へ返却（推定）。よって現存「岩瀬本目録」は「原目録」に非ず（推定）。

5「東大本目録」（「京大本目録」の転写本）の注記の分析によれば、「岩瀬本目録」は「原目録」を書写したものに非ず。

6柳原家では「原目録」と同じもの、もしくは多少それを簡略化した「控え」を残し、これを岩瀬家との売買交渉の際に使用（推定）。契約成立後、「控え」は「譲渡目録」として岩瀬家に手交（推定）。

7岩瀬家では「譲渡目録」にもとづき「岩瀬本目録」を作成（推定）。この段階での「岩瀬本目録」に書き入れはなく、その様態は現在の「岩瀬本目録」の墨筆部分のみ（推定）。

ところで、「東大本目録」とは別に、右の「岩瀬本目録」と体裁、内容ともに極めて近似し、外題も共通する写本が東京大学史料編纂所に存在する。近年、同所が科学研究費補助金（学術創成研究費）「目録学の構築と古典学の再生」（研究代表者・東京大学史料編纂所教授田島公）の経費により購入した『柳原家旧蔵本目録』[23]（以下、「史料本目録」と仮称する）がそれである。法量は「岩瀬本目録」が縦およそ一二・一cm、横およそ三二・八cmであるのに対して、「史料本目録」は縦およそ一四・一cm、横およそ四〇・二cmで、後者が一回り大きく、また「岩瀬本目録」に見られる朱・鉛筆・赤鉛筆・青鉛筆等の書き入れは「史料本目録」にはないが、半丁の行数は一五行と両者等しく、改頁の箇所も一致する。両目録の関係については、「岩瀬本目録」に加えられた書き入れの一部や、「岩瀬本目録」において訂正された後の文字が「史料本目録」に取り入れられているケースが複数存在している点などからすれば、「史料本目録」は「岩瀬本目録」より下位の写本であり、あえて推量すれば、「史料本目録」はある段階の「岩瀬本目録」を直接書写した写本である可能性がある。

なお右の「岩瀬本目録」と親近性が強い目録がもう一点史料編纂所に存在する。横長の「岩瀬本目録」「史料本目録」とは形状が異なるが、『柳原家旧蔵本目録』と外題を共通にする袋綴装の冊子本[24]（以下、「史料本目録別本」と仮称する）で、史料編纂所の罫紙に書写されており、奥書に左のようにある。

右
柳原家旧蔵本目録
愛知県幡豆郡西尾町鶴城　岩瀬文庫所蔵
昭和十八年六月　写了

この目録の内容は「岩瀬本目録」および「史料本目録」と近似しており、そのいずれかを書写したことが推定されるが、右の奥書は「岩瀬文庫所蔵」本を書写したと解するのが自然であろうから、「史料本目録別本」は「岩瀬本目録」の忠実な転写本と見られよう。現時点では、これら三本の関係は左のように想定される。

「岩瀬本目録」（明治以降写）─┬─「史料本目録」（書写年次未詳）
　　　　　　　　　　　　　　└─「史料本目録別本」（昭和一八年六月写）

これら三本については機会を改めて内容を精細に比較検討し、相互の関係をより明確にしたいと考えている。

以上のように、岩瀬文庫所蔵柳原本に関する蔵書目録には

一　「京大本目録」・「東大本目録」の系統
二　『図書原帳』・『図書原簿』の系統
三　「岩瀬本目録」・「史料本目録」・「史料本目録別本」の系統

の三つの系統が認められる。第一の系統の祖本は柳原家において作成されたと推定される「原目録」であるが、現在、その存在は確認されていない。また「原目録」の写本と推定され、かつて京大図書館に所蔵されていた「京大本目録」も所在は明らかでない。この系統では、「京大本目録」を書写した東京大学史料編纂所所蔵『岩瀬文庫所蔵　柳原家記録目録』（「東大本目録」）が現存する。

第二の系統は西尾市岩瀬文庫所蔵の『図書原帳』に含まれているもので、岩瀬文庫で柳原本を最初に登録した際の目録と見なされる。同じく岩瀬文庫所蔵の『図書原簿』は『図書原帳』を書写したものであろう。

第三の系統は岩瀬文庫所蔵『柳原家旧蔵本目録』（「岩瀬本目録」）、東京大学史料編纂所保管『柳原家旧蔵本目録』（「史料本目録」）、および同所所蔵『柳原家旧蔵本目録』（「史料本目録別本」）であり、この中では「岩瀬本目録」が最も上位の写本と考えられる。

これらの目録の相互関係については内容の細かい比較検討が必要であり、乾安代氏の前掲論文の論述も踏まえて、後日改めて論じたい。この作業を通じて蔵書群の形態変化のありようを読み取ることが、柳原家蔵書群の原形復原を行う上での第一の課題となろう。

なお、今後の研究の参考に供するため、本稿の最後に〔参考資料〕2として東京大学史料編纂所保管『柳原家旧蔵本目録』（「史料本目録」）の翻刻を掲載する。翻刻は淺井千香子氏（元学術創成研究・学術支援職員）が担当し、筆者が一部に補訂を加えた。

4　柳原家蔵書群の現状と目録（二）
――宮内庁書陵部所蔵本を中心に――

宮内庁書陵部所蔵柳原本の目録としては、書陵部の『和漢図書分類目録』上・下・索引[25]があるが、これも『岩瀬文庫図書目録』と同様に書陵部の蔵書全体の目録であり、柳原本はその中にちりばめられてい

る。しかし柳原本であることが一目で判断できるように、「(柳)」の符号が函架番号の上に記されており、また書名索引も完備しているので、『岩瀬文庫図書目録』に比べて検索の労苦は少ないが、それでも大部の目録から目標を検出するには相応の努力が必要である。小倉慈司編「宮内庁書陵部所蔵柳原家旧蔵本目録（稿）[26]」は、現在までに整理されている柳原本を一覧できるリストであり、『和漢図書分類目録』から柳原本を抽出する労を省くことが可能になった。なお『和漢図書分類目録』の刊行後に整理された柳原本については『書陵部紀要』各号の「彙報」欄によって確認することも必要である。

書陵部所蔵の柳原本は一九二七年（昭和二）十二月に帝室博物館から図書寮（現、書陵部）に移管された。移管の時期と柳原本の点数については、伊地知鐵男氏の手に成る「蔵書史と新収書解説[27]」に「昭和二・十二　柳原義光　三、六六八點」とされているが、移管の後、それが整理されたのは一九三三年（昭和八）である。図書寮移管から整理完了までの間の経緯に関しては宮内庁書陵部宮内公文書館が所蔵する①昭和二年『図書録[28]』および②昭和八年『図書録　二[29]』に記録が残されている。これらの史料にもとづいて右の経緯を追うこととする。引用文には適宜、読点を施す。

①昭和二年『図書録』
「第一〇二号（目録）　伯爵柳原義光ヨリ献納ノ御幸部類以下一千五百八十九点保管転換ニ付、帝室博物館ヨリ領収ノ件　（十二月）」

立案　昭和二年十二月廿八日　庶務課長 印　庶務掛 ㊞

決裁　〃年　月　日

図書頭 ㊞　図書課長 印

保管転換図書領収之件

昭和二年十二月二十八日　図書頭

帝室博物館総長

領収

一、伯爵柳原義光献納品（目録添付）壱千五百八拾九点

右、十二月二十六日附ヲ以テ当寮へ保管転換相成、正ニ領収候也、

第七二二号

昭和二年十二月二十六日

帝室博物館総長　大島義脩 □（「帝室／博物館／総長印」）

図書頭杉栄三郎殿

伯爵柳原義光献納品、別記目録ノ通、壱千五百八拾九点、貴寮へ保管転換致シ候間、受領証御回付相成度候也、

（付箋）「目録ハ添附省略致シ候」

引継

一御幸部類以下壱千五百八拾九種

（柳原伯爵家献納書目録之通）

右、及引継候也、

昭和二年十二月廿八日　　庶務掛 ㊞

図書課整理掛　御中

右、御添付目録ト共ニ領収候也、

整理掛 ㊞

（黒印）写　立案　昭和二年十一月廿五日　帝室博物館総長 〇（「大島」印）

決裁　昭和　年　月　日　帝室博物館事務官 ㊞

大臣　　図書頭 ㊞　　印

次官　　総務課長

寄贈品受理並保管転換ノ件

伯爵柳原義光ヨリ別記目録ノ物品、当館へ献納申出候ニ付、受理致シ候、

尚現品ハ図書寮へ保管転換致シ可然哉、此段相伺候也、

（別紙）（写）

献納願

当家伝来古記録等、別紙目録ノ通、計千五百八十九種、貴館ニ献納致度候間、左様御取計被下度候、

昭和二年十一月　日　　伯爵 柳原義光 ㊞（「義／光」印）

帝室博物館総長大島義脩殿

立案　昭和二年十一月廿四日　庶務課長 印　　庶務掛 ㊞

決裁　昭和　年　月　日

図書頭 ㊞　　宮内事務官 印

柳原伯爵家献納本ノ儀ニ、〔付脱カ〕博物館ニ通牒案

昭和二年十一月　日　　図書頭

帝室博物館総長

柳原伯爵家献納本目録及同願書別冊、及回付候也、

追テ、現本ハ当寮ニ留置有之候、

右の公文書によれば、まず昭和二年一一月某日、柳原義光から帝室博物館総長大島義脩宛てに、同家伝来の古記録など一五八九種を帝室博物館に献納したい旨、目録を添えて願い出た。帝室博物館では同月二五日、これを受理するとともに、図書寮に移管することにつき同寮の承認を求め、ついで一二月二六日、帝室博物館総長は図書頭に対し、

柳原本を図書寮に移管することを通知し、同日、図書寮はこれを受領した。その際、柳原家から提出された目録については、図書寮への移管の通知書類に「目録ハ添附省略致シ候」との付箋が付されているように、この書類には添付されず、蔵書とともに図書寮に送付されたようであるが、現時点ではその存否は不明である。したがって右の史料からは、帝室博物館に献納された当時の柳原本の原形・内容も明らかでなく、わずかにその員数が一五八九点であることが知られるに過ぎない。

　次に柳原本の整理が終了したことを示す昭和八年の公文書の一部を引く。引用文には適宜、読点を施す。

②昭和八年『図書録　二』

「第一〇六号(目録)　柳原家本整理完了ノ件　(二月)」

立案　昭和七年十月　日　　担任 ㊞

決裁　昭和八年二月十三日　　図書課長 印　　整理掛 ㊞

庶務課長

図書頭 ㊞　　宮内事務官 印　　事務嘱託 ㊞

柳原家本整理完了報告ノ件

柳原伯爵家献納ニ係ル旧記・文書類ノ儀者、昭和二年十二月末ヲ以テ東京帝室博物館ヨリ保管転換ニ付キ、同三年度初頭ヨリ之カ整理ニ着手致候処、時適新庁舎竣成ノ期ニ際シ、襲蔵全図書ノ移動及新函架排列替等ノ為、殆ト同年ノ上半期ヲ之ニ費シ、引続キ紀念展覧会並御大礼奉仕等ノ諸務ニ携リ、且又五年度後半期ヨリ六年度前半期ニ至ル間ハ、本寮漢籍善本書目ノ編成ニ関与スル等、諸多ノ余務ニ従事スルノ已ムナキ事情相生シ、克ク予期ノ成果ヲ修ムル能ハサリシト雖、甲種図書水左記・小右記・中右記・年代記以下、別冊整理図書目録ノ通、約一千三百部、二千参百七拾余冊ニ及ノ図書ノ整理ヲ完了シ、全部目録台帳等著録ノ手続ヲ了シ、出納掛ヘ引渡済ニ有之候、尚右ノ外、別記四十一点ハ整理スヘキ特段ノ価値モ無之モノト思料セラレ候間、棄却処分ニ相附シ度、又左記三点ハ引継目録ト対照ノ結果、何レカニ紛淆致シ、未発見ノモノニ有之候、依テ別冊柳原伯爵家献納整理図書目録並同廃棄図書目録相添、此段及報告候也、

記

未発見図書

一　寛正三年十一月四日(権中納言藤原「花押影」奥書(?)写)　一枚

一　愚誌　文久三年春　光愛自筆　一冊

一　日記　文久三年三月 伊勢参向ノ日記　光愛自筆　一冊

〆　参点

　以上が整理報告書であり、この整理によって「約一千三百部、二千参百七拾余冊」の柳原本について目録が作成されたが、柳原本が図書寮に引き継がれた際に蔵書に随伴していた目録に記載されていながら、この整理では見当たらなかったものが三点存在したことが右の史料により判明する。同時にこの整理では四一点の史料が「整理スヘキ特段

ノ価値モ無之モノ」との理由で廃棄されたことが知られるが、誰が史料の「価値」を判断し、また判断の基準が何であったかは不明である。『図書録』はこの報告書の後に続けて「柳原家本廃棄文書目録」およびこの整理によって作成された「柳原伯爵家献納整理図書目録」を付加している。いずれも柳原家蔵書群の目録学的研究には重要な意義を持つ史料であるが、特に後者は大部の目録であるため、全体については機会を改めて紹介することとし、今回はそれぞれの目録の一部を紹介するにとどめる。

まず廃棄された史料目録の冒頭と末尾を示す。

柳原家本廃棄文書目録

三六	（覚書）	寛正三、四年	二枚
七七	覚記	（出納覚四枚）	一冊
一一五	日録	（記事無）	一冊
一五二	日録	年未詳　（記事少々）	一冊
	（中略）		
一四八一	（次第書	次院御使来云々　仮綴三枚）	一綴
一五三九	四箇別名相伝系図及記録断片	（仮綴三枚）	一綴
一五六八	台記	文安四（久安カ）　（令家僕書写畢　裏反古）	一冊
無番号	山陵書目六	（二枚仮綴）	一冊
無番号	召仰以下雑覚		一冊

以上

次に「柳原伯爵家献納整理図書目録」の冒頭と末尾若干を示す。目録の外題は

柳原伯爵家献納整理図書目録

担任　宮内属藤田義彰 ㊞

とあり、『洞院廿巻部類異同考』[30]を著したことで知られる藤田義彰氏が主として整理と目録の作成に当たったものと考えられる。内題は「柳原家献納書目録」とあり、目録が続く。

柳原家献納書目録

新番号	旧番号	書名	冊数
1	1	御幸部類	一冊
2	2	建長三年遷幸記	一冊
3	3	遷幸新造内裏次第	一冊
4	4	朝覲行幸部類	一冊
5	5	御幸始部類記	一冊
		（中略）	
1285	1583	中右記　天仁二年	一軸
1286	1301	鶴松小忌衣下絵	一軸
1287	1302	標山供奉装束図之事	一軸
1288	1300	大嘗会の田歌	一軸
		「以下四点廃毀見込中ノモノ復活	
1289	1020	例幣申沙汰　慶応三年九月	一冊
1290	1024	徳川慶喜権大納言宣下申沙汰　慶応二年十二月	一冊
1291	1229	石清水八幡宮放生会次第	一冊
1292	1237	貞享度大嘗会賀茂両社御祭文　附諸社奉幣発遣図	一冊
1293	996	立太子御元服等年表	一冊
1294	249	御着帯式之図	一舗

ここでいう「旧番号」は、柳原家から蔵書に添えて提出された目録の

番号と見て差し支えないであろう。最後の新番号は「1294」であるが、中間に枝番号が付されているものなどがあるので、この数字は全体の員数とは一致しない。また今回の整理の方法に関しては、同種類の史料を合綴しているケースが見受けられる。一例を挙げれば、

9　9　行幸部類　十一号ヲ合ス　　二冊

とあり、「十一号」すなわち旧番号の「11」の史料を「9」と合綴して新番号「9」としたことを注記しているが、実際、この目録では旧番号の「11」は欠番となっている。細かい検討が必要ではあるが、図書寮へ移管された当初の柳原本の員数一五八九点が整理を経て「約一千三百部」となったのは、史料の廃棄とともに、右の例のような統合が行われたこともその一因と推定される。したがってこのような統合の事例を目録から抽出してしかるべき処理を施せば、図書寮移管当時の柳原本の蔵書形態をかなりの精度で復原することが可能であろう。

先に述べたように、書陵部所蔵の柳原本については、昭和二年に柳原家から献納された当初は目録をともなっていた。しかし何故かこの目録は受け入れの際の公文書には添付されず、そのため、移管当初の蔵書の形態については不明である。ただし昭和八年に整理が終了した際に提出された報告書には、整理後の目録（「柳原伯爵家献納整理図書目録」）が添付され、さらに移管時の目録に記載されていながら、整理の過程では見当たらなかった史料三点が記載され、また整理の過程で廃棄された史料四一点のリストも併せて提出されている。これらを総合的に検討することによって、書陵部所蔵柳原本の受け入れ当初の蔵書形態に近づくことが可能となる。

なお、このことに関連して、東京大学史料編纂所に架蔵されている『柳原家所蔵記録目録』[31]に注意しておく必要がある。末尾に「明治四十四年文月廿三日写了　墨付総紙数壱百八枚半　河西省斎」の識語があり、この目録が明治四四年（一九一一）以前に作成され、同年に書写されたものであることが知られる。ここに著録されている書目については、右に述べた昭和八年『図書録　二』所収の「柳原伯爵家献納整理図書目録」に著録されている内容と共通する部分が少なくない。しかし同時に両者には細部に異同が少なからず認められる。この異同が生じた要因の解明は今後の課題であるが、『柳原家所蔵記録目録』が、京大図書館・岩瀬文庫に移管後に柳原家に残された蔵書群の比較的早い時期の様態を示しているのに対して、「柳原伯爵家献納整理図書目録」は、柳原家に残されていた蔵書群が昭和初期に宮内省に渡り、同省において整理された後の様態を示すものと考えてよい。そこにはおよそ二十数年もしくはそれ以上の時間の経過があるのであり、その間に加えられたと推定される様々な書籍の整理の結果が、両目録の差異に反映しているものと推察されよう。

この間の事情の解明は困難が予想されるが、これに取り組むためにも、機会を改めて右の二つの目録を提示する必要があると考えている。

5　柳原家蔵書群の現状と目録（三）
——東京大学史料編纂所所蔵『柳原家記録』を中心に——

東京大学史料編纂所は、史料編纂業務に資するため、多くの史料を収集してきた。『柳原家記録』[32]全一六三巻もその一つである。『柳原家記録』の目録としては、まず『東京大学史料編纂所図書目録（第二部和漢書写本編一）』（一九六一年）に柳原本第一六〇巻の目録が掲載され、

ついで『東京大学史料編纂所図書目録（第二部　和漢書写本編3　謄写本（上）』（一九六七年）に、右の第一六〇巻を含む柳原本第一〜一六三巻が掲載された。後者の目録には

原蔵　柳原義光（東京市赤坂区表町2—17）

謄写　大正7（1918）

とあり、また前者にも、「謄写」を「影写」とするほかは同文の記載があり、『柳原家記録』は柳原義光原蔵本を大正七年に書写したものとしている。ただし『柳原家記録』の個々の史料の写本には書写年次を示す記載は存在しない。右の二つの『史料編纂所図書目録』は史料編纂所所蔵『柳原家記録目録』(33)に依拠して活字化されていると見られるが、この写本にはその末尾に「大正七年五月二十七日整理済」との識語があるので、『史料編纂所図書目録』はこの年紀によって『柳原家記録』全体を大正七年書写と判断しているのであろうか。本稿でも差し当たりこれにしたがっておくこととするが、なお検討の余地があるように思われる。

『柳原家記録』が書写された大正七年段階で、柳原家の蔵書群はすでに原形が壊れており、その一部は京大図書館を経て明治四三年に岩瀬文庫に所蔵されていた。したがって、岩瀬文庫への移管分を分離した後の柳原家蔵書群の状況を『柳原家記録』によって知りうる可能性がある。『柳原家記録』をこの観点から調査する必要があるであろう。ただし前項で述べたように、史料編纂所にはそれ以前、明治四四年に書写された『柳原家所蔵記録目録』（前掲注31所引）が架蔵されており、現時点ではこれが岩瀬文庫本分離後の柳原家蔵書群の状況を知りうる最も古い目録と考えられる。したがってこの目録と『柳原家記録』および、前述の「柳原伯爵家献納整理図書目録」を用いて書陵部所蔵柳原本（これ自体に内容上の変遷があることは先に述べた）の内容を総合的に検討することが、柳原家蔵書群の原形復原のための目録学的研究の課題である。

このうち、書陵部における柳原本の現状を最も正確に示す小倉慈司編「宮内庁書陵部所蔵柳原家旧蔵本目録（稿）」（前掲注26所引）と「柳原家記録」とを対照させると、後者の相当部分が前者に含まれる。この結果は予測されたものであり、むしろ一致しないものについてその原因を見極めることが重要であろう。その要因としては、右に述べたように、書陵部所蔵本の整理の過程で蔵書の原形を変化させていること、同様の形態変化は岩瀬文庫所蔵本においても発生していること、などが挙げられるであろうから、この点を視野に入れた比較検討が必要である。

むすびにかえて

柳原家の旧蔵書群は、岩瀬文庫と宮内庁書陵部にその多くが収蔵されているが、最初に述べたように、小倉慈司氏の調査によれば京都府立総合資料館・三康図書館・国立歴史民俗博物館・東京大学史料編纂所などにも所蔵されている。

京都府立総合資料館所蔵の柳原本については『京都府立総合資料館貴重書目録』(34)に一部が著録されているほか、西村隆「公家の蔵書印を有する図書—広橋・柳原・日野等—」(35)に柳原本五三点の書誌データが提示されている。また三康図書館については『財団法人三康文化研究所附属三康図書館蔵書目録　国書編』(36)に著録され、国立歴史民俗博物館につ

いては『国立歴史民俗博物館　館蔵資料概要』[37]に「柳原家資料」（七七件。函号H—四六八）として著録され、その中に典籍三点が含まれる。東京大学史料編纂所所蔵のうちの一点は「文殿訴訟関係文書写」[38]で、榎原雅治「本所所蔵「文殿訴訟関係文書写」」[39]の論考があり、他の一点は「口宣綸旨院宣御教書案」[40]であり、これについても末柄豊「東京大学史料編纂所所蔵　口宣綸旨院宣御教書案」[41]の論考がある。このほか、小倉氏の調査により、学習院大学、東北大学附属図書館（狩野文庫）が各一点を所蔵していることが判明しており、さらに佐佐木信綱編『竹柏園蔵書志』[42]にも一一点の柳原本が著録されている。

核となる岩瀬文庫所蔵本・書陵部所蔵本に、これら各所に散在する柳原本を加えて総合的に研究するには、原本調査など多大の困難をともなう。本稿は今なお総合的な柳原家蔵書群研究のための予備調査の段階で止まっている。改めて本稿の考察内容を示しつつ研究課題を明らかにし、稿を閉じることとしたい。

中心となるのは岩瀬文庫所蔵本と書陵部所蔵本である。岩瀬文庫所蔵本については、蔵書群が柳原家→京大図書館（明治三四年）→岩瀬文庫（明治四三年）と移動する過程で作成された三系統の目録の相互関係を解明し、移動の過程での蔵書群変形の有無を明らかにすることが復原的研究の重要な課題である。特に、岩瀬文庫が柳原本を受け入れ、登録した際の目録を載せる『図書原帳』には、その後の蔵書群の形態変化を示唆する痕跡が残されており、これと現状との対照も重要である。

書陵部所蔵本については、柳原家から宮内省に移管された当初の状態を示す目録は知られていない。ただしこの蔵書群を図書寮で整理した結果を示す目録である「柳原伯爵家献納整理図書目録」が現存する。さらに整理の過程で廃棄された史料の目録、「未発見図書」三点のリストも存在しており、これらを併せ用いつつ目録の内容を検討することによって宮内省移管当初の蔵書群の状態に迫ることがある程度まで可能である。また明治四四年書写の東京大学史料編纂所所蔵『柳原家所蔵記録目録』は、岩瀬文庫本を分離した後の蔵書群の様態を知りうる最も古い目録であり、これらを総合的に検討することが書陵部所蔵本の原形復原研究の課題である。

さらに大正七年に書写されたとされる東京大学史料編纂所所蔵の『柳原家記録』も、右に述べた明治四四年書写の『柳原家所蔵記録目録』と同じく、岩瀬文庫に入った蔵書を分離した後の蔵書群の状態を示していると思われる。よって『柳原家記録』の検討もまた右に挙げた目録類とともに、柳原家旧蔵書籍群全体の復原研究に大きく寄与するであろう。

（二〇一二年二月二九日　成稿）
（二〇一四年五月二〇日　補訂）

（1）『続史愚抄』（新訂増補国史大系第十三・十四・十五所収。吉川弘文館、一九三二・一九三三年初版）。
（2）『閑窓自語』（日本随筆大成〈第二期〉8所収。吉川弘文館、一九七四年版）。
（3）西尾市岩瀬文庫所蔵『柳原家系伝並愚勘』（外題「当家系伝幷愚勘」、柳原紀光自筆、一冊、函号一三五—四九）参照。
（4）『宣順卿記』（国立公文書館内閣文庫所蔵、函号一六三—九五）。
（5）『忠利宿禰記』（宮内庁書陵部所蔵、函号F九—一三一）。

(6) 前掲注(1)書第一三所収。

(7) 前掲注(3)書の「光綱卿」の項。

(8) 寛政三年は辛亥、庚戌は寛政二年に当たり、年紀もしくは干支のいずれかに誤りがあると思われるが、ここでは差し当たり寛政三年の年紀にしたがっておく。

(9) 武部敏夫「続史愚抄」(『国史大系書目解題 上巻』所収。吉川弘文館、二〇〇三年第三刷)。

(10) 前掲注(3)書の「曩祖御記」の項に「続史愚鈔 自亀山院到後桃園院国史代 四十八巻 紀光自安永六年到寛政五年四月編集但中清書也又加一校可令清書也」とある。

(11) 岩瀬文庫所蔵『続史愚抄』四六巻本(函号辰—二四)の第四六巻奥書。

(12) 『実麗卿記』(東京大学史料編纂所所蔵謄写本。函号二〇七三—一二五)。

(13) 是澤恭三「柳原紀光の諸家記録探究に就て」(『国史学』四五号所収。一九四二年刊)。

(14) 『岩瀬文庫図書目録』(財団法人岩瀬文庫 一九三六年初版、一九七三・一九九二年復刊)。

(15) 西尾市岩瀬文庫編「西尾市岩瀬文庫 柳原家旧蔵資料目録(A)(B)」(田島公編『禁裏・公家文庫研究』第四輯所収。思文閣出版、二〇一二年刊)。

(16) 東京大学史料編纂所所蔵『岩瀬文庫所蔵 柳原家記録目録』(一冊、函号RS二〇〇〇—三二)。

(17) 乾安代「もうひとつの〈柳原家旧蔵本目録〉のことなど」(島津忠夫監修『日本文学説林』所収。和泉書院、一九八六年刊)。

(18) 東京大学史料編纂所所蔵『岩瀬文庫 柳原家旧蔵本目録』(一冊、函号RS五三〇〇—一八)。

(19) 桑山浩然・石井正敏・厚谷和雄「西尾市立図書館岩瀬文庫所蔵柳原家旧蔵資料調査」(『東京大学史料編纂所報』一八号所収。一九八四年刊)。

なお、旧稿「柳原家旧蔵書籍群の形成と現状——原形復原のための予備的考察——」(田島公編『東京大学史料編纂所研究成果報告2011—3 目録学の構築と古典学の再生——天皇家・公家文庫の実態復原と伝統的知識体系の解明——』所収。二〇一二年三月刊)においてこの「資料調査」の報告と翻刻に言及した際、翻刻第一行目の「五七七四 御符案類 二 一九—五一」の前に「五七七三 因明 四 辰 二一六」云々の行が漏れていると述べたが、二〇一四年四月二九日に岩瀬文庫において原本を調査したところ、『因明』が柳原家旧蔵本であるとの徴証を見出すことができず、「資料調査」の翻刻が正確であったことを確認した。この調査と史料の翻刻に従事された故桑山浩然・石井正敏・厚谷和雄三氏にお詫び申し上げる。

(20) 岩瀬文庫所蔵『柳原家旧蔵本目録』(一冊、函号子—三七八)。

(21) 島津忠夫・長友千代治・森正人・矢野貫一・瓜生安代編集・発行『岩瀬文庫本調査おぼえがき 付 柳原家旧蔵本目録』(愛知県立大学文学部国文学研究室、一九八〇年刊)。

(22) 乾論文の要約に当たっては、誤解を恐れずに私見をもって「推定」の文言を加え、それが乾氏の推論であることを敢えて強調した箇所が少なくない。ここで乾氏が検討の対象とされている目録のうち、現存するのは「岩瀬本目録」と「東大本目録」のみで、各目録相互の関係の検討に重要な位置を占める「原目録」と「京大本目録」は所在不明であるため、必然的に推論が多くなっているが、この推論の中にこそ、それとは別の考え方を生む可能性が示唆されていると考え、乾氏による推論の部分をあえて強調するように表記した。

(23) 東京大学史料編纂所保管『柳原家旧蔵本目録』(一冊、未整理)。

(24) 東京大学史料編纂所所蔵『柳原家旧蔵本目録』(一冊、函号RS四一〇〇—五〇)。

(25) 宮内庁書陵部編『和漢図書分類目録』上・下・索引(一九五二・一九五三・一九五五年刊)。

(26) 小倉慈司編「宮内庁書陵部所蔵柳原家旧蔵本目録(稿)」(田島公編『禁裏・公家文庫研究』第四輯所収。思文閣出版、二〇一二年刊)。

(27) 伊地知鐵男「蔵書史と新収書解説」(『書陵部紀要』一号所収。一九五一年刊）。

(28) 宮内庁書陵部宮内公文書館所蔵『昭和二年図書録』（一冊、函号乙―二九三）。

(29) 宮内庁書陵部宮内公文書館所蔵『昭和八年図書録　二』（三冊の内の第二冊、函号乙―八〇八―二）。

(30) 藤田義彰『洞院廿巻部類異同考』（宮内庁書陵部所蔵、一冊、函号一七六―一六六）。

(31) 東京大学史料編纂所所蔵『柳原家所蔵記録目録』（一冊、函号ＲＳ四一〇〇―一二二）。

(32) 東京大学史料編纂所所蔵『柳原家記録』（全一六三巻。函号二〇〇一―一〇、三〇〇一―七、四一〇一―二五）。

(33) 東京大学史料編纂所所蔵『柳原家記録目録』（一冊、函号ＲＳ四一〇一―二四）。

(34) 『京都府立総合資料館貴重書目録』（一九七一年刊）。

(35) 西村隆「公家の蔵書印を有する図書――広橋・柳原・日野等――」（京都府立総合資料館『資料館紀要』三五号所収。二〇〇七年刊）。

(36) 『財団法人三康文化研究所附属　三康図書館蔵書目録　国書編』（一九七九年刊）。

(37) 『国立歴史民俗博物館　館蔵資料概要』（一九九一年刊）。

(38) 東京大学史料編纂所所蔵「文殿訴訟関係文書写」（一冊。函号〇一五六―七）。柳原紀光による外題「或文書裏書　置文并所領事」があり、また本紙第一紙オモテに「柳原庫」の単郭長方陰刻朱印一顆がある。

(39) 榎原雅治「本所所蔵「文殿訴訟関係文書写」」（『東京大学史料編纂所　研究紀要』七号所収。一九九七年刊）。

(40) 東京大学史料編纂所所蔵「口宣綸旨院宣御教書案」（一冊。函号四一七一・六八―二）。柳原紀光による朱筆の外題「口宣綸旨院宣御教書案」があり、また本紙第一紙オモテに「柳原庫」の単郭長方陰刻朱印一顆がある。

(41) 末柄豊「東京大学史料編纂所所蔵　口宣綸旨院宣御教書案」（東京大学史料編纂所研究成果報告二〇〇九―四『目録学の構築と古典学の再生――天皇家・公家文庫の実態復原と伝統的知識体系の解明――』所収。二〇一一年刊）。

(42) 佐佐木信綱編『竹柏園蔵書志』（巌南堂書店、一九三九年刊）。

〔付記〕　本稿は東京大学史料編纂所研究成果報告二〇一一―三『目録学の構築と古典学の再生――天皇家・公家文庫の実態復原と伝統的知識体系の解明――』二〇一一（平成二三）年度科学研究費補助金（学術創成研究費）最終年度研究成果報告書（研究代表者：田島公　二〇一二年三月刊）に掲載した拙稿「柳原家旧蔵書籍群の形成と現状――原形復原のための予備的考察――」を修訂したものであるが、なお不十分な点が多く残り、依然として「予備的考察」の域を出ていない。本稿で言及した、考察の基礎となる主要な目録類の内容を提示して分析を行い、改めて全面的な修訂を加えたい。

なお、前稿および本稿の作成に当たっては、西尾市岩瀬文庫・宮内庁書陵部の御高配に与った。深く感謝申し上げる。

〔参考資料〕1

『図書原帳』第2冊著録柳原本

(一) 本表は岩瀬文庫所蔵『図書原帳』(全6冊)の第2冊に収める柳原家旧蔵本に関する記載をもとに、適宜記事を取捨して作成したものである。表中、スクリーントーンをかけた書目は、備考欄にあるとおり、昭和3年(1928)に書肆に売却されたものである。また「装釘」欄の(写)は写本、(和)は版本、(巻)は巻子本、(折)は折本、(唐)は唐本をそれぞれ指す。(貴)は貴重書の謂か。

(二)『図書原帳』と極めて近い関係にあると考えられる『図書原簿』と題する簿冊(全6冊)が同じく岩瀬文庫に所蔵されている。『図書原帳』の原表紙には「岩瀬文庫」の墨書が、『図書原簿』の原表紙には「財団法人岩瀬文庫」の墨書がそれぞれあり、ともに岩瀬文庫に伝来した簿冊であるが、『原簿』は文庫が財団法人化された1930年1月以降のもの、『原帳』はそれ以前のものと見られる(神尾愛子氏の御教示による)。内容の比較検討によっても、『原帳』がオリジナル、『原簿』がその写しであることは疑いない。

(三)『原簿』の「領収年月日」欄には、オリジナルの『原帳』には見えない、資料受け入れの年月日と思しい「(明治四十三年)八月二十一日」の記載がある。この記載に何らかの信頼すべき根拠が認められるとすれば、柳原本が正式に岩瀬文庫に収蔵され登録された時点をこれによって押さえることができよう。東京大学史料編纂所所蔵『〈岩瀬文庫所蔵〉柳原家記録目録』(注16参照)の冒頭貼紙1(本文5頁上段)には、「(明治)四十三年七月二十五日」に岩瀬弥助が京大図書館から柳原本を受け取ったと解しうる記録が残されているが、上記の「八月二十一日」はその直後であり、これを受け入れの日と見ても、時期に矛盾はない。

登録番号	図書名	冊数	著者又ハ発行者	出版年月	函	号	装釘	備考
5774	御符案類	2	柳原紀光		19	51	(写)	紀光卿自筆編集
5775	関東下向道中日記	14	柳原資廉		38	110	(写)(貴)	資廉卿自筆　元禄六年ヨリ宝永四年ニ至ル及仝八年御代替下向記　元禄九年欠
5776	元秘抄	1			104	126	(写)	
5777	和歌名所追考	3	高野直重	寛文十二年九月	66	37	(和)	山城
5778	後水尾院御凶事方	4			115	42	(写)	定誠公記　宗顕公記　景慶記
5779	朽葉集	4	六字堂宗恵	寛文七年正月	66	43	(和)	「昭和三年十月十八日佐々木書店へ売」
5780	改元職事要	1			111	108	(写)	
5781	革令革命〈定詞弁難陳〉	1	柳原均光編		110	115	(写)	
5782	国解	2		寛文元年　延宝元年	115	34	(写)	
5783	元号日野家勘進之字	1			97	127	(写)	
5784	節会雑襍	20			135	68	(写)	柳原家旧蔵本
5785	改元新鈔	1			126	43	(写)	和長卿記
5786	改元温旧知新	1			40	116	(写)	
5787	革命革令年々	1		永正元年	辰	7	(巻)	逍遥院実隆筆
5788	仗議記〈元応参年〉	1			辰	9	(巻)	元亀甲子写本
5789	太政官府〔符カ〕	2			午	60	(巻)	越中国司及太宰府二通
5790	改元記事	57			71	32	(写)	延喜ヨリ万延ニ至ル　脱漏アリ　末巻ニ目録アリ
5791	柳原光綱卿日記	27			135	70	(写)	
5792	柳原光綱卿和歌	3			115	35	(写)	
5793	名所和歌抄	2			70	49	(写)	古写本
5794	楢山拾葉	1		寛文十一年	66	13	(和)	
5795	御即位次第	5			109	101	(写)	
5796	古事談続 共	5			135	65	(写)	
5797	體源抄	20	豊原統秋		48	14	(写)	
5798	松屋文集〈後集トモ〉	4	藤井高尚	天保三年四月	70	46	(和)	~~後集上巻欠~~「昭和三年十月十八日佐々木書店へ売」
5799	歴朝詔詞解	6	本居宣長	享和三年九月	70	55	(和)	「昭和三年十月十八日佐々木書店へ売」
5800	儀式	10		天保甲午年	66	25	(和)	
5801	松廼落葉	5	藤井松屋		70	41	(和)	
5802	〈増補〉多識編	2			66	29	(和)	
5803	歌格類選	2	半井梧菴	嘉永五年正月	66	24	(和)	
5804	稲葉集	2	本居大平		66	18	(和)	

5805	塵添壒嚢抄	5	釈行誉		66	30	(和)	
5806	諸家大系図	13			71	18	(和)	九巻欠
5807	菅家文章〔草ヵ〕	4		貞享四年正月	70	48	(和)	
5808	歌枕名寄	7			69	15	(和)	自廿一巻至廿八巻及自卅三巻至卅六巻欠
5809	玉の真柱	2	平田篤胤	文化十年十二月	66	9	(和)	
5810	倭漢合運指掌図	2			66	20	(和)	延宝版
5811	釈日本紀	4	ト部宿祢懐賢釈		127	32	(和)	
5812	神代巻	2		享保四年五月	98	22	(和)	
5813	神代巻藻塩草	3			98	29	(和)	
5814	標注令義解校本	6	近藤芳樹		66	26	(和)	
5815	日本紀纂疏	2	藤兼良		66	4	(和)	
5816	令義解	11	清原夏野		66	3	(和)	
5817	万葉第四句類聚	2			127	58	(写)	
5818	菅家万葉集	2		元禄十二年三月	70	54	(和)	
5819	万葉集佳調	1	長瀬真幸	寛政六年四月	20	58	(和)	
5820	万葉和歌集	20		寛永二十年蠟月	78	20	(和)	
5821	万葉集注釈	9			66	36	(和)	十一、十二巻欠
5822	賢方往来	1			135	87	(写)	
5823	尺素往来	1			71	3	(写)	
5824	明衡往来	1			102	210	(和)	
5825	三中口伝抄	8			66	33	(写)	
5826	侍中群要	5	橘広相		143	54	(写)	
5827	江次第抄	6			100	2	(写)	
5828	文選	12			69	2	(唐)	万暦版
5829	堤中納言物語	10			115	25	(写)	
5830	令集解	10			104	98	(写)	欠本
5831	唐律疏義	13			71	8	(写)	
5832	仮名文字遣	1		万治二年仲秋	104	15	(和)	
5833	令御会読後勘	1			135	94	(写)	
5834	色目	2			109	106	(写)	
5835	車事	1			38	3	(写)	
5836	衛府具　附石帯剣之事	1			127	69	(写)	
5837	滋草拾露	5	公麗卿撰		115	44	(写)	

5838	車服制度	1			71	2	(写)	
5839	服忌令　日吉社	1			97	105	(写)	
5840	服仮六ヶ条	1	景忠卿著		99	35	(写)	
5841	倚廬渡御還御遺詔奏	1			40	へ128	(写)	
5842	続史愚抄	46	柳原紀光		辰 巳	24 15	(巻)	二二巻ハ辰二四号へ、二四巻ハ巳一五号ニ収ム 自亀山院至後花園院　紀光於岡寄別荘浄書本
5843	生花伝授	1			丑	24	(巻)	池之坊派
5844	和長卿記	2			115	32	(写)	後土御門院諒闇
5845	続史愚抄	28	柳原紀光		104	97	(写)(貴)	自亀山院至東山院　紀光自筆原稿本
5846	類聚服仮雑穢抄	1			110	75	(写)	
5847	五句類葉集	3	松枝子春	安永七年三月	20	66	(和)	
5848	~~日記　自宝暦六年至安永七年~~	~~32~~			~~66~~	~~1~~	(写)	二一三一九号　二一三二一号へ移転 ~~柳原紀光卿自筆日記及浄写本共~~
5849	永正記	1			97	126	(写)	触穢禁忌
5850	素服抄	1	柳原紀光		125	64	(写)	
5851	資廉之記	1			丑	22	(巻)	寛文九年正月ノ日記
5852	後愚昧記	19			午	4	(巻)	
5853	桃園院御凶事方	3			115	36	(写)	頭中将隆望朝臣日記外一種
5854	大化鈔	1			95	256	(写)	
5855	装束色目抄襍	21			115	24	(写)	柳原旧蔵本
5856	餝抄	1			135	42	(写)	
5857	装束図式	1			69	16	(和)	「昭和三年十月十八日佐々木書店へ売」
5858	装束	4			70	60	(写)	
5859	源氏物語装束抄	1			66	21	(写)	
5860	桃花随〔蘂ヵ〕葉	1	東山左府実凞		66	39	(写)	
5861	装束拾要抄	1		元禄四年正月	70	3	(和)	「昭和三年十月十八日佐々木書店へ売」
5862	桜町院卅三回忌御法会	1			140	34	(写)	
5863	続史愚抄	26	藤原紀光		66	44	(写)	自亀山院至光厳院　清書本
5864	御湯殿の上の記	56			66	42	(写)	自文明九年正月　至慶長十四年十二月
5865	続史愚抄	29	藤原紀光		104	100	(写)(貴)	自亀山院至正親町院　藤紀光自筆　中清書本
5866	吉事次第	1	守覚法親王		116	89	(写)	
5867	凶服部類	2			115	47	(写)	
5868	服忌令	4			48	15	(写)	白川吉田卜部及桃花家
5869	諒闇雑聚	14			116	54	(写)	柳原家旧蔵本

5870	日記〈宝永正徳年間〉	40			48	13	(写)	柳原資尭卿自筆
5871	清和院署記	1			辰	23	(巻)	押小路師富筆　　辰二三号
5872	諒服抄	1			104	117	(写)	柳原紀光自写本
5873	警固々関等次第	1			70	61	(写)	
5874	狂言田舎操	1	式亭三馬外一名		101	60	(和)	巻ノ上一冊
5875	国朝書目	1	藤原貞幹	寛政三年五月	103	5	(和)	「昭和三年十月十八日佐々木書店へ売」
5876	蜻蛉日記	3		元禄十年仲春	73	127	(和)	
5877	殺法転輪	2			75	91	(写)	
5878	〈唐本〉類書目録	1	一色時棟	元禄己卯歳	75	36	(和)	「昭和三年十月十八日佐々木書店へ売」
5879	武勇烈女伝	1			84	185	(写)	
5880	釈親考	1	伊藤長胤	元文元年仲夏	75	41	(和)	
5881	十訓抄	2		享保六年首夏	73	124	(和)	
5882	秉燭譚	1	伊藤東涯	宝永癸未七月	75	34	(和)	「昭和三年十月十八日佐々木書店へ売」
5883	門跡伝	2		弘化二年	73	123	(和)	「仝　　　上」
5884	吉野拾遺物語	1			75	35	(和)	
5885	〈増補〉華夷通商考	1	長崎西川求林斎	宝永五年三月	73	109	(和)	
5886	梅品	2	松岡怡龍斎	宝暦十年仲秋	122	12	(和)	
5887	令会読聞書 ~~装束図式~~	4	~~元禄五年十月~~		147 ~~69~~	84 ~~16~~	(写) ~~(和)~~	
5888	令義解新抄	1			135	104	(写)	
5889	本朝月令	1			104	125	(写)	柳原紀光書写
5890	東宝記	4			104	99	(写)(貴)	東寺史伝
5891	衛禁律	1	源元寛	明和丁亥七月	102	220	(和)	
5892	関市令義解	1	源元寛	明和丁亥正月	66	15	(和)	
5893	令書聞書	1			135	107	(写)	後成恩寺殿御説　　元禄写本
5894	令義解	1			135	99	(写)	倉庫医疾
5895	類聚三代格	7			122	144	(写)	
5896	紫文製錦	8	源稲彦	文政七年八月	19	32	(和)	
5897	拝賀次第	1			109	98	(写)	
5898	贈官宣下部類	1			67	39	(写)	柳原紀光書写
5899	〈延享四年〉臨時公事参役記	1			70	77	(写)	
5900	参議初拝記	1			142	22	(写)	
5901	御詠類題	3	柳原紀光詠 嘉久子編		98	11	(写)	自宝暦三年至寛政七年

5902	資堯卿類聚	1			40	ロ130	(写)	自筆本
5903	十九史略通考	5	恵山　守藤	元和第二暦丙辰	71	11	(和)(貴)	活字本
5904	貫首拝賀吉書案一通	1	輝光卿		139	2	(写)	
5905	中殿御会記	1			午	22	(巻)(貴)	兼宣公記
5906	次第	1			38	28	(写)	
5907	類聚諸文書	1			20	61	(写)	
5908	下知草	1		自天文四年至同七年	丑	8	(巻)(貴)	資定一品自筆
5909	符案類	5			115	50	(写)	柳原紀光卿自写本
5910	表白御草中	1			辰	66	(巻)	
5911	仁部御記	5本			午	5	(巻)	
5912	古文孝経〈仮名付〉	1	太宰春台	天明三年正月	122	13	(和)	
5913	年中行事	1			辰	25	(巻)	永正一品親筆
5914	御祈部類	1			70	78	(写)	
5915	経光卿五位職事拝賀記	1			135	52	(写)	安貞二年
5916	明応九年五辻諸仲蔵人拝賀記	1			151	36	(写)	柳原家写本
5917	侍中拝賀次第類聚	1			104	122	(写)	
5918	大将拝賀雑事	1			134	8	(写)	兼卿々〔郷卿カ〕篇目
5919	柳原家参役以下雑事便覧	1			125	76	(写)	柳原家編集
5920	〈室町義政公〉幕下拝賀雑事	1			135	35	(写)	康正二年二、四、六、七月
5921	辨官拝賀部類	1			112	25	(写)	
5922	蔵人頭拝賀部類	1			102	209	(写)	柳原紀光自筆本
5923	五位蔵人拝〔賀脱カ〕部類	1			104	118	(写)	仝　　　上
5924	老子経	2	□斎林希逸	延宝二年	98	21	(和)	
5925	弘法大師正伝	4	前大僧正光演	天保五年	101	234	(和)	
5926	毛詩	10			71	22	(和)	古版本
5927	大学　後藤点	1			70	40	(和)	
5928	性霊集	10	空海		66	38	(和)	空海文集
5929	中庸大学	1			70	44	(和)	発揮定本点
5930	中庸	1			70	52	(和)	書入本
5931	五経	9	後藤点		70	47	(和)	尚書欠
5932	古文孝経	1			70	45	(和)	清家正本
5933	四書　古義訓点	1	伊藤善韶	寛政五年	70	43	(和)	
5934	仙洞御歌合次第	1			48	38	(写)	寛永十六年十月

5935	年号字類抄	1			109	71	(写)	
5936	三革年表	1			142	14	(写)	
5937	改元定申沙汰雑誌	1			100	3	(写)	
5938	改元部類記	1			110	123	(写)	自承平　至元治
5939	改元勘例	1			102	202	(写)	
5940	甲子革令集	1			135	83	(写)	
5941	改元年号勘文難陳記	1			100	72	(写)	自寛政至弘化
5942	大臣名	1			101	83	(写)	
5943	三革記	1	良経公撰		142	29	(写)	
5944	改元部類	13			104	101	(写)	
5945	新増日本年代記大成	2		天明七年春	38	97	(和)	
5946	本朝年代即鑑	1			102	207	(和)	
5947	心敬法師庭訓	1			75	98	(写)	
5948	連歌言葉	1			119	161	(写)	
5949	和歌秘抄	1			110	113	(写)(貴)	永禄九年写本
5950	宗碩	1			103	18	(写)	
5951	せきや	1			140	47	(写)	
5952	連歌聞書	1			111	95	(写)	
5953	連歌新式	1			110	142	(写)	
5954	和誹灌頂秘密抄	1			75	72	(写)	
5955	連歌事	1			135	106	(写)	
5956	耳底記抜書	1			75	62	(写)	
5957	匠材集	1			103	6	(写)	零本
5958	藺塵	2		大永二年七月	75	114	(写)(貴)	大永写本
5959	十問最秘抄	1			103	70	(写)	
5960	壁草	1			96	10	(写)(貴)	大永三年写本
5961	歌枕露のよすが	3	藤原資前		38	98	(写)	草稿本
5962	山本乃秋	1			95	76	(写)	
5963	朝何	1	天文十八年		119	348	(写)	
5964	当流歌の会作法	1			135	100	(写)	
5965	雪碩両吟千句	1			40	126	(写)	
5966	和歌作例言葉	1			135	85	(写)	
5967	瑑老聞書	1			19	50	(写)	

5968	二条摂政一紙品定	1			119	131	(写)	
5969	烏鬣松、山家記	1			111	116	(写)	
5970	円光大師御法語	1			85	79	(和)	
5971	幡随意上人諸国行化伝	5	釈喚誉	宝暦五年正月	145	74	(和)	
5972	専念法語	3	静誉順阿上人		102	201	(和)	
5973	地蔵尊感応記	1			73	125	(和)	
5974	絵詞伝翼賛	1	八事山空華	寛政十一年正月	97	76	(和)	
5975	円光大師盡孝説	2	専念寺隆円		99	51	(和)	
5976	連歌新式追加并今案等	1			102	37	(写)	
5977	古今歌	1			20	60	(写)	
5978	源氏物語五文字	1			15	イ33	(写)	
5979	暁山集	1			123	51	(和)	
5980	〈誹諧〉法華題意	1			103	71	(写)	
5981	作例部類	1			40	ハ130	(写)	
5982	四十二の物あらそひ	1			75	125	(写)	
5983	賦物抄	1			110	139	(写)	
5984	源氏物語不審抄出	1	宗祇法師		103	17	(写)	
5985	和漢々和千句	1			38	2	(写)	
5986	年代記	1			32	48	(写)	自宝永六年至享保十八年
5987	今昔物語	3	宇治大納言源隆国	享保五年猛〔孟〕春	75	116	(和)	「昭和三年十月十八日佐々木書店へ売」
5988	有職問答　一名多々良問答	1			126	83	(和)	
5989	日本国現報善悪霊異記	1	僧景戒	正徳四年孟夏	110	78	(和)	
5990	聴書	1			40	108	(写)	
5991	清輔朝臣尚歯会記	1	藤原清輔	明和五年	127	26	(和)	
5992	百寮訓要抄	1		寛文三年	66	19	(和)	
5993	止由気能御霊	1	岩政翁	嘉永六年九月	58	47	(和)	
5994	法華品釈	1			58	41	(写)	
5995	蛍蠅抄	6	塙保己一	嘉永三年五月	70	53	(和)	
5996	聖徳太子日本国未来記	1		慶安元年初冬	98	24	(和)	慶安板
5997	名目鈔	1			122	75	(和)	
5998	魚魯愚抄別録共	19			126	119	(写)(貴)	職官及儀礼等ノ記述
5999	諒闇元日平座部類	1			141	46	(写)	
6000	和名類聚抄	2	源順	寛文七年仲秋	46	10	(和)	書入本

6001	和名類聚抄	5	源順	寛文七年仲秋	70	56	(和)	書入本
6002	和名類聚抄考異	1			104	119	(写)	
6003	浄業略勤行式	1		文政十年三月	70	12	(和)	
6004	〈円光大師〉御伝第卅二別行	1	聖覚法印		70	25	(和)	
6005	和字撰択集	3	関通上人訓釈	寛政二年春	70	58	(和)	
6006	〈円光大師〉御忌勧誘記	1		文化三年	70	6	(和)	
6007	唯信鈔	1	聖覚法印	天保十二年八月	70	51	(和)	
6008	〈字注絵入〉庭訓往来	1			100	68	(和)	
6009	西要抄要解	2			5	ロ 51	(和)	
6010	円頓戒要略	1		文化五年春	73	119	(和)	
6011	日用学則	1	釈霊潭		75	129	(和)	
6012	盆供養正説	1			111	11	(和)	
6013	帰命本願抄要解	3			109	83	(和)	
6014	父子相迎要解	2			124	151	(和)	
6015	称名感応記	2	順阿上人		101	164	(和)	
6016	日本長略	2	司天生保井保哲		70	59	(写)	
6017	桃花蘂葉	1		天保十二年	70	72	(写)	
6018	御幸供奉色目	2			子	374	(写)	
6019	女房礼記	4			13	163	(写)	
6020	装束色目抄集	17			135	69	(写)	柳原家旧蔵本
6021	袍	1	柳原家編		75	119	(写)	前光手書巻末ニアリ
6022	色目部類	1			104	20	(写)	
6023	装束色目	4			子	381	(写)	
6024	夜鶴庭訓抄	1			135	88	(写)	
6025	冨家語談	1			70	65	(写)	著聞集抜書
6026	醍醐寺院家伝	1			子	401	(写)	
6027	東大寺奴婢籍帳	1			104	105	(写)	
6028	内宮文殿書籍目録	1			102	206	(写)	
6029	徽典館御書籍目録	1			100	31	(写)	
6030	功格図式修祭説	1	沙門蓮花童子		86	34	(写)	
6031	如是院年代記	1			78	22	(写)	
6032	秘府略	2			115	39	(写)	百穀部中及布帛部三
6033	両局注進拝賀着陣記	1			87	78	(写)	自寛文三年至享保十七年

6034	上卿故実	1			70	66	(写)	
6035	蟹藻屑	1	大勝金剛院僧正		97	63	(写)	
6036	古今香鑑	4			70	62	(写)	
6037	駿牛絵詞	1			135	50	(写)	
6038	釈家官班記	1			104	107	(写)	
6039	申文簡要抄	1			111	9	(写)	
6040	養実服暇勘例	1			121	28	(写)	
6041	掌中新刀銘尽	1	三木光斎	元治元年十二月	38	117	(写)	
6042	神鏡焼ノ事	1			111	10	(写)	
6043	官職難儀	1			78	21	(写)	
6044	簾中鈔	2			122	170	(写)	
6045	法曹類林　公務	1			135	78	(写)	巻二百
6046	大風年々	1			104	113	(写)	
6047	諱訓抄	1			(アキママ)	(アキママ)	(写)	
6048	天書記	3			115	29	(写)	
6049	天書巻七即位	1			104	102	(写)	
6050	桂林遺芳抄	1			127	9	(写)	
6051	歴名土代	2			112	30	(写)	
6052	厨事類記	2			103	161	(写)	
6053	春日祭部類	1			135	73	(写)	
6054	和漢合運抜要	1			40	ホ130	(写)	
6055	柳原家拝賀部類	2			115	48	(写)	
6056	例幣部類記	1			71	24	(写)	
6057	年中御盃次第	1			75	111	(写)	
6058	室町家日用雑記	2			66	34	(写)	
6059	新猿楽記	1	明衡朝臣		135	89	(写)	
6060	諷誦旧案	1			133	20	(写)	武家法事ニ公卿ヨリ誦経被行諷誦案文
6061	真俗交談記	1			111	37	(写)	喜多院御室守覚親王御筆記ト云フ
6062	綸旨鈔	4			115	37	(写)	
6063	年代雑記	1			104	124	(写)	
6064	薩戒記消息	1			104	120	(写)	
6065	宣下抄	1			104	21	(写)	
6066	賀茂社寄附書目録	1			40	ニ129	(写)	

6067	菅贈相国御記	1			104	127	(写)	
6068	禁好集	1			111	76	(写)	
6069	太元御修法記	1			76	120	(写)	
6070	公武大躰略記	1			66	40	(写)	
6071	清和院霊宝縁起目録	1			111	7	(写)	
6072	禁中当時年中行事	1	平種明編		125	80	(写)	
6073	部類記目録	1			104	115	(写)	
6074	通用古紙	1	康長撰		111	36	(写)(貴)	上巻欠
6075	法中和例抄	1			97	61	(写)	
6076	新撰字鏡	1			78	27	(写)	
6077	類聚貫首秘抄	1			71	15	(写)	
6078	風土記	2			115	20	(写)	山城 伊賀 伊勢 尾張 豊後 出雲
6079	書史略	1			70	68	(写)	
6080	世俗立要集	1			135	80	(写)	飲食部
6081	諸家伝目録	1			86	37	(写)	
6082	弁官拝賀抄集	7			115	28	(写)	
6083	御懺法講記	3			115	38	(写)	
6084	親王宣下ノ事	1			135	72	(写)	天和二年十二月
6085	禁中并公家諸法度十七条	1			135	102	(写)	
6086	刀剣図考第二集	1	栗原信充	天保十四年九月	38	114	(和)	
6087	続新刀銘尽	1	池田隆徳	享保廿年十一月	70	42	(和)	
6088	古今類字銘尽	1	中村氏選	明和五年三月	19	36	(和)	「昭和三年十月十八日佐々木書店へ売」
6089	装剱奇賞	3	稲葉通龍	天明元年九月	70	24	(和)	
6090	水陸戦法	5	佐藤信淵		66	27	(写)	
6091	方術秘書	1			120	94	(写)	
6092	人相聞書	1			96	224	(写)	
6093	内外三時抄	2	藤原雅有		70	64	(写)	蹴鞠ノコト
6094	馬鞍具足	3	柳原紀光		70	76	(写)	
6095	本朝刀剣略記	1	壺井義知		135	77	(写)	
6096	刀剣品定	1			126	45	(写)	
6097	秋霜秘書	1			135	91	(写)	日本刀剣鍛冶人名系伝
6098	雅房卿記	1			136	18	(写)	刀剣
6099	古剣之図	1			辰	13	(巻)	

6100	蹴鞠雑褋	10			115	23	(写)	
6101	〈随筆〉文机談	2			127	31	(写)	
6102	神宮申沙汰事	3			70	37	(写)	重條朝臣記
6103	内裡炎上	1			135	101	(写)	
6104	臨時祭部類并図類	4			115	41	(写)	石清水、賀茂
6105	行幸行列次第	1			(アキママ)	(アキママ)	(写)	寛永二年御譲位
6106	放生会次第	2			38	7	(写)	
6107	皇太子御元服之記	1			116	71	(写)	享保十八年二月
6108	賀茂祭申沙汰記	1			75	87	(写)	弘化三四年ノ記
6109	賀茂伝奏雑誌	1			135	79	(写)	
6110	遷幸記	3	大外記師資記		70	35	(写)	寛政二年遷幸
6111	遷幸記	3			115	27	(写)	仝上
6112	西北雑抄	1			127	10	(写)	
6113	柳原家伝	1			103	81	(写)	
6114	明法肝要鈔	1			135	81	(写)	
6115	執政所抄	2			103	160	(写)	
6116	名目抄	2			103	162	(写)	
6117	諸家近代伝	1			98	80	(写)	近衛以下諸公卿ノ履歴
6118	当局伝記	1			74	77	(写)	中原外記伝
6119	藤氏始祖	1			126	59	(写)	鎌足伝
6120	官務伝	1			74	78	(写)	壬生系譜
6121	蛙抄	1			100	71	(写)	
6122	改元古来勘文字抄	1			127	36	(写)	
6123	入木抄	3			115	26	(写)	
6124	医陰系図	1			127	23	(写)	医者陰陽師ノ系図
6125	楽所系図	1			100	33	(写)	
6126	大間書	1			104	108	(写)	長徳二年
6127	職原抄	1			104	109	(写)	
6128	書札礼部類	1			104	110	(写)	
6129	高山寺書目録	1			104	114	(写)	
6130	叙位抄	1			126	86	(写)	
6131	鯉伝抄	1			135	74	(写)	
6132	七曜暦	1			104	111	(写)	明応三、六、九年

6133	播磨風土記	1			97	62	(写)	
6134	陰陽抄	1	賀茂家栄		104	116	(写)(貴)	
6135	符案	1			104	123	(写)	永正六年宗綱公
6136	縣召除目次第	3			103	163	(写)	
6137	除撰抄	1			104	112	(写)	
6138	賀茂祭事	2			109	103	(写)	
6139	公卿伝	2			111	113	(写)	広橋烏丸其他
6140	楊名介事	1			127	37	(写)	
6141	院宣	1			135	103	(写)	柳原家編集
6142	遷幸申沙汰記	2			40	129	(写)	寛政二年
6143	改元申沙汰御記	1			午	8	(巻)	文亀改元広橋儀同
6144	公卿勅使年表	1			98	12	(写)	
6145	春日祭申沙汰記	2			109	89	(写)	
6146	祭事雑記	9			115	52	(写)(貴)	柳原前光自写本
6147	旬御装束	1			104	121	(写)	
6148	春日祭弁備忘	1			48	32	(写)	
6149	遷幸申沙汰雑誌	1			19	52	(写)	
6150	釼璽渡御	1			111	121	(写)	貞享四年三月廿一日
6151	七社奉幣記	1			135	96	(写)	
6152	水鏡	1			100	34	(写)	
6153	大鏡	6			71	21	(写)	
6154	増鏡	3			71	17	(写)	
6155	徒然草	2			71	28	(写)	
6156	枕草紙	3	柳原紀光	天明二年九月	103	164	(写)	
6157	徒然草	1			66	41	(写)	
6158	大理秘記	3			111	41	(写)	吉田内府定房公記　自正安至嘉元
6159	元服記	1			41	13	(写)	成恩寺関白息
6160	七十賀記	1			140	46	(写)	前亜相通茂卿
6161	譲位部類記	1			126	82	(写)	
6162	礼儀類典目録	6			71	31	(写)	附譲位元服恒例
6163	拝賀部類	3			71	25	(写)	礼儀類典ノ抜抄カ
6164	時頼入道人国記	1			74	74	(写)	
6165	蒙古襲我国引書目録	1			100	32	(写)	

6166	仏陀寺地蔵縁起	1			135	45	(写)	江州八葉山
6167	蓮華寺縁起	1			141	95	(写)	仝上
6168	出雲国風土記	1			96	138	(写)	「昭和三年十月十八日佐々木書店へ売」
6169	道中独案内図	1葉		文政五年	子	270	(折)	
6170	稲荷大明神縁起	1			97	110	(写)	
6171	石山寺渡御記及開帳記	1			126	37	(写)	寛永二十年
6172	吉野山水菴日記	1	水菴主梁山秀		111	40	(写)	
6173	八幡大菩薩縁起	1			111	39	(写)	
6174	異船入津雑記	1			99	109	(写)	嘉永六年六月
6175	心づくし	1	四辻中将		126	44	(写)	享和四年筑紫紀行
6176	古今城主	1			102	29	(写)	
6177	東慶寺考	1			135	105	(写)	
6178	内宮外宮御祓銘論	1			75	71	(写)	
6179	伊勢風土記	1			135	93	(写)	「昭和三年十月十八日佐々木書店へ売」
6180	当麻曼荼羅縁起	1			145	64	(写)(貴)	古写本
6181	泰西地震記	1			135	95	(写)	
6182	日光山名跡志	1	鷹橋義武	明和甲申仲秋	20	59	(和)	「昭和三年十月十八日佐々木書店へ売」
6183	日本輿地通志畿内部	5	関　祖衡	享保二十年仲冬	78	26	(和)	山城欠
6184	霊源寺略由来	1			135	98	(写)	
6185	東国獣狩実記	1			124	114	(写)	
6186	鐘銘	2			75	106	(写)	
6187	経国集	1			135	66	(写)	
6188	文華秀麗集	1			100	73	(写)	
6189	懐風藻	1			75	103	(写)	
6190	凌雲集	1			113	7	(写)	
6191	和訓栞中編	30	谷川士清	文久二年二月	112	9	(和)	
6192	階礎	1	藤原祐良		102	137	(写)	享保十年以後公卿位階年表
6193	披露案	4			40	イ129	(写)	文政三年ヨリ六年マデ
6194	年中行事	5			115	31	(写)	異本五種
6195	公事根源	1			75	112	(写)	
6196	年中行事	1			135	43	(写)(貴)	明応六年写本
6197	建武年中行事略解	1	谷村掃部	享保十七年孟夏	125	42	(和)	北畠准后親房卿修撰
6198	職原抄私記	1			98	98	(写)	一品資廉卿撰并書

6199	年中行事	1			140	178	(写)(貴)	永正三年九月桑門龍宵写
6200	職原鈔抄	2			112	24	(写)	
6201	職原鈔	3			103	165	(写)	三種
6202	禁秘抄	1			98	10	(写)	政嗣公奥書本
6203	禁秘鈔	2			115	22	(写)	二種
6204	日中行事	1			135	76	(写)	
6205	年中行事雑々	1			40	119	(写)	
6206	職原抄傍注別記	1			96	97	(写)	
6207	門葉記抜萃	2			115	30	(写)	
6208	謚號纂	1			98	115	(写)	
6209	帝王物語	1			104	103	(写)	
6210	釈氏往来	1	守覚法親王		104	104	(写)	
6211	本草類編選日本勅號記	1			98	5	(写)	
6212	伯楽三上某記	1			140	35	(写)	永正九年二月ヨリ九月ニ至ル
6213	桃蘂編	1	藤原韶光		71	23	(写)	
6214	金瘡書	1			135	32	(写)(貴)	古写本
6215	医書	1			58	44	(写)(貴)	明応六年写本
6216	言談抄	1			110	76	(写)	
6217	信西入道書籍目録	1			135	48	(写)	
6218	玉食供進抄	1	藤原定基		125	94	(写)	
6219	釈家官班記	1			100	42	(写)(貴)	附御修法ノ事　　古写本
6220	東斎随筆	1			104	106	(写)	
6221	有職抄	1			110	77	(写)	
6222	勘策考	1			104	128	(写)	
6223	参語集	1			97	103	(写)	三河僧正物語
6224	僧綱補任	1			109	68	(写)	寿永　元暦
6225	造内裡段銭并国役引付	1			75	108	(写)	康正二年
6226	親元日記	1			127	25	(写)	寛正六年
6227	官本目録	1			40	へ130	(写)	
6228	姓氏録抄	1			97	122	(写)	
6229	譲位及日記	6	大江俊矩記		70	38	(写)	文化十四年三月
6230	日本後記	6			98	33	(写)	欠本柳原紀光奥書アリ
6231	吉日考秘伝	1			66	32	(写)(貴)	天正四年写本

6232	雑々	1			116	76	(写)	僧侶ノ類聚歟
6233	公卿補任	1			135	97	(写)	観応ヨリ応永ニ至ル
6234	加階雲乱書	1			135	82	(写)	古写本
6235	安部懐中伝暦	1			135	17	(写)	寛永十九年写本
6236	公武大躰略記	1			148	5	(写)(貴)	長禄二年空蔵書写本
6237	名目抄	1	東山左府実煕公		134	15	(写)(貴)	明応四年ノ写本
6238	帝王以下大臣名	1			135	90	(写)	
6239	名目抄	1			134	18	(写)(貴)	享禄五年富小路資直自写本
6240	消息案	1			112	93	(写)	古写本
6241	聖徳太子憲法十七条	1			40	ロ125	(写)(貴)	文亀二年僧朗俊自写本
6242	巻数集	1			40	ロ128	(写)	古写本
6243	職原抄	1			58	43	(写)	上巻ノミ　一品宣胤卿自筆本
6244	通要古紙	1			卯	41	(写)	古写本　節用集歟
6245	太子伝	1			127	110	(写)(貴)	明応六年法蔵寺智伝自写本
6246	聖徳太子伝抄	2			卯	42	(写)	古写本
6247	柳原家系伝并愚勘	1			135	49	(写)(貴)	紀光卿自筆本
6248	仁部記	5	日野資宣		66	35	(写)	
6249	陰陽抄	1	陰陽頭賀茂家栄撰	嘉元四年三月	辰	82	(巻)(貴)	
6250	有職抄	1			辰	17	(巻)(貴)	永和二年四月僧伝円写
6251	新撰朗咏集	2			19	41	(和)	
6252	和漢類葉集	1	大江茂樹		19	35	(和)	
6253	古詞類題和歌集	2	高井八穂		70	26	(和)	
6254	新撰菟玖波集	2	宗祇法師	寛保三年初春	70	18	(和)	
6255	和歌まさな艸	2	河瀬菅雄	寛政四年七月	20	56	(和)	
6256	和歌分類	3		元禄十一年首夏	70	20	(和)	
6257	詠謌大概	1			136	25	(写)	誠光卿筆
6258	歌枕秋の寝覚	3	以敬斎長伯	明和八年十一月	70	21	(和)	「昭和三年十月十八日佐々木書店へ売」
6259	百人一首聞書	1			99	36	(写)	
6260	百人一首抄　玄旨	1			97	47	(写)	
6261	尚歯会記	1			86	35	(写)	嘉保三年三月一日
6262	詠歌大概	1			48	37	(写)	
6263	詠歌大概聞書	1			98	42	(写)	
6264	霊元院御製集	3			66	10	(写)	一名桃蘂御集

6265	自讃歌	1			91	254	(写)	
6266	伊勢大輔家集	1			75	65	(写)	
6267	信明集	1			109	45	(写)	
6268	百人一首拾穂抄	1	北村季吟		125	20	(和)	
6269	百人一首抄	1			111	51	(写)	
6270	未来記雨中吟御抄	1			78	24	(写)	
6271	讃岐典侍日記	1			71	14	(写)	
6272	和歌秘伝書	1			140	74	(写)	慶長九年十月写本
6273	題	1			135	92	(写)	
6274	うたもちくさり	1			78	23	(写)	
6275	新撰和歌集	1	紀貫之		75	60	(写)	
6276	古今和歌集田舎問答 抜書之内	1		嘉永四年文月	70	63	(和)	
6277	三部抄	1			135	86	(写)	
6278	詠歌大概御講釈問答	3			70	32	(写)	
6279	新撰一字抄	1			98	23	(写)	
6280	古今集	2		文化九年冬	66	28	(和)	
6281	清輔朝臣尚歯会記	1	源元寛　訂	明和五年む月	100	19	(和)	
6282	百人一首抄	1	石原正明		102	223	(和)	
6283	以呂波声母伝	1			71	19	(写)	
6284	万代和歌集	2			99	38	(写)	
6285	歌刈田散形	1			99	27	(写)	
6286	新百人首	1			99	58	(写)	雅喬卿筆
6287	〈和歌〉作者部類	2			99	29	(写)	「昭和三年十月十八日佐々木書店へ売」
6288	一紙品定	1			22	149	(写)(貴)	大永三年写本
6289	詠歌大概	1			151	37	(写)	
6290	貫之集	1			71	29	(写)	「昭和三年十月十八日佐々木書店へ売」
6291	明日香井和歌集	1			126	103	(写)	
6292	百人一首色紙形	1			40	118	(写)	
6293	題叢	2			109	91	(写)	
6294	和歌御会次第	1	関白尹房公		40	117	(写)	
6295	雨中吟	1			19	49	(写)	
6296	類字仮名遣	1		明和七年正月	40	ト128	(和)	
6297	百人一首	1			36	イ55	(写)	清濁点付

6298	連夜鵜河考	1			135	84	(写)	桂女ノコト
6299	百人一首抄	1			78	25	(写)	慶長二年写本
6300	自讃歌抄	1			135	53	(写)	
6301	二人丸秘抄	1			134	7	(写)(貴)	古写本 諸物名国音対照　仮名遣方ヲモ知ラシム
6302	時代不同歌合	1			109	46	(写)	
6303	俊成卿九十賀記	1			58	46	(写)	
6304	自讃歌	2			48	8	(写)	
6305	茶道具之記	1			102	36	(写)	
6306	胡琴教録	1			70	69	(写)	
6307	立花口伝記	3			70	67	(写)	
6308	御遊儀	1			40	130	(写)	
6309	和琴譜	1			40	115	(写)	
6310	琵琶譜	2			109	90	(写)	
6311	弓之事	2本			丑	2	(巻)	
6312	鷹秘抄	1			辰	14	(巻)	
6313	競馬之事	1			辰	34	(巻)	
6314	殿上神楽譜	1			丑	10	(巻)	
6315	的之書	1			40	ニ130	(写)	
6316	和漢朗詠集	1			148	7	(写)	柳原光綱卿自筆本
6317	催馬楽註	1			58	45	(写)	
6318	五節郢曲譜并小忌之図	1			128	45	(写)	
6319	移鞍	1			70	73	(写)	
6320	残夜抄	1	琵琶博士孝道		70	70	(写)	
6321	琵琶合記	1			75	79	(写)	
6322	夜鶴庭訓抄	1			95	216	(写)	
6323	周伶金玉抄	1			70	74	(写)	
6324	鷹之秘書	2			71	4	(写)	持明院家
6325	弓矢之事	1			91	234	(写)	
6326	蹴鞠狂吟	1			110	141	(写)	
6327	雲霞集中抄	1			58	42	(写)	
6328	大坪流馬術書	1			70	71	(写)	
6329	雲井調	1			123	27	(写)	
6330	宴曲譜	1			95	280	(写)	

6331	猿楽笛譜	1			38	21	(写)	
6332	箏譜	1			139	1	(折)	
6333	鳳笙譜	1			71	1	(写)	
6334	香之事	3			109	95	(写)	
6335	名香記	1			104	30	(写)	
6336	蹴鞠諸抄部類	1			73	134	(写)	
6337	蹴鞠記	2			115	43	(写)	
6338	鳳管譜	2			115	51	(写)	
6339	龍笛譜	15			109	102	(写)	
6340	白馬節会集	12			115	40	(写)	柳原家旧蔵本
6341	踏歌節会雑	6			115	53	(写)	柳原家旧蔵本
6342	十六日節会記	1			135	75	(写)	公宣卿記
6343	元日節会集	6			109	100	(写)	柳原家旧蔵本
6344	節会備忘	7			109	92	(写)	柳原光綱卿自筆本
6345	豊明宴備忘	3			109	110	(写)	柳原氏旧蔵本
6346	加冠式	1			子	347	(写)	
6347	入御期録	1			子	348	(写)	自文政元年至安政四年
6348	叙位白馬記	1			151	28	(写)	大永二年康親卿記
6349	元日平座次第	1			40	イ130	(写)	元文三年諒闇中
6350	巳日節会	1			107	15	(写)	明和八年
6351	御酒勅使作法	1			子	345	(写)	
6352	三節会御膳供進次第	1			子	237	(写)	
6353	臣下饗膳之図	1			辰	12	(巻)	
6354	紡紙	3			子	329	(写)	元日踏歌節会及豊明宴
6355	四節会図	4			71	27	(写)	
6356	節会聞書	3			115	33	(写)	弘資卿自筆本
6357	四方拝中沙汰条々	1			子	222	(折)	
6358	辰日節会次第	2			109	109	(写)	
6559	青馬宴会中沙汰雑註	1			38	29	(写)	
6360	御即位便覧	22			116	53	(写)	
6361	御譲位之次第	1			丑	6	(巻)	寛永二十年十月
6362	遷幸鹵簿	1			子	375	(写)	安政二年十一月
6363	御即位旧儀参勤	1			111	111	(写)	明治元年九月

6364	御即位部類	9			125	41	(写)	自永観至永正年間
6365	御即位雑集	16			子	383	(写)	
6366	御即位調度図	1			128	54	(写)(貴)	文安年間
6367	御即位図	11			未	22	(図)	
6368	日記〈自元禄四年十一月四日　至仝十五年十月十八日〉	39	藤原資廉〈自筆日記〉		70	57	(写)(貴)	
6369	関東下向常例	1	藤原光綱自筆		40	リ130	(写)	
6370	和歌会要	1袋			子	382	(写)	懐紙短冊盛形閉様
6371	元服記	5			未	8	(写)	
6372	勧学会記事及図	1			99	37	(写)	享保十五年延暦寺西塔ニテ
6373	関東へ御所望記録書目	1			109	97	(写)	
6374	神宮炎上記事	1			75	58	(写)	
6375	春日社灯籠油料之文書	1		宝永六年五月	午	16	(巻)	
6376	両宮文書	1			午	51	(巻)(貴)	天和二年両宮御造替ノコト　大成経破却ノ事 元禄十六年地震ニ付祈祷ノ事
6377	柳原家雑々	81			135	71	(写)	

〔参考資料〕2

（翻刻）『柳原家旧蔵本目録』（東京大学史料編纂所保管）

＊翻刻は淺井千香子（元学術創成研究・学術支援職員）が行い、吉岡眞之が一部、補訂を加えた。
＊翻刻に当たっては、底本の様態を極力保存することに努めた。
＊行末に」を加えて改頁の箇所を示し、丁数と表裏を「（1オ）」「（3ウ）」のように付記した。また翻刻文の下方に●を付し、説明注を加えた箇所がある。
＊底本の朱書、朱筆の記号（抹消記号の「○」等）には傍線を付して、朱であることを明示した。

（外題打付書）
柳原家旧蔵本目録」（表紙）

柳原」（1オ）

」（1ウ）　●1ウ、空白。

改壱号
一 一御湯殿の上の記　別本補三冊トモ 筥入　五拾七冊

改貳号
二 一年中行事　壱冊
三 一秘極 年中行事　前後欠　全
四 一年中行事秘抄　明応丁巳孟夏　全
五 一年中行事　可追勘决 中欠　全
六 一年中行事御記　全
七 一建武年中行事略解　刊本　全
八 一年中行事　永正三 写本　全
九 一日中行事　全
一〇 一雑々年中行吏　全
一一 一建武年中行事　全」（2オ）
一二 一禁秘抄　政嗣公奥書　壱冊
一三 一禁秘抄　六條有庸卿筆　全
一四 一禁秘抄　全
一五 一職原抄　無表紙　全
一六 一職原抄　全
一七 一職原抄私記　全
一八 一職原抄傍注別記　全

一九
一職原抄鈔　貳冊
二〇
一職原鈔　光愛卿御筆　壱冊
二一
一公事根源　全　」（2ウ）

改三号

二二
一現任地下社家法中次第　三拾五冊

改四号

二三
一女叙位抄
師富縣召除目次第　壱冊
二四
一陰陽抄　全
二五
一播磨風土記　全
二六
一七曜暦　全
二七
一鯉傳抄　全
二八
一三条西家文書写　全
二九
一高山寺顕聖教目録秡萃　全
三〇
一叙位抄　全
三一
一書札禮部類　全
三二
一職原抄　中御門宣胤卿自筆本　上巻　全　」（3オ）
三三
一長徳二年大間書　壱冊
三四
一宗綱公符案　全

三五
一東大寺要録　秡萃　已下　全
三六
一樂所系図　全
三七
一医陰系図　全
三八
一入木抄　三冊
三九
一楊名介事　壱冊
四〇
一改元古来勘文字抄　全
四一
一縣召除目次第　全
四二
一蛙抄　全
四三
一法曹類林　全
四四
一縣召除目成柄部類　全
四五
一除撰抄　除目抄
除秘抄　除目申文抄　全
四六
一西北雑抄　全
四七
一執政所抄　二冊　」（3ウ）
四八
一名目抄　二部　二冊
四九
一廣橋儀同　于時左中弁　申沙汰記　明応十二、　壱巻
五〇
一諸家近代傳　壱冊
五一
一當家傳　全
五二
一傳　裏松　廣橋　烏丸　全

一 五三 家傳庶流 三室戸 北小路 全
一 五四 吉備公傳 欠本 全
一 五五 局務傳 押小路 全
一 五六 藤氏始祖 全
一 五七 官務傳 壬生 全

改五号 」(4オ)

一 五八 蔵人頭拝賀部類 壱 冊
一 五九 五位蔵人拝賀部類 全
一 六〇 當家 参役 已下 雑事便覧 全
一 六一 愚紳 天明五、六御法會 全
一 六二 仝 天明五 凶事 全
一 六三 一族御教書 院宣 長者宣 全
一 六四 元日平座部類 全
一 六五 御詠類題 (甲乙) 貳 冊
一 六六 仝 (丙) 壱 冊
一 六七 延享四年 臨時公事参役記 全
一 六八 御祈部類 全
一 六九 御符案類 全

一 七〇 贈官宣下部類 全
一 七一 類聚諸文書 全
一 七二 永禄一位殿御符案 全 」(4ウ)
一 七三 兼茂朝臣符案 全
一 七四 綏光卿符案 并御教書 全
一 七五 貞光卿符案 全
一 七六 輝資卿符案 并御教書 全
一 七七 参議初拝賀部類記 全 ○

● 朱抹消符○ハ、「賀」ノ墨ミセケチニ重ネ付ス。

一 七八 貫首拝賀吉書一通案 壱 帖
一 七九 經光卿五位職事拝賀記 壱 冊
一 八〇 和長卿明應九年五辻諸仲蔵人拝賀記 壱冊
一 八一 辨官拝賀部類 全
一 八二 侍中拝賀次第類聚 全
一 八三 拝賀次第并記部類 全
一 八四 次第 全
一 八五 故弁殿 資尭卿 自筆 類聚 全
一 八六 室町義政公 幕下拝賀雑叓不知記 全 」(5オ)
一 八七 大将拝賀雑事兼卿卿篇目 永享二年七月 壱 冊

● 「兼卿」、「兼郷」ノ誤カ。

改六号

一 八八 柳原資堯卿記 附図六枚 四拾弐冊

一 八九 維摩會文書 壱 巻

一 九〇 法華會文書 仝

改七号

一 九一 柳原光綱卿記 高嶺院殿 此外仝御時代書類目録畧 別記共 廾七冊

改八号

一 九二 元亀宝暦天明 寛政文政嘉永 親王已下 拾弐冊

一 九三 諸家次第 延宝四 元禄十五 弐 冊 」(5ウ)

一 九四 補暦 自承応至慶応 但 欠本アリ 百四拾九冊

一 九五 階礎 享保十年 壱 冊

改九号

一 九六 万葉集 刊本 廾 冊

一 九七 同第四句類聚 写本 弐 冊

一 九八 同仙覺抄 十一、十二欠 刊本 九 冊

一 九九 同佳調 刊本 壱 冊

一 一〇〇 菅家万葉集 刊本 弐 冊

改十号

一 一〇一 令集解 写本 欠本 拾九冊

一 一〇二 唐律疏義 写本 拾三冊

一 一〇三 令聞書 光愛卿御筆 壱 冊

一 一〇四 令御會讀後勘 仝 」(6オ)

改十一号

一 一〇五 賢才往来 壱 冊

一 一〇六 尺素往来 仝

一 一〇七 明衡往来 板本 仝

改十二号

一 一〇八 文選 纂註 唐本 刊 十二冊

改十三号

一 一〇九 侍中羣要 写 五 冊

一 一一〇 三中口傳抄 写 八 冊

一 一一一 江次第抄 写 六 冊

改十四号
一一二 一和名類聚抄古板 合本 貮冊 」（6ウ）
一一三 一同 新板 五冊
一一四 一同考異 写本 壱冊
一一五 一螢蝿抄 六冊

改十五号
一一六 一魚魯愚鈔 写 九冊
一一七 一魚魯愚鈔別録 写 十冊

改十六号
一一八 一十九史略 活字板 五冊
一一九 一毛詩 刊 拾冊
一二〇 一老子經 刊 貮冊
一二一 一弘法大師正傳 刊 四冊
一二二 一紫文製錦 小本 刊 八冊
一二三 一古文孝經 小本 刊 壱冊 」（7オ）

改十七号
一二四 一倭訓栞中編 刊 卅冊

改十八号
一二五 一松葉集 刊 四冊
一二六 一楢山拾葉 刊 壱冊
一二七 一名所和哥 写 弐冊
一二八 一和哥名所追考 刊 三冊

改十九号
一二九 一五經 尚書欠 刊 九冊
一三〇 一古文孝經 刊 壱冊
一三一 一性霊集 刊 十冊
一三二 一四書 合本 刊 壱冊
一三三 一中庸大學 刊 壱冊 」（7ウ）
一三四 一同 發揮定本点 刊 仝
一三五 一大學 刊 仝
一三六 一新増日本年代記大成 板本 貮冊
一三七 一年代即鑑 刊 壱冊

改貮拾号甲
一三八 一續史愚抄 稿本 廿壱巻
自亀山院至後醍醐院後記

改貳拾号乙
一三九 一 全　自光明院至後花園院下之上　全　廿五巻

改貳拾壱号
一四〇 一 同　自亀山院至後醍醐後記　中清書本　廿六冊

改貳拾貳号
一四一 一 續史愚抄　自亀山院至東山院　稿本　廿八冊

」(8オ)

改貳拾三号
一四二 一 全　自亀山院至正親町院　中清書本　廿九冊

改貳拾四号
一四三 一 水鏡　写本　壱　冊
一四四 一 大鏡　全　六　冊
一四五 一 増鏡　全　三　冊
一四六 一 堤中納言物語　全　拾　冊
一四七 一 徒然草　全　壱　冊
一四八 一 同　全　貳　冊
一四九 一 枕草紙　全　三　冊

改廿五号
一五〇 一 餝抄　写　壱　冊

」(8ウ)

一五一 一 衛府装束抄　〃全
一五二 一 分類国史綱　〃全
一五三 一 女官餝抄　〃全
一五四 一 車服制度　野宮定基卿問答写　全
一五五 一 女房志那の事并女房衣の色〳〵　〃全
一五六 一 物具装束抄　〃全
一五七 一 源氏物語男女装束抄　〃全
一五八 一 三条装束○抄　或浄明珠院准后晴良公トモ云　〃全
一五九 一 装束抄　三条西逍遥院　〃全
一六〇 一 雑事式目装束抄　〃全
一六一 一 高倉家装束抄　〃全
一六二 一 廷尉布衣鈔　艸稿　〃全
一六三 一 西宮装束抄　〃全
一六四 一 次将装束　或号羽林装束抄　〃全
一六五 一 桃花蕊葉　此中有胡曹抄等　〃全
一六六 一 小忌心葉已下図　〃全
一六七 一 蛙抄　〃全

一六八 一 衛府具 附石帯 釼ノ事 〃仝
一六九 一 濃装束勘物 公麗卿抄 〃仝
一七〇 一 年中行事装束抄 〃仝
一七一 一 仝 恒例 〃仝
一七二 一 仝 臨時 〃仝 」(9オ)
一七三 一 五節装束可那の記 永仁五年十一月ち写 壱 冊
一七四 一 下襲之事 〃仝
一七五 一 袍 均光卿編 〃仝
一七六 一 化粧已下 〃仝
一七七 一 女房裳装抄 近代物也 〃仝
一七八 一 當家着用装束鈔 唯心院御抄 〃仝
一七九 一 簾中装束抄 〃仝
一八〇 一 布衣装束抄 〃仝
一八一 一 異国絹布名目 〃仝
一八二 一 桃華蕊葉 〃仝
一八三 一 車事 〃仝
一八四 一 高倉家秘抄 雑事色目 秡萃〃仝
一八五 一 いろあひ 〃仝
一八六 一 袷帷着用時節問答 称名院問答 〃仝
一八七 一 名目抄 〃仝

一八八 一 次将装束抄 或号京極黄門装束抄 〃仝
一八九 一 業顕記 〃仝
一九〇 一 布衣抄 陽明家秘抄 〃仝
一九一 一 大納言良宗卿装束抄 〃仝
一九二 一 兵範記 〃仝
一九三 一 男女装束抄 〃仝
一九四 一 滋草拾露 公麗卿撰 扇部 下重半臂部 奴袴部 色目部 笠部 以上 〃五 冊
一九五 一 装束 以下無表紙分 濃装束、随身舞人陪縦●、先駈扈従等 写 四 冊 」(9ウ)
一九六 一 女房礼記 写 四 冊
一九七 一 修学院御幸供奉色目〃壱 冊
一九八 一 仝無題目供奉色目 〃仝
一九九 一 色目部類 〃仝
二〇〇 一 色目御抄 〃仝
二〇一 一 装束図式 板本全 仝
二〇二 一 装束拾要抄 板本全 仝
二〇三 一 無題目色目等 八冊 写 壱 括
二〇四 一 色目 小本 〃貮 冊
二〇五 一 半尻細長之亊 〃壱 冊

● 「陪縦」、「陪従」ノ誤カ。

改廿六号

二〇六 一蹴鞠部類記　写壱冊

二〇七 一雅經卿記　号革匊別記　〃全

二〇八 一蹴鞠抄　賀茂社下書云々　〃全

二〇九 一鞠之記　不知記名　〃全

二一〇 一蹴鞠不知記　〃全

二一一 一蹴鞠記　〃全

二一二 一蹴鞠繪詞　萬応二年　〃全　●「萬応」、「承応」ノ誤カ。

二一三 一遊庭抄　〃全

二一四 一蹴鞠簡要抄　〃全

二一五 一天文七年飛鳥井家蹴鞠記〃全

二一六 一衣かつきの記　貞治二年蹴鞠記〃全　」(10オ)

二一七 一蹴鞠口傳集　刑部卿頼輔卿抄上下　写壱冊

二一八 一内外三時抄　鞠場篇　上下　〃貳冊

二一九 一蹴鞠諸抄部類　〃壱冊

二二〇 一武城弦哥集抜書　〃全

二二一 一蹴鞠百首和哥　〃全

二二二 一鷹之秘書　〃全

二二三 一鷹口傳　持明院家　〃全

二二四 一鷹秘抄　〃四巻

二二五 一競馬記部類　〃壱巻

二二六 一大坪流馬藝諸注草　〃壱冊

二二七 一馬術備忘　十九条　〃全

二二八 一綱領篇　〃全

二二九 一馭馬種書　〃全

二三〇 一享保四年競馬階下勤仕之次第〃全

二三一 一雲霞集中抄　〃全

二三二 一馬書　〃全

二三三 一弓之事　〃全

二三四 一弓事　〃貳巻

二三五 一古劔之図　或古巻之写　〃壱巻

二三六 一雅房卿記　〃壱冊

二三七 一兵法秘萃巻之二　〃全

二三八 一秋霜作者分別　全

二三九 一的之書　〃全

二四〇 一掌中新刀銘盡　板本　全　」(10ウ)

二四一 一刀劔図考第二集　全　全

二四二 一古今類字銘盡　刊　全

二四三 一刀劔品定　写　全

二四四 一秋霜秘書　〃全

二四五
一本朝刀剱畧記　〃仝

二四六
一續新刀銘盡　刊仝

二四七
一鮮紛記　中下　仝

二四八
一装剣竒賞　刊三冊

二四九
一水戦法秘訣　上中下　写三冊

二五〇
一陸戦秘訣　前後　〃二冊

二五一
一立花口傳　〃三冊

二五二
一茶道具記　〃壱冊

二五三
一名香記　〃仝

二五四
一名香色々　〃仝

二五五
一人相聞書　〃仝

二五六
一方術秘書　〃仝

二五七
一文机談　〃貳冊

二五八
一古今香鑑　〃四冊

二五九
一香事　〃壱冊

二六〇
一四季香合御記　〃仝

二六一
一移鞍　〃仝

二六二
一馬鞍具足　〃三冊

二六三
一立華傳授　〃壱巻

」（11オ）

改　五拾参号

二六四
一現任地下社家僧侶補任　自寛政至安政　合本　廿三冊

二六五
一諸披露案　自文政三至仝六　四冊

二六六
一社家次第　文政二　壱冊

二六七
一地下補任　年代不詳　仝

二六八
一僧侶補任　天保二　仝

二六九
一雲井　嘉永二　仝

改廿八号

二七〇
一仁部記　写五巻

二七一
一御下知草　〃壱巻

二七二
一仁部記　〃五冊

二七三
一當家系傳弁愚勘　〃壱冊

二七四
一有職抄　〃壱巻

」（11ウ）

二七五
一兼宣公記　写仝

二七六
一表白御草中　〃仝

二七七
一陰陽抄　〃仝

二七八
一年中行事　永正一品筆　〃仝

改廿九号

二七九 一 菅家文草 刊 四冊

二八〇 一 哥枕名寄 欠本 刊 七冊

二八一 一 松屋文集 刊 二冊

二八二 一 仝 後集 欠本 刊 仝

二八三 一 儀式 刊 拾冊

二八四 一 神代巻藻塩草 刊 三冊

二八五 一 歴朝詔詞解 刊 六冊

二八六 一 神代巻 刊 貳冊

二八七 一 増補多識論 刊 仝 」(12オ)

二八八 一 哥格類選 刊 貳冊

二八九 一 稲葉集 〃 仝

二九〇 一 松の落葉 〃 五冊

二九一 一 塵添壒囊抄 〃 仝

二九二 一 釈日本紀 〃 四冊

二九三 一 日本紀纂疏 〃 貳冊

二九四 一 玉の真柱 〃 仝

二九五 一 倭漢合運指掌図 〃 仝

二九六 一 標注令義解校本 〃 六冊

二九七 一 令義解 古板 拾壱冊

二九八 一 諸家大系図 欠本 刊 拾三冊

改三拾号

二九九 一 後愚昧記 写 拾八巻

三〇〇 一 諸陵雑支注文 写 壱巻 」(12ウ)

三〇一 一 太子傳 写 壱冊

三〇二 一 清和院畧記 〃 壱巻

三〇三 一 聖徳太子傳抄 〃 貳冊

改三拾壱号

三〇四 一 愚紳草 自宝暦至安永 写 拾八冊 五巻

改三拾貳号

三〇五 一 愚紳 自宝暦至明和 中清書 写 拾冊

三〇六 一 續紳御記 写 壱冊

改三拾三号

三〇七 一 體源抄 写 廿冊

三〇八 一 古事談 續古事談 合本 写 五冊 」(13オ)

改卌四号

三〇九
一新撰一字抄　壱冊

三一〇
一自讃哥　仝

三一一
一一紙品定　仝

三一二
一伊呂波声母傳　仝

三一三
一作者部類　仝

三一四
一續作者部類　仝

三一五
一貫之集　仝

三一六
一明日香井和哥集　仝

三一七
一萬代和哥集 上下　貳冊

三一八
一宇多裳地但左理　壱冊　●「但」、「倶」ノ誤カ。

三一九
一哥刈田散形　仝

三二〇
一題　仝

三二一
一和哥秘傳書　仝

三二二
一讃岐典侍日記　仝　」(13ウ)

三二三
一霊元院御製集　參冊

三二四
一未来記雨中吟御抄　壱冊

三二五
一百人一首抄　仝

三二六
一百人一首拾穂抄 刊　仝

三二七
一詠哥大概聞書　仝

三二八
一詠哥大概　仝

三二九
一玄旨百人一首　仝

三三〇
一百人一首聞書　仝

三三一
一詠哥大概 誠光卿御筆　仝

三三二
一信明集　仝

三三三
一小倉山荘色紙和哥鈔　仝

三三四
一新百人一首　仝

三三五
一時代不同哥合　仝

三三六
一自讃哥抄　仝

三三七
一二人丸秘抄　仝　」(14オ)

三三八
一俊成卿九十賀記　壱冊

三三九
一伊勢大輔家集　仝

三四〇
一和哥御會次第　仝

三四一
一尚歯會記　仝

三四二
一連夜鵜河考　仝

三四三
一雨中吟　仝

三四四
一自讃哥　仝

三四五
一仝　仝

三四六
一百人一首色紙形　仝

三四七
一詠哥大概御講釈聞書　參冊

三四八 一百人一首　壱冊
三四九 一三部抄　仝
三五〇 一古今和哥集田舎聞書 刊 仝
三五一 一詠哥大概　仝
三五二 一夫木和哥集秘書　仝　」(14ウ)
三五三 一新撰和哥集　仝
三五四 一題叢　仝
三五五 一仝　仝

以下板本之部

三五六 一古今集　貳冊
三五七 一清輔朝臣尚歯会記　壱冊
三五八 一百人一首抄　仝
三五九 一哥枕秋乃寝覚　参冊
三六〇 一古詞類題和哥集　貳冊
三六一 一和哥分類　参冊
三六二 一五句類葉集　仝
三六三 一類字仮名遣 全　壱冊
三六四 一新撰筑波集　貳冊
三六五 一假名文字遣　壱冊
三六六 一和哥類葉集　仝　」(15オ)
三六七 一和哥まさな草 上下　貳冊
三六八 一新撰朗詠集　仝

改卌五号

三六九 一幡随意上人諸国行化傳　五冊
三七〇 一帰命本願抄要解　参冊
三七一 一父子相迎要解 上下　貳冊
三七二 一西要抄要解 上下　仝
三七三 一盆供養正説　壱冊
三七四 一円光大師盡考説　貳冊 ●
三七五 一称名感應記 帙入　仝
三七六 一専念法話 帙入　参冊
三七七 一浄業畧勤行式　壱冊
三七八 一御傳第三十二別行　仝　」(15ウ)
三七九 一円頓戒要畧　仝
三八〇 一地蔵尊感応記　仝
三八一 一日用學則　仝
三八二 一和字撰擇集　参冊
三八三 一御忌勧誘記　壱冊
三八四 一円光大師法語　仝

●「考」、「孝」ノ誤カ。

三八五 一 唯信鈔 全

三八六 一 繪詞傳翼賛 全

三八七 一 女節用集罌粟袋家宝大成 壱冊

三八八 一 庭訓往来 全

改卅六号 」(16オ)

三八九 一 渡部 上下 写本 貳冊

三九〇 一 武列傳 或曰武勇列女傳 壱冊

三九一 一 吉野拾遺物語 全

三九二 一 秉燭譚 全

三九三 一 釈親考 全

三九四 一 今昔物語 繪入上中下 合本三冊

三九五 一 華夷通商考 壱冊

三九六 一 門跡傳 貳冊

三九七 一 十訓抄 全

三九八 一 蜻蛉日記 参冊

三九九 一 類書目録 壱冊

四〇〇 一 国書目録 全

四〇一 一 狂言田舎操 小本 全

四〇二 一 梅品 小本 貳冊

四〇三 一 日本長暦 写本 全

四〇四 一 年代記 宝永年間 写本 壱冊 」(16ウ)

改卅七号

四〇五 日野家 一 輝資卿御筆記 写 壱括

四〇六 一 資勝卿 ―― 全

四〇七 一 弘資卿 、、、、 全

四〇八 一 光慶卿 、、、、 全

四〇九 一 資時卿 、、、、 全

四一〇 一 輝光卿 、、、、 全

四一一 一 資茂卿 、、、、 全

四一二 一 資矩卿 、、、、 全

四一三 一 年中御祝儀次第 写 全

四一四 一 社寺縁起 〃全 」(17オ)

四一五 一 権中納言資凞卿記 寛文十二年 自正月至二月七日 壱巻

以上

改卅八号

四一六 一 即位弁貫首事 壱冊

一 四一七 吉日考秘傳 全
一 四一八 安部懐中傳暦 五冊合 壱冊
一 四一九 職原抄 上巻 全
一 四二〇 雑々 全
一 四二一 加階雲乱書 全
一 四二二 消息案 全
一 四二三 聖徳太子憲法 全
一 四二四 巻数集 全
一 四二五 外題 上字 節用集欤 全 」(17ウ)
一 四二六 名目抄 全
一 四二七 秘抄 全
一 四二八 公武大躰 全
一 四二九 帝王以下大臣名 全
一 四三〇 公卿補任 観応ヨリ応永ニ至ル 全
一 四三一 江談抄 欠本 全
一 四三二 伊勢物語注 欠本 全
一 四三三 御八講散状 大永八年 壱通
一 四三四 法相宗相承血脈次第 壱冊

改三拾九号

一 四三五 類聚三代格 写本 七冊
一 四三六 令義解 倉庫 医疾 壱冊
一 四三七 令書聞書 全
一 四三八 関市令義解 刊 全 」(18オ)
一 四三九 衛禁律 壱冊
一 四四〇 本朝月令 全
一 四四一 令解新抄 全
一 四四二 令會談聞書 四冊
一 四四三 東寶記 全

改四拾号

一 四四四 室町家日用雑記 写 貳冊
一 四四五 御懺法講記 壱冊
一 四四六 文章不足口傳抄 全
一 四四七 太元御修法記 全
一 四四八 公武大躰畧記 全
一 四四九 樗嚢抄 第七十三 全
一 四五〇 清和院霊法縁起目録 全
一 四五一 新猿楽記 全 」(18ウ)
一 四五二 諷誦旧案 全

四五三
一真俗交談記　全

四五四
一大判事章茂消息　全

四五五
一年中御盃次第　全

四五六
一年代雑記　全

四五七
一綸旨抄　全

四五八
一薩戒記消息　全

四五九
一無量寿院傳　全

四六〇
一宣下抄　全

四六一
一五位蔵人
奏慶従事次第　全

四六二
一蔵人右大弁拝賀便記　全

四六三
一弁官拝賀奏吉書次第　全

四六四
一俊矩記　全

四六五
一宗建卿部類目録　全

四六六
一加茂社寄附書目録　全」（19オ）

四六七
一如是院年代記　壱冊

四六八
一禁中當時年中行事　全

四六九
一内宮書籍目録　全

四七〇
一徽典館書籍目録　全

四七一
一待賢陽明等門退出儀　全

四七二
一両局注進拝賀着陣記　全

四七三
一禁好集　全

四七四
一貫首拝賀次第　全

四七五
一弁官拝賀次第　全

四七六
一諸家傳目録　全

四七七
一風土記　貳冊

四七八
一弁官類要之草　壱冊

四七九
一達幸故実抄目録　全

四八〇
一書史畧　全

四八一
一世俗立要集　全」（19ウ）

四八二
一大化抄　全

四八三
一諱訓抄　全

四八四
一大風年々　全

四八五
一天書記　四冊

四八六
一桂林遺芳抄　壱冊

四八七
一厨事類記　貳冊

四八八
一歴代名士代　全
●「歴代名士代」、「歴名土代」ノ誤カ。

四八九
一簾中抄　全

四九〇
一上卿故実　壱冊

四九一
一松陰拾葉　全

四九二
一新撰字鏡　全

一 四九三 類聚貫首秘抄 全
一 四九四 職事雑支抄 全
一 四九五 官職難儀 全
一 四九六 蜑藻屑 全」（20オ）
一 四九七 新任弁官抄 写 壱冊
一 四九八 駿牛繪詞 全
一 四九九 釈家官班記 全
一 五〇〇 通用古紙 下 全
一 五〇一 功格図式 全
一 五〇二 養實服暇勘例 全
一 五〇三 正寝勘物 全
一 五〇四 申文簡要抄 全
一 五〇五 秘府畧 貳冊
一 五〇六 法中初例抄 壱冊
一 五〇七 法曹類林 全
一 五〇八 東大寺奴婢籍帳 全
一 五〇九 冨家語談 全
一 五一〇 夜鶴庭訓抄 全
一 五一一 綸旨抄 全」（20ウ）
一 五一二 下知草 全

一 五一三 宣記 全
一 五一四 康親卿記 全
一 五一五 爲適卿記 全
一 五一六 李部王記 全
一 五一七 菅贈相国御記 全
一 五一八 公清公記 全
一 五一九 和漢合運抜要 全
一 五二〇 十七箇条 全
一 五二一 宗顕朝臣記 全
一 五二二 定誠公記 全
一 五二三 定和卿記 全
一 五二四 家光卿記 全
一 五二五 都玉御記 全
一 五二六 例幣部類記 全」（21オ）
一 [五〇七] 参議拝賀部類 壱冊

●四角デ囲マレタ数字ヲ[ ]デ示ス。以下同。

一 [五〇八] 内侍所神鏡事 全
一 [五〇九] 先考御拝賀部類 全
一 [五一〇] 春日祭部類 全

改四拾壱号

一 [五一一]前権大納言資廉卿記 壱 箱 四十冊
自元禄四年
至仝 十六年
外ニ御東向道中記弁書類追目録可載
五十四点

改四拾貳号

一 (五一二)懐風藻 壱 冊

●楕円デ囲マレタ数字ヲ( )デ示ス。以下同。

一 (五一三)經國集 残篇 仝
一 (五一四)凌雲集 仝
一 (五一五)文華秀麗集 仝
一 [五一六]鐘銘 貳 冊

」(21ウ)

改四拾三号

一 [五一七]缺本日本後記 写本 六 冊
一 (五一八)五代帝王物語 〃壱 冊
一 (五一九)新撰姓氏録抄 〃仝
一 (五二〇)三代 建久 文永 寛喜 制符 仝 仝
一 (五二一)造内裏段銭弁国役引付 写 仝
一 (五二二)江記 寛治四 十一 伊勢公卿勅使 〃仝
一 (五二三)玄記 寛治四 十二 〃仝
一 (五二四)師実公家司記 〃仝
一 (五二五)中内記 保延七 〃仝
一 (五二六)政顕卿記 文明十八 〃仝
一 (五二七)公条実胤 親綱 首 貫主拝賀次第 〃仝 ○
一 (五二八)永和一品参議大弁拝賀着陣記 〃仝

」(22オ)

一 五二九 本朝麗藻 下巻 壱 冊
一 五二〇 本朝無題詩集 参 冊
一 五二一 都氏文集 壱 冊
一 五二二 江吏部匡衡文集 仝
一 五二三 作文大躰 仝
一 五二四 亀虎道人文集 仝
一 五二五 歴朝叡藻 上中下 菅原在家卿編 仝
一 五二六 和漢朗詠集 仝
一 五二七 長恨哥 仝
一 五二八 百番詩合 仝
一 五二九 公宴詩哥 仝
一 五三〇 詩懐紙後花園已下写 仝
一 五三一 貞治四年詩懐紙寫 仝
一 五三一 八景詩 仝

一 五三三 同類聚 全 」(22ウ)
一 五三四 六位侍中要 已下写 壱 冊
一 五三五 改名欵状写 全
一 五三六 勘策考 全
一 五三七 円融院御受戒記 全
一 五三八 後宇多院勅書案 全
一 五三九 僧綱補任 寿永二 元暦二、元 全
一 五四〇 釈家官班記 全
一 五四一 門葉記抜萃 貳 冊
一 五四二 釈氏往来 上下 壱 冊
一 五四三 謚号纂 全
一 五四四 有職抄 全
一 五四五 後勘有職抄抜萃 全
一 五四六 参語集 全
一 五四七 東齊随筆 全
● 「齊」、「齋」ノ誤カ。
一 五四八 言談抄 全 」(23オ)
一 五四九 永和二品 忠光 卿 殿下奏慶扈従記 壱冊
一 五五〇 拝賀部類 文明十一、二 長奥宿祢記 壱 巻
● 「長奥」、「長興」ノ誤カ。
一 五五一 中院中納言通胤卿奏慶記 全
一 五五二 親元日記 壱 冊

一 五五三 随身三上某記 全
一 五五四 大江俊幹記 自天明九 至寛政十 全
一 五五五 大江俊矩記 自文化十三 至仝十四 六 冊
一 五五六 新嘗祭記 壱 冊
一 五五七 宝永六年遷幸公澄卿記 全
一 五五八 宝永 寛政 遷幸御記 全
一 五五九 乾元二年加茂祭社記 全
一 五六〇 日吉神輿入洛記 全
一 五六一 三槐荒涼鈔 全
一 五六二 御膳供晋次第 全
一 五六三 玉食供進鈔 全 」(23ウ)
一 五六四 勅撰桃蘂篇 全
一 五六五 相撲立詩哥 全
一 五六六 桂大納言 光頼 卿 家集 全
一 五六七 従一位實重公集 百首 全
一 五六八 官本目録 全
一 五六九 信西入道書籍目録 全
一 五七〇 医書 寛正五年 全
一 五七一 金瘡書 全
一 五七二 本草類篇選日本勅號記 壱 冊 」(24オ)

改四拾四号

五七三 一 三節會備忘 壱冊
五七四 一 近代羽林四節要 全
五七五 一 滋草拾露節會 全
五七六 一 定和卿記 全
五七七 一 豊明節会備忘 貳冊
五七八 一 辰日節会次第 納言要 壱冊
五七九 一 仝 別本 全
五八〇 一 巳日 全
五八一 一 御酒勅使作法 全
五八二 一 大臣名 全
五八三 一 無題 節会次第 全
五八四 一 久我信通公記 全
五八五 一 節會 入御期已下書付三包 壱括
五八六 一 備忘 豊明 壱冊 」(24ウ)
五八七 一 節會書類 御自筆類 壱括
五八八 一 甲子甲合記 壱冊 ●「甲合」、「革令」ノ誤カ。
五八九 一 革命記 全
五九〇 一 元秘抄 全
五九一 一 元秘別録 全

五九二 一 改元定并申詞 全
五九三 一 資定一品改元御記 全
五九四 一 改元定記 全
五九五 一 三革年表 全
五九六 一 三革説 全
五九七 一 姉言御記 全
五九八 一 改元記 拾九冊
五九九 一 亀鏡抄 壱冊
六〇〇 一 改号新抄 全
六〇一 一 猪熊殿御記 全 」(25オ)
六〇二 一 明暦四年改元記 壱冊
六〇三 一 改元定記 全
六〇四 一 改元部類 全
六〇五 一 改元部類 参冊
六〇六 一 改元字抄 壱冊
六〇七 一 革暦類 参冊
︵六〇八 一 革暦類一、九、十一、十二合本 拾三冊 ●鼇頭ノ山形ハ朱筆。六〇九ガ欠番デアルコトヲ示スカ。
六一〇 一 廣光卿記 壱冊
六一一 一 改元定申沙汰愚誌 全
六一二 一 慶安度 全

六一三 一改元部類　全

六一四 一元号日野家勘進之字　全

六一五 一葉賢卿記抜書　全　●「葉」、「業」ノ誤カ。

六一六 一年号字類抄　全

六一七 一後往生院左府記　全　」(25ウ)

六一八 一資凞卿記　全

六一九 一光雄卿記　全

六二〇 一隆前卿記　全

六二一 一輝資卿記　全

六二二 一宗顕朝臣記　全

六二三 一左大弁經逸卿記　全

六二四 一寛文六年日記　実教卿御筆　全

六二五 一明暦元度　全

六二六 一国解　寛文 延宝　二冊

六二七 一改元勘例　壱冊

六二八 一當家改元雑抄　上　全

六二九 一改元年号勘文難陳記　全

六三〇 一勘申　無表紙　貳冊

六三一 一温旧知新　壱冊

六三二 一勘　改元　全　」(26オ)

六三三 一改元部類　壱冊

六三四 一革令革命定詞并難陳備忘　全

六三五 一當家改元便覧　全

六三六 一改元定申沙汰雑誌　全

六三七 一辛酉革命改元申沙汰備忘　全

六三八 一改元職事要　全

六三九 一安政難陳詞　全

六四〇 一御日次案抜萃　全

六四一 一天保難陳　全

六四二 一定文　奏聞次第　全

六四三 一改元部類記　目六 少　全

六四四 一勘者　宣下次第已下無表紙　五冊壱括

六四五 一正房卿記　壱冊

六四六 一改元定次第書付　巻物并無題等　壱括　」(26ウ)

改四拾五号

六四七 一白馬節会諒闇年留節会支月雨儀事　壱冊　●「月」、「同」ノ誤カ。

六四八 一白馬節会部類　全

六四九
一　節會部類　全

六五〇
一　節会部類記　全

六五一
一　十六日節会次第　全

六五二
一　節会物召口傳　全

六五三
一　節会愚勘　全

六五四
一　節会参議要　全

六五五
一　三節会雜例　全

六五六
一　節會弁要　全

●「節」、「節」ノ書損ジニ重書シタ後、右傍ニ追記。

六五七
一　節会備忘　日野資矩卿 寛政二年四　全

六五八
一　節会職事要　全

六五九
一　節会次第部類　黒罫紙十行本　全

六六〇
一　節会別勘滋露拾草之内　全

」（27オ）

六六一
一　三節納言弁要　壱　冊

六六二
一　節会次第雜々　全

六六三
一　四節会納言内弁次第弁備忘　壱包

六六四
一　節会図　九葉　全

六六五
一　四節会図　四　冊

六六六
一　三節巳下饗膳之図　壱　巻

六六七
一　光栄公記　壱　冊

六六八
一　正保五年三節　全

六六九
一　四節會次第　全

六七〇
一　三節会職事要　全

六七一
一　節會次第　貳　帖

六七二
一　三節御膳供進次第　壱　帖

六七三
一　節會職事要　全

六七四
一　元日　大納言内弁要等　壱　冊

六七五
一　元日節会参議要　全

」（27ウ）

六七六
一　元日節会　重本　全

六七七
一　四方拜元日節会　全

六七八
一　元日節会次第　納言要　全

六七九
一　元日節会弁要　全

六八〇
一　節会笏紙　元日蹈哥 豊明　三　包

六八一
一　白馬節会奉行雜々日記　壱　冊

六八二
一　白馬節会次第　中山大納言康親卿　壱　帖

六八三
一　康親卿記　壱　冊

六八四
一　光胤朝臣記　全

六八五
一　清胤卿記　全

六八六
一　青馬宴節会申沙汰雜誌　全

六八七
一　白馬宴会備忘　全

六八八
一　白馬次第　実煕卿 （参議要）　全

六八九 一 白馬節會次第 (公敦公) 寛正六年 全
六九〇 一 白馬節會記 全 」(28オ)
六九一 一 家熈公白馬次第 壱冊
六九二 一 白馬節会次第 全
六九三 一 節會 私次第外二冊 合壱括
六九四 一 踏哥節会略 壱冊
六九五 一 踏哥節会次第 家熈卿 全
六九六 一 踏哥節会申沙汰雑誌 全
六九七 一 四方拝申沙汰条々 全
六九八 一 元日節会出御 壱括
六九九 一 元日平坐次第 壱冊
七〇〇 一 節会 納言要 全
七〇一 一 白馬節会申沙汰留 全
七〇二 一 白馬宴申沙汰記 全
七〇三 一 踏哥節会次第 宣胤次第 全
七〇四 一 踏哥節会當日備忘写 全
七〇五 一 新嘗祭豊明宴参仕備忘 全 」(28ウ)
七〇六 一 書類 六包 壱括
七〇七 一 踏哥節会私記 宝厂十二 壱冊

改四拾六号

七〇八 一 左經記 壱冊
七〇九 一 中右記 全
七一〇 一 心記 全
七一一 一 公衡公記 全
七一二 一 後愚昧記 全
七一三 一 親長卿記 全
七一四 一 宣胤卿記 全
七一五 一 後中記 全
七一六 一 凶事部類 全
七一七 一 和長卿記 貳冊
七一八 一 秀房卿記 壱冊 」(29オ)
七一九 一 基量朝臣記 壱冊
七二〇 一 定誠公記 全
七二一 一 不知記 延宝凶事 全
七二二 一 宗顕公記 全
七二三 一 北面景慶記 全
七二四 一 長義朝臣記 全
七二五 一 重豊卿記 全
七二六 一 頭中将隆望朝臣記 貳冊

一　七二七　不知記　宝广凶事　壱冊
一　七二八　倚廬渡御還御　遺詔奏　全
一　七二九　諒闇和抄　全
一　七三〇　諒闇装束　愚紳　全
一　七三一　諒服抄　全
一　七三二　素服抄　全
一　七三三　凶服部類　全」（29ウ）
一　七三四　吉事次第　全
一　七三五　警固々関等次第　全
一　七三六　桜町院卅三回聖忌　御法会申沙汰雑誌　全
一　七三七　永正記　全
一　七三八　服忌書類　四冊
一　七三九　凶事雑々書類　六冊
一　七四〇　弘化三年凶吏雑々書類　壱括
一　七四一　仝四年新朔平門院凶吏書類　壱括
一　七四二　服紀令　壱冊
一　七四三　類聚服假雑穢抄　全
一　七四四　服假雑穢畧抄　神祇道服紀令　全

●「祇」、「祇」ノ誤。

改四拾七号
一　七四五　重條朝臣記　上中下　已下写　参冊
一　七四六　臨時祭部類　貳冊」（30オ）
一　七四七　官局記　壱冊
一　七四八　大外記師資朝臣記　全
一　七四九　出納職厚朝臣記　全
一　七五〇　六位蔵人記　全
一　七五一　石清水臨時祭次第　全
一　七五二　満基公記　全
一　七五三　新造内裏遷幸申沙汰雑誌　全
一　七五四　遷幸弁新内裏諸次第　全
一　七五五　例幣弁要　全
一　七五六　春日祭弁要　全
一　七五七　遷幸申沙汰記　貳冊
一　七五八　賀茂臨時祭儀　壱冊
一　七五九　備忘　南祭　石清水　貳冊
一　七六〇　石清水臨時祭　壱冊
一　七六一　放生會次第　全」（30ウ）
一　七六二　剱璽渡御記　全
一　七六三　小忌弁要　全

七六四 一 臨時祭 全
七六五 一 加茂祭當日備忘 全
七六六 一 放生会弁要 全
七六七 一 賀茂祭申沙汰記 全
七六八 一 石清水臨時祭図類 全
七六九 一 賀茂 全 図類 全
七七〇 一 春日祭申沙汰記 全
七七一 一 仝 私記 全
七七二 一 修学院御幸申沙汰記 全
七七三 一 春日祭弁備忘 全
七七四 一 賀茂傳奏雑誌 全
七七五 一 延元元年内侍所御神楽次第 全
七七六 一 内裏炎上之例 全

」(31オ)

七七六 一 旬御装束 壱 冊 ●「七七六」、前項ト重複。
七七七 一 近代御遷幸部類 全
七七八 一 寛政御遷幸之記 坤 全
七七九 一 仝 記 別本 全
七八〇 一 上皇輔実公亭御幸次第 全
七八一 一 北祭舞人備忘 全
七八二 一 社頭備忘 全
七八三 一 無題 舞人備忘歟 全
七八四 一 行幸行列次第 全
七八五 一 伊勢神宮書類 壱括十二冊
七八六 一 仝 壱括三 冊
七八七 一 次第書類 壱括十三冊
七八八 一 内侍御遷幸供奉吏 壱 冊
七八九 一 皇太子御元服之記 全
七九〇 一 遷幸御幸吏 全

」(31ウ)

七九一 一 無題行列 全
七九二 一 仝 壱 巻

改四拾八号

七九三 一 御即位部類 九、十欠九 冊
七九四 一 御即位調度文安図 壱 冊
七九五 一 御即位記 保元三年 頼業記 全
七九六 一 御即位部類記 全
七九七 一 御即位別記 屮案 全
七九八 一 御即位申沙汰愚記 全
七九九 一 御即位間条々 全
八〇〇 一 御即位式 全

八〇一 一御即位一支地下交名　全

八〇二 一御即位親王代部類　全　」(32オ)

八〇三 一寛文式　壱冊

八〇四 一永享即位式　全

八〇五 永 ○ 一寛文七年即位記　全

八〇六 一不知記 寛文即位　全

八〇七 一登極見聞私記　全

八〇八 一御即位同列記　全

八〇九 一定功朝臣記　全

八一〇 一天祚職掌録　全

八一一 一仝 増補上　全

八一二 一明和正親町公明卿日記　全

八一三 一明和八年礼服御覧次第　全

八一四 一仝年御即位日記　全

八一五 一即位職支要　全

八一六 一即位雑例 愚紳　全

八一七 一寛永礼服御覧次第　全　」(32ウ)

八一八 一明治元年御即位當日旧儀 御
参勤　壱冊

八一九 一礼服類聚　全

八二〇 一御即位由奉幣
礼服御覧 御即位　図 壱葉

八二一 一礼服御覧次第　壱冊

八二二 一御譲位次第　全

八二三 一御即位次第 貞享　全

八二四 一御即位之次第　全

八二五 一御即位畧次第　全

八二六 一御即位 延享四　全

八二七 一即位次第 寛政　全

八二八 一御譲位次第 寛永　壱巻

八二九 一御即位擬侍従次第　壱冊

八三〇 一由奉幣次第　全

八三一 一御禊行幸鹵簿　全　」(33オ)

八三二 一御即位年代留　壱冊

八三三 一座主宣下御例抜書　全

八三四 一宝暦十三年御即位 已下　四冊 壱括

八三五 一明和八年御即位 已下次第　六冊壱 括

八三六 一文化十四年御即位備忘以下　七冊壱 括

八三七 一弘化四年御即位次第 已下 五冊壱 括

八三八 一 御即位大床子不用交名已下留書 五枚 壱括

八三九 一 享保次第 御即位 壱 帖

八四〇 一 御即位次第 無叙位義 仝

八四一 一 御即位繪図 十五葉壱 括

改四拾九号

八四二 一 連哥事 壱 冊

八四三 一 當流哥之会作法 仝 」(33ウ)

八四四 一 紹吒〻〻抄 何人山何 仝

八四五 一 和哥作例言葉 仝

八四六 一 哥枕名寄 仝

八四七 一 聞書 仝

八四八 一 連哥新式 仝

八四九 一 和哥潅頂秘密抄 仝

八五〇 一 せ幾屋 仝

八五一 一 山本乃秋 仝

八五二 一 心敬法師庭訓 仝

八五三 一 耳底記抜書 仝

八五四 一 連哥言葉 仝

八五五 一 十問最秘抄 仝

八五六 一 烏鬣松山家記 仝

八五七 一 和哥秘抄 仝

八五八 一 宗碩 仝 」(34オ)

八五九 一 瑑老聞書 壱 冊

八六〇 一 朝阿 仝

八六一 一 和漢々和千句 仝

八六二 一 匠材集 第一 仝

八六三 一 二条摂政一紙品定 仝

八六四 一 誹諧 法華題意 仝

八六五 一 賦物抄 仝

八六六 一 新式追加并今案等 仝

八六七 一 四十二乃物あらそひ 仝

八六八 一 雪碩両吟千句 仝

八六九 一 宗祇源氏物語不審抄 仝

●「祇」、「祇」ノ誤。

八七〇 一 源氏物語五千字 仝

八七一 一 作例部類 仝

八七二 一 暁山集 刊 仝

八七三 一 哥枕露乃よす賀 三 冊 」(34ウ)

一 八七四 薗塵 貮冊
一 八七五 壁草 下 壱冊
一 八七六 古今 仝
一 八七七 抄出古今集哥枕 一 仝

改五拾号

一 八七八 禮儀類典目録 壱冊
一 八七九 仝 恒例 三冊
一 八八〇 仝 拝賀 仝
一 八八一 仝 御元服 壱冊
一 八八二 仝 御譲位 合本 壱冊
一 八八三 御譲位部類記 仝
一 八八四 成恩寺関白息良忠卿 元服記 仝
一 八八五 大理秘記 三冊
一 八八六 譲国式 壱冊 」(35オ)
一 八八七 中院亜槐通冬卿日記目録 壱冊
一 八八八 仝通茂卿七十賀記 仝
一 八八九 不知記 正元一、御幸始 仝
一 八九〇 光廣卿記 仝

改五拾壱号

一 八九一 大和志 刊合本 貮冊
一 八九二 摂津志 刊 壱冊
一 八九三 和泉志 〃 仝
一 八九四 河内志 〃 仝
一 八九五 平安帝都記 偽書也 仝
一 八九六 時頼入道人国記 仝
一 八九七 心筑紫 仝
一 八九八 異国犯我国古叓 屮 仝
一 八九九 黒船入津雑記 嘉永六年 仝 」(35ウ)
一 九〇〇 異国物語 仝
一 九〇一 泰西地震記 仝
一 九〇二 出雲風土記 仝
一 九〇三 伊勢風土記 仝
一 九〇四 東国獣狩実記 仝
一 九〇五 日本古今城主 仝
一 九〇六 日光山名跡志 刊 仝
一 九〇七 大日本順路明細記 刊 仝
一 九〇八 道中獨案内図 〃 一枚
一 九〇九 内宮外宮御秘銘論 壱冊

九一〇
一稲荷大明神縁起　全

九一一
一八幡大菩薩縁起　全

九一二
一寛永廿年親王石山寺渡御記　全

九一三
一吉野山水菴日記　全

九一四
一霊源寺由来　全

」（36オ）

九一五
一松岡東慶寺考　壱冊

九一六
一當广曼荼羅縁起　全

九一七
一佛陀寺地蔵縁起　全

九一八
一蓮花寺縁起　全

改五拾貳号

九一九
一日本霊異記　板合本　壱冊

九二〇
一法華品釈　写　全

九二一
一聴書　〃　全

九二二
一多々良問答　板　全

九二三
一止由氣之御霊　〃　全

九二四
一清輔朝臣尚歯会記　重本　全

九二五
一百寮訓要抄　〃　全

九二六
一名目鈔　刊　全

九二七
一日本未来記　〃　全

」（36ウ）

改二拾七号

1　一鳳笙譜　壱冊

2　一夜鶴庭訓抄　全

3　一五節郢曲譜　全

4　一残夜抄　全

5　一周侖金玉抄　全

6　一安永御遊記　全

7　一神樂催馬樂註　全

8　一琵琶合記　全

9　一朗詠集　全

10　一胡琴教録　全

11　一御遊儀　全

12　一殿上神樂譜　壱巻

13　一龍笛譜　壱冊

14　一鳳管譜　全

」（37オ）

一古文孝經標註　壱冊

一十七箇条　壱巻

一人丸影供記　全

一宣旨目録　二巻　壱括

一消息類聚　愚紳　壱括

一長門国分寺文書写　仝
一応永八年行幸次第　仝
一丹波風土之事　壱巻
一伊勢神領之事　壱括
一譲状之寫　仝
一神妙四印　壱冊
一中臣秡　仝
一自讃哥　仝
一聯日稿　仝
一諸記録留書等　壱括　」(37ウ)
15| 一龍吟譜　壱冊
16| 一龍笛要録　仝
17| 一竜笛譜　仝
18| 一宴曲譜　仝
19| 一鳳管畧譜　仝
20| 一琵琶譜　仝
21| 一仝　横本　仝
22| 一龍笛要録譜　仝
23| 一竜笛仮名譜　仝
24| 一龍笛譜　三冊

25| 一仝　小本　二冊
26| 一仝　折本　壱帖
27| 一仝　美本　帙入　二冊
28| 一竜笛残樂案譜　壱冊
29| 一蘓合香譜　仝　」(38オ)
30| 一笛譜　猿楽　壱冊
31| 一竜吟畧譜　壱帖
32| 一和琴譜　壱冊
33| 一箏譜　壱帖
34| 一樂譜　無表紙　壱括
35| 一仮名樂譜　仝　壱括
36| 一音樂目録　笙竹之次第　合本　壱冊
37| 一竜笛要録譜　壱括
38| 一音樂目録　壱冊
39| 一黄鐘調　壱帖
40| 一壹越調　六冊
41| 一樂譜　傳授等　壱包
42| 一雲井調　尺八　壱冊　」(38ウ)

第二部

古代の官撰史書・儀式書の写本作成
――「壬戌歳戸籍」の紙背利用を通して――

田島　公

はじめに

日本の古代国家、とりわけ大宝令によって成立したとされる律令国家は、律令（『大宝律令』・『養老律令』）・格式（『弘仁格式』・『貞観格式』・『延喜格式』の三代の格式）及び儀式（『内裏式』、『内裏儀式』、『弘仁儀式』・『貞観儀式』・『延喜儀式』の三代の儀式ほか）などに則り、少くとも十世紀中頃までは国政の運営を行ってきた。また、官撰の国史、すなわち『日本書紀』以降、『日本三代実録』までの六国史（正史）は、律令国家に、国家としての正統性を付与すると共に、菅原道真が六国史を分類し再編した『類聚国史』のその後の利用に象徴されるように、古代国家の先例集でもあった。

こうした刑法・行政法・法律書、附則・追加法令、行政細目（マニュアル）など関係のある法令集や、先例集としての六国史などは、律令国家（中央政府）によって宮内や京内の中央官司、大宰府や五畿七道諸国の国府などの地方官衙に配布された。例えば、国司交替時の解由状の授受をめぐる紛議が起きた際の裁定基準を示すため、延暦二十二年（八〇三）二月二十五日に奏上された『延暦交替式』一巻の謹奏の文言には、「勒成二一軸一、名曰二撰定交替式一。伏望、仰二畿内・七道朝集使一、各寫二一本一、藏二之府庫一。庶令下二諸國一遵奉以不レ失、使司勘據而無ㇾ疑」とあり、畿内・七道諸国の朝集使に命じて、『延暦交替式』をそれぞれ一本書写させ、これを「府庫」（国府の文倉か）に収蔵させたことが知られる。更には郡家などの地方官衙レベルにも、全てのセットではないものの、律令格式など一部の関連法規や先例の書は配布され、官人たちに利用されていたものと想定される。一方、太政官機構を構成する参議以上の議政官や弁官などを経験する実務官僚の一部には、上記の官撰の法令集・規則集や先例集としての正史を、個人的に所持していた者も存在したと想定される。こうした律令国家を運営するための規則・先例の写本類は、総数で言えば、相当数の部数（セット）が中央政府（朝廷）により書写されて、各官司等に下賜され、常備されたと想定される。

しかし、これらの写本が、具体的にどこで、どのように書写されていたのかは、殆ど検討されていない。例えば、使用された料紙だけでも相当量がなければならないが、それらがどこから調達されたのかもわかっていない。

私は、九条家本『延喜式』の写本解題を執筆するため、吉岡眞之氏を研究代表者とする科学研究費の報告書に収載した『延喜式』の伝来の研究[1]を再検討する過程で[2]、かつて小倉慈司氏よりご教示いただいた中世後期の史料の中に[3]、この問題を解決する糸口を見出した。同時に、長年、日本古代史上の課題で、議論がありながら解決できなかった『続日本紀』の一部の写本に見える「壬戌歳戸籍」の問題に関して、この戸籍はいつの戸籍なのか（壬戌歳の造籍とは何年だったのか）[4]を解明する記述を、史料中に見出した。以下、先ずはその史料を紹介した上で、右記の諸問題に関して検討を加えることにする。

一　天理大学附属天理図書館所蔵『禮服制』所載「礼服制」の書誌

フランク・ホーレー（Frank Hawley）氏の蒐集した宝玲文庫旧蔵で、史料を収めた帙の題籤に[5]「九條家旧儲」と記される天理大学附属天理図書館所蔵『禮服制』一軸[6]は、礼服に関する規定を儀式書・故実書等から書き抜きしたもので、後述するように室町後期の写本である。私は、二〇一四年四月二十八日、同図書館にて、吉岡眞之氏と共に原本の熟覧を行ったので、以下、その時の調査をもとに、その書誌を述べることにする。

本書の見返しは、その中程と下辺は後補のものであるが、上辺部（最大長、幅二八・一cm、最大の高さ一一・〇cm）は当初のものが残っており、外題として「礼服制　延□〔喜カ〕□」とある。料紙は全七紙で、法量は、高さが、第五紙と第六紙の紙継目部分、更に第七紙の軸付き部分が二八・二cmである他は、それぞれ二八・一cmである。そして、紙の長さ（最大長）は、各紙、以下の通りである。

第一紙　四一・七cm
第二紙　四四・四cm（第一紙との糊代部分〇・三cmを含む）
第三紙　四四・四cm（第二紙との糊代部分〇・三cmを含む）
第四紙　四四・四cm（第三紙との糊代部分〇・二cmを含む）
第五紙　四三・九cm（第四紙との糊代部分〇・三cmを含む）
第六紙　四〇・六cm（第五紙との糊代部分〇・二cmを含む）
第七紙　二三・七cm（第六紙との糊代部分〇・三cm及び直径二・二cmの軸に巻き付いた料紙六・九cmを含む）

その内、第一紙から第六紙までが、もともとからあったものであり、後述するように、第六紙の奥に記された識語から、『禮服制』は永正十六年（一五一九）に書写されたことが知られる。これらの料紙は、寛永二十年（一六四三）に修補をした際に、紙継目を一旦、外したと思われ、もとのように料紙を繋ぎ戻す際に間違わないために、第一紙から第六紙の各紙の左端、紙継ぎ目付近の天の部分に、それぞれ「一」・「二」・「三」・「四」・「五」・「六丁終」と小字で墨書がなされている。そして、第七紙は、寛永二十年の修補の際に付けられたもので、修補の識語が記されている。

識語部分を除いた本書の構成を述べると、以下の通りである。

礼服制　延喜○式第六載之。
袞冕天子十二章、（中略）
（三行空白）
（北山抄）
北山云、着㆓礼服㆒次第、

先着烏帽攬鬢、（中略）
女礼服、（中略）
（西宮記）
西宮本書云、一、朝拜、
天皇服ニ袞冕十二旒一、（中略）
一、天皇即位、同上、御服、（中略）
童形御服、（中略）
女帝御服、（中略）
皇后御服、（中略）
江次第云、衞府將佐巻纓、（中略）
近衞次將、（中略）
故殿御消息、　女房礼服、（中略）
（三行空白）
延喜式巻卌五
左近衞府、右近衞府准此、
（朱）
「大儀」大儀、謂元日即位及受蕃國使表、
（中略）
凡十八日賭射々手官人近衞惣十八、必備將監、當日録交名奏聞、
（五行空白）
儀式巻第五　延喜
（篇目略）
（一行空白）
儀式巻第六　延喜
（篇目略）
（以下、大外記中原師象の書写識語、権大外記中原師定の修理識語）

これらを内容から分類すれば、

①「礼服制　延喜○式第六載之」（第一紙～第二紙）
②（i）「北山云」・（ii）「西宮本書云」・（iii）「江次第云」・（iv）「故殿御消息」（第二紙～第三紙）
③「延喜式巻第卌五」（第三紙～第五紙）
④「儀式巻第五　延喜」・「儀式巻第六　延喜」の儀式の篇目部分（第六紙）

の四つに分けられ、それぞれの間は、数行の空白があり、見た目にもその区別がわかる。

先ず冒頭の、「延喜○式第六載之」と注記された①「礼服制」は、『延喜式』巻六　斎院司式には同文はなく、後述するように、現在、伝えられている『儀式』第六「礼服制」とほぼ同文である。一般に、『儀式』は『貞観儀式』とされるので、この部分は『貞観儀式』巻六「礼服制」の本文である可能性がある。但し、詳しく見ると、後で本文を翻刻したように、現行の『儀式』とは一部、異なる部分もあり、『本朝法家文書目録』（『続々群書類従』第十六　雑部）や右に述べた本書『禮服制』の最後の④に篇目のみ引用される『延喜儀式』巻六「礼服制」の逸文である可能性も否定でない。とりわけ、「延喜○式第六載之」の右側が、文字のギリギリから虫損で欠けていること、注意深く見ると、「延喜式」の「喜」と「式」との間、左脇には挿入符と思われる「○」が存在することから、もともと「延喜○儀式第六載之」とあったと思われ、そうすると、「延喜儀式第六載レ之」の意味であり、①「礼服制」は『延喜儀式』第六「礼服制」に収載された規定の抜書を示すということを意味していたと考えた方がよさそうである。従って、

①「礼服制」は逸文しか知られていない『延喜儀式』の可能性も十分ある。もしそうであるとすると、この部分は、近世の新写本すら存在せず、未完成に終わったとの説もある『延喜儀式』[7]の貴重な逸文ということになる。①「礼服制」は、『儀式』（『貞観儀式』）または『延喜儀式』からの抜書という、両説をここでは挙げておく。

次に②(ⅰ)「北山云、着礼服次第」として、藤原行成撰『北山抄』巻第五　践祚抄　即位事より引用の部分があり[8]、次いで(ⅱ)「西宮本書云、一、朝拜、（中略）一、天皇即位、（中略）」として、源高明撰『西宮記』第二巻（臨時三）装束から、「一、朝拜」の部分と「一、天皇即位」の部分とが、引用されている[9]。更に(ⅲ)「江次第云」として、故実叢書本及び神道大系本の『江次第』巻第十四　践祚上　即位「即位間事」の「衛府・佐、巻纓」以下の部分が記され[10]、最後に(ⅳ)「故殿御消息」として、「女房礼服」に関する記事が引用されるが、この「故殿」が誰であるかは特定できない[11]。

そのあと、③『延喜式』巻第四十五　左右衛府式の1大儀条・2中儀条・3小儀条・4節會条・5装束条・6殿上条・7參議已上条・8出居侍従十二人条・9出居侍従条・10次侍従条・11東宮入朝条・12外記条・13外記史条・14上日条・15勘解由使条・16侍醫条・17内藏掃部条・18雷降条・19閤門条・20番奏条・21青馬条・22大射条・23賭弓条の二十三条が引用されている。このうち第四紙に記された1大儀条から7參議已上条までは、朱で鼇頭標目が記され、また訓点が朱で施されている[12]。

最後に、④「儀式」（『延喜儀式』）の巻第五・巻第六の篇目のみが以下の通り引用されている。

儀式巻第五　延喜
即位儀、　讓國儀、　立㆓皇后㆒儀、　立㆓皇太子㆒儀、
皇太子加㆓元服㆒儀、　任㆓僧綱㆒儀、　叙㆓内親王以下㆒儀、
任㆓參議已上㆒儀、　内裏任官儀、　任㆓女官㆒儀、
奏㆑銓㆔擬郡領㆒儀、　太政官廳叙㆔任郡領㆒儀、
太政官廳任㆓出雲國造㆒儀、　出雲國造奏㆓壽詞㆒儀、
儀式巻第六　延喜
元正朝賀儀、　元日御㆓豊樂院㆒儀、　礼服制、
正月二日朝拜㆓皇后㆒儀、同日拜㆓皇太子㆒儀、
上夘日進㆓御杖㆒儀、　正月七日儀、　正月八（日脱カ）講㆓最勝王經㆒儀、
正月八日賜㆓女王禄㆒儀、正月十五日於㆓宮内省㆒進㆓御薪㆒儀、
正月十六日踏歌儀、　十七日觀射儀、　正月廿二（マヽ）日賜㆓馬料㆒儀、

この篇目は、『本朝法家文書目録』（『続々群書類従』第十六　雑部）に見える『延喜儀式』の篇目（逸文）とほぼ同じであり、巻第五の「奏㆑銓㆔擬郡領㆒儀」の「銓」の字が『本朝法家文書目録』では無いこと、巻第六の「正月八（マヽ）講㆓最勝王經㆒儀」の「正月八講」の部分が『本朝法家文書目録』では「正月八日講」と「日」の字があること、「正月八日賜㆓女王禄㆒儀」の「正月八日」の部分が『本朝法家文書目録』では「同」とあること、「正月廿二日賜㆓馬料㆒儀」の「廿二日」が『本朝法家文書目録』では「廿三日」と見えることを除くと、他は同文である。

そして、第六紙の最後に、奥書として

以㆓廣橋（守光）西相（亞）之本㆒写留訖。于㆑時永正（一五一九）第十六
十有一月上旬之天。

大外記中原（師象）（花押）

とあり⒀、本書は、廣橋亜相すなわち権大納言広橋守光所持の写本を大外記中原師象《もろかた》が永正十六年（一五一九）十一月上旬に書写したものであることが知られる。

ところで、広橋守光（文明三年〔一四七一〕三月五日～大永六年〔一五二六〕四月一日）は、『公卿補任』後柏原天皇　永正二年（一五〇五）条や『尊卑分脈』式部卿大納言（藤原）眞楯子右大臣内麿公孫に見える廣橋守光の項（新訂増補國史大系本『尊卑分脈』第二篇　二六二頁）及び同書所引の異本の守光の官歴（新訂増補國史大系本『尊卑分脈』第二篇　二六三頁）などに依れば、文明三年三月五日に故権中納言広橋兼顕の子として誕生したとあるが、実は故権大納言町広光の子であり、母は故前権中納言園基有（文明十九年〔一四八七〕七月十日に六十五歳で薨去）の女であった。

守光の官歴を述べると、広橋兼顕のあとを継ぎ、兼顕の没した文明十一年（一四七九）八月二十七日に九歳で叙爵し、翌二十八日、元服し、同日、治部少輔に任じられ、禁色・昇殿を許された。同十五年三月十日には十三歳で侍従に任じられ、同十八年七月十一日には、十六歳で従五位上に叙され、同月二十四日には右衛門権佐に任じられ、同日、検非違使宣旨を蒙った。長享元年（一四八七）八月十一日に検非違使から右衛門佐に転じ、同二年九月十七日、十八歳で五位蔵人に補され、同年十二月二十一日には正五位下に叙され、翌同三年（延徳元年・一四八九）三月十一日には十九歳で右少弁となった。延徳二年正月五日には権左少弁に任じられ、同四年正月六日には二十二歳〔二十イ〕で正五位上に昇進した。明応四年（一四九五）三月十日には二十三歳で右中弁になり、同五年正月十一日に二十六歳で従四位下に叙された。同年六月六日に敷奏や武家伝奏を仰せつかるものの、固く辞退し、一旦、蔵人を去ったが、同年八月十七日には蔵人頭に補任された。その後、従四位上（同年十二月九日）、正四位下（同八年二月十一日）となり、左中弁（同年五月二日）を経て、正四位上（同九年十月三十日〔二十イ〕）、に昇進した。そして永正二年（一五〇五）五月六日には右大弁・参議となり、同年六月十四日には従三位に叙され、三十五歳で公卿に列した。その後、更に左大弁（同年十月七日）となり、朝廷の実務官人としても欠かせない存在となった（以上、『公卿補任』後柏原天皇　永正二年条、新訂増補国史大系本『尊卑分脈』第二篇　廣橋守光の異本の官歴）。同五年七月十六日、従三位に叙せられ、同六年六月二十一日には、武家伝奏になり、朝廷と室町幕府との調停・連絡役に腐心し、同年十月十日には権中納言に任ぜられた。その後、従二位（同十三年十一月十三日）、権大納言（同十五年五月二十八日）に昇進した。中原師象が『禮服制』を書写した永正十六年十一月に、守光は権大納言従二位であった。そして、大永元年（永正十八年・一五二一）には、践祚後、二十二年たった後柏原天皇の即位式（永正十八年三月二十二日）の即位伝奏も務めた。大永四年八月八日には日野家の氏長者となり、同年十二月三十日〔二イ〕には五十四歳で正二位に叙せられた。大永六年（一五二六）三月八日、病により権大納言を辞し、長年の功により、同月十四日に従一位、同年四月一日に准大臣に昇進、同日の酉刻に薨じた。天文七年（一五三八）年三月三十日には、内大臣が贈られた。是称院と号し、法名は祐寂という⒁（以上、『公卿補任』の各年条、前掲新訂増補国史大系本『尊卑分脈』第二篇　廣橋守光の異本の官歴）。朝廷の儀式に精通していたこともあり、叙位入眼の上卿・春日祭の上卿なども務めたため、『禮服制』に見えるような儀式書の抜書なども行った可能性がある。

一方、中原（押小路）師象《もろかた》の官歴は、『地下家伝』二　押小路（大外記）によれば(15)、大外記押小路家中原師富の男であり、文明十四年（一四八二）に生まれ、延徳四年（一四九二・明応元年）六月三日に十一歳で従五位下に叙され、明応三年（一四九四）十二月三十日、掃部頭に任じられた後は、同四年十二月三十日に、造酒正に任じられ、同八年十二月八日には助教を兼任し、同月三十日には十八歳で従五位上に、文亀三年（一五〇三）十二月二十四日には、二十二歳で正五位下に叙された。そして、永正二年（一五〇五）二月三日には、押小路家の家業である大外記に任じられた。以後、同三年二月十五日には正五位上（時に二十五歳）、同五年六月二十四日には従四位下（二十七歳）、同十年正月八日には従四位上（三十二歳）、同十三年十二月十九日には正四位下（三十五歳）、大永二年（一五二二）正月五日（四十一歳）には正四位上に、それぞれ昇進した。この間、永正九年（一五一二）九月五日には博士に任じられており、広橋守光が所持する『禮服制』を書写した永正十六年十一月上旬には、師象は大外記正四位下（三十八歳）であった。歿年は『地下家伝』には記されておらず不明だが、末柄豊氏のご教示によれば、三条西実隆の日記『実隆公記』享禄四年（一五三一）五月十日条に「師象朝臣、今日遂以卒云々。五十歳歟。（中略）昨日落髪云々」と見え、更に鷲尾隆康の日記『二水記』同日条（大日本古記録本）には「師象朝臣、今日死去云々。五十才歟。不便之次第也。當時風氣以外各煩了。外記方弥零落、勝事之儀也」と記されていることから、享禄四年五月十日に亡くなったことが知られる。

なお、現在、『禮服制』と同じ帙に収められた『禮服着用記』一軸の識語には、

以㆓後小松院勅筆㆒写㆓留之㆒訖。享禄第三（一五三〇）度五中旬

中原（押小路）師象

とあり(16)、中原師象は享禄三年（一五三〇）五月中旬に後小松院勅筆の記録を書写していることが知られるが、亡くなる約一年前の師象の自筆として貴重である。また、『禮服制』の第七紙には、五～六行分の空白を経て

寛永廿年（一六三四）夏六月、一見之次、加㆓修補㆒了。

権大外記中原師定

との識語がある。これにより、寛永二十年（一六三四）六月に権大外記中原師定が、一見の後、修補を加えていることが分かる。

中原師定は、師象の曾孫で、『地下家伝』二　押小路（大外記）によれば(17)、元和六年（一六二〇）二月六日に、中原師生の男として誕生し、寛永元年（一六二四）十二月二十四日、五歳で従五位下に叙され、同十七年十二月二十五日に大外記に任じられた。翌十八年正月五日、二十二歳で従五位上に叙され、同二十年九月二十五日、大外記に転じた。その後、造酒正（同年十二月二十八日）、掃部頭（同二十一年八月二十九日）、直講（正保五年正月六日）をそれぞれ兼任したが、万治元年（一六五八）十月十九日には直講を辞している。この間、正保二年（一六四五）正月六日には正五位下（二十六歳）、慶安三年（一六五〇）四月には正五位上（三十一歳）、同四年二月五日には従四位下（三十二歳）、承応四年（明暦元年・一六五五）正月五日には従四位上（三十六

歳)、万治二年十二月二十日には正四位下(四十歳)、寛文九年(一六六九)十二月十八日には正四位上(五十歳)に、それぞれ昇進し、延宝四年(一六七六)八月六日に五十七歳で死去している。尚、先に示した『禮服着用記』には修補の識語として、[18]

此巻、曩祖師象朝臣真跡也。
被レ閲之次、令レ打二裏紙一了。
寛永十九年(一六四二)八月　日
大外記中原師定

とあり、『禮服制』を修補した年の前年の寛永十九年八月に先祖の師象が書写した『禮服着用記』を閲覧した際に裏紙を打たせて修補したことが知られる。なお、師象と師定の関係を系図で示せば、

師季―師胤―師郷―師富―師象―師廉―師生―師定

となる。

以上のように、天理大学附属天理図書館所蔵『禮服制』一軸は、天皇・皇后・皇太子から親王・諸臣の礼服に関する規定や篇目を、『儀式』(『貞観儀式』)または『延喜儀式』、『延喜式』・『西宮記』・『北山抄』・『江次第』などから書き抜いたものであるが、この書物自体は、(A)広橋守光が新たに、各儀式書から抜書した可能性、或いは(B)それ以前からこの体裁をとった写本として広橋家に伝来していた可能性、(C)守光が他家にあった本書を借用し書写した可能性など、複数の可能性が考えられる。しかし、鎌倉・室町期の史料引用がないことから、この書物自体の作成は、もっと古いと思われる。室町期に広橋守光が作成した可能性と共に、成立年代が判る最下限の史料である『江次第』の成立した院政初期の頃に作成された可能性も指摘しておく。

二　天理大学附属天理図書館所蔵『禮服制』所載「礼服制」の翻刻

以下、本稿で注目する「壬戌歳戸籍」の内容に関係する記述が見える部分を紹介するため、本書の冒頭に引用された「延喜式」(実は『延喜儀式』または『貞観儀式』か)巻六「礼服制」の抜書部分を翻刻すると以下の通りである(なお、比較のため、神道大系本『儀式』〔『貞観儀式』〕との校異を傍注に〔イ〕として記した。〔　カ〕とするものは残画等で推定できるものである。また●は朱点を、一二点は朱書を示す)。

(第一紙)

1行　礼服制　延喜ゝ式第六載之。

2　袞冕、天子、〔天子、袞冕、イ〕十二章、□〔牙カ〕笏。●皇后、褘〔擣イ〕衣。唐韻曰、褘、后祭服也。●皇太子、袞冕・九章、

3　牙笏。●親王四品已□〔上カ〕□□□□□□、〔冠者、漆地金装イ〕以〔イナシ〕水精三顆・琥碧

4　三顆●青玉五顆一、交二居冠頂一。●以二白玉八顆一、立二櫛形上一、

5　●以二紺玉廿顆、立前後押鬘上。其徽〔徴イ〕者立額上。●一品、青龍、尾上頭下、

6　右出左顧。●二品、朱雀、右□〔出イ〕□〔左カ〕顧。三品、白虎、尾末巻、〔上イアリ〕頭下右

7　顧。四品、玄武、爲蚍所□〔纏カ〕、□□□□、〔右出左顧イ〕立玉者ゝ茎〔有〕并座、居玉者□□〔有カ〕無茎。□〔並〕衣者深紫

8　牙笏・條帯・深緑紗褶・錦褥・烏皮舄。佩綬、玉佩、諸王●諸臣●

9　一位冠者、●漆地金装、以二琥碧五顆・緑玉六顆一。但王二位・□〔三〕位、琥珀五顆、□〔緑カ〕玉五顆、白玉一顆。臣二位・三位、白玉三顆・赤黒玉三顆。

10　緑□〔玉カ〕□〔顆カ〕□〔五イ〕・□〔交イ〕二□〔居カ〕冠頂一、●以黒玉八顆、臣一位、紺玉、立櫛

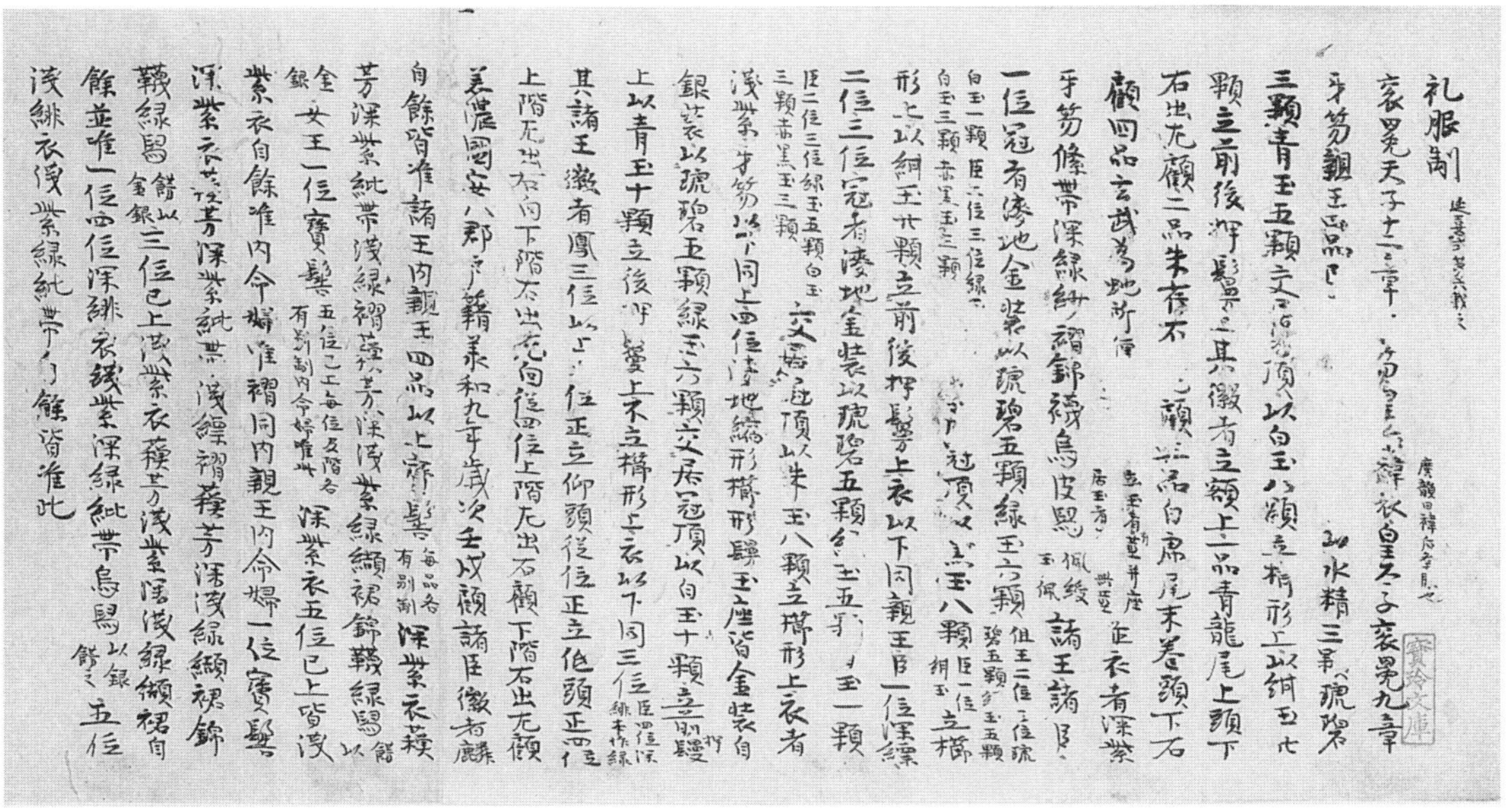

（第２紙）　（第１紙）

天理大学附属天理図書館蔵『禮服制』のうち「礼服制」

11 形上、●以紺〔緑イ〕玉廿顆、●立前後押鬘上、●衣以下同親王。●
12 臣一位深縹●
〔一イ〕二位●三位●冠者、漆地金装、●以琥碧五顆・□〔緑カ〕玉五□〔顆〕・
〔白カ〕□玉一顆、
13 （臣二位・三位、緑玉五顆・白玉三顆・赤黒玉三顆、）交居冠頂、以朱玉八顆、●立櫛
形上、●衣者
14 淺紫。●牙笏以下、同上。●四位、漆地縮形・櫛形〔押イ〕鬘・玉
座皆金装、〔餘イアリ〕自
15 銀装、●以琥碧五顆・緑玉六顆、●交居冠頂、●以白玉十
顆●立前押鬘
16 上、〔イナシ〕以青玉十顆立後□〔押〕鬘上●不立櫛形上●衣以下同三位、
（臣四位、深緋。本作緑。）
17 其諸王徽者鳳、三位以上□〔正イ〕位正立仰頭、従位正立低頭、正
四位
18 上階、左出右向。下階、右出左向。従四位上階、左出右顧。
（従四位）下階、右出左顧。
19「一」 美濃國安八郡戸籍承和九年歳次壬戌、顧《ママ》諸臣徽者麟、

（第二紙）　（紙継目）

1 自餘皆准諸王、内親王四品以上、寶髻、（每品各有別制。）深紫衣・蕪
2 芳深紫紕帯・淺緑褶・蕪芳深淺紫緑纈裙・錦韈・緑舃。（餝以
3 金銀。）●女王一位、寶髻（五位已上、每位及階、各有別制。内命婦准此。）・深紫衣。五位已
上、皆淺
4 紫衣、自餘准内命婦。唯褶同内親王。内命婦一位、寶髻・
5 深紫衣・蕪芳深紫紕帯・淺縹褶・蕪芳深淺緑纈裙・錦

6　轋・緑舄、餝以金銀。●三位已上、淺紫衣・蕪芳淺深淺緑纐裙、自

7　餘並准一位。●四位、深緋衣・淺紫深緑紕帯・烏舄。以銀銙之。

　●五位、

8　淺緋衣・淺紫緑紕帯、□〔自〕餘皆准レ此〔上イ〕。

　（空白）

先に述べたように、神道大系本に翻刻する今本の『儀式』（『貞観儀式』[19]）と比較するとほぼ同文であるが、冒頭の「礼服制」の右下の注記の「延喜ノ式第六載之。」の挿入符が生きていて、元々は「儀」の字があったとする先の推定が正しければ、翻刻部分は『延喜儀式』の貴重な逸文である。

さて、本文で、従来の写本や校注に見えないのは、第一紙の十九行（最終行）の「美濃國安八郡戸籍承和九年歳次壬戌」（「美濃國安八郡戸籍承和九年歳《ほしハ》次《やどル》二壬戌《みずのえいぬニ》一」）の十六字である。これは明らかに「礼服制」とは無関係の竄入である。こうした竄入が何故起こったのか、それを考える糸口は、『続日本紀』の写本に見られる「壬戌歳戸籍」の記述であるので、次節では、古代史の研究史上でも未解決の問題とされる「壬戌歳戸籍」を廻る研究史を概観する。

三　『続日本紀』写本に見える「壬戌歳戸籍」をめぐる研究史

『続日本紀』和銅元年（七〇八）七月乙巳（十五日）条を、名古屋市蓬左文庫所蔵金澤文庫本より字体を生かしながら引用すれば、以下の通りである（異本表記［イ］は、新訂増補国史大系本・朝日新聞社本などによる）。

乙巳、召二一品穂積親王・左大臣石上朝臣麻呂・左〔右イ〕大臣藤原朝臣不比等・大納言大伴宿祢安麻呂・中納言小野朝臣毛野・阿倍朝臣宿奈麻呂・中臣朝臣意美麻呂・左大弁巨勢朝臣麻呂・式部卿下毛野朝臣古麻呂等於御前一。勅曰、「卿等《なむたち》、情存二公平一、卒二先百寮一。朕聞レ之、憙二慰于懐一。思由二卿等如レ此、百官為レ本、至二天下平民一、垂拱開レ衿、長久平好。又卿等、子々孫々、各保二栄命一、相継供奉、宜下如二此意一各自努力上」。又召二神祇官大副・太政官少辨・八省少輔以上、侍従、弾正弼以上、及武官職事五位一。勅曰、「汝王臣等、為二諸司本一、由二汝等劾〔劉イ〕レ力、諸司人等、須二齊整一。朕聞、『忠浄守二臣子之業一、遂受二栄貴一、貪濁失二臣子之道一、必被二罪辱二』。是天地之恒理、君臣之明鏡。故汝等、知二此意一、各守二所職一、勿レ有二怠緩一。能堪二時務一者、必挙而進。乱二失官事一者、必無二隠諱二」。因授二紀伊國名草郡且〔旦〕來郷壬戌歳戸籍、従四位上阿倍朝臣宿奈麻呂正四位上、従四位上下毛野朝臣古麻呂・中臣朝臣意美麻呂・巨勢朝臣麻呂並正四位下一。文武職事五位已上及女官、賜レ禄各有レ差。

この内、ゴチック部分「紀伊國名草郡且〔旦〕來《あつそ》郷壬戌歳戸籍」の十四字は、前後の記事と全く無関係であり、一部の写本を除き、大部分の『続日本紀』の写本に見え、早くは近世後期から、河村秀根『續紀集解』[21]・山田以文[22]・穂井田忠友[23]・村尾元融『續日本紀考證』[24]などによって指摘があり、旧輯国史大系本『続日本紀』頭注[25]、朝日新聞社本『続日本紀』頭注[26]も『續日本紀考證』の説を継承する。一方、新訂増補国史大系本『続日本紀』の頭注[27]は、底本が十四字のない宮内庁書陵部所蔵谷森本であるため、何ら指摘がない。この問題に関する本格的な論文としては、林陸朗[28]・彌永貞三[29]・岸俊男[30]の各氏の研究がある。

それらによれば、先ず、この十四字が見えるのは、『続日本紀』の写本の比較研究により、金沢文庫補写本及び梵舜本・内閣本、十三冊本などであり、現在では失われてしまった卜部家本及びそれを写した永正本系統の写本、現存本では、兼右本（七冊本）及び東山御文庫本（十冊本）には見えないことが判明している。(31) 次に、前後と無関係の十四字が写本に見えることに関しては、大きく分けて、（Ⅰ）何らかの理由で誤って入り込んだ錯簡説(32)と、（Ⅱ）戸籍を料紙として書写したため、戸籍の継目裏書が攙入したとする説(33)がある。更に、「壬戌歳」の比定に関しては、最初に造られた戸籍とされる庚午年籍（天智天皇九年・六七〇）より以前に造籍が行われた可能性を考え、年号でなく干支年で年紀が示されるのは大宝令（七〇一年）より以前であるため、戸籍継目裏書攙入説にしろ、錯簡説にしろ、「壬戌歳」を天智天皇元年（壬戌・六六二年）に比定し、壬戌年の造籍を肯定的に考える説がだされている。(34) 即ち、林氏は天智元年の造籍を積極的に肯定し、(35) 彌永氏は、戸籍継目裏書攙入説に立つと、十四字中、「郡」「郷」の表記が戸籍の継目裏書としては著しい矛盾があると指摘し、何かの記事の錯簡ないし錯乱と見て錯簡説に立ち、「天智元年に造籍があった可能性は一応提案に値する」として、消極的ながらも「壬戌歳」を天智元年に比定する。(36) これらの研究では、庚午年・庚寅年（持統天皇四年・六九〇）の前に壬戌年の造籍を考える点に特徴があり、天智元年の造籍を肯定する点で共通する。

これに対して、岸俊男氏は、「壬戌歳」の比定の問題として、戸籍の継目裏書と見る場合、「壬戌歳」を天智天皇元年（六六二）に当てることはどうしても無理で、次の壬戌年である養老六年（七二二）は造籍年の翌年であるが、「紀伊國名草郡旦来郷壬戌歳戸籍」の「国—郡—郷」の表記から郷里制を廃止した天平十二年（七四〇）頃より以降であり、養老六年は郷里制の施行期間であるため、まず適合しないとして、これも否定し、十四字を壬戌年の戸籍継目裏書の攙入と見た場合、可能性があるのは、延暦元年（七八二）・承和九年（八四二）・延喜二年（九〇二）の三回の籍年であるとする。(37) この指摘は、戸籍継目裏書説に基づく、この十四字から考え得る最も確実な可能性のみを禁欲的に示している点で学ぶべきことが多い。

その後、この問題に関しては、全く論文がなく、注釈書では、岩波新日本古典文学大系本『続日本紀』が脚注(38)で、『續日本紀考證』及び伴信友稿本に引く山田以文の按（錯簡・錯乱説）や同じく貼付された附箋に見える穂井田忠友の説（戸籍継目裏書説）と彌永氏の錯簡・錯乱説を紹介するのみで、新見解は全く無い。

以上のように、「紀伊國名草郡旦来郷壬戌歳戸籍」に関しては、決定的な結論は出ておらず、岸氏が論文を発表して以来、約三十五年たっても、専論はなく、古代史上の未解決の問題の一つと言えよう。

しかし、第一節で述べたように、「美濃國安八郡戸籍承和九年歳次壬戌」という十六文字の「壬戌歳戸籍」に関する二つめの史料がここに確認され、それも同じ「壬戌」歳の戸籍で、今回はそれが承和九年の戸籍であることが判明し、更に『続日本紀』の写本中と同じように、『儀式』（『貞観儀式』）または『延喜儀式』の儀式文の中に、前後の文章とは無関係な記事として確認された。このことは、結論を先に述べれば、「壬戌歳戸籍」は承和九年の戸籍で、戸籍継目裏書説が正しかったと想定される。(39)

以下、次の節では、このことに関連し、戸籍の作成・保管・廃棄の規定と実態を、先学の研究により再確認しながら、「壬戌歳戸籍＝承和九年戸籍」説を実証することにする。

四　戸籍の作成・保管・廃棄の規定と「美濃國安八郡戸籍承和九年歳次壬戌」

まず、確認のため、養老令による戸籍の作成と戸籍の保管・廃棄に関する規定及び現存の戸籍の継目裏書の実例を示しておく。[40]

先ず、「養老戸令」19　造戸籍条（『令義解』巻二　戸令第八）には

凡戸籍六年一造。起十一月上旬、依式勘造。里別爲巻。惣寫三通。其縫皆注其國〔某カ、下同ジ〕其郡其里其年籍。五月卅日内訖。二通申送太政官。一通留國。（註略）所須紙・筆等調度、謂、墨・軸・帙・帯之類。即食料者、用官物給。其計帳亦出紙・筆等調度也。皆出當戸。國司勘量所須多少、臨時斟酌。（中略）其籍至官、並即先納後勘。謂、先納中務・民部、後更勘撿也。若有増減隠没、（註略）不同、隨狀下推。國承錯失、即於省籍、具注事由。（註略）國亦注帳籍。謂、帳者、計帳也。籍者、戸籍也。

とあり、[41]戸籍は六年に一度造り、十一月上旬から、「式」によって調べて造り、「里」（のち「郷」）ごとに一巻とすること。全部で三通写して、その「縫《つぎめ》」（戸籍の紙継目の裏（紙背））には「其國〔某カ、下同ジ〕其郡其里其年籍」と記し、翌年五月三十日までに造り終え、二通は太政官に送り（『同』21　籍送条には「凡籍、應送太政官者、附當國調使送。若調不入京、專使送之」とある）、一通は国（国府）に留めた。太政官に送られた二通は、「養老職員令」3　中務省条（『令義解』巻一　職員令第二）の中務卿の職掌の一つに「諸國戸籍」とあり、また『同』21　民部省条の民部卿の職掌の一つに「諸國戸口名籍」とあるように、中務省と民部省に送られた。先に引用した「養老戸令」19　造戸籍条に関して、傍線部の「並即先納後勘」について『令集解』に見える、大宝令の注釈書である「古記」には、「先納後勘、謂先納於民部・中務省、然後、民部勘校。若有誤者、即具注事由。又注誤狀」とあり、先ず民部・中務両省に戸籍を納めていることが知られる。更に『延喜式』巻十二　中務省には

凡京職及諸國所進戸籍、皆令染黄蘗。但太宰管内諸國不在此限。若有未進者、移送民部省、拘留調庸税帳返抄。

とあり、また『延喜式』巻二十三　民部省下には、

凡諸國例進圖籍・戸籍幷郷戸課丁・位田等帳、若有未進者、拘留庸幷税帳返抄。

とみえ、京職や諸国から中務省・民部省には戸籍が進められる規定になっており、少なくとも中務省の「庫」には戸籍が保管されており、中務省に進められた戸籍は天皇の「御覧」に入れるためであると考えられている。また、『延喜式』巻四十二　左右京職　戸籍帙料条には

戸籍帙料、小町席・黄帛・黄糸・洗鹿革・盛韓櫃・装潢手・書手功食並申官請用。其紙・筆・墨並准令條。但紙隨戸口數。十五人輸三張。不進計帳戸、料紙・筆・墨亦申官。紙一千張充墨一挺。一百五十張充筆一管。寫書幷装潢功程。並見圖書式。

とあり、左右京職が進めた左右京の戸籍は帙に収められていたらしく、戸籍を「帙」に成巻する際の材料は太政官に申請し、料紙や筆・墨は先述の「養老戸令」19　造戸籍条の「義解」に「所須紙・筆等調度、

謂、墨軸帙帯之類、即食料者、用ニ官物一給。其計帳亦出ニ紙筆等調度一也。」と見えるように「官物」から支給する規定になっていた。京進する戸籍を書写する際には、料紙一千張に対して墨一挺が、料紙百五十張に対して筆一管が、それぞれ消耗し尽くされるという料紙の基準張数から、膨大な量の紙が用いられていたことが想定できる。

さて、「養老戸令」23 戸籍条（『令義解』巻二 戸令第八）によれば、

凡戸籍、恒留ニ五比一。謂、六年爲ニ一比一。謂ニ之比一者、比校之義。言卅年籍。恒留不レ除。若有ニ紕繆一者、所以相比校也。其遠年者、依次レ除。（天智天皇九年・六七〇）近江大津宮庚午年籍、不レ除。謂、雄朝津間稚子宿禰尊御世、（允恭天皇）諸氏争レ姓、紛亂不レ定。即盛煮湯、令ニ以レ手探攪一。詐偽者爛、眞誠者全。於レ是定レ姓造レ籍。是爲ニ庚午年籍一也。

とあるように、戸籍は六年に一造（一比）なので、五比すなわち五回分である三十年間は保管するが、順次廃棄してよい規定になっており、例外として、天智天皇の近江大津宮の「庚午年」（六七〇年）の戸籍が永久保存で廃棄しないことに規定されていた。

また、令では「其縫皆注其〔某カ、下同ジ〕國其郡里其年籍」と規定されていたが、現存する戸籍の継目としては、以下のように表記されている。(42)

「文書名」　「継目裏書の表記」（出典）

①(a)「大宝二年御野国味蜂間郡春部里戸籍」……

「御野國味蜂間郡春部里太寳貳年戸籍」

（「正倉院文書」續修四・正集二十二、『大日本古文書』編年之一　一頁）

(b)「大宝二年御野国本簀郡栗栖太里戸籍」……

「御野國本簀郡栗栖太里太寳貳年戸籍」

（「正倉院文書」正集二十三、『大日本古文書』編年之一　二五頁）

(c)「大宝二年御野国肩県郡肩々里戸籍」……

「御野國肩縣郡肩々里太寳貳年戸籍」

（「正倉院文書」正集二十六、『大日本古文書』編年之一　四〇頁）

(d)「大宝二年御野国各牟郡中里戸籍」……

「御野國各牟郡中里太寳貳年戸籍」

（「正倉院文書」正集二十六、『大日本古文書』編年之一　四五頁）

(e)「大宝二年御野国山方郡三井田里戸籍」……

「御野国山方郡三井田里太寳貳年戸籍」

（「正倉院文書」正集二十五　『大日本古文書』編年之一　四九頁）

(f)「大宝二年御野国加毛郡半布里」……

「御野国加毛郡半布里太寳貳年戸籍」

（「正倉院文書」續修二・三、正集二十四、『大日本古文書』編年之一　五七頁）

②「大宝二年筑前国嶋郡川辺郡戸籍」……

「筑前國嶋郡川邊里大寳二年籍」

（「正倉院文書」正集三十八・三十九、續修六〔奈良国立博物館所蔵蜂須賀家旧蔵〕、『大日本古文書』編年之一　九七頁）

③(a)「大宝二年豊前国上三毛郡塔里戸籍」……

「豊前國上三毛郡塔里太寳二年籍」

（「正倉院文書」正集四十一、『大日本古文書』編年之一　一四二頁）

(b)「大宝二年豊前国上三毛郡加久也里戸籍」……

「豊前國上三毛郡加久也里太寳二年籍」

（「正倉院文書」正集四十一　『大日本古文書』編年之一　一五五頁）

(c)「大宝二年豊前国仲津郡丁里戸籍」……

「豊前國仲津郡丁里太寳二年籍」

（「正倉院文書」正集四十・四十一、續修七・八　『大日本古文書』編年之一　一六二頁）

④（a）「養老五年下総国葛飾郡大嶋郷戸籍」……

「下總國葛飾郡大嶋郡養老五年戸籍主帳无位刑部少倭」

（「正倉院文書」正集二十・二十一、『大日本古文書』編年之一　二一九頁）

（b）「養老五年下総国倉麻〔相馬〕郡意布郷戸籍」……

「下總國倉麻郡意布郷養老五年戸籍」

（「正倉院文書」正集二十一、續修二、續々修第十九帙第八巻背、『大日本古文書』編年之一　二九二頁）

（c）「養老五年下総国釬托〔香取カ〕郡少幡郷戸籍」……

「下總國釬托郡少幡郷養老五年戸籍」

（「正倉院文書」正集二十一、『大日本古文書』編年之一　三〇一頁）

⑤「延喜二年阿波国板野郡田上郷戸籍」……

「阿波國板野郡田上郷延喜二年戸籍」

（『平安遺文』一巻一八八号、蜂須賀侯爵所蔵文書）

⑥「延喜八年周防国玖珂郡玖珂郷戸籍」……

「周防國玖珂郡玖珂郷延喜八年戸籍公文」

（『平安遺文』一巻一九九号、石山寺所蔵『金剛界曼荼羅受三昧耶戒行儀』紙背文書）

このうち、①～④は、造東大寺司に払い下げられ、写経所で用いる帳簿類となり、現在、「正倉院文書」として伝えられるが、⑥は石山寺の聖教の紙背に利用されている。

この他、貞観五年（八六三）九月二日付「民部省勘文案」（『平安遺文』一巻一三六号・一三七号　仁和寺所蔵貞観寺文書）には以下のような「勘文」が見える（以下、一九一九年一月に影写された、京都大学文学部国史研究室〔現・京都大学大学院文学研究科日本史研究室〕所蔵の影写本を、一九六二年七月に東京大学史料編纂所が撮影した写真帳『貞観寺文書』〔架蔵番号　6171.62―12〕により、『平安遺文』との異同は〔イ〕と傍注に表記した）。

民部省

勘施二入貞観寺観音堂一燈分〔料〕新田・畠八段事

山城國紀伊郡紀伊里拾玖坪肆段　寶龜（四年）・承和（十四年）・嘉祥等圖注二

源定賜田一

深草里貳拾玖坪貳段　同圖注二源定賜畠一

飯喰里拾玖坪貳段　同圖注二源定賜田一

右、蒙二去（貞観五年）六月十一日官符一偁、「二品秀良親王（嵯峨天皇皇子）家施二入件堂（観音堂）一田畠等宜二勘申一」者、撿二去承和二年（八三五）三月十五日官符一、今年（貞観五年）八月八日官符幷上件圖帳等、所レ注如レ件。仍勘申。

貞觀五年九月二日小〔少〕録尾張繼野

小〔少〕丞大中臣是直

その紙背は、以下の通り、某国某郡某郷の戸籍とされている。(43)

（紙背）

笠間貞秀、年陸拾壹歳　耆老

從八位上笠間閇連貞真、年陸拾歳　八位

〔久カ〕□米沽行子賣、年佰貳歳

不（ママ）縣福積年賣（イナシ）、年捌拾歳

秦髪負賣〔刀自イ〕、年玖拾柒歳

笠間藤野、〔年脱カ〕柒拾肆歳　耆老

久米真好賣、年伍拾歳

久米枚賣、年伍拾柒歳

再説すれば、貞観五年九月二日に民部少録尾張継野と民部少丞大中臣是直によって為された「勘文」は、某国で作成され、京進後、民部省に保管され、おそらく三十年以上経過し、払い下げられた戸籍の紙背を料紙として利用したものと推測される。

このように、各国から二セットもたらされる戸籍は、保管期限が切れた後は、その紙背を利用するために中務省や民部省から、紙が必要な官司や寺院に提供され、具体例として残っているものでは、官司の帳簿や勘文、寺院の経典や儀軌、そして『続日本紀』のような史書や『貞観儀式』または『延喜儀式』のような官撰儀式書の書写に用いられたことが知られる。

ところで、美濃国安八郡の戸籍というと、先に述べたように「正倉院文書」中にある、大宝二年（七〇二）の「御野国味蜂間郡春部里戸籍」が有名である。味蜂間郡春部里は、後の安八郡春日郷に、更には池田郡春日郷に当たるが、それは、永禄九年（一五六六）書写の名古屋市博物館所蔵二十巻本『和名類聚抄』（承平年間〔九三一～九三九〕初期成立・源順撰）郡部に、(44)

美濃國管十八、（註略）承和四年、割ニ安八郡一、〔置脱カ〕池田郡。

（中略）

池田郡　額田　壬生　小鳥〔島カ〕　伊福　池田　春日

安八郡　那織〔珂イ〕　大田　物部　安八　服織　長友

とあることから、承和四年（八三七）に、安八郡は二つの郡に分割され、安八郡から池田郡が分郡されたことが知られる。なお、このことは、西本昌弘氏よりご教示をうけた宮内庁書陵部所蔵谷森本『諸家系図』（函号　谷―一）一冊に見える以下の記述によっても裏付けられる。(45)

東山道也末千、又東ノミチ、八ケ国、

近江　大　（中略）

美濃　上　承和四、〔割脱カ〕安八郡置ニ池田郡一。十月、参　春米四月参。

管多芸《タキ》　石津　不破府　安八　池田　大野　本操《モトス》〔樔〕

席田　方縣　厚見《アハミ》　各務《カヽミ》　山縣　武義

群上　賀茂　可児　土岐　恵奈　十八郡

右為ニ近国一。

従って、承和九年の戸籍とは、十二郷を含む大郡であった安八郡が承和四年に分郡後、六郷の小郡となって初めて造られた戸籍であり、『貞観儀式』または『延喜儀式』の料紙に「美濃國安八郡戸籍承和九年歳次壬戌」と記された部分は、那珂郷・大田郷・物部郷・安八郷・服織郷・長友郷の何れかの郷の戸籍の継目裏書であろう。

さて、『禮服制』に見える「美濃國安八郡戸籍承和九年歳次壬戌」の記述の出現により、古代史上の長年の問題で、未解決であった戸籍の継目裏書と思しき「壬戌戸籍」の記述の二例目が見つかったことになる。確認のために、記載事項が比較しやすいように二つを並べると

国名	郡名	郷名	戸籍の年紀
紀伊國	名草郡	〔旦〕且來郷	壬戌歳戸籍
美濃國	安八郡		戸籍承和九年歳次壬戌

となる。戸籍の継目裏書の記載に問題があるとすれば、承和九年の美濃国安八郡戸籍の継目裏書には、「戸令」の規定が一部守られておらず、郷名が記されていないことである。この点は、或いは「美濃國安

八郡安八郷戸籍承和九年歳次壬戌」とあったので、転写の過程で「安八郡安八郷」と続くため、目移りで書写されなかったという可能性もあるが、解決となる断案はない。しかし、同じ「壬戌歳」＝「承和九年歳次二壬戌一」（歳《ほし》は壬《みずのえ》戌《いぬ》に次《やど》る）であることから、従来、不明で、天智天皇元年説もあった紀伊国名草郡旦來郷の「壬戌歳」の戸籍も、承和九年の戸籍である可能性が極めて高くなった。

さて、「紀伊國名草郡旦來郷壬戌歳戸籍」は、紀伊国府に一部が置かれたほか、二部が京進され、民部省と中務省とに保管された。また、同様に「美濃國安八郡戸籍承和九年歳次二壬戌一」は、美濃国府に一部置かれたほか、二部が京進され、民部省と中務省とに保管された。そうすると、『続日本紀』と『貞観儀式』または『延喜儀式』の写本の料紙に、共に承和九年の戸籍の紙背が使われていることが注目される。書写された場所としては、紀伊国府や美濃国府に保管された戸籍が用いられたのではなく、京進され、民部省または中務省の「庫」に保管された戸籍の料紙が用いられたことになる。次節では、結びにかえて、承和九年の戸籍の紙背が、『続日本紀』や『貞観儀式』または『延喜儀式』の写本の料紙として用いられたことからわかる問題を最後に取り上げることにする。

五　「壬戌歳（承和九年）戸籍」より見た官撰儀式書の写本作成——結びにかえて——

国府に留め置かれた戸籍に関しては、下野国府跡・鹿の子遺跡（常陸国府関連遺跡）や多賀城跡・秋田城跡から発見された漆紙文書に見える戸籍の断簡から、廃棄された戸籍の二次利用が知られるが[46]、京進された戸籍の中には、承和九年の戸籍のように、戸令の規定が守られていたとすれば、保管期限三十年間が過ぎた後、『続日本紀』や『貞観儀式』または『延喜儀式』の書写に用いられたものもあった。承和九年から三十年間を過ぎた年は、貞観十四年（八七二）である。従って、「壬戌歳（承和九年）戸籍」がこれらの料紙に用いられたとすれば、何故、『続日本紀』と『貞観儀式』または『延喜儀式』が書写の対象になったのかに関して考えることにする。

はじめにで述べたように、律令国家を維持するために、律令格式は行政上のマニュアルとして、在京諸司や地方官衙などに不可欠であり、正史である六国史も平安時代には、先例集として不可欠であった。一方、『内裏式』『弘仁儀式』『貞観儀式』『延喜儀式』などは、地方の官衙には不要だが、宮内では、敷設に関わる官司、太政官や弁官、蔵人などには不可欠であった。後の例となるが、藤原俊憲（保安三年〔一一二二〕～仁安二年〔一一六七〕）撰『貫首秘抄』（『群書類従』第七輯　公事部）には、

　蔵人頭事　時輩談語。
　保元三年（一一五八）八月十二日、有下可二觸申一事上、參二内府亭一（藤原公教）、三條、語二及頭事一、被レ命旨等注レ左。
（中略）
職事可持レ文事
予（藤原俊憲）案、爲二職吏（事）一之者、必可レ持之文、
律令、延喜式、同儀式、類聚三代格、柱下類林、類聚諸道勘文、
勘判集、法宗、類聚國史、仁和以後外記日記。
　如レ此之書、廣言レ之者、不レ可二記盡一。只擧二一端之要一也。万之一示也。

とあり、(47)「職事」（蔵人）が持つべき書として、『延喜儀式』や『続日本紀』など六国史が分類して収載された『類聚国史』を挙げている。承和九年の戸籍が廃棄されるようになってから、約三百年後の院政期のことであるが、九・十世紀の蔵人を始めとする実務官人にとっては、官撰儀式書や六国史の重要度は更に増していたものと思われる。

京内の官司や実務官人、更に畿内・七道諸国の国府などの保管されるべき規定や先例集を朝廷周辺で書写する際には、当時まだ戸籍の制度が機能しており、大量に京進され、三十年を越えると大量に廃棄される戸籍は、裏面が殆ど空白なだけに、紙が貴重な古代では、料紙として用いられることもかなり頻繁にあったのではないかと想定される。

承和九年戸籍も、八四二年から五比・三十年後には廃棄してもよいことになっていたので、八七三年には規則上、利用が可能となる。しかし、『続日本紀』は延暦十六年（七九七）に編纂され、『延喜儀式』は延喜年間の編纂であり、『延喜儀式』が書写された際に、廃棄された戸籍の紙背が用いられたとすると、保管期限が切れてから更に、約三十年以上も経って後に紙背が利用されたことになる。この点、『貞観儀式』は、貞観十四年（八七二）十二月十三日に改定された荷前山陵の規定が反映されていることから、その編纂は貞観十五年から貞観十九年（八七七）の間であるとの説があるが、(48)貞観十四年（八七二）には「壬戌歳」（承和九年・八四二）に造籍された戸籍の保管期限が切れるので、第一節で推定したように、『禮服制』の冒頭に引用された史料が『延喜儀式』ではなく、『貞観儀式』であるとすると、戸籍の保管期限との関係では、非常に上手く説明がつく。

以上、最後に、戸籍の保管期間と官撰儀式書の書写との関係の整合性でのみ考えると、『禮服制』の冒頭の儀式文＝『貞観儀式』巻六の「朝服」である蓋然性が高いが、「礼服制」の右下に記された「延喜《ママ》式第六載之」の注記や虫損を考慮に入れれば、全体としては『延喜儀式』を示す可能性の方が高い。現段階では両説を併記しつつ、(49)今後の更なる史料の出現に期待を寄せながら、ひとまずは擱筆する。

（1）田島公「『延喜式』諸写本の伝来と書写に関する覚書――平安中期から江戸前期までを中心に――」『九条家本延喜式の総合的研究』（平成一四年度～平成一六年度　科学研究費報告書（基盤研究（C）（1））研究成果報告書）研究代表者　吉岡眞之（国立歴史民俗博物館教授）二〇〇五年三月）。

（2）註（1）を大幅に増補し、訂正を加えて、同名のタイトルで本書に収載した。

（3）註（1）を執筆していた当時、原稿を入稿する直前に、小倉慈司氏に拙稿を見ていただいた際に、室町後期の『延喜式』の写本の存在形態を考える史料として、『延喜式』巻四十五　左右近衛式が二十二条引用されることから、第一節で紹介する天理大学附属天理図書館所蔵『禮服制』の存在を同氏よりご教示いただいた。

（4）「壬戌歳戸籍」に関する研究としては、①林陸朗「続日本紀錯乱の文に見える「壬戌歳戸籍」について」（『続日本紀研究』六巻一号〔通巻六一号〕一九五九年一月）、②彌永貞三「大化大宝間の造籍について」（『名古屋大学文学部十周年記念論集』一九五九年三月、のち彌永『日本古代社会経済史研究』岩波書店　一九八〇年）、③岸俊男「『続日本紀』写本と壬戌歳戸籍」（『続日本紀研究』二〇〇号一九七八年、のち岸『日本古代文物の研究』塙書房　一九八八年）に詳しい。しかし、その後、管見では、この問題に関しては、殆ど研究がない。

（5）帙の題籤には、

「禮服着用記 禮服制　九條家旧儲　二巻」と墨書されている。

(6) 請求番号　三二八・六／イ三五。天理図書館編『天理図書館稀書目録』和漢書之部　第三〔天理図書館叢書〕第二十五輯　天理大学出版部　一九六〇年、一九四頁。

(7) 所功「『延喜儀式』賀茂祭儀の一考察」（『神道史研究』二四巻五・六号　一九七六年、のち所『平安朝儀式書成立史の研究』国書刊行会　一九八五年）、同「『延喜式』と『儀式』の関係」（『日本歴史』三五五号　一九七七年、のち前掲『平安朝儀式書成立史の研究』）参照。なお『貞観儀式』の写本に関しては、秋元信英「近世の『儀式』写本と荷田在満」（『貞観儀式』續日本古典全集　現代思潮社　一九八〇年）。同「江戸幕府『儀式』校訂事業の沿革・覚え書――『儀式』研究史の一節として――」（『國學院雑誌』七三―一　一九七二年）参照。

(8) 『北山抄』巻第五　践祚抄　即位事（前田育徳会尊経閣文庫編『北山抄』二　巻五（甲）～九〔尊経閣善本影印集成8〕八木書店　一九九五年）

(9) 『西宮記』第二巻　臨時三（前田育徳会尊経閣文庫編『西宮記』三巻　尊経閣善本影印集成　八木書店　一九九四年）

(10) 神道大系編纂会編・刊、渡辺直彦校注『江家次第』神道大系　朝儀祭祀編四　一九九一年）。なお、尊経閣文庫本巻子本『江次第』では、この部分は巻十三に該当するが、現存しない。また、同蔵冊子本も巻十四に相当するが現存せず、尊経閣文庫本新写本・宮内庁書陵部所蔵壬生家本・内閣文庫所蔵紅葉山文庫本に存在する（橋本義彦「『江次第』諸本対象表」前田育徳会尊経閣文庫編『江次第』三冊子本二　尊経閣文庫善本影印集成12　八木書店　一九九七年、のち橋本『日本古代の儀礼と典籍』青史出版　一九九九年）。

(11) 敢えて「故殿」がいつ頃の人であるかを臆測すれば、『西宮記』・『北山抄』・『江次第』の所謂平安朝三大儀式書に次いで引用される「故殿御消息」であるので、院政期の人物かと想定される。

(12) 引用される二十三条に関して、新訂増補国史大系本『延喜式』との校異は、註(2)参照。

(13) 註(6)前掲『天理図書館稀書目録』和漢書之部　第三も参照。但し同目録の識語の翻刻では、「上旬之□」としているが、末柄豊氏のご教示により、「上旬之天」と釈読した。

(14) 飯倉晴武「広橋守光」（朝日新聞社編・刊『朝日日本歴史人物事典』一九九四年）も参照。

(15) 三上景文著、正宗敦夫編・校訂『地下家伝』（日本古典全集　日本古典全集刊行会　一九三八年・一九三九年、のち　自治日報社　一九六八年、（覆刻古典全集）現代思潮社　一九七八年、より複製。また、中原師象に関しては、この他、『実隆公記』などの日記に官歴が見える。なお、宮内庁書陵部所蔵壬生家本『（享禄二年三月二十一日付）後奈良天皇女房奉書』（函号　壬―一三三。宮内庁書陵部編・刊『壬生家文書』六　一六三一号文書、一九八四年）には、「もろかたのあそん事」（中原師象進退の儀、すなわち師象の出家隠退が問題になった時、師象にこのまま奉公を続けよとの後奈良天皇の叡意を伝える女房奉書）と見えることから、師象は「もろかた」と読むことが知られる。師象は結局、享禄二年八月十日に出家している（『壬生家文書六　解題』前掲『壬生家文書』六）。

(16) 請求番号　三二八・六／イ三三。註(6)前掲『天理図書館稀書目録』和漢書之部　第三〔天理図書館叢書〕第二十五輯　一九四頁。

(17) 註(15)前掲『地下家伝』

(18) 註(16)参照。

(19) 紹介した儀式文は本文第一節で述べたように、『延喜儀式』の儀式文の可能性が高い。しかし、『貞観儀式』の儀式文である可能性もあり、かつ『延喜儀式』は『貞観儀式』の修訂版で、部分修正に留まったため、『（貞観）儀式』と『延喜儀式』の儀式文が類似している可能性も高いので、参考のため渡辺直彦校注『儀式・内裏式』（神道大系　朝儀祭祀編1）神道大系編纂会　一九八〇年）所収の『儀式』（『貞観儀式』）との校異も示した。なお、現行の『儀式』の写本は全て近世のもので、一方、『延喜儀式』は全く写本が伝えられていない。従って、本書は僅か巻六の一篇目のみであるが、室町後期書写の古写本に引用された『（貞観）儀式』または『延喜儀式』逸文を引用する意味でも貴重である。『貞観儀式』全十巻七十五篇は、和田英松「貞観儀式」（『本朝書籍目録考證』明治書院　一九三六年、のち覆刻　パルトス社　一九九〇年）、などによれば、貞観十四年（八七二）から同十九年（八七七）頃の成立とされる。一方、『延喜儀式』の成立は延喜年間（九〇一〜九二三）とされる（竹居明男「延喜儀式」『平安時代史事典』本編上　角川書店　一九九四年）。

(20)『続日本紀　蓬左文庫本』第一冊　巻一〜十（八木書店　一九九二年）。この部分は古写本である金澤文庫本がない、近世前期の新写本（補写本）である。

(21)河村秀根・益根編『續紀集解』（名古屋市鶴舞図書館所蔵『六國史集解』の内）。

(22)山田以文の説は宮内庁書陵部所蔵伴信友手沢本『續日本紀』の書入参照。錯乱説をとる。註(28)後掲林論文・(29)後掲彌永論文参照。

(23)穂井田忠友の説は、註(24)に引用される。戸籍紙背説（戸籍継目裏書攙入説）を初めて唱えたのは、天保年間の正倉院宝庫調査の際に調査を許され、大宝二年や養老五年の戸籍の調査を行った穂井田忠友による。

(24)村尾元融述『續日本紀考證』巖桂楼　一八七〇年刊、のち国書刊行会　一九七一年。

(25)経済雑誌社編・刊『續日本紀』（国史大系）一八九七年。〔旧輯国史大系本〕

(26)佐伯有義編『續日本紀』朝日新聞社　一九二九年、のち佐伯有義編・校訂・標注『増補續日本紀』一九四〇年　朝日新聞社。〔朝日新聞社本〕

(27)黒板勝美、国史大系編修会編『續日本紀』〔新訂増補国史大系〕吉川弘文館　一九三五年。

(28)註(4)①林陸朗「續日本紀錯乱の文にみえる『壬戌歳戸籍』について」（『続日本紀研究』六―一　一九五九年）。

(29)註(4)②彌永貞三「大化大宝間の造籍について」『名古屋大学文学部十周年記念論文集』一九五九年、のち彌永『日本古代社会経済史研究』岩波書店　一九八〇年）。

(30)註(4)③岸俊男「『続日本紀』写本と壬戌歳戸籍」（『続日本紀研究』二〇〇号　一九七八年、のち岸『日本古代文物の研究』塙書房　一九八八年）。

(31)註(30)前掲岸論文参照。

(32)註(21)・(22)・(29)前掲彌永論文参照。

(33)註(23)・(30)前掲岸論文参照。

(34)註(28)前掲林論文参照。

(35)註(28)前掲林論文参照。

(36)註(29)前掲彌永論文参照。

(37)註(30)前掲岸論文参照。

(38)青木和夫他校注『続日本紀』一　新日本古典文学大系　岩波書店　一九八九年、一四一頁脚注。〔岩波新日本古典文学大系本〕

(39)註(30)前掲岸論文参照。

(40)以下、「養老令」の引用は、井上光貞他校注『律令』日本思想大系　岩波書店　一九七六年、による。

(41)「其國其郡其里其年籍」の「其」は、「某」の誤写であり、「某國某郡某里年籍」であったと推定されている。

(42)南部昇「戸籍」（『国史大辞典』五巻　吉川弘文館　一九八五年

(43)戸籍には、笠間・久米・秦・不縣（マヽ）の各氏が見える。敢えて戸籍の不明の国郡名を臆測をすれば、伊勢国員弁《いなべ》郡には笠間郷と久米郷が見えるので、同じ地域に郷名を冠した氏族が居住していたとすれば、伊勢国員弁郡の笠間郷か久米郷の何れかの戸籍の可能性がある。

(44)名古屋市博物館編・刊『和名類聚抄』名古屋市博物館資料叢書2　一九九二年。

(45)宮内庁書陵部図書寮文庫所蔵谷森本『諸家系図』（谷―1）一冊は、帙入、折り本（七五折り）、紙背あり（表裏両面に記述あり）、一

八・八×一一・〇cm、厚さ約三cm。外題（直書、表紙に三行書き）には、

姓氏　俗名融通
大内裏圖　南殿賢聖圖
帝皇幷百官唐名
官位相当

とあり、前欠で、近世の新写本だが、宮内庁書陵部編纂課の新井重行氏のご教示によれば、精巧な写しで、古態をよく伝えていると思われるという。虫損の穴とその周辺の墨痕も忠実に記し、傷みの形状からは、祖本も折り本であったと思われる。内容は、前欠であるが、「系図」がオモテ面からウラ面に続き、ついで「俗名融通」（人名・国郡名などに使われる漢字で、同じ訓みをするものを類聚したもの）、「大内裏圖」（左京の条坊図、内裏図、坊名、条路名、門名などの列挙）、「南殿賢聖圖」（面ごとの人名を記したもの）、「帝皇幷百官唐名」、「官位相当」（テキストは同じではないが、『拾芥抄』官位唐名部との親近性を感じるという）、と続き、ついで内題のようなものはないが、五畿内以下諸道ごとの国名と、各国の管する郡名が列挙されている（書式は、こちらも『拾芥抄』本朝国郡部によく似る）。

(46) 佐藤宗諄・橋本義則編「漆紙文書集成」（『木簡研究』九　一九八七年）、古尾谷知浩編・刊『漆工房と漆紙文書・木簡の研究』（平成一六年度～平成一八年度科学研究費補助金若手研究(A)研究成果報告書　研究代表者古尾谷知浩）二〇〇六年。古尾谷知浩「漆紙文書集成」（古尾谷『漆紙文書と漆工房』名古屋大学出版会　二〇一四年）。

(47) 引用は、京都御所東山御文庫本『貫首秘抄』一冊（勅封五二―七）による。同本には、群書類従本に見える治承五年の吉田經房や承元五年の顕俊の本奥書に続き、以下の識語ある。

此書、不レ思予眼前到來。賓者宰相
中將（正親町）實豐正筆也。爲二後來一令二書写一卆
慶安二年（一六四九）二月十七日　（油小路）隆貞

此一冊、以二羽林（左近衛中将）隆貞朝臣自筆本一令二書写一訖。
同季三月上旬　左中辨（坊城）俊廣
（一行空白）
以二右大弁宰相俊廣朝臣本一頭右中弁（清閑寺）熈房朝臣被二書写一了。又借二請熈房朝臣一
令二書写幷一校一了。
承應三年（一六五四）仲夏日　蔵人右少弁藤（中御門資熈）判

この奥書から、同書は、承応三年（一六五四）仲夏日（五月）に、それ以前に右中弁正四位上清閑寺熈房が、従三位参議右大弁坊城俊廣の所蔵本を借用して書写した本を、更に正五位上右少弁蔵人中御門資熈が書写した新写本であり、冊末には後西天皇の蔵書を示す「明暦」の朱印がある。また更に識語によれば、右の坊城俊廣の所蔵本とは、慶安二年（一六四九）二月十七日に参議中将正親町實豐自筆本を左近衛中将油小路隆貞が写した写本を、同年三月上旬に当時、左中弁正五位上であった坊城俊廣が書写したものであることが知られる。

(48) 註(19)参照。

(49) 現時点では、『禮服制』の冒頭に引用された儀式文は、『延喜儀式』の逸文である可能性を第一としておく。

〔謝辞〕『禮服制』の原本調査をお認め下さり、同所収の「礼服制」の翻刻及び写真掲載をお許し下さった天理大学附属天理図書館に対して深く謝意を表します。

『延喜式』諸写本の伝来と書写に関する覚書——平安中期から江戸前期までを中心に——

田島　公

はじめに

一九九五年に、私は、虎尾俊哉氏による神道大系本『延喜式』[1]の校訂の仕方や校訂方針に対する疑問から、九条家本・金剛寺本に代表される『延喜式』の古写本のみならず、近世のいわゆる新写本をも視野に入れた『延喜式』諸写本の系統を解明する研究が、校訂本作成の前提として必要であることを痛感し、田中教忠氏旧蔵で現在は国立歴史民俗博物館所蔵「田中穣旧蔵典籍古文書」の土御門家本『延喜式』に関する論文「土御門本『延喜式』覚書」[2]を発表した。結論として、土御門家本は、土御門泰重が一条家に伝えられていた写本を元和三年・四年（一六一七・一六一八）に書写したものであること、また、一条家所蔵本の中でも、平安後期または平安末期から鎌倉初期写とされる巻子本を書写したとすれば、土御門家本に引用された勘物や注記に『延喜式』の編纂過程や編纂から程ない頃の古い史料が見えることから、土御門家本の本文や勘物・注記を通じて『延喜式』編纂直後の古態を復原できる可能性があることなど、近世初期の写本ながら土御門家本が『延喜式』の校訂上、たいへん重要な写本となり得る可能性を指摘した。

それは、単に『延喜式』の写本研究にとどまらず、木簡・漆紙文書・墨書土器などの出土文字資料や帳簿類を主とする正倉院文書を中心にした近年の「古代史料学」の研究動向に対して、『延喜式』を始めとする律令格式などの法制史料、六国史などの史書や古記録（日記）、儀式書・年中行事書など、古代史の基礎史料に関する従来の文献学（書誌学）的研究に、文庫の蔵書目録を活用しながら中・近世の天皇家やその文庫（禁裏文庫）を中心とした前近代の公家社会の収書活動や文庫の変遷を解明し、近世前期の写本の中に善本を見出すなど、これまで以上に近世前期の新写本を古代・中世史料（古典籍）のテクスト作成の中に生かしながら、その成果を日本独自の「目録学」の構築・確立とリンクさせることにより、真の意味での「古代史料学」を目指すことを意図してなされたものである[3]。

拙稿「土御門本『延喜式』覚書」[4]発表後、『延喜式』の写本研究は、虎尾俊哉氏の反論の他、本格的な研究として、鹿内浩胤氏による九条家本『延喜式』の研究[5]を除けば、巻数が多いこともあり、それほど進展しているとはいえない。また、『延喜式』を廻る研究環境としては、影印本として土御門家本・九条家本・三条西家本の影印が公刊され、注釈書として土御門本を底本とした『訳注　延喜式』が刊行されているが、[6]『延喜式』の写本の全体を解明するような研究論文は発表されていない。[7]私自身の関心も、先に述べたように、もともと『延喜式』のみを対象としていたのではなかったこともあり、中・近世の公家社会の文庫の変遷や古典籍全体の伝来を視野に入れていたため、[8]『延喜式』の写本研究自体を、その後それほど行っていないが、今後の研究の進展に少しでも寄与出来ればと思い、現時点で掌握している範囲で、現存する、または近代まで伝来した古写本の奥書や平安中期以降江戸前期までの記録（日記）などに見える『延喜式』に関する記録・記述を整理し、古写本の書写年代、更にその後の伝来と貸与などによる書写関係について整理した結果を以下述べることとする。

一　平安期から鎌倉後期における『延喜式』の書写と伝来

1　現存する（近代まで現存した）古写本

今日まで伝えられた、或いは近代まで伝存した、平安・鎌倉期の書写とされる『延喜式』の古写本は、金剛寺本・九条家本・一条家本・中院家本・吉田家本・三条家本・三条西家本などがあるが、この節では、これらの古写本のうち、奥書及び当時の記録（日記）から、平安・鎌倉期における『延喜式』の書写とその伝来に関して記録があるものについて、以下、その記述を確認する。

（1）金剛寺本

大阪府河内長野市の天野山金剛寺には平安後期書写の国宝『延喜式』巻九（神祇九〔神名上〕）・十二（中務省）・十四（縫殿寮）・十六（陰陽寮）の四巻（巻子本）が伝えられ、このうち巻十四の朱書の奥書に

大治二年七月十二日、以㆓秘本㆒移㆑點了。（花押）

とあることから、大治二年（一一二七）に「秘本」から（訓点などを）「移點」したことが知られ、金剛寺本は院政期以前の写本とされている。[9]また、巻十二の奥書に

朱點、故允亮（惟宗）朝臣説也。墨點者、故□（師カ）□□□□□（説也。但カ）[10]本定也。

至㆓于朱墨相通之處㆒者、依㆑朱不㆑點㆑墨。

とあることから、この巻には、平安中期の明法家、特に一条朝（寛和二年〔九八六〕～寛弘八年〔一〇一一〕）に活躍した明法博士であり、『政事要略』の編者としても知られる惟宗（令宗）允亮《ただすけ》の「説」（訓み方）が「朱點」で付されていることが知られる。これに関連して、武田科学振興財団・杏雨書屋所蔵『聖徳太子伝暦』上巻の奥書には、以下のようにある。[11]

書本云

以㆓六箇度點交之本㆒、重點了云々。

點本奥記云、以㆓寛弘五年（一〇〇八）九月一・二・三日㆒、河内守令宗允亮於㆑舘、爲㆓清義・幡慶・光遍三僧㆒、讀㆓此傳㆒。外點事也。内談㆓不㆑知㆑讀人㆒者云々。

允亮は、長徳四年（九九八）頃、惟宗《これむね》朝臣から令宗《よしむね》朝臣に改賜姓された後、寛弘四年（一〇〇七）に河内守になっており、[12]前掲の奥書によれば、赴任した河内国府内の守（国守）が滞在する「舘」において、

翌寛弘五年九月一日から三日にかけて、地元の寺に在住していたと思しき三名の僧侶のために、[13]『聖徳太子伝暦』を講じていることが知られる。河内国府は志紀郡（現在の大阪府藤井寺市国府・惣社ヵ）に比定されているが、金剛寺は河内国錦部郡内にあることから、先の金剛寺本『延喜式』奥書に見える「故允亮朝臣説」[14]については、允亮の説が京で彼に直接学んだ明法家や学僧らによって継承されたか、あるいは、允亮の説が書き込まれた写本が学僧らによって金剛寺に持ち込まれたかなど、幾つかの解釈が可能であるが、『本朝文粋』巻九 詩序二論文に、長保元年（九九九）六月二日の大江以言の「七言夏日於二左監（惟宗允亮）門宗次將文亭一聽レ講レ令詩一首」が収載されており、左衛門権介惟宗允亮の「文亭」で「令」（「養老令」）の講義が行われていたことが知られるので、金剛寺本『延喜式』が当初から金剛寺に伝えられた場合は、河内国守として允亮が国府に赴任してから行われた『延喜式』の「講読会」などで示された読みが継承された可能性も全く棄てきれない。何れにしても、明法家として名高い允亮の説が記されていることは貴重であり、この奥書には年紀がないが、敢えて憶測すれば、「故允亮朝臣説」としていることから、允亮が亡くなってからそれほどたっていない頃の奥書ではないかと想定される。

（2）九条家本

東京国立博物館所蔵の国宝・**九条家本『延喜式』**は巻一・二・四・六・七（甲本・乙本）・八～十三・十五・十六・二十～二十二・二十六～三十二・三十六・三十八・三十九・四十二の全二十八巻であるが、取り合わせ本のため、書写年代に開きがある。紙背文書と本文の書風から書写年代を検討された鹿内浩胤氏によって、最も早い十世紀末頃に書写されたと思われる巻二十六～二十八の三巻、この他、十三世紀前半に書写されたと思われる巻六・七（乙本）の二巻、十四世紀頃に書写され、新たに加えられた巻四十二を除くと、残り二十二巻（巻一・二・四・七（甲本）・八～十三・十五・十六・二十～二十二・二十九～三十二・三十六・三十八・三十九の各巻）は十一世紀頃に書写されたと推定されている。[15]

もう少し詳細に述べると、鹿内論文によれば、現存の九条家本は八つのグループに分けられ（以下の○囲み数字は鹿内氏が分類されたグループ番号に同じ）、『延喜式』施行から間もない十世紀末頃に摂関家で書写が行われた巻二十六～二十八の三巻①に、十一世紀前半頃に書写された巻十一④と十一世紀中葉までに書写されたと思われる巻二十二③が補われ、十一世紀中葉に、藤原頼通の命により、彼の家司によって、先ず巻一・四・七（甲本）・八・十二・十三・十五・十六・二十・二十一・二十九～三十二・三十六・三十八・三十九の十七巻②の書写、次いで十一世紀後半頃に同じく頼通の家司によって巻二⑤の書写、と大掛かりな書写が実行された。更にその後、十一世紀末頃に**巻九・十**（「神名式」上・下）の二巻⑥が加えられた。以上の諸巻は十二世紀後半に摂関家が近衛家と九条家とに分立した際に九条家に伝えられ、十三世紀前半頃に藤原（京極）為家のもとで書写された巻六・七（乙本）の二巻⑦が主家である九条家に献上され、十四世紀頃に書写された巻四十二⑧が加えられた、と推定されている。[16]

たいへん重要な指摘であるが、九条家本『延喜式』の現存本が取り合わせ本であることから、ある段階まで、若干の欠巻も含みながら複数セットの『延喜式』が摂関家や九条家周辺に存在していた可能性も考慮にいれるべきと思われるので、摂関期や院政期、更には鎌倉期における摂関家内やその周辺での『延喜式』の伝来については、書風や紙背文書による検討とともに、古記録（日記）・書状や蔵書目録などに見える『延喜式』の伝来の痕跡を整理しておくことも必要である。

五摂家分裂以前の摂関家における『延喜式』の伝来に関しては、九条家本『延喜式』のみならず、次に示す同じ五摂家の一つである一条家に所蔵されていた『延喜式』の伝来とも関連するが、藤原道長の日記『御堂関白記』寛弘七年（一〇一〇）八月二十九日条に

廿九日、乙亥、雨下。（中略）作棚厨子二雙、立傍、置文書。三史・八代史・文選・文集（白氏文集）・御覽（修文殿御覧）・道々集・日本記〔紀〕具書等、令（養老令）・律（養老律）・式（延喜式カ）等具、幷二千餘巻。

とあることから、道長が「式」即ち『延喜式』を所蔵していたことが推定されている。(17)また、既に先学が指摘されたように、(18)藤原（三条）長兼の日記『三長記』建久七年（一一九六）十一月八日条に

八日、癸未、（中略）参殿下（九条兼実）。（中略）次参内大臣殿（九条良経）。（中略）和漢御談移時、二條關白殿（藤原教通）御出仕之時、延喜式一部必被入御車云々。是御談也（九条良経）。

と見えることから、九条良経の言談として、「二條關白殿」（藤原教通・長徳二年（九九六）～承保二年（一〇七五））が出仕する際には、必ず「御車」（牛車）の中に『延喜式』一部を入れて読んでいたことが知られている。教通は道長の子で、治暦四年（一〇六八）に兄頼通の譲りにより、亡くなる承保二年まで、後冷泉・後三条・白河の三代の天皇の関白になっており、「大二條殿」とも呼ばれた。道長が所持していた『延喜式』との関係は不明だが、摂関家周辺に存在した『延喜式』の一つとして注目されている。

また、藤原頼長の日記『台記』には、彼が『延喜式』を所持していたことを示す記事が三例ほど見える。先ず久安四年（一一四八）正月六日条には、

六日、乙丑、入夜、（中略）延喜五十巻、亥刻見了。首付、自去々年（久安二年）冬之比、初見之。漢家學隟〔隙〕（ひま）及在間所之時、見之。仍今日。今夜表書。〔韋表イ〕

とあり、(19)また次に同年四月十六日条には、

十六日、癸卯、雨降。菖蒲來、同車。余衣冠。至鳥羽南、乗舟解纜。亥刻許、至和泉木津（山城國相樂郡）。（中略）直詣春日、着禪定院。尋範僧都坊〔房イ〕。今日、於舟中見類聚三代格、第一、書要文目〔録〕六於別紙。小状自書也。今日始見也。如延喜式、漢家學隙及在旅所之時、可見之。

とあることから、(20)頼長は久安二年の冬頃から「漢家學」の合間や静かな所や旅先などで『延喜式』を読み、遂に久安四年正月六日に五十巻を見終わっていることが知られるとともに、『延喜式』五十巻の所蔵も確認出来る。更に、『台記』久安三年（一一四七）八月十二日条に

十二日、癸卯、晴。（中略）余（藤原頼長）着陣座。（中略）奏詔書草清書、御畫十一日。援中務式文、以内竪〔豎〕、召中務輔、給詔書。仰陣官、召内竪〔豎〕、令参候小庭。仰曰、中務省。退出。

とあり、「中務式」より条文の引用を行っていることが知られるが、この「中務式」は『延喜式』巻十二　中務式である可能性が高い。頼長は久安三年当時、内大臣であったが、この頼長所持の『延喜式』は、

鹿内氏が指摘されるように、(21)『台記』天養二年（久安元年・一一四五）四月十八日条に

十八日、癸巳、巳刻、參二御前（藤原忠実）一、賜二菓子・律令格式・巻文復抄一。仰（藤原忠実）云、「此律令格式、故殿京極（藤原師実）御物、又賜二除目・敍位・官奏格記等一、除目・敍位一合、官奏一合。」。仰云（藤原忠実）、「是家重寶也。此中有二一本書一。此書須レ與二攝政（藤原忠通）一。然身既居二攝録之任一。不レ可レ行二如レ此公事一。雖レ與、無レ益。又汝（藤原頼長）生二二男一、料知傳二我家一者汝乎。故長所二附屬一也」。未刻、歸洛。

と見える、頼長が父忠実から譲与された曾祖父師実が所持していた「律令格式」の一部と考えられており、それまでの伝来やその後の行方も気に懸かる。

その後の伝来に関連して、父忠実と兄忠通が不和となった関係で、久安六年（一一五〇）には、頼長は忠実から藤氏長者のシンボルである渡庄巻文や朱器台盤を与えられたが、翌年早々、『台記』久安七年（仁平元年）正月三日条に

三日、乙亥、（中略）京極殿（藤原師實）・後二條殿（藤原師通）等御記正文、禪閤（藤原忠實）、先年附二屬關白（藤原忠通）一已了。今日使下二前肥後權守頼賢（紀）一也。付乞上レ之。即付二頼賢一返二奉之一。前筑前權守清高（藤原）藏人五位承二關白仰一、大哭、開二書倉一、取下納二御記一之櫃上、授二頼賢一云々。

とあるように、忠実は彼の祖父師実の日記『京極関白記』、父師通の日記『後二条師通記』などの正本（自筆原本）を忠通から取り戻し、これらを頼長に与えている。(22)摂関家内での「書倉」の管理、蔵書伝来の中での『延喜式』写本の行方は今後の検討課題である。

一方、鎌倉期における九条家本『延喜式』の伝来について注目されるのは、九条家本『延喜式』巻一に見える

文永九年八月　日、見了。忠教（九条）

という識語である。この識語は、九条家本『延喜式』で唯一、年紀を含む識語である。文永九年（一二七二）に、九条忠教（宝治二年〔一二四八〕～元弘二年〔一三三二〕）が「一見」したという、簡単な識語ではあるが、(23)彼の蔵書目録で正応六年（永仁元年・一二九三）三月十七日の識語がある「九条家文庫文書目録」(24)に、「一合　延喜式」と見えることから、同目録の記載を裏付ける意味でも、たいへん貴重な識語である。

これらのことから、鎌倉後期における九条家での『延喜式』所蔵が確認され、それも「一合」とあるので、当時、五十巻が九条家にまとまって保管されていた可能性が高い。

その他に注目されることは、九条家旧蔵で、現在、天理大学附属天理図書館所蔵の藤原師輔の日記『九條殿御記』巻二（部類年中行事「五月節」以下）の紙背文書（第十八紙裏）に、「延喜式移點」と読める文書の存在が指摘されていることである。(25)この紙背文書を調査された吉岡眞之・西本昌弘両氏の釈読及び一九二五年十一月に影写した東京大学史料編纂所架蔵の影写本『九条殿御記并裏書』（架蔵番号　三〇七三―二）により釈文を示せば、以下のように読める。(26)

延喜式移レ點之人
姓名、可二注申一之由
謹以承候了。抑今
朝、晋書并吏部王
記抄、以二國宗（中原）一令二進

上二之處、依二重 仰一、可二
進上一者。恐惶之至、□〔不カ〕
〔知カ〕□レ所二言上一。基□〔綱カ〕謹言。
六月六日　右大弁□〔源カ〕
在□

書状（消息）のために分かりにくいところもあるが、簡単にこの書状の意味を示すと以下の通りである。

『延喜式』に付されている「點」（平古止〔ヲコト〕点・返り点・送りがな・振りがな等の符号やかな）を他の本に移して記《き》す人の姓名を記《しる》して申すべきということは謹んで承りました。そもそも、今朝、（房玄齢等撰）『晋書』と『吏部王記抄』（重明親王の日記を抄出したもの）は「國宗」（後述するように中原國宗か）に（持たせて）進上させましたが、重ねての仰せによって、（「延喜式移レ點之人」の「姓名」を書き、「注進」する予定のリスト〔夾名カ〕を必ず）進上するつもりです。大変恐れ多いことには、申し上げる言葉もありません（「至」の下の判読不明を残画から「不」と読み、「恐惶之至、不レ知レ所二言上一」と読んで解釈した）。基綱（「基」の下の字で、影写本では一見「限」に近いような文字は、字形、及び次に見える「右大弁」などから、後述するように「綱」と読んだ）、謹んで言《もう》しあげます。

六月六日　右大弁源（「弁」の下の字は、残画や後述するように当時の右大弁の人物比定から「源」と読んだ）

西本氏のご教示によれば、『九条殿御記』は三十四紙からなっており、第八紙目に「永長二年五月廿三日」付の書状が見られるという。この永長二年（承徳元年・一〇九七）が紙背文書中、唯一、年紀が記された文書であり、また、『大日本史料』三編之四　承徳元年（一〇九七）十二月二日条（綱文「太皇太后寛子、枇杷殿ニ還御アラセラレ、是日、関白師通、新造九條第ニ移ル」）には、「立石」・「鐵」・「檜皮」・「築垣」・「材木」など雑物の徴収（進上）や未進、「繪師」・「繪様」・「指圖」など藤原師通の九条第の造営や同第への移徙に関係する『九條殿御記』紙背文書が引用されており、[27] 同じ『九條殿御記』巻一・巻三の紙背文書も含め、年紀の判明するものは全て永長二年（承徳元年）のもので、藤原為房・源基綱・賀茂道言らの書状も含まれているという。[28] そうすると、この文書も永長二年（承徳元年）前後の書状となり、書状に記された「國宗」は『中右記』永長二年（承徳元年）三月三日条に堀河天皇の行幸の「頓宮行事」の史生（同日条の他のメンバー〔左少弁・左大史・官掌〕から見て太政官の史生か）として見える「國宗」であり、のち永久二年（一一一四）から四年にかけて、右大史として確認される中原國宗かと思われる。また、「基□」と「右大弁□」とは、残画などから、それぞれ「基綱」と「右大弁源」と読めるので、寛治八年（嘉保元年・一〇九四）六月十三日に権左中弁から右大弁となり、承徳二年（一〇九八）十二月十七日に左大弁に昇進した、源基綱（永承四年〔一〇四九〕～永久四年〔一一一六〕、源経信の男）であると考えられる。「延喜式移レ點之人」云々の文書は前述の『大日本史料』三編之四には紹介されていないが、この文書も年紀不明ながら、ほぼ同じ頃の文書、すなわち永長二年（承徳元年）前後の某年六月六日に源基綱が認めた書状であると推定される。

そして、この書状から、藤原師通の周辺に訓点が施されていた『延喜式』の写本が存在し、その他の『延喜式』の写本に移し替える仕事を担当する人の「姓名」を報告する必要があったこと、太政官の史生である中原國宗に『晋書』や『吏部王記抄』を持たせて「進上」していること、更に「仰」の上の部分が一字分空白であることから、右大弁源基綱が職務の関係で仕えていた人物の仰せ（或いは身分の高い人からの依頼）に対して書状を認めていること、が判明する。また、九条家本『九条殿御記』は院政期以来、摂関家及び九条家に伝来したと思われることを考慮に入れると、「延喜式移㆑點之人」云々の記述は、当時の摂関家（藤原師通は嘉保元年〔一〇九四〕から承徳三年〔一〇九九〕に亡くなるまで関白を務める）に伝来した『延喜式』に何らかの関係があるのではないかとか推定される。

そこで注目されるのは、この紙背文書の中に『晋書』が見えることであり、これに関連して、藤原師通の日記『後二条師通記』の嘉保三年（永長元年・一〇九六）の記事には中国古典に関する記述が多く、問題の紙背文書の内容理解に大きなヒントを与えてくれる。(29) 先ず、同年二月十一日条には、

　十一日、壬申、
晴。列見也。（中略）
裏書、入夜、江中納言（大江匡房）、伏見間、院（白河院）仰書一紙持來。可㆑有㆓此定㆒。
大略見㆓於件文㆒。
言語問㆓書籍㆒。礼記儀式作法事也。
三國史〔志カ〕、
魏志第一云、曹操謀之人也。伐㆓梨木㆒已以滅亡。

とあり、師通は中納言大江匡房と「礼記」・「三國史〔志〕」などに関して談じており、陳寿撰『三國志』の「魏志第一」より曹操に関する記述を引用している。また同月二十一日条によれば、

　廿一日、壬午、
霞渡。披㆓左傳第六㆒之處、入夜朔旦事也。晝座。

とあり、師通は「左傳第六」（春秋左氏傳）を紐解いている。次いで七月十一日条によれば、

　十一日、戊戌、七月節、
晴。（中略）又参㆓京極殿（藤原師実）㆒、東三條（藤原詮子）御書所㆑給也。毛詩、儀同三司（藤原伊周）點也。眞若直歟。幹書、裏書家々説。數年之間、令㆑之處、不㆓求得㆒也。遺恨不㆑少。今年新寫㆓得之㆒。鳥跡正本、慮外出來。自㆓宮内○本无大小字。輔仲實許㆒進㆓上殿（藤原師実）㆒了。前々年、相㆓交雑文㆒所㆑給也。令㆑申㆓案内㆒所㆑賜。以㆑之謂㆑之、書籍披閲、案頭不㆑絶、心中悦意、事々無㆑彊《かぎり》矣。

と見え、「京極殿」（藤原師実〔師通の父〕）が所持していた「東三條御書」（藤原詮子〔応和二年［九六二］～長保三年［一〇〇一］〕の蔵書）中の、「儀同三司」（藤原伊周〔天延二年［九七四］～寛弘七年［一〇一〇］〕）が「點」を付した『毛詩』や「眞〔直カ〕幹書」（文章博士）橘直幹《なおもと》（と思しき人物の書か）を師通が新写している事が知られる。更に十一月二十三日条によれば、

　廿三日、己酉、賀茂臨時祭、
天晴。臨時祭延引。（中略）伊賀守孝言（惟宗）朝臣、本記〔紀〕史記、第七、先年一部讀受已了。仍所㆓覆勘㆒也。

とあり、「先年」に続いて師通は伊賀守惟宗孝言《たかとき》より「本記〔紀〕史記第七」の講義を受けたことが知られる。また十二月に入ると、五日条によれば、

　五日、辛酉、

天晴。(中略)江中納言(大江匡房)來臨、受㆓文集説(白氏文集)㆒、一・二・六・七帙許所㆑讀也。自餘所㆓披閲㆒也。

とあり、師通は、自宅を訪れた大江匡房から「文集説」(『白氏文集』の講義)を受け、「一・二・六・七帙」を読み、他の帙は開いて念入りに見たという。更に、十一日条によれば、

十一日、丁卯、　復、月次祭、神今食、大神祭、
天陰。終日、日脚不㆑見。(藤原)公房朝臣依㆑召參仕。後漢書帝紀可㆑付㆓假名㆒。仍所㆓下給㆒也。

と記されているので、師通は、藤原公房に命じて「後漢書帝紀」に「假名」を振らせるため『後漢書』を下給しており、十四日条には、

十四日、庚午、
天晴。(中略)史記本紀第十巻、從㆓左府(源俊房)許㆒惜(借歟。)請。(後略)

とあり、師通は「史記本紀第十巻」を左大臣源俊房のもとより借用していることが見える。

以上から、嘉保三年(永長元年)に、藤原師通が、『禮記』・『春秋左氏傳』・『毛詩』・『史記』・『後漢書』・『白氏文集』の説を学んだり、写本を入手したりしていることが知られる。従って、九条家本『九條殿御記』紙背の「延喜式移㆑點之人」云々の書状に見える『晋書』の借用についての記述も一連の師通周辺の漢籍に関わる動きであるとすると、他の紙背文書のように永長二年(承徳元年)の可能性も依然として残る。しかし、問題の「延喜式移㆑點之人」云々の書状は、上記『後二条師通記』の記事と同じ年である嘉保三年(永長元年)の六月六日に、右大弁源基綱によって関白藤原師通に宛て認められた可能性も高い。この書状に見える「仰」(「重仰」)とは師通の「仰」であって、「延喜式移㆑點之人」とは、師通所持の『延喜式』への「移點」を行った人と関係あると考えられるのではなかろうか。更にこの記述が現存の九条家本『延喜式』と関係するとすれば、付された訓点の年代とも関連しているかもしれないので、この問題に関しては九条家本『延喜式』の訓点の中に十一世紀後半の訓点を見出した月本雅幸氏の報告を参照されたい。(30) なお、『本朝続文粋』巻九　詩序中には、

七言春日、陪㆓(藤原師通)内相府書閣㆒、同賦㆔花下多㆓軒騎㆒、應㆑教詩一首
以㆑春爲㆑韻　并序、　(藤原)敦基朝臣

とあり、内大臣藤原頼通が『延喜式』や漢籍などを納めた「書閣」(=文庫)を持っていたことが判る。

(3)一条家本・中院家本

一条家に戦前まで伝来した古鈔本『延喜式』は、巻子本(第一巻から第五巻までの五巻)で、一九四五年三月に焼失したとされるが、戦前に作成された影写本や影印本も部分的にあり、戦前に同書を紹介された研究者や出陳された展覧会の目録などの解説によれば、平安後期または平安末期から鎌倉初期の古写本とされている。(31) 書写年代に関しては若干の幅があるが、五摂家分裂以前に写されていた古写本であるとすれば、九条家本にも関連して、一条家本(巻子本)『延喜式』の鎌倉期における伝来について検討する必要がある。

先学の指摘などによると、(32) 日野資宣の日記『仁部記』文永十二年(建治元年・一二七五)二月五日条に

參㆑院(亀山)。(中略)又或人云、「延喜式披講事」「昨日(二月四日)、延喜式被㆑披㆓講之㆒。殿下(一条家経)・前右府(花山院通雅)・内府(花山院師継)・二條大納言入道(資季)・治部卿(吉田経俊)・別當(中御門経俊)・左衛門督殿(一条実家)・左大(久我具

房）（葉室頼親）辨・宮内卿等也。（右大弁吉田經長カ）大丞讀二申之一。職事辨官隨二御過一、可レ爲二聽衆一」云々。

と見え、二月四日に摂政一条家経・前右大臣花山院通雅以下の公卿が『延喜式』の「講読会」に参加していることが知られている。一条家経が「講読会」に出席していることから、恐らくは鎌倉後期に一条家には『延喜式』があったことが推測される。

同じ「講読会」に参加していた花山院通雅に関しては、武田祐吉氏旧蔵の中院家本『延喜式』巻十　神名式下の奥書に、(33)

弘長三年八月廿三日、重見了。
右近衛大將（花山院通雅）（花押）
校合了。

建長三年六月十一日、夜祭上卿卜合之間、
神齋之中、加二一見一了。
権中納言藤原（花山院通雅）（花押）

と見えるように、弘長三年（一二六三）と建長三年（一二五一）と二度にわたる通雅の識語によって、花山院家に『延喜式』が伝えられていることが知られる。この写本は戦争中の疎開先である甲府で焼失したらしく、(34)戦前に作られた複製本の解説を書かれた宮地直一氏によれば、書風から鎌倉時代初期を下らぬ頃の書写という。(35)花山院家は京極摂政藤原師実の二男左大臣藤原家忠の裔《すえ》であることから、花山院家における『延喜式』をはじめとする典籍の伝来も今後の検討課題の一つである。(36)

なお、この写本を伝えた中院家は、源（久我）通親の五男通方（文治五年〔一一八九〕〜暦仁元年〔一二三八〕）を祖とする村上源氏の一流である。いつ頃から中院家にこの写本が伝来したか不明であるが、今後は中院通冬の日記『中院一品記』など当主の日記や中院家所蔵の文書・典籍の調査によって、同家に『延喜式』が蔵されていた痕跡を探る必要があろう。

（4）吉田家本

現在、天理大学附属天理図書館所蔵で吉田家（卜部）旧蔵の『延喜式』巻九・十（「神名式（帳）」）は、二巻の巻子本であり、鎌倉時代初期にまで遡る写本であるとする説もある、「神名帳」上・下が唯一揃った古写本である。奥書としては「修補」の識語が巻九に

文明十三年季冬（十二月）仲旬、
加二修補一畢。
従二位侍従卜部朝臣（花押）

とある。更に巻十には、

文明第十三暦季冬十八日、
加二修補一畢。
従二位侍従卜部朝臣（花押）

と見え、文明十三年（一四八一）十二月に、吉田神道の大成者でもある卜部兼倶（永享七年〔一四三五〕〜永正八年〔一五一一〕）によって修補が加えられたことが知られる。(37)

吉田（卜部）家における『延喜式』の伝来は、「神祇式」に関する記事が多い。まず、文永十年（一二七三）二月十四日に卜部兼文が撰述した識語のある『古事記裏書』に「神祇式」・「神名帳」が引かれることから、卜部兼文が『延喜式』のうち「神祇式」を蔵していたこと

は早くから指摘されているが、(38)同じく兼文が文永十一年（一二七四）及び建治元年（一二七五）に前関白一条実経等の質疑に答えた際の資料をもとに、子の兼方が著した『釈日本紀』（『日本書紀』の注釈書）にも『延喜式』が引用されていることから、(39)吉田（卜部）家に「神名帳」（『延喜式』巻九・十）が鎌倉時代に蔵されていたことは間違いないであろう。

（5）その他の古写本――三条家本・三条西家本――

現在、天理図書館に蔵される三条家旧蔵本『延喜式』は、巻十二「中務式」のみの一巻であり、鎌倉時代の書写かとされている。(40)また、現在、国立歴史民俗博物館所蔵の三条西家旧蔵本『延喜式』は、巻五十「雑式」一巻が鎌倉時代の書写かとされている。(41)三条家は右大臣藤原師輔の九男公季を祖とし、閑院流藤原氏の嫡流（三条実房の子・公房の子孫）である。一方、三条西家は三条家庶流の正親町三条家（三条実房の子・公氏の子孫）の更に庶流であり、南北朝期の正親町三条実継の次男公時に始まる。両家に伝えられた『延喜式』の古写本はともに、鎌倉期の書写と推定されており、三条西家本もあるいは三条家に伝えられていた古写本の一部かもしれないが、何分にも管見では三条家周辺で伝えられた『延喜式』についての史料を見出していないので、今後の研究に俟ちたい。

2　文献史料にのみ見える（現存しない）写本

古写本は伝えられていないが、平安・鎌倉期の文献史料には存在した『延喜式』に関する記述について、以下、時代を下りながら、管見で知り得た範囲で述べることにする。

（一）摂関・院政期

平安時代の三大儀式書といわれる、源高明（延喜十四年〔九一四〕～天元五年〔九八二〕）撰の『西宮記』、藤原公任（康保三年〔九六六〕～長久二年〔一〇四一〕）撰の『北山抄』、大江匡房（長久二年〔一〇四一〕～天永二年〔一一一一〕）撰の『江次第』（『江家次第』）には、『延喜式』が引用されており、(42)これらの編著が『延喜式』を所持していたことは、当然推定されることである。以下、主に摂関・院政期の古記録や『延喜式』写本の奥書などに見える、『延喜式』の所持・書写関係の記述を示すこととする。

藤原実資の日記『小右記』寛弘八年（一〇一一）二月二十八日条によれば、「余（藤原実資）退出後、引ニ見延喜式一一帖第五巻齋宮。立〔云〕、凡齋王将レ入ニ大神宮一之時、自ニ九月一日一迄ニ卅日一、京畿内・伊勢・近江等國不レ得下奉ニ燈北辰一及擧〔改葬脱カ〕上哀」とあり、実資は帰宅してから、『延喜式』第五巻の「齋宮式」を実際に引いて見ている。「一帙」と書かれており、更に実資が著した『小野宮年中行事』には、『延喜式』が引用されていることから、(43)恐らく実資は全五十巻の『延喜式』を所持していたと推定される。同様に藤原行成撰の『新撰年中行事』にも『延喜式』が引用されており、(44)行成も『延喜式』を蔵していたと思われる。

なお、現在、京都国立博物館に収蔵され、一八七四年（明治七）に京都府によって設置され、一八九一年（明治二十四）に当時の帝國京都博物館に蒐集品を寄贈して最終的に廃止された京都博物館旧蔵本（後述するように京極宮御本カ）の『延喜式』五十冊（近世前期写。以下、

京都博物館本と略称する)[45]の第四冊目・巻四「神祇四」の本奥書には

「古本云、」(朱)
長元二年四月巳〔己〕[46]巳十七日巳乙〔戊〕、成時、拎〔於〕二掘〔堀〕河亭一書了。
巻本ニ

と見え、長元二年(一〇二九)四月十七日に堀河亭において書写された『延喜式』があったことが知られる。この長元二年という識語は、管見によれば、本奥書も含め、年紀が判明する奥書・識語としては『延喜式』の写本の中で最も古い年紀であり、「古本」や「古本首書」の注記が欄外に見える点も含め、貴重である。この写本については、別稿を予定しているので、詳細はそれに委ねるが、書写をした場所である堀河亭に関してのみ述べておく。堀河亭が、『小右記』長元三年(一〇三〇)九月十九日条などに見える「堀河院」と同じ邸第を指すとすれば、藤原頼宗(正暦四年〔九九三〕~康平八年〔治暦元年・一〇六五〕)の邸第である。頼宗は道長の二男であり、母は左大臣源高明の女の明子であった。短い本奥書のため不明なことの方が多いが、頼宗周辺(父道長または母方の祖父源高明か)に所持または伝存していた『延喜式』の写本の存在が想定されるとともに、国宝・九条家本『延喜式』との関係も注目される。

この他、源経頼の日記『左経記』長元四年(一〇三一)十二月五日条には、

五日、戊申、天陰降雨。參二前齋院(選子内親王)一。奉レ問二初齋院間雑事一。是依二内弁宮(後一條天皇)仰一也。次[參]殿(藤原頼通)。權辨經任申云、「齋院式(延喜式巻六 齋院司式)云、『定二齋王一了、[畢]即卜二宮城便所一、爲二初齋院一』云々。内匠寮式(延喜式巻十七)云、『斗帳二具、一具染漆。一具白木。賀茂初齋院幷野宮装束料』云々。然者以二諸司一可レ謂二初齋院一也。仍件御帳等幷雑具、令レ入二諸司一給之日、可レ奉レ渡歟。而前齋王卜定日、立二件帳等一、白木神殿料。染塗〔漆カ〕齋王料。之由有レ仰云々。爲レ之如何」。殿(藤原頼通)仰云、「誠有二疑之事一也。慥尋レ可二申行一也」。又以二此旨等一、可レ示二右府(藤原實資)弁民部卿(藤原齊信)等一、聞下有二傳聞一可上レ被レ示レ予。(源經頼)權辨(藤原經任)□右府令二參内一、以下被二院仰一旨上、令レ申二内弁宮(後一条天皇)一。又參レ殿。權辨云、「右府被レ申云、『如レ式已爲二初齋院料一之分明也。而前齋院(中宮藤原威子)已卜定日可レ立由有レ命』云々。當時無下見二彼間事一之人上、兩端疑忽難レ決。又々被二尋行一歟」云々。民部卿被レ申云、「依二式文(延喜齋院司式)一被レ行。何難之有乎」云々。(源經頼)余申云、「前齋院卜定日、神殿等御帳可レ立之由仰之由、案二同院式(齋院司式三年齋条)一、於二初齋院一三年齋、畢其年四月參二神社一云々。就二此文一尋二先例一、婉子齋院(婉子内親王)、承平元年(九三一)十二月廿五日、卜定。同二年九月廿九日、入二右近衞府一。三年四月十二日、入二野宮一云々。然者以二里第一可レ謂二初齋院一。又定二齋王一了、即卜二宮城便所一、爲二初齋院一云々。(後略)

と見え、權左中弁藤原経任が、関白左大臣藤原頼通のもとで、「延喜斎院司式」(巻六)と「延喜内匠寮式」(巻十七)を引用して申し上げ、更に右大臣藤原実資、大納言で民部卿の藤原斉信や右大弁源経頼も「延喜斎院司式」に言及したり引用したりしている。経頼が頼通に申した言葉の中に「案二同院式一、於二初齋院一三年齋、畢其年四月參二神社一云々。就二此文一尋二先例一」とある「同院式」とは、『延喜式』巻六神祇六 齋院司式の三年齊条に「凡齋王於二初齋院一三年齋。畢其年四月始將レ參二神社一。先擇二吉日一、臨レ流祓禊。(注略)其儀、(後略)」からの引用である。この引用は、「齋院司式」・「内匠寮式」を引用した藤原経任や源経頼が太政官曹司庁(または弁官庁)にあった『延喜式』か、それぞれ個人として所蔵していた『延喜式』か不明だが、藤原頼

通の邸第にも当然、『延喜式』が存在した可能性がある。

更に、源経信の日記『帥記』承暦四年（一〇八〇）閏八月五日条（宮内庁書陵部所蔵九条家本）に、

> 五日、甲子、雨下。晩頭不㆑下。今日陣定「陣定」（朱）。（中略）
> 陸奥國申請三个條、一者〔金カ〕黄今明神（小田郡）被㆑授㆓位階㆒、被㆑寄㆓封戸㆒事。同前諸卿定申云、「陸奥國黄金授位」（朱）「先被㆑尋㆓神名帳（延喜式）㆒、慥被㆑相㆓尋彼明神（黄金明神）位階㆒之後、可㆑被㆓裁許㆒歟。一者被㆑許㆓延任㆒事。彼國（陸奥）有㆓亡弊聞㆒而已。今興複」者。可㆑被㆓裁許㆒、一者被㆑下㆓宣旨㆒與㆓前司㆒同任官人、相共受㆓領官物㆒事。同前諸卿定申云、「可㆑遣㆓詔使㆒」者。左大辨（藤原實政）書了。大略讀㆑之巻㆑之結㆑之。（後略）

と見えることから、この時の陣定で、諸卿が「神名帳」を調べ定め申していることが知られる。公卿が陣定の場で利用できた「神名帳」が存在したか、勘申させた外記（外記庁・太政官候庁）に「神名帳」が存在した可能性を伺わせる。また、源俊房の日記『水左記』承暦四年（一〇八〇）閏八月五日条には、陣定の中で、

> （前略）右大臣（藤原俊家）以下申云、（中略）尋㆓神名帳㆒。（後略）

と見える。自筆本（宮内庁書陵部所蔵柳原家本）がある箇所ではあるが、陣定での発言に続く部分である上に、前後に虫損があるため、「神名帳」の所有者が誰かは不明である。俊房所持の写本ならば、村上源氏系公卿における『延喜式』の写本の伝来の例として注目される。

以上の『帥記』・『水左記』の記事はともに『延喜式』巻九・十が「神名帳」と呼ばれていたことを示す早い例でもあり、遅くとも十一世紀後半には「神名帳」の名称が始まっていたらしいことが知られ、この点でも興味を惹かれる。

この他、先に示した京都国立博物館所蔵京都博物館本（後述するように京極宮御本カ）『延喜式』巻四十　造酒司・采女司・主水司の奥書には、

> 延喜式巻第卌本云、
> 已上、一〔帙〕秩抄了。仁平二年。

と見えることから、仁平二年（一一五二）に書写された巻四十を含む「一帙」分の『延喜式』が存在していたことが知られる。当時の『延喜式』は何巻かが纏まって帙に納められていたようであるが、院政期から鎌倉期に存在した『延喜式』が納められていた形態が分かる史料が、三善為康（永承四年〔一〇四九〕～保延五年〔一一三九〕）が編んだ『掌中歴』と『懐中歴』とを併せて、鎌倉初期頃に成立したといわれる『二中歴』第十一の「倭書歴」に見える「延喜式目録」である。尊経閣文庫本によって、[47] 引用すると以下の通りである。

> 延喜式目録
> 初一帙、神事、二、（太政官）官盡㆓大學（大學寮）㆒、三、（治部省）治盡㆓大藏（大蔵省）㆒、
> 四、（宮内省）宮盡㆓主水（主水司）㆒、五、（彈正臺）彈盡㆓雑式（陳イ）㆒
> 一帙、一・二巻、四時祭上・下、三、臨時祭（イ无）、四、神祇官、五、齋宮、六、齋院、七、踐祚大嘗祭、八、祝詞、九・十、神名上・下、
> 二帙、一、太政官。二、中務・内記・監物・主鈴・主鎰。三、中宮・大舎人・圖書。四、縫殿。五、内藏。六、陰陽。七、内匠。八・九、式部上・下。十、大學。
> 三帙、一、治部・雅樂・玄蕃・諸陵。二・三、民部上・下。四・五、主計上・下。六・七、主税上・下。八、兵部・隼人。九、刑部・判事。十、大蔵・織部。
> 四帙、一、宮内、二・三、大□〔膳〕上・下、四、木工、五、大炊、六、主殿、七、典薬、八、掃□〔部〕、九、正親・□〔内〕膳、十、造酒・主水、
> 五帙、一、彈正、二、京職・市司、三、春宮坊、四、勘解由、五、近衞、六、衞門、七、兵衞、八、馬寮、九、兵庫、十、雑式、

この史料によって、院政期から鎌倉初期頃にかけて存在していた一つの『延喜式』写本の形態、即ち、全五帙で一帙十巻という「帙」分けがなされた写本があったことが知られる。ここで、京都博物館本

『延喜式』巻四十（造酒司・采女司・主水司の各式）の本奥書に「已上、一帙抄了」とあることに戻ると、『二中歴』の「延喜式目録」のうち「四帙」の最後が「十、造酒・主水」となっていることは、両者が同じような分類形態（帙分け）であることを窺わせるので、京都博物館本『延喜式』の藍本は、巻三十一「宮内省式」から巻四十「造酒司式・采女司式・主水司式」までの十巻分が、同一の「帙」に収められ、少なくとも、この一帙分纏まって「抄《うつ》」されたことが想定される。

ところで、院政期の蔵書目録を代表する所謂『通憲入道蔵書目録』[48]には、以下に示すように、二箇所に『延喜式』が見える。

一合第七十九櫃
一結、延喜式一帙十巻、[49]（中略）右京職圖一巻、[50]
（中略）
一合第九十九櫃
（中略）延喜式一巻、第三〔十脱カ〕八同、[51]

『通憲入道蔵書目録』と称される蔵書目録は、一般に藤原通憲（信西・嘉承元年（一一〇六）～平治元年（一一五九））所蔵本の目録であると考えられているが、[52]私は今井似閑の説[53]を再評価し、院政期の天皇家にゆかりのある文庫・宝蔵の蔵書目録ではないかと考えている。[54]もしもこの説が認められるとすれば、第七十九櫃と第九十九櫃に納められた『延喜式』は院政期の天皇家ゆかりの文庫に収蔵されていたものとなろう。

以上、摂関・院政期の文献史料をもとに、現存、写本の奥書も含め、『延喜式』の写本の痕跡と所蔵先を推定した。

（2）鎌倉期

九条家本『延喜式』巻四十二　左右京職　京程条に、墨で書き加えられた勘記によれば、「四位大外記中原師重之本云、除二大路・小路一、各見二式文一（後略）」とある。中原師重（仁安元年（一一六六）～承久三年（一二二一））は、『地下家伝』二　押小路（外記）によれば、建久九年（一一九八）十二月九日に大外記に任ぜられ、建保六年（一二一八）七月九日の臨時除目で従四位下に（五十三歳）、建保七年（承久元年・一二一九）四月八日の臨時除目で従四位上に、更には承久元年十月五日に稲荷・祇園行幸行事官の功により正四位下に叙せられ、同三年（一二二一）七月二十日に五十六歳で死去している。従って、「四位大外記」とは中原師重の極官極位を示しており、この勘記を記したのは、最も遡っても建保六年より後、恐らくは、師重が亡くなってから、この本を見た者が書き込んだものであることがわかる。[55]師重は寿永元年（一一八二）三月八日に少外記に任じられ、その後、同年十二月二十一日には、父師尚の辞任の後を受けて十七歳で主計権助に任じられ、文治五年（一一八九）十一月十三日には図書頭に任じられているので、職務上、『延喜式』を手元に持つようになる機会は早く訪れたのではないかと推測される。そして師重の父である師尚（天承元年（一一三一）～建久八年（一一九七））、祖父の師元（天仁二年（一一〇九）～安元元年（一一七五））、曾祖父の師遠（延久二年（一〇七〇）～大治五年（一一三〇））は共に明経家で、院政期から鎌倉期にかけて、外記局（局務）を世襲した家柄であった。外記は、勘文などを提出する必要があったことから、当然、局務を家業とする中原家に伝えられた『延喜式』が存在していたことが想定される。

この他、『三長記』建久六年（一一九五）七月二十五条には、「延喜式所ㇾ載之神、座別一巻」と見えることから、先に引用した『三長記』建久七年十一月八日条に見える「二條關白殿」（藤原教通）が所持していた『延喜式』に関するエピソードを九条良経から聞いた、日記の記主・藤原（三条）長兼も『延喜式』を蔵していた可能性がある。

更にまた、藤原（吉田）経房の玄孫である吉田経長（延応元年（一二三九）～延慶二年（一三〇九））の日記『吉続記』文永四年（一二六七）九月三日条によれば、

参ㇾ内。御燈御禊也。（中略）次有二御拝一。両段再拝。或説三度歟。見二延喜式一。

と見え、『延喜式』に載っていることを指摘していることから、『延喜式』を所持していた可能性が高い。

なお、この他、小倉慈司氏のご教示によれば、称名寺所蔵神奈川県立金沢文庫保管劔阿手沢本『伊勢諸別宮』にも『延喜式』の引用があり[56]、また永仁四年（一二九六）から翌永仁五年にかけて、伊勢神宮の内宮と外宮との間で、外宮の豊受太神宮に「皇」の字を付けるか否かについて、朝廷を巻き込んだ相論が行われたが、その問題に関して後日、外宮の禰宜度會氏がまとめた『皇字沙汰文』中（『続群書類従』続第一輯上）にも『延喜式』巻四　神祇四からの引用がある[57]。従って、伊勢神宮にも『延喜式』の「神祇式」を中心に写本が存在したことは確実であろう。

二　鎌倉末期・南北朝期から室町後期における『延喜式』の伝来と書写

鎌倉末期・南北朝期から室町期における『延喜式』の書写については、記録類を未だ十分に調査していないが、『延喜式』に関する記事が比較的豊富な室町後期を中心に、伝来や書写の史料が見受けられるので、管見で知られるところを幾つか述べることとする。

Ⅰ　現存する（近代まで存在した）古写本

（一）九条家本附図の伝来
――『延喜式』附載史料の伝来・書写（一）――

九条家本『延喜式』巻四十二には、記載の式文が「左右京職式」京程条の一条のみであり、それに続いて、「左京圖」・「宮城圖」・「内裏圖」（「中和院圖」）・「八省院圖」・「豊樂院圖」・「右京圖」がそれぞれ描かれている。これらの諸図の書写年代に関しては、田中稔氏が、書風・紙質から一三〇〇年代頃の書写と推定されている[58]。この附図が『延喜式』撰修当時からあり、鎌倉末期に実際に存在していたことについては、桃裕行氏による北野神社所蔵『紅梅殿社上』（『紅梅殿社記』）に見える延喜式附図に関する史料紹介と考証がある[59]。桃氏によれば、『紅梅殿社上』は嘉元四年（徳治元年・一三〇六）から正和元年（一三一二）まで七年間に亘り北野社と紅梅殿（菅原道真〔承和十二年〈八四五〉～延喜三年〈九〇三〉〕第宅址の一角に祀られた紅梅殿社）敷地住人との争論に関する文書を、北野社で、ほぼ年月に従って排列し、所々注記を加えて同社勝訴の経過を明らかにしたものである[60]。桃氏の史料紹介を参考に、『北野天満宮史料』[61]から関係部分を引用すると以下の通りである。

①徳治二年（一三〇七）七月十六日付「社家陳状」

（前略）謂二紅梅殿敷地一者、方四町之條、延喜式左京圖分明之上

爲〔者カ〕、社家進止、不レ可レ有二子細一候。（後略）

②延慶三年（一三一〇）九月二十日付「社家陳状案」

紅梅殿御敷地間事、院宣副二百姓等申状一給候了。（中略）紅梅殿者、九重随一之名所也。爲二丁町一之條、云二延喜宮城指圖一、云二名所之記一。諸家不レ可レ有二其隱一候。被レ召二出之一可レ被二披見一候哉。（後略）(62)

③応長元年（一三一一）七月七日「院宣」に続く、八月二十三日の「院文殿衆問答」関係記録(63)

（前略）社家臨二文殿之庭上一、（中略）地主者雖レ捧二十六通之證文一、皆以二百年以後手繼一也。社家者雖レ不レ帯二一紙之状一、以二延喜式左京圖一具二申所存一之上、雖レ爲二延喜以前證文一、不レ可レ用レ之。況於二其以後文書一哉之由申〔候脱カ〕レ之。二問二答之後、社家退出了。副二左京圖一、付二開闔一畢。

この争論に関しては、桃氏が的確に指摘されているが、最終的には北野社側が、③の史料に見られるように、延喜以前の「證文」でも、それ以後の「文書」が出てこようとも、『延喜式』の「左京圖」を唯一絶対の証拠として、応長元年十月二十八日の院宣で勝訴を摑んだわけである。現在の九条家本『延喜式』附載の「左京図」に「菅家紅梅殿」が記されていることなどから、『延喜式』撰進当初から「左京図」など附図が存在していた可能性が高い。また当時、北野社が『延喜式』を所持していたことは疑いなく、そして証拠書類として、「左京圖」が院文殿で文書の実務を担当する「開闔《かいこう》」に提出されたことが判明する。

九条家に伝来していた内裏や八省院・豊楽院に関する指図については、三条公忠（貞和二年〔一三四六〕～永徳三年〔一三八三〕）の日記『後愚昧記』応安二年（一三六九）二月九日条（大日本古記録本）に

（前略）大内指圖、不審事有レ之。仍借二請九條前關白一經教公之處、被レ送レ繪。廣幅絹ニ書レ之、巻繪也。八省院・豊樂院等悉有レ之。古物也。芳志之至也。

とあり、同記十三日条には、

大内繪、返二遣九條〔經教〕一了。

と見えることから、当時の三条家と九条家に大内図（「大内指圖」・「大内繪」）が蔵されており、九条家に伝えられた大内図は幅広の絹に画かれた巻絵で、八省院と豊楽院等の図も画かれていたことが指摘されている。(64)これらの図と現存の九条家本『延喜式』巻四十二の附図との関係の検討も『延喜式』の写本検討の解明に繋がる課題である。なお、九条家所蔵の「大内圖」に関しては、九条忠教筆の正応六年（一二九六）三月十七日付「九條家文庫文書目録」には、「一合、延喜式」の他に、「一合　大内圖」とあり、(65)また、京都大学大学院文学研究科日本史研究室所蔵一乗院文書中の『簡要類聚鈔』第一巻に(66)

一、大内裏ノ繪ハ五條大納言〔藤原邦綱〕爲レ備二未來之龜鑑一、被レ圖二置之一、都無二餘本一。自二日野殿一御相傳了。殊可レ有二御秘□〔藏〕一。普賢寺殿〔近衛基通〕有レ仰。

然間、法皇仰時、故御所雖下令レ預二御尋一給上、不レ被レ進也。弘安五年〔一二八二〕七月廿三日申時、注レ之。（下略）

と見える。この「大内圖」は、藤原忠通・基実に家司として重用された五条大納言藤原邦綱（保安三年〔一一二二〕～治承五年〔一一八一〕）が未来の手本とするために画き置いた比類無き天下の孤本で、近衛基通の息興福寺一条院門跡実信が、「日野殿」から相伝し、特に秘蔵されてきたものであったと忠通の孫基通が伝える。(67)なお「日野殿」とは、石野浩司「石灰壇の建築史学的考証」（『石灰壇「毎朝御拝」の史的研

究』皇学館大学出版部 二〇一一年）によれば、邦綱の女で実信の乳母「日野殿（大夫三位局）」であるという。

（2）近衛家所蔵『宮城図』の伝来

宮城図と言えば、九条家本『延喜式』の他に、公益財団法人陽明文庫所蔵『宮城図』（重要文化財）が知られている。この図は、「宮城図」・「内裏図」・「八省院図」・「豊楽院図」を一巻になしたもので、奥書に

元應元年八月三日、於㆓鎌倉大蔵稲荷下足利上総前司（吉良貞義）屋形㆒摸㆑之了。
右筆頼円（花押）

とあり、[68] 元応元年（一三一九）八月三日に、「鎌倉大蔵稲荷下」にあった足利上総前司（足利〔吉良〕貞義〔?〜康永二年［興国四年・一三四三］二月十六日〕）[69]の「屋形」（館）において、右筆の頼円が模写した図であるという。「鎌倉大蔵稲荷」とは、『吾妻鏡』弘長元年（一二六一）五月一日壬戌条に

一日、壬戌、夜半、大倉稲荷邊聊物忩。彼社壇、此間連々有㆓會合之輩㆒。今夜、々行衆恠㆑之。欲㆓搦取㆒之故也。悉迯散云々。

と見え、鎌倉浄妙寺にある鎌足稲荷社が有力な比定地とされている。右筆頼円が、『宮城図』を足利氏一族で鎌倉幕府の有力御家人の一人であった吉良貞義の鎌倉大蔵稲荷下にあった「屋形」で模写したということは、右筆の頼円が自分の意志で模写したというよりは、貞義が自身で所持していたか、誰かから借用してきた『宮城図』を書記である頼円に命じて模写させたと考えるべきであろう。

ところで、吉良貞義は三河国幡豆郡吉良荘西条の在地領主・吉良西条城主であり、弘安八年（一二八五）の霜月騒動で父・満氏を亡くし、吉良荘の領地は祖父・長氏に一旦返還されたため、貞義は長氏の養子となって所領を相続したという。[70] 一方、吉良荘は、元々は藤原摂関家に伝領された摂関家領荘園であり、確認される最初の荘園領主は藤原忠通で、それ以後、忠通の娘の皇嘉門院藤原聖子、聖子の甥の九条良通、良通の父・九条兼実、兼実の娘・宜秋門院任子、任子の甥・九条道家、道家の子・一条実経、道家の孫・九条忠家と、鎌倉期には九条家に伝領されている。吉良荘の明確な初見を示す文書である平治元年（一一五九）六月六日付「吉良庄法服等調進状」は、陽明文庫所蔵『兵範記』仁安二年（一一六七）十月十一月巻（清書本）第三七紙紙背文書（陽明文庫所蔵「近衛家記録十五函文書」第十二函第三号三四、『平安遺文』六巻二九八八号文書）である。この文書は、藤原忠通の信任の厚い家司・平信範（天永三年〔一一一二〕〜文治三年〔一一八七〕）の日記『兵範記』の料紙とされて残ったもので、信範は、忠通の子・基実（近衛基實）が従三位に任ぜられて政所を設置した際に、唯一の家司であり、政所別当を兼ねた。左大臣藤原頼長から圧迫を受け、信範が任じられていた摂関家の荘園の預所を解任されたが、その後、忠通が復活し、信範も荘園の預所に復帰したという。[71]

ところで、近衛家に、同じ頃に伝来した『宮城図』の存在に関係する史料として、以下の高山寺所蔵聖教の紙背文書の記述が注目される。高山寺典籍文書綜合調査團編『高山寺古文書』（高山寺資料叢書第四冊 東京大学出版会 一九七五年）第三部 一二三「某書状案」には、

左京圖一巻、謹□進上之候。毎事□可㆑令㆓参仕言上㆒之由候。□令㆓申入㆒給候。

とある。これは、高山寺の第三十八函一号七の『大般涅槃經』巻第八（第三十七・三十八・五十四函は『五部大乘經』の内）の紙背文書であり、この聖教の紙背文書には、関白近衛基平の二男、近衛家基の弟で、従一位、権大納言・准大臣まで進み、猪隈一位入道と称され、建武三年（一三三六）に七十歳で没した藤原兼教の手許にあった文書等の反故が利用されていたという。[72] 書状の趣旨の冒頭で、「左京圖」一巻を謹んで進上しますと書かれている。このことから、「左京圖一巻」が兼教の周辺にあったものと推測される。そしてこの図が現在、陽明文庫所蔵の「近衛家記録十五函文書」に納められる『宮城図』の一部であるとすると、元応元年に鎌倉幕府の有力御家人である吉良貞義が、鎌倉にある自分の「屋形」（館《やかた》）で右筆頼円に書写させたと思われる『宮城図』がどういった経緯で京都の近衛家に伝来するようになったのか、吉良貞義が吉良荘を媒介に荘園領主の九条家より『宮城図』を書写させてもらう可能性はあっても、吉良貞義と近衛家とを直接結ぶ関係は見出せないため、何か関係が無いか今後、解明する必要がある。

（3）一条家本の伝来

先ず興福寺大乗院門跡尋尊（永享二年〔一四三〇〕～永正五年〔一五〇八〕）が同院に伝えられていた日記類を抄出し、自己の記録を加えた『大乗院日記目録』巻三　応仁二年（一四六八）八月十四日条によれば、

峰殿（光明峯寺）悉以焼失了。關白（一條兼良）家記録三十餘合焼了。其餘召二下南都一、御（鎌足）影御二禪定院一。

とあり、更にまた『大乗院寺社雑事記』巻三十八「尋尊大僧正記」五十　応仁二年閏十月二十四日条に、

一、成就院ニ參申、大閤（一條兼良）御対面。御記禄〔録〕事巨細被レ仰二付之一、一紙拝領申。

一條家文書
玉葉（九條兼實）八合、正本、（中略）
荒暦（一條經嗣）六合、正本、（中略）
律令格一合、延喜式一合、同儀式、西宮・北山記一合、
江次第二合、（中略）改元新聚一合、元服次第加入。
以上、六十二合。
納二置大乘院門跡一者也。
應仁二年閏十月日　博陸（一條兼良）御判

と見えることなどから、応仁二年八月十四日に焼失した光明峯寺の類焼により、一条家の記録三十余合が焼けてしまったが、この時に焼け残り、奈良の興福寺大乗院門跡に「納置」いた「一條家文書」六十二合の中に、「延喜式一合」が存在したことが知られる。また一条兼良が著した公家故実書である『桃花蘂葉』（文明十二年〔一四八〇〕成立・『群書類従』巻四七一）の「一、本朝本書事」によれば、「吾朝法令・儀式等」として、「式、五十巻、延喜百官式、此外儀式十巻。」と見える。[73]

更に三条西実隆の日記『実隆公記』延徳二年（一四九〇）九月十一日条によれば、

帥卿（町廣光）入來。延喜式第一・第二被二持来一。奏覽本也云々。桃花坊（一條家）秘本也。一覽尤大幸也。序寫二留之一了。

とあり、帥卿（町廣光）が、『延喜式』第一巻・第二巻を三条西実隆のもとに持ってきたが、[74] それが「奏覧本」で「桃花坊秘本」（一条家

秘蔵本）の『延喜式』であり、実隆は「一覧」して非常に幸せであるとして、「序」を書写したという。「奏覧本」とは、天皇に奏呈して御覧に入れる本である。この本は、後柏原天皇に奏覧した写本とも考えられないこともないが、一条家に伝来した「秘本」であること、実隆が一覧したことに感激して「尤大幸」と記し、「序」まで書写したことから考えると、延長五年（九二七）十二月二十六日に完成後、醍醐天皇に奏呈された『延喜式』の奏覧本が、その後、一条家に伝来し、延徳二年当時、巻一・巻二のみ伝存していたと解釈した方が理解しやすい。従来、『延喜式』の写本研究や解題などでは全く指摘されていないが、もし、この解釈が正しいとしたら、応仁・文明の乱（一四六七〜七七）を挟んで、十五世紀末の一条家には、延長五年に醍醐天皇に対して撰進された奏覧本『延喜式』と認識されていた写本のうち、巻一・巻二がまだ蔵されていたことになる。この写本が、その後、一九四五年に焼失したとされる一条家本『延喜式』とどういう関係にあったかは、今後、複製本などを用いた慎重な研究が必要である。

（4）吉田（卜部）家本・一条家冊子本の伝来

現存または近代まで伝えられた吉田（卜部）家旧蔵『延喜式』のうち、室町後期、十六世紀前半に書写された古写本は、「神祇式」を中心に以下の三部が知られている。[75]

①武田祐吉氏旧蔵で、現在、國學院大學図書館所蔵の兼永本（巻八　神祇八　祝詞式、大永三年〔一五二三〕写）一冊

②鈴鹿義鯨氏（鈴鹿文庫）旧蔵で、現在、所在不明の兼永本（巻九・十　神祇九・十　神名式上・下、天文元・二年〔一五三二・三三〕写）二冊

③宝玲文庫（フランク＝ホーレー氏）旧蔵で、現在、國學院大學図書館所蔵の兼右本（巻八　神祇八　祝詞式、天文十一年〔一五四二〕写、兼右《かねみぎ》は兼永の甥）一冊

この他、先に述べた、鎌倉期写と考えられる天理大学附属天理図書館所蔵で吉田家旧蔵本『延喜式』巻九・十（「神名式〔帳〕」）の奥書によって、文明十三年（一四八一）に、吉田（卜部）兼倶《かねとも》が修補を加えていることが知られる。また土御門本の巻九・十の本奥書には

（巻九奥書）
此上下兩巻、蒙㆓（後柏原天皇）勅命㆒、仰㆓嫡孫兼滿（吉田〔卜部〕）㆒、終㆓書寫之功㆒、致㆓校合㆒畢。

文龜三年十二月廿六日
神道長上従二位行神祇大副兼侍従下〔卜〕部朝臣兼倶

（巻十奥書）
文龜三年十二月廿六日
神道長上従二位行神祇大副兼侍従卜部朝臣兼倶

と見えることから、文亀三年（一五〇三）に吉田（卜部）兼倶が後柏原天皇の勅命によって孫の吉田（卜部）兼滿《かねみつ》に命じて、『延喜式』巻九・巻十を書写させ自ら校合を加えたことが知られる。[76]

ところで、室町中・後期の吉田社の神官日記『吉田家日次記』（天理大学附属天理図書館所蔵。東京大学史料編纂所架蔵の写真帳〔架蔵番号六一七三―四三―一七〕による）のうち吉田（卜部）兼敦《かねあつ》の日記『兼敦朝臣記』応永五年（一三九八）四月二日条によれば、

二日、戊寅、天霽風静。今日、於㆓此齋屋㆒爲㆓鎮地㆒。千秋万歳、祈禱被㆑修。千度御祓。先奉㆓勸請文㆒。日本書紀一部・同決釋三巻・古語拾遺・延喜式三巻・龜兆傳・龜經書、無㆑安㆑之。（後略）

とあり、兼敦は、父兼熙《かねひろ》（貞和四年〔一三四八〕～応永九年〔一四〇二〕）の「齋屋」の地鎮の祈禱として、千度御祓をするが、その時、『日本書紀』・『古語拾遺』などの他、「延喜式三巻」を安置していることが記されている(77)。このことから、当時、吉田家には『延喜式』が少なくとも三巻存在していたことが知られるが、それは先に述べた吉田家に伝えられ、少なくとも近代まで伝えられていた『延喜式』の古写本（①・②・③）から考えると、恐らくは巻八（神祇八　祝詞式）・九（神祇九　神名上）・十（神祇十　神名下）の三巻であったとの想定も可能である。

また、吉田（卜部）兼見《かねみ》（天文四年〔一五三五〕～慶長十五年〔一六一〇〕）の日記『兼見卿記』天正十二年（一五八四）四月十七日条には、

舜蔵主(神龍院梵舜)来云、月齋後室、熊野家之文書、日本書記〔紀〕卅巻、旧事記〔紀〕、古事記、神名帳上・下、釈日本記〔紀〕、廿八冊、一口、（中略）延喜式詞〔詔カ〕戸(祝詞)一冊、（中略）各持來渡レ予(吉田兼見)ニ。右之本、熊野三位《さんみ》(吉田〔卜部〕兼永)、書之。多本自筆。神龍院殿末子、平野社務也。神道之義、如レ形神龍殿へ令二懇願一、授二与之一。本已下懇望申、写レ之也、

と見えるが(78)、近代まで伝えられた兼永の写本との関係でいえば、兼永が写した「神名帳上・下」は②に、同じく「延喜式詞〔詔カ〕戸一冊」（「詞〔詔カ〕戸」＝祝詞）は①に、それぞれ相当すると思われる。

また、『兼見卿記』文禄五年（一五九六）十二月二十七日条(79)には、

延喜式二部被レ入二御箱一、被レ見二下之一。來年六月中留置。可レ致二一覧一之旨仰。尤連々望存也。忝《かたじけなき》之由申入了。（後略）

とあり、兼見のもとでは、『延喜式』二部が「御箱」に収められ、これを見下されたことが知られる。更に『同』慶長二年三月二十一日条には、「延喜式料紙、水ウチ仰二友甫一調レ之。同撲二之袋一、已下申付了」と『延喜式』の料紙のことが見え、また、『同』同年四月七日条には、

（前略）後刻、参レ内。祗候之次、延喜式書寫之事、先向二日野亞相(権大納言藤原〔日野〕輝資)一。客來之間、向二庭田亞相(権大納言源〔庭田〕重具)一。（後略）

とあり、この日、兼見は参内し、後陽成天皇のもとに祗候していた際に、『延喜式』を書写する話題になり、先ず権大納言日野輝資のもとに向かい、客が来ている間に、権大納言庭田重具のもとに向かったことが知られる。そして、『同』同年五月七日条には、

（前略）延喜式等御二覧之一、是非可レ被レ寫レ之由、承了。（後略）

とあり、後陽成天皇が『延喜式』等を御覧になりたいとのことであったので、それを承知した。そして、同年八月十三日条には、

（前略）日野亞相(輝資)へ延喜式一冊、已前書サシ、唯今御本持二遣之一。喜介。（後略）

とあり、更に同年八月十四日条には、

（前略）自二日野亞相一一冊、延喜式、出來。書状・使者、對二面使者一。返事申入了。

とあるので、先の四月七日条とも関連するかもしれないが、八月十三日条によれば、吉田兼見は権大納言日野輝資に自身が所蔵する『延喜式』一冊を遣わし貸与したことが知られるが、十四日条には、兼見は、日野輝資から『延喜式』一冊を返却してもらったことが見える。この日野輝資が書写したと思しき『延喜式』とは、後述する『道房公記』寛永二十年（一六四三）三月二十一日条などに見える日野弘資所蔵本など、近世に日野家に蔵された写本であろう。

このように、室町期の吉田（卜部）家には神祇関係の『延喜式』、

特に八・九・十の三巻の存在が確認できる。

なお、これに関連して、一条家に戦前まで伝来していた『延喜式』の写本には、先に述べた巻子本の他に、二十冊本（一条家別本）と二冊本（兼右本・神名帳）という冊子本が二部（二セット）存在したが、共に神名帳は皇典講究所・全国神職会校訂の『校訂 延喜式』[80]（以下、皇典講究所本と略称）に引かれる奥書によって、吉田（卜部）家所蔵本との関係が知られるので、参考までに奥書を以下に移録する。先ず二十冊本の巻十の奥書には、

本云、神名帳上下兩巻、累葉之秘本也。 授三與妙藏寺住日洞一了。
弘治二年四月 日 神道長上 卜部在（兼右カ）印

とあり、弘治二年（一五五六）四月に卜部兼右から妙蔵寺の住僧である日洞に授与された本（或いはそれを更に写した本）であることが知られる。一方、二冊本の巻九の奥書には、

右九・十兩巻、任レ本移レ點之處也。而此本、文字之損落、加點之訛謬、不レ可二稱計一。仍雖レ欲三愚加二添削一、（吉田〔卜部〕）兼右、幸殘二證筆一、加二自判一々々〔云〕。故一向本之儘寫之〔處イ〕也。後覽之人、此本御披見之時、可レ有二遠慮一者也。
于レ時永禄二年巳〔己〕未正月二十〔廿イ〕二日丑終刻、書レ之畢〔了イ〕。[81]

とあり、皇典講究所本の「解説」によれば、永禄二年（一五五九）正月に当時五十四歳の兼右が書写した写本であるという。また、先に述べたように土御門泰重によって写された一条家伝来の『延喜式』のうち巻九・十は文亀三年の吉田（卜部）兼倶の奥書があることから（書写は兼満）、室町後期に一条家が所持していた二十冊本『延喜式』と二冊本『延喜式』とは、吉田（卜部）家伝来本と密接な関係があったと言えよう。

（5）天理大学附属天理図書館所蔵『禮服制』所引の『延喜式』

フランク・ホーレー氏が蒐集した宝玲文庫旧蔵で、現在、天理大学附属天理図書館所蔵『禮服制』一軸[82]には、以下のように、『延喜式』巻四十五　左右近衛式を冒頭の大儀条から二十三条目の賭弓条まで引用する（傍注及び一二点は朱書、頭書の最後の三条〔「装束」条・「殿上」条、「参議已上」条〕は一行右にずれており、それを補う頭書があるが、修正後の位置に戻して翻刻した）。

延喜式巻卌五

左近衛府、右近衛府准此。

（朱）「大儀」大儀、謂三元日即位及受二蕃國使表一、

其日寅二剋、始撃二動《ス》鼓一三度、々別平聲九下、即令装束、大將着二武礼冠一、淺紫襖・錦裲襠《ウチカケ》・將軍帶、餝二以金銀一、金装《ツクリ》横刀《タウ》、靴、策《ツケ》二着幟《ツケタルハタ》殳一、中將武礼冠、深緋襖、錦裲襠、將軍帶、金装横刀、靴、策着《タル》幟殳、少將武礼冠。淺緋襖、錦裲襠、將軍帶、金装横刀、靴、策着幟殳、但供奉御輿少將皀《スリ》綏挂甲帶弓箭、將監・將曹竝皀綏、深緑襖、錦裲襠、白布帶、横刀、弓箭、緋脛巾《ハヽキ》、麻鞋、○府生、近衛竝皀綏、深緑襖、挂甲《ウチカケヨロヒ》、白布帶、横刀、弓箭、白布脛巾、麻鞋、近衛加朱末額、夘一剋撃二引陣鼓一一度、平聲九下、夘三剋撃二進《ム》陣鼓一三度、々別九下、初發細聲、漸至大聲、仗初進、撃《トキ》二行鼓一三度、々別雙《フ》聲二下、皆就隊《タムラ》下、中將率二將監以下一、隊二於大極殿南階下一、大少將率二將監以下一、隊二於中務陣以北一、若蕃客朝拜者、降隊於龍尾道下、其隊幡小幡各倍數、龍像《カタ》纛幡一旒、音通、加戟《タリ》、其管預前儲備、餘皆准此、鷹像隊幡四旒、小幡卌二旒、緋黄各廿一旒、竝着戟《タリ》、餘亦准此、鉦鼓各一面、面別加槌《ハテ》、其簨音隼簴、音去、餘亦准此、

將監率將曹以下隊於大極殿以北後殿南、竝居胡床《アクラ》、少將以下胡床各敷㡪皮、預奏請内藏寮、永収本府、餘府准此、其供奉駕陣者、駕御後殿即就本隊、礼畢駕還《タ》供奉如初、兵庫寮擊退《久》鼓、群官退出、訖擊退《久》隊鼓三度、々別九下、初發大聲、漸至細聲、餘府以次相應、還入本府、各擊鉦五下、解陣、

「中儀」(朱)中儀、謂元日宴會、正月七日・十七日・大射、十一月新嘗會、及饗賜蕃客、少將已上竝着位襖・横刀・靴、策着幟殳、將監已下府生已上竝皂緌、位襖、白布帶、横刀、弓箭、麻鞋、近衛皂緌、緑襖、白布帶、横刀、弓箭、麻鞋、大射幷饗賜蕃客ニ之時《ハ》、着脛巾末額《ヲ》、

「小儀」(朱)小儀、謂告朔、正月上卯日、臨軒授位、任官也、十六日踏歌、十八日賭射、五月五日、七月廿五日、九月九日、出雲國造奏《シ》神壽詞《ヨコト》也、冊命皇后也、冊命皇太子、百官賀表、遣唐使賜節刀、將軍賜節刀、大將已下亦准二中儀一、但正月上卯日、授位、任官、十八日、少將已上執弓箭、其大中將帶參議已上者、不執弓箭、其近衛黃袍、

「節會」(朱)凡節會御二紫宸殿一、中將已下率二近衛等一入レ自二日華門一、將曹一人前行、右入自月花門、居二胡床《アクラ》一、少將已上胡床各敷㡪虎皮、

「裝束」凡裝束紫宸殿、少將・將監相二共行事一、

「殿上」(朱)凡殿上之事、少將以上督察、

「參議已上」(朱)凡參議以上、聽《セ》二陪陣邊一、出入自宣政門度《リ》紫宸殿階下、行幸列二輦綱末一、

凡出居侍從十二人聽昇殿、但其交〔名〕各臨時仰下、

凡出居侍從、雖非御膳時、而御紫宸殿、即聽昇殿、

凡次侍從四位已上聽昇殿、其五位新叙者、〔四位脱カ〕侍二宜陽殿一々上侍臣〔侯カ〕候進止○召之一昇殿、後則得直昇、

凡東宮入朝、学士亮進幷藏人各一人、主藏佑已上一人、帶刀舍人六人聽侍陣边、

凡節會日及臨時就事、外記率史生一二人、聽陪陣边、史亦同之、

凡外記史已上就事、聽度紫宸殿階下、太政官史生亦得、

凡出居侍從及内記上日、於陣給之、其内記聽度紫宸殿階下、

凡勘解由使侍奏之間、聽陪陣边度紫宸殿階下、

凡侍醫就事、聽陪陣边、

凡内藏掃部寮官人已下、聽出入陣、

凡大雷時、左右近衛陣御在所、又左右兵衛直參入陣紫宸殿前、内舍人立春興殿西廂、不必待闈司奏、

凡閤門者、將曹一人、率近衛八人開門、〔閇カ〕五人開閤門、三人開腋門、

凡每月一日・十六日、具録當番近衛歷名、次官已上奏進、若無者判官亦奏、其宿衛者、日別録見宿數、次官以上一人署〔名〕各申送、闈司惣取奏之、餘府准此、

凡正月七日青馬朧近衛、着皂緌、末額、細布青摺衫、紫小袖、其頭錦小袖、若蕃客朝會緋袍、但頭紫袍、白布帶、横刀、緋脛巾、右紺脛巾、帛襪、麻鞋、不帶弓箭、其馬前陣近衛十人、右近衛十人後陣之、裝束同朧、但帶弓箭、

凡大射人、預前於本府射場教習、正月十四日以前試定、其歷名預移兵部省、官人二人着皂緌、緋襖、白布帶、横刀、弓箭、緋脛巾、麻鞋、近衛廿人、府生若預射手在此數内、下亦准此、白緌、末額、緑襖、白布帶、横刀、弓箭、白布脛巾、麻鞋、其後參官人二人、近衛廿人、

凡十八日賭射々手官人、近衛惣十人、必備將監、當日録交名奏聞。

以上のように、引用の後、儀式巻五・巻六の編目を記した後に、以下のような書写奥書を記す。

以二廣橋(守光)亜相之本一写留訖。于レ時永正第十六

十有一月上旬之天。

そして、更に修補の識語として

大外記中原（師象）（花押）

寛永廿年夏六月、一見之次、加二修補一了。

権大外記中原師定

と見える。これらの識語から、本書（『禮服制』）は、権大納言広橋守光の写本を大外記中原師象《もろかた》が永正十六年（一五一九）十一月上旬に書写したものであることが知られ、寛永二十年（一六三四）六月に権大外記中原師定が、一見の後、修補を加えていることがわかる。

説明が前後するが、本書の構成は、別稿で述べたように、冒頭は『儀式』（『貞観儀式』）または『延喜儀式』）第六「禮服制」の抄出に続き、『北山抄』・『西宮記』・『江次第』（『江家次第』）・「故殿次第」が引用されていて、更に『延喜式』巻第四十五の条文（二十二条分）、『延喜儀式』巻第五・巻第六の儀式の篇目部分が書写されている。[83]この『禮服制』なる書を広橋守光が、儀式書から引用して作成したのか、あるいは広橋家に伝来して、広橋守光が相伝していた抜書なのかによって、引用される『延喜式』のもとの写本がどこに伝わっていたのかについては理解が分かれる。もしも、広橋守光が抄出したものであれば、十六世紀前半、広橋家に『延喜式』が伝えられた可能性が出てくるが、引用される儀式書が、最も時代が下るものでも、院政期初頭、十一世紀初めに作られた『江次第』であり、それも後世の呼び名である『江家次第』ではないこと、近世の写本でしか伝わらない『儀式』を引用していること、『本朝法家文書目録』でしか窺えない、『延喜儀式』の篇目を引用していることなどから、広橋守光が所持していた『禮服制』は、院政期か鎌倉前期に書写（抄出）されたものである可能性もある。[84]そうすると、『禮服制』所収の『延喜式』巻四十五　左右近衛式は、院政期か鎌倉前期の『延喜式』の写本を書写したものとなり、史料校訂上も利用が出来る。

（6）『歴運記』（『公卿伝』）の伝来
――『延喜式』附載史料の伝来・書写（二）――

新訂増補国史大系本『延喜式』の最後には「延喜式附録」として「歴運記」と「和名考異」とが収載されているが、[85]これらは現存の鎌倉期以前に写された古写本には確認されていないという特徴がある。しかし、内閣文庫本を始め、近世前期の写本には、第一冊に付随して「歴運記」が存在しており、皇典講究所本の校勘によれば、一条家別本（二十冊本）にも「歴運記」が存在したらしい。[86]先に見たように、一条家別本（二十冊本）の巻九・十は十六世紀中葉の奥書または本奥書をもっており、後述するように「歴運記」と称する室町期の写本も確認されるので、「歴運記」は遅くとも室町期には存在していたと思われ、また「歴運記」の有無が『延喜式』写本の分類の指標となるかもしれないので、「歴運記」の写本について、その存在がいつまで遡るのかなどについて検討する。

『延喜式』の写本の冒頭には、「序」や「目録」に続き、「歴運記今名公卿記」というタイトルで「歴運記」の逸文が収載されていることが多い。この「歴運記」には、「歴運記」自体の「序」や神武天皇以来の、執政官（議政官）などの設置時期、大臣・大納言・中納言・参議の人数が書かれており、弘仁元年（大同五年・八一〇）九月十日の参議の人事までが記されていることから、『延喜式』に引かれる「歴運記」（『歴運記』逸文）は弘仁二年の撰述とされており、また『吉口伝』（『続群書類従』巻三一〇）に逸文があることから、『公卿補任』の基となったと指摘されている。(87)

こうした記述と同内容のものとして、黒板昌夫氏が、当時、東洋文庫所蔵であった広橋家本『歴運記』（「神代紀抄録　残闕及外九通」一軸に収載の「職官濫觴記」）を紹介されている。(88) 黒板氏は、この写本を中世後半期のものとされ、識語が紹介されてないため書写年代の詳細は不明であるが、現在では、国立歴史民俗博物館の所蔵となっており、(89) 識語を確認すると、「以二或本一令レ書二写之一。不審事等多レ之。□尋校二證文一而已」とある。残念ながら、書写者や書写の年紀を示す既述はない。

その他に、書写年代がはっきり分かる室町時代写の『歴運記』が別に存在し、十分に紹介されていないので、以下、略述する。

宮内庁書陵部所蔵曼殊院旧蔵本『歴運記』（函号　四一五―三二一）は、外題が「公卿記」とあるが、内題は「歴運記今名公卿記」とあり、内容は近世前期の『延喜式』に附載された「歴運記」や近世流布の版本『延喜式』に見える「歴運記」に同じである。奥書には、

明應九季〔年〕四月三日、以二帥卿（町）廣光卿書二寫之本一、
又書寫畢。
異朝季〔年〕紀、尤有二不審一、有二相違之事一歟。
祭酒（大學頭）菅原（東坊城）和長

と見えることから、明応九年（一五〇〇）四月三日、大学頭東坊城（菅原）和長（寛正元年〔一四六〇〕～享禄二年〔一五二九〕）が、町（藤原）廣光（嘉吉三年〔一四四三〕～永正元年〔一五〇四〕）が書写した写本を更に写したものであることが知られる。廣光は、先に引用した『実隆公記』延徳二年（一四九〇）九月十一日条に見えるように、延長五年に醍醐天皇に対して奏覧された「桃花坊秘本」（一条家秘蔵本）の『延喜式』巻一・巻二を三條西實隆のもとに持ってきた人物であるが、今後は町（藤原）家が書写した『歴運記』の藍本の伝来と『延喜式』の写本との関係も解明する必要があろう。

2　文献史料にのみ見える室町期の（現存しない）写本

（一）禁裏本

先に述べたように土御門本『延喜式』巻九・十の本奥書から、吉田（卜部）兼倶が文亀三年（一五〇三）に後柏原天皇の勅命によって、『延喜式』の書写を孫の兼満に行わせ、兼倶が自らも校合をしていることが知られるが、当時の記録を調べると、同じ頃、後柏原天皇周辺で天皇の命をうけた近臣によって盛んに『延喜式』が書写されていた様子が窺われる。

まず、甘露寺元長（康正二年〔一四五六〕～大永七年〔一五二七〕、親長の子）の日記『元長卿記』文亀四年（永正元年・一五〇四）正月十二日条によれば、

晴陰、舊冬、（文龜三年）被レ下二延喜式一、書二寫之一候處、新續古今料紙殘、經師良喜送之間、就二急用一書寫了。

とあり、元長が前年文亀三年冬に後柏原天皇より下された『延喜式』を書写し、この日に書写を終えたことが記されている。

また、『実隆公記』永正元年（一五〇四）閏三月二十四日条には、

延喜式第二、禁裏御本、今日、立レ筆。

と見え、四月四日条には

延喜式第二（第二）、終日、書二寫之一、終二書寫功一了。

とあり、更に翌五日条には

今日、當番、及レ晩参内。依レ召参二御前（後柏原天皇）一、數刻御言談。先刻延喜式御本進二上之一。神妙之由被レ仰二下之一、

と記されている。これらに記事より、三條西實隆は後柏原天皇に「禁裏御本」（禁裏本）の『延喜式』巻二を書写して進上したことから、禁裏本『延喜式』の存在が知られる（なお、『延喜式』の古写本の一つに巻五十の三条西家本が知られるが、これは先に述べたように鎌倉期の書写とされている）。この「禁裏御本」の『延喜式』とは、御所の文庫に蔵されていた『延喜式』であるが、後で江戸期における伝来で述べるように、万治四年（一六六一）正月十五日の大火で焼亡した「禁中」の蔵書目録でもある菊亭家旧蔵で、現在大東急記念文庫所蔵の『禁裡御蔵書目録』(90)に見える「延喜式」一箱とも関連してくるものである（後述）。

また、以上の『実隆公記』の記事に関連して注目されるのは、次に示す『実隆公記』永正元年（一五〇四）四月十七日・十八日条の紙背文書「長橋局勘返状」である。

延喜しき（式）連しよ（署）のうちニ、従五位上行勘解由次官兼大外記伊權介（ママ）と候。紀伊の權介歟、伊与の權介歟、もんし（文字）おち（落）た多ると存し候。／このふんにて候。
べち（別）のまき（巻）／＼にて曾（そ）と、み世（せ）られ候て、おほ世（仰）下（せ）され候ハヽ、
可しこまり（畏）入候へく候。このよし（由）、御心え（得）候へく候。可しこ。

（ウハ書）「「御事（別筆）」

な可ハし（長橋殿）との、

御局へ

佐（實）年隆」

長橋局と実隆との間で遣り取りされた勘返状によれば、『延喜式』の（各巻末）の署名（「連署」）部分の内、「大外記伊權介」となっているところがあるが、（これは）「紀伊權介」か「伊与權介」のどちらかであって、文字が（書写の過程で）落ちているのではないかと思われるので、別の巻の（署名）部分を調べて教えて下さい、と言った内容の長橋局からの手紙に対して、實隆は別の巻の（署名部分）を見て長橋局に教えたが、その結果は恐らく後柏原天皇に伝えられたと思われる。なお、合点が「紀伊の權介」の右に付けられており、「このふん（文）にて候」とあるのは、実際に調べると、「紀伊權介」とあるのが正しい、という意味であろうか。

『延喜式』各巻の末尾には以下のように撰進の年月日に続き、『延喜式』の編修を担当した五人の官職位階氏姓名が位階が低い方から高い方に記されている（巻頭の「上延喜格式表」の最後部分の連署の順番は反対に官職が高い方からならび、藤原忠平が先頭）。

延長五年十二月廿六日

外従五位下行左大史臣阿刀宿禰忠行
従五位上行勘解由次官兼大外記紀伊權介臣伴宿禰久永
従四位上神祇伯臣大中臣朝臣安則
大納言正三位兼行民部卿臣藤原朝臣清貫
左大臣正二位兼行左近衛大将皇太子傅臣藤原朝臣忠平

『実隆公記』所引の「長橋局勘返状」に言う意味は、署名の部分の二人目の伴久永の兼官が正しくは「大外記紀伊權介」であるのにも関

わらず、「大外記伊權介」と「紀」が抜けてしまったため、「大外記紀伊權介」なのか「大外記伊与權介」なのか分からなくなってしまったことが原因であるとともに、当時、この部分に関して、「大外記紀伊權介」とある写本と「大外記伊權介」とある写本が存在し、同じ五十巻（冊）一セットの『延喜式』でも署名部分が異なる二系統の写本が存在したことが指摘出来よう。このことに関連して注目すべきことは、皇典講究所本『延喜式』巻十九の奥書部分の「紀伊」の頭注には、

紀伊、絛本・前本・塙本無二紀字一。伊下、絛本有二豫字一。

とあり、「絛本」すなわち拙稿「土御門本『延喜式』覚書」で述べたように一條家別本は「伊豫權介」、前田家本・塙本は「伊權介」とあったと思われる。勘返状の内容と対応する近世の写本の存在が確かめられる。また、実際にその他の近世前期に書写された写本の署名部分を調べると、京都博物館本『延喜式』巻三十九の識語中に見える伴久永の兼官表記のように「大外記伊豫權介」とある巻があり、『延喜式』の写本系統を調べる際の指標となるかもしれないので、その結果については別稿で紹介する予定である[91]。

また、中御門宣胤の日記『宣胤卿記』永正元年（一五〇四）五月十二日条には

女房奉書到来。（中略）云々。（中略）
又延喜式卌六巻御本幷御紙給レ之、令二書寫一可レ進云々。

とあり、同月十八日条には

（前略）先日被二仰下一延喜式書寫、今日以レ文遣レ之。今日、隆永朝臣番代二宣秀卿（中御門）一参云々。
（散書）延喜式うつし（写）まゐらせ（進）候てまいり（参）候。老眼に大字さへふて（筆）のたてとも（立）、
しかしか（然々）と見え候はぬ事にて、正體候ましく存候。けうこう（校合）二たひ（度）仕候。このよし（由）御心え（得）候て、御ひろう（披露）候べく候。かしく。
文（同）のやう（様）ひろう（披露）して候。ゑんきしき（延喜式）まいらせ（進）候。しつか（静）にとおほ（仰）せられて候へは、こと（殊）にはや〳〵（早）と御しよしや（書写）候て、ちいさき（小）もんし（文字）などまで、さは〳〵とあそ（遊）ばし候へは、きとく（奇特）におぼしめ（思召）し候て、御らん（覧）ぜられ候事にて候。けいがう（校合）もたび（度）〳〵せられ候よし（由）申され候へは、なを（尚）〳〵よろこび（慶）おぼしめし（思召）候御事にて候。しるしかみ（標〔印〕紙）の所、まこと（誠）に、ほん（本）のさう井（相違）とおぼしめし（思召）候。返〳〵さうそくにあそばし候て、一しほ（一入）御しあい（自愛）の事にて候よし（由）、よく〳〵心え（得）候て申まゐらせ候。かしく。

とあり、内裏より権大納言中御門宣胤のもとに女房奉書が到来し、その中で後柏原天皇が所持する「御本」の『延喜式』三十六巻を貸与し、書写して進めなさいと命じていることが判る。またその「校合」のことも話題になっていることは注目される。

また『実隆公記』永正元年（一五〇四）十二月七日条の紙背になる「女房奉書」（（仁和寺）眞光院・尊海）によれば、

志んく王うゐんへの事ハ、御さう奈う多いに志ちやうを万い（進）ら世候へく候。
ゑんき志起（延喜式）よへ申され候つるなとニ、御うれ（嬉）しくおほしめし（思召）候て、二てう（帖）なんそへ（副）られ候て候。にしむろ（西室公順）・中將（三條西公條）とのへ可、せ（書）万いら（進）世られ候て、しつ可〔閑〕ニ万いら世候へく候。いそ（急）可れ候ハすとも
猶々申とて候。可しこ。
（ウワ書）「にしとのへ（三條西實隆）」

とあり、三條西実隆は後柏原天皇の命を受けて、『延喜式』の書写を三條西公條・西室公順に命じている（「しんくわうゐん」が仁和寺眞光院の尊海であるという人物比定は末柄豊氏のご教示による）。更に『実隆公記』永正二年（一五〇五）二月四日条によれば

延喜式二冊、公條朝臣（三條西）・公瑜禪師終二書功一。今日令レ進二上之一。

とあり、實隆の息男・公條と公瑜禅師に『延喜式』二冊を書写させ、この日、進上させていることが知られる。

この他、『宣胤卿記』永正四年（一五〇七）七月二十一日条によれば、

（前略）

櫃三合、和哥一合、記一合、浄土聖教一合、小、雜々草子一束、卌帖、左傳一結、卌帖、右京職差圖二、中納言分三合、草子一束、眞性院分一束、櫃一、人丸一幅、以上、預二前内府第一、三條西（實隆）可レ進二置禁裏一也。就二咫尺（しせき）一、先如レ此、世動亂一定之間、諸家記等入置清涼殿御庭ニハ各構二假屋一云々。

とあり、また、同月二十六日条には

雨降、先日預二置前内府（三条西実隆）一文書櫃等、今日入二紫宸殿一。（後略）

と見えることから、中御門宣胤が三條西實隆の邸第に預けておいた文書・記録などの「櫃」を禁裏の清涼殿の前庭に造った仮設の小屋及び紫宸殿に入れることとなったが、この中に「右京職差圖」二幅が存在したことが知られる。そして、先に示した所謂『通憲入道蔵書目録』の第七十九櫃に、一結にした一帙十巻『延喜式』と「右京職圖」一巻が同じ櫃に入っていることを照らし合わせると、『宣胤卿記』に見える「右京職差圖」と同じ『延喜式』附録の右京図であるかもしれず、そうであるとすれば、中御門宣胤が『延喜式』附図の「右京図」を所持していたこととなり、それが世情不安から永正四年に禁裏（後柏原天皇）に更に預け置かれたことになる。禁裏文庫の再興との関係のみならず、『延喜式』附図関係史料としても注目される記事と言えよう。

このように十六世紀初頭、文龜三年（一五〇三）末から永正二年（一五〇五）にかけて、後柏原天皇の命によって、数名の公家が『延喜式』の書写に関与したり、永正四年（一五〇七）には『延喜式』附図らしきものを禁裏で預かったりしていることが判明する。これらの事例は後柏原天皇の在位中に、禁裏小番に命じて行わせた『延喜式』書写事業や禁裏文庫の再興を行ったりしたことと関連するが、これまた検討すべき課題である。

（2）壬生家本

中原師守の日記『師守記』延文元年（文和五年・一三五六）三月二十八日条には、文和四年（一三五五）九月二十六日付の左大史小槻（壬生）匡遠の「勘申」が収載さており、そこには「延喜式云、齋内親王發日、所司預設二御座於大極殿一、天皇御二後殿一云々」として『延喜式』巻五　神祇五　齋宮の「齋發条」が引用されている。このことから、南北朝期の壬生家に少なくとも『延喜式』のうち「神祇式」の一部が蔵されていたことは間違いない。更に、壬生晴富の日記『晴富宿禰記』文明十一年（一四七九）正月一日条には

吉書、參二文庫一、取二出建長五年（一一九四）符案目六（録）一、官務成二吉書　宣旨一、於二文庫一、予（壬生晴富）先披二太政官卷（延喜式）一。符案者其後官務（壬生雅久）又披二見之一。

と見え、『同』翌十二年正月二日条には

官務(壬生雅久)參㆓文庫㆒、見㆓延喜式太政官巻・建長五年符案目録等㆒。此時予(壬生晴富)亦參㆑之。

とあり、応仁・文明の乱終後の壬生家には少なくとも『延喜式』の「太政官式」があったことが知られる。

三　江戸前期における『延喜式』の書写と伝来

応仁・文明の乱やその後の混乱の中で、天皇家をはじめとする公家の文庫には衰微したものが多く、その中で『延喜式』の古写本も失われていったものが幾つかあったかもしれないが、様々な人々の努力により九条家などでは古写本が守られた。そして「戦国の世」の混乱が収拾されていくにつれ、時の権力者である豊臣家（秀次）・徳川家（家康）によって古典籍の蒐集が行われる一方で、天皇家（後陽成天皇・後水尾天皇）による文庫の再興も図られた。

このような状況を踏まえ、最後に、近世前期を中心に、『延喜式』古写本の伝来と近世前期における新写本の流布について、気がついた史料を書き連ね、今後の研究の参考に供することとしたい。

1　室町以前の古写本の江戸前期を中心とした伝来と存在形態

（1）九条家本

既に拙稿[92]や鹿内論文[93]で引用した、九条道房（慶長十三年〔一六〇八〕～正保四年〔一六四七〕）筆で、彼の蔵書目録である、九条家本『九条家記録文書目録』一巻[94]には、「延喜式」に関して次の記載が見える。

十一
九箱
廿七巻　　延喜式　不足

第一　第二　第四　第六　第七　第七有㆓同類㆒。　第八　第九　第十　第十一
第十二　第十三　第十五　第十六　第廿　第廿一　第廿二
第廿六　第廿七　第廿八　第廿九　第卅　第卅一　第卅二
第卅六　第卅九　第卌〔二脱カ〕　第卌八〔卅カ〕

この内、国宝・九条家本『延喜式』の巻子本の外題は、九条道房の筆になるというので、現存の古写本との関係から、「第卌八」は「第卅八」の、「第卌」は「第卌二」の、それぞれ誤りと考えられ、「第七」の傍書に「第七有㆓同類㆒」という注記があることから、巻七の重複も、既に近世前期からであったことが確認出来る。

また、九条家には有名な巻子本の『延喜式』の他に、昭和の初年、九条家から流出し、青谿書屋（大島雅太郎氏）の所蔵となった九条家旧蔵冊子本『延喜式』巻五　斎宮式（江戸初期の写本という）一冊があり、戦後、西田長男氏が架蔵することとなって、影印本が刊行されている[95]。西田氏の解題によれば、九条家には、更にこの他、巻五～巻十・巻二十一～巻四十八の三十四巻で構成される十六冊の冊子本『延喜式』が存在していた。

これに関連して、九条道房の日記『道房公記』寛永二十年（一六四三）三月二十一日条には、

廿一日、乙卯、晴。菅少納言爲庸(五條)朝臣持㆓來延喜式二帖㆒、第三、第五、借㆑之。頭右中弁弘資(日野)朝臣本云々、余(九条道房)可㆑借之由示㆑之了。家本(九条家本)不足。又令㆓破損㆒也。借㆓其闕分㆒、令㆑書㆓写之㆒也。

とあり[96]、九条道房は五条為庸より、日野弘資所蔵の『延喜式』巻三・巻五の二帖を借用し書写させているが、これは、九条家には不足していた分であるという。『九条家記録文書目録』の記載から江戸時代初

頭までほぼ現存の状態が遡れる巻子本『延喜式』では巻三・巻五を欠いており、また、九条家所蔵の冊子本（西田長男氏所蔵）では先述の如く、巻五が二種類（巻五のみの一冊本と十六冊本）あるので、その一冊のみの方がこの時に書写されていたものである可能性が残る。今後の検討に俟ちたい。

（2）一条家本

一条家伝来の『延喜式』の古写本が、複数存在したことは先に述べたが、近世前期における一条家での『延喜式』の存在、貸借・書写に関しては、後述の「2　近世前期の書写本の行方」の「(1)土御門家本」で詳しく記事を引用するように、土御門泰重の日記『泰重卿記』元和三年（一六一七）五月五日条、同四年閏三月十七日条・同四月十六日条・同九月二十日条に関連記事が見える。それによれば、拙稿「土御門本『延喜式』覚書」[97]で指摘したように、一条家に出入りし、一条兼遐の読書師範であった土御門泰重が兼遐から『延喜式』を借用していることが知られる。これが複数ある一条家所蔵の『延喜式』の何れに当たるのかは議論があるところだが[98]、この他には、近世における一条家本『延喜式』の存在形態を示す史料を管見では見出していない。但し、やや時代が下るが、一八七七年（明治十）頃に修史館が写し、現在、東京大学史料編纂所架蔵の『一條家書籍目録』（請求番号RS四一〇〇—一〇五）によれば[99]、

◇中半

（中略）

延喜式　々（中本）　二々（冊）

（中略）

惣目録〔擔〕譜子入　一譜〔擔〕子

令集解

（中略）

延喜式　一々（擔子）

（中略）

延喜式

一・二　神祇

三　神祇

四　神祇

五・六　神祇

七・八　神祇

九　神祇

十　神祇

十一・二　大〔太〕政官、自二中務一至二主鎰一。

十四・五　縫殿寮、内蔵寮

十六・七　陰陽寮、内匠寮、

十八　式部

十九　式部大学寮

廿一　自二治マ〔部〕一至二諸寮一。〔陵脱カ〕

廿二・廿三　民部上・下、

廿五　主計

廿六・七　主税上・下、

廿八・九、卅　自二兵マ〔部〕一、至二織マ〔部〕一。

卅一・二・三　自ニ宮内一、至ニ大膳一。
卅四・五・六　自ニ木工寮一、至ニ主殿一。
卅七・八　典薬、掃部、
卅九、四十　自ニ正親司一、至ニ主水一。
四十一・二　自ニ弾正一、至ニ西市一。
四十三・四　春宮、勘〔解〕ケ由、
四十五・六・七・八　自ニ左右近衛府一、至ニ左馬寮一。
四十九、五十　兵庫〔雑〕親式
十三巻・廿四巻等不足。
都廿五冊。
（中略）
〔巻カ〕御筆之物
延喜式　　五巻
（後略）

とあり、二冊本（中本）、二十五冊本（巻十三・二十四欠）、五巻本（巻子本）の三種類の『延喜式』の存在形態が確認できる。これは、幕末・維新期の存在形態であるが、それが更にいつまで遡りうるかは、今後の更なる史料調査の必要がある。

（3）禁裏本

禁裏本は「禁裏御本」或いは「官本」とも記され、御所に蔵されていたものであるが、万治四年（寛文元年・一六六一）正月十五日に焼失した「禁中」の蔵書目録である『禁裏御蔵書目録』の「御櫃子御箱目録」には、「延喜式」が「箱一」（第四丁表）と見えることから、[100]近世前期には禁裏本の『延喜式』が伝わっていたことが知られる。しかし、『葉室頼業日記』寛文六年（一六六六）三月二十四日条に引く、万治四年の焼失前に書写させた禁裏本などの副本で、この時、禁裏（霊元天皇）に贈進された写本類の目録やその後の主な禁裏文庫の蔵書目録[101]には「延喜式」の記載がないことから、近世前期の禁裏文庫に収蔵されていた『延喜式』は「副本」（写本）というかたちでも伝えられることはなかった可能性が高いようにも見受けられる。但し、『葉室頼業記』寛文四年（一六六四）九月条には「延喜式」のことが、

廿二日、晴。文選、奈良八景之櫃子上候也。延喜式・年代記・源氏・水鏡、取遣也。
廿三〔日脱カ〕、陰晴。延喜式五十冊、水鏡三冊、年代紀、千五百両哥合、山城名所記、取寄上候也。（後略）

と見え、[102]葉室頼業は『延喜式』五十冊を取り寄せて天皇（霊元天皇）に進上していることがわかる。この他、頼業の孫に当たる頼重の日記『葉室頼重記』元禄三年（一六九〇）九月二十五日条によれば、

廿五日、晴
（中略）
一、從ニ宰相園殿〔基勝〕一消息到來。延㐂式御擔子・國史部類御擔子　仙洞〔霊元上皇〕御借用ニ候。勸修寺〔経慶〕〔権脱カ〕大納言ゟ申來候。下官義明日參　內候間、取出御內儀へ上可レ申之由申來。則勸大状入ニ見參一候。

とあり、[103]「國史部類御擔子」とともに「延喜式御擔子」の「御借用」のことが話題となっており、「國史部類」の「箱」は『葉室頼業日記』

寛文六年（一六六六）三月二十四日条に引く禁裏への後西院の贈進目録や東山御文庫本『禁裡御蔵書目録』にも見えることから、万治四年の大火以降に禁裏文庫に『延喜式』が収められた可能性も今後更に検討する必要がある。なお、先に紹介し、後で詳述する、京都国立博物館所蔵で、近世前期に書写された京都博物館旧蔵本（京極宮本ヵ）『延喜式』巻三の本奥書に

本云、

以二官本一今一校畢。

と見え、また、巻十一の奥書に

本云、

以二官本一一點畢。猶有二不審一、遂而可レ校者歟。

とあり、ここにいう「官本」とは禁裏本であることから、この写本は、万治四年に焼失したと思われる禁裏本『延喜式』（前節で述べた『宣胤卿記』や『実隆公記』の記事から、少なくとも室町後期までは遡るか）と校合していることが知られ、興味深い。

（4）日野家本

九条家本伝来のところで引用した『道房公記』寛永二十年（一六四三）三月二十一日条[104]によれば、日野弘資（元和二年（一六一六）～貞享四年（一六八七））所蔵の『延喜式』（巻三・巻五）の存在が知られる。これを九条道房が書写したものが、九条家所蔵冊子本『延喜式』巻五「齋宮式」一冊（西田長男氏所蔵）である可能性は今後の検討に委ねたいが、近世においては、日野家には『延喜式』の写本が存在していた徴証が他にも知られる。

早川万年氏の紹介によれば[105]、岐阜大学附属図書館所蔵の度会（千萱）義利書入れ本『延喜式』巻十三（版本）の末尾には「日野家古寫本奥書」なるものが書き加えられているという（「元禄十三年三月」とあるという）。また、『延喜式』巻九・十の「神名帳」部分を検討した伴信友撰の『神名帳考證』によれば、

一本日野家本

（丙本）　此上下兩巻、蒙二 勅命一、仰二嫡孫兼滿（吉田〔卜部〕）一、終二書寫之功一、致二校合一畢。

文亀三年十二月廿六日　神道長上従二位行神祇大副兼侍従卜部

朝臣兼倶

とある[106]。

伴信友が見た『延喜式』の写本には巻九・十が土御門本と同じ奥書の写本が存在し、それが「日野家本」すなわち日野家所蔵の『延喜式』であったことが知られる。この本の行方も検討する必要があろう。

2　近世前期の書写本の行方

（一）土御門家本

国立歴史民俗博物館所蔵の土御門本『延喜式』は土御門泰重が元和三年（一六一七）から四年にかけて一条家本を書写した写本である。詳細に関しては拙稿「土御門本『延喜式』覚書」に記した通りであり[107]、結論を根拠となる史料をあげながら以下簡単に述べる。即ち『泰重卿記』元和三年五月五日条には

五日、巳〔己〕巳、天晴。節供弥重也。朝神拝畢。仙洞（後陽成院）・國母御方（女御・近衞前子）・一條殿（兼遐、のち昭良）、御礼ニ致ニ伺公一候。昨日、御礼ニ長橋御局まて參候。同

道冷泉（為頼）少將也。次延喜式五十冊申出、寫申候。（後略）

『同』元和四年閏三月十七日条には、

十七日、丙午、（中略）延喜式校合・朱点始。

『同』元和四年四月十六日条には、

十六日、甲戌、天雨。（中略）延喜式七冊点出來。又九冊取帰申候。

『同』元和四年九月二十日条には

廿日、丙午、（中略）延喜式五十帖返上申候。

とそれぞれ見える。泰重は、先ず元和三年五月五日に『延喜式』五十冊の借用を一条兼遐《かねとを》（のち昭良。後陽成天皇第九皇子）に申し出て写本を入手し、この日から書写をし始め、翌四年閏三月二十七日に『延喜式』の「校合」と「朱点」を始めているので、これより以前に一通りの書写を終えていることが判る。また、一ヶ月後の四月十六日には、書写した五十冊の『延喜式』のうち七冊分の「点」（朱点）を付け終えたので、新たに九冊分と取り替えていることが知られる。その約半年後の九月二十日には、泰重は『延喜式』五十帖を一条兼遐に返却している。この書写した写本が更に書写されたことは、『泰重卿記』元和六年（一六二〇）二月二十五日条に

廿五日、癸酉、晴天。御灵（靈）別當祐孝法眼來、延喜式借用申度之由、色々懇望申候間、無二呉（異）義（議）一許借（貸）申候。以上五十冊。（後略）

とあり、(108)泰重は書写した『延喜式』五十冊を御霊社別当の祐孝に貸与したことが判る。即ち一条家本を書写した土御門本も更に書写され、その後、流布した可能性がある。

泰重が一条家から借用した『延喜式』が、第二次世界大戦で焼失したと思われる古写本か否かに関して議論があることは、先に一条家本の行方で記した通りであり、繰り返さないが、土御門本は五十冊揃っており、重要な写本である。

（2）壬生家本

宮内庁書陵部所蔵壬生家旧蔵『延喜式』二十一冊（函号　F一〇—二八七）は、巻一〜八・十三の九巻を欠く、現在二十一冊の冊子本であり、近世初期の写本とされている。(109)他の写本に見えない鼇頭標目があることが指摘されており、(110)注目すべき近世前期の書写の写本である。近世における壬生家本『延喜式』の伝来に関しては、小槻（壬生）季連の日記『季連宿禰記』天和二年（一六八二）正月一日条によると、

一日、庚戌、陰。及二深更一快晴。

早旦、於二官庫一令二心念一。次讀書始。延㐂式太政官式。次吉書始。

陽春嘉慶、四海太平、王道武道、尤長久。而

天恩・神恩珎増長、家門繁昌、官庫再興、

文書安全、萬端満足、心中快樂。仍試レ筆如レ件。

天和二年正月一日　修理東大寺大佛長官主殿頭兼左大史竿博士

小槻宿禰季連

（後略）

とあり、(111)年始めのこの日、「官庫」（ここでは、太政官の左大史小槻家の文庫か）で心より念じてから、「讀書始」として「延喜式太政官式」を読んだことが判るように、巻十一の「太政官式」の存在が知られる。先に触れたように『師守記』延文元年（一三五六）三月二十八日条所引文和四年（一三五五）九月二十六日付左大史小槻（壬生）匡遠「勘

申」や『晴富宿禰記』文明十一年（一四七九）正月一日条・同十二年正月二日条によって、室町期の壬生家に『延喜式』が蔵されていたことはほぼ間違いないが、宮内庁書陵部所蔵の近世初期の写本と、日記に見える室町期に伝えられていた写本との関係の解明など、検討されるべき課題も多い。

（3）内閣文庫本（慶長写本・紅葉山文庫本）

現在、国立公文書館所蔵のいわゆる内閣文庫本『延喜式』四十五冊は江戸初期書写の冊子本で、所謂慶長写本（「慶長御写本」）と称せられ、江戸幕府将軍家の文庫である紅葉山文庫に収蔵されていたもので、序・表・目録、暦運記を別冊とし、巻十三・十八・十九・二十四・四十一・五十の各巻を欠いている。奥書は、巻九にはないが、巻十の本奥書に土御門本と同じ文亀三年の識語がある。

内閣文庫本（慶長御写本）の藍本は不明だが、金地院崇伝の日記『本光国師日記』十三　慶長十九年（一六一四）十月三日条に

延喜式全五十巻、内十三・廿四貳冊不足、箱ニ入れ、如レ本御城江上ル。

とあり、また『同』同月二十四日条に引かれる、徳川家康が金地院崇伝や林道春に命じて、（京都）五山より各十人の能書者を徴し、南禅寺金地院で古記録を謄写させた際、諸家から借用しようとした記録類の目録（「覺」）には、(112)

覺

日本後紀　續日本後紀　文德實錄　國史　類聚國史　律　令　弘仁格　同式（弘仁式）　貞觀格（ママ）　同式（貞觀）（ママ）　延喜格　同式（延喜）、十三（ママ）・廿四之兩巻御前（ママ）之御本不足候。　三代實録　延喜儀式　延喜雜式　類聚三代格

以上、

右之外、諸家記録共、何も不レ殘被レ爲レ寫度由候間、可レ被レ成ニ御尋一候。

とある。御書物奉行の近藤正齋が『右文故事』で述べているように、(113)この『延喜式』は慶長十九年以前に書写されていたもので、『本光国師日記』によれば、家康の「御前」にあった『延喜式』には巻十三・二十四の二巻が、「不足」していたことが知られる。また、同じ内容の目録が、山科言緒の日記『言緒卿記』慶長十九年十月二十七日条（大日本古記録本）には次のように見える。

一、今朝、廣橋（兼勝）大納言へ罷向。從ニ前大樹（徳川家康）一ノ目錄之案、覺

日本後記〔紀〕　續日本後記〔紀〕　文德實録　國史　類聚國史　律　令　弘仁格　同式（弘仁）　延喜格同式（延喜式）、廿三（ママ）・廿四兩巻御所（ママ）之御本不足候。　三代實録

延喜儀式　延雜式　類聚三代格

以上、　右之外諸家記録共、何も不レ殘被ニ相寫一由之間可レ被レ成

由之間、可レ被レ成ニ御尋一候トアリ。

と見え、前日の二十六日に伝奏（廣橋兼勝・三條西實條）より申し渡された徳川家康の許に「諸家日記」を進上すべきとの旨（『言緒卿記』慶長十九年十月二十六日条には「一、諸家日記共從ニ前大樹（徳川家康）一可レ上之由、兩傳奏ヨリ申來ト云々」とある）に関して、山科言緒が廣橋兼勝に提出した、家康に献上予定の書籍の目録が記されている。

『延喜式』に関わる部分、家康の許で欠けていたのは(114)『本光国師日記』が巻十三・二十四とするのに対して、『言緒卿記』では巻二十三・二十四とするが、内閣文庫本（慶長御写本）は先にのべたように

巻十三・二十四を欠いていることから、[115]『本光国師日記』の記述が正しいと思われる。このように、当初から巻十三・二十四の二巻は欠けていたようだが、四十八冊の『延喜式』を徳川家康が所持していたことが知られる。なお、『幕府書物方日記』享保十二年（一七二七）十月二十六日条に引く「別紙」に見える慶安元年（一六四八）に、日光に将軍（徳川家光）が持参した「御本之覺」の中に

延喜式　四十九冊

とあり、家光の頃になっても将軍家所蔵の『延喜式』は一冊（恐らくは巻十三か）[116]欠けていた。

このように、近世初期において写された『延喜式』の写本で巻十三・二十四がなく、後世の補写によるものとし、文亀三年の本奥書のある写本が、一九八七年十一月の東京古典会主催の『古典籍下見展観大入札会目録』に掲載されている。同目録の七六八に江戸初期の写しとされる『延喜式』（五十巻、二十冊本、但し巻十三・二十四は補写）の写真二葉と簡単な解説が載っており、一葉は巻十と思しき文亀三年の本奥書の写真で、土御門本の本奥書に同じである。

（4）「京極宮御本」（＝京都国立博物館所蔵京都博物館旧蔵本）

大鹿久義編『稿本伴信友序跋識語集』第一輯　温故學會　一九九九年、の「延喜式神名帳　當帳校合之事」や『稿本伴信友著撰書目』温故學會　二〇〇五年、の「神名帳考證　六十九巻」に続く、「[巻末識語]　當帳校合之事」によれば、校合に用いた『延喜式』写本の中に

官本　　京極宮御本ノ中ニ　禁裏御本ヲ申シテ校合セラレタル由ヲ見ユ。

京極宮御本

京一本　京極宮御本ノ中ニ古冩本ヲ以テ校合セラレタリ。

とあり、「京極宮御本」と呼ばれる写本の中には、「禁裏御本」（＝「官本」）によって校合した部分があり、また「京極宮御本」の中には古写本によって校合した部分があるという。

一方、先に紹介した京都国立博物館所蔵京都博物館旧蔵『延喜式』の第四冊目・巻四「神祇四」の本奥書には、「古本云」として、長元二年（一〇二九）四月十七日付で「掘〔堀カ〕河亭」での書写奥書のある写本があり、また、上述のように巻三と巻十一の本奥書に「本云」として、「官本」（禁裏本）を以て校合したことが見えるので、京都国立博物館所蔵京都博物館旧蔵本『延喜式』は伴信友のいう「京極宮御本」であると考えられよう。

京極宮家とは、正親町天皇の皇子誠仁《さねひと》親王（陽光太上天皇。天文二十一年（一五五二）～天正十四年（一五八六））の第六皇子智仁《としひと》親王を初代とする世襲親王家である桂宮家の第六代文仁《あやひと》親王（霊元天皇第六皇子）に始まる。元禄九年（一六九六）七月に常磐井《ときわい》宮家を相続し、新たに京極宮の宮号を賜った。京極宮を称するのは以下の三人のみである。[117]

7　文仁親王（霊元天皇の第六皇子）
8　家仁《やかひと》親王（文仁親王の第一王子）
9　公仁《きんひと》親王（家仁親王の第一王子）

公仁親王は明和七年（一七七〇）に三十八歳で薨去し、親王没後、寿子妃を当主として宮家は維持されたが、寛政元年（一七八九）に寿

子妃が逝去し、宮家は断絶する。従って、京極宮本とは、霊元天皇の皇子である文仁親王、その子の家仁親王、孫の公仁親王の三代の家に伝えられた写本と思われ、遡れば、禁裏本との関係が想定される。なお、京都博物館旧蔵本『延喜式』五十冊は、近世前期の写本と思われるが、その書誌や特徴に関しては、紹介を兼ね別稿で述べる予定であるので、紙幅の都合でここでは省略する。

むすび

以上、平安中期から江戸前期までの『延喜式』の様々な写本に関する管見に入った限りの史料、特に『延喜式』の写本の奥書や古記録（日記）などに見える『延喜式』の所蔵・貸借・書写などに関する記事を、現存する（或いは近代まで伝えられた）古写本や新写本、更に、今は失われたものを、家ごとに整理しながらまとめ直した。「覚書」の性格上、指摘した点が多岐に亘るため、得られた結論の「まとめ」は行わない。

『延喜式』の規定には、単位として用いられる数値が表記されることが他の史料に比べて多く、例えば、「一」・「二」・「三」・「十」・「二十」（「廿」）・「三十」（「卅」）・四十（「卌」）など、書写により間違えやすい部分・字句の異同も多いため、写本の系統の検討の解明が必要であるが、古写本が必ずしも正しい原形を伝えているとは言えず、筋のいい新写本を見極めることが必要であり、校訂本の作成にあたっては、写本系統の確定なしの、恣意的な校訂は許されない。このような考えから、禁裏・公家文庫の目録学的研究の一環として始めた『延喜式』の写本に関する研究であったが、拙稿「土御門家本『延喜式』覚書」(118)発表後、およそ二十年近くたち、『延喜式』の注釈書が刊行されたり、九条家本『延喜式』や土御門家本『延喜式』の影印が刊行されたりと、『延喜式』の写本をめぐる研究状況は大きく変わりつつある。しかし、残念ながら、近世前期の写本も含めた詳細な『延喜式』の写本系統の解明に繋がる結論を見出すことはできない。(119)更に、研究者の関心の変化や世代交代もあり、唯一の『延喜式』の専門研究雑誌であった『延喜式研究』も三十号で終巻を迎える予定であると側聞している状況に、内心忸怩たるものがある。『延喜式』の写本研究はごく一部の研究者にとどまり、『延喜式研究』にも系統的な写本研究の論文を掲載されることはなかった。このように『続日本紀』・『令集解』・『類聚三代格』などに比べ、『延喜式』は依然として写本系統全体の解明に繋がる研究が遅れている研究状況に鑑み、この分野の研究に僅かでも寄与できればと思い、本稿を発表させて頂くことにした。

〔追記〕

この「覚書」の元となったものは、以前、勤務していた宮内庁書陵部編修課で、担当していた仕事の都合（『皇室制度史料』の編纂に用いる紙焼き写真の購入の関係）で調べることになった土御門家本『延喜式』の調査から始まり、一九九五年に発表した土御門家本『延喜式』に関する拙稿を執筆する過程で調べた史料に見える『延喜式』に関する記事の抜書やメモ、更には拙稿発表後、同じ職場の方を中心に教えて頂いた各種史料に見える『延喜式』に関する史料情報であり、それらを一九九五年頃から一九九六年頃に本当の意味で「覚書《メモ》」としてワープロに入力しておいたものである。その後、一九九七年四月より東京大学史料編纂所で『大日本史料』の編纂に従事するようになってから気がついた『延喜式』の伝来に関する史料を追加し、二〇〇二年度～二〇〇四年度　科学研究費補助金（基盤研究（C）（1））「九条家本延喜式の総合的研究」（研究代表者：吉岡眞之）の研究プロジェクトに参加した際の史料調査や研究成果をまとめ、一旦、同科研の研究報告書に発表したものを、更に、私が研究代表者を務めた二〇〇二年度〜二〇〇五年度科学研究費補助金（基盤研究（A））「禁裏・宮家・公家文庫収蔵古典籍のデジタル化による目録学的研究」、二〇〇七年度〜二〇一一年度科学研究費補助金（学術創成研究費）「目録学の構築と古典学の再生——天皇家・公家文庫の実態復原と伝統的知識体系の解明——」、二〇一二年度〜二〇一六年度（予定）科学研究費補助金（基盤研究（S））「日本目録学の基盤確立と古典学研究支援ツールの拡充——天皇家・公家文庫を中心に——」により大幅に増補したものである。

本稿に関連して、『延喜式』の写本に関する史料や情報を提供いただいた、新井重行・石田実洋・尾上陽介・小倉慈司・高田義人・西本昌弘・本田慧子・吉岡眞之の各氏に厚く御礼申し上げます。

（1） 虎尾俊哉校訂・解題『神道大系　延喜式』上・下（財団法人神道大系編纂会、一九九二年・一九九三年）。校訂上、最も問題な事は、虎尾氏が、上巻の「凡例」で、校訂に使用したと掲げられながら、土御門家本が上巻では校異注には全く見えず、下巻から見える（用いられる）など、残念ながら校訂のやり方が不十分であるという点にあり、そのことに関する説明が全くなされていないことである。更に、そもそも、当時、虎尾氏の所属先である国立歴史民俗博物館に所蔵され、未だ十分に紹介されていなかった田中教忠旧蔵（田中穣氏旧蔵典籍古文書）の土御門家本『延喜式』に関して、『泰重卿記』の記事（註(2)拙稿参照）を調べるなど、写本の伝来や性格を探るという基礎的な研究を行っていなかったというように、古写本のみならず、近世前期の写本を網羅的に調査研究し写本の系統を解明した上で『延喜式』の本文校訂を行うという、校訂本を作る上で、重要な方針が欠如していたことが指摘できる。

（2） 田島公「土御門本『延喜式』覚書」（門脇禎二編『日本古代国家の展開』下、思文閣出版、一九九五年）。

（3） 田島公a「禁裏文庫の変遷と東山御文庫の蔵書——古代・中世の古典籍・古記録研究のために——」（『日本社会の史的構造』古代・中世、思文閣出版、一九九七年）、同b「近世禁裏文庫の変遷と蔵書目録——東山御文庫本の史料学的・目録学的研究のために——」（毎日新聞社「至宝」委員会事務局編『皇室の至宝　東山御文庫御物』五、毎日新聞社、二〇〇〇年、のち増補して、田島公編『禁裏・公家文庫研究』第一輯、思文閣出版、二〇〇三年）、同c「中世天皇家の文庫・宝蔵の変遷——蔵書目録の紹介と収蔵品の行方——」（『東山御文庫本を中心とした禁裏本および禁裏文庫の総合的研究』一九九八年度〜二〇〇〇年度科学研究費補助金〔基盤研究（A）（2）〕研究成果報告書・課題番号一〇三〇一〇一五　研究代表者・田島公、二〇〇一年、のち増補して、田島公編『禁裏・公家文庫研究』第二輯、思文閣出版、二〇〇六年）、同d「典籍の伝来と文庫——古代・中世の天皇家ゆかりの文庫・宝蔵を中心に——」（石上英一編『日本の時代史』三〇　歴史と素材、吉川弘文館、二〇〇四年）、同e「天皇家ゆかりの文庫・宝蔵の「目録学的研究」の成果と課題」（『説話文学研究』四一号、二〇〇六年）参照。

（4） 虎尾俊哉「延喜式写本についての覚書」（『延喜式研究』一四号、一九九八年）。

（5） 鹿内浩胤a「九条家本『延喜式』覚書」（『書陵部紀要』五二号、二〇〇一年）、同b「九条家本『延喜式』小史」（『日本歴史』六三四号、二〇〇一年）。のち、ともに鹿内『日本古代典籍史料の研究』思文閣出版、二〇一一年。

（6） 土御門家本『延喜式』は国立歴史民俗博物館史料編集会編『国立歴史民俗博物館蔵　貴重典籍叢書』歴史篇　第十二巻　延喜式一〜第十八巻　延喜式七、付校勘記、臨川書店、二〇〇〇年〜二〇〇一年（第十八巻に、虎尾俊哉「解題」、吉岡眞之「校勘記」を所収）に、九条家本『延喜式』は『九条家本延喜式』一〜五　東京国立博物館古典籍叢刊一〜五、思文閣出版、二〇一〇年〜刊行中（二〇一四年度末現在、

『同』三　同叢刊三、二〇一二年、まで刊行）に、三条西家本『延喜式』巻五十は、吉岡眞之「三条西家旧蔵『延喜式』巻第五十・雑式」（『国立歴史民俗博物館研究報告』一〇八集、二〇〇三年、のち『九条家本延喜式の総合的研究』〔平成一四年度～平成一六年度　科学研究費補助金【基盤研究（C）（1）研究成果報告書】〕研究代表者：吉岡眞之　課題番号一四五一〇三七八、二〇〇五年）に、それぞれ影印が見える。また注釈書としては、虎尾俊哉編『訳注　日本史料　延喜式』上・中　集英社、二〇〇〇年・二〇〇七年（二〇一四年度末現在、下は未刊行）がある。

（7）『延喜式』の写本の解題としては、虎尾俊哉「解説」（註(6)前掲虎尾編『訳注　日本史料　延喜式』上）がある。

（8）註(3)参照。

（9）仁井田陞「金剛寺延喜式古寫本所見録」（『宗教研究』新一三巻六号、一九三六年）、魚澄惣五郎「金剛寺所蔵延喜式神名帳解説」（『大阪府史蹟名勝天然紀念物調査報告』八輯、金剛寺所蔵延喜式神名帳の調査、大阪府、一九三八年）、同「金剛寺本延喜式神名帳について」（『史学雑誌』四九編四号、一九三八年）、田山信郎「金剛寺蔵古鈔本延喜式神名帳上　解説」（『（金剛寺本）延喜式神名帳』、古典保存会、一九三九年）。

（10）この部分は、虫損で判読できないので、傍注の〔　〕内は、大阪府立図書館編『皇紀二千六百年記念　国史善本集影』（小林写真製版所出版部、一九四〇年）の解説（「六四　国宝延喜式　河内金剛寺蔵」）による。

（11）杏雨書屋・武田科学振興財団所蔵『聖徳太子傳暦』の奥書については『大日本史料』二編之九　長和四年（一〇一五）六月二十二日ノ第二条〔令宗允正卒伝〕に「藤浪剛一氏所蔵」本として引用される。藤谷俊雄「國寳武田本太子傳暦について」（『史迹と美術』一五輯ノ二〔通巻一五八号〕、一九四四年）、清水潔「『本朝月令』『政事要略』所引聖徳太子伝について」（『神道史研究』四九巻二号、二〇〇一年）も参照。

（12）『政事要略』巻二十二　年中行事二十二　八月上　四日北野神社天神會事に「余（惟宗允亮）寛弘四年、出爲二河内守一。五年（寛弘）九月五日、住（往カ）二大縣郡（河内國）普光寺一。僧幡慶語云、（中略）」とある。

（13）幡慶は河内国大縣郡普光寺の僧であったことが知られる（註(12)参照）。

（14）『延喜式』の写本に付された惟宗（令宗）允亮の説に関しては、この外、土御門家本『延喜式』巻四十九「兵庫寮式」に引用される「允説」「允點書説」の存在が指摘できる。田島註(2)前掲「土御門本『延喜式』覚書」参照。

（15）鹿内註(5)前掲a「九条家本『延喜式』覚書」参照。

（16）鹿内註(5)前掲a「九条家本『延喜式』覚書」参照。

（17）鹿内註(5)前掲a「九条家本『延喜式』覚書」参照。

（18）梅本寛一「三代式撰修に就いての私見」（『國學院雑誌』三四巻五号・六号、一九二八年）、佐伯有義・山本信哉・田邊勝哉「延喜式解説」（皇典講究所・全国神職会校訂『校訂延喜式』上巻　校訂延喜式出版部〔発売・大岡山書店〕、一九二九年。復刊、臨川書店、一九九二年）、和田英松「延喜式　五十巻」（和田『本朝書籍目録考證』、明治書院、一九三六年復刊）、宮城栄昌「延喜式研究史」（宮城『延喜式の研究』論述篇、大修館書店、一九五七年）、虎尾俊哉「延喜式の利用と研究の歴史」（虎尾『延喜式』吉川弘文館、一九六四年）等参照。梅本論文によれば、國學院大學図書館所蔵の明暦版本の表紙裏には、『三長記』建久七年（一一九六）十一月癸未（八日）条と『仁部記』文永十二年（一二七五）二月五日条が引用されているとのことである。

（19）註(18)和田前掲「延喜式　五十巻」。

（20）註(18)宮城前掲「延喜式研究史」。

（21）註(5)a鹿内前掲「九条家本『延喜式』覚書」。

（22）橋本義彦『藤原頼長』（吉川弘文館〔人物叢書一二〇〕、一九六四年）。東京大学史料編纂所編『大日本古記録　後二条師通記』（岩波書店、一九五八年）の「解題」も参照。

（23）註(5)b鹿内前掲「九条家本『延喜式』小史」、鹿内前掲a「九条家本『延喜式』覚書」参照。

(24) 宮内庁書陵部編・刊『図書寮叢刊　九条家文書』五巻一五〇九号文書。

(25) 佐々木信綱「萬葉集に關する院政時代の古文献」（佐々木『国文学の文献学的研究』、岩波書店、一九三五年）、山本信吉「解題」（『貞信公御記抄　九条殿御記』〔天理図書館善本叢書　和書之部　第四二巻〕、天理大学出版部、一九八〇年）。

(26) 一九九六年三月に吉岡眞之・西本昌弘両氏が調査された際のデータを利用させていただいた。紙背文書は裏打ち紙のために読みにくい部分もあるとのことであるが、データをご提供下さった両氏に深謝申し上げる。なお、**東京大学史料編纂所架蔵の影写本『九条殿御記』**（架蔵番号　三〇七三―二）は一九二五年に影写されたものであり、比較的読みやすいが、上記吉岡・西本両氏の調査所見から、裏打ち紙との関係で、全ての墨跡が影写されているかは判断がつきかねる部分もある。また、東京大学史料編纂所編『大日本古記録　九暦』（岩波書店、一九五八年）の「解題」の「三、（二）九條殿記」も参照。

(27) 永長二年（一〇九七）五月二十三日における庭石調達に関しては、上杉和彦「平安時代の作庭事業と権力――庭石の調達を中心――」（服藤早苗編『王朝の権力と表象――学芸の文化史――』、森話社、一九九八年）に詳しい。

(28) なお、『大日本史料』三編之十六　永久三年（一一一五）四月一日ノ第二条（藤原爲房薨伝）には、年紀未詳の爲房の書状二通が九条家本『九条殿御記』紙背文書として引用されるが、これは彼の薨伝に引かれたもので、永久三年の文書ではない。

(29) 『大日本史料』三編之四　永長元年雜載　學藝の条（五六一頁～五六三頁）。後藤昭雄「《書評》平安朝人は『後漢書』をいかに読んだか――吉川忠夫訓注『後漢書』第一冊を読んで――」（『文学　隔月刊』三巻一号、二〇〇二年）、田島公編・刊『日本、中国・朝鮮、対外交流史年表〔増補改訂版〕』、二〇一二年も参照。

(30) 月本雅幸「九条家本「延喜式」の訓点に関する調査報告」（註(6)前掲『九条家本延喜式の総合的研究』所収）。

(31) 一条家旧蔵古鈔本『延喜式』（巻子本）については、影印本として、巻四・巻五に関して、『（一条公爵家本）延喜式　伊勢大神宮　齋宮』、神宮司庁、一九二八年がある。また、戦前の展示解説や図録としては、『延喜式撰上一千年記念展覧会陳列目録』（皇典講究所・全国神職会、一九二六年、のち『國學院雑誌』三三巻三号、一九二七年）、大阪府立図書館編『皇紀二千六百年記念國史善本展覽會目録』、大阪府立図書館、一九四〇年一月、大阪府立図書館編『皇紀二千六百年記念　國史善本集影』、大阪府立図書館、一九四〇年一二月（註(2)前掲田島「土御門本『延喜式』覚書」の「三　一条家所蔵『延喜式』と土御門本『延喜式』との関係」参照）などを参照。なお、井上頼圀旧蔵無窮会図書館神習文庫所蔵の一条家本『延喜式』の忠実な影写本上下二冊（勢多本）のうち上冊末尾には「一條公爵家所蔵元弘元年中寫本之影寫」という識語があるが、「元弘元年（一三三一）中」の根拠は不明であるという。註(1)前掲神道大系本『延喜式』上所収虎尾氏執筆の「解題」参照。

(32) 註(18)参照。人名比定に関しては、石田実洋「花山院師継の『北山抄』書写とその周辺」（『日本歴史』七二九号、二〇〇九年）を参照。

(33) 『延喜式巻第十』、神宮皇學館、一九二八年。のち複製、『中院家本　延喜式巻第十』、燃焼社、一九九九年。

(34) 註(33)前掲書所収の「中院家本『延喜式』巻第十　凡例」。

(35) 宮地直一「延喜式巻第十 解説」（註(33)前掲『延喜式巻第十』）。

(36) 花山院家が所蔵していた典籍というと、通雅の叔父（通雅の父定雅の弟）の師継が所蔵していた『令集解』がすぐ思い浮かぶ。石上英一氏の研究によれば、金沢文庫本系の『令集解』写本の巻十・巻二十の「第三次奥書」に見える建治二年（一二七六）の識語に、校合に用いた「他本」（左に「花山院」と傍書あり）を所持しており、巻二・巻六の「第二次奥書」に見える文永十年（一二七三）の識語に見える「内大臣在判」が花山院師継であるという（石上英一「『令集解』金沢文庫本の再検討」『史学雑誌』八八編九号、一九七九年、のち、石上『日本古代史料学』、東京大学出版会、一九九七年、所収）。なお、師継については、細谷勘資「『蟬冕翼抄』と花山院師継の儀式観〜花山院家における口伝・教命〜」（『大阪青山短大国文』九号、一九九三年）、註(32)前掲石田「花山院師継の『北山抄』書写とその周辺」参照。また、鎌倉中期までの花山院家については、佐古愛己「平安末期〜鎌倉中期における花山院家の周辺」（『立命館文学』五八九号、二〇〇五年）参照。

(37) 田中卓「解題　延喜式吉田家本　二巻」（『古代史籍續集』〔天理図書館善本叢書　和書之部　第一三巻〕、天理大学出版部、一九七五年）。

(38) 註(18)前掲梅本「三代式撰修に就いての私見」、前掲宮城「延喜式研究史」参照。しかし、兼文の注はごく一部であり、北畠親房による注とする説が現在では有力である。

(39) 小野田光雄「釈日本紀撰述の意図について」（『神道古典研究　会報』一〇号、一九八八年）。

(40) 註(1)前掲書所収虎尾「解題」。

(41) 註(6)前掲吉岡「三条西家旧蔵『延喜式』巻第五十・雑式」参照。

(42) 註(18)前掲虎尾「延喜式の利用と研究の歴史」参照。なお、平安時代の三大儀式書である『西宮記』・『北山抄』・『江次第』に引かれる『延喜式』の引用例を確認するには、野木邦夫編「『西宮記』書名索引」・劔持悦夫編「『北山抄』書名索引」・山本昌治編「『江家次第』書名索引」（ともに、所功先生還暦記念会編・刊『国書・逸文の研究』、二〇〇一年）など参照。

(43) 最近紹介された田中教忠旧蔵『小野宮年中行事裏書』にも『延喜式』が数多く引用されていることが知られる。鹿内浩胤「田中教忠旧蔵『寛平二年三月記』について——新たに発見された『小野宮年中行事裏書』——」、「『小野宮年中行事裏書』（田中教忠旧蔵『寛平二年三月記』）影印・翻刻」（田島公編『禁裏・公家文庫研究』第一輯、思文閣出版、二〇〇三年、のち鹿内『日本古代古典籍史料の研究』、思文閣出版、二〇一一年）。

(44) 西本昌弘「東山御文庫所蔵の二冊本『年中行事』について——伝存していた藤原行成の『新撰年中行事』——」（『史学雑誌』一〇七編二号、一九九八年、のち、西本『日本古代の年中行事と新史料』、吉川弘文館、二〇一二年）。

(45) 京都博物館については、若杉準治「帝国京都博物館の開館」（京都国立博物館編・刊『京都国立博物館百年史』、一九九七年）、参照。京都博物館旧蔵書の全容は、同書所収の鈴木淳編「京都博物館旧蔵和古書目録」参照。また、京都博物館旧蔵の京都国立博物館本『延喜式』は、この他にも、後述するように、仁平二年（一一五二）や「官本」（禁裏本）など注目すべき奥書が見えるにも関わらず、これまで全く紹介されたことはないため、別稿にて紹介する予定である。本書は後述するように伴信友のいう「京極宮御本」であると思われる。なお、同本の調査に当たっては、当時京都国立博物館に勤務しておられた下坂守氏（のち・文化庁、現在、奈良大学教授）や現在勤務しておられる羽田聡氏にお世話をいただいた。記して感謝申し上げる。

(46) 奥書で、「長元二年」の干支（己巳）の位置は、「長元二年」と「四月」との間にあるべきであるが、何らかの転写過程での誤写の可能性が想定される。

(47) 前田育徳会尊経閣文庫編『二中歴』三、〔尊経閣善本影印集成一六〕、八木書店、一九九八年。

(48) 『通憲入道蔵書目録』は『群書類従』巻四五九に収載されるが、引用は宮内庁書陵部所蔵伏見宮家本（鎌倉写）によった。高橋伸幸「大東急記念文庫蔵　通憲入道蔵書目録について（下）——伏見宮家舊蔵本との比較——」（『かがみ』一五号、一九七〇年）参照。なお、『通憲入道蔵書目録』をめぐる解題・研究論文については、神田邦彦「通憲入道蔵書目録」（文人研究会編『藤原通憲資料集』、二松学舎大学二十一世紀COEプログラム、二〇〇五年）に詳しい。

(49)　これに続いて、群書類従本では「合七巻、但當時無。」と翻刻されるため、「合七巻」は上の「延喜式」にかかるように理解されるが、伏見宮家本には「令七巻、但當時無之。」とあることから、「七巻」は「令」(『養老令』)の説明であって、「延喜式」とは関係しないと考えられている。髙橋註(48)前掲「大東急記念文庫蔵　通憲入道蔵書目録について(下)」参照。

(50)　「右京職圖」は文字通り考えると、右京職の(建物)図ということになるが、考えにくいので、右京職が管轄する「右京」の図(九条家本『延喜式』巻四十二所収の「右京図」に相当)であると思われる。また、村井康彦・瀧浪貞子「宮城図の成立と伝来」(財団法人陽明文庫編『陽明叢書　記録文書篇　別輯)宮城図』、思文閣出版、一九九六年)は藤原通憲(信西)が内裏復興に携わったことから、「指図」の中に宮城図が含まれていた可能性を指摘するが、これは所謂『通憲入道蔵書目録』が藤原通憲(信西)の蔵書目録であることを前提とした推測である。なお、後述する『宣胤卿記』永正四年(一五〇七)七月二十一日条によれば、三条西実隆の邸第より「禁裏」に進め置かれたもの中に「右京職差圖一」が見える。『通憲入道蔵書目録』に見える「右京職圖」と同じものか。

(51)　「三八同」は群書類従本のように「三十八巻」かもしれない。

(52)　『通憲入道蔵書目録』に関する最近の研究としては、五味文彦「王権と文庫」(稲葉伸道編『名古屋大学大学院文学研究科シンポジウム今、開かれる文庫《ふみくら》の魅力』、名古屋大学大学院文学研究科、二〇〇五年)、阿部泰郎「院政期文化の特質」(歴史学研究会・日本史研究会編『日本史講座』三巻　中世の形成、東京大学出版会、二〇〇四年)参照。

(53)　賀茂別雷神社三手文庫所蔵『通憲入道書目録』に注記された「此書目ハ信西官庫ヨリ拝借被レ申候ヲ、破滅ノ節、官ヨリ被レ改候て御取戻シノ目書ナルベシ」という識語による(『賀茂別雷神社三手文庫今井似閑書籍奉納目録』、皇学館大学神道研究所、一九八四年)。

(54)　註(3)d前掲田島「典籍の伝来と文庫」の「いわゆる「通憲入道蔵書目録」について」参照。

(55)　福山敏男「平安京とその宮城の指図」(『日本建築史研究　続編』、墨水書房、一九七一年、のち古代学協会・古代学研究所編『平安京提要』、角川書店、一九九四年)。なお、大外記中原師重に関しては、『叡岳要記』上(『群書類従』巻四百三十九)に、

昔傳教大師(最澄)、延暦四年乙丑(七八五)七月中旬、始レ従二三津濱大藏卿三位百枝之家一、攀二登叡岳之高峯一、締二草庵一。(中略)望請、殊蒙二宣旨一、以二本願堂一、爲二御願寺一。萬歳山呼、覆二慈雲於花界一、千年水清、湛二恩波於山門一者、左大臣宣、奉レ勅、依レ請者。寺宜下承知、依レ宣行上レ之。符到奉行。已上、縁起上。

淳和天皇(八二四)天長元年、賜レ額號二本尊院一。此事廣可レ尋二勘之一。不レ呼二院號一恠也。本尊院在二八部尾一。別當大師御房也。

傳教大師父(俗名・三津首廣野)三津首百枝本縁起、大外記中原師重云、「百枝昇進事、日本紀所レ未レ見」云々。(続日本紀カ)

(中略)

源爲憲撰三寶繪草案中在レ之。又尊敬記同レ之。

私云、「大外記中原師重云、『百枝二読也。一ニハ百枝《モ、キ》。一ニハ百枝《モ、エ》。然者不レ可レ讀レ枝《エダ》』」云々。建保六年夏、聞レ之。

とあるように、師重は傳教大師最澄(俗名。三津首廣野)の父である三津首百枝について書かれた「(三津首百枝)本縁起」に見える百枝の昇進について、「日本紀」(『続日本紀』カ)の記載があるか否かを調べ、更に源為憲撰『三宝絵』草案中の三津百枝の「百枝」の読みに関して建保六年(一二一八)頃、勘申している。

(56)　野本邦夫「神奈川県立金沢文庫保管『伊勢諸別宮』翻刻」(『史料』一五八号、皇學館大学史料編纂所、一九九八年)。

(57)　神道大系編纂会編、田中卓・西川順士校注『神道大系』論説編五伊勢神道　上、一九八三年。

(58)　田中稔「京図について――九条家本延喜式巻第四十二所収を中心として――」(田山方南先生華甲記念編・刊『田山方南先生華甲記念論文集』、一九六三年、のち田中『中世史料論考』、吉川弘文館、一九九三年)。

(59) 桃裕行「延喜式附圖に就て」(『歴史地理』七五巻二号、一九四〇年、のち『桃裕行著作集』五　古記録の研究〔下〕、思文閣出版、一九八九年)。

(60) 註(59)前掲桃「延喜式附圖に就て」参照。

(61) 北野天満宮史料刊行会編『北野天満宮史料』古記録、北野天満宮、一九八〇年。

(62) この後の部分に、「甲乙人等姧詐申状、頗非㆓御沙汰之限㆒哉。(甲乙人等状)同状云、『口七丈之由、可㆑被㆑尋㆓下官底㆒』云々。此條破㆓延喜式㆒、何御代被㆑定哉。有㆓所見㆒者、不日可㆓指申㆒者也」とあり、詳細は不明だが、「破㆓延喜式㆒」とは『延喜式』の規定を守らないという意味であることから、『延喜式』を所持していないとそれが確認できないので、北野社に『延喜式』があった可能性を示唆する。なお、延慶三年(一三一〇)九月二十日付「社家陳状案」に対して、同年十一月四日付で「紅梅殿敷地間事、延喜以來、口七丈・奥廿丈外、非㆓彼敷地㆒之由、在地人等不㆑帯㆓證文㆒之上者、且停㆓止甲乙人之濫訴㆒、且任㆓先度　勅裁㆒、社家致㆓管領㆒、可㆑全㆓本末兩社神事㆒之旨、可㆘令㆓下知㆒給㆖之由、院御氣色所㆑候也」という内容の院宣(「勅裁　院宣」)が下されている。

(63) この記事は「紅梅殿猶可㆑被㆑尋㆓究子細㆒候。帯㆓文書㆒、忩可㆑參㆓決文殿㆒之由、可㆘令㆑下㆓知北野宮寺㆒給㆖之旨、所㆑被㆓仰下㆒也」という内容の応長元年(一三一一)七月七日の「院宣」によって、「文書」を持参して出頭を求められた、八月二十三日の院文殿での参決(庭中対決)の模様を「院宣」の写しに続けて書き込まれた記録(註記)である。

(64) 註(50)前掲村井・瀧浪「宮城図の成立と伝来」参照。

(65) 宮内庁書陵部編・刊『図書寮叢刊　九条家文書』五巻、一五〇三号文書。

(66) 京都大学文学部国史研究室編・刊『(京都大学国史研究室所蔵)一乗院文書(抄)』、一九八一年。

(67) 註(55)前掲福山「平安京とその宮城の指図」。

(68) 註(55)前掲福山「平安京とその宮城の指図」。陽明文庫所蔵『宮城図』(「近衛家記録十五函文書」)は、既に影印本が陽明文庫編、村井康彦・瀧浪貞子解説『宮城図』陽明叢書、記録文書篇　別輯　思文閣出版、一九九六年により二色刷で刊行されているが、朱色が落ちている部分があり、注意を要する。二〇〇七年度～二〇一一年度科学研究費補助金(学術創成研究費)「目録学の構築と古典学の再生」により、高精細デジタル撮影を行い、二〇一四年三月より、東京大学史料編纂所閲覧室にて、他の「近衛家記録十五函文書」と共に公開が開始された。

(69) 鈴木悦道他「三河国吉良荘」(吉良町史編纂委員会編・刊『吉良町史』原始・古代・中世前期、一九九六年)、谷口雄太『中世吉良氏の研究』、東京大学大学院人文社会系研究科修士学位論文、二〇〇九年(東京大学史料編纂所架蔵)、松島周一「室町初期の吉良氏――貞義から満貞へ――」(『愛知県史研究』一八号、二〇一四年)。

(70) 註(69)前掲鈴木悦道他「三河国吉良荘」。

(71) 青山善太郎編輯『西尾町史』上巻、西尾町、一九三三年。『西尾市史』古代・中世・近世　上　西尾市、一九七四年。註(69)前掲鈴木悦道他「三河国吉良荘」。松井直樹「丸山御所の時代――吉良氏と実相寺――」(田島公編『史料から読み解く三河　【西尾市岩瀬文庫特別連続講座】』、笠間書院、二〇一二年)。

(72) 「高山寺古文書　解説」(高山寺典籍文書綜合調査團編『高山寺古文書』〈高山寺資料叢書第四冊〉東京大学出版会、一九七五年)。

(73) 以上、『大日本史料』八編之二　応仁二年八月十三日条及び小野則秋『日本文庫史研究』上(大雅堂、一九四五年)。

(74) 芳賀幸四郎「公家社会の教養と世界観――室町中期における古典主義運動の展開――」のうち「第一章　公家の教養と和書　六　有職故実書・日記」(同『東山文化の研究』、河出書房、一九四五年、のち『芳賀幸四郎歴史論集』一・二　東山文化の研究　上・下、思文閣出版、一九八一年)。

(75) 註(18)前掲佐伯有義他「延喜式解説」、註(1)前掲㢋尾解題参照。

(76) 註(2)前掲田島「土御門本『延喜式』覚書」参照。

(77) 岩橋小弥太「吉田兼熙及び兼敦の日記を読みて」(『國學院雑誌』六〇巻七号、一九五九年、のち「吉田家日次記」と改題して、岩橋『神道史叢説』、吉川弘文館、一九七一年、所収)。

(78) 西田長男「卜部兼永本古事記解題」(『卜部兼永本　古事記』、一九八一年、勉誠社)。

(79) 岸本眞実「『兼見卿記』(八)　文禄五年自七月至十二月」(『ビブリア』一二六号、二〇〇六年)。

(80) 註(18)参照。

(81) 皇典講究所本『延喜式』の解説(註(18)参照)をもとに奥書を移録し、同本の巻十の識語に見える「右本奥書」の表記との文字の違いを「イ」とした。

(82) 請求番号　三二八・六/イ三五。天理図書館編『天理図書館稀書目録』和漢書之部　第三(天理図書館叢書)第二十五輯、天理大学出版部、一九六〇年、一九四頁。田島公「古代の官撰史書・儀式書の写本作成――「壬戌歳戸籍」の紙背利用を通して――」(本書所収)。

(83) 註(82)前掲田島「古代の官撰史書・儀式書の写本作成」参照。

(84) 註(82)前掲田島「古代の官撰史書・儀式書の写本作成」参照。

(85) 「和名考異」及び『延喜式』巻三十七　典薬寮に関する、九条家本と近世前期の写本間との違いについては、別の機会に検討したい。

(86) 註(2)前掲田島「土御門本『延喜式』覚書」参照。

(87) 土田直鎮「公卿補任の成立」(『国史学』六五号、一九五五年)、「中右記部類紙背の公卿補任」(『新訂増補　国史大系月報』一一、吉川弘文館、一九六四年)、共にのち土田『奈良平安時代史研究』、吉川弘文館、一九九二年、所収。斎木一馬「公卿補任雑感――「歴運記」および「公卿伝」のことなど――」(『新訂増補　国史大系月報』二六、一九六五年、のち『斎木一馬著作集』二　古記録の研究(下)、吉川弘文館、一九八九年)。

(88) 黒板昌夫「校合くりごと集　その三――歴運記対面記――」(『新訂増補　国史大系月報』一八、一九六五年)。

(89) 国立歴史民俗博物館所蔵広橋家本。請求番号　九一六。吉岡眞之氏のご教示による。

(90) この蔵書目録に関しては、福田秀一「大東急記念文庫蔵『禁裡御蔵書目録』について」(『かがみ』六号、一九六一年、のち福田『中世和歌史の研究』岩波出版サービスセンター、二〇〇七年)参照。影印本は大東急記念文庫善本叢刊第一一　近世篇二『書目集』一、汲古書院、一九七七年。

(91) 別稿にて、京都国立博物館所蔵京都博物館旧蔵『延喜式』の紹介と併せて述べる予定。

(92) 註(2)前掲田島「土御門本『延喜式』覚書」参照。

(93) 註(5)前掲鹿内b「九条家本『延喜式』小考」参照。

(94) 宮内庁書陵部所蔵『九条家記録文書目録』一巻(函号　九―二七一)。

(95) 西田長男「九条家旧蔵冊子本『延喜斎宮式』解題」(『九条家旧蔵冊子本『延喜式』』、國學院大學神道史学会、一九七八年)。

(96) 吉岡眞之・西本昌弘両氏のご教示による。なお、註(5)b前掲鹿内「九条家本『延喜式』小考」にも引用。

(97) 註(2)参照。

(98) 註(2)前掲田島「土御門本『延喜式』覚書」及び註(4)前掲虎尾「延喜式写本についての覚書」参照。

(99) 尾上陽介氏のご教示による。なお、翻刻として武井和人「一条家の蔵書――二つの蔵書目録から――」上・中之上・中之下(『研究と資料』三二輯・三三輯・三四輯、一九九四年・一九九五年、のち『中世古典学の書誌学的研究』、勉誠出版、二〇〇〇年)がある。

(100) 註(3)前掲田島a「禁裏文庫の変遷と東山御文庫の蔵書」の表2―1参照。

(101) 京都大学附属図書館寄託菊亭文庫本『禁裏御記録目録』一冊、東山御文庫所蔵『御文庫記録目録』四冊(勅封　五九―三―一～三)・『書籍御目録』一冊(勅封　一〇四―三―一〇)・『記録御目録』一冊

（勅封　一〇四―三―一―一）・『禁裡御蔵書目録』一冊（勅封　一七四―二―二五）・『日次記以下御目録』一冊（勅封　一八二―九―一二）など。これらの目録の成立年代や正確に関しては、註(3)前掲田島a・b・c論文参照。なお、『禁裡御蔵書目録』一冊（勅封　一七四―二―二五）と『日次記以下御目録』一冊（勅封　一八二―九―一二）は連れの目録である可能性が高いと思われる。小倉慈司氏のご教示による。

(102)　高田義人氏のご教示による。釈文は本田慧子氏のご教示による。

(103)　高田義人氏・新井重行氏のご教示による。釈文は松澤克行氏のご教示による。宮内庁書陵部図書寮文庫所蔵『葉室頼重記』（葉―一一〇九）元禄七月～十月の冊より引用。

(104)　註(96)参照。

(105)　早川万年「館蔵資料紹介No.4　度会（千萱）義利書入れ本『延喜式』について」（『(岐阜大学附属図書館報) 寸胴』一三号、一九九四年）。

(106)　岩本徳一校注『延喜式神名帳註釈』（神道大系　古典註釈編七）財団法人神道大系編纂会、一九八六年。鹿内浩胤氏のご教示による。

(107)　註(2)前掲田島「土御門本『延喜式』覚書」参照。

(108)　註(2)前掲田島「土御門本『延喜式』覚書」参照。本田慧子氏のご教示による。

(109)　宮内庁書陵部編『図書寮典籍解題』続歴史篇、養徳社、一九五一年。なお、壬生家本『延喜式』の史料紹介に相曽貴志「壬生本延喜式について」（『延喜式研究』一〇号、一九九五年）がある。

(110)　鹿内浩胤「『弘仁格式』と勘解由使」（『ヒストリア』一四七号、一九九五年、のち註(5)前掲鹿内『日本古代古典籍史料の研究』所収）、註(109)前掲相曽「壬生本延喜式について」参照。

(111)　小野則秋「左大史小槻宿禰家と官務文庫――とくに『晴富宿禰記』の考証を中心として――」（『仏教大学人文学論集』五輯、一九七一年、のち、古稀記念小野則秋先生論集刊行会篇・刊『古稀記念　小野則秋図書館学論集』、一九七八年）。

(112)　『大日本史料』十二編之十五　慶長十九年十月二十四日条所引。

(113)　近藤正齋「右文故事」巻之四「御本日記續録」の「駿府御文庫本」（『近藤正齋全集』、国書刊行会、一九〇六年）。

(114)　『言緒卿記』慶長十九年（一六一四）十月二十七日条では「御所之御本不足也」とあり、文字通り解釈すれば、天皇または院の「御所」の本、即ち禁裏文庫所蔵の『延喜式』の不足巻が二十三・二十四巻であると解釈されるが、目録の性格から言って、「御所」は「御前」の誤記と考えるか、或いはそのままで家康の居所を指すと理解し、『本光国師日記』の「御前」と同じ意味と解釈した方が無難であろう。

(115)　註(1)前掲帍尾「解題」は、巻十三・二十四の二巻は当初から欠けていたと思われると指摘されている。

(116)　『延喜式』巻十三の写本は少なく、近世前期では、九条家本を除けば、東京大学総合博物館所蔵の尾張藩旧蔵本一冊のみである。和田萬吉「日本の書目について（第八回全國圖書館大會書目研究會に於て講演）」（『図書館雑誌』一九号、一九一四年）によれば、

（前略）又或時「延喜式」の零本（巻十三）で鎌倉時代の寫本と稱する者を手に入れた。是は零本ではあるけれど、江戸時代の初慶安元年に林道春が「延喜式」を校刊した時に原本として用ゐたものと云ふ履歴つきの佳本で、其事は巻末河村秀頴の自筆跋語に記してある。處で此本は久しく尾州家に在つたものであるのに、如何して今頃ふら〳〵と世間に出たのかと思つて、試に机邊に在る尾州家の文庫目録を披いて見ると、明かに此本が載つて居る。「源敬様御書物」と朱書して「延喜式十三の巻は九條家の秘書にして凾外に物洩れざる書なりとそ而るに御家に現存寔に稀世の御書なり」と記し欄外に㊁拂の印が押してある。」そこで此貴重すべき本は同藩で拂下をされた書物の中に這入つて居たものだと云ふことが慥になつて、此本の價値も一段明瞭になったのである。（後略）

と記されており、尾張本『延喜式』巻十三が東京大学総合博物館所蔵になった経緯が知られる。

(117) 宮内省編『天皇皇族實録　霊元天皇實録』、ゆまに書房、二〇〇五年。

(118) 註(2)前掲田島「土御門本『延喜式』覚書」参照。

(119) 詳細は別稿で述べたいが、近世前期の写本としては、本稿三「江戸前期における『延喜式』の書写と伝来」の2の(4)で京極宮本ではないかとした京都国立博物館所蔵京都博物館本が、今後も最も比較検討すべき善本ではないかと思われるので、今後の研究が俟たれる。

藤原行成筆「陣定定文案」の書誌・伝来

恵美　千鶴子

はじめに

平成二十五年（二〇一三）の夏に、東京国立博物館において特別展「和様の書」が開催された(1)。平安時代中期に和様の書の成立に貢献した「三跡」の小野道風・藤原佐理・藤原行成の書を中心に、装飾経、「高野切本古今和歌集」ほか平安時代の名筆、書流の書から江戸時代の和様の書までを紹介するものである。本稿で取り上げる藤原行成筆「陣定定文案」(2)（図版1／後出）は、その特別展「和様の書」で、初めて展示され公開された。

「陣定定文案」は、江戸時代の写本が平松家に伝わり（京都大学総合博物館平松家文書）、東京大学史料編纂所には昭和七年（一九三二）に写した平松家文書の影写本がある（請求番号三〇七一・六八－一四）。その写本をもとに、『大日本史料』（第二編之五、東京大学史料編纂所、昭和四十四年［一九六九］）で本文が翻刻された。「陣定定文案」の原本は現在、個人蔵で、『書道全集』（第一二巻、下中弥三郎編、平凡社、昭和二十九年［一九五四］）や、『日本書道大系』（三、講談社、昭和四十六年［一九七一］）、『日本の美術一二二　三蹟』（田村悦子編、至文堂、昭和五十一年［一九七六］）などで図版が掲載されているが、公開はされていなかった。筆者は、特別展「和様の書」を担当し、原本調査の機会を得たので、「陣定定文案」の書誌と伝来をまとめておきたい。

一　書誌、筆者の確認と釈文

「陣定定文案」（一巻）の法量は、見返しが縦三二・六×横二三・三、褾紙縦三二・五×横一五・一、第一紙縦三二・三×横四八・五、第二紙縦三二・四×横三六・九、第三紙縦三二・五×横四七・九、第四紙縦三二・五×横四八・九、第五紙縦三二・四×横四八・八、第六紙縦三二・四×横四八・〇。本紙全長二七九・〇である。「陣定定文案」が納められている箱は、黒漆塗で、金泥で藤と蝶の文様が描かれている。蓋表の中央に貼付された白い紙に「定文草案」と墨書がある。

表紙には、蜀江錦に見られる八角形と四角形を組み合わせた枠の中に花と蝶の文様を織り込んだ裂地を使用しており、後で述べるが、藤原行成筆「白氏詩巻」（国宝、東京国立博物館蔵）の表紙と同種の裂で

図版1　藤原俊成の書の比較

【陣定定文案より】

【他の作品より】

『古来風躰抄』（冷泉家時雨亭叢書、朝日新聞社、1992年より転載）

重要文化財　書状（京都国立博物館蔵）より

ある。[3] 見返しには金銀の切箔を全面に撒いており、標紙と本紙は素紙。標紙にある「拾遺納言定文草案」は後筆で、藤原俊成（一一一四～一二〇四）の書に似ているとの意見がある。[4] 藤原俊成については、「藤原俊成筆消息八月十三日左少将宛」（重要文化財、京都国立博物館蔵）ほか、自筆と認められる書が残されており、勢いがあるのびやかな筆線は、藤原俊成独特の書風である。「拾遺納言定文草案」の書は、その独特の書風を彷彿とさせるが、藤原俊成自筆の書と比較すると（図版1）、たとえば、『古来風躰抄』（京都・冷泉家蔵）に見える「言」という文字のくずし方が異なっている。くずし方は同じ人でも変化をつける場合はあるが、いずれにしても「拾遺納言定文草案」の七文字だけで藤原俊成の自筆と言えるかどうか、断言はしがたい。

本紙には、寛弘元年（一〇〇四）閏九月五日と、寛弘二年（一〇〇五）四月十四日の二回の陣定（近衛陣での公卿の会議）の定文（議事録）が書写されている。第一・二紙は寛弘元年分で、第三紙から六紙は寛弘二年分である。全体を通して筆致を見ると、筆の勢いや字形に変化は見られないため、寛弘元年分と寛弘二年分の定文を同時に写したことが推測される。

ところで、「陣定定文案」は、藤原行成筆として特別展「和様の書」で展示したが、前述の『書道全集』では、「伝藤原行成筆」としていた。藤原行成（九七二～一〇二七）は平安時代中期の公卿で、一条天皇や藤原道長（九六六～一〇二七）に信任された人物。能書としても活躍し、平安時代中期の三人の能書「三跡」の一人として称えられる。空海ほか平安時代初期の「三筆」の時期には、中国から入ってきた王羲之などの書の影響が強かったのに対して、「三跡」の時代には次第に日本独特の柔らかい書風である和様の書が用いられ始める。その和様の書は藤原行成の時期に完成された。藤原行成の子孫は代々能書で宮廷の書役をつとめていたため、のちにその一系は、行成の建立した寺の名称から世尊寺家と呼ばれ、世尊寺流は一大書流となった。

「陣定定文案」の書が藤原行成筆かどうかを確認するため、藤原行成の真跡（自筆、直筆）との比較を試みた（図版2）。「物」については、「陣定定文案」のうち習書と思われる「物」（物-3）を除いて、「後嵯峨院本白氏詩巻」（藤原行成筆、国宝、大阪・正木美術館蔵）の「物」と形が似ていた。行成の書は筆管が少し右に傾くのが特徴である。その筆を傾けることで少し太くなった線については、たとえば六画目はそっくりである。「書」や「重」の横画の間隔や全体的なバランスも酷似している。「無」の場合、「白氏詩巻」（無-2）と、「後嵯峨院本白氏詩巻」（無-3）の両者は、筆の傾きに違いが少し見られる。これは、「白氏詩巻」の方が文字も大きく、筆管の傾きが自由に展開しているためであろう。くずして書かれた「朝臣」（朝臣-2）は、「敦康親王初観関係文書」（宮内庁三の丸尚蔵館蔵）の「朝臣」と、偏

図版２　陣定定文案と、
藤原行成の書の比較

注：「陣定定文案」の画像ほかに付けたカッコ内の数字は、すべて紙数
「後」は「後嵯峨院本白氏詩巻」（正木美術館開館40周年記念展『禅・茶・花』展覧会図録、2005年より転載）
「白」は「白氏詩巻」（東京国立博物館蔵）
「敦」は「敦康親王初観関係文書」（宮内庁三の丸尚蔵館蔵、『和様の書』展覧会図録、東京国立博物館、2013年より転載）

と旁の空間の取り方が同じである。旁の「月」の結構や一画目の筆致は、合致している。そして、行成の「行」であるが、「白氏詩巻」にしても「後嵯峨院本白氏詩巻」にしても、最終画が少し右にずれている。「陣定定文案」の中の「行」も、同様のものがあった（行-1）。

「白氏詩巻」や「後嵯峨院本白氏詩巻」は、平安貴族の間で流行した『白氏文集』から選び出した漢詩を、おそらく揮毫の依頼をされた上で書写した「手本」（鑑賞用の手本を「調度手本」と呼ぶ）である。平安時代の貴族は、この「手本」を贈り物にすることが慣わしであった。『小右記』（長保元年［九九九］八月二十五日条ほか）や、『御堂関白記』（寛仁二年［一〇一八］十一月九日条）、『中右記』（康和四年［一一〇二］三月二十日条ほか）などに、贈答用の「手本」の記事は頻出する。これらの「手本」に書写された内容は、ほとんどの場合は詩歌であった。[5]

その「手本」として揮毫された「白氏詩巻」「後嵯峨院本白氏詩巻」は、各々の字をしっかりと書き、全体的に調和がとれた美麗な仕上がりとなっている。対して、「陣定定文案」は、「記録」を資料として書写したものである。中には丁寧に書かれた文字も見受けられるが、草卒に書写したため、「白氏詩巻」などとたやすく比較しがたい面もあっただろう。しかし、ひとつひとつの文字を比較すると、藤原行成の真跡であると言える。

「陣定定文案」の釈文は次の通りである。

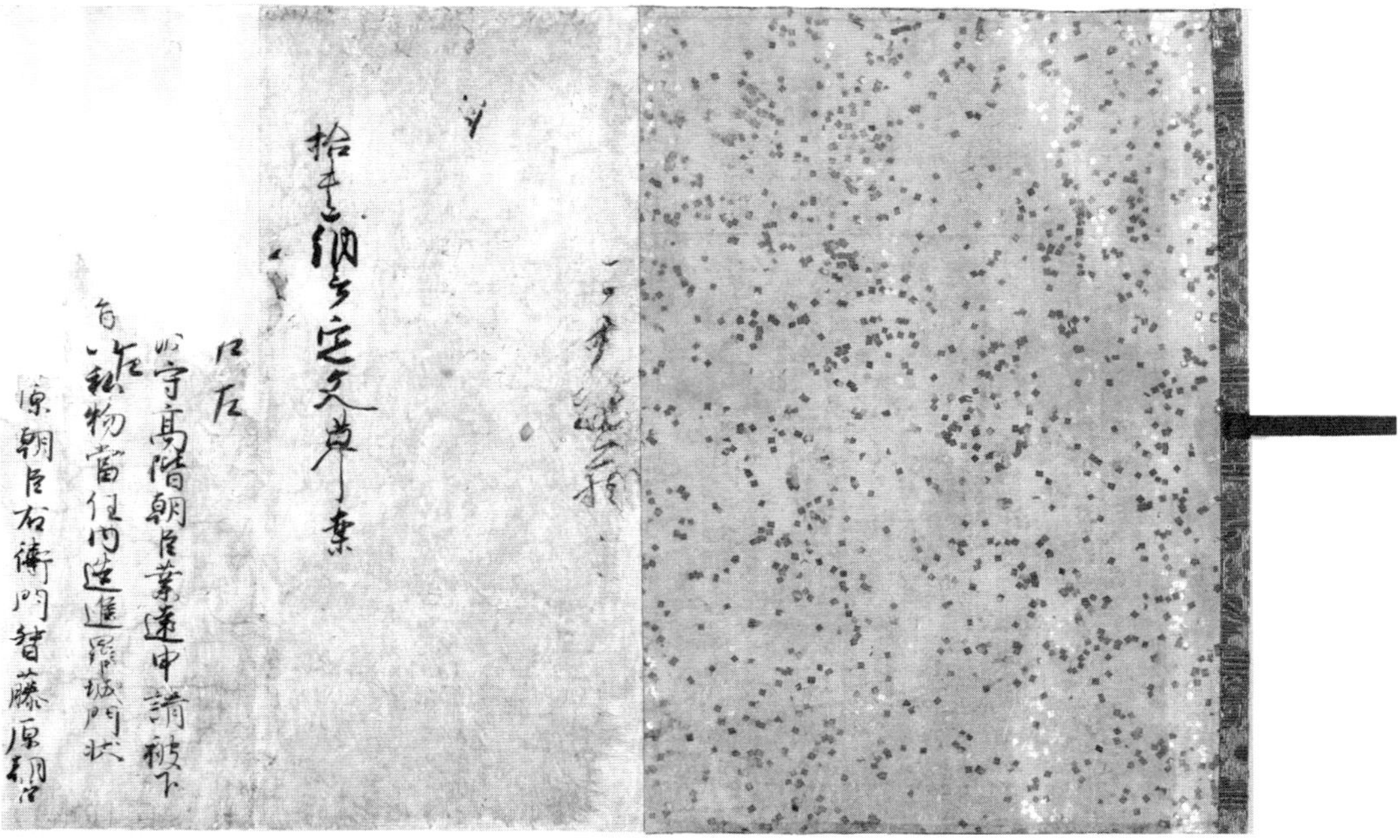

（紙継ぎ）

■陣定定文案　釈文

＊凡例　墨痕が残っておらず、字を推測した場合は、傍注カッコ内に「カ」を記した。墨痕が残っており字がおおよそ判明する場合は、その字のみカッコに入れた。また、なるべく原文のままの漢字を用いいた。

【表】

□□□蔵　　（標紙、すべて後筆カ）

シ

拾遺納言定文草案
（裏花押）

……………………（紙継ぎ）

「□〔左〕　左」（習書カ）　（第一紙オ）

〔　〕〔　〕〔丹カ〕□〔波〕守高階朝臣業遠申請、被レ下

〔　〕〔　〕旨、以ニ「左」（習書カ）私物一、當任内、造ニ進羅城門一状、

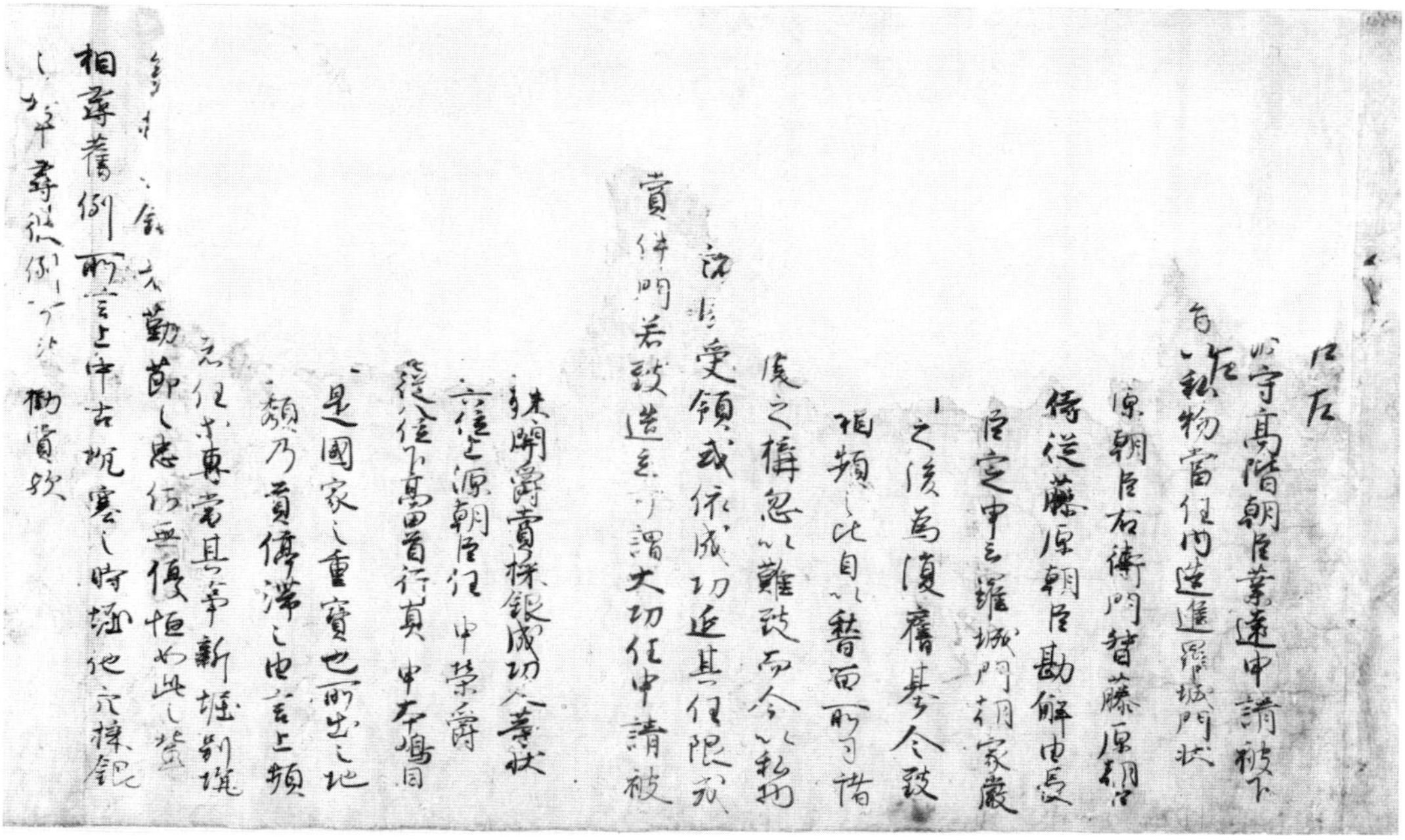

（紙継ぎ）　（紙継ぎ）

［　　　］□(藤カ)原朝臣(公任カ)・右衛門督(権中納言)藤原朝臣(斉信)・
［　　　］侍従(権中納言)藤原朝臣(隆家)・勘解由長(参議)(藤原有国)
(官カ)［　　　］□(朝カ)臣定申云、羅城門、朝家厳
［　　　］□之後、為レ復二舊基一、令レ致
［　　　］相頻之比、自レ以二稽留一、所司諸
［　　　］□(復)之構、忽以難レ致。而今以二私物一
［　　　］□、諸□(國)受領、或依二成功一、延二其任限一、或
□　□　賞、件門若致二造立一、可レ謂二大功一。任二申請一、被
［　　　］
［　　　］殊關爵二賞、採銀成功人等一状
［　　　］□(従カ)六位上源朝臣任　申二榮爵一
［　　　］□(由カ)、従八位下高田首行真　申二本嶋目一(対馬カ)
［　　　］□、是國家之重寶也。所レ出之地、
［　　　］□頽、乃貢停滞之由言上、頻
［　　　］者任等、専二當其事一、新堀(掘)二別坑一、
□(多カ)□□(採カ)□□(銀者カ)、勤節之忠、何無二優恤一。如レ此之輩、
相二尋舊例一、所二言上一、中古坑塞之時、堀二他穴一採銀

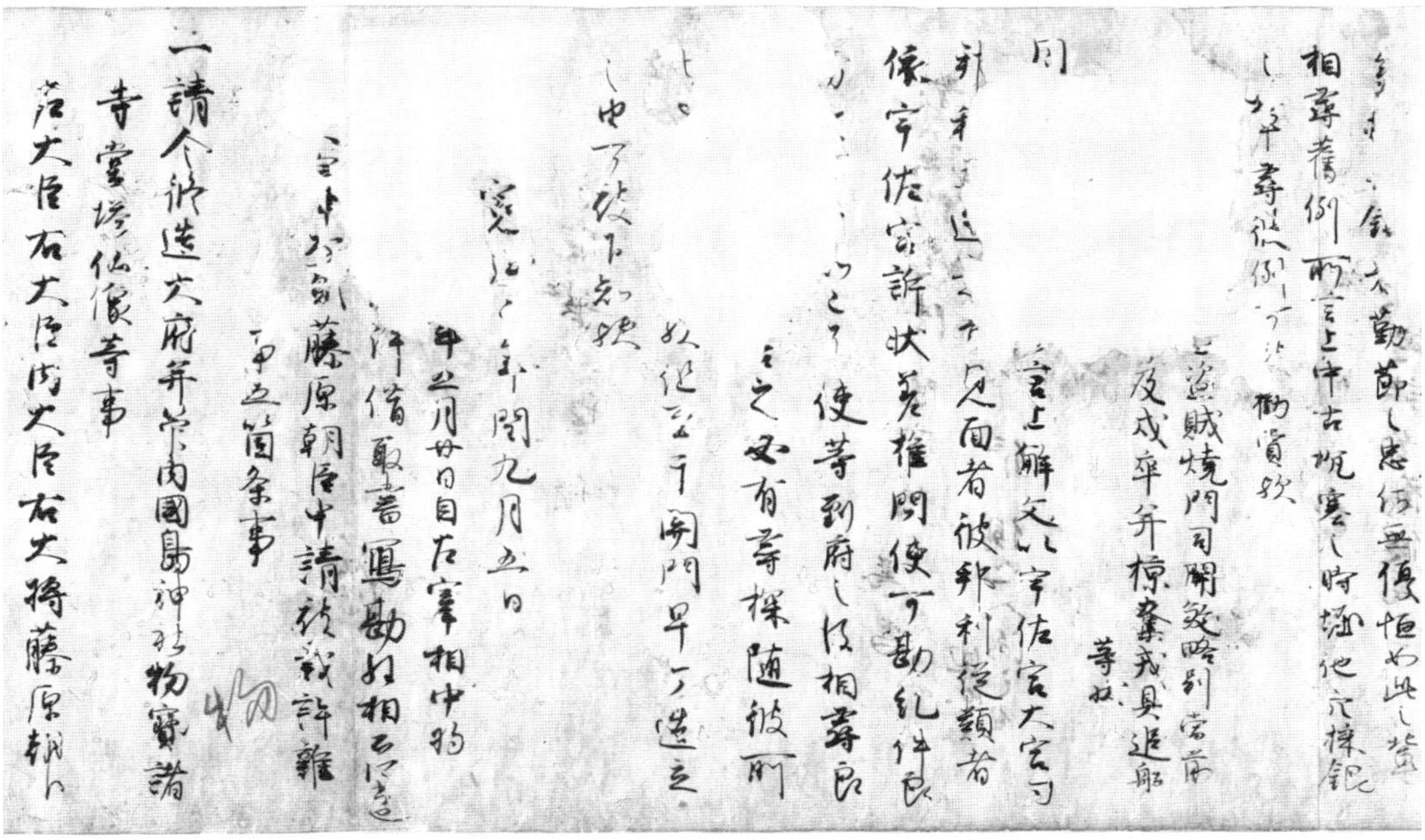

（紙継ぎ）　（紙継ぎ）

（紙継ぎ）
（第二紙オ）

之□〔輩〕、尋二彼例一、可レ□〔被カ〕二勧賞一歟。
［　　　］□盗賊、焼二門司関一、殺三略別當前
［　　　］□二及戍卒一、并掠三奪戎具一、追レ舩
等状
同□□□□□言上解文、以二宇佐宮大宮司一
邦□〔大神〕〔利カ〕□〔欤カ〕□〔造立カ〕□□〔旨カ〕見面者、彼邦〔大神〕利従類者、
依二宇佐宮訴状一、差二推問使一、可レ勘三糺件良
□〔方〕一□□□〔以カ〕□已了、使等到レ府之後、相三尋良
［　　　］〔方カ〕［　　　］□〔召カ〕レ之、必有二尋探一、随二彼所一
［　　　］［　　　］歟。但至二于関門〔門司〕一、早可二造立一
之由、可レ被二下知一歟。
寛弘□〔元カ〕年閏九月五日
□年五月廿日、自二左宰相中将〔参議左近衞中将　源経房〕
□〔御カ〕許一借取二書寫。勘解相公〔藤原有国〕卿書也、

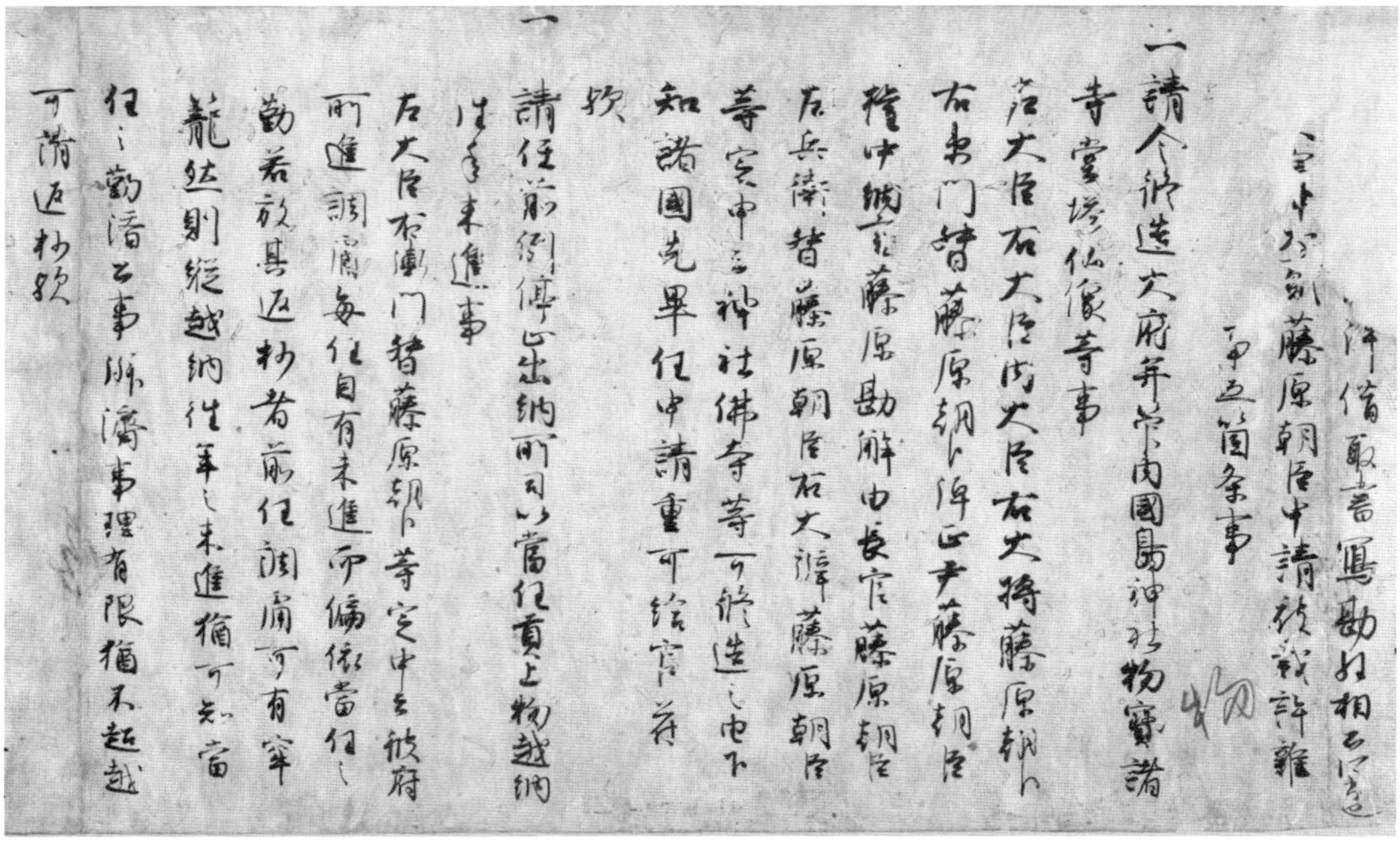

（紙継ぎ）　　（紙継ぎ）

……………………………………（紙継ぎ）

（第三紙オ）

□（大カ）□□□（宰大貳）藤原朝臣（高遠）申三請被ニ裁許一雑

事五箇条事　　「物」（習書カ）

一、請レ令ニ修造一、大府弁管内國島神社物レ寶・諸

寺堂塔・仏像等事

左大臣（藤原道長）・右大臣（同顕光）・内大臣（同公季）・右大将（権大納言）藤原朝臣（実資）・

右衛門督（権中納言）藤原朝臣（斉信）・弾正尹（中納言）藤原朝臣（時光）・

権中納言藤原（隆家）（朝臣脱）・勘解由長官（参議）藤原朝臣（有国）・

左兵衛督藤原朝臣（懐平）・右大辨藤原朝臣（行成）

等定申云、神社・佛寺等可ニ修造一之由、下三

知諸國一先畢。任ニ申請一、重可レ給ニ官符一

歟。

一、請レ任ニ前例一、停下止出納所司以ニ當任貢上物一越三納

往年未進上事

左大臣（藤原道長）・右衛門督（権中納言）藤原朝臣（斉信）等定申云、彼府

所レ進調庸、毎レ任自有ニ未進一。而偏依ニ當任之

勤一、若放ニ其返抄一者、前任調庸、可レ有ニ窂

籠一。然則縦越三納往年之未進一、猶可レ知ニ當

任之勤済一。公事辨濟、事理有レ限、猶不ニ超越一、

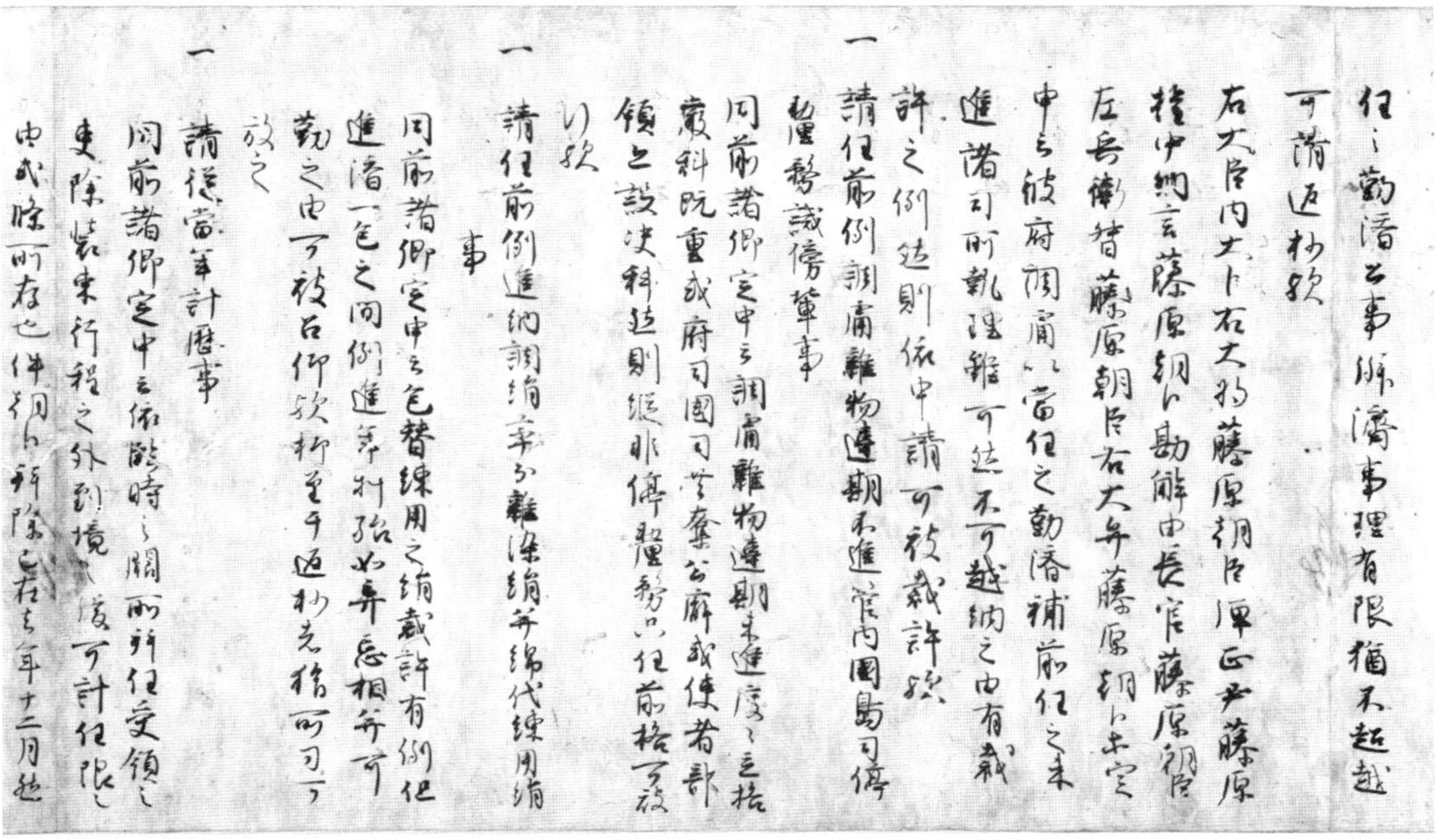

（紙継ぎ）

（紙継ぎ）

……………………（紙継ぎ）
（第四紙オ）

可レ請二返抄一歟。
右大臣(同顕光)・内大臣(同公季)・右大将(権大納言)(実資)藤原朝臣・弾正尹(中納言)(時光)藤原(朝臣脱カ)・
権中納言藤原朝臣(隆家)・勘解由長官(参議)(有国)藤原朝臣・
左兵衛督藤原朝臣(懐平)・右大弁藤原朝臣(行成)等定
申云、彼府調庸、以二當任之勤済一、補二前任之未
進一、諸司所レ執。理雖レ可レ然、不レ可二越納一之由、有二裁
許之例一。然則依二申請一、可レ被二裁許一歟。

一、請レ任二前例一、調庸雜物、違レ期不(未カ)レ進、管内國・島司停二
釐務一、誡二傍輩一事
同前諸御定申云、調庸雜物、違期未レ進、度々立レ挌(格)、
嚴科既重。或府司・國司、共奪二公廨一、或使者・部
領、之(令カ)設二決科一。然則、縦非レ停二釐務一、只任二前挌(格)一、可レ被レ
行歟。

一、請レ任二前例一、進二納調絹・率分雜染絹幷綿代練用絹一
事
同レ前諸御定申云、色替(代)練用之絹、裁許有レ例。但
進二済一色一之間、例進年料、殆如二弃(必カ)忘一、相幷可レ
勤之由、可レ被二召仰一歟。抑至二于返抄者一、猶所司可レ
放レ之。

一、請レ從二當年計歴一事
同前諸御定申云、依二臨時之闕一、所レ拜二任受領一之
吏、除二装束・行程一之外、到レ境之後、可レ計二任限一之

(紙継ぎ)

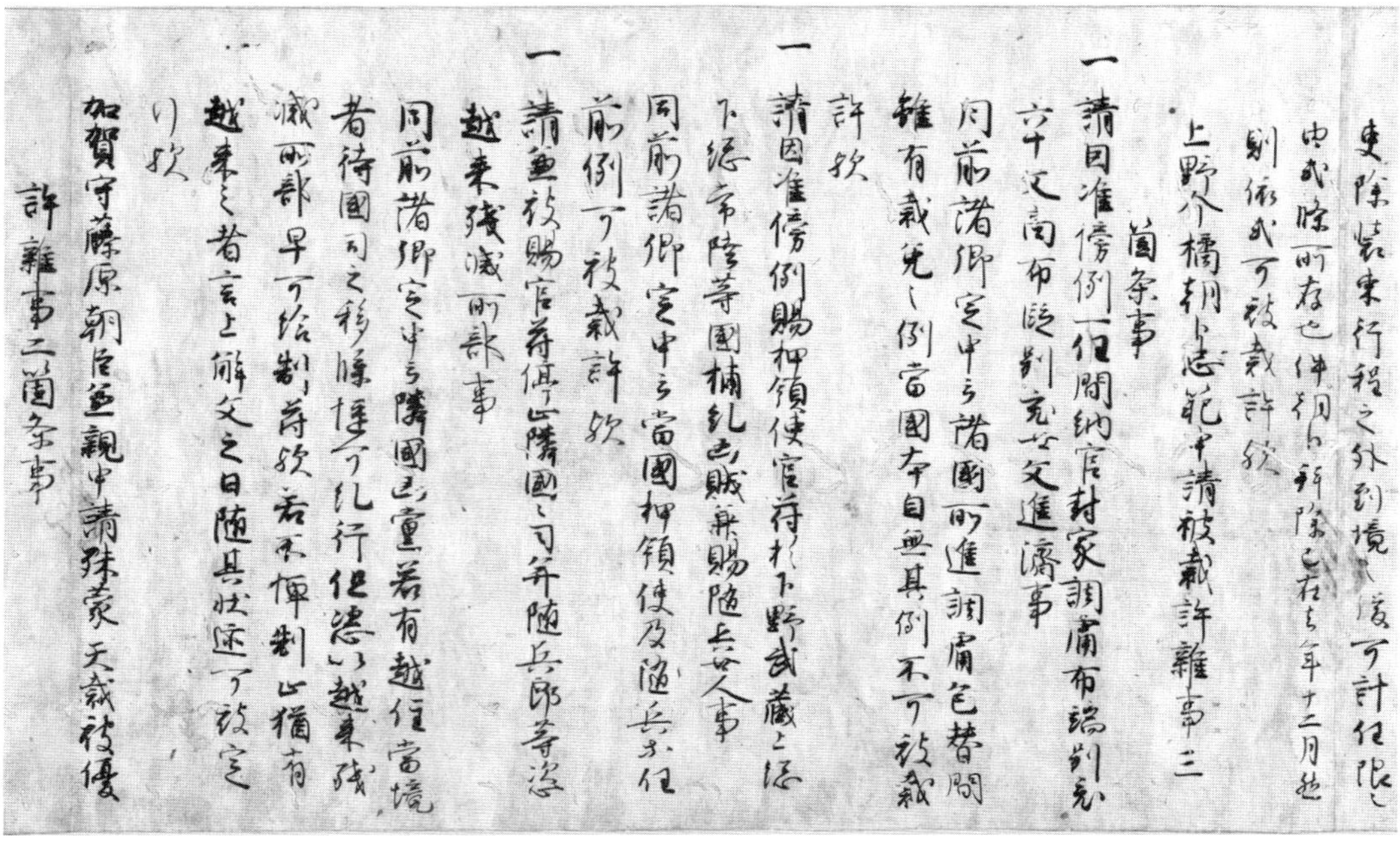

(紙継ぎ)

……………………（紙継ぎ）

（第五紙オ）

由、式條所レ存也。件朝臣、拜除、已在、去年十二月。然
則、依レ式可レ被二裁許一歟。

上野介橘朝臣忠範申三請被二裁許一雜事三
箇条事

一、請レ因三准傍例一、一任間納二官封家調庸布端別充
六十文・商布段別充廿文一進濟事

同前諸御定申云、諸國所レ進調庸色替間、
雖レ有二裁免之例一、當國(上野国)本レ自無二其例一。不レ可レ被二裁
許一歟。

一、請レ因三准傍例一、賜二押領使官符一、於二下野・武蔵・上総・
下総・常陸等國一、捕三糺凶賊一、兼賜二随兵廿人一事

同前諸御定申云、当國押領使及随兵等、任二
前例一可レ被二裁許一歟。

一、請下兼被中賜二官符一停止上、隣國々司并随兵・郎等、恣
越来殘三滅所部一事

同前諸御定申云、隣國凶黨、若有レ越三住當境一
者、待二國司之移牒一、慥可二糺行一。但恣以三越来殘三
滅所部一、早可レ給二制符一歟。若不レ憚二制止一、猶有二
越来之者一、言三上解文一之日、随二其状一迹、可レ被二定
行一歟。

加賀守藤原朝臣兼親申下請殊蒙二天裁一被中優一

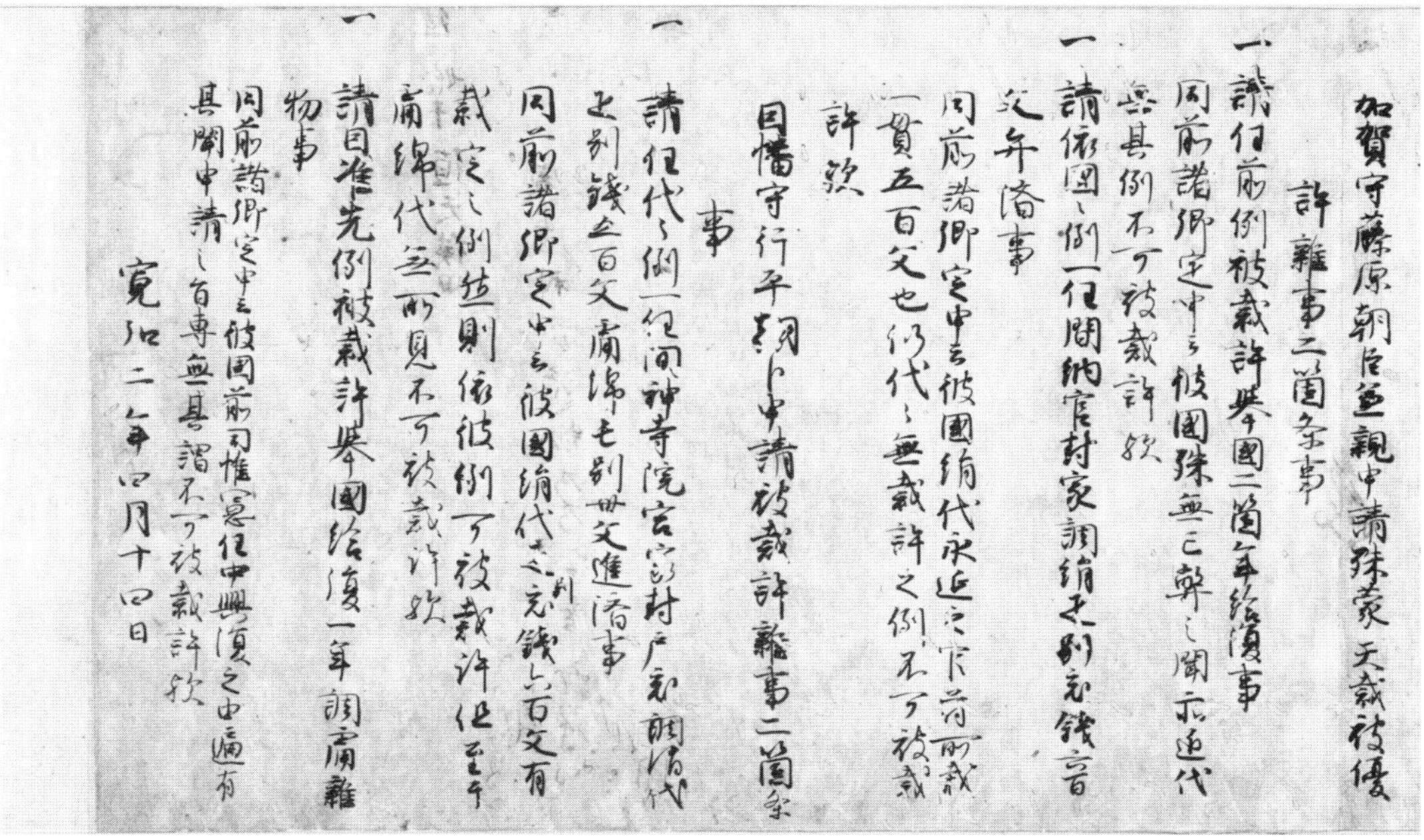

(紙継ぎ)

(紙継ぎ)

…………………………(紙継ぎ)

(第六紙オ)

許㆖雑事二箇条事

一、請㆑任㆓前例㆒、被㆓裁許㆒擧國二箇年給復事
同前諸御定申云、彼國殊無㆓亡弊之聞㆒、亦近代
無㆓其例㆒。不㆑可㆑被㆓裁許㆒歟。

一、請㆑依㆓國々例㆒、一任間納㆓官封家㆒調絹疋別充銭六百
文弁済事
同前諸御定申云、彼國絹代、永延之官符所㆑載
一貫五百文也。仍代々無㆓裁許之例㆒、不㆑可㆑被㆓裁
許㆒歟。

因幡守行平(橘)朝臣申㆔請、被㆓裁許㆒雑事二箇条
事

一、請㆑任㆓代々例㆒、一任間、之神寺・院宮家封戸充調絹代
疋別銭五百文・庸綿屯別卅文進済事
同前諸御定申云、彼國(因幡)絹代疋別充銭六百文、有㆓
裁定之例㆒。然則、依㆓彼例㆒、可㆑被㆓裁許㆒。但至㆓于
庸綿代㆒、無㆓所見㆒、不㆑可㆑被㆓裁許㆒歟。

一、請㆘因㆓准先例㆒被㆗裁許㆖、擧國給復一年調庸雑
物事
同前諸御定申云、彼國前司惟憲(藤原)任中、興復之由、遍有㆓
其聞㆒、申請之旨、専無㆓其謂㆒。不㆑可㆑被㆓裁許㆒歟。

寛弘二年四月十四日

（紙継ぎ）

（紙継ぎ）

【紙背】

……………………〔花押〕……………………（紙継ぎ）

（第六紙ウ）

然 始于 殖天狭田

處焉神 ミ 活物 乃乃 定垂

きかたに

あとな

みかきもり

火に

それかた

く火に

あらねと

も

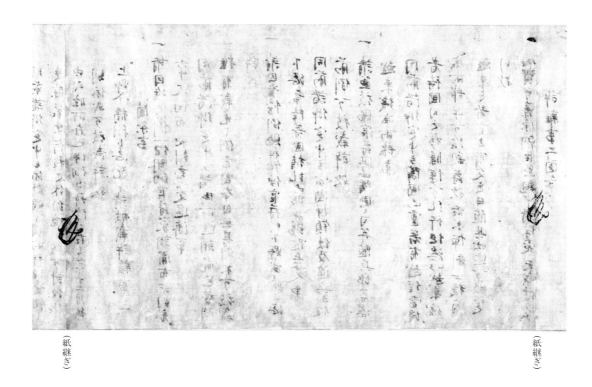

（紙継ぎ）　（紙継ぎ）

……………………（花押）……………………………………（紙継ぎ）

（第五紙ウ）

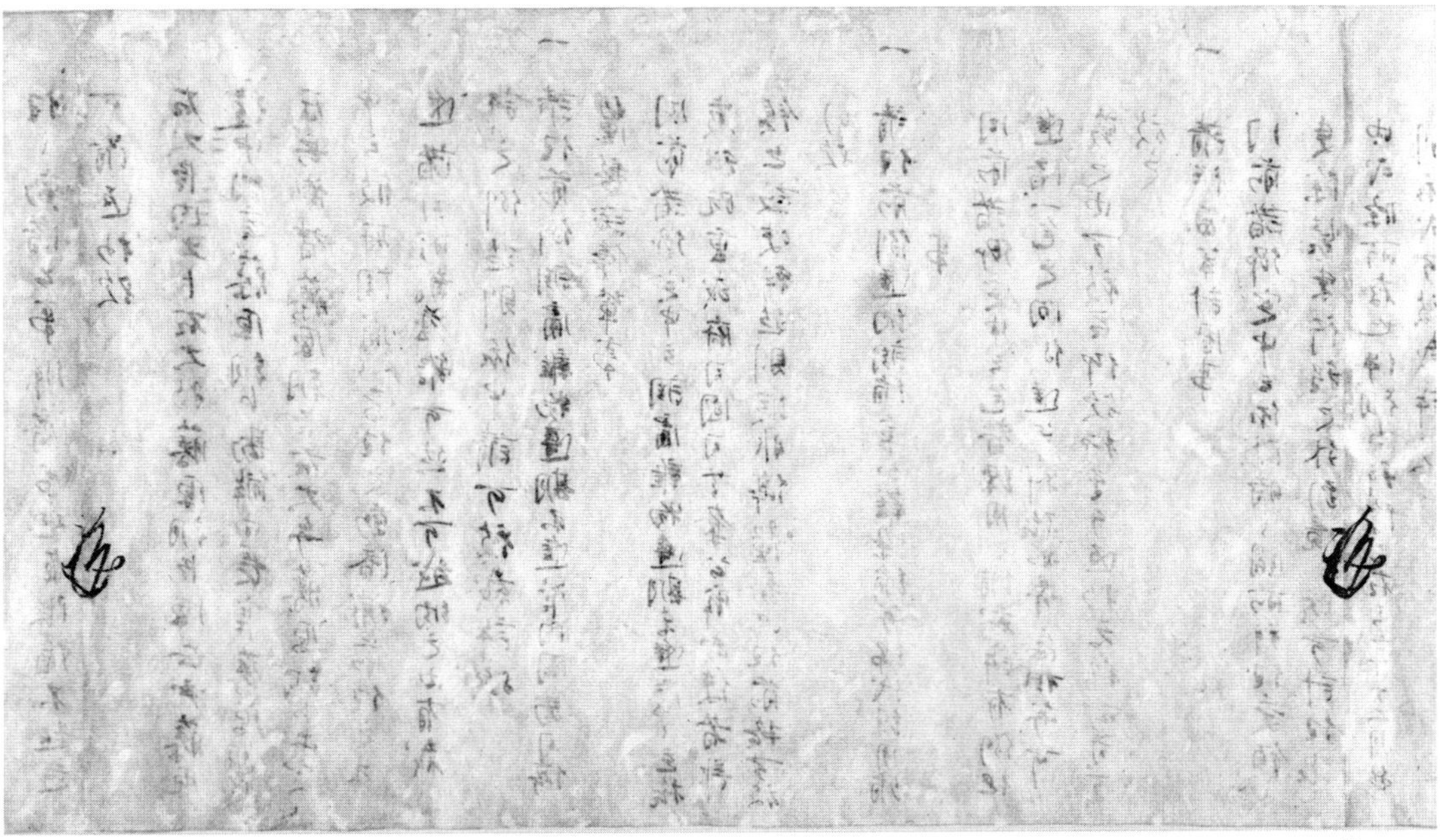

（紙継ぎ）

（紙継ぎ）

……（花押）……（紙継ぎ）

（第四紙ウ）

（紙継ぎ）

（紙継ぎ）

…………（花押）…………（紙継ぎ）

（第三紙ウ）

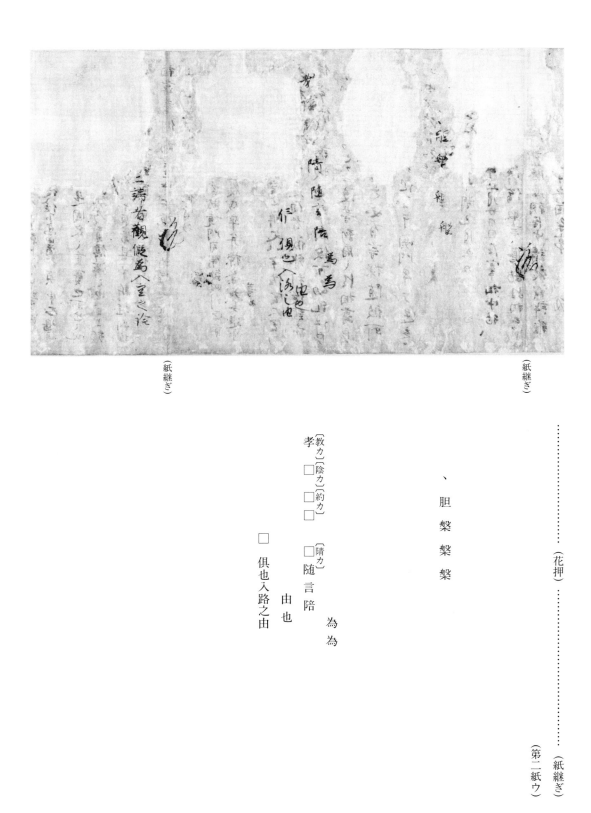

（紙継ぎ）

（紙継ぎ）

……………（花押）………………………（紙継ぎ）

（第二紙ウ）

、
胆槃槃槃

孝□〔教カ〕□〔陰カ〕□〔約カ〕　□〔隋カ〕随言陪

為為

由也

□　倶也入路之由

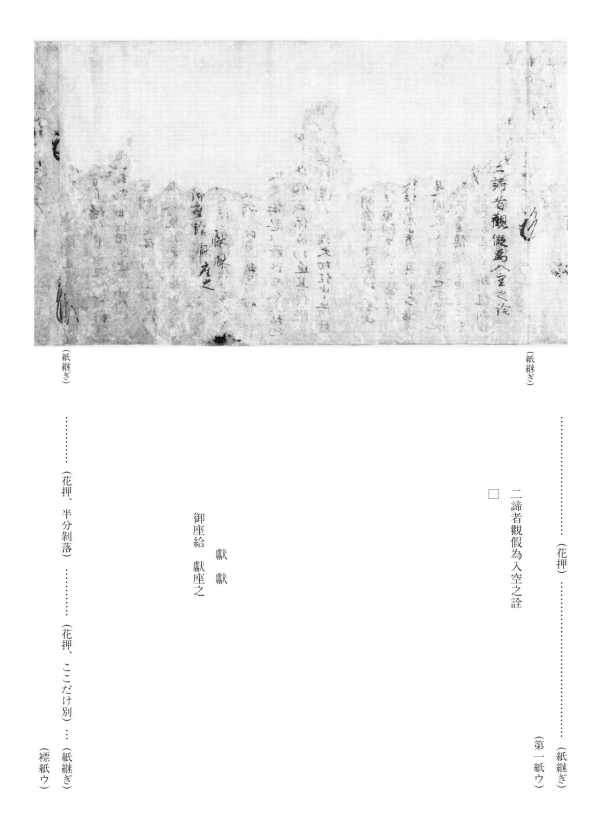

(紙継ぎ)

(紙継ぎ)

……………(花押)……………………(紙継ぎ)

(第一紙ウ)

二諦者觀假為入空之詮

□

獻　獻

御座給　獻座之

……(花押、半分剝落)……(花押、ここだけ別)…(紙継ぎ)

(標紙ウ)

寛弘元年（一〇〇四）閏九月五日の陣定については、藤原道長の日記『御堂関白記』の同日条に次のように記されている。

五日、丙辰、晴後参レ内。天陰雨下深。就二左丈〔仗〕一定二大宰申府解一枚・殺害門司一枚・採銀者可レ賞解一、丹波守業遠（高階）申以レ移二進羅城門一被二重任一由申、定申云、「任二申請一、可レ被レ免二重任一」者。是大功云々。候レ宿。

この『御堂関白記』の記載は、「陣定定文案」の内容と合っている。

また、寛弘二年（一〇〇五）四月十四日分については、藤原行成の日記『権記』同日条に陣定があったことが記されている。

十四日、辛卯。参レ内。有二陣定一。大弐（藤原高遠）・上野介忠範（橘）・〔加脱カ〕賀守兼親（藤原）・因幡守行平（橘）等申請事也。

本紙第二紙最終行の「勘解相公卿」については、「解」の字がここだけくずされており、「付」とも読める。平松家文書では、さらにその偏の部分を人偏のように写しており、『大日本史料』でも「付」と翻刻されていたが、筆者は「解」をくずしていると理解する。そうすると、その寛弘元年分の奥書には、藤原有国（「勘解相公卿」）が記したものを源経房（「左宰相中将」）から借りて写したと読める。これについては田村悦子氏が指摘しているが、源経房が「左宰相中将」（参議兼左近衛中将）だったのが寛弘二年（一〇〇五）六月から長和四年（一〇一五）二月までだったことと、奥書に「五月」と見えることから、寛弘三年（一〇〇六）五月から長和三年（一〇一四）五月の間の借用であり、藤原行成三十五歳から四十三歳の間の書写となる。(6)

また、寛弘二年分の陣定において、藤原行成は末席で、参議で大弁も兼ねていたため、この定文を記したのは藤原行成自身であろうと、桃裕行氏が述べている。(7) ただし本作は、寛弘元年分と連続して書写しているため、さらに写しなおしたものであろう。

第四紙・第五紙にある「色」の字は、「包」のようにも見えるが、「敦康親王初観関係文書」の「色」と比較して（図版2参照）、「色」の可能性が高い。

第五紙一行目の「式条」とは、『延喜式』巻十八（式部上）の次の条を指しているものと思われる。

凡諸司諸國進二解由一者、諸司長官六十日、次官以下及史生卅日為レ限。諸國長官百廿日、任用六十日為レ限。但長官任用同時解任者、交替了後、與二長官一共言二上其與不之状一。其諸國除二装束行程之日一。

第六紙の紙背には、仮名が記されている。藤原行成の真跡は、漢字で揮毫されたものばかりで、仮名はこれまでほとんど確認されていなかった。(8)「陣定定文案」紙背の漢字が藤原行成の真跡と認められるため、仮名も行成の書と考えられる。そのため本作は、藤原行成の数少ない仮名の遺品としても貴重である。

第一紙紙背の「二諦者観假為入空之詮」は、田村悦子氏が指摘しているが『摩訶止観』の語句である。(9)『摩訶止観』巻第三上に次のようにある(10)（傍線は筆者）。

此名出二瓔珞經一所レ言二二諦者。観レ假為二入空之詮一空由レ詮會。

藤原行成は藤原道長とともに『摩訶止観』についての伝法を受けていた（『権記』長保四年［一〇〇二］正月四日条）。

四日、庚子、国忌（藤原穏子）天暦母后。

参レ院（東三条院）、於二院西対一、法橋上人覚運、伝二法於左大臣（藤原道長）一摩訶止観也。左右（藤原公任・同齊信）金吾・御史（源俊賢）・亜将両相公（藤原有国）曰、予（藤原行成）、同受レ之。

図版3　陣定定文案紙背拡大

図版4　花押しの写し（書道全集より）

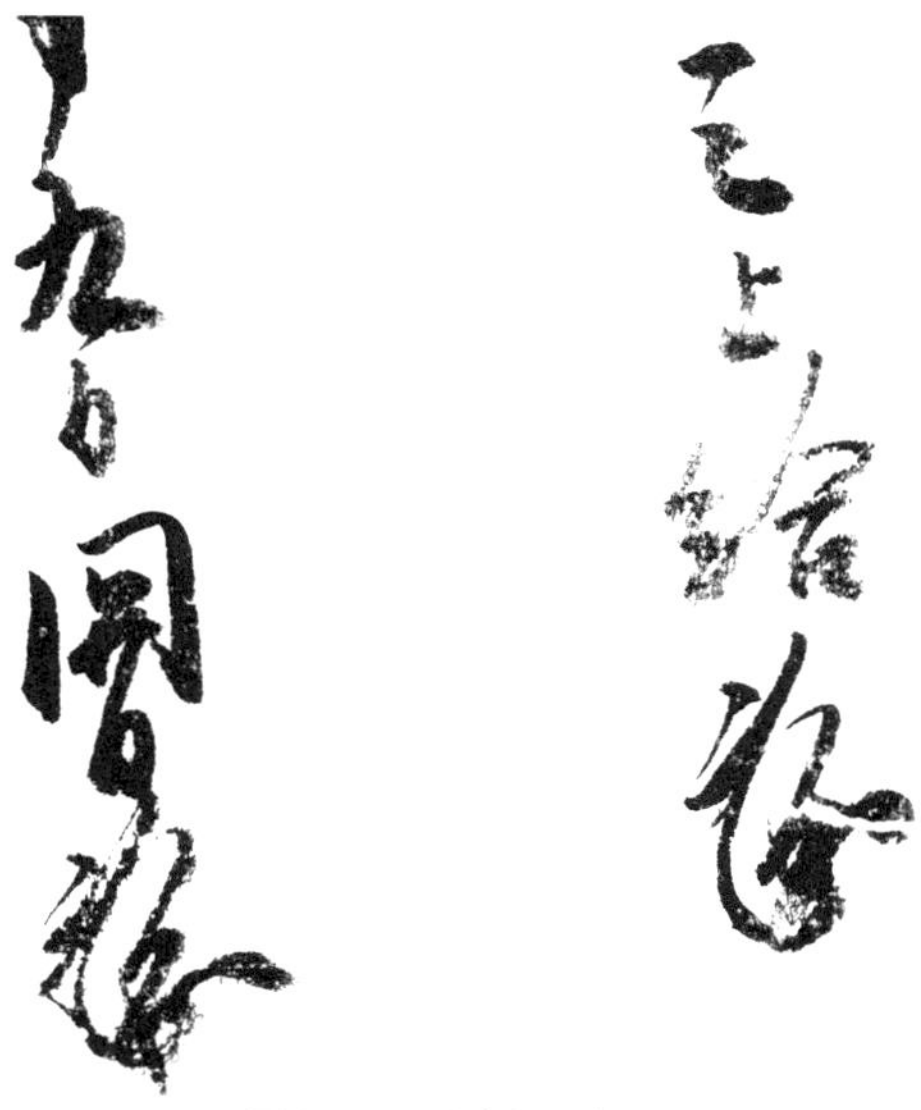

図版5　藤原忠通書状

図版6　良経花押

図版7　別の忠通の書状

このあと、『権記』（正月九日条）に『摩訶止観』第一巻の講義を終えたことが記され、続いて、正月十七日、二十六日と、『摩訶止観』を書写したことが記されている。そして行成は、『摩訶止観』の外題も揮毫した（『権記』寛弘四年［一〇〇七］七月十五日条）。

十五日、己卯、蔵人惟規来、伝二止観（摩訶止観）・玄義（法華玄義）・文句（法華文句）合三十巻外題可レ奉レ書之勅一。即書自持参。依レ〔候脱カ〕召御前。

このため、「陣定定文案」第一紙紙背に見える『摩訶止観』の語句は、清書前の習書だったと推測される。

二　伝来と、藤原行成の書の尊重について

右記の釈文のとおり、「陣定定文案」の紙背には、紙継ぎ目の七箇所すべてに花押が据えられている（図版3）。筆者は、この「陣定定文案」の花押と同じ花押を、特別展「和様の書」での展示の際に、別の作品に見出した。[11]ここでは、その花押について考察し、「陣定定文案」の伝来を紹介するとともに、藤原行成の書がいかに尊重されてきたのかをまとめておきたい。小松茂美氏がすでに「藤原行成書跡の尊重」を論じているが、[12]本稿では、小松氏の論を参考にしながら新たな資料を加えつつ、「手本」と「記録」という書の内容に関する視点から、藤原行成の書の尊重について整理していく。

「陣定定文案」紙背には紙継ぎ目すべての七箇所に見える花押と、最後の紙継ぎ目の下部にある別の花押が一箇所のみ存在する。筆者が特別展「和様の書」で同じ花押を確認したのは、七箇所据えられた方の花押である。これと同じ花押があるのは、先述した作品だが、藤原行成の真跡「後嵯峨院本白氏詩巻」（大阪・正木美術館蔵）である。

「後嵯峨院本白氏詩巻」の紙背の花押については、田中塊堂氏が「白氏文集の書蹟」（『書道全集』第十二巻、平凡社、昭和二十九年［一九五四］）の中でその写しを紹介している（図版4）。しかし田中塊堂氏は花押の筆者を特定していない。そして、小松茂美氏が『平安朝伝来の白氏文集と三蹟の研究』（昭和四十年［一九六五］）で、「後嵯峨院本白氏詩巻」の花押について、藤原忠通（一〇九七～一一六四）、または後京極（九条）良経（一一六九～一二〇六）の両者の花押に近似するとした。(13)

筆者が確認したところ、東京国立博物館が蔵する藤原忠通筆「書状」と、京都国立博物館が蔵する後京極良経筆「書状」の花押が、とくに「陣定定文案」と「後嵯峨院本白氏詩巻」の花押に近かった（図版5・6）。そこで、筆線を確認したところ、後京極良経の花押は、右上に丸く上がった筆線が下まで突き抜けているが、藤原忠通と「陣定定文案」「後嵯峨院本白氏詩巻」の花押は、右上に丸く上がった筆線は、途中で折り返して再度右上に丸く上がっていることが確認できた。また、全体の筆順を推測したところ、藤原忠通の花押と「陣定定文案」「後嵯峨院本白氏詩巻」の花押はほぼ一致した。

ただし、ほかの藤原忠通筆「書状」（東京国立博物館蔵）に据えられた忠通の花押（図版7）は、図版5の忠通の花押とは筆線が少し違っている。時期によって花押が変化したものと推測できるが、そういう意味では、「陣定定文案」と「後嵯峨院本白氏詩巻」の花押はほぼぴったりと一致するため、同時期に据えられた花押と言える。紙背の紙継ぎ目に花押を署すのは、散佚しないための工夫であり、その作品を大切にしていた証拠である。「記録」である「陣定定文案」と、「手本」である「後嵯峨院本白氏詩巻」をともに愛蔵品として、藤原忠通が花押を据えた可能性が非常に高い。

藤原忠通は、平安時代後期の公卿で、やはり能書でもあり、世尊寺流から新しい書風を生み出した。忠通の新しい書風は「法性寺流」として流行する。その忠通が藤原行成の日記『権記』の自筆本を所蔵していたことが、『台記　別記』（婚記巻第一）巻第三、久安四年（一一四八）七月十一日条に見える。（異本表記〔イ〕は婚記による。）

今日、乞㆓入内日記於人々㆒（藤原）敦任〔経イ〕奉書、
尋㆓召日記㆒人々、
　皇太后宮大夫、（藤原）宗能、入道左府、（藤原）宗忠、（藤原）敦経〔任イ〕、為㆓御使㆒行向。
権中納言、（藤原）公能、（藤原）季仲卿（玄記）。左宰相中将、（藤原）忠基、（源）経信卿（師記）、（藤原）忠教卿（四民記）、
敦経、行向。
（藤原）資信〔任イ〕朝臣、（藤原実頼）小野宮（清慎公記）、（藤原）資平卿（資平卿記）、（藤原）資房卿（春記）
（源）俊雅朝臣、（源）経頼卿（左経記）、
（源）師能朝臣、（源師房）土御門右府（土右記）、（源俊房）堀川左府（水左記）、
（大江）維順朝臣、（大江）匡房卿（江記）、
（藤原）親隆朝臣、為輔、隆方、為卿、顕卿、為隆卿、顕頼卿、重隆、
憲方、（藤原）隆方、（藤原）為□〔房イ〕卿（為房卿記）、（藤原）為隆卿（永昌記）、
（藤原）光頼、（藤原）為□〔房イ〕卿（為房卿記）、

範家、行親（平）（行親記）、定家（平）（定家朝臣記）、時範（平）（時範記）、
時信（平）（時信記）、知信（平）（知信朝臣記）、
師安、二代御記（醍醐天皇・村上天皇）、寛平御記（宇多天皇）、
九月廿七日、申一院（鳥羽殿）、
一院、後朱雀院御記、後小野宮（藤原実資）（小右記）、経信卿（源）（帥記）、一条院、後三条院、
小野宮（藤原実頼）（清慎公記）、保光（源）、相尹（藤原）、為輔（藤原）、師時（源）（長秋記）、雅兼（源）
宇治殿（藤原忠実）、御堂（藤原道長）、御暦（九暦）（藤原師輔）、京極右、大治御記（定海カ）
摂政殿（藤原忠通）相午卿〔尹カ〕、行成卿自筆（藤原）（権記）、二條殿（藤原教通）、大治御記（定海カ）、
自レ本在二此殿一御記等、
貞信公（藤原忠平）、九条殿（藤原師輔）、一条殿、文殿（修文殿御覧）、
李部王（李部王記）、小一条（藤原済時）、二東、小右（藤原実資）、
大右（藤原俊家）、
後冷泉院御記

藤原頼長（一一二〇～五六）が参照のために、人々に日記を持ち寄るように頼んだところ、「摂政殿」（藤原忠通）が「行成卿自筆」を持ってきたという。このように藤原忠通が『権記』の自筆本を蔵していたことから、「陣定定文案」が『権記』とともに伝わったことも推測できる。

藤原行成は、生前から能書としての評価が高く、人々から揮毫を求められていた。藤原道長が、自身の持っていた『往生要集』を行成に与え、代わりに行成筆写の写本を望んだことが、『権記』寛弘二年（一〇〇五）九月十七日条に見える。

十七日、壬戌。詣二左府（藤原道長）一。返三奉往生要集一。被レ召二新写自筆一。仍奉。賜二本要集一。参レ衙。有レ政。

また、藤原行成は、先述の「白氏詩巻」や「後嵯峨院本白氏詩巻」などの「手本」も依頼されて揮毫しているが、「記録」の書写も依頼されていた。行成は道長に「九条殿御日記十二巻」を書写して献上している（『権記』寛弘六年［一〇〇九］三月一日条）。

一日、丙辰、参レ内（一条院）、詣二左府（藤原道長）一、参レ内。與二頭弁（源道方）一同車、奉二左府故九條殿（藤原師輔）御日記十二巻一、依二先日命一令二書写一成。借三申西宮文（巻）二局一。

この「九条殿御日記」（『九暦』）については、行成の逝去の直後、藤原頼通（九九二～一〇七四）に、行成自筆の「九条殿御暦日記廿八巻」が献上されている（『左経記』万寿五年［一〇二八・長元元年］二月二日条）。

入レ夜、在二故大納言〔権脱カ〕（藤原行成）御許一九條殿（藤原師輔）御暦日記廿八巻、従二承平元年一至二于天徳四年一云々、奉二関白殿（藤原頼通）一。是大納言〔権脱カ〕（藤原行成）自筆也。誠秘蔵者也。

ここでは、大納言（行成）の自筆が、秘蔵のものであると述べられている。その同じ『九暦』かどうかは確認できないが、藤原師実（一〇四二～一一〇一）が師通に行成自筆の「九条殿御暦記」（「新書」と呼んでいる）を与えた（『後二条師通記』寛治六年［一〇九二］九月二日条）。

晴陰不レ定。秉燭仲実朝臣（藤原）宮内少輔、来、殿（藤原師実）為二御使一。消息云、九条（藤原師輔）殿御暦記辛櫃二合本書、新書、所二下給一也。新書大納言（藤原行成）手跡也。書札進三上之一。

藤原師通（一〇六二～九九）の日記『後二条師通記』では、『権記』

を数多く引用していることが、木本好信氏、松薗斉氏によって指摘され、[14] 藤原行成の日記はその子孫に伝わらず摂関家で分蔵されたことが推測される。[15] また、藤原師通は、藤原行成の書を手本にして屛風の色紙形を書写したと『後二条師通記』（寛治七年［一〇九三］九月十二日条）に記しており、師通が揮毫した「願文」（寛治二年［一〇八八］、個人蔵、東京国立博物館寄託）は行成の書の影響が見える筆致となっている。

『後二条師通記』には、行成の手跡に関する次のような記述もある（寛治五年［一〇九一］別記二月十八日条）。

十八日、丁未、晴、大風。大外記定俊（清原）来、〔云脱カ〕仁王会日以二参議一被レ行之例文奉レ之云々、応和元年十月十九日、今日臨時仁王会也。而納〔言カ〕已上不レ被レ参。因レ之参議朝成（藤原）朝臣着二南殿一行レ事。是内裏遷御々祈也。令三盛長（源）朝臣進二上〔権脱カ〕大納言（藤原行成）手跡一者。家中侍令レ申二四月祭料一、上達乃功事何様候レ覧。猶大切思給。殿下（師実）御返事、〔申イ〕左府（源俊房）数年件功被レ申也、但院（白河院）令レ申、而其後可二左右被一レ仰歟。

さらに、藤原師通は、行成の消息も所蔵していた（『後二条師通記』寛治五年［一〇九一］六月一日条）。

六月一日、己丑、陰、雨脚密。参二三条殿（藤原師実）一。仰云、量二雨隙一於二六条殿一渡御。権大納言行成（藤原）手跡消息一巻所二下給一也。暫之予帰宅。今朝間造酒司家中送醇〔醴〕酒者。

承安二年（一一七二）頃に著されたとされる『今鏡』（巻五ふぢなみの中、みづぐき）において、行成の「消息」（書状）を持っていない人はいなかったと言われており、「手本」に限らず、「記録」、書状にしても、藤原行成の書が尊重されていた。

さて、藤原忠通のもとに「陣定定文案」と「後嵯峨院本白氏詩巻」があったのだが、「後嵯峨院本白氏詩巻」はその名の通り、後嵯峨院（一二二〇～七二）の所蔵となる。「後嵯峨院本白氏詩巻」には巻末に別紙を継いで二種類の跋語が加えられており、そこから次のような伝来がわかる。

後嵯峨院→故二品親王（円助法親王、一二三六～八二）→□□法印
→貞治五年（一三六六）、さらに誰かが譲り受ける

残念ながら、□の部分は剥落しており文字が判読できない。その後、「後嵯峨院本白氏詩巻」は、小堀遠州（一五七九～一六四七）が所蔵した形跡があり、[16] 大坂の鴻池家から正木美術館に伝わった。一方、「陣定定文案」褾紙の「拾遺納言定文草案」という題字は、その書風から考察すると、平安時代末期から鎌倉時代の間に揮毫されたものである。その期間に誰かが「陣定定文案」を観たか、もしくは蔵していたということになる。もしも、この題字が藤原俊成の筆跡だとすると、俊成は後京極（九条）良経と和歌を介して親密に交流したと考えられているので、[17] 藤原忠通所蔵ののち九条家に伝わり、後京極良経の代に題字を揮毫した可能性がある。また、紙背に一箇所のみ据えられた花押の筆者も「陣定定文案」の所蔵者だったと考えられるため、今後、その筆者の特定も行なっていきたい。

そして、「陣定定文案」が次に記録に現れるのは、先述の平松家文書である。「陣定定文案」を写した平松家文書には、「大納言行成卿書／有栖川宮御物」と表紙に書かれている。江戸時代に、この「陣定定文案」が藤原行成の書であると認識されていたことと、有栖川宮家

が蔵していたことがこの写本からわかる。

有栖川宮家は、先述の藤原行成筆「白氏詩巻」（国宝、東京国立博物館蔵）も蔵していた。そのほか、「手本」の類としては、伝小野道風筆「秋萩帖」（国宝、東京国立博物館蔵）、伝藤原行成ほか筆「元暦校本万葉集」（国宝、東京国立博物館蔵）など名品を蔵し、今に伝えている。

そのうち「白氏詩巻」と「秋萩帖」は、紙背の紙継ぎ目に伏見天皇（一二六五～一三一七）の花押が据えられており、伏見天皇所蔵の「手本」であったことが知られている。伏見天皇は能書帝として著名で、「三跡」の小野道風や藤原行成の書を学び、その書風は、伏見院流として引き継がれていった。伏見天皇が小野道風筆「屛風土代」（宮内庁三の丸尚蔵館蔵）を模写したものは伏見宮家に伝えられて、現在は御物である。(18) その伏見天皇が藤原行成の書を写したことは、『看聞日記』に記されている（応永二十四年［一四一七］三月二十二日条）。

廿二日、晴、御手本櫃新古、梵字、開㆑之。目六校合無㆓相遺（違）㆒、此中重有（庭田）朝臣所持本、多年葆光院（治仁王）被㆓召置㆒云々。只今見㆓出之㆒、権跡、伏見院被㆑写㆑之、可㆑被㆓返下㆒之由、彼朝臣申。則返賜了、三位以下於㆓行蔵庵㆒有㆓花見会㆒、其後乗㆑船釣㆑魚云々。葆光院五旬未㆑過之処、殺生甚不㆑可㆑然事歟。

「権跡」（藤原行成の筆跡のこと）を伏見院が写したものが「御手本」の入った櫃から見つかったと記している。

また、行成の真跡に伏見天皇が奥書を記した一巻も、『看聞日記』を記した後崇光院（伏見宮貞成親王、一三七二～一四五六）の伏見宮家に伝わっていた（『看聞日記』応永二十三年［一四一六］五月二十七日条）。

廿七日、雨降、有㆓重日楽㆒、一越調楽七、其後依㆑仰請㆓取楽㆒と云事㆒、新御所（治仁王）、予（貞成）、長資（田向）朝臣、各替々請㆓取之㆒。楽青海波也。未㆓練習㆒之間、請取之時、拍子遅々比興也。可㆓稽古㆒事也。其後文書令㆓虫払㆒。（藤原）行成卿目録櫃ニ彼卿真跡一巻、神鏡事、依㆓炎上㆒可㆑奉㆓鋳直㆒哉否事、諸道勘文・公卿僉議定文也、伏見院有㆓御奥書㆒。殊重宝也。而虫損散々也。取㆓出之㆒入㆓他櫃㆒。

ここで注目したいのは、行成の真跡一巻が「公卿僉議定文」を含んでいたことである。しかしその内容が「神鏡事、依炎上可奉鋳直哉否事」とあるため、本稿で問題とする「陣定定文案」とは合致しない。この「神鏡事」は、寛弘二年（一〇〇五）十一月十五日に内裏が炎上し賢所（内侍所）の「神鏡」が破損した件を指している。十一月十七日に早速、「神鏡」に関する定め申しが行われ、その定文を行成が揮毫した（「定申詞左大弁（行成）書㆑之。」『小右記』寛弘二年十一月十七日条）。その後「神鏡」に関する勘文が取り寄せられて（『権記』寛弘三年六月十三日条ほか）、寛弘三年七月三日に神鏡改鋳の可否を検討する定め申しが行われた（『御堂関白記』寛弘三年七月三日条ほか）。伏見宮家に伝わっていたのは、この「神鏡」の一件に関する「定文」である。

伏見宮家に伝わっていた「定文」は、清書された原本であったかもしれない。対して、「陣定定文案」は、原本ではなく、藤原行成が手控えのために写したものである。行成は、『権記』以外にも「記録」を残しており、近年、西本昌弘氏によって行成撰『新撰年中行事』や同じく行成撰と思しき『禁省日中行事』の写本が東山御文庫の御物の中で発見されるなど、(19) いまだ研究の余地を残している。「陣定定文案」や「敦康親王初観関係文書」のような「記録」を行成がどのような目的で写したのかは、ほかにも類似する例を探し出して検討しなくてはならない。ただ、伏見天皇から伏見宮家に、「神鏡事」のような、行成による「記録」類も大切に伝わっていたことは、「陣定定文案」の伝来を解明するためにも貴重な情報といえる。

『看聞日記』には、行成による「手本」が禁裏へ献上される記事もある（永享三年［一四三一］八月一日条）。

八月一日、晴、雨時々灑。御■《憑》之儀如レ例。禁裏(後花園天皇)・仙洞(後小松法皇)・室町殿(足利義教)進物如レ例。南御方(庭田幸子)室町殿幷上臈局(正親町三条尹子)へ初而被レ進。御乳人上臈へ同進レ之。禁裏へ累代之御手本(藤原行成)権跡、日中行事、一巻、付二松枝一献レ之。則被レ下二御返一。千秋万歳之儀祝着無レ極。

「権跡」の「日中行事」と言っており、これは、西本昌弘氏によって東山御文庫から見出された[20]『日中行事』（勅封一四四―一六）の原本で、行成撰と考えられる『禁省日中行事』の行成真跡本である。それを、「累代之御手本」と呼んでいる。このときには「記録」までもが「手本」と称して尊重されるようになっていたことがわかる。

伏見天皇や伏見宮家は行成の書をどれほど蔵していたのだろうか。田島公氏が、伏見天皇ほか持明院統（北朝）の蔵書は、後白河法皇（一一二七～九二）が創建した蓮華王院宝蔵から伝来した分もあり、伏見宮家に伝えられたことを明らかにしている[21]。田島氏が翻刻した東山御文庫本「蓮華王院寶蔵（御経）目録」（勅封五〇乙―一二―一）には、第四櫃に「行成卿手跡」として次の経巻があげられている[22]。

灌頂經巻第九一巻、
金光明最勝王經王法正論品一巻、
佛頂尊勝陀羅尼經一巻、
佛説蓑慶梨童女經一巻、
菩提心論一巻、
大佛頂陀羅尼一巻、
心經一巻、
首楞嚴經第七巻一帖、
諸佛集會陀羅尼經一巻、
梵字尊勝陀羅尼一巻、
已上一結十巻、(藤原)行成卿手跡云々、

これらの蓮華王院宝蔵に納められていた経巻は、三条西実隆が伏見宮家から借用したリストの中に同じものが見出せると田島氏が指摘した。『実隆公記』延徳二年（一四九〇）八月十六日条に、「諸佛衆《集》會陀羅尼經、古筆、」や「一帖、轉女成佛經、心経、阿弥陀經、普賢經、(藤原)行成卿」が見えるほか、同年閏八月十五日条に次のように記されている[23]。

十五日、乙丑、天霽、竹園古筆櫃一合返二上之一、目録注レ左、随分至寶也、
一裹〔裏〕 〔醍醐〕延喜・堀川、假名、・後白河、假名、宸筆
一裹 〔村上〕天暦、二巻、伏見院令レ寫給・三條院・後三條院一巻、
一裹 (小野道風)野跡十巻、此内写本四巻、古文字一巻、同影一幅、
一裹 (藤原行成)權跡十巻、此内雑抄二帖、
一裹 權跡寫本十四巻、
一裹 (藤原佐理)佐跡四巻、此内寫本一巻、
(紀)貫之集三巻、自筆、
一■《裹》、 十七巻 雑々、

一巻　朱雀中納言伊房（藤原）、　一巻　成頼卿（藤原）、　一巻　範兼卿（藤原）
一巻　美材（藤原）、寫本、　一巻　親頼（藤原）、　二巻　資隆（藤原）、假名、眞名、
二巻　季時（藤原）、假名、眞名、　一巻　伊行（藤原）　一巻　奉時（小野）、
一巻　弾正尹、不レ知二名字一、　一巻　後京極摂政、良經（藤原）
一巻　宸筆、不レ知二其代一、　三巻　不レ知二筆者一
以上

ここに見える「権跡十巻」が蓮華王院宝蔵の経巻十巻に相当する可能性がある。また、このリストからは、「権跡寫本十四巻」や、小野道風、藤原佐理ほか「手本」が、伏見宮家に伝来していたことがわかる。

伏見宮家には、『権記』の最も古い写本二十一巻が伝わり、現在は宮内庁書陵部が所蔵している。その『権記』についても、田島氏が研究し翻刻した目録によって、持明院統から伏見宮家に伝わったことがわかる。持明院統の蔵書を示す『仙洞御文庫目録』(24)には「御手箱一合、行成卿（藤原）（権記）記目録、」とあり、持明院統から伏見宮家に伝わった日記類のリストである「御記惣目録」(25)（大須文庫本『書籍目録』所収）にも「一、行成卿記（藤原）（権記）、」とある。「記録」類に関しては伏見宮家の蔵書についての目録「即成院預置文書目録」（『看聞日記』紙背文書）も残されている。これにも、「行成卿記上自正暦至寛弘八」「行成卿記下自寛弘八至万寿四」「行成卿記目録」があがっている。「行成卿記目録」は、『仙洞御文庫目録』と同じものと思われるし、前述の『看聞日記』応永二十三年（一四一六）五月二十七日条に見える「行成卿（藤原）目録櫃ニ彼卿真跡一巻」に一致する可能性もある。藤原行成の自筆本であったかどうかは、今後の検討課題としたい。また、伏見天皇から伏見宮家に、どのような行成の「手本」や「記録」が伝わったのかは、ほかの記録から、丹念に確認していく必要があるだろう。

ともかく、藤原行成筆「白氏詩巻」と伝小野道風筆「秋萩帖」は、伏見天皇所蔵ののち、霊元天皇（一六五四～一七三二）が所蔵していたことがわかっている。この両作品は、もとは同じ箱に納められており、箱書が霊元天皇筆であることを古谷稔氏が指摘した。(26)また、「白氏詩巻」には折紙が附属しているが、それは、小松茂美氏が霊元天皇の筆跡と鑑定した。(27)「白氏詩巻」、「秋萩帖」、そして先述の「元暦校本万葉集」は、ともに、霊元天皇から、有栖川宮家に渡ったと考えられている。(28)詫間直樹氏によると、『有栖川宮日記』の霊元天皇崩御後の享保十七年（一七三二）八月六日に、「御書物箪笥」などが有栖川宮家に遺品として渡されたという。(29)また、小倉慈司氏によると東山御文庫に蔵される「御遺物御配御目録」（勅一八四‐七六）は霊元天皇崩御後に形見分けされた目録で、(30)「有栖川」としている分がある。その目録を確認すると、「朗詠　行成真蹟　一巻」「行成卿真蹟　万葉切　一ふく」などの名称は見えるが、「白氏詩巻」や「秋萩帖」「元暦校本万葉集」、「陣定定文案」に相当する名称は見当たらない。(31)さらに、小倉真紀子氏が論じている『記録目録』（国立歴史民俗博物館蔵、高松宮家伝来禁裏本H‐六〇〇‐九九一）は、その作成時期から考察すると霊元天皇より有栖川宮家職仁親王に贈られた目録である。(32)これは、「記録」の目録であるためなのか、やはり「白氏詩巻」などの「手本」や「陣定定文案」に相当する名称はなかった。

慶応元年（一八六五）八月の奥書のある『西面御文庫宸翰古筆並和漢書籍総目録』は、有栖川宮家蔵品の目録で、小川剛生氏が翻刻紹介している。(33)その目録には、「秋萩帖　野跡　一巻　権跡　一巻　一箱」と

しており、「秋萩帖」と「白氏詩巻」が同じ箱に入っていたことが確認できる。また、「万葉集　一行成卿　二定頼卿　三寂蓮　十公任卿　十一筆者不知　十九筆者不知　六冊」として「元暦校本万葉集」（有栖川宮家は六冊所蔵）も記録されていた。「行成卿筆　一箱」という内容不明のものが一件あるが、それ以外では「陣定定文案」に相当する名称は、管見の限りで見つけられなかった。また、田村悦子氏が「陣定定文案」を福井崇蘭館（榕亭、一七五三～一八四四）が所蔵していたと述べており、[34]その所蔵が確認できれば、幕末にはすでに「陣定定文案」が有栖川宮家に無かったということになる。

　前述の、平松家が写した「陣定定文案」の写本の内容を確認すると、原本との相違は、管見の限りで、第二紙一行目「可」を「万」としている箇所と、第二紙最終行の「解」の偏を「付」のように写している箇所、そして第三紙十四行目「等定申之被府」の文字を写していないという点である。それ以外の剝落などによる欠損箇所は原本のまま写しており、原本からの写しと認められるため、有栖川宮家が所蔵していたことは確かである。また、先述したが、「陣定定文案」の表紙裂は、「白氏詩巻」の表紙裂と同種の裂である。しかし、この両者の装丁を有栖川宮家で施したものかどうかは断言できない。「白氏詩巻」が戦後、高松宮家より国の所蔵となった際には表紙も軸もなく無装丁だったと小松茂美氏が述べているからである。[35]「白氏詩巻」の伝来をさらに調査を進めながら、この表紙裂についても今後の課題としたい。

　有栖川宮家の「陣定定文案」を写した平松家は、桓武平氏の流れをくむ西洞院家庶流の公家で、江戸時代の初めに、西洞院時慶の次男時庸（一五九九～一六五四）が平松家を起こしたという。[36]平松時庸の次男・時方（一六五一～一七一〇）は「有職四天王」と呼ばれており、[37]その息子・時春（一六九三～一七五四）も『槐記』（享保十二年［一七二七］九月十三日条）で、「平松・滋野井ナドノ學ハ、ソコニ目ガツキテ學バル、故、上ノ御爲ニナル事多シ。」と言われるなど、「有職」、「学」の家だった。そのため、「陣定定文案」のような「記録」の写本を採り収集したと言えるだろう。

　有栖川宮家所蔵ののち、「白氏詩巻」、「秋萩帖」、「元暦校本万葉集」は高松宮家に引き継がれたあと、国の所蔵から東京国立博物館に移管となった。幕末にはすでに流出していたと推測される「陣定定文案」は、戦前には京都・福井家が所蔵していた。[38]そののちに現所蔵者に渡った。

おわりに

「陣定定文案」の原本が確認されて公開されたことは、歴史学にとっても重要な出来事だが、藤原行成の真跡として書道史や美術史にとっても意義がある。藤原行成による「記録」が、「後嵯峨院本白氏詩巻」のような「手本」と同様に大切にされてきた。それは、やはり「記録」である「敦康親王初覲関係文書」（藤原行成筆、宮内庁三の丸尚蔵館蔵）にもあてはまり、同様に大切にされて伝来してきたのだろう。[39]数々の資料から、藤原行成の「自筆」「真跡」が尊重されてきたことは窺えるが、それが「手本」にのみ当てはまるものではなく、鎌倉時代には「記録」も「手本」と呼ばれるようになっていた。こういった、藤原行成の書を尊重するという行為は、それが、「三跡」だからこその評価であったのか、それとも、藤原行成の政治的な実績に対するのか、または、『権記』を残した人に対してなのか。

藤原行成の書は、藤原道長、藤原師通や藤原忠通などの摂関家から、後嵯峨院や伏見天皇、霊元天皇などの禁裏、伏見宮家や有栖川宮家・高松宮家などの宮家に伝えられてきた。現在残されている藤原行成の真跡の伝来をさらに確認するとともに、『行成卿記』ほか写本(模本)の伝来などを含めて再検討し、藤原行成の書の尊重の実態を今後も明らかにしていきたい。

(1) 七月十三日から九月八日の間、東京国立博物館の平成館にて開催。

(2) 「陣定定文案」は、「陣定定文草案」など別の名称も用いられてきたが、本稿では、特別展「和様の書」で使用した「陣定定文案」を用いる。

(3) 表紙裂が同種であることは、東京国立博物館副館長・島谷弘幸氏より御教示いただいた。島谷氏と筆者は、それぞれの現物を比較して確認した。

(4) 前掲(本文中)、田村悦子『日本の美術一二二 三蹟』、六五頁、春名好重『古筆大辞典』、淡交社、一九七九年、六八五頁。

(5) 現在残されている「手本」の遺品の傾向を考察すると、平安時代の中期はもっとも『白氏文集』が望まれ、その後、『古今和歌集』、『和漢朗詠集』の「手本」が人気となったようだ。また、小松茂美氏が指摘しているが、藤原伊行(世尊寺家当主、~一一四九~六八~)が『夜鶴庭訓抄』の冒頭で、入木道の大事として「ものがたりは、手書か、ぬ事也。人あつらふとも、とかくすべりてかくべからず」と定めている(小松茂美『古筆学大成』第二三巻、講談社、一九九二年、三六五頁ほか)。このように、手書(能書)は物語を書いてはいけないと、平安時代の後期までは考えられていた。

(6) 前掲(本文中)、田村悦子『日本の美術一二二 三蹟』、六五頁。

(7) 桃裕行「陣定定文案」解説、『書道全集』第一二巻、平凡社、一九五四年、一七三頁。

(8) 特別展「和様の書」では、藤原行成の仮名である「屛風詩歌切」二点(個人蔵、静岡・MOA美術館蔵)を展示した。「屛風詩歌切」は、田中塊堂氏が「行成の仮名はかくあるべし」(『書品』一〇〇号、一九五九年六月)で、藤原行成筆の「白氏詩巻」と比較して「同一である」としながら断言は避けており、「よく行成を学んだ者といふことは疑ふ余地はない」としている。しかし、特別展「和様の書」では藤原行成筆として展示するとともに、筆者も藤原行成の真跡と考えている。いずれにしても、藤原行成筆の仮名の遺品は以上である。

(9) 前掲(本文中)、田村悦子『日本の美術一二二 三蹟』、六五頁ほか。

(10) 『大正新修 大蔵経』第四十六巻、大正一切経刊行会、一九二七年、二四頁。

(11) 「陣定定文案」と同じ花押を確認した件については、すでに拙稿「和様の書 藤原行成『陣定定文案』」(『ビオ・シティ』五六号、二〇一三年十月)で報告している。

(12) 『小松茂美著作集』巻一、旺文社、一九九六年、二八六~三〇六頁。なお、もとは『平安朝伝来の白氏文集と三蹟の研究』(墨水書房、一九六五年)として刊行されたものが、『小松茂美著作集』巻一~三(旺文社、一九九六~一九九七年)に改訂・再録された。本稿では『小松茂美著作集』を参照する。

(13) 前掲注12、『小松茂美著作集』巻二、一九九七年、三一〇頁より。

(14) 木本好信『平安朝官人と記録の研究』、おうふう、二〇〇〇年、一五四頁。木本氏は、「道長に密着していた行成の日記をみることによって、間接的に道長のことをしろうとしたもの」と述べている。

松薗斉『日記の家――中世国家の記録組織――』、吉川弘文館、一九九七年、二〇八頁。

(15) この指摘は、前掲注14、松薗斉『日記の家――中世国家の記録組織――』、一五一頁。

(16)　箱書などに小堀遠州の筆跡が認められるため、遠州所蔵であったとされている。前掲、『小松茂美著作集』巻二、三〇九頁。
(17)　『岩波日本古典文学辞典』(久保田淳編、岩波書店、二〇〇七年、三〇四頁)に、藤原(後京極)良経は、「藤原俊成を師とし、叔父慈円や俊成男定家らと和歌を詠み、『六百番歌合』を主催、新風和歌の推進に力を貸した」とある。
(18)　伏見天皇による「屛風土代(臨模)」(宮内庁蔵)は、平成二十四年(二〇一二)に、原本と並んで展示された。特別展「宸翰　天皇の書──御手が織りなす至高の美──」(京都国立博物館)にて。
(19)　西本昌弘「東山御文庫所蔵の二冊本『年中行事』について──伝存していた藤原行成の『新撰年中行事』──」(『史学雑誌』一〇七─二、一九九八年)、「東山御文庫本の『日中行事』について」(『日本歴史』七一六号、二〇〇八年)、ともに『日本古代の年中行事書と新史料』吉川弘文館、二〇一二年に再録。
(20)　前掲注19、西本昌弘、『日本古代の年中行事書と新史料』。
(21)　田島公「中世天皇家の文庫・宝蔵の変遷──蔵書目録の紹介と収蔵品の行方──」、田島公編『禁裏・公家文庫研究』第二輯、思文閣出版、二〇〇六年。
(22)　前掲注21、田島公「中世天皇家の文庫・宝蔵の変遷──蔵書目録の紹介と収蔵品の行方──」、五四頁。
(23)　前掲注21、田島公「中世天皇家の文庫・宝蔵の変遷──蔵書目録の紹介と収蔵品の行方──」、七七～七八頁。このリストは、島谷弘幸氏などもすでに紹介しているが(「三条西実隆と三条流」『東京国立博物館紀要』二六号、一九九一年)、伏見宮家の所蔵品の全体像を調べるためにも重要な資料である。
(24)　前掲注21、田島公「中世天皇家の文庫・宝蔵の変遷──蔵書目録の紹介と収蔵品の行方──」、六四～六六頁に翻刻されている。
(25)　前掲注21、田島公「中世天皇家の文庫・宝蔵の変遷──蔵書目録の紹介と収蔵品の行方──」、六九～七〇頁。
(26)　古谷稔「秋萩帖の伝来と現状」、『秋萩帖と草仮名の研究』二玄社、一九九六年、一二〇頁。
　箱書には、次のようにある。野跡とは小野道風の筆跡のことで、権跡とは、藤原行成の筆跡のこと。カッコ内は筆者。
　(蓋表)
　野跡和哥四十八首　行字九段　一巻　廿枚
　権跡四韵詩四首　絶句三首　行字奥書　一巻　九枚
　(蓋裏)
　定信筆
　有定信奥書
(27)　前掲注12、『小松茂美著作集』巻二、三〇一頁。
(28)　前掲の小松茂美氏も古谷稔氏も、霊元天皇から有栖川宮家(職仁親王)へ伝わったとしている。前掲注12、『小松茂美著作集』巻二、一九九七年、二九三頁、前掲注26、古谷稔「秋萩帖の伝来と現状」、一二一頁。
(29)　詫間直樹「高松宮旧蔵『伏見殿文庫記録目録』について」田島公編『禁裏・公家文庫研究』第二号、思文閣出版、二〇〇六年、九九頁。
(30)　小倉慈司「『高松宮伝来禁裏本』の来歴とその資料価値──歴史資料を中心に」、『高松宮家伝来禁裏本目録［奥書刊記集成・解説編］』、国立歴史民俗博物館、二〇〇九年、一二一頁。
(31)　「朗詠　行成真蹟　一巻」が、「白氏詩巻」に相当する可能性も考えた。前述の「即成院預置文書目録」(『看聞日記』紙背)には、「朗詠白氏文集」という名称が見える。古筆切に関しては、「朗詠」と呼ぶと『和漢朗詠集』を筆写した作品に該当するが、「朗詠」という言葉にはそもそも「詩文を詠する」いう行為から生まれる意味が含まれる(青柳隆志「『朗詠』という語について」『日本朗詠史　研究編』、笠間書院、一九九九年、六三～六四頁より)。そのため、『白氏文集』を書写したものを「朗詠」と呼ぶ可能性も無くはない。しかし、「白氏詩巻」と「秋萩帖」は、霊元天皇の下で同じ箱に納められて有栖川宮家に伝わったため、「御遺物御配御目録」に「朗詠」のみ挙がることが不自然である。よって、この「朗詠」は、「白氏詩巻」を指すものではないと考える。また、現在、国立歴史民俗博物館が蔵する高松宮家伝来禁裏本の中に、「藤原行成筆和漢朗詠切　閑居」（東京国立博物館が蔵する「安宅切本和漢朗詠集」の模本）があり、これが行成真跡の「朗詠」とされていた可能性も高い。

(32) 小倉真紀子「『記録目録』（国立歴史民俗博物館所蔵高松宮家伝来禁裏本）」、吉岡眞之・小川剛生編『禁裏本と古典学』、塙書房、二〇〇九年。

(33) 前掲注32、『禁裏本と古典学』、塙書房、二〇〇九年。

(34) 田村悦子「御物　藤原行成筆敦康親王初観関係文書について」、『美術研究』第二九七号、一九七五年一月、一六四頁。

(35) 前掲、『小松茂美著作集』巻一、二九三頁。

(36) 平松家については、「山城国京都平松家文書目録解題」『史料館所蔵史料目録』第三一集、国立史料館、一九八〇年に詳しい。また、『平松家譜』（明治五年［一九七二］写、東京大学史料編纂所蔵写本四一七五-二九三）も参照した。

(37) 『国書人名辞典』（第四巻、岩波書店、一九九八年、一四〇頁）で言われているが、その根拠は追えなかった。また、インターネット上で思文閣が公表している「美術人名辞典」においても、「野宮定基・東園基量・滋野井公澄と並んで有職の四天王と称された」としている。滋野井とは『槐記』においても平松と並んで言述されているが、筆者はそれ以上の典拠を見つけることができなかった。

(38) 飯島春敬「陣定定文案」解説、前掲（本文中）『日本書道体系』三、一〇九頁より。

(39) 「敦康親王初観関係文書」については、田村悦子氏が前掲注34の「御物　藤原行成筆敦康親王初観関係文書について」で、蓋に「丙上書　第五号　大正十三年八月調　侍従職」とあることを述べており、大正時代より侍従職が管理していたということはわかっている。しかし、それ以上の伝来の確認がとれていない。この件に関しても、今後も調査を進めていきたい。

〔付記〕本稿を記すにあたって、釈文に関して国立歴史民俗博物館名誉教授・吉岡眞之氏より、そのほか全体にわたって東京大学史料編纂所教授・田島公氏、東京国立博物館副館長・島谷弘幸氏より御教示いただいた。末筆ながら記して感謝申し上げたい。

後三条・白河院の年中行事書

遠藤基郎

はじめに

天皇家自身による記録や儀式書については、和田英松の古典的研究から、一九九〇年代後半の松薗斉の情報論的視座の研究まで、一定の蓄積がある。それらの成果によれば、平安時代から鎌倉時代までには、次の四つに分類できる注目すべき記録・儀式書があった。(1)

①一〇世紀前半の宇多天皇の『御遺誡』、村上天皇の『新儀式』、②後三条天皇の『後三条院年中行事』『後三条天皇記』、白河院の『(近代禁中作法) 年中行事』『後三条天皇記部類記』、③順徳天皇の『禁秘抄』、そして④後醍醐天皇の『建武年中行事』である。

小論は、このうちの②後三条・白河院の儀式書について検討を試みる。

彼らの儀式書については、朝廷年中行事全体に対する、天皇家王権の主導性回復ないし強化を図ったものである、とする橋本義彦の研究、あるいは、そこに記されたとされる「主上作法」=天皇作法知識に注目した井原今朝男・松薗斉の研究などがある。(2)

上記四つの天皇の記録のうち、①③④は何らかの形で、テキストそのものが伝来しているが、従来②については、存在のみが知られるにとどまっていた。しかし最近、田島公によって、後三条天皇による叙位・除目についての儀式書が新たに紹介された。(3) これによって儀式書そのものをも踏まえて研究する新たな段階にはいったのである。小論の目的は、田島の成果に続き、『後三条院年中行事』『(近代禁中作法) 年中行事』を探索することにある。

ここでは、天皇作法に詳細とされる後三条・白河の年中行事テキストとして、『続群書類従』第一〇輯上に収められた『年中行事』こそが、それに該当する、との結論を提示したい。その上で、『後三条院年中行事』『(近代禁中作法) 年中行事』をめぐる二つの問題について、改めての問い直しを試みる。

なお本論に先立って天皇作法(「主上御作法」)の意味するところについて確認しておく。すでに井原他の紹介があるように、天皇作法の事例は、後掲〔史料7〕の不堪佃田奏での文書閲覧手順、あるいは『九条家歴世記録』(図書寮叢刊) 法性寺殿御記天治二年(一一二五)

九月一四日条の斎宮群行の儀式における天皇の発声などである。「作法」については、「居ふるまいの仕方。起居動作の法式。礼儀作法。行儀作法」（『小学館日本国語大辞典』）という語義があり、これに一致する。したがって、天皇作法とは、儀式の場における所作や振る舞い、つまり身体表現のありように関わることは明瞭である。小論で扱う年中行事書での天皇作法の意味もまたこの意味である。[4]

一　『年中行事』の書誌

書物としての年中行事については、所功・西本昌弘・五味文彦などの精力的な研究によって、新写本の紹介や編者他の書誌の究明が大きく進んだ。[5]ただし、この『年中行事』（『続群書類従』第一〇輯上）は従来注意が払われてこなかった。管見の限りであるが、本『年中行事』を積極的に取り上げたものは、後述する神今食の会場配置に関する牟禮仁の研究のみである。

書誌については、『群書解題』が唯一のものであろう。概ね以下のように整理できる。

本『年中行事』は、朝廷行事の次第を丁寧に説明している点が特徴的である。吉田祭・北野祭の始まった永延元年（九八七）が記載行事の下限と考えられる（ただし後述のようにこれは修正が必要である）。引用史料は、『応和元年御記』（一一月上酉日当宗祭、村上天皇の日記か）、『新儀式』（一一月中卯日中院行幸、村上天皇の勅撰）、そして『寛弘抄』（一一月中卯日豊明節会）である。賀茂社社人保隆本から書写した旨の奥書などから、『賀茂本年中行事』と表題をつける本もあるが、本『年中行事』自体は、賀茂社の年中行事ではない。

（一）『年中行事』諸本

最初に写本について見ておきたい。これまでの調査において、書陵部・蓬左文庫・内閣文庫・京都大学所蔵勧修寺家記録の所在を確認した。今後さらに多くの諸本が見いだされることとなると思われるので、以下はあくまでも現段階の不十分な中間報告に過ぎない点を断っておく。

本年中行事には、二つの系統がある。ひとつは続群書類従本の系統である。いまひとつは、書陵部蔵柳原家本の系統である。

①続群書類従本系

続群書類従本には、「右年中行事一巻者、借得賀茂社氏人保隆模写之、秘而不許他見者也。／明和二年（一七六五）四月上浣　内膳司高橋等庭」（／は改行を示す。以下同じ）という奥書の写が見える。同奥書が見えるのは、他に蓬左文庫本（請求番号四―五三、表紙外題「賀茂保隆本／時代不知年中行事全」、本文中に錯簡あり）、そして内閣文庫本（一四五―一七二、表紙外題「年中行事〈賀茂氏人保隆所伝〉全」、印記「天保十一庚子年写蔵」）である。この系統のひとつの特徴は、文字の欠損箇所が少なからず存在する点である。

なおこの系統と親和性が高いものとして、書陵部所蔵壬生本（F一〇函二九号、首題「年中行事」、奥書なし）がある。

②書陵部所蔵柳原本系

こちらの系統の特徴は、続群書類従本にある賀茂社社人伝来の記述がないこと、続群書類従本の欠損文字や、脱字・脱文を補うこと、そして二月末日の「定位禄事」と三月冒頭との間に、一一月新嘗祭中院行幸の記事が誤入し、一一月新嘗祭中院行幸の該当分は脱文するという錯簡があること、などが特徴である。以下の諸本がある。

(あ)書陵部所蔵谷森本(三五一函三三八号、首題「年中行事」)。奥書に、「此一冊、借柳原家本、書写、有錯簡、重請葉室家本、校合、可謂全備歟、権大納言兼胤」とある。広橋兼胤の権大納言在任は、寛延二年(一七四九)より安永五年(一七七六)十二月までである。続群書類従本の保隆書写とほぼ同時期である。この奥書によれば、「柳原家本」を親本、「葉室家本」を校合本としている。このうち、「柳原家本」はあるいは次の書陵部所蔵柳原本であろうか。一方、「葉室家本」は不明である。[6]

(い)書陵部所蔵柳原本(柳函八〇九号、表紙ウハ書「無名/年中行事」、首題「年中行事」。奥書なし)。料紙は、不純物の混じるやや質の劣る楮紙である。あきらかに(あ)よりは、古い写本に見える。

(う)京都大学総合博物館所蔵勧修寺家記録本(東京大学史料編纂所写真帳6170.68-1-599による。表紙ウハ書・首題ともに「年中行事」、奥書なし)。実見はしていないが、江戸時代の写本であることは間違いない。

(え)書陵部所蔵鷹司本(二六六函七四一号、首題「年中行事」、奥書なし)。筆跡などから見るに、幕末・明治頃の書写であろう。内容は柳原本に近いが、「中院行幸」の錯簡は修正されている。

(あ)以外は、奥書などなく、系統関係を確定するのは困難である。特に(い)柳原家本、(う)勧修寺家記録本との関係は、今後詳細な対照作業が必要であるが、内容は同一と見てよい。現段階では、暫定的に書陵部蔵柳原本系としておく。

さて、続群書類従本よりも、本系統の方が良質な写本である。以下、特に顕著な違いを示す(括弧内は、刊本『続群書類従』の頁・段・行。またゴシックは柳原家本による校訂箇所を示す)。

元日小朝拝(一五四・上・一六)

其上立殿上御椅子、**置**○鎮子、出御、

上子日(一五五・下・五)

早旦、内蔵寮供若菜事内膳司同供之、

二月上申日春日祭事(一六二・上・九)

次舞人陪従給禄召所佐渡布、給舞人、番長各三端、近衛各二段、若無件布者、召内蔵寮絹、給官人、内侍率女官、参社頭、

三月中午石清水臨時祭のうち、当日早旦、賜装束陪従事(一六四・下・一七)

次蔵人頭奉仰、召公卿、公卿着座仙華門、次主上喚、蔵人頭奉仰、喚使以下、次使以下着座、次一献使座、蔵人頭、次二献使座、公卿、次三献、

四月一日旬事(一六六・下・八)

次掃部寮立案於版南、(略)勅答、取礼、少納言称唯、傍行、召主鈴、々々称唯、捺印、盤就印櫃下、少納言立長楽門橋下北面、取印就案、

九月廿三日牽信濃望月御馬事と二五日国忌事との間(一七五・上・六)

廿五日牽武蔵立野御馬事

九月末尾臨時仁王会事(一七五・上・一二)

大極殿講師百人、先請僧綱、加散位、次已講、次東大寺、興福寺、延暦寺、園城寺、法成寺、円宗寺、法勝寺、講師一人

続群書類従本は賀茂社社人伝来本であった。あるいは、これまで本『年中行事』が本格的に検討されなかったのは、このことがなにがし

かの影響を与えていたのかもしれない。しかし、勧修寺・柳原・葉室・広橋といった公卿諸家の写本があることは、本『年中行事』の内容が、公家社会において信用を得たものであったこと示す。十分に信頼性を伴う史料なのであった。

(2)『年中行事』の成立時期

続群書類従本・書陵部所蔵柳原本系統ともに、中世に遡る奥書がなく、残念ながら成立・伝来は不明である。したがって、本書の成立時期は内容そのものから検討するより他に術がない。[7]

既述のように『群書解題』は、吉田祭・北野祭の始まった永延元年(九八七)に注目する。しかし、『年中行事』の神今食記事を検討した牟禮仁は以下のように指摘する。[8]神今食の「神座」、すなわち神に捧げる饗膳を配置する畳の敷き方は、①九世紀初め以後、三行敷き、②一一世紀初頭以後、二行敷き、③一四世紀前半以後、一行敷き、と変遷する。本『年中行事』での「神座」は二行敷きであり、一一世紀初頭以降の実態を反映したと結論づけている。これによって成立時期の上限は若干ではあるが下ることになる。

さらに、以下の行事記載から、上限は下る。

(あ)八月一五日石清水放生会

勅使発遣の記事がある。これは後三条天皇のもと延久二年(一〇七〇)に開始された(『扶桑略記』延久二年八月一四日条)。

(い)二月一九日円宗寺最勝会

『江家年中行事』[9]は、後三条天皇譲位直後の延久五年に開催されたとする。ただし、その後は実施の形跡はなく、永保二年(一〇八二)より再開、年中行事として定着する。[10]

(う)八月末臨時仁王会

承暦元年(一〇七七)落慶供養の法勝寺が見える。

これらによれば、最終的な形態は、白河親政期法勝寺創建後を上限とすることになる。すなわち、成立は白河親政期以後となる。

ここでは、さらに本書に見えない行事に注目したい。

(え)朝覲行幸

朝覲行幸は、天皇が父上皇の御所に行幸する正月年頭の儀式である。院政の定着とともに、恒例となっており、後述の表1『師遠年中行事』を初め、院政期以後の年中行事書には必ず記載されている。いわば院政を象徴する儀式であった。『年中行事』には、この院政期的な行事の記述がない。

ところで、院政期の上皇御所への朝覲行幸に先行するものとして、摂関期以来母后および直系祖母となる女院への朝覲行幸があった。この点は、白根靖大の研究に詳しい。[11]この母后・女院への朝覲行幸についても、『年中行事』には見えない。

あらためて白根の研究および詫間直樹編『皇居行幸年表』(続群書類従完成会、一九九七年)によって、一一世紀以後の朝覲行幸を整理する。

①後一条・後朱雀は、正月年頭に、母后上東門院のもとに朝覲行幸をしている。

②次の後冷泉天皇は、両親死別により祖母上東門院に朝覲行幸をする。ただし、その時期は正月年頭に固定されておらず、臨時行事としての性格が濃い。おそらく上東門院が生母でなかったことが、

影響していると推測される。

③後三条の場合、母后である陽明門院が存命であり、延久二年二月二六日の朝覲行幸が確認される（『扶桑略記』）。重要なのは、正月年頭に固定していた訳ではない点である。後冷泉天皇期のあり方が継承されている。

④白河天皇は両親ともに死別している。ただし祖母陽明門院は存命中であるから、後冷泉の上東門院御所への行幸に倣うという選択肢もあったはずだが、陽明門院への朝覲行幸は認められない。後三条―実仁派に近い陽明門院と、白河天皇との間の政治的確執の故と考えられる。(12)

⑤白河が堀河天皇に譲位した後、寛治二年（一〇八八）以降は、実態において正月朝覲行幸が定着する。

以上の検討に基づくならば、朝覲行幸が正月恒例行事となっていないのは、後冷泉・後三条・白河の三代である。この点から、『年中行事』の成立を堀河天皇期に下らせることはできない。さらに本書に見えない行事がある。

(お)三月上午日石清水八幡行幸

白河天皇は勅願として、即位三年目の承保二年（一〇七五）より三月上午日石清水八幡行幸を行った。以後、白河親政の恒例行事となる。(13)本『年中行事』には、この三月上午日石清水八幡行幸の記述がない。ここから判断すると、本書は白河親政期承保二年（一〇七五）の以前の成立となる。

さて、以上の(あ)～(お)で矛盾するのは、(お)石清水八幡行幸（承保二年（一〇七五）三月）がないことと、(う)法勝寺（承暦元年（一〇七七）落慶供養）があることである。ただし勅願として開始された(お)を書き漏らすとは考えにくいこと、そして(う)は割書であって、後世追補された可能性が高いことなどから、(14)(お)を優先したい。

このように処理すると『年中行事』の成立は、(い)円宗寺最勝会開始（延久五年二月）以降、(お)石清水八幡行幸開始（承保二年三月）以前となる。つまり白河天皇最初期である。あらかじめ述べれば、後三条上皇の「院政」の時期（延久四年一二月から五年五月）を含む時期である。

二　他の儀式書との比較

ここまでの検討によって、『年中行事』は一一世紀後半、白河天皇最初期頃成立であるとの結論を得た。直前の後三条天皇期の実態を強く反映していると言える。次に、作者と作成意図の解明の糸口をえるため、他の儀式書との比較を試みたい。時期の近い、『師遠年中行事』（以下『師遠』）、『江家次第』（以下『江家』）を対象として取り上げる。

『江家』は、大江匡房が関白藤原師通のために作成したと言われ、一一世紀末、白河院政最初期の成立である。

『師遠』（『続群書類従』第一〇輯上）は、外記中原師遠によって一二世紀初頭に成立した。書式に特徴がある。すなわち内裏に設置された年中行事御障子の年中行事（以下、年中行事御障子文）を太字で記し、その傍らに細字でいくつかの行事を追補するという字配りがなされている。テキストそのものの成立は、『江家』『師遠』の順になるが、『師遠』の太字年中行事御障子文は、一〇世紀初頭以来の年中行事を記載しており、実際には古い形態をとどめている。

（1）正月行事の比較

表1は、正月行事について、各年中行事書の記載を整理したものである。なお『師遠』については太字と細字に分けて整理した。

最初に、『年中行事』と『師遠』との比較である。両者の隔たりは大きい。まず『師遠』太字行事、すなわち年中行事御障子文に見える、令制本来の様々な文書政務儀礼が、『年中行事』では大幅に削られている。これらはすでに一一世紀後半の記録には見えず、廃絶している。『年中行事』はそうした実態を反映したためと考えられる。さらに、『師遠』細字行事のうち、『年中行事』に見えないものとして、朝覲行幸、法勝寺修正会に代表される天皇家御願寺修正会、白河院政期に始まる院尊勝陀羅尼がある。この事実から、『年中行事』の成立は、白河天皇最初期であるという結論が再確認される。

注目しておきたいのは、一〇世紀以来継続した大臣大饗が、『年中行事』に見えない点である。これは、大臣が下僚となる公卿・官人を招く宴会であり、天皇との直接的な関係はない。後述のように、『年中行事』は天皇作法に主眼がおかれている。それ故、天皇作法と関係のない行事は省略されたと考えられる。

以上とは逆に、『師遠』になく、『年中行事』に見える行事として、「内蔵寮給殿上男女房及蔵人酒肴」（元日・一五日）がある。これは、天皇に近侍する者達への振る舞いであるから、天皇と彼ら／彼女らとの人格関係の確認儀礼である。前述の大臣大饗が『年中行事』に見えない点を考え合わせると、『年中行事』は、天皇周辺の事柄に関心が集中していると評価できよう。

次に、『江家』と『年中行事』の比較である。両者はほぼ一致している。(15) 違いは、『年中行事』のみにあるものが、「供御歯固」「供膏薬」「内蔵寮給殿上男女房及蔵人酒肴」「主水司供七種御粥」であり、逆に『江家』のみに見えるものが、大臣大饗である、という点である。この違いの意味するところは前述の『師遠』の場合と同じで、天皇の周辺への関心の差と言える。『年中行事』が天皇周辺の行事に焦点を絞っていることが、ここでもまた確認できる。

（2）記述内容の検討

次に具体的な式次第・作法の記述について比較したい。『師遠』はそもそも次第・作法の記述を目的としないので、比較の対象とはならない。『年中行事』と『江家』、そして関連する儀式書を取り上げる。

紙幅の都合で結論のみとなるが、記述量においては『江家』が圧倒的に勝っている。元日節会・白馬節会の場合、『江家』には会場設営全体の詳細な記述もあり、儀式全体をカバーしようとする意図が窺える。一方、『年中行事』では、紫宸殿での進行のみに記述が絞られ相対的に簡略である。そこには一定の傾向が確認できる。

叙位を事例に少し詳しく見たい。『江家』の叙位関連の内容は、概略を示すと、

①公卿などが陣に着し勧盃
②天皇御前にて叙位者選定
③陣（もしくは議所）での位記作成・請印・下名作成

となる。

表1　正月行事の比較

日	年中行事	師遠太字	師遠細字	江家次第
1	四方拝、供御歯固、供御薬、供膏薬、小朝拝、節会、内蔵寮給酒肴於殿上男女房及蔵人所	四方拝、供屠蘇・白散、朝賀、小朝拝、宴会、中務省奏七曜暦、宮内省奏氷様・腹赤御贄、中務省進侍従・命婦歴名補任帳、諸司告朔公文進弁官、式部省進国司秩満帳、式兵両省進内外官補任帳、治部省進威従并諸国講読師補任帳、太政官進参議以上上日、諸衛進当番歴名	供御薬、法成寺十斎堂修正、諸院宮御薬、内蔵寮酒肴、内侍所御供	四方拝、供御薬、小朝拝、元日節会
2	二宮大饗	視告朔、皇后宮及東宮拝賀	拝覲上皇母后、東宮朝覲、関白家臨時客	二宮大饗＊指定日なし(朝覲行幸については別に立てている)
3			奏去月上日、法成寺阿弥陀堂修正、法性寺御八講	
4		国忌(皇太后藤原穏子)、童親王拝覲、諸司申要劇文		
5	叙位議	始叙位議		叙位＊指定日なし
6			法成寺薬師堂修正、法勝寺阿弥陀堂修正	
7	宴会	節会	法成寺金堂修正始、円宗寺金堂修正始	節会
8	御斎会始、給女王禄、女叙位、太元御修法、真言院御修法	大極殿御斎会始、女叙位、賜女王禄、太元帥法始	法勝寺金堂修正始	女叙位＊指定日なし、給女王録、御斎会始
9		始外官除目議		
10		諸司申親王以下月料文、三省申諸司秋冬馬料文、兵部省応供奉内射五位以上歴名置侍従所		
11		除目事		
13		三省申秋冬馬料文		
14	御斎会終、内論義	御斎会竟、殿上論議	諸寺進巻数於蔵人所、円宗・法勝・法成寺修正竟	
15	主水司供七種御粥、内蔵寮給殿上男女房及蔵人酒肴、宮内省御薪、兵部手番	主水司献七種御粥、於宮内省進御薪、兵部省手番、奏給諸司秋冬馬料目録文	円乗寺御八講始	御薪＊指定日なし、兵部手番
16	踏歌宴	踏歌、三省進去年冬季帳、民部省進諸大粮文		踏歌
17	射礼	内射		射礼
18	賭弓	賭射、国忌(後朱雀院、円乗寺)	仁寿殿観音供	射遺、賭弓
20		内宴、給馬料官符下大蔵省		
21		文武官進去年年終帳、諸国一分除目		
22		於大蔵省給馬料		
25		国忌(贈皇太后苡子、転輪院)		
晦日		神祇官奉御麻、御巫子進御贖		
立春日	主水司進立春水	主水司進立春水		供立春水
上子日	内蔵寮供若菜		内蔵司供若菜	
上卯日	献卯杖、内侍所献御杖并御体杖	献御杖		卯杖
吉日	除目		院尊勝陀羅尼供養、大臣家大饗、(他省略)	大臣大饗、除目

『年中行事』では、①については、一切の記事がない。天皇御前での②については、『江家』の記述を大幅に簡略化した次第を記す。特に注目されるのは、「主上召大臣、其詞曰、古奈太仁、早久」など天皇の実際の発声に言及している点である。この天皇の発声については、『江家』にも言及がある。ただし『江家』の場合、「主上被仰云、早久」あるいは「主上被仰」など天皇の発声に言及している点である。

次の③について、さらに詳しく『江家』の内容を整理すると次のようになる。

・上卿が参議を率いて議所もしくは陣に着く。
・上卿が内記に命じて位記・硯函を用意させる。上卿が叙位簿を下す。位記に記入（「入眼」）させる。上卿が確認する。射場殿に移動して天皇に奏聞する。
・天皇が確認し、返却、請印せよと命じる。
・上卿が近衛将監に、「印」と命じる。将監いったん退出し、少納言・主鈴と印を伴い参上。少納言が位記に印を押す。内記が巻き直す。印を押した位記を上卿が確認。天皇に奏聞する。
・天皇返却、「次第せよ」と命じる。
・内記が位記を函に納める。
・参議が下名を書く。上卿が、式部函の緘もしくは兵部函の上に差し挟んで天皇に奏聞。
・上卿、弓場殿より退出。

議所および弓場殿での所作への記述が見える。一方『年中行事』の記述は以下の通り（ゴシックは柳原本での校訂）。

上卿給之、着陣。入眼畢、参射場殿、奏聞、返給仰令請印与請印畢、奏聞、返給、仰云、令次第与、次第了、書下名、差夾式部筥上、奏聞、退出、依仰、暫置々物御厨子上、

『江家』に見える議所・弓場殿での公卿以下の具体的な所作には触れるところは少ない。天皇への奏聞・奏上のみに集約される。そしてここでも天皇の発声に筆が及ぶ（傍線部）。また奏聞された下名は、清涼殿の置物の御厨子の上に置くと記述している。これは、『江家』に見えず『年中行事』にのみ見える。『年中行事』からは、天皇への過剰な関心の高さが窺える。

叙位と同じく正月除目も、原則は①～③の次第である。『江家』は①～③が備わっているが、『年中行事』は、①及び③への言及が一切なく、天皇御前②のみの記事しかない。叙位以上に、除目では、天皇周辺への関心の集中がより徹底している。

さらに、『江家』と『年中行事』の違いが際だつものとして、正月御斎会関連記事がある（表2）。『年中行事』では、天皇が関与しない大極殿での次第に全く触れない。対照的に天皇が関与する清涼殿での内論義については、その記述は詳細である。

以上のいくつかの正月行事の比較からも、『年中行事』の意図が天皇及びその周辺の次第・作法にあることが窺われる。正月行事以外でも次の神今食や、「六月晦日夜神祇官供荒世和世御贖物事」なども具体的な天皇作法に詳しい。こうした知識が必要なのは、天皇その人、もしくは蔵人・女官などそれを補助する人々である。そして彼ら／彼女らが『年中行事』の撰者として想定される。結論を先取りすれば、天皇が撰者であったとするのが妥当である。神今食作法を通してその

表2　御斎会・内論義の比較

	年中行事	江家次第
御斎会始	(行事名のみ)	公卿・諸司・僧侶が大極殿に参集／舞楽／法用・説法・論議／行香／公卿退出
御斎会竟	公卿が大極殿にて行うとのみある	公卿・諸司・僧侶が大極殿に参集／舞楽／法用・説法・論議／行香／公卿等東座にて饗宴(この間上卿は、治部省解・僧名・加供文を覧ず)／宣命／僧侶に布施を賜う／公卿など右近陣座にて饗宴
殿上内論義	公卿など右陣より清涼殿に移る／僧綱など清涼殿に参集／番論義／僧綱へ給禄／僧綱・公卿退出	公卿・僧綱など清涼殿に参集／天皇御前にて番論義／僧綱へ給録／僧綱・公卿退出

ことを示したい。

本儀は、内裏内での六月一一日・一二月一一日の月次祭、及び一一月卯日新嘗祭にて行われる。天皇が内裏内の中院（後には神祇官）にて、精進潔斎し、神に食事（御飯・干物・鮮物・菓子）を捧げる儀式である。これについては『建武年中行事』を包括的に論じた佐藤厚子の研究に詳しい(16)。神への奉献は、閉鎖された空間で天皇とこれを補助する少数の女官のみによって行われる。『江家』には、「御膳を供するの儀、内裏式に見ゆ」（巻第七、六月神今食、原漢文）、あるいは「以後のことなど別にあり」（巻第一〇、一一月新嘗祭、原漢文）と記すのみである。後掲表3に示した、神饌そのものの天皇作法には言及していない。まさに天皇家王権にとっての秘儀中の秘儀であった。

本儀については、最近、西本昌弘によって、九条家本『神今食次第』が紹介された(17)。それは、村上天皇によって編まれた『新儀式（清涼記）』を引用したものであった。表3は、神今食のうち、特にポイントとなる、天皇が神に饗膳を捧げる部分のみに絞り込んで、『年中行事』とその九条家本『神今食』所引『新儀式（清涼記）』及び『建武年中行事』とを比較したものである(18)。

『建武年中行事』は、女官采女による神饌用意の記述が簡潔に記されている。また表にはあげていないが、神饌奉献の直前、天皇が神殿にはいり着座する次第には、天皇が「揖」するとあって、これは、「此の揖は人しらぬ事」、すなわち天皇のみの知る秘儀であるとわざわざ書き加えている。後醍醐天皇自らが撰述したに相応しい。しかし、神饌奉献の具体的所作については、「くはしきやう次第に見えたり」として、別の儀式書に譲っており、次の『年中行事』『新儀式（清涼記）』と比較すれば、簡略と言わねばならない。

その『年中行事』『新儀式（清涼記）』は、采女が平手を天皇に渡し、天皇が箸を持ってそこに御飯・鮮物・干物・菓子の順に逐一盛りつけ、采女に渡す様を、文字通りテキストとして再現している。当事者である天皇にとって実践的に役立つマニュアルとなっている。そしてマニュアルという点では、『新儀式（清涼記）』よりも『年中行事』の方がより徹底している。右手と左手の使い分け、箸を何回に分けて鮮物を取るのか、などである。これらの所作は天皇その人以外には知る必要すらない。そして、饗膳を撤収する際に、供物を取る順番などでの無作法をおそれ、その過ちを心の中で神に詫びる、としている。天皇個人しか知り得ない情報である。

以上の点からみて、本『年中行事』は天皇自ら撰述したものと考え

表３　神今食神饌儀の比較（読み下し）

<table>
<tr><th>九条家本『神今食次第』所引清涼御記</th><th>年中行事</th><th>建武年中行事</th></tr>
<tr><td>「姫先枚手を取り、天皇に奉る、天皇御箸を取りて、御盛、姫に授く〈(略)其の箸をもって、御盛の数三度、他もこれに同じ、〉」</td><td>「陪膳両手を以て、平手一枚を取りこれを奉る、天皇左手を以てこれを受け、右手を以て箸を取りて飯を盛る、三箸畢りて、陪膳に給ふ」</td><td rowspan="6">「ひらでばこの御はん・なま物・から物・くだ物のはこども、次第にまゐりぬれば、采女ひらでをとりてまゐらするに、次第に(天皇が神前に)入れさせ給ふ。おき様、二つやうあり。二行にすう。五出の様なり。神今食は、五出たよりあるなり。ひらですくなきゆゑなり。くはしきやう次第に見えたり」</td></tr>
<tr><td colspan="2">(陪膳役の八姫は、天皇より渡された料理を御食薦の上に置く)</td></tr>
<tr><td>「姫亦枚手を取り、天皇に奉る、天皇八種肴を一枚に合わせ盛り、姫に授く、」</td><td>「陪膳又平手一枚これを奉る、宸儀これを取る、生物の上に立つるところの箸を取り、鮮物を盛る〈毎種各三箸〉、次に干物の上に立つるところの箸を取り、各盛り加え給ひ、初めの如く陪膳に給ふべし」</td></tr>
<tr><td>「御菓子六つ、葉盤、列ね置くは此の如し」</td><td>「陪膳又平手一枚これを奉る、宸儀これを取り、菓子筥の上に立つるところの箸を取り、菓子を盛る〈毎度三箸、これを盛るに初めの如し、〉」</td></tr>
<tr><td>御酒を供する</td><td>御酒・御粥を供する</td></tr>
<tr><td>(記述なし)</td><td>「私に祈りて曰く、先に挟め給ふべきの物を後に挟み給ひ、及び諸の咎有るとも、神直ほひ大直ほひに受け給へ」</td></tr>
</table>

るのが適切だろう。このことは、本書の引用書目からも補足できる。

引用書目は、『応和元年御記』（十一月上酉日当宗祭）、『新儀式』（十一月卯日中院行幸）、『寛弘抄』（十一月卯日宴会）である。すでに『群書解題』が指摘するように、『応和元年御記』『新儀式』は、村上天皇による。残る『寛弘抄』についても、寛弘年間（一〇〇四～一二）の部分が天皇家に伝来したとされる一条天皇の日記である可能性は高い。[19]本書にはこれ以外の引用がない。つまり天皇の日記のみに依拠している。この偏りは撰者が天皇であると想定すると理解しやすい。

白河天皇最初期の成立であり、天皇作法に照準を据えた天皇自身による儀式書。ただちに想定されるのは、天皇作法について詳細であるとされる『後三条院年中行事』（『貫首秘抄』、『群書類従』第七輯）、あるいは白河院が撰述したとされている『（近代禁中作法）年中行事』である。次にこの点を検討したい。

三　後三条・白河院年中行事書と『年中行事』との比較

後三条の編による年中行事のテキストとしては、『後三条院年中行事』のほか、『禁秘記抄』『後三条院御抄』『延久御抄』『後三条院御筆次第』『後三条院御次第』などの書名が史料上散見される。和田英松は、これらを同一書目の異称として理解している。

一方、田島公によれば、後三条天皇による大嘗会卯日次第は、後世『後三条院御次第』と称されている。[20]言うまでもなく大嘗会は年中行事ではなく臨時行事であるから、特定の行事のみに限定した次第書としての『後三条院御次第』も想定せねばならない。

ただし、そのような違いがあったとしても、後三条院による儀式書である以上、天皇作法自体については、年中行事であれ、特定行事の次第書であれ一貫性があると理解して問題ないだろう。(21)それ故、以下行論では、年中行事と特定行事次第書の違いについては、さしあたり考慮せず比較作業を行う。

また『(近代禁中作法)年中行事』は、白河院の撰と考えられている。後述のように、この『(近代禁中作法)年中行事』と『後三条院年中行事』との関係は、重要な論点である。この点にも留意しながら、『年中行事』との比較を行う。

なお以下の史料は、すでに先行研究によって紹介されているものであり、取り立てて目新しくはない。ただし、比較のために微細な内容検討を行うことを許されたい。

(あ)元日四方拝

四方拝は、天皇が正月元日に天地・四方・山陵を拝して平安祈願をする儀式である。二つの史料に、『延久御抄』『延久年中行事』への言及がある。

〔史料1〕『園太暦』観応二年(一三五一)一二月二六日条

(一条経通注進)一所、拝属星御座西北角舗二浅黄縁半帖一枚一／一所、拝天地御座(略)御座前、立二高机三脚一、東机置レ香一、中置二作花一、置二折敷一、〔据脱〕二土高坏一、左右置二燃燈一、各置二折敷一、土高坏、西机置二衣炉一〔香〕／一所、拝陵御座南辺、敷二同半帖一枚一(中略)

(二条良基注進)四方拝条々／一御装束事／行事蔵人任レ例可二申沙汰一歟、説々雖レ有二不レ同事一、延久御抄可レ為二正説一、又雲図抄所存、無二相違一、

〔史料2〕『江次第鈔』(『続々群書類従』、一条兼良〔一四〇二～八一〕撰述、永享一一年〔一四三九〕成立)

江次第之説、属星・天地座前立レ机、各供二香・花・灯一但天地座前、不レ供レ灯、近例又燃レ灯云々、山陵座前、不レ供レ之、西宮勘物同レ之、

次西宮本書并蟬冕抄、立二三机一、各供二香・花・灯一、

次蟬冕一説并雲図抄、立二机三脚一、東机置二香合一、中置二灯明・作花一、西机置二香炉一蟬冕、加塗香、置延久年中行事同レ之、

(中略)近代如二雲図一奉二仕之一云々、

この二つが問題としているのは、属星座・天地座・山陵座の三つの座と、香炉・花・燈火、そのための机の配置の関係である。『江次第鈔』の認識によって、それぞれの説を整理すると表4の通りになる。(22)

甲説は、三座毎に机ひとつ(都合三脚)、それぞれに香炉・花・燈火が一組、乙説は、二座だけにそれぞれ机ひとつ(都合二脚)と香炉・花・燈火一組、(23)そして丙説は、全体で三脚、東机(香炉)・中机(花・燈火)・西机(香炉)。この三通りとしている。『延久御抄』『延久年中行事』は、丙説である。

これに対して、『年中行事』の記述は次の通りである。

〔史料3〕

其中設二御座三所一、一所拝二属星一座西北角、一所拝二天地一座東北角、其上敷レ褥、座前立二高机一、置二香・花・燃燈一、一所拝二山陵一座南辺、

〔史料1〕〔史料2〕と比較するならば、曖昧な書き方である。素直に読むならば、天地座前に机一脚がおかれ、机上に、香炉・花・燈火を一セット置くとも解釈できる。『江次第鈔』には記述されない設置方法である。

とは言え、『江次第鈔』のあげる甲乙丙、三説との一致という観点で読むならば、次のように言える。『年中行事』の記述は、甲・乙説

表4　四方拝の机と香・花・燈火の配置

		甲説	乙説	丙説		
		西宮記本文	江家次第 西宮記勘物	雲図抄※	園太暦観応2年 12月26日条	年中行事
拝属星座前	香 花 燈火	○ ○ ○	○ ○ ○			
拝天地座前	香 花 燈火	○ ○ ○	○ ○ △	机3脚を据える。香(東机・西机)、花(中机)、燈火(中机)	○(東机・西机) ○(中机中央) ○(中机左右)	○ ○ ○ ※机の数を明記せず
拝陵座前	香 花 燈火	○ ○ ○				

註：△→近例とする　※註(22)参照

に当てはめることはできない。一方、丙説については、そうとも読める余地を残している。『年中行事』は、具体的脚数を記しておらず、香炉・花・燈火ごとに一脚で、都合三脚である可能性を排除していないからである。『江次第鈔』の記主が、特に天地座前にのみ置くという点にこだわったとすれば、このような解釈をした可能性は否定しきれない。『延久御抄』『延久年中行事』が、『年中行事』を指す可能性は大いに残される。

なお、〔史料3〕『年中行事』の省略した後段には、拝礼に際して、天皇が唱えるべき呪文とともに具体的な所作が記されている。まさに天皇作法に詳細なのであった。

(い)元日供御薬

『江次第鈔』には、『江家』の「次供二三献一（中略）当二塗籠東方戸一」とある部分について、『延久御抄』には、「三献度向二東戸一」と見えるとする。すなわち「当」か「向」の違いに着目している。

『年中行事』には、「次三献入レ自二夜御殿南戸一、向二東戸一、乍レ立飲御」とある。したがって、『延久御抄』と『年中行事』の記述は一致する。

(う)四月一日旬

旬とは官奏に伴う饗宴を指す。官奏は諸国・諸司よりの申請を天皇が決済する儀式である。いわば統治者たることの証であった。平安前期は各月四回開催されたが、中期以降は形骸化し、年二回四月一日・一〇月一日のみとなる。(24) 特に即位後最初の旬は万機旬と称され、重視された。基本的には天皇の統治行為を示す文書儀礼＝吉書の一環として執り行われ続けたのであった。

〔史料4〕『為房卿記』寛治元年（一〇八七）四月二三日条

表5　旬儀の比較

年中行事	為房卿記 寛治元年4月23日条
天皇が紫宸殿に出御	○
開門、闈司が天皇に奏聞、勅答	○
大監物が天皇に奏聞、勅答、閉門	○
内侍が東檻に着く	△(西檻とする)
大臣が陣にて申文を見る	×
大臣申文の奏上を奏聞、勅答	×
天皇が申文を裁許し、大臣に戻す	×
裁許に従い、大臣が陣にて申文を処理	×
(以下、饗宴の次第)	
饗宴の場に、王卿着座	○
内膳正が天皇御台盤を担ぐ	○
進行役の近衛次将が、内竪に天皇御飯を供するよう命じる	○
采女が酒器を据える	○
内竪が、臣下の台盤を据える	○
酒番が着座	○
天皇の四種を配膳	○
臣下の四種を配膳	○
(四種物の)器を下げる	○
天皇の索餅を配膳	○
臣下の索餅を配膳	○
天皇が箸を下ろす、臣下はこれを合図に食事を中断	○
侍従厨が、天皇に御贄を進上	×
鮑の羹を配膳	○
天皇の御飯を配膳	○
臣下の飯を配膳	○
進物所の菜を天皇に進上	○
御厨子所の菜を天皇に進上	○
臣下の菜の汁物を配膳	○
天皇が箸を下ろす、臣下はこれを合図に食事を中断	○
天皇に御酒を上げる	○
臣下に酒を置く	○
器を下げる	○
天皇・臣下の順に菓子・干物を出す	○
六府が内裏月番の武人の名簿札を奏聞す、勅答	×
天皇が名簿札を見る	×
天皇に御酒を上げる(二献)	○
臣下に酒を置く(二献)	○
少納言が「内案」に印を捺することを奏聞する、勅答	×
少納言と主鈴が捺印	×
少納言が捺印したことを奏聞する、勅答	×
少納言など退く	×
天皇に御酒を上げる(三献)	○
臣下に酒を置く(三献)	○
左右近衛府が楽舞を上演	×
天皇に出席王卿の「見参」を披露	×
王卿など庭に並び、天皇の拝舞し、退出	×
天皇が入御	○

次第於二殿下一書レ之、為二御使一、昨日持二参于院之一、以二後三条院御筆次第一、所二読合御一也、(中略)(『後三条院御筆次第』には、――遠藤注、以下同じ)有二勅答奏等一、幼主御時御時被レ止レ之者、但寛和二年有二庭立奏一後時有レ難者、承平・安和無二此奏一者、仍今日被レ止了、

これは、堀河天皇万機旬の記事である。関白師実が旬の式次第を作成した。為房は使者として白河院の元に持参。白河院は『後三条院御筆次第』と、その式次第を読み合わせたのであった。

『年中行事』においてこれに該当するのは、四月一日旬事の項である。寛治元年儀の実際の次第と、『年中行事』の記述とを比較すると表5の通り。侍従厨の御贄進上、文書政務に関わる事項、そして奏楽を除けば一致している。相違点のうち近衛以下武官名簿奏上、少納言などによる内印奏聞・勅答は、〔史料4〕の後半傍線部の、幼主の時

は省略する「勅答奏」＝番奏・庭立奏に該当する。(25) 意図的な省略であったことがわかる。侍従厨の御贄進上、奏楽について明快な説明ができないため、完全な一致とは言えないが、『後三条院次第』と『年中行事』とは概ね一致すると見なしてよいだろう。

（え）九月七日不堪佃田奏

不堪佃田奏もまた官奏の一種である。不勘佃田奏とは、諸国より耕作に堪えない田地を申請させ、その可否の裁断を天皇に仰ぐ政務であり、九世紀に定着する。天皇の判断資料として上申された書類、それが「黄勘文」であり、年次ごとの田数と損田の記録であった。一一世紀初頭には対象国が固定化されるようになり、形骸化の兆しが見え、遅くとも一二世紀初頭には現実的な機能は失うとされている。(26)

ここで問題としたいは、「黄勘文」など申請文書の閲覧の作法である。『年中行事』には、次のようになっている。

〔史料5〕

其後（奏文を進上した大臣が後ろに退いた後）、主上解二結緒一、開二懸紙一、解二中結緒一、押二寄文於懸紙右辺一、一々覧、置二給於懸紙左辺一、如レ元結レ之、以二懸紙一裹レ之、結二其上一（片結）、置二給於御座東鰭一（但以二下方一当レ東置レ之）大臣揖、置二杖於右方起座一、（下略）

天皇は、文書の懸紙を開き、文書をまとめる結緒をはずし、開いた懸紙の右側に置く。ひとつひとつ文書を閲覧し懸紙の左側に置く。元の通りに文書をまとめ結緒で結び、懸紙で包む、とある。

なお、代表的な儀式書での該当部分の記述を、参考までに見ておく。『西宮記』（臨時一、官奏）では、「主上覧レ文（一々御覧、此間有二勅語一者、大臣午レ持レ杖、奏二聞雑事一、）訖巻レ文、結レ中（一結也、或記云三許尺置レ之、）、置二御座前一、大臣給レ文」、そして『北山抄』（巻第三、官奏）では、さらに簡略に「天覧畢、巻結、置二御座前一」と記すのみである。これらと比較すれば、『年中行事』は天皇作法に詳しいと言えるだろう。

〔史料6〕『玉蘂』承久二年（一二二〇）一二月一〇日条

今日当年荒奏也、（中略）次主上御二覧奏文一、其議、先解二結緒一、引二延一抜礼紙一、押二文於右一、解二内結緒一、先御二覧当勘文一（黄）、次覧二当年不堪一、如レ本結レ中、（中略）取廻置二御座端一給、（或必大臣不レ解二結緒一、抜二取当勘文一（黄）覧レ之、而依二後三条院御次第一、解レ結、一々覧レ之、道理可レ然、）

記主一上左大臣道家は、順徳天皇の作法を詳細に観察・記録している。傍線部には、不堪佃田奏の文書を閲覧する際には、結緒を解かず、黄勘文のみを抜き取ることがある。しかし、天皇は『後三条院御次第』に従って、結緒をほどいて、ひとつひとつ閲覧した。それは適切な所作である、とある。『後三条院御次第』の内容と、『年中行事』の内容は一致する。

さて、この不堪佃田奏の天皇作法に関して、より重要なのは、次の『（近代禁中作法）年中行事』との関係である。

〔史料7〕『中右記』嘉保二年（一〇九五）一〇月一一・一二日条

（一一日条）主上被二仰下一云、近代禁中作法年中行事一巻注二載子細一、従レ院所二及（下）給一也、依レ為二秘書一全不二他聞一、而下巻之中官奏之処、覧二黄勘文一間頗有下不二得心一事上、前日行二幸院一之次、面二申此旨一也、仍件処可二相直一由、有二仰事一也者、予已為二秘事御使一、可レ恐可レ喜歟、

（一二日条）（堀河天皇の仰せを白河院に伝え、白河の回答を堀河院に伝えたところ、天皇が）仰云、先此日記之中ニ、官奏之所ニ、主

上一々覧レ文者、頗非二子細一、前関白（師実）前日ニ教二官奏一云、先官奏の文ハ、取二黄勘文一て覧レ之後、可レ御三覧諸国之文一也者、然者次第如レ此、而省略之文甚非二本意一、凡此書ハ、臣下之礼法ハ省略志、主上之御作法可二子細一也者、又同裏書之所ニ有二僻文字一、以二結字一被レ書二給字一也、（中略——天皇の仰せに対する白河院の仰せ）官奏之事、前関白の申旨可レ被レ書三入此日記一也、汝必可二書入一也、

白河院よりの『（近代禁中作法）年中行事』を見た堀河天皇は、不勘佃田奏の次第のうち、黄勘文を覧ずる作法に不審を抱く（二一日条）。堀河天皇の不審は、『（近代禁中作法）年中行事』には、単に「主上が一々文を覧ず」としかない点にあった。前関白師実が以前天皇に、「最初に黄勘文を見て、その次に諸国よりの申請を見なさい」と教授しており、そうしたことが省略され記述のない点への疑義であった。[27]「近代禁中作法」を仔細に記しているというからには、師実が教示したような具体的な文書を見る順番まで細かに書き込むべきであるのにそうなっていない。このことへの不満が「この書は、（中略）主上の御作法、子細とすべきなり」との発言に強く表れている。

「臣下之礼法ハ省略」し、天皇作法が詳しい点は、『年中行事』の特徴である。また傍線部「下巻之中官奏之処」によれば、『（近代禁中作法）年中行事』は、上下二巻であり、「下巻」には、官奏＝不堪佃田奏の記述があると想定される。一方、『年中行事』の不勘佃田奏項は九月七日に立てられる。これは、年の後半であるから「下巻」というのに一致する。

さらに二二日条では、堀河天皇は、「此日記之中ニ、官奏之所ニ、主上一々覧レ文者、頗非二子細一」、すなわち、「主上一々覧レ文」という簡略な記述しかなく、黄勘文と諸国の文の順への言及がない、と批判を述べている。一方、〔史料5〕『年中行事』の記述でも、黄勘文への言及がなく、「一々覧」と記すのみであった。

以上から、『（近代禁中作法）年中行事』と『年中行事』は一致すると見てよい。

ただし留意すべき点もある。〔史料7〕末尾にあるように、黄勘文と諸国の文の閲覧の順に関する記述を、「書き入れる」よう、宗忠は命じられている。しかし、現存する『年中行事』に、該当する記述は見いだされない。これついてはさしあたり二案を提示しておく。[28]

そのひとつは、現在の写本は、宗忠の書き入れた写本とは別系統とする可能性である。

いまひとつは、写本時に失われた可能性である。『西宮記』『北山抄』など儀式書においては裏書に追加・補足の記事が書き入れられる場合がある。これを勘案すれば、宗忠の場合も裏書として書き入れられたとの想定が可能である。一方、現存する『年中行事』の諸本は、裏書きに関する記述は一切ない。ここでは、巻子であった写本がいずれの段階で折り本に、さらにそのまま袋綴じ装となり、後世、料紙表側のみ書写された、と推測しておきたい。

留意点はあるものの、不堪佃田奏についても、大筋において、『（近代禁中作法）年中行事』と『年中行事』とは一致すると見て大過あるまい。

以上の（あ）〜（え）の検討の結果は、いくつか曖昧な部分も残すが、『年中行事』と『後三条院年中行事』『（近代禁中作法）年中行事』との

共通性を示している。(29)『年中行事』全般が天皇作法に照準があり、かつ後三条・白河天皇頃の儀式を対象としている、という前節の結論と合わせ、『年中行事』こそ、『後三条院年中行事』『(近代禁中作法)年中行事』である、と評価すべきであろう。

四　『後三条院年中行事』と『(近代禁中作法)年中行事』『後三条院日記部類』

『年中行事』は、『後三条院年中行事』『(近代禁中作法)年中行事』であるとの評価が成立する場合、さらに二つの問題が生じる。ひとつは、『後三条院年中行事』と、白河上皇撰とされる『(近代禁中作法)年中行事』との関係である。いまひとつは、『後三条院年中行事』と、白河上皇による『後三条院日記部類』との関係である。

(一)『後三条院年中行事』と『(近代禁中作法)年中行事』との関係

和田英松は、『(近代禁中作法)年中行事』を白河上皇の撰述にかかると理解している。『後三条院年中行事』とは別との解釈である。

後三条を継いだ白河天皇・院も儀式作法に詳しかった。順徳天皇は、「天下諸礼時御失礼、尤左道事也、後三条・白川殊有識也、必々可レ学レ之也」(『禁秘抄』上、諸芸能事)としており、後三条とともに白河を見習うべき対象として賞揚する。白河院が儀式作法に通じていたというのは確かだろう。実際、田島公によれば、除目・叙位に関する『白河法皇御抄』という書物の存在は明らかである。(30)この点を踏まえるならば、『(近代禁中作法)年中行事』は白河上皇が自ら撰述したという理解も十分成立するように見える。

しかし、後世『後三条院年中行事』のみが史料上に現れ、『白河院年中行事』なるものが一個として見えない点は気にかかる。

また白河院撰述とされる『(近代禁中作法)年中行事』の史料は、〔史料7〕しかなく、さらに、必ずしも白河院自らが撰述したことを明記している訳ではない。「近代禁中作法、年中行事二巻注二載子細一、従レ院所二及〔下〕給一也」(『中右記』嘉保二年一〇月一一日条)とのみある。

これは、「近代禁中作法は、年中行事二巻に子細を注載す、院より下し給うところなり」と読み下し、最近の禁中作法を詳細に記した二巻本の年中行事が、白河院より下された、と解釈できる。確かに白河の所持は確かだが、この史料から、撰者がだれであるかは確定できまい。

ところで、一連のやりとりで、「同裏書之所ニ有二僻文字一、以二結字一被レ書二給字一也」、すなわち、裏書に、「給」とすべきところ「結」と書き誤っている(「僻文字」)と堀河天皇は指摘した。白河院はそれ認めて、誤字は書き直す(「僻字相直」)と回答している。「給」と「結」は、字形が似ているから、書写の際に写し間違えることはあり得る。一方、「たまう」と「むすぶ」の意味は大きく隔たっているから、自ら主体的に撰述したとすれば、この誤りは不可解である。

また白河院が堀河天皇に次のように伝えるよう述べている点にも注目したい。

〔史料8〕『中右記』嘉保二年一〇月一一日条

又被レ仰云、(中略)又主上御作法子細ニ被レ書事、尤可レ然也、但故院後三条院也、教命云、西宮記・四条大納言(藤原公任)の記等、加レ之諸家日記之中ニ、主上御作法全不レ見也、新儀式と云日記之中ニ頗相見者、然者且又可レ御二覧新儀式一也、此旨可レ奏者、すなわち、『西宮記』『北山抄』以下の諸家の記録には、天皇作法は見えず、『新儀式』のみに詳しい、と後三条院より教えられた。したがって、堀河天皇も『新儀式』に目を通すべきである、と。白河は後三条院の教えを尊重しているのである。さらに堀河天皇にも、その教えを引き継がせようとしている。とすれば、後三条が撰述した『後三条院年中行事』をそのまま、堀河に提示するのが自然であろう。

さらに補足すれば、堀河天皇の堀河天皇万機旬（史料4）、あるいは崇徳天皇斎宮群行（図書寮叢刊『九条家歴世記録』法性寺殿御記天治二年（一一二五）九月一四日条）、いずれも後三条の儀式書を白河上皇は参考としている。また院政期には、後三条以外の天皇日記が残されていない点について、松薗は、天皇作法の情報において後三条の日記・儀式書が卓越した故とする。[31]そもそも、後三条の日記・儀式書で十分であり、新たに作成する必要がなかったと見るべきであろう。

以上の検討によれば、『(近代禁中作法) 年中行事』とは、若干の手がはいっているかもしれないが、『後三条院年中行事』そのものと考えるのが妥当である。白河は、後三条の「知的財産」を継承したという訳である。皇太弟実仁系との王統争いにおいて、後三条の継承者の振る舞いとして、『後三条院年中行事』を継承することは、白河―堀河系にとって当然の選択肢であった。

このように両者の関係を理解するならば、『年中行事』は、『後三条院年中行事』『(近代禁中作法) 年中行事』である、との前節の結論とも整合的である。

（2）『後三条院年中行事』と『後三条天皇記部類』との関係

『後三条天皇記部類』については、周知の次の史料がある。

〔史料9〕『中右記』康和四年（一一〇二）一〇月二三日条

但此記(後三条院御記)ハ類聚也、合廿巻、入二塗手筥一合一付二御封一、廿巻外目録一巻、年中行事四巻・臨時九巻・神事二巻・仏事五巻、至二本書一者猶留レ院歟、

〔史料10〕『中外抄』下巻第四〇話（岩波新日本古典文学大系）

白河院先年ニ後三条院の御記ヲ我ニ下給、仰云、可二部類一也、一本可二書進一、仍メノマヘニシテ、如レ仰書進了、

松薗は、この二つの史料は同一の案件であるとした上で、白河院は、忠実に命じて「後三条天皇御記」から「年中行事四巻・臨時九巻・神事二巻・仏事五巻」の部類記を編ませ、これらを堀河天皇に与えたと指摘している。[32]

ところで、部類されたうちには、傍線部の通りに「年中行事四巻」があり、あるいは、これがいわゆる『後三条院年中行事』であるとの想定も可能である。[33]この理解によれば、天皇作法に詳細な年中行事テキストを撰述した主体は白河院となる。すなわち、白河院こそ、天皇作法の集成・再編の担い手であるという訳である。あるいは白河院は、嘉保二年に『(近代禁中作法) 年中行事』編述し、改めて『後三条院年中行事』をも編ませたとなる。

しかし、『年中行事』は『後三条院年中行事』『(近代禁中作法) 年中行事』である、という小論の結論に基づけば、これは成立しない。『(近代禁中作法) 年中行事』が確認されるのが嘉保二年（一〇九五）、一方、後三条院日記部類は七年後の康和四年となり、順序が前後するからである。[34]

また『年中行事』の記述方法は、日記の抜き書きとして部類記の形態をとっていない。明らかに、一定の方針に基づいて撰述された、完成された次第書の体裁である。

そして、後世の史料であるが、「延久聖主御製作年中行事」（『玉蘂』承久二年四月二四日条）とある点は決定的である。後三条天皇自身によって撰述されたと明記されている。これは鎌倉時代の誤認などではあるまい。田島の指摘では、後三条は日記とは別に特定の儀式書を編んでおり、長期にわたる皇太弟時代に、自ら天皇作法を研究していたことはほぼ間違いない。「賢王」「和漢の才知きはめさせ給う」と賞された所以である。[35]

以上の点から見て、『後三条院年中行事』は、白河院の命による『後三条院日記』の部類記ではないだろう。それは、後三条自身の手によって撰述された、年中行事に特化した、実践的な次第書として成立したものと考える。

前節では、その内容から『年中行事』の成立時期は、白河天皇最初期であるとした。その上限は、後三条院存命中の延久五年二月（円宗寺最勝会）に求めた。この点から想像力を逞しくすれば、『後三条院年中行事』＝『年中行事』は、延久四年一二月の譲位以後に、後三条がそれまでの知見・経験をまとめ上げたものと見なすべきなのかもしれない。

むすびにかえて

『後三条院年中行事』『（近代禁中作法）年中行事』に関する史料は極めて乏しい。また『年中行事』にはその由来が記されていない。そのため、小論の論証は、窮屈であり、さらにややもすれば循環論法の嫌いがあることは否定できない。ただし、総合的に評価するならば、『年中行事』を『後三条院年中行事』『（近代禁中作法）年中行事』とするのが、もっとも全体的な整合性があると思われる。

そして小論の結論が当たっているとすれば、先行学説の言う、貴族社会あるいは寺社社会における様々な年中行事を「統合」すべく、天皇自ら年中行事書を編んだとする理解は成立の余地がない。『年中行事』は天皇自身が直接に関わる行事にのみ絞り込まれているからである。

また天皇作法のテキスト化という点で、白河院の役割は極めて限定的であり、後三条天皇の役割こそが大きいと評価しなくてはならない。その後三条自身は、〔史料8〕にあるように村上天皇の『新儀式』を参考とせよと述べている。これによれば、儀式における天皇作法全般は、すでに一〇世紀半ば以前にはかなりの部分、完成していたことになる。第一節において、九条家本『神今食』所引『新儀式（清涼記）』と『年中行事』との神今食記述とを比較した。『年中行事』の方がより具体的な所作への言及があるとは言え、基本的に両者の内容は大きな違いはない。他の行事での比較検討が必要であるが、少なくとも、具体的な天皇作法の変遷を追究した従来の成果によれば、一〇世紀半ば以後に天皇作法そのものの大きな変化はないと思われる。[36]「新たな天皇作法」の出現を踏まえて後三条・白河院のもとで、それらの天皇作法の集成があり、この点に「中世天皇」制の成立を見いだされる、とするいくつかの先行学説は[37]再検討の余地が多分にある。むしろ後三条が追究したのは、「古き良き」村上天皇の作法だったからである。

天皇作法全般の大きな変化を『後三条院年中行事』編纂の動機とするのは困難である。前稿（註4）で主張したように、後三条にとっての問題は、天皇の作法・振るまいを誰が統御するかという点にこそあった。後一条・後朱雀・後冷泉の時代、それは摂関家頼通であった。後三条は、頼通に統御された王権の振る舞い＝身体性を、王権自体に取り戻そうとしたのである。『後三条院年中行事』＝『年中行事』は、そのための実践的なテキストであった、と私には思われる。

（1）和田英松『皇室御撰之研究』（明治書院、一九四三年）。橋本義彦「貴族政権の政治構造」（『平安貴族』平凡社、一九八六年）。松薗斉『日記の家』（吉川弘文館、一九九七年）第六章「天皇家」。

（2）井原今朝男「中世の天皇・摂関・院」（『日本中世の国政と家政』校倉書房、一九九五年、一四九頁以下）。前掲註(1)松薗書一四三頁以下、松薗斉「王朝日記の展開」（『王朝日記論』法政大学出版局、二〇〇六年）。樋口健太郎「白河院政期の王家と摂関家――王家の「自立」再考――」（『歴史評論』七三六、二〇一一年）など。

（3）田島公ⓐ「『無題号記録』解説」（『尊経閣善本影印集成四九　無題号記録　春玉秘抄』八木書店、二〇一一年）。また田島公ⓑ「『公卿学』系譜の研究」（『禁裏・公家文庫研究』第三輯、思文閣出版、二〇〇九年）も参照。

（4）前掲註(2)井原論文は、「主上作法」を「天皇の国政運営基準」「国家機密」と評価している。これについての私見は、遠藤基郎「天皇作法をめぐる協調と確執」（『年中行事・神事・仏事』竹林舎、二〇一三年）参照。なお本稿は、論証の都合上、上記拙稿と重複のある点を断っておく。

（5）所功『平安朝儀式書成立史の研究』（国書刊行会、一九八五年）。西本昌弘「東山御文庫所蔵の二冊本『年中行事』について」「『江家年中行事』と『年中行事秘抄』」（ともに『日本古代の年中行事と新史料』吉川弘文館、二〇一二年）、同編『新撰年中行事』八木書店、二〇一〇年他。五味文彦「奥書の書物史――年中行事書の展開――」「書物世界の再構築――後嵯峨院政と書籍の展開――」（ともに『書物の中世史』みすず書房、二〇〇三年）。佐藤健太郎「万里小路惟房書写本『年中行事秘抄』について」（『関西大学博物館紀要』一〇、二〇〇四年）。遠藤珠紀「局務中原氏と公事情報」（『中世朝廷の官司制度』吉川弘文館、二〇一一年）。遠藤基郎「『外記の家』の年中行事書」（『国史談話会雑誌』五〇、二〇一〇年）。

（6）なお書陵部所蔵の葉室本に『年中行事』（葉函一一七三号）がある。これは年中行事御障子文系の年中行事であり、広橋兼胤が校合した本ではない。

（7）一般には、天皇・その親族の忌日がひとつの指標となる。本書の下限は、四月二九日康保元年（九六四）没安子国忌である。しかし、これが本書の下限とはならないことは、本文より明白である。本『年中行事』は追善行事への関心が低い。あるいは天皇本人が国忌に直接関わらないことが反映しているのかもしれない。

（8）牟禮仁「神今食・新嘗「神座」変移考」（『皇學館論叢』三一・二、一九九八年）。

（9）所功「『江家年中行事』の成立」（前掲註(5)所書）の翻刻による。同書の底本は、大江匡房撰であり、注記は中原師遠による。一二世紀初頭成立と考えられている。

（10）円宗寺では、他に円宗寺法華会（延久四年〔一〇七二〕開始）もあったが、『年中行事』には記述がない。同会は一二月中不定日であるから、そのことが影響しているのかもしれない。なお遠藤基郎『中世王権と王朝儀礼』（東京大学出版会、二〇〇八年）二五五頁では、延久五年には実施されなかったとしたが修正が必要である。ただし、その後は実施された形跡がなく、かつ永保二年になった始めて行われたとする史料（『年中行事秘抄』、『群書類従』第六輯）もある。後三条存命中の延久五年度は行われたものの、その後は中断されたと考えておく。

(11) 白根靖大「中世前期の治天について」（『中世の王朝社会と院政』吉川弘文館、二〇〇〇年）。
(12) 槇道雄「陽明門院の政治的立場とその役割」（『院政時代史論集』続群書類従完成会、一九九三年）。
(13) 『十三代要略』、また『扶桑略記』永保三年三月四日条、『（清原流）年中行事抄』（『続群書類従』第一〇輯上）、詫間直樹編『皇居行幸年表』（続群書類従完成会、一九九七年）など。
(14) なお法勝寺大乗会（承暦二年〔一〇七八〕開始）も見えていないことも付記する。
(15) ところで『江家次第』には、正月年中行事としての朝覲行幸が見えない。『江家次第』中の「江家次第目録」第一六巻（現在欠巻）に、「石清水行幸」以下、行幸がまとめられており、その中に「朝覲行幸」が見えている。匡房の編集方針に基づいて、正月年中行事に盛り込まれなかったと判断しておく。
(16) 佐藤厚子「神今食」（『中世の国家儀式――『建武年中行事』の世界――』岩田書院、二〇〇三年、一八一頁以下）は、神今食の天皇作法に詳しい。
(17) 西本昌弘「九条家本『神今食次第』にみえる「清涼御記」逸文――「清涼記」の成立年代と「新儀式」との異同――」（前掲註(5)西本書、初出二〇〇九年）。
(18) なおこの他、『大嘗会神饌御記』（書陵部所蔵伏見宮本）にも鎌倉前期の詳細な作法が見える。
(19) 前掲註(1)松薗書一四一頁。
(20) 前掲註(3)田島公ⓑ論文。
(21) ちなみに卯日には、神今食がある。牽強付会にはなるが、『後三条院年中行事』より、神今食の部分のみを抜き出して利用した可能性もある。
(22) 『江次第鈔』が参照した儀式書の記述との異同を確認しておく。『西宮記』本文、『西宮記』裏書或記（勘物）、『江家次第』は、『江次第鈔』の引用と一致する。『雲図抄』の記述は、『江次第鈔』の理解とは異なっている。やや複雑な事情がある。実は、『雲図抄』内でも二つの異なる見解が示されている。指図には、拝属星座・拝天地座の両座の前に三脚を据える（計三脚）。それぞれに香（東机）・花（中机）・香（西机）の注記がある。燈火の記述は見えない。これに対して、指図中の別の注記では、拝属星座前には、香・花・燈火、拝天地座前には、花・香となっている。読みようによっては両座に一脚ずつ都合二脚設置するようにも読める。あるいは『江次第鈔』が参照とした『雲図抄』の指図は、拝天地座の前に三脚あるような描き方であったのかもしれない。それを優先し、二脚に読める別注記を排除したのかもしれない。
(23) ちなみに『内裏儀式』は、拝属星座前一脚で香・花・燈火、拝天地座前一脚で花・香、すなわち広い意味で乙説である。
(24) 吉田歓「旬儀の成立と展開」（『日中宮城の比較研究』吉川弘文館、二〇〇二年）参照。
(25) 『為房卿記』が先例とする内、寛和二年は一条天皇の寛和二年八月八日度、承平は朱雀の承平元年一二月二五日度、また安和は冷泉の安和二年一一月一四日度と考えられる。残念ながら関連史料は乏しく、為房の指摘の真偽は不明である。
(26) さしあたり佐々木宗雄「十～十一世紀の位禄制と不勘佃田制」（『日本王朝国家論』名著出版、一九九四年）。
(27) なお不勘佃奏（荒奏）の天皇作法については『殿暦』永久二年（一一一四）一二月二六日条裏書に詳しく、そこでは黄勘文、諸国よりの不堪文の順に見ることが明記されている。師実の教示した作法は、鳥羽天皇に継承されたのであった。
(28) なお書き直しを命じられた後の『中右記』には、書き直しを示す記事がない。あるいはそもそも書き直しがなされなかった可能性もある。
(29) この他、『後三条院日記』について、「帝王事ハ、件御記委見タリ、中ニモ解斎粥事委見タリ」（『中外抄』下　四〇）との摂関家忠実の発言もある。「解斎粥」とは、六月・一二月の月次祭と一一月新嘗祭の神今食後に、潔斎を解くため清涼殿昼御座にて粥を食する儀式である。『年中行事』にも詳細な記述が見えている。

(30) 前掲註(3)田島ⓑ論文。

(31) 前掲註(2)松薗論文。

(32) 前掲註(2)松薗書四六頁。

(33) たとえば前掲註(1)松薗書一七〇頁は、その可能性を想定している。

(34) もちろん、『中外抄』は年紀がないから、たとえば忠実による部類を、嘉保二年頃とする仮定もあり得るだろう。しかし、嘉保二年段階、忠実は権中納言一八歳に過ぎず、父関白師通はなお健在であった。この段階で、忠実が部類をしたとは考えがたい。ちなみに、康和四年は、右大臣・内覧、二五歳であるから、部類は十分可能であると思われる。あるいはさらに別の人物、あるいは白河自身が、嘉保二年頃に部類したという仮説も論理的には成立するが、当面それを積極的に支持する史料は存在しない。

(35) 前掲註(3)田島ⓐ論文二〇頁以下。

(36) 九世紀末に大きな転換があった点を示す研究は多い。さしあたりは、古瀬奈津子『日本古代王権と儀式』(吉川弘文館、一九九八年)、木村茂光『「国風文化」の時代』(青木書店、一九九七年、一六三頁以下)、前掲註(24)吉田論文、佐藤全敏「古代天皇の食事と贄」(『平安時代の天皇と官僚制』東京大学出版会、二〇〇八年)などを挙げておく。

(37) 前掲註(2)井原論文など。

「足利義昭入洛記」と織田信長の上洛について

木下　聡

東山御文庫所蔵文書の中に「足利義昭入洛記」と題する史料がある。これは現在の整理番号で勅封一一九―三―一八にあり（勅封二三―七―二三―一七にも写がある）、写真が『東山御文庫御物3』（毎日出版社、一九九九年）に掲載されている。そのためすでに知られている史料ではあるが、翻刻されていないからか、近年多く出されている織田信長・足利義昭関連の研究に用いられていない。以下では、全文を翻刻して掲げ（旧字は適宜現在の字体に改め、便宜読点を付している）、同時代史料との比較を行うことで、今後の研究に資することとしたい。

足利義昭入洛記

今度　公方様御入洛のため、伊勢・尾張・参川・美濃四ヶ国の人数を卒して、織田弾正忠《〔信長〕》九月七日にきふ《〔岐阜〕》よりひらお《〔平尾〕》に陣取、惣勢ハ垂井・赤坂・不破・関山に着畢、八日に近江高宮に陣をすへ、先陣はゑち川《〔愛知川〕》をさかひ、後陣ハすりはりたうけ《〔摺針峠〕》小野の宿にひかへたり、然処に佐々木四郎《〔六角義弼〕》道をふせき、逆木を山にゆひ、人馬のかよひたやすからぬによつて、二三日をゝくり了、ミつくり《〔箕作〕》山の城とて高さハ麓より廿町計あり、をしならへ神明かたけとて、さかしき山あり、彼山へ十二日午剋に、先勢として一万はかり馳のほり、少々ハふせくといへとも、物ともせす、神明か嶽へうちあけ、頸数四五十討捕、其日の申剋に、信長則彼山にうちあかり、既にミつくり山をせめんとす、時剋うつりてハ酉剋にをよひしに、又あらてを一万はかり四方よりよせ、一度に時をとつとつくり、いれかへ〳〵せむるといへとも、高山を久こしらへたれハ、手負数をしらすして、時たつるに、信長いかりをなして、又いれかへせむるに、何かハたまるへき、其夜の丑の剋に退城す、明る十三日ニ、佐々木の城観音寺へをしよせんとする処に、此城も夜にまきれ落行ぬ、十三日卯刻に、信長観音寺ニ旗をあくるニ、数ヶ所城共見えわたるを、一手〳〵の人数をさしつかはすに、或ハおち行もあり、或ハ降参す、二十四郡を五日六日のうちにおさめ、一両日ハ人馬をやすめ、先勢ハ廿二日、信長廿四日に勢田をこす、公方様ハ廿五日ニ三井寺光浄院に御座をうつさる、其外人数、大津・松本・馬場・粟津・志賀・坂本に充満せり、先勢ハ山科ニつく、同廿六日ニ、上意様清水ニ御陣を定らる、信長東福寺ニ陣をとれハ、先勢ハ淀・鳥羽・竹田・伏見・塔森にいたりぬ、猶先かけの衆ハ既に桂川を渡る処に、敵青龍寺城より足軽をかへる、こもれる人数ニハ、細川玄蕃頭・石成主税介(友通)両人、其勢五六百にてかけむかへる、味方千はかりにハすきす、おもひのま丶に馬をいれ、敵陣をかけ敗て名有侍五十ハかり討とり、勝時とつとつくり、則彼城へをしよするに、申様有により、しはらく陣をくつろけ、此よし信長ニ注進す、尤と感せられ了、さて山城一国相はつ、廿七日ニいまた五畿内の人数并淡路・阿州・讃州衆山崎にひかへたる由風聞に付て、先勢をさしつかはさる丶に、こ丶も又あけ行て、芥川ニ三好日向(長逸)たてこもるといへ共、既ニ御人数をさしつかはさる丶に、廿七日の夜行かたしらす落ゆけハ、明日廿八日ニ、上意様芥川に御旗をあけ、御座をうつさる丶、然者摂州池田の城一相か丶ゆる間、又廿九日ニ彼地へをしかけ、悉放火了、其日ハ御馬を入られ、即降参申、やかて出仕申す、摂州も一円に相果候、河内ニ敵の城飯盛、同高屋両城しはらくか丶ゆるといへとも、是も夜ニいり、あけて淡路渡海と云々、大和ハ国はしに古き城ひとつ二相残処へ、御成敗として先勢を松永(久秀)ニ相そへられ、十月八日ニ淀川をこし、南都表へ相働人数三万ハかりもやあらん、和州も御本意に属すれハ、芥川より十五日ニ、信長　上意様を御供有て御帰洛す丶め申さる、廿二日ニ公方様御参内なされ、廿三日ニ信長をめされ、観世大夫御能つかまつり、献〳〵の後、御暇を申上候処ニ、天下の御用仰つけらるへきとて、一両日はめしをかれ、廿六日ニ少々の人数を相残し、江州にいたりて下向し、廿八日濃州ニ帰城畢、天下早速静謐、偏ニ信長武功名誉先代未聞也と、洛中貴賤感せすといふ事なし、聞伝たるをしるしつくるもの也、

于時永禄十一年十一月十九日以竹内殿本

馳筆畢

本史料は、永禄十一年九月に、足利義昭を擁して織田信長が岐阜から上洛した時の過程を記したものである。記述された日にちは十月二十八日を最後としており、末尾に十一月十九日に筆写したとあることから、義昭・信長の上洛が果たされ、信長が岐阜に帰った直後に作成されたと見られる。東山御文庫の他の史料からすると、最後に「馳筆畢」と記したのは、正親町天皇その人である可能性が高く、現存本もその正親町筆写そのものであろう。

この史料の元の本を所有していた「竹内殿」は、公家の竹内氏（この頃は竹内季治）か、曼殊院門跡竹内殿（覚恕法親王）のどちらかであろう。前掲『東山御文庫御物』で「足利義昭入洛記」の解説を書いた染谷光廣氏は、義昭や信長と接触のあった竹内季治としている。しかし筆写した正親町天皇が「殿」とつけていることからすれば、曼殊院門跡覚恕と見たほうがよいのではないか。覚恕は後奈良天皇の子で、正親町天皇の弟になる。覚恕自身がこの記録を記したのか、それとも

誰かが作成したのを書き写したかは定かでないが、おそらく京都にいた誰かの手によって成立したのは間違いないだろう。上洛過程が詳しいことからすると、信長と共に上洛した義昭の近臣であるかもしれない。またうがった見方をすれば、義昭が上洛したことを喜ぶと共に、それを成功させて天下を速やかに静謐にさせた、信長の武功を賞賛する内容なので、後に秀吉が「惟任退治記」や「柴田退治記」を大村由己に記述させて、世間に喧伝をしたのと同様に、信長自身か、信長に近い人物が、作らせたか関わった可能性もある。

従来この義昭・信長の上洛とその過程に関しては、『大日本史料』に該当する項目が立っているとはいえ、基本的に『言継卿記』と『信長公記』(巻一部分)の二つが、主に依拠する史料であった(他には『お湯殿の上の日記』などに若干の記載がある)。それではその二つと「足利義昭入洛記」の記述との間には、どのような差違があるのか比較してみると、別表のようになる。

「足利義昭入洛記」にしかない事柄は、それほど多いわけでないが、上洛経路と陣所、箕作城攻めと観音寺城自落、山城国制圧についての記述が詳しい。例えば、「足利義昭入洛記」冒頭部分は、信長が九月七日に岐阜を出陣して、平尾(現岐阜県垂井町)に陣取り、軍勢がその周囲の垂井・赤坂などに駐屯し、翌日近江高宮(現滋賀県彦根市)に陣を敷き、先陣は愛知川に、後陣は摺針峠に駐屯するとある。一方『言継卿記』では、尾張から近江中郡へ出張したとあり、『信長公記』では、七日に平尾、八日に高宮へ陣取るというように、信長の動きのみが記されている。また山城国制圧について「足利義昭入洛記」は、二十二日に先陣が瀬田を渡り、信長も二十四日に越え[1]、二十五日には足利義昭が三井寺光浄院に入る一方で、先陣が山科にまで来ており、翌二十六日になると、義昭が清水寺、信長が東福寺に陣を構え、淀・鳥羽・伏見などの山城国内諸方面へ兵を進め、対する三好側も、勝龍寺城の石成友通と細川玄蕃頭(国慶子か)が応戦するが、敗れて信長方が山城国を一日でほぼ手中にしたとある。これに対し『言継卿記』は、京都周辺の合戦であるので詳述しており、二十三日に信長が三井寺に到着し、先陣が山科に陣取り、二十六日に山科から南北両方から京都に攻め入り、義昭が清水寺へ移り、信長は東寺まで進み、勝龍寺で石成友通と合戦したと記していて、京都に入る前までは若干日にちにずれがあるものの、その他は「足利義昭入洛記」より記述がやや少ないぐらいである。そして『信長公記』では、内容的には同様ではあるものの、信長・義昭の進軍と山城国内への侵入・合戦の日にちが全くずれてしまっている。

一方上洛後の摂津国攻めや、それが終わった後の京都での将軍宣下とそれにともなう事柄については、『言継卿記』や『信長公記』のほうが詳細である。これは「足利義昭入洛記」が、末尾に「天下早速静謐、偏ニ信長武功名誉先代未聞也と、洛中貴賤感せすといふ事なし、聞伝たるをしるしつくるもの也」[2]とあるように、天下を静謐にさせた信長の武功を称えることを主眼に置いているようなので、上洛に至る過程と、京都周辺での合戦について記述することが優先され、それ以外の部分は省略されて簡素になったからであろう。義昭の将軍就任は、この信長の武功の結果として起きた事柄であって、書名にこそ義昭の名が冠されてはいるものの、主題からは離れているため、簡素な記述になったと思われる。

表　足利義昭入洛記と言継卿記・信長公記との記事の比較

日にち	足利義昭入洛記	言継卿記	信長公記
九月　七日	織田弾正忠九月七日にきふよりひらおに陣取、惣勢ハ垂井・赤坂・不破・関山に着畢		九月七日に打立ち、平尾村御陣取る
九月　八日	近江高宮に陣をすへ、先陣はゑち川をさかひ、後陣ハすりはりたうけ小野の宿にひかへたり、然処に佐々木四郎道をふせき、逆木を山にゆひ、人馬のかよひたやすからぬ		同八日に江州高宮御着陣、両日御逗留なされ人馬の息を休め
九月一〇日		自尾州織田上総介江州中郡へ出張云々、仍今朝石成主税助坂本迄罷下了	
九月一一日		於江州合戦有之云々、左右方討死云云、但上総介先国へ打帰云々如何、申刻石成主税助先打帰了	愛智川近辺に野陣をかけさせられ、信長懸まはし御覧じ、わきわき数ヶ所の御敵城へは御手遣もなく
九月一二日	ミつくり山の城とて高さハ麓より廿町計あり、をしならへ神明かたけとて、さかしき山あり、彼山へ十二日午剋に先勢として一万はかり馳のほり、少々ハふせくといへとも、物ともせす、神明か嶽へうちあけ、頸数四五十討捕、其日の申剋に、信長則彼山にうちあかり、既にミつくり山をせめんとす、時剋うつりてハ酉剋にをよひしに、又あらてを一万はかり四方よりよせ、一度に時をとつとつくり、いれかへ〳〵せむるといへとも、高山を久こしらへたれハ、手負数をしらすして、時たつるに、信長いかりをなして、又いれかへせむるに、何かハたまるへき、其夜の丑剋に退城す		佐々木父子三人楯籠られ候観音寺並箕作山へ同十二日にかけ上させられ、佐久間右衛門・木下藤吉郎・丹羽五郎左衛門・浅井新八仰付けられ、箕作山の城攻めさせられ、申剋より夜に入り攻落し訖
九月一三日	佐々木の城観音寺へをしよせんとする処に、此城も夜にまきれ落行ぬ、十三日卯刻に信長観音寺ニ旗をあくるニ数ヶ所城共見えわたるを一手〳〵の人数をさしつかはすに、或ハおち行もあり、或ハ降参す	江州へ尾州之織田上総介入、昨日美作之城責落、同観音寺之城夜半計落云々、自焼云々、同長光寺之城以下十一二落云々	翌日佐々木承禎が館観音寺山へ攻上らるべき御存分の処に、佐々木父子三人廃北致し、十三日に観音寺山乗取り御上り候、これに依つて、残党降参致し候間、人質を執固、元のごとく立置かれ、一国平均候

九月一四日		六角入道紹貞城落云々、江州悉焼云々、後藤・長田・進藤・永原・池田・平井・九里七人敵同心云々、京中辺大騒動也（中略）従方々注進、尾州衆明暁出京必定云云、（中略）終夜京中騒動、不可説々々、江州悉落居故云々	公方様へ御堅約の御迎として、不破河内、十四日に濃州西庄立正寺へさしつかはされ
九月二〇日		織田出張、日々洛中洛外騒動也、一両日中之由申、今朝尚騒動也、（中略）織田明朝出張必定之由有之、騒動以外及暁天也	
九月二一日		今日之出張延引云々、来廿四日必定云云	既に御馬を進められ、柏原上菩提院御着座
九月二二日	先勢ハ廿二日（勢田をこす）		桑実寺へ御成
九月二三日		織田弾正忠今日三井寺へ出張云々、先勢山科七郷へ陣取云々	
九月二四日	信長廿四日に勢田をこす		信長守山まで御働き
九月二五日	公方様ハ廿五日ニ三井寺光浄院に御座をうつさる、其外人数、大津・松本・馬場・粟津・志賀・坂本に充満せり、先勢ハ山科ニつく	尾州之足軽二三騎近所迄来、禁裏御近所之儀堅申付之由申理云々、東之田中在所少放火云々	翌日、志那・勢田の舟さし相ひ、御逗留
九月二六日	上意様清水ニ御陣を定らる、信長東福寺ニ陣をとれハ、先勢ハ淀・鳥羽・竹田・伏見・塔森にいたりぬ、猶先かけの衆ハ既に桂川を渡る処に、敵青龍寺城より足軽をかへる、こもれる人数ニハ、細川玄蕃頭・石成主税介両人、其勢五六百にてかけむかへる、味方千はかりにハすきす、おもひのまゝに、馬をいれ、敵陣をかけ敗て名有侍五十ハかり討とり、勝時とつとつくり、則彼城へをしよするに、申様有により、しはらく陣をくつろけ、此よし信長ニ注進す、尤と感せられ了、さて山城一国相はつ	自早旦尾州衆出張、自山科郷南方へ通了、従北白川同出人数有之、細川兵部大輔・明印等北門迄参、今日武家清水寺迄被移御座云々、織田弾正忠信長東寺迄進発云々、山科郷粟田口西院方々放火、於久我軍有之云々、左右方多討死云々、石成主税助友通城於勝龍寺同合戦有之云々	御渡海なされ、三井寺極楽院に御陣を懸けられ、諸勢大津の馬場・松本陣取り

九月二七日	いまた五畿内の人数并淡路・阿州・讃州衆山崎にひかへたる由風聞に付て、先勢をさしつかはさるゝに、こゝも又あけ行て、芥川ニ三好日向たてこもるといへ共、既ニ御人数をさしつかはさるゝに、廿七日の夜行かたしらす落ゆけハ	江州北郡衆高島衆八千計神楽岡陣取、又南方へ越了、武家御所自清水寺東寺江被移御座、又西岡向へ被移御座云々、西岡方々所々、吉祥院、淀、鳥羽、河州、楠葉以下放火也、今夜武家西岡寺土の寂勝院に御陣取云々、諸勢山崎天神馬場迄陣取云々、勝隆寺之城堅固云々、但和睦之調有之云々	公方様御渡海候て、同三井寺光浄院御陣宿
九月二八日	上意様芥川に御旗をあけ、御座をうつさるゝ、然者摂州池田の城一相かゝゆる	西岡辺悉尚放火、武家御所山崎竹内左兵衛亭江被移御座云々、先勢芥川之市場放火云云	信長東福寺へ御陣を移され、柴田日向守・蜂屋兵庫頭・森三左衛門・坂井右近、此四人に先陣仰付けられ、則かつら川打越し、御敵城岩成主税頭楯籠る正立寺表手遣、御敵も足軽を出し候、右四人の衆見合せ、馬を乗込み頸五十余討捕、東福寺にて信長へ御目に懸けられ、公方様同日に清水御動座
九月二九日	彼地へをしかけ、悉放火了、其日ハ御馬を入られ、即降参申、やかて出仕申す、摂州も一円に相果候、河内ニ敵の城飯盛、同高屋両城しはらくかゝゆるといへとも、是も夜ニいり、あけて淡路渡海と云々	今日武家御所天神之馬場迄御進発云々、先勢芥川之麓焼之責云々、其外河州方々放火云々	青龍寺表御馬を寄せられ、寺戸舜照御陣取、これに依つて岩成主税頭降参仕り
九月三〇日		今日武家芥川へ被移御座云々、勝隆寺芥川等之城昨夕渡之、郡山道場今日破之、富田寺外破之、寺内調有之、池田へ取懸云々	山崎御着陣、先陣は天神の馬場陣取、芥川に細川六郎殿・三好日向守楯籠り、夜に入退散、并に篠原右京亮居城越水・滝山是又退城、然る間芥川の城信長供奉なされ、公方様御座を移され
一〇月　二日		武家以下芥川に御陣取云々、近日可有上洛之由有之、池田、日向守等降参云々	池田の城筑後居城へ御取りかけ、信長は北の山に御人数備へられ御覧候、（梶川・魚住戦死）
一〇月　四日		昨日竹内三位入道、両畠山、松永弾正忠、池田筑後守等、武家織田等に於芥川御礼被申云々、高槻之入江同前云々	

一〇月　八日	大和ハ国はしに古き城ひとつ二相残処へ、御成敗として先勢を松永ニ相そへられ、十月八日ニ淀川をこし、南都表へ相働人数三万ハかりもやあらん、和州も御本意に属すれハ		
一〇月一四日		今日自芥川武家御上洛云々、六条本国寺江被移御座云々	芥川より公方様御帰洛、六条本国寺に御座なされ、天下一同に喜悦の眉を開き訖
一〇月一五日	芥川より十五日ニ信長　上意様を御供有て御帰洛すゝめ申さる		
一〇月一六日		武家細川亭江被移了、御供七騎云々、織田弾正忠古津所移了、猛勢云々	
一〇月一八日		今夜将軍宣下有之	
一〇月二二日	公方様御参内なされ	今日武家御参内有之	御参内
一〇月二三日	信長をめされ、観世大夫御能つかまつり、献〳〵の後、御暇を申上候処ニ、天下の御用仰つけらるへきとて、一両日はめしをかれ	今日織田弾正忠被召武家、御能五番有之云々、大夫観世云々	
一〇月二四日			御帰国の御暇仰上げられ
一〇月二五日			御感状
一〇月二六日	少々の人数を相残し、江州にいたりて下向し		江州守山迄御下り
一〇月二七日			柏原上菩提院御泊り
一〇月二八日	濃州ニ帰城畢		濃州の内岐阜御帰城

※信長公記は角川文庫版による

このように「足利義昭入洛記」には、従来知られていた部分に対して大きな修正を迫るような新知見は無いが、『言継卿記』に無い内容を含んでおり、また同時代史料であるので、年代の下った成立である『信長公記』の記述を裏付け、修正を加える意味で重要と言える。そして当時の朝廷を中心とした京都では、当初こそ『言継卿記』に見えるように、戦乱を恐れ心配する人々が多くいて、戦々恐々としていたが、上洛してたちまちに山城のみならず、摂津・大和を制圧した信長を歓迎し、称える雰囲気が形成されていたことも、「足利義昭入洛記」からうかがえるのである。また、この史料が当時どの範囲にまで流布していたかは定かでないが、太田牛一が『信長公記』を執筆するにあたって、その材料の一つとなっていた可能性もあるだろう。

信長が義昭を伴って上洛したことは、従来よく知られているが、上洛したという事実のみが語られ、そうするために信長がどのような準備・根回しをしていたか、その経過については、さほど注意が払われていなかったように思われる。信長は、美濃・尾張・伊勢・三河四ヶ国の兵を率いたと「足利義昭入洛記」にあり、領国内から少なからぬ兵力を出している。それを可能にしたのは、徳川・浅井氏らとの同盟や、武田氏との友好関係による外交的努力の賜物であり、六角氏を没落させた直後に、近江国人や寺社を自勢力に取り込むために十日ほど費やしている。これらに関しては、もっと注目すべきであろう。逆に攻め込まれる形となった、六角・三好氏の対応や備え、政治状況についても同様で、今後追究されるべき課題である。そして「足利義昭入洛記」は、これらの問題を検討していく上で重要な史料と言えるだろう。

(1) 信長が二十四日に進軍しているのは、同月二十一日付の越後直江景綱宛書状案(「蕪木文書」『織田信長文書の研究』九八号)に見られるように、予定通りの行動である。

(2) すでに染谷光廣氏が紹介しているように、この「足利義昭入洛記」と同じ勅封一一九函(原蔵者番号一一九—一—九—六)にある正親町天皇消息で、正親町天皇自身も、「今度早速に入洛せられ候、珍重候、しかしなから信長忠功により候と、感し入候、漢家・本朝比類なき事候、能々(以下欠)」(本文は散らし書き)と述べている。

天正四年興福寺別当職相論をめぐる史料

金子　拓

はじめに

筆者は以前、天正四年（一五七六）五月から六月にかけて発生した、興福寺別当職補任をめぐる大乗院尋円と東北院兼深のあらそい、およびその相論への織田信長の関わり方について、関係史料を紹介しながら流れを整理し、その歴史的意義を考察して「天正四年興福寺別当職相論と織田信長」という論文（以下前稿と呼ぶ）にまとめた(1)。

ところが前稿の校了直前の段階で、京都御所東山御文庫所蔵史料中に関連史料があることを知り、さらに末柄豊氏から別の関連史料を教えていただいた。しかしながら、すでに校了直前であったためこれら史料を活かすことはできなかった。さらにその後、遠藤珠紀氏からもあらたな関連史料を教えていただいた。これらの関連史料は、前稿で紹介した相論関係史料に匹敵する重要な内容を含み、そこで整理した経緯に若干の追加修正を迫るものとなっている。

そこで本稿では、これらを翻刻紹介するとともに、前稿で紹介した史料も含め、あらためて相論の経緯を整理しなおし、そこから見えてくる論点について若干の指摘をおこないたい。

一　別当職相論の経過

まず前稿で述べた別当職相論の経過を簡単にふりかえっておきたい。相論はふたつの段階にわかれる。第一段階は天正四年五月二十二日から六月十日までである。当時の興福寺権別当東北院兼深が、甥にあたる日野輝資を介し南曹弁中御門宣教に宛て別当職補任を望む申状を提出する。これに対し大乗院前門主尋円もまた別当職を望む運動を開始した。双方の動きが活発化しはじめた直後、本願寺攻めのため大坂にいた信長が上洛してくる。

このとき信長に対し曇華院聖秀（正親町天皇妹・兼深姪）から、兼深を推す申し入れがあったらしく、信長は当時朝廷政務を合議・執奏する立場にあった公家の四人衆（勧修寺晴右・中山孝親・庭田重保・甘露寺経元）と談合した。最終的に信長は、関白氏長者二条晴良に宛て、これまでの興福寺の寺法にしたがい、晴良が決定すべきであるという書状を六月八日付で出し、その日のうちに安土への帰途につく。

すでにこの時点で興福寺学侶は、兼深の別当職補任は先例に違うため尋円が理運であるという決議を朝廷に提出していたので、右の信長の意思表明は、結果的に尋円補任を是とするものであった。この判断は十日に興福寺に伝えられ、一段落したと思われた。

その直後十二日から事態は大きく転回する（第二段階）。四人衆が天皇の意向を信長に伝えるため安土に下向したのである。おそらくそれがきっかけとなって、別当職に関する興福寺僧侶たちの見解を問いただすため、二十一日、信長のもとから側近の万見仙千代・堀秀政の二人が奈良に派遣されてきた。学侶たちは両人に別当職補任の慣例を報告し、あらためて尋円が理運たるべきことを申し入れている。

その結果、二十三日に安土より惟住長秀・滝川一益の二人が上洛し、別当職に関する信長の最終判断を伝えた。これは八日に示された内容から変化がなかったものと思われる。信長は四人衆のふるまいに怒り、彼らは処罰を受けた。兼深もまた興福寺を逐われた。四人衆が罰せられたことから推して、十二日に安土へ発った四人衆の意図は、兼深の別当職補任を重ねて申し入れるという内容だったとみられる。

二　興福寺別当職相論に関する追加史料

さて、前稿にて紹介した関係史料にくわえられるべきなのは、次の四種である（一部重複あり）。目録は表1としてまとめた。

A『東北院寺務職競望一件』（東山御文庫所蔵史料第二十八函四号）

天正四年興福寺別当職相論にかかわる十四点の史料を収めた一冊の写本。江戸時代中頃に写されたと推測される。これとほぼ同内容の写本一冊が興福寺所蔵『興福寺史料』中に存在する（第八十二函八号）。こちらは『天正四年寺務職競望之記』なる外題があり、東山御文庫本所収の十四点にくわえ、『公卿補任』天正四年条の抄出記事がある。[2] 相論に深く関わった四人衆をはじめとする公家たちの項を抜き書きしたものである。東山御文庫本と興福寺本の関係は明らかではない。

B『興福寺文書』（同右第二十八函二号三）

興福寺関係の文書を収めた写本一冊のうち、別当職相論に関係する史料を三点見いだすことができる。

C『大乗院後法乗院尋円記』

一般財団法人石川武美記念図書館（成簣堂文庫）所蔵。二冊が合綴されており、最初の一冊は『多聞院日記』から相論関係記事（天正四年五月二十八日・六月十日・同二十四日・同二十六日条）を抄出したものである。A⑫として収められている抄出とくらべると、こちらには六月五日条が脱落している。

もう一冊の表紙外題には「大乗院後法乗院殿尋円記／東北院家未探題ニ而正別当競望曲事之事」とある。ただし中味を見ると尋円の日記ではなく、Aと同様相論において出された文書や覚書を写したものである。関連史料は七点収められている。このうち六点が冊子冒頭から写され、あいだに白紙二十四丁をはさみ、冊子末尾に最後の記事が記されている。

末尾の記事を見ると、江戸時代貞享年間にも大乗院・一乗院・喜多院のあいだで別当職をめぐるあらそいがあったようであり、そのとき天正四年の相論に関する記録が成身院より一乗院に提出された。ところが大乗院からはあえて提出しなかったとある。そこから推せ

表1　興福寺別当職相論関係史料

A 『東北院寺務職競望一件』

	年月日		史料名	宛所	備考
①	(天正4年カ)	2月17日	東北院兼深申状	日野輝資	
②	(天正4年)	(5月12日)	正親町天皇女房奉書	日野輝資	影写本久山峻氏所蔵文書所収/『思文閣古書資料目録』232
③	(天正4年)	5月12日	日野輝資書状	松林院光実	
④	(天正4年)	5月17日	日野輝資書状	松林院光実	
⑤	(天正4年)		大乗院尋円申分覚		
⑥	(天正4年)		東北院兼深申分覚		
⑦	(天正4年)		東北院兼深申状カ		
⑧	(天正4年)		東北院兼深申分覚		
⑨	(天正4年)	5月27日	興福寺供目代澄専申状	島田久家	『五師職方日記』(前稿史料⑤)/『大乗院御門跡御文庫古文書写』54号
⑩	(天正4年)	5月28日	興福寺良家衆申状	中御門宣教	
⑪	(天正4年)	6月21日	興福寺五師等覚	万見仙千代・堀秀政	『五師職方日記』/『大乗院御門跡御文庫古文書写』78号
⑫			多聞院日記抄出		5/28、6/5・10・25・26条
⑬	(天正4年)	(6月カ)	正親町天皇女房奉書	なし	
⑭			某日記抄出		

B 『興福寺文書』

①	(天正3年カ)	7月16日	東北院兼深申状	日野輝資	
②	(天正4年)	6月30日以降	誠仁親王書状案	織田信長	
③			興福寺別当次第抄		

C 『大乗院後法乗院尋円記』

			多聞院日記抄出		5/28、6/10・25・26条
①	(天正4年)	5月27日	泰深・盛舜連署状	供目代澄専	
②	(天正4年)	6月	東北院兼深勘例写		
③	(天正4年)	6月8日	大乗院尋円申分覚		A⑤におなじ
④	(天正4年)	6月8日	織田信長書状	二条晴良	尊経閣古文書纂(前稿史料⑧)
⑤	(天正4年)	6月10日	興福寺供目代澄専申状	島田久家	A⑨におなじ
⑥	(天正4年)	6月21日	興福寺五師等覚	万見仙千代・堀秀政	A⑪におなじ
⑦			不経権別当寺務直任勘例		江戸時代の覚書か

D 『大乗院御門跡御文庫古文書写』

	(天正4年)		大乗院門跡申分覚カ		A⑤に通じる記事あり

ば、大乗院にも何らかのかたちで記録が残っていたようである。それがCなのかもしれない。いずれにせよ、天正四年の別当職相論をめぐる文書を集めた写本がA・B・Cのようにいくつか伝わっているのは、この江戸時代における相論がひとつの契機となっているように思われる。

D『大乗院御門跡御文庫古文書写』

興福寺所蔵（第四十五函二十五号）。末柄豊氏により収録文書全点の紹介がなされている。(3) 別当職相論に関係する史料はこのうち三点あり、さらにそのうち二点はAおよび前稿にて紹介した『五師職日記』にも収められている。つまり一点が他にも見られないD独自の関係史料である。

以下A・B・C三種二十四点の文書を翻刻する。（ ）内は校訂者金子による注である。収録文書は【 】の中に丸付数字にて表1に対応する文書番号を付した。Aについては、興福寺史料所収の写本『天正四年寺務職競望之記』（第八十二函八号、以下興福寺本とする）との異同について傍にて〔 〕内に示した。東山御文庫本になく興福寺本にある字については本文中の該当箇所に〔 〕に入れ補入した。そのほかの史料も含め、注記が必要なばあいは文書末の※印以下に記した。

A

（内題）「東北院寺務職競望之事」

天正四年東北院家兼深于時未探題寺務職競望之事、

【①】

当寺別当職之儀付、権別当躰無之故、則未探題尓而別当職存知仕旧例候内、先々近例之分写進上候、自然正本被成　叡覧度候ハヽ、可上置候、弥々勅許無相違様、預御申沙汰候者、可畏入候、恐々謹言、

二月十七日　　法印大僧都兼深

日野左《本ノマヽ》大弁殿

※興福寺本は「勅許」の箇所で改行（平出）している。

【②】

こうふく寺へつたうの事、そうりんゐんそう正ことししたいにて候ハんまゝ、とうほくゐんきりくちにて候よし申され候ほとに、ちよくやく候へハ、いまにそのさた候ハす候、やかてしたい候てしかるへく候よしおほせ事候、かしく、

頭さ中弁とのへ

※この原本とおぼしき文書の写真が、『思文閣古書資料目録』二三二号（二〇一三年五月）に掲載されている（端裏に「仰　天正四　五　十二」とあるとのこと）。末柄豊・山﨑布美両氏のご教示を得た。

【③】

当寺別当職之事、年季已満之上者、可有御辞退之由、女房奉書如此候、恐々謹言、

五月十二日　　輝資

松林院僧正御房

【④】

就寺務之儀、以女房奉書被　仰出之、御請者曽以無之候、其上御文躰何共無分別候間、此御一札者難披露申候、肝要年季已満之上者、御辞退候ハてハ不叶事ニ候、兎角被失御面目候てハ御為不可然候間、重而令啓候、恐々謹言、

五月十七日　　輝資

松林院殿

【⑤】

尋円大乗院門跡申分

覚

一、興福寺別当職事、東北院為未探題之輩競望、曲事之題目、御両門跡者、未探題之時拝任為規模、仍於良家衆者、探題之後被補之、是寺門之法度候、

一、良家未探題之旧例勘進之由ニ候、曽以非当時相応之儀、希有之先例一両度雖有之、皆有子細事候、或碩徳之仁、或師範之故、両門以許可被免之儀、稀代之先蹤候、不弁其子細、以普通之覚悟及勘例歟、無有職之至也、

一、於被用希有之先例者、未遂講之門跡被補寺務之条、為勿論之儀、先例数度候上者、定不可及異論哉、

一、未探題之良家寺務事、若於御裁許者、門跡・良家之階級此時可相破之条、満寺歎此事候、

一、対両門跡者、良家之当職雖為年季未満、辞退候故実常例也、然処再任之障碍可謂傍若無人者也、

【⑥】

兼深東北院家申分

一、興福寺別当職之事、未探題以前拝任事申沙汰候段、曲事候由、無分別候、先例度々無紛候上ハ、更不可背寺門法度候、

一、良家未探題之寺務旧例付、或碩徳之仁、或者就師範、両門御許可之由候哉、於于今不承及候、両門依御許可被任之者、公儀之御沙汰者不入者哉、為先代未聞者也、

一、於被用希有之先例者、未遂講之門跡可被補寺務哉之事、近比恐候被仰事ニ候、別当職之事者、権別当次第ニ以順路之義令言上候処、如此之御存分者毎事可被背正儀御造意候哉、

一、未探題之良家寺務之事、於御裁許者、門跡・良家之階級此時可相破由候哉、惣別御門跡・良家階級候段も可依事候段不珍候、幷未探題之事、自然拙僧依未練令遅々者、無是非候、拙僧遂講以来大会依無執行、于今未探題之〔ナシ〕段者、不及力次第也、於当年も大会於有之者、探題勿論候、所詮数度之先例勘進之上者、満寺更不可為歎事、

一、対両門跡者、良家之当職雖為年季未満、辞退候故実常之例ニ候由候哉、以時之故実可令辞退候、不可為証例候、依理〔利〕運之次第既達上聞候処、如此障碍不慮之至歟、

【⑦】

興福寺別当職之儀付、拙僧以理運之次第致言上、被成　勅約候処、今度大乗院家之号御再任、御違乱候条、重而旧例令勘進、達　上聞候、弥以叡慮無御別義候処、従二条殿大将様被仰掠之由候、〔注〕然共可為有様候旨被仰出由候、幸数度之旧例無紛事候条、大将様懸御目、御理可申上存候処、早被成御下向候間、不及了簡候、於　叡慮者、最前以旧例言上候趣、難被捨置存候間、弥大将様江可然様御披露肝要存候、

未探題任別当例

喜多院真善　永観元年四月任別当　未探題
住中院定澄　長保二年八月任別当　同
喜多院林懐　長和五年五月任別当　同
住山階東尋室扶公　万寿元年六月任別当　同

東院 円守　康暦二年八月任別当　同
修南院光憲　長禄三年四月任別当　同
以上、

一、権別当者、正之別当ニ可拝任下地也、拙僧此中権別当ニて、ことしより正の別当ニ可罷成理運候、殊ニ御勅約之文致拝領事、

一、拙僧事ハ未探題之間不謂之よし、大乗院家より被申由、一向御無案内候、更探題の有無ニよらす、大会さへ懃候へハ、理運ニ罷成旧例右ニ記之、

一、如此旧例をまもる事、法度不珍事、

※(注)部分、興福寺本は「仰掠之由候処」となっており、「処」の右傍に「然共」の注記がある。

【⑧】

就興福寺別当職東北院申様之事、

一、当年までの別当ハ、松林院と申仁ニ候、来年よりの別当ハ東北院存申切口ニ候、則当年まてハ権別当を東北院補申候、是ハ本別当ニまかりなるへき下地にて候、

一、如此候処、不慮ニ大乗院の大御所来年より御さいにんあるへきとの御造意ニ候へとも、大御所の御ことハ、去天文十八年より永禄六年まて十五ヶ年之間彼職を御存知被成候、其以来次第〳〵ニ各存知被来、只今東北院切口に罷成候処ニ、ケ様にすちなき御競望、一向いはれさる事、

一、大御所被仰分ニ、東北院別当ニ罷成候へハ、来年よりの権別当を可補仁躰するニ無之由被申、雖然仁躰無之時ハ、権別当なくしてくるしからす候、更末の仁躰の有無ニよらさる先例在之事、

一、来年よりの別当不可有相違之旨、対東北院去年　禁裏様より後点の御奉書を頂戴仕候間、此上者弥他之望あるへからさる事、

一、右之分ニ候へハ、聊爾之儀彼方より殿様江被申入儀なと候へハ如何ニ候間、有様之旨殿様へ御取合候て、無別儀候様ニ御馳走頼存候、

【⑨】

一、就当寺別当之事、東北院僧都競望之儀、従大乗院不謂之由、以御一札御披露候、委曲彼面可相見候、良家中未探題之躰別当被任之儀、可為如何候哉、寺法不相背、近来如在来御下知肝要之由、可預御披露旨、学侶群議候也、恐々謹言、

五月廿七日　　供目代澄専

宿院目代殿

【⑩】

一、就当寺別当職之儀、不慮之申事、近比不可然候、惣別寺社之輙(趣)、則被任近来之筋目儀候処、越常篇濫訴、太以無勿躰候、所詮以尽理之上、理運之方於被再任者、不及是非候、東北院被申分者、背寺法候条、各難有同心候、此等之趣被達　上聞候者、可致衆悦(異)之旨、評定候、恐々謹言、

五月廿八日　　良家衆等

南曹弁殿

※興福寺本では「上聞」の箇所で改行（平出）あり。

【⑪】

覚

一、興福寺別当之儀、預御不審候、一乗院殿・大乗院殿御儀者、大会講師一度御執行、其会中ニ別当御存知候、是ハ御門跡御規模如此候

事、
一、平之良家者、大会之講師一度御執行候て、其以後又大会ニあわせられ候ハてハ〔本ノマヽ〕、別当御存知也、以上両二度大会ニあわせられ候ハてハ、別当御存知之儀、近来者不存候事、
一、近代之別当之次第、両御門跡・喜多院家・修南院家・光明院家・松林院家、近来御寺務如此候、是ハ先途右如申入被相満故、御存知也、東北院家之儀者、大会之講師一度御執行以後、于今大会無之候間、別当に御すわり候儀可為如何候哉、久敷儀者慥覚不申事、
以上、
六月廿一日
供目代澄専在判
摩尼珠院宗栄在判
三学院穏英在判
勧禅院教英在判
西発志院興尋在判
珍蔵院融舜在判
万見仙千世殿
堀久太郎殿

【⑫】

天正四年長実房日記〔多聞院住 英俊〕

五月廿八日
一、寺務儀ニ付、東北院末探題之処、叡慮へ申掠、旧記在之由ニテ、種々競望在之、則在京了、大乗院大御所御再任理運、則今日東林院・安藝両使京へ上了、
六月五日
一、大乗院殿御上洛、為信長帰陣訴詔、兼ハ寺務再任為　奏聞歟、
同十日
一、寺務再任事、一昨日信長へ被申分之処、被聞分、大乗院御理運ニ落居了〔之〕候由、信長一札写幷御書被下、則学侶へも関白殿ヨリ状下、則集会相催、御請被申、珍重々々、
廿五日
一、京ヨリ大乗院新御所御書・使少輔来、昨日廿三日アツチニテ寺務ノ事弥治定了、則　勅使奉行庭田・甘露寺・勧修寺・中山四人知行被上了、幷夕庵家中ヲ払了、厳重ノ事由也、去廿日寺門へ以両使在姿御尋、連判ノ一札取テ返、ソレニテ如此云々、東北院可及迷惑云々、大乗院殿・寺門旁々天下ノ面目云々、
廿六日
一、東北院信長儀ニテ、今日順慶ヨリ使ヲ入置、道具ヲイロメ検付了、沈思々々、諸公事一大事迄也、

※『多聞院日記』の関連記事抜書。

【⑬】

今度興福寺別当の事、東北院に勅約をなされ候、そのうへにて猶未探題にての勘例ともしるし、進上候へハ、りうんと思食候まゝ、宣下の事おほせいたされ候処に、大乗院より競望候て、かミにまきれ被入候やうにさた候とても、先例の筋目おほせいたされ候へハ、いかにも未断の御沙汰もあらす候、なおやうたい四人さしくたされ、おほせ事候、
〔ナシ〕かしく、

※興福寺本末尾に「私推、此四人、庭田・甘露寺・勧修寺・中山歟」とあるが、墨線にて抹消されている。

【⑭】

或日記云、

寺家未探題近来不叶故、口宣・女房奉書マテトラル、トナレトモ、信長弾正忠ヨリ子細尋使仙千代・堀久太郎被越両人被越(衍カ)処、未探題寺家不叶旨、満寺被理申ニヨテ、東北院殿信長ヨリ離寺セラレ畢、

※興福寺本、このあとに「公卿補任六十二」として、天正四年の三条西実枝・勧修寺晴右・庭田重保・甘露寺経元・庭田重通・勧修寺晴豊・中山親綱・同孝親の記事を載せる。

B【①】

当寺別当職之事、松林院僧正之次拙僧理運之条、被経　奏聞、後点勅許之御奉書頂戴、無相違之様、申御沙汰可畏入候、恐惶謹言、

七月十六日　　法印兼深

日野殿

【②】

興福寺々務の事につきて、両人かたまての書札のおもむき、くハしく見給候、申さたの段尤のよし候て、宣下なされ候つる、朝廷の儀いよ〳〵心をそへられ候ハん事肝要候、一日も女房奉書にて仰せられ候ことく、東北院旧例候よし申候まゝ、一端さもと思召、四人さしくたされ候つる、各も一段めいわく申候、毎に南都よりの一書御覧せられ候て、此間御さたの様、御後悔の事候、此うへにても、何事もよきやうに御いけん申され候へく候、みな〳〵もあいとゝき候ハぬ事候とも、此たひハめしいたし、向後の事かたく申つけられ候ハゝ、悦入まいらせ候、まつ〳〵此瓜名物と候へハ、一入めつらしくなかめ入候、猶両人申候、かしく、

右大将とのへ　　判

【③】

興福寺

寺務近年之次第、

大乗院

喜多院

修南院

光明院　当寺務当年まて、

松林院
大乗院　来年再任

権別当

東北院

此仁不遂探題、

C

(表紙外題)「天正四丙子年

大乗院後法乗院殿尋円記

東北院家未探題ニ而正別当競望曲事之事、」

【①】

天正四丙子五月廿七日自門跡寺門ヘ折紙、

就当寺別当之儀、東北院僧都為未探題可存知之由、京都江付掠叡慮申入之段、近比曲事之至、曽有越常篇候、則京都江茂被仰上候、此等之義、能々被分別、厳重之寺訴可為珍重候、如令申分候者、失門跡・良

家之階級、寺門之方軌等可相破造意候、太以不可然之由、学侶集会砌
可有披露之旨、被仰出所候也、恐々謹言、
　五月廿七日　相模権寺主　泰深
　　　　　　　伊予権上座　盛舜
　　供目代御房

【②】
天正四丙子六　東北院出勘例写
　無権別当而唯別当計之例記
　弁未探題ニ而別当存知之例記

東院住
円守　康暦二年八月廿七日　宣下、任別当、
　未探題、于時法印権大僧都、
　同二年九月任権僧正、
　此別当之時権別当無之、
法雲院住
実遍　永徳元年三月十六日　宣下、任別当、
　此時茂権別当無之、
円守　永徳二年三月十日　宣下、任別当、再任、
　猶未探題也、
　此時茂権別当無之、
自永和二丙辰至永徳元辛酉六ヶ年之間、依無大会、権別当も無之、然間円
守僧正未探題也、
永徳二年壬戌十一月十日、大会始行、孝憲、来迎院住、
此時別当円守探題懃之、
永徳三癸亥孝憲則任権別当、
　已上
此以前ニも権別当も無之、又未探題ニ而別当之例多候、不及記、

【③】
天正四丙子六八　叡慮江申状、四人奉行へ於二条殿南曹弁・宮内少輔・東林院・安藝此方ヨリ
　モ四人以相渡者也、
　此時寺門状・大乗院寺門への状・良家衆状・此一書ノ覚
　四通渡者也、

覚
一、興福寺別当職事、東北院為未探題之輩競望、曲事題目候、両門跡者未探題之時、拝任為規模、仍於良家衆者、探題之後被補之、是寺門之法度候、
一、良家未探題之旧例勘進之由候、曽以非当時相応之義、希有之先例一両度雖有之、皆有子細事候、或碩徳之仁、或師範之好、両門以許可被免之儀、稀代之先蹤候、不弁其子細、以普通之覚悟及勘例歟、無有職之至也、縦両門雖為許達、寺門当確執之由、見旧記畢、
一、於被用希代之先例者、未遂講之門跡被補寺務之条、為勿論之儀、先例数度之上者、定而不可及異論候哉、
一、未探題之良家寺務事、若於御裁許者、門跡・良家之階級此時可相破之条、満寺之歎此事候、
一、対両門者、良家之当職雖為年季未満、辞退故実常例也、然処再任之障碍可謂傍若無人歟、

【④】
天正四丙子六八　寺務再任之儀付右大将殿書状写

昨日従曇華院殿、興福寺寺務事被仰候、今日令直談候之処、一向相違候、所詮近代如有来任寺法、為家門可被仰調事専一候、自然申掠叡慮、参差之儀候者、御意見簡要候、恐惶謹言、

六月八日　信長在判

二条殿閣下

【⑤】

天正四六十二　自寺門状第二度也、宿院目代殿　興福寺 供目代証専

当寺別当職事、任先例之寺法、為関白殿下被成御計之由、不及是非候、則大乗院僧正御房御再任御理運之条、尤珍重候、於満寺弥先規之筋目、奉仰候、随而右大将殿御一札被見下候、畏悦至之由、可有披露旨、学侶群議候也、恐々謹言、

六月十日　供目代証専

宿院目代殿

【⑥】

天正丙子六廿四　従大将殿、万見仙千代・堀久太郎両使以、南都へ寺務之事被相尋時、自寺門一書ニ致連判返事写、

覚

一、興福寺別当之儀、預御不審候、一乗院殿・大乗院殿御儀者、大会講師一度被執行、其会中ニ別当御存知候、是者御門跡依御規模如此候事、

一、平之良家者、大会之講師一度御執行候て、其以後又大会ニあわせられて、別当御存知也、以上両二度大会ニあわせられニ候ハてハ、別当御存知之儀近来者不存事、

一、近代之別当之次第、両御門跡・喜多院家・修南院家・光明院家・松林院家、近来御寺務如此候、是ハ先途右如申入被相満故、御存知也、東北院家之儀者、大会之講師一度御執行以後、于今大会無之候間、別当に御すわり之儀可為如何候哉、久敷義者慥ニ覚不申候事、

以上

六月廿一日

供目代 証専在判
广尼珠院 宗栄在判
三学院 稔英在判
観禅院 教英在判
西発志院 興尋在判
珍蔵院 融舜在判

万見仙千代殿
堀久太郎殿

※この間二十四丁白紙。

【⑦】

□□之輩書抜書留紛乱御近々記之、

不経権別当
寺務直任之例

東北院
覚円　嘉元四年丙午探題執行、
元応元年迄十四年間在之、
于時僧正、
元応元年十二月廿九日拝任、
右覚円不経権別当寺務ニ直任ニて候得共、会式御探題迄被勤候而、遙ニ後直任ニて御座候、

光明院
隆秀

大納言僧正、

永享九年十二月十二日拝任、

依武家執奏、不経権別当直任寺務畢、凡人直任寺務、希代

次第也、

応永廿九年壬子探題、永享九年迄十六年間在之、不経権別当

直任ニ候へ共、遙ニ後ニ直任ニ而候、

此外先規数多之間、不載之、

御門跡方ニも、昔ハ探題不被成候へハ、寺務御抱不被成候、院家衆ハ

昔之例之通、只今ニ而も探題不勤候てハ寺務持事難成候、然共昔より

両御門跡闕之時者、右之段不構被抱申候事、

同紙裏書ニ、

大乗院信賀寺務御抱御座候内、貞享四年一乗院殿（真敬）寺務職競被成候ニ付、

喜多院空英者権別当ニて候ニ付、此節同競望被申ニ付、一乗院殿ゟ閉

門被仰付畢、

未探題ニ而寺務職競望先例無之、不可然之由被申上、

一、喜多院開門ハ元禄十二年五月ニ而御座候、

此時大乗院尋円と東北院との申分之記、成身院ゟ一乗院殿へ進候由、

依之其段一決、御申立ニて喜多院閉門ニ成申候、其砌此方江茂京ゟ尋ニ

参候由ニ候へ共、一乗院殿理不尽之競望之節故、其記無之旨被仰遣候

事、

三　東北院兼深の別当職補任運動から尋円・兼深の対決まで

第二節であげた史料によってあらたにわかるのは、次のようなことである。

兼深が別当職補任を望んだのが史料上明らかになるのは天正四年五月であったが、それ以前から運動をおこなっていたことがわかった。A①によれば、兼深は未探題（興福寺僧侶たちが別当職補任の必要条件としてあげる維摩会探題を勤めていないこと）にて別当職に補された旧例を奏聞し、勅許を求めている。宛名は日野輝資。日付の二月十七日は天正四年と推測される。すでにこの時点で兼深は、自らが別当職に補されるために乗り越えるべき障碍が未探題問題であることを自覚している。

さらにB①で兼深はおなじく輝資に宛て、現別当松林院光実の後任には自分が適任であるという奏聞を経て勅許を得ているので、交替の手続きを進めてもらいたいと申し入れている。日付は七月十六日。光実が興福寺別当に補されたのは天正元年九月十七日だから(4)、年次は天正二年か三年のいずれかしかない。光実別当就任の翌年七月の時点ですでにこうした確約を得たというよりは、翌々年天正三年の可能性のほうが高いだろう。つまり、別当職相論が朝廷を揺るがす天正四年五月の前年天正三年時点で兼深は次期別当職補任の運動をおこなっており、勅許を得ていたのである。彼は少なくとも天正三年七月以前から動いている。このことはA⑦に「拙僧（兼深）以ニ理運之次第一致ニ言上一、被レ成ニ勅約一候処」とあることからもわかる。

三年七月の時点で兼深は次期別当職の内約を得ていたものの、光実が別当職を退こうとしなかったため、翌年二月に輝資に対し正式手続きを進めるよう促したが、それでも事態は変わらなかった。A③を見ると、五月十二日付で輝資は光実に対し、年季がすでに満ちているので辞退するよう命じる女房奉書を示している。A②がその女房奉書に該当しよう。

しかし光実は、なおこれを拒否する姿勢を見せたようである。五月十七日付の書状A④にて輝資は、光実の返事の中味が「何共無分別」であるため天皇に披露しがたいことを詰り、あらためて辞退を強く促している。

前稿において、兼深の別当職補任を望む動きが史料上わかるのは五月二十二日（『宣教卿記』同日条）であることを指摘した。くりかえしになるが、以上の史料を見ると、すでにそれ以前から、日野輝資を媒介にして兼深と光実とのあいだで別当職に関する綱引きがくりひろげられていたことがわかる。また、いかなる内容かは不明だが、兼深に「勅約」があり、その証拠となる「後点勅許之御奉書」が与えられていたことも判明する。

C①を見ると、五月二十七日に大乗院家より、兼深の競望を非とし、学侶集会にてその旨の披露を求める申状が供目代宛に出されている。前稿で紹介した『五師職方日記』に収められた同日付供目代澄専書状（宿院目代島田久家宛）のなかに、「当寺別当事、東北院僧都競望之儀、従二大乗院家一不レ謂之由、以二御一札一御披露候」とある「御一札」がこのC①に該当する。

A⑤⑥は、兼深と対抗するように大乗院尋円が別当職に名乗りをあげたあとのものである。⑤に尋円の、⑥に兼深の申し分がまとめられている。このうち尋円の申し分についてはC③にも収められているが、C③では、この覚書が出されたときの状況についての記事があり重要である。

それによれば、覚書は六月八日に二条晴良第において奉行四人衆に提出された。そのとき立ち会っていたのは、南曹弁中御門宣教・宮内少輔（不明）・東林院孝誉・松井安藝の四人。このうち東林院・松井の二人は、尋円を推す寺門の使者として上洛しているから（『多聞院日記』五月二十八日条）、宮内少輔は兼深側の使者だろうか。

尋円から四人衆に提出された「寺門状・大乗院寺門への状・良家衆状・此一書ノ覚」とは、それぞれ五月二十七日付供目代澄専書状（A⑨）・同日付大乗院家申状（C①）・五月二十八日良家衆申状（A⑩）・尋円覚書（A⑤＝C③）に該当しよう。

A⑩では、興福寺学侶のみならず、東北院とおなじ身分的階層にあたる良家衆もまた、兼深の主張は先例にないことであり、濫訴であることを南曹弁に回答していることがわかる。これら学侶・良家衆の答申が興福寺側の総意として朝廷に伝えられたのである。

ところで六月八日付の信長書状には、七日に曇華院聖秀より別当職について何らかの申し入れがなされ、八日に「令直談」たところ、「一向相違」であることがわかったと書かれていた。C③の記事を見ると、これら「直談」は晴良第においてなされ、尋円・兼深双方からそれぞれの主張を支える文書が提出されたのである。兼深側から出されたのがA⑥であると思われる。

「直談」に同席していたのは、少なくとも関白二条晴良・四人衆・

南曹弁中御門宣教・東林院・安藝・宮内少輔であった。その結果が信長に報告され、八日付の書状発給となったのではあるまいか。

四　別当職相論をめぐる天皇の立場

先に少し触れたA⑦も兼深が自らの主張を展開したものである。ここで重ねて未探題にて別当職に補任された旧例が書き上げられている。このなかに「幸数度之旧例無レ紛事候条、大将様(信長)懸二御目一、御理可二申上一存候処、早被レ成二御下向一候間」とあるので、A⑦は信長が二条晴良に対し書状を出して自らの判断を示し安土に帰った直後、信長への披露を前提に作成されたものであった。

C②にも円守・実遍二人の先例についてとくに詳細に書き上げられているが、A⑦との関係が不明確である。年記（天正四年六月）より、あるいはA⑦以前の「直談」のおりA⑥と一緒に提出されたものかもしれない。

またA⑧も兼深の言い分が五箇条にまとめられている。ただしこれは兼深自身の文章ではなく、第三者が兼深の主張を聴取し、整理したものだと思われる。五箇条目に「聊爾之儀彼方(尋円)より殿様(信長)江被二申入一儀なと候へハ如何ニ候間、有様之旨殿様へ御取合候て、無二別儀一候様ニ御馳走頼存候」とあることから、ここでの兼深の主張は、A⑦同様相論が信長の耳に入ったあとの時点で、信長の理解を得るのが目的であったことがわかる。A⑦の申し入れを信長に伝えるため四人衆が兼深の言い分をまとめたものかもしれない。

A⑦を読むと、「従二二条殿一大将様被二仰掠一之由候」とあるので、兼深は、六月八日に信長が二条晴良に示し、十日までに（十日付で興福寺供目代から宿院目代島田久家に宛て信長の判断を受け入れる請文が出されているため）興福寺へ伝達された第一段階での判断（興福寺の先例寺法に任せ尋円が理運だという内容）を知り、それは晴良が「仰掠」めた不本意な内容であると認識したうえで、信長が「近代如二有来一任二寺法一」とした部分を「可レ為二有様一」と、なお自らが補任される余地が残されていると解釈し、信長下向後も自分に有利な前例を勘進したとおぼしい。さらにいえば、天皇・四人衆もまた、信長の判断を尋円理運とは受けとめなかったようである。これはA⑬・B②の二点の史料を読むことにより裏づけられる。

まずB②から見ていこう。日付はなく、宛名は右大将、差出は「判」とあるのみでただちには明らかにしがたい。宛名の右大将は信長であろう。重要な文書なので、現代語訳を次に掲げる。

> 興福寺寺務の事について、両人宛の書状を詳しく拝見しました。あなたの処置はもっともでありますので、別当の宣下をしました。朝廷の事、ますますの心添えをいただきたいと思います。先日も女房奉書を出したように、東北院から旧例があるという注進をしてきたので、一端はさもと思い、四人を安土へ差し下しました。彼らも戸惑っていることと思います。ことに南都からの申し立てを読んで、先日の判断を後悔しております。これからも何事もしかるべくご意見を下さい。四人衆も相届かぬ点があったとは思いますが、どうか召し出して今後の事を堅く申し付けていただければ喜ばしく思います。さて、この瓜名物とのこと。ひとしお珍しく眺めいっております。なお詳しくは両人が申します。

差出者は信長に対し、東北院兼深からの旧例の勘進にもとづき、兼深を別当職に補す決定を下し四人衆を安土に遣わしたことを後悔し、四人衆の赦免を望み、信長の「申さた」を受け入れ、別当宣下をなしたことを伝えている。

このなかで「一日も女房奉書にて仰せられ候ことく」とある女房奉書が、A⑬にあたると考える。A⑬は、兼深に別当職の勅約がなされ、兼深からも未探題にて別当職補任の先例が勘進されていたところに尋円から別当職の競望があったものの、先例があることなので兼深補任の方針は変更しない、詳しくは四人衆を差し下して伝えるという内容である。

すなわち第二段階、六月十二日に安土へ下った四人衆が携えた女房奉書がA⑬であって、ここで兼深補任の決定があらためて信長に伝えられた。ところが信長はこれに異を唱え、前述のような経緯をたどり、最終的にその判断は誤りだったとB②の差出者が信長に詫びを入れたことになる。八日の時点で自らの考えを示しながら、直後にそれが無視されたかのような申し入れを受けたのだから、信長の驚きと反発は当然だったろう。

それではB②の差出者は誰で、出された日はいつだろうか。ふつうに考えれば、差出者は別当職補任の最終決定権者である天皇だが、文書の内容にそくして検討してみたい。

まず冒頭と末尾に出てくる「両人」は、前稿で紹介した六月二十九日付書状にて信長が書状を宛てた烏丸光康・飛鳥井雅教を指すと思われる。この文書も重要なので再掲する。

今度南都寺務之出入、尤可レ有二納得一候、沙汰之限之子細候、万々　朝廷相滞候へハ、下々猥之段勿論、依レ之不二相紛一之様ニも、四人衆以二誓帋一申定候処、誠明鏡之段、不届之仕立無二申計一候、然時者　禁裏被レ失二御外聞一之儀候、左候へハ信長も同前失二面目一候、雖レ然為二自今以後一不二申沙汰一も如何之条、右分候、各併各未レ糺之故、口惜題目候、上御事不レ及レ申、傍輩中見限候、乍レ去為二冥加一候間、此瓜　親王様へ進上候、雖二些少候一、濃州真桑と申候て、名物候間、如レ此候、被レ成二其意一可レ然候様、奏達専一候、謹言、

六月廿九日　　　　信長（花押影）

烏丸（光康）大納言殿

飛鳥井（雅教）大納言殿

（『昭和四十三年六月古典籍展観入札目録』所収、奥野高広編『増訂織田信長文書の研究』補遺一八〇号）

この文書の後半傍線部と、B②の「まつ〳〵此瓜名物と候へハ、一入めつらしくなかめ入候」が対応するから、相論が最終的に落着した六月二十九日の段階で信長が烏丸・飛鳥井両人に宛てて出した書状の返事として、この両人を媒介にして信長に宛てたのがB②であると考える。真桑瓜を進上した相手は正親町天皇嫡子の誠仁親王なので、B②の差出者も親王ということになろう。

これと関連して注目したいのは、『御湯殿の上の日記』天正四年六月三十日条である。ここに「なかよりよるいぬのくわなのうり、めい所として二こ、宮の御かたへまいる」という記事がある。記録時点の誤解と書写のさいの誤りが混在している模様で、そのままでは文章の意味が通らないが、「なか」を信長のこと（「のぶ」の脱落）、「いぬのくわなのうり」は「伊勢の桑名の瓜」（実は美濃の真桑瓜）のことと考

えれば、六月二十九日付書状とB②をつなぐ史料であるとみなすことができる。[5] 二十九日付の書状とともに信長から誠仁親王に真桑瓜二個が贈られ、翌三十日夜にそれが親王に届いた。それを受けて書かれた返事がB②というわけである。したがってB②が書かれたのは、六月三十日かそこからそう遠くない時期であると推測される。

むすび

以上前稿と本稿にて紹介した興福寺別当職相論に関する史料にもとづき、相論の経過を再構成したので、年表を表2としてまとめた。

本稿で紹介した史料中、A⑬とB②はとくに重要である。六月八日に二条晴良に示された信長の真意が、当事者の一人東北院兼深はおろか、正親町天皇・四人衆にも正しく伝わらなかったと思われるからである。

このため信長が安土に帰ったあとも、兼深は未探題の別当職補任の先例を勘進して自己の有資格者たることを執拗に主張し（A⑦）、また天皇も、それを受けて兼深の別当職補任の方針を変更せず、四人衆をもって安土へ伝えた（A⑬）。

信長が興福寺の意向を踏まえて判断しようとしているようにみえて、実はその背後にある二条晴良―大乗院尋円のため事を運ぼうとしていたのか、天皇・四人衆側も双方の意見を聴く姿勢を見せながら、実はあくまで兼深補任に固執していたのか。いずれもこれ以上史料の表面からはうかがい知ることはできない。ただB②での謝り方をみると、天皇・四人衆側に深い意図があったとも思えない。さほどの審議も経ぬまま、大きな声をあげていたほうの言い分をそのまま聞き入れてしまったようにも受けとめられる。

六月二十九日付書状において、信長が「然時者禁裏被失御外聞之儀候、左候へハ信長も同前失面目候」「上御事不及申、傍輩中見限候」と強く叱責したとき、念頭にあったのは、当然別当職の最終決定権者たる天皇（「上」）だろうが、なぜか書状後半において、自らの怒りを鎮めようとするかのように誠仁親王に対する瓜献上の話題に転じている。

叱責に対する詫び状（B②）の差出者を誠仁親王としていいのであれば、その親王が天皇に代わって判断の過ちを陳謝している。ここで突如信長と向き合う朝廷の代表者として親王が登場してくることは興味深い。

親王は、前年の天正三年に問題となった絹衣相論[6]においても、事態収束をはかる中心人物として活発に動いていた。絹衣相論や別当職相論における親王の立場については、この時期の信長と朝廷の関係という大きな問題の枠組みのなかで論じなければならない。誠仁親王の活動については別稿を書いたので、[7] そちらを参照されたい。

（1）　拙稿「天正四年興福寺別当職相論と織田信長」（天野忠幸・片山正彦・古野貢・渡邊大門編『戦国・織豊期の西国社会』日本史史料研究会、二〇一二年）。

（2）　この興福寺所蔵『天正四年寺務職競望之記』は、もともと興福寺一乗院旧蔵文書のなかに含まれていた（史料編纂所所蔵『史料蒐集目録』二四四、一九三〇年）。

（3）　末柄豊「興福寺所蔵『大乗院御門跡御文庫古文書写』」（二〇〇五～二〇〇七年度科学研究費補助金・基盤研究(C)研究成果報告書

『興福寺旧蔵文書による古文書と古記録との関連についての史料学的研究』研究代表者安田次郎氏、二〇〇八年）。

（4）『興福寺別当記』下（東京大学史料編纂所架蔵謄写本）など（『大日本史料』天正元年九月十七日条・第十編之十八所収）。

（5）ちなみに、信長は、前年の天正三年にも真桑瓜を献上している。こちらには「のふなかよりみの、まくはと申すめい所のうりとて、二こしん上申す」とある。天正四年以降も、七年七月七日・八年六月二十一日・九年六月二十八日に真桑瓜もしくは瓜の献上例がある。神田裕理『戦国・織豊期の朝廷と公家社会』（校倉書房、二〇一一年）第三部第一章、黒田智「信長の真桑瓜」（『文学』一三―五、二〇一二年）参照。黒田論文を参照するかぎり、伊勢・桑名の瓜が献上瓜とされたふしは見られない。

（6）絹衣相論については、二〇一二年十二月の歴史学研究会日本中世史部会において、「天正二～五年の絹衣相論の再検討」と題する口頭報告をおこなった。そこでは相論関係文書の年次比定を可能なかぎりおこない、筆者なりに相論の歴史的意義を考察した。いずれ成稿の予定であるが、当面は拙著『織田信長〈天下人〉の実像』（講談社現代新書、二〇一四年）、および堀新『織豊期王権論』（校倉書房、二〇一一年）第Ⅱ部第一章、神田裕理『戦国・織豊期の朝廷と公家社会』（前掲）第一部第二章を参照されたい。

（7）拙稿「誠仁親王の立場」（『織豊期研究』一五、二〇一三年）。

表2　天正四年興福寺別当職相論の経過（新出史料追加後）

日付	概　要	典拠
（天正3年カ）7月16日	東北院兼深、興福寺別当松林院光実の後任として理があることを述べ、申沙汰を請う。（それ以前何らかの勅約があったか）	B①
（天正4年）2月17日	東北院兼深、日野輝資に宛て、未探題別当補任の旧例を勘進し、別当補任を請う。	A①
5月12日	日野輝資に宛て、興福寺別当松林院光実の辞退を促すよう女房奉書を発給し、輝資これを光実に伝達する。	A②③
（この間）	松林院光実、別当辞退を拒む書状を日野輝資に宛て出す。	なし
5月17日	日野輝資、光実に対し重ねて辞退を促す書状を出す。	A④
5月22日	中御門宣教、日野輝資をとおし、東北院兼深が興福寺別当を所望する申状（南曹弁宛）を受け取る。	宣
5月23日	宣教、二条晴良（氏長者）へおもむき、兼深の申状を披露する。	宣
5月24日	宣教、晴良へおもむき、兼深の申し出の却下を伝えるよう命ぜられる。	宣
5月25日	輝資が宣教をおとずれ、兼深への長者宣発給を申し入れる。宣教は晴良へ披露することを約束する。	宣
5月27日	大乗院家、兼深の別当職競望を非とする申状を供目代に提出する。これを受け、興福寺学侶は大乗院家の訴えにつき議し、兼深の不適任を宿院目代に訴える。	C① 五
5月28日	多聞院英俊、別当職について勅許を得ようとして兼深が在洛していることを書きとめる。興福寺から東林院・松井安藝の両使が、尋円が適任であることを申し入れるため上洛する。	多
	興福寺良家衆、別当職につき兼深の競望を非とする申状を宣教に宛て提出する。	A⑩
6月4日	兼深との相論のことにつき、大乗院尋憲上洛する。	宣
6月5日	英俊、尋憲が別当職を信長・禁裏に申し入れるため上洛したことを書きとめる。	多
6月6日	宣教、晴良第におもむき、三条西実枝・甘露寺経元らと談ずる（尋憲も同席？）。	宣

	信長、河内より上洛し、妙覚寺に宿す。	言
6月7日	信長、四人衆と談合する。宣教、晴良から大乗院の書付を四人衆に届けるよう命ぜられ、四人のもとへおもむくが、いずれも留守で面会できず。	宣
	信長、曇華院聖秀から別当職のことで申し入れを受ける。	五・尊
6月8日	宣教、晴良より大乗院の書付を四人衆へ届けるよう命ぜられる。実枝、晴良第に来る。	宣
	摂家門跡以下の公家衆、信長に面会する。	言
	尋円・兼深双方の使者、及び四人衆・宣教が二条晴良第に集まり、双方の主張を聞く。	C③
	信長、別当職を氏長者晴良の決定事項とし、その旨の文書を出す。	五・尊 C④
	未刻(午後2時頃)、信長、安土への帰途につく	兼
6月9日	宣教、興福寺供目代に信長の判断を伝え、満寺に周知するよう要請する。	五
6月10日	信長の文書が興福寺へ届く。晴良からの文書も学侶に出され、興福寺は集会を開催してこの決定を諒承する。	多
	興福寺学侶、上記諒解の旨を宿院目代に伝える。	五・C⑤
	(9～12日の間か)兼深、重ねて未探題別当補任の先例を勘進し朝廷に奏す。	A⑦
6月12日	四人衆、勅使として安土へ下向する。	宣
	佐野但馬守、任官の御礼を信長・四人衆・三条西実枝・村井貞勝に贈る。	言
6月20日	英俊・宗栄、信長からの両使(万見仙千代・堀秀政)がこの日やって来たと書きとめる。	五・多
6月21日	信長、両使万見仙千代・堀秀政を奈良に遣わし、筒井順慶・興福寺学侶らに別当職に関する興福寺の慣行を調査させる。	祐
	興福寺学侶、別当職補任の慣例について両使に文書にて報告する。	五・C⑥
6月23日	四人衆、安土より上洛して天皇に祗候する。また夕方、この件について、安土より惟住長秀・瀧川一益が上洛する。	言
	英俊、安土において別当相論が決着したという報せを受ける。この処罰により四人衆の知行が召し上げられ、武井夕庵が家中を追放される。山科言継、四人衆の処罰についての報を耳にする。	多・言
6月24日	(宣教、信長が興福寺別当を尋円とする朱印状を晴良に出したことを書きとめる。) 惟住・瀧川両人が信長の使者として上洛し、尋円への別当宣下を督促する。宣教、長者宣を書し、飛鳥井雅教を介して禁裏へ送付する。	宣
	尋円、学侶に対し、相論における馳走に謝意を表する。	五
6月26日	信長、興福寺別当を大乗院尋円と決定したことを祐礒が書きとめる。	祐
	筒井順慶、兼深所持の道具を検する。	多
6月28日	尋円、信長への礼のため安土へおもむいたと英俊記す。	多
6月29日	信長、別当職相論についての所感を飛鳥井雅教・烏丸光康両人宛の書状のなかで述べ、誠仁親王に瓜を献上する。	古
6月30日	信長から献上された瓜が誠仁親王のもとに届く。	湯
	(上記の直後)誠仁親王、信長に対し東北院理運の勅断を取り消すことを伝え詫びる。	B②
7月6日	信長、朝廷政務について、四人衆が談合のうえ信長の承認を得て進めることを定めたことについて、四人衆による相論の処理の不行き届きについて咎めることがあったことを、吉田兼見記す。	兼
8月6日	信長、四人衆を赦免する。	兼

※網掛けは前稿発表後、A・B・Cの追加によって新たに判明した事柄。
宣：宣教卿記　多：多聞院日記　五：五師職方日記　言：言継卿記　兼：兼見卿記　祐：春日社司祐礒記
湯：御湯殿上日記　尊：尊経閣文庫所蔵文書　古：昭和43年6月古典籍展観入札目録所収文書

第三部

陽明文庫所蔵『勘例　御薬・朝賀・小朝拝』所引弘仁宮内式逸文

小倉慈司

陽明文庫に蔵される『勘例』については、これまで一部研究者の間では重要な古代史料であることが知られ、『大日本史料』や『千葉県の歴史』『山口県史』『青森県史』等の自治体史、また『国司補任』〔宮崎〕で部分紹介がなされてきた〔石上・山口、㈶千葉県史料研究財団、青森県史編さん古代部会、山口県〕が、全体的研究がなされることはなかった。ようやく二〇一二年に田島公氏によって全容を示す内容目録が示され〔田島〕、今後、研究が進められようとしている。

田島氏の解説を要約すれば、『勘例』は現在七巻よりなり、一三世紀前半から正中元年（一三二四）までの間に局務中原氏や官務小槻氏らによって作成された勘文や先例等を集成して一四世紀後半に編集された政務の先例集であり、紙背文書より平信兼を編者に推定する説もある。

田島氏により、全本文および紙背文書の翻刻が予定されているが、まずはこれまで紹介なされてこなかった部分より、弘仁式の逸文を先行紹介することとしたい。

これまで学界未紹介の弘仁式逸文を有するのは、第一三函一八号『勘例　御薬・朝賀・小朝拝』である。同巻の国栖事には、以下のように記されている（可能な限り、原本に忠実な字体で示すこととする）。

一國栖事

國栖風俗事

（〇中略）

弘仁宮内式云凢供奉莭會吉野國栖御勝笛工毎莭以十七人為定 國栖十二人 笛工五人 其正月十六日十一月新嘗會各給禄 有位調布二端 無位庸布二端

これは、延喜宮内式59国栖条に対応する条文である。今、句読点を打った形で両条文を掲げることとする。それぞれ文が異なる箇所を太字で示した。

弘仁式

凡供奉節会吉野国栖・御勝笛(ママ)工、毎節以十七人為定、国栖十二人、笛工五人、其正月十六日・十一月新嘗会、各給禄、有位調布二端、無位庸布二端、

延喜式

凡諸節会、吉野国栖献御贄奏歌笛、毎節以十七人為定、国栖十二人、笛工五人、但笛工二人、在山城国綴喜郡、其十一月新嘗会、各給禄、有位調布二端、無位庸布二段、

両者の違いとしては、①弘仁式では本文で国栖と笛工が列挙される形で記されているのに対し、延喜式では国栖として一括され、「供奉」ではなく、「献御贄奏歌笛」と具体的に記されていること、②笛工のうち二人が山城国綴喜郡在住であるとされていること、③禄を支給される節会が年二回であったものが十一月のみに減じていること、が挙げられる。弘仁式逸文に「御勝笛工」と見える「勝」字については他史料に見えず、誤字の可能性が考えられるが、不明である（『儀式』『北山抄』等には「栖笛工」が見える）。山城国綴喜郡の国栖笛工については、『類聚符宣抄』所収天暦三年正月二七日官符によれば、前年一二月の宮内省解に「国栖別当茂則解状偁、茂則等奉二数代朝一、于レ今五十八箇年、毎年七節御贄供奉無レ闕、」と見え、この五八年が足かけの年数であるならば、寛平三年（八九一）より国栖別当茂則が奉仕していたということになる。

引用文献

青森県史編さん古代部会編『青森県史』資料編　古代1文献史料、青森県、二〇〇一年
石上英一・山口英男「（刊行物紹介）大日本史料　第一編補遺（別冊一）」『東京大学史料編纂所報』二七、一九九三年
田島公「陽明文庫所蔵『勘例』内容目録」同編『禁裏・公家文庫研究』四、思文閣出版、二〇一二年
（財）千葉県史料研究財団編『千葉県の歴史』資料編古代、千葉県、一九九六年
宮崎康光編『国司補任』一～五、続群書類従完成会、一九八九～九一年
山口県編・発行『山口県史』史料編　古代、二〇〇一年

〔付記〕　翻刻ならびに資料紹介の執筆をお許しいただいた財団法人陽明文庫および同文庫長名和修氏に深謝申し上げます。

東京大学史料編纂所蔵『見忌抄』の紹介と翻刻

稲田　奈津子

解　題

はじめに

東京大学史料編纂所の所蔵する『見忌抄』は、触穢や服喪に関する明法家の見解をまとめた故実書で、鎌倉初期の中原章重の撰とされる。末尾には吉田兼右（一五一六〜七三）による追記があり、吉田家代々の記録からの抜書がなされている。『見忌抄』に注目された従来の研究では、(1)主に宮内庁書陵部所蔵本が利用されてきた。しかし後述のように東京大学史料編纂所本は、より祖本に近い良質なテキストと判断されることから、本稿で紹介・翻刻していきたいと思う。

書誌と伝来

請求番号は四三五七—九、袋綴装の一冊で、縦二八・五×横二一・七糎。表裏には茶褐色の表紙が付けられ、題簽に「見忌抄」と記される。本文は二十四丁で、遊紙裏に朱印「史料編／纂所図／書之印」があり、管理番号「L314935」が印記されている。1丁表には朱印四顆があり、「広橋／蔵書」、「三上教授在職二十／五年祝賀記念奨学／資金購入図書之記」、「東京帝／国大学文／学部史料／編纂掛」、「□□《〔東京〕》帝／□□《〔国大〕》学／□□《〔図書〕》印」（割印）とある。24丁裏には黒丸印「史料／東京大学」がある。

三上参次の在職二十五年祝賀会は大正六年（一九一七）十一月十一日に開催されたが、(2)その奨学資金での図書購入は昭和初期まで断続的におこなわれたらしく、史料編纂所図書カードによれば、本書は昭和九年（一九三四）の登録となっている。(3)また蔵書印から、広橋家の旧蔵であったことが判明する。

本文は1丁表から始まり、半葉に約十行ずつ記され、朱による圏点・合点・見出し、墨・朱による訂正・送り仮名・返り点などが見られる。校訂を記した附箋が二箇所に付けられており、10丁裏［197行］に「目—日カ」（縦七・八×横一・四糎）、11丁裏［219行］に「幸—事カ」（縦七・七×横一・四糎）とある。また剝がれ落ちた附箋の糊痕が、11丁表に三箇所、11丁裏に二箇所、12丁表に三箇所、15丁裏に一箇所認められる。

奥書と書写過程

奥書は18丁表から裏にかけて、次のように記されている［349〜358行］。

（ⅰ）応安二年二月日、以四条三位隆郷卿本、拭元服書写了、〔老眼〕
判如此、（花押）

（ⅱ）文保二年三月廿七日、於丹州石丸保書写之了、書写本奥書
此本之博士判官殿章重抄物、即自筆也、依為末代重宝、馳筆〔御〕
者也、
桑門真恵

（ⅲ）　故真恵自筆本書写之畢、
貞和三年九月十日
右近少将隆郷判
去五月十六日、真恵入滅了、年六十五、

（ⅳ）右一冊者、以中院少将通為本書写之畢、未及校合、殊不天文二年八月十六日
審在之已矣、
卜兼右

以上を時代順に並べると、（ⅱ）一三一八年→（ⅲ）一三四七年→（ⅰ）一三六九年→（ⅳ）一五三三年となり、次のような書写過程を復元できる。

鎌倉初期に中原章重が撰した自筆原本が中原家に伝来しており、それを文保二年（一三一八）に真恵が書写する。章重は、承久二年（一二二〇）以後に明法博士に任じられたと見られる人物で、(4)中原氏系図によれば章直の猶子で、子に章職がある。(5)真恵（一二七九～一三四七）は、兄の是円とともに尊氏の諮詢に答えて答申（『建武式目』）を作成した人物として知られ、(6)その父は章継、祖父は章職であり、章重は曾祖父にあたる。

【中原氏系図】(7)（傍線は本書に関連する人物）

俊光─範政（坂上定政養子）┬明兼
└範光─季盛─章貞─章直＝章重
└章職─章継─真恵

この真恵の自筆書写本を、真恵没年との註記とともに貞和三年（一三四七）に書写したのが、四条隆郷（一三三六～一四一〇）であった。その隆郷本をもとに、さらに応安二年（一三六九）に書写されたことが見えるが、その書写者は未詳である。その後も書写はくり返されたらしく、中院通為（一五一八～一五六五）の書写本を、天文二年（一五三三）になって吉田兼右が書写しており、その際に末尾の追記を加えたものと想定される。

兼右による追記は、室町時代中後期の神祇官人氏族である卜部吉田家の代々の記録から、触穢や服喪に関わる問答を抜き出したものである。兼豊・兼敦・兼致・宣賢等の日記からの引用と推測され、兼敦については天理図書館蔵「吉田家日次記」に対応する自筆日記が一部現存している。

【卜部吉田氏系図】(8)（傍線は本書に関連する人物）

兼豊─兼凞─兼敦─兼富─兼名─兼倶┬兼致─兼満＝兼右
└宣賢清原宗賢養子─兼右

諸本との関係

『国書総目録』によれば、東大史料本の他に、宮本二種（天保二年鷹司政通写本、大正写本）、早大本、神宮本が存在するらしい。今回は神宮文庫本の調査には至らなかったので、宮内庁書陵部本二種と早稲田大学図書館本とについてのみ記しておく。

宮内庁書陵部A本（函架番号二六六─七八六）は、冊子本一冊（縦二九・五×横二〇・〇糎）。奥書に「右／見忌抄一巻、／吉田家抄一巻巻末一巻添之、令書写一校／畢、可秘之者、／文化十年春二月　藤原光棣、／天保二年黄鐘写之（花押）」（24丁裏）とあり、文化十年（一八一三）二月に竹屋光棣が書写したものを、天保二年（一八三一）十一月に鷹司政通が写したことがわかる。

同B本（函架番号一〇九―三四四）は、やはり冊子本一冊（縦二六・九×横一八・六糎）で、大正十年（一九二一）写本であるという。A本奥書と同文が25丁表にある。

早稲田大学図書館本（請求番号ハ三―二二八四）は、帙入りの冊子本一冊（縦二八・七×横二〇・三糎）で、宮内事務官であった五味均平の旧蔵本である。やはり書陵部A本と同文の奥書が35丁裏から36丁表にかけて存在する。

行数	東大史料本	書陵部A本	書陵部B本	早大図書館本	備考
04	三	六	六	三	Aの誤写をBが踏襲、早は独自に校訂
10	容／西旦	客／両旦	客／両旦	客／両旦	Aの誤写をB・早が踏襲
11	預 得○祭	得預祭	得預祭	得預祭	東の訂正をA以下が反映
12	任	任	妊	妊	B・早が独自に校訂
400	程	程	□ 附箋「不明／原字ノママ」	(空白) 附箋「程カ」	B・早それぞれが独自の附箋をつける

以上三種について、東大史料本と文字を比較してみると、三種は共通した誤字を使用している場合が多い。おそらく書陵部A本をもとに、B本と早大図書館本とが、それぞれ独自の校訂を加えつつ書写されたのであろう。B本と早大図書館本は、文字の不審な部分に附箋をつけて註記しているが、両者の附箋には参照関係が認められず、やはり独自に付けられたものと考えられる。写本間の文字の異同について、その一部を上表に例示した。

A本が親本とする竹屋光棣（一七八一～一八三七）の書写本は未詳だが、竹屋家は広橋家支流であり、光棣の実父は広橋伊光（一七四五～一八二三）である。このことから、おそらくは広橋家蔵本を書写したものであろう。一方で東大史料本は、前述のように蔵書印から広橋家旧蔵本であったことがわかるので、あるいは東大史料本を書写したものが光棣本ではなかったか、との推測ができる。A本の行取りが東大史料本と共通する部分が多いのも、その推定を裏付けるであろう。

内容

本書の一部は『大日本史料』で翻刻されており、第三編之二十六（一〇〇―一一頁）、第十編之十三（二七七～八頁、ただし宮内庁書陵部本による）に掲載されている。また兼右による追記の一部は、天理図書館蔵「吉田家日次記」に対応する内容で、これを翻刻した『大日本史料』第七編之四（九六九～七三頁）も参考になる。注目されるのは、「兼敦朝臣記」自筆本の応永八年四月五日条から十日条にかけての錯簡を、本書によって補うことができる点である。以下に本書の構成を簡単にまとめる（［ ］内は対応する行数）。

本文［01～348］

Ⅰ 触穢事［02～230］

①寛治八年（一〇九四）八月十一日問答（度会神主季生問、菅原有真答）［03～43］

『延喜式』神祇・臨時祭49触穢応忌条、50弔喪条、51改葬殤胎条、52致散斎条、『周礼』巻二天官大宰、『延喜式』神祇・臨時祭53無服殤条、54懐妊月事条、55甲乙触穢条、『新儀式』第五臨時下・触穢事、『延喜式』神祇・臨時祭56一司穢条、57触失火条、『延喜

式』神祇・斎宮96失火穢条、『延喜式』神祇・臨時祭60神社四至
条、61鴨社南辺条、『新儀式』第五臨時下・触穢事、応和新制
②永長二年（一〇九七）十一月廿一日問答（度会神主季生問、坂上範政
答）〔44～71〕
③康和二年（一一〇〇）五月日問答（度会神主季生問、坂上範政答）
〔72～91〕
④康和三年（一一〇一）正月日問答〔92～107〕
⑤長暦三年（一〇三九）九月廿二日問答（藤原公成問、令宗道成答）〔108～133〕
⑥馬殤胎事〔134～136〕
⑦人死期事、保安二年（一一二一）正月廿六日申状（明法博士三善信
貞）〔137～148〕
『日本書紀』允恭天皇十四年九月甲子条、『礼記』喪大記
保安二年正月廿五日記（中原明兼ではなく信貞申状を採用）
⑧人死卅日忌事　『政事要略』人死條勘物〔149～153〕
⑨死人灰有穢事、長元六年（一〇三三）八月廿四日記、令宗道成申状
〔154～160〕
⑩食死人宍有穢事　「令十巻裏」〔161～166〕
『延喜式』神祇・臨時祭49触穢応忌条
⑪五躰切有穢事　「令十巻裏」〔167～170〕
⑫六畜五躰不具有穢事　「令十巻裏」〔171～173〕
⑬雖不触穢當神事有憚事〔174～181〕
『延喜式』神祇・臨時祭50弔喪条、52致散斎条、53無服殤条、54
懐妊月事条
⑭穢人勤仕御禊前駈事　「令十巻裏」
長和元年（一〇一二）四月廿二日記〔182～184〕
⑮年未詳（一〇九四年以前）菅原有真勘申〔185～194〕
『延喜式』神祇・臨時祭51改葬殤胎条、
「令十巻裏」天暦四年（九五〇）二月二日記（『西宮記』臨時一定穢
事と同文）
天徳四年（九六〇）十二月十二日村上天皇御記
⑯失火穢可忌七日例〔195～199〕
⑰穢牛馬以取繋為穢事　「令十巻裏」〔200〕
⑱居石上為穢事　「令十巻裏」〔201〕
⑲車忌事〔202〕
⑳軽服弁午立下幣物例　「大外記師光抄[9]」雑例神事部、第六巻臨時幣
部、延長元年（九二三）九月十九日記〔203～208〕
㉑鹿死不為穢有奉幣例、長暦二年（一〇三八）四月十一日記〔209～211〕
㉒軽服皇后行大原野祭事例、康平三年（一〇六〇）二月八日記〔212～214〕
㉓触穢人行釈奠事例、天暦九年（九五五）八月二日記〔215～219〕
㉔穢中定御禊前駈例、承平六年（九三六）四月二日・同七年四月五日
記〔220～224〕
㉕神今食仮人行事例、長徳元年（九九五）六月十六日記〔225～226〕
㉖大原野祭使近衛将監不可憚軽服例、永観元年（九八三）二月五日記〔227～230〕
2　服事〔231～258〕
①公家　『令義解』喪葬令2服錫紵条、儀制令7太陽虧条〔232～241〕

②臣下　『令集解』喪葬令17服紀条、儀制令21凶服不入条、『延喜式』治部省8服条、『白氏文集』第四「井底引銀瓶」、『令集解』喪葬令17服紀条、令宗允亮説（『政事要略』か）、『律集解』名例律・悪逆條、『令集解』職員令16治部省条　〔242～258〕

3　仮事〔259～310〕

①（仮寧令諸条）　『令集解』仮寧令3職事官条、10官人遠任条、9給喪仮条、7聞喪条、『礼記』檀弓上、『令集解』仮寧令8給喪葬条、4無服殤条、6改葬条、5師経受業条　〔260～280〕

②服仮相累従一事　「法意簡要」[10]、『令集解』喪葬令17服紀条　〔281～286〕

③僧尼為二親着服事　『令集解』喪葬令17服紀条、仮寧令　〔287～293〕

④勘申軽服人供奉節會時着吉服由事　〔294～301〕

延長七年（九二九）十一月一日惟宗公方勘申（源相職の仰により）「宗家勘草」[11]、『令集解』儀制令20遭重服条、21凶服不入条

⑤外祖母服不着例、承徳二年（一〇九八）記　〔302～304〕

⑥親類死去當日除服出仕例、『山槐記』長寛二年（一一六四）三月廿七日条　〔305～310〕

4　五等親〔311～343〕

①一等親　②二等親　③三等親　④四等親　⑤五等親

5　五辛事〔344～348〕

長治元年（一一〇四）八月五日坂上範政申状、『令集解』僧尼令7飲酒条

奥付〔349～358〕

吉田家抄〔359～467〕

①吉田兼致朝臣記からの引用[12]　〔359～381〕

赤澤兵庫助への吉田兼倶の返答、中御門宣胤への兼倶の返答

②吉田兼敦朝臣記からの引用[13]　〔382～427〕

応永八年（一四〇一）四月四日（足利義満問、兼敦答）・五日・十日、五月廿一日記、応永五年（一三九八）七月一日・二日（坊城俊任問、吉田兼凞答）記

③卜部兼豊の日記からの引用か　〔428～443〕

康永四年（一三四五）八月五日（源通冬問、兼豊答）・四日（冷泉経隆問、兼豊答）記

④清原宣賢の日記からの引用か　〔444～467〕

大永六年（一五二六）二月七日・十七日記（大舘尚氏問、宣賢答）

【凡　例】

一、東京大学史料編纂所所蔵本（広橋家旧蔵本）を底本とした。

一、字体はおおむね現在通行の文字を用いた。

一、引用元の諸資料により、誤字・脱字・衍字と判断されるものについては、〔 〕で傍註した。また人名註は（ ）で示した。

一、圏点・合点・見出し、また訂正・送り仮名・返り点などには朱書されたものも含まれるが、特に註記はしなかった。

一、各行の冒頭に行数を付し、各葉最終行の下に丁数を示した。

見忌抄

○一、触穢事

神祇式云、触《レテ》穢《ケカラハシク》悪《アシキ》事《ヿハ》応㆑忌者、人《ノ》死《ハ》限《レ》㆓卅日㆒《ヲ》、自㆓葬日《ノ》㆒始計、産《ハ》七日、六畜死《ナハ》五日、産《ハ》三日、鶏非忌限、其喫《ヘルハ》㆑宍《ヲ》三日、此官《ハ》尋常忌之、但当《ラハ》祭時《ニ》、餘司《モ》皆忌、

又云、弔㆑喪、問㆑病、及到㆓山作所㆒、遭㆓三七日法事㆒者、雖㆓身不㆑穢、而当日《ニハ》不可参㆓入内裏㆒、五七、六七、七々、謂之三七日也、

又云、改葬及四月已上殤胎、并忌卅日、其三月已下殤胎忌七日、

又云、祈年、賀茂、月次、神嘗、新嘗等祭前後散斎之日、僧尼及重服奪㆑情従㆑公之輩、不㆑得㆑参㆓入内裏㆒、雖㆓軽服人㆒、致斎前散斎之日《ニハ》、不㆑得㆓参入㆒、自餘《ノ》諸《ノ》祭《ノ》斎日、皆同此例、

周礼云、前期十日、帥執事而卜日、遂戒、注曰〔日〕、十月者、容散斎七日、致斎三日也、散、西旦及〔但反〕、斎、側皆及〔反〕、下同、

（1丁オ）」

又云、縁㆓无服殤《ノ》㆒請㆑仮者、仮《限》日未㆑満、被㆑召参入者、不得《預》祭事、

又云、宮女懐任〔妊〕者、散斎之前退出、有月事者、祭月〔日〕之前、退《キ》㆓下《シ》宿盧《トコロニ》㆒、不㆑得㆑上㆑殿、其三月、九月潔斎、預前退㆓出宮外㆒、

又云、甲処有㆑穢、乙入其処、謂着座、下亦同、乙及同処人皆為㆑穢、丙入乙処、只丙一身為㆑穢、同処人不㆑為㆑穢、乙入㆑丙処、同処人皆為㆑穢、丁入丙処不㆑為㆑穢、其触㆓死葬㆒之人、雖㆑非㆓神事月㆒、不㆑得㆑参㆓着諸司并諸衛陣及侍従所等㆒、

新儀式云、有死骸間、入其処者為甲、斂〔収〕骸後到触者為乙、又云、受取其穢〔衍〕所物皆為穢、案之、或着座、或飲食、不須二事、相触之謂也、若穢物見在之時相遇者、雖偸閑相触、尚可為甲穢也、見于新儀式、又到穢所、雖不着座飲食、受取甲処物者、可為乙穢也、自

（1丁ウ）」

餘准之矣、

新儀式云、隔墻別門之処、雖同〔聞〕所不為穢、注云、太政官弁官曹司等、民部省中、主計主税二寮、左〔右脱〕近衛府大将曹司等類也、案之、如式条者、一司有穢之時、餘司不為穢、是隔墻別門之故、然者餘所可同之、

神祇式云、宮城内一司有穢、不可停廃祭事、

又云、触失火所者、当神事時忌七日、

又云、隍中有失火穢者、随之祓清、其宅人七日不得参入宮中、

又云、神社四至之内、不得伐樹木及埋蔵死人、

又云、鴨御祖社南辺者、雖有四至之外、濫僧屠者等、不得居住、

（2丁オ）」

新儀式云、雑忌之事、見神祇官式也、甲処有穢、乙入其処、乙及同処人皆為穢云々、今之所行、有死骸間、入其処者為甲、斂〔収〕骸後到触者為乙、甲人到乙処与甲同座者為乙、甲人去後着座者為丙〔人脱〕、

又云、殯〔衍〕葬夜請僧敷〔数〕随〔衍〕身座席従事者、皆忌卅日、

又云、有五躰不具之死骸忌七日、或忌卅日、或點〔忌〕不止、

又云、不知有穢物、若経数日、只以初看〔衍〕日為穢初日、或依聞得自死香〔臭〕之日、計其穢日〔衍〕、必不用初看日、

又云、不着座、只触穢所〔之〕人、并受取其処物、皆為穢、但無巻軸書状并鎰等非忌限、

又云、隔墻別門之処、雖同〔聞〕処不為穢、太政官弁官曹司等、民部省中、主計主税二寮、左右近衛府大将曹司等類也、

（2丁ウ）」

又云、失火穢不可忌乙丙、応和三〔二〕年四月定也、
応和新制云、無（不軸欤）軽書状鎰等、不有忌限、
太神宮権祢宜度會神主季生問、前大判事藤〔菅〕原有真答、寛治八年八月十一日、
問、甲来入乙等門内、居於庭中飲酒、而件盞、或甲随身在退出之所、或棄置之間、於垣内自然有破失処、兼又有取入家中、如此之所々皆可為穢哉否、可有着列（差別欤）哉、

穢盞破不為穢事

案之、件酒盃、置庭上不可必為穢、又破壊之一片蹤触人手足不為穢耳、何者忌五躰不具之処、不忌頭少分之故也、
問、甲居積置乙門内材木端、及散満庭中筵薦切件乙所、可謂着庭（座）乎、穢限如何、案之、縦雖庭中、若居物上者、相准着座可忌、（3丁オ）」

雖庭中、居物上者、可為穢事

問、甲処有穢、乙等来入件所、或着座即退出、或着座飲食退出、件両人皆可為乙欤、有差別哉、
問、甲穢経五六日、乙午知来入一両夜同宿之後、更別宿、件乙可為甲欤、可為乙欤、又乙与同宿之内可為甲欤者、
有死骸之時入者甲也、無死骸之時入者乙也、不可依止宿之長短、
又甲所有穢、而甲用他所紙者、穢所紙送書状於乙所、件乙所可為穢哉否、又雖有他所紙、入函及封与不封有差別哉如何、

忌函文事

案、除函書之外、不為穢也、有軸帯之書、同函書者、
又甲住所之垣内、流通広一丈五尺、若者六七尺許溝、受従溝上死人流下、通彼垣内溝了、件所可為穢哉否、又件死人暫流留彼垣（3丁ウ）」内、溝中終流通、可有差別哉如何、

流水事

案之、穢所水流入者不為穢、但死人流来者何不為穢乎、
又有作田一町、雖不立人宅、為坊〔防〕放牛、拵垣於四方、定出入之壱所也、而件田領主、各別作人相替、爰作人甲一人為触穢身来入、彼甲已置藁組蓑於疇上、田夫皆居飲食退出之後、他作人乙過一両日、来入件田垣内、乙可為穢哉、

一局中穢事

為一局之内者、何不為穢哉、
又入死人於棺槨、不焼葬、不埋土中、只置垣内也、而経両三年、令被棄〔破〕件棺、彼本所可為穢哉、又被棄〔破〕人与垣内住人、有差別哉如何、

死人暫置垣内事

件死人、暫置之儀者、雖経多日、皆可為穢、但被棄〔破〕之人、可忌卅日也、（4丁オ）」

永長二年十一月廿一日　季生問　範政〔坂上〕答

一、仮令、浮船於海辺、結纜於岸木、而死人流下、係留件綱、水手伐其綱、棄収漕乗船、件船可為穢哉否、

死人流懸不穢事

答、水上係舟之間、死人流懸之時、切棄其綱之後、専不可有穢、
一、仮令、甲持死人、過乙垣内畢、是為穢哉否、

持死人過垣事

答、甲持死人、過乙垣内了、是已為喪礼之地、路頭過渡之時、雖無其穢、経過人宅之間、猶為穢者也、
一、仮令、穢所在梅桃、往反郭外之身雖不入、曲引寄梅枝、被用生実了、件人可有穢気哉否、

取穢桃実事

答、被用穢所桃実之人、尤可有穢、縦随不着座、飲食為穢之故也、（4丁ウ）」

一、以関木為堺事　仮令、村内在通路、而為防牛馬、件路前後両所立柱、於左右渡貫木、而其間之路頭、置死人、若者作借屋死穢人々屋住、若依如彼門渡貫木、可為穢所哉否、

答、以関木為界之地、放其内路頭、雖有死人之穢、只以関木為限、不可為穢也、

一、別曲之所不穢事　仮令、田舎之少人居所之中隔不固、立墻只殖竹木立椐亘竹許也、而亘物已失、亦樹許在所々之間、隣家在死穢、今件亘物依已失可為一所哉、将垣根生木依禾告、猶可為別所欤如何、

答、雖無墻為別曲、若在樹木種之隔者、不可混一所之穢、但人若往反会者、可為穢者、（5丁オ）」

康和二年五月　日　季生問　範政答

一、死人流下河渡人不穢事　仮令、有河渡人溺水勢死去、而未被上彼死人之間、或経五六十町、或満一二町、渡件河流下之人、当参入太神宮勤仕神事之條、可有禁忌哉否如何、

一、不知子細入穢即退出不為穢事　仮令、甲家有死穢、不知子細之人来入門内、自以両手押扉、以片足差入閫内之剋、初驚死穢之告退帰之、乙可為穢哉否、

同
一、田家為無板敷死穢所也、乙雖入戸内、乍立即退出了、件乙可為穢哉否、

同
一、昇同処挺、即乍立退帰人可有穢哉否、

同
一、跪同前家国(不)之人、可謂着座欤、将如何、是両足乃比佐於戸及志波美丹津希留也、（5丁ウ）」

答、大河流有死穢云々、而渡人之穢、本文不詳、但大河之流太、自非汚穢之限、以渡之人何為穢乎、

答、来死穢宅、以手押扉、以片足差入国(闕欤)内、并雖入戸内、依無〔板〕枚乍立退出、及登挺、乍立下人、兼又跪国之輩等、皆非為穢之限、是則式條所指、着座飲食為穢、至于自余之事、依無忌来之例也、

同三年正月　日　問答

一、穢所葺板被吹入他屋内為穢事　仮令、甲家死穢所也、而件家葺板、為大風被吹散之間、落留乙垣内已了、乍驚即時令被棄(破欤)了、件乙所及被捨人可為穢哉如何、

一、火事之間上穢所屋上可為穢事　仮令、甲家死穢所也、而隣家有火事之間、為防其難乙等登甲家上、或乍立遂不居有乍去人、或居破其葺板有退下之人、件両人可為穢哉、居与不居、有差別如何、（6丁オ）」

一、入穢所之矢掻寄取之人不為穢事　甲家有死穢、而乙之射矢落入件垣内、爰乙身雖不入垣内、以長給〔竹カ〕掻寄、被用件矢了、乙可為穢哉否、

一、仮令、郷内有作田、或五六十町之地、或十廿町之所也、而作人等為防牛馬、自然搚垣於四面、其内條隔里畔町坪段疇、皆以区々也、而彼大垣内有死人、示知其由之間、来入件垣内着座飲食之輩、可為穢哉否、若可有穢者、不論遠近、不別條隔、同以可為穢欤、将取来人之類、穢所町段内、与他坪可有差別哉如何、

一、浮海河船綱死人流懸、即水手伐棄其綱漕去之條、穢気（6丁ウ）」

之有無、請明判之処、或被判無穢之由、或雖不被入船内、若流当船綱者、可有卅日穢之状、被返答也、判答参差、信用惑心、望蒙決判仰可従一説矣、
一答、穢屋葺板、為大風被吹入、其所弁被棄〔破〕人、共可有穢、
二答、登穢屋上之人、不居雖下去、可為触穢呪本ノマヽ居而破其葺板之人哉、
三答、穢宅垣内射入箭、以長竹掻取人、不可為穢、
四答、郷内作田垣内穢、若為一曲者、雖不着座、居士同飲食之輩、可触穢、若雖垣内穢不故一円為防放畜遙搆垣之間、自然数十町被桟柵之内、非必一曲、其死穢若存阡陌之外者、是不異路次、専不可為穢者也、（7丁オ）」
五答、繋浮船之処、付河水所流下之穢物、懸船綱而船人即時切流之者、専非触穢、河流之中太自不見穢限之故也、
長暦三年九月廿二日　大判事道成(令宗)答　別当殿(藤原公成)被問之
∴馬殤胎事
馬殤胎事
人与畜其類雖別、死与殤其義已同、然則若馬殤胎五躰相具者五日、躰未備者三日、雖不哉或條載式歟、准以可知之、
○人死期事
以息絶為死期事
日本書紀允恭天皇十四年秋、天皇獦〔獵〕于淡路嶋、不獲一獣、嶋神祟云〔之曰〕、不得獣者、是我心也、赤石海底、有真珠、其珠祠於我、則得獣、阿波国長色〔邑〕之海人、勝諸海人、入海底、須臾出云、海底有（7丁ウ）」
大蝮、其処光矣〔也〕、諸人曰、嶋神所請之珠、殆有此蝮腹歟〔乎〕、亦入而、抱大蝮浮〔泛〕出之、乃息絶、死海上〔浪〕云々、如此文者、以息絶為死歟、
礼記云、属《ツケテ》レ纊《クワウヲ》侯《ウカヽウ》ニ絶気《ヲ》ニ云々、纊新綿、鄭注云、纊、今之新綿、易動揺、置口鼻之上、以為候、
保安二年正月廿六日　明法博士三善信貞
五躰頗雖有温気、以気絶可為死期云々、
且保安二年正月廿五日、内裏内膳御膳宿辺、有死女之時、有此沙汰、信貞申状如此、爰明兼(中原)不可然之由申之、然而依信貞申状可為穢之由、被定畢、
○人死卅日忌事
政事要略人死條勘物云、死人忌卅日、其情如何、案大祀散斎一月、是可浄之期也、仍准彼法為卅日歟、同然者、他穢可忌卅日、猶可有（8丁オ）」
証乎、
答、人畜已異、軽重不同、就中人為重、仍忌卅日、畜惟軽、随忌七日歟、
○死人灰有穢事
因准法条雖無所見、尋勘先例、尤有用穢、然者全焼一身灰骨可為卅日穢、若少々准五躰不具穢、可忌七日歟、長元六年八月廿四日早旦、中宮被光臨云、近曽窃盗入来取雑人物、搦其嫌疑者令候之間、其従女取死人灰将来之由云々、驚令問、其従女之処申之主女相語云々、問道成、
申云、准五躰不具穢、七ヶ日可忌歟云々、（8丁ウ）」
○食死人宍有穢事、在令十巻裏少々所略出也、
神祇式云、応忌者、人死限卅日、産七日、六畜死五日、産三日、其喫宍三日、説者問、六畜死忌五日、而喫宍只忌三日、如何、
答、五躰不具之穢、減定忌之、喫宍不必具五躰、仍忌三日、
案之、六畜死穢五日、喫宍減定忌三日、人死穢卅日、喫宍亦減

定、可忌七日歟、
○五躰切有穢事、同、
案云、喫宍尚有穢、況五躰切何無其穢哉、故聞之、前儒云、雖為
五躰切、其形正見者、可有七日穢、若雖四躰不具、身具一躰者、可有
卅日穢云々、　　　　　　　　　　　　　　　　　　　　（9丁オ）」
○六畜五躰不具有穢事、同、
案之、喫宍有三日穢、是依宍〔未〕之有忌也、雖不具五躰、減定彼
死穢、尤可忌三日、又忌来有制歟、
○雖不触穢当神事有憚事
神祇式云、弔喪、問病、及到山作所、遭三七日法事者、雖身不
穢、而当日不可参入内裏、
又云、祈年、賀茂、月次、神嘗、新嘗等祭前後、散斎之日、僧尼
及重服奪情従公之輩、不得参入、自余諸祭、斎月皆同此例、
又云、無服殤請仮者、限日未満云々、
又云、宮女懐妊者云々、　　　　　　　　　　　　　　（9丁ウ）」
案之、如此之類、雖無其穢、当神事有憚者也、
○穢人勤仕御禊前駈事、見令十巻裏、
長和元年四月廿二日、御禊如常、従前日　内裏有死穢、雖然所被
行也、或触穢人々奉行、但不着斎院座乍立供奉者、
勘申、死人頭破残、可被為穢否事、
右、謹検延喜神祇式云、三月已下傷胎忌七日者、因茲言之、五躰不
具之穢、本自無有正條、只准三月以下殤胎、所被忌七日也、亦五躰不具
穢者、可忌其躰一也、然則至于破残頭者、不可被為穢耳、仍勘申、
年月日　　大判事菅原朝臣有真
見令十巻裏
天暦四年二月二日、中院北門辺有死人頭、其形如破坑云々、左〔右〕(藤
大臣聞此由、原師輔)
暫佇立、即有定、不為穢、諸祭如常云々、　　　　　　（10丁オ）」
同前
天徳四年十二月十二日丁丑、御記(村上天皇)云、右大将藤原朝臣(師尹)、令延光朝臣(源)申云、
去十日、鳶指死片頭落宅内、先々或不為穢、随仰将進止、令仰依
前例不為穢之由云々、
○失火穢可忌七日例
右、承前准人死忌卅日、但無式例、仍伊勢斎宮有一屋失火事、而
為忌慎不相救、遂及数屋、因茲、去貞観六年造式目*、録具状請
官裁、右大臣(藤原良相)宣、宜依卜食者、謹依　宣旨可忌七ヶ日之状、卜食
得乙合依卜所忌也、失火穢不可有甲乙忌者、＊附箋1「目—日カ」
○穢牛馬以取繫為穢事、有令十巻裏、　　　　　　　　（10丁ウ）」
○居石上為穢事、同、
○車忌事
大外記師光(中原)抄雑例中、神事部云、
第六巻
臨時幣部、
軽服弁乍立下幣物例、
延長元九十九、明日幣物於弁官欲下之間、犬産穢之上、弁皆軽服、奏
此由、勅云、於蔵門外乍立乍御鎰弁短冊令下者、右中弁淳茂(菅原)
奉行之、廿日奉幣、伊以下、
○鹿死不為穢有奉幣例、
長厂二四十一丁丑、行幸八省立伊世使、本ノマ、御立諸状使、去十日子時陰
　　　　　　　　　　　　　　　　　　　　　　　　　（11丁オ）」

陽寮後廳前、鹿死不為穢、
○軽服皇后行大原野祭事例、
康平三二八丁卯、大原野祭也、皇后(藤原寛子)御服日数内、有時議行之、四条宮従父妹
喪、去五日御着除畢、
○触穢人行釈奠事例、
天暦元(九)八二丁酉、釈奠也、(ママ)権中納言在衡(藤原)参仗座、自一昨日内蔵寮犬死及内裏、
外記衆与(安倍)申云、釈奠上卿皆有障不可参入、即仰云、可　奏聞、
衆与以蔵人主殿助安親(藤原)令奏、仰云、依先例令収廟像、以触穢在衡
可行、仍率参内裏、弁少納言大夫外記史向大学寮行幸、*
*附箋2「幸—事カ」
○穢中定御禊前駈例、　　(11丁ウ)」
承平六四二庚申、上卿参陣被定御禊前駈等、去月七日　内裏在
死穢、宋〔采〕女町下女死亡、承平七四五、上卿着陣、定賀茂祭禊斎前駈等、去月
七日左近府下女死、穢触内裏、
○神今食仮人行事例、
長徳元六十六辛卯、月次神今食也、中納言公季(藤原)参勤之、件人、依甥
喪雖進三ヶ日仮文不被〔許〕行、仍参勤之、
○大〔原野〕神祭使近衛将監不可憚軽服例、
永観元二五、停止右近将監長能(藤原)、以将曹粟田秀陰任之、長能依進可
勤今日大〔原野〕神祭使而申穢由不奉仕、天元三年起清〔請〕云、除二親喪之
外、不可用所申障、因之被止欤、　　(12丁オ)」
○一、服事
○公家
喪葬令云、天皇為本服二等以上親喪、服錫紵、
義解云、人君、即位服絶傍朞、唯有心喪、故云本服、其三后及皇太子、不
得絶傍朞、又文云、為三等已下及諸臣之喪、除帛衣以外通用雑色、
義解云、四等以上、即五等之内、无服親故也、依儀制令、三等親
喪、皇帝不視事
一日、即四等親喪、雖得視事、而除帛之制、亦一日為限也、帛衣白練衣也、
儀制令云、皇帝二等以上親、及外祖父母、右大臣以上、若散一位
喪、皇帝不視事
三日、義解云、称不視事三日者、唯為三月以上服故也、至於姪孫喪、皇帝
不視事一日、理以為允、又文云、国忌日、三等親、百官三位已上
喪、皇帝皆不視　　(12丁ウ)」
事一日、義解云、散位者非、
○臣下
喪葬令云、服紀者、為君、父母、及夫、本主、一年、祖父母、養
父母、五月、曾祖父母、外
集解云、夫為妻服三月、次妻无服也、
祖父母、伯叔父姑、妻兄弟姉妹、夫之父母、集解云、養父母為養子服庶子服也、嫡子、三月、
謂養子之妻妾於父之、養父母亦同、高祖父母、
集解説者云、家人奴婢為主、亦可一年、為同子孫故也、
舅姨、嫡母、継母、継父同居、異父兄弟姉妹、衆子、嫡孫、一月、
衆孫、従父兄弟姉妹、兄
弟子、七日、
儀制令云、凶服不入公門、凶服者縗〔纕〕麻也、公門者宮城門及諸司曹司院、其国郡廳院亦同、其遭喪被赴〔起〕者、朝
参処亦依位色、在家依其服制、
治部式云、妾者為夫服一年、夫為妾無報服、
白氏文集第四井底引録〔銀〕瓶云、聘則為妻、奔是妾、
喪葬令説者云、妻妾為夫服一年、夫為妾无報服也、　　(13丁オ)」

251 允(令宗)亮説云、父存日、嫡母先死、継母後死、嫡母之子着服、父存日、
嫡母継母在室
252 之日、庶子母先死、嫡母子不着服、嫡母先死、父後没、継母寡居
其身亦死、嫡母
253 之子着服、父存日、嫡母已妾子着服、父存生之時、嫡母被出之後
其身死、妾子
254 不可着服、父死後、嫡母寡居之間、其身又亡、妾子着服、
255 名例律悪逆條集解云、釈云、依礼、親母死於室、不為継母之党服、被出
256 即為継母之党服、不為親母党服、
257 職員令治部省條改之〔説云カ〕、婚姻、集解云、戸婚律云、聟父為婚妻父為
258 姻、白虎通云、以昏時礼、故曰婚、因夫成、故曰姻也、本裏書也、
259 ○一、仮事
260 仮寧令云、職事官、遭父母喪、並解官、自餘皆給仮、夫及祖父母、養父母、
(13丁ウ)
261 外祖父母卅日、三日服廿日、一月服十日、七日服三日、
262 又條云、官人、遠任及公使、父母喪応解官、無人告者、聴家人絶〔経〕所在官
263 司、陳牒告追、義解云、謂、官司得喪家牒、更附便使移告、若无便、
264 使者亦差専使報告、其告追之間、已経周朞、而聞喪之礼、以聞為始、
265 即解官終服、並皆如法也、
266 集解云、古記云、以聞哀為始、謂雖経年、猶随聞時挙哀、故以聞時為始
267 給仮也、
268 又條云、給喪仮、以喪日為始、挙哀、以聞哀為始、
269 集解云、一月服給十日、此人以喪従四日聞者、給喪仮七六日、以
六七日等聞
270 給挙哀仮五日之類、 (14丁オ)
271 又條云、聞喪挙哀、其仮減半、有乗日者、入仮限、七日仮減半、即当三日半、日然猶給四日也、
272 礼檀弓上云、小功不税、拠礼而言也、日月已過、乃聞喪而服、曰税、大功以上、然小功軽不服、
273 穴云、服月已過者、無追服、若仮日残者、計残日給、
274 又條云、給喪葬仮、三月服以上、并給程、
275 又條云、無服之殤、本服三月、給仮三日、一月服二日、七日服一
日、注云、生三月至七歳、
276 集解云、案名例、十六以下十一以上、犯流罪已下可事収贖、然則十
歳已下者、雖不服可无罪、
277 又條云、改葬、一年服給廿日、五月服十日、三月服七日、一月
服三日、七日服一日、
278 又條云、師、経受業者喪、給仮三日、
279 集解云、問、僧尼於師与伯叔父同、未知、為師何、答、此文為官人生文、其
280 僧尼等給仮之法不見文、 (14丁ウ)
281 ○服仮相累従一事、法意簡要在之、
282 喪葬令、古記云、問、頻累者何服也、答、従〔二従脱〕後喪日始計年也、説者
283 云、問、縦遭父喪、未聞間、遭母喪何服、答、重遭父母之喪、更二年不可
284 服、縦父喪経二三月之後、又母喪、随母計耳、案之、重服之者、重遭
285 重服、従後日可着、両事不可着、若遭軽服、計日為重服限内者、不可
286 着、及于限外者、余日更着軽服可満也、軽服相累、准而可知、
287 ○僧尼為二親着服事
288 喪葬令云、服紀者、為父母一年、説者之問、父母僧尼、其身死者
可有着服哉、
289 答、無可疑、

仮寧令云、説者問、僧尼遭父母及余親喪何処分、答、於僧尼（15丁オ）」
不見給仮法、於父母無疑、
案之、僧尼遭二親喪可着服、傍親喪者所見不詳、然者止可着
二親服、不可着傍親服、但僧尼之子孫、為其父母可依俗人之法、
○勘申軽服人供奉節會時着吉服由事、宗家勘草在之、不弔吉凶之文任之、
右、謹検儀制令、遭重服、有奪情従職、並終服、不弔、不賀、不預宴、
又條云、凶服不入公門、其遭喪被赴〔起〕者、朝参処亦依位色、在家依其服制、
義解云、凶服者纕〔縗〕麻、案此等之文、雖重服之人、而奪其情従職之日、不
可着纕〔縗〕麻入公門、況軽服之人、何着凶服得朝会乎、然則供奉節会
之時、着用吉服之由、非無所拠、仍勘申、
延長七年十一月一日　主計助兼明法博士惟宗公方（15丁ウ）」
依蔵人式部丞源相職昨夕仰、勘申、
外祖母服不着例、
承徳二年、冷泉宮（儇子内親王）薨給、関白殿（藤原師通）下不服給、仍被奉神馬御奉
幣等於春日社、卅九日内、但為上棟参興福寺給、此次不参春日社給、
親類死去当日除服出仕例、
長寛二年三月廿七日、故上卿別当顕長（藤原）、
已始刻、召使来曰、今朝大僧都円仙入滅、故民部卿顕〔頼〕長卿子、年四五〔十脱〕云々、日来煩邪気、
別当依仮服、今日政不定申事由仮〔之〕間、暫不可参之由、大外記師（中原）
元申者、須之、又召使来曰、猶別当可被参之由、被〔被〕仰下、而不除服争出
仕〻候哉之由、大理前申、有重仰、只今除服可被参者、当日除服、定無其例歟、於陣大理被談、（16丁オ）」
○一、五等親付服仮、九族図上自高祖下至、高祖、曽祖、祖父、云〔玄〕孫為九族、父母、己、子、孫、曽孫、玄孫、
一等親
父母服一年、養父母服五月、暇卅日、夫服一年、暇卅日、子嫡子服三月暇廿日、庶子服一月暇十日、
二等親
祖父母服五月、暇卅日、嫡母謂嫡子之母也、服一月暇十日、継母謂庶子之母也、服一月暇十日、
伯父謂父之兄也、服三月暇廿日、叔父謂父之弟、姑謂父之姉妹也、兄弟姉妹
夫之父謂舅也、夫之母謂姨也、
已上服暇同于伯父、
姪謂兄弟之男子也、服七日暇三日、姪女謂兄弟之女子也、服暇同、姪女之字無差之間、依難分別、加女字所出也、
孫嫡孫服一月、暇十日、衆孫、子婦无服暇、子妾同、（16丁ウ）」
三等親
曽祖父謂祖父之父也、服三月暇廿日、曽祖母謂祖父之母、服暇同、伯父婦无之、
叔父婦同、従父兄謂父兄之男子、服七日暇三日、従父弟謂父弟之男子也、
従父姉謂父兄之女子、従父妹謂父兄弟之女子、可有夫之父母歟、
以上服暇同于従父兄、
異父兄服一月、仮十日、異父弟　異父姉　異父妹
已上服仮同于異父兄、
夫祖父　夫祖母　夫之伯父　夫之叔父　姪婦已上無之、
継父同居服一月、暇十日、夫前妻妾子无服暇、
四等親（17丁オ）」
高祖父謂曽祖父之父、服一月暇十日、高祖母謂曽祖父之母、服暇同、従祖父謂祖父之兄弟、无之、
従祖父姑謂祖父之姉妹、无之、従祖伯父謂従祖父之子、即父従父兄也、无之、従祖叔父謂従祖之父之子、

従〵祖姑謂父従祖々父之子、即父之従父姉妹、　夫〵之兄　夫〵之弟　夫〵之姉　夫〵之妹
兄〵之妻妾　弟〵之妻妾　再〵従兄謂従祖伯叔父之子、　再〵従弟　再〵従姉　再〵従妹
　已〵上従祖父以下無服暇、
外〵祖父謂母之父也、服三月暇卅日、　外〵祖母謂母之母、同前、　舅〵謂母之兄弟、服一月暇十日、　姨〵謂母之姉妹、服暇同、
兄〵之孫　弟〵之孫　従〵父兄之子　従〵父弟之子　甥〵謂姉妹之男子也、
外〵甥謂姉妹之女子也、　曾〵孫謂孫之子、　孫〵之婦　孫〵之妾　妻〵妾前夫之子
　已〵上兄之孫以下無服暇、
　五〵等親　(17丁ウ)」
妻〵妾之父母　姑〵子父之姉妹之子、　舅〵子母之兄弟之子、　姨〵子母之姉妹之子、
玄〵孫曾孫之子、　外〵孫女子子、　女〵聟女子之夫也、
　已〵上无之、
一〵、五辛事
僧〵尼令云、五辛者、梵網、　大〵蒜　茗〵葱　韮〵葱　蘭〵葱　興〵渠
一〵曰大蒜《オヒル》　二曰慈葱《キ》　三曰角葱《アサツキ》　四曰蘭葱《メヒル》　五曰興蕖《クレノモ》
長〵治元年八月五日、範政申云、憲章之中、雖無所見、師説云、
服蒜之忌、雖無日限、以自死香失、可為其限云々、
　応安二年二月日、以四条三位隆郷卿本、〔老眼〕拭元服書写了、
　　　　　　　　　　　　　判如此、(花押)(18丁オ)」
書写本奥書
文保二年三月廿七日、於丹州石丸保書写之了、
此本之博士判官殿章重(中原)抄物、〔御〕即自筆也、依為末代重宝、馳筆
者也、
　　　　　　　　　　　　　　桑門真恵
　故真恵自筆本書写之畢、
　貞和三年九月十日　　　　　右近少将隆郷判
　去五月十六日、真恵入滅了、年六十五、
天文二年八月十六日
右一冊者、以中院少将通為本書写之畢、未及校合、殊不
審在之已矣、
　　　　　　　　　　卜兼右　(18丁ウ)」
赤澤兵庫助尋之、
　服者之事、
一、八幡、住吉、春日、新羅、御霊、祇園、北野、三輪、今宮、
牛頭天皇、妙見、
此所々神名となへ申事、又ハ若参詣なと儀候共、くるし
かるましく候哉、
御返答云、
於大神者、一廻中不可叶、宮寺社者、五旬以後参詣不憚候上者、
神名不可苦候、大神者可為心念候也、御返答、
一、於長谷寺服者参宮之人参会の事、参宮人と憶存之間、同宿
同火可有斟酌者也、　(19丁オ)」
一、八幡法楽歌奉納之事、更以不可憚者也、
(宣胤)
中御門大納言問題、
外祖母軽服九十日、暇三十日候歟、宰相軽服之候、彼暇中申除服
可令出仕事、可為如何候哉、又暇中同宿身、参内可為如何候哉、
　(兼倶)
　吉田殿　　　　　　　宣胤
袖書
暇中除服出仕有例之様、其沙汰候、然者同宿身不可
及沙汰候哉、
御返答、
　外祖父母服九十日、此内暇三十日、御覚悟無相違候、御方御暇

（19丁ウ）」
中云、申除服宣下御出仕事、近代之通規候欤、何子細候哉、次御同
宿、御方御参内、不可有其憚候、可得御意候、　　兼倶
従所見注付之畢、
応永八年四月四日癸亥、天晴、早旦　殿下(二条継嗣)御書到来、
此間又旁――他事略之、さて衆子服仮者、其父暇十日、服三十日欤〔候脱〕、
但於僧尼者、若可有差異候哉、藤三位息律僧、去月廿日他
界之間、此間賀茂祭神事中、先可加斟酌之由申候畢、不可
（20丁オ）」
依僧尼候者、可有服暇之条、勿論候、委細被申〔候者〕其本望候也、
治部卿(吉田兼敦)とのへ
被仰下旨、蹉〔跪〕以承候、〔了脱〕――他事略之、藤三位息僧事、不便驚存候、
於庶子者、三十日軽服、此内暇十日候、僧尼有差哉否事、於
法意者、僧尼着二親喪、不受傍親服之旨、所見候、雖然神事
猶相憚之例候、但此条ハ、其身僧尼事候、僧尼他界之時、件傍
親受服暇事之間、彼卿可有憚候、就其参仕此御所事、於暇
者已馳過之上者、被仰除服、賀茂并吉田祭後斎已前参〻致候、
不可有子細欤之由存候、得此御意、可令披露給候哉、恐々謹言、
園少将(基輔)殿　　兼敦　（20丁ウ）」
同五日甲子、来十六日日吉社御参〔祭〕御共に御まいり御神事の
事、ヶ条已下如常、
一、月ことの人のぬいはり一と御めし物事、一夜をへたて丶くるし
かるましく候、
十日己巳、霽、晝程、勘解由小路禅門(広橋仲光)被送書札、日吉御参事延
引云々、則予曰、彼斎致誤、云御参否事、被召刑部卿有世(安倍)被
決占文之処、御参不快云々、仍延引也、可為八月欤、火の事、於産穢者、
十一日可有憚候由、彼社司説也、雖然彼用被申詞、所詮就他事
聊有子細、凡此御参事、非御発起、座主一品親王(入道尊道親王)被申勧了、
則今日出産穢者、七ヶ日以後不可有憚、且吉田先祖参日吉
社、産穢卅ヶ日中也、入楼門之時、有腰痛不能参入、而王法七ヶ
日也、非社司之身、守式文参入、不可違神慮欤由、啓白之、則本服
（21丁オ）」
参入之由、見旧記亦〔欤〕、於御参哉、更不可有憚、且可被憚〔衍〕尋仰兼敦之旨、
座主宮被申也、〔之〕此事如何云々、予云、不可依社例、可守式文旨、計
申之条、寛喜常盤〔磐〕井相国実氏公、時右大将、〔卿〕于已下問答、毎度此分也、〔仍〕然者
元徳行幸被尋曾祖父(卜部兼夏)、被用彼申詞了、随而応永元年御
参之時、依仰注進御神事了、七ヶ日已後、不憚展転之条勿論、
但当流先祖参社者、〔事脱〕不覚悟之旨返答畢、帰家之後尋申
家君(吉田兼凞)、仰趣同前、
応永八五廿一日己酉、天晴、早旦着布衣、同車秀兼布衣、参社頭、
供神供、神楽如例、依為祖母遠忌日、不参家君御前、予方元来棟
別也、予又為念誦、早参了、今日食神供之輩、与家君別火也、
（21丁ウ）」
応永五年七月一日、上御霊御旅所巫女来申云、下御霊忌竹自
去夜着之訖、穢中如何、答云、自七月已穢了、今月御輿迎
可延引、省物宜穢限以後可着候者、
二日丙子、天晴、早旦坊城大納言俊任卿以書札尋申家君云、室町殿(足利義持)
御軽服、〔中脱〕天下穢気勿論候欤、然ハ如神祈念珠日、〔社〕所作可閣候哉、但於

宮寺者、不可有憚候歟、如祇園北野等、若不可有子細乎、両社共以卅日中於参詣者、不可叶歟、御返答云、天下触穢勿論候、神社日所作不可叶、宮寺事如五辛社礼雖各別候、触穢者云王法云神道、一同事候、不可有宮寺之差別候、〔参脱〕社所作、其〔共〕以卅日中可有其憚候、至服暇、雖差異候、於穢悪者無用捨候、（22丁オ）」

康永四年八月五日、源大納言通冬卿被尋云、天下穢之時、造宮上卿弁解斎歟云々、兼豊（下部）答云、被撤神事札可被止勿〔上旬カ〕祓、至重軽服之輩、同火者聊可被斟酌歟、

八月四日、役者工〔夫〕弁右中弁経隆（冷泉）朝臣云、依天下穢放生会已下延引、役者工〔夫〕神事可解斎歟、

兼〔豊〕―云、被解斎可被撤神事札也、但至軽服人、同火同座可被謹慎也、

黄門（源通冬）云、任御計之旨、解神事撤斎札、上旬祓、於重軽服月水人同火者、可斟酌云々、

次向中山（忠定）禅門、此卿甲穢也、天下穢雖勿論候、為甲人之間、至（22丁ウ）」来七日、斟酌不入門内、禅門於門下対面、暫雑談、被談云、穢中熊野詣如何、答云、当山事、大宮院（藤原姞子）御幸之時被尋、累勿論也、但近代一向号先達相計云々、如穢気不相憚歟、所詮可被任先達之申詞歟、又云、箕面参詣如何、答云、此在所并佐久那谷〔事〕、挙首参詣、近曽事歟、然間先規不分明歟、今案、不可憚歟、但甲人可有猶豫歟者、

八幡御社参事也、
就御社方之儀、内々御尋之子細候、可有御参候、委曲以拝顔可令申、可得御意候哉、恐々謹言、

大永六
二月七日　大〔舘〕殿入道 常興（尚氏）

清三位殿（清原宣賢）（23丁オ）」

如此有書状之間、即時参候処、大舘与州云、今度御社参、細川右馬頭尹賢御供也、然女中懐姙已七ヶ月也、善法寺御尋之処、御供不可然之由、申之、可為如何之由、上意也云々、

予申云、上古ハ着帯已後、夫モ不参詣候、中古以来ハ九ヶ月迄ハ夫ハ参社不憚之、善法寺申分ハ社例也、社例ハ一社之人守之、神祇道之物忌令ハ天下法として君臣従之、今度御社参不可被用社例〔事〕歟、然者、典厩供奉不苦之由、申之処、其分可注申之由、被申候間、当座如此註之、

懐孕之夫、参社至九ヶ月者無其憚、十ヶ月目忌之者也、

於婦人者、着帯已後、不参社候、（23丁ウ）」

大永六年二月十七日就　八幡御社参之儀、従（宣賢）大舘伊与入道如此被尋之、折紙、

百阿弥実子万阿事、近年千阿弥百阿ためにハおい也、猶子として一跡可相続云々、然間万阿事、百阿弥服を受へからす候哉、其時ハ万阿　殿中へ可祗候事、不苦歟、但御神事時分、可為如何候哉、

万阿弥、千阿弥猶子として一跡相続せしめハ、実父百阿服を受へからす、雖自身参社不憚候、況殿中へ祗候、聊も不苦候、

同日、従大与州被尋候、（24丁オ）」

（1）今江広道「建武式目の署名者、是円・真恵の出自」（『日本歴史』三五七、一九七八年）、高塩博「養老律若干條の復原について」（『日本律の基礎的研究』汲古書院、一九八七年）。また石上英一「『令義解』金沢文庫本の成立」（土田直鎮先生還暦記念会編『奈良平安時代史論集　下巻』吉川弘文館、一九八四年）五四一頁、および同「『令集解』金沢文庫本の再検討」（石上『日本古代史料学』東京大学出版会、一九九七年）二五四頁にも関説されている。

（2）東京大学史料編纂所編集『東京大学史料編纂所史料集』、二〇〇一年、五二〇頁。

（3）「三上奨学資金購入図書目録」（東京大学史料編纂所特殊蒐書、請求番号は辻善之助関係史料九七―一）は、大正八年十二月より昭和九年三月に至る目録で、本書も「一、〇〇〇」円で購入したことが記録されている。ただし購入時期や購入元についての記載は無い。

（4）布施弥平治『明法道の研究』（新生社、一九六六年）、二七一頁。

（5）今江広道「法家中原氏系図考証」（『書陵部紀要』二七、一九七五年）。

（6）註(1)今江論文。

（7）註(5)今江論文。

（8）萩原龍夫『中世祭祀組織の研究』（吉川弘文館、一九六二年）、六二六・六五六頁。

（9）尊経閣文庫蔵『局中宝師光抄』には対応箇所を見出せなかった。『尊経閣善本影印集成52局中宝』（八木書店、二〇一二年、遠藤珠紀解説）。

（10）「法意簡要（抄）」については、註(1)高塩論文、九三頁、および和田英松『本朝書籍目録考証』（明治書院、一九三六年）三一五～六頁、嵐義久「〔補訂〕玉条簡要抄・法意簡要抄・禁法略抄」（『国書逸文研究』五、一九八〇年）参照。

（11）「宗家勘草」については、註(1)高塩論文、九三頁参照。

（12）宣胤の権大納言在任期間は一四八八年から一五一一年、吉田兼致の没年は一四九九年なので、この部分は一四八八年から一四九九年の間の記からの引用か。「兼致朝臣記」は、父・兼倶に関する叙述が多く、本書の記載内容の性格とも合致する。

（13）応永八年四月四日・五日（一部）・十日（一部）、応永五年七月一日・二日は、天理図書館蔵「吉田家日次記」に自筆原本が現存している。なお応永八年四月五日記の「一、月ことの…」〔398〕から十日記の「…産穢卅ヶ日中也」〔406〕までは、自筆原本では欠落している部分であり、本書によって補うことができる。

〔附記〕本稿執筆に際し、田島公氏、遠藤珠紀氏、東京大学史料編纂所図書部、東京大学総合図書館選書受入係、宮内庁書陵部、早稲田大学図書館の皆様には大変お世話になりました。記して厚く御礼申し上げます。本研究はＪＳＰＳ科研費二四七二〇二八三の助成を受けたものです。

宮内庁書陵部所蔵九条家本『定能卿記部類』九「仏事」

藤原重雄

解題

『禁裏・公家文庫研究』第二〜四輯に翻刻を掲載している『定能卿記部類』［九-一一二］のうちの一巻である。史料全体にかかる解題は先に譲り、第九軸として整理されている「仏事」巻について、概要を示しておく。

書誌。巻子一軸、本紙三〇紙。巻頭より順に法量。「仏事類記」とある旧表紙、縦二九・〇、横一二・九センチメートル。近年の修理による補紙は省略し、本紙、縦二九・四、横、①二一・九、②二二・二、③二一・五、④二二・四、⑤二三・三、⑥二二・二、⑦二四・三、⑧二二・〇、⑨一〇・四、⑩二二・五、⑪二〇・一、⑫二二・七、⑬二三・〇、⑭二四・一、⑮二七・三、⑯二二・八、⑰二〇・五、⑱九・七、⑲二三・〇、⑳二九・七、㉑二二・八、㉒六・二、㉓二三・三、㉔二二・七、㉕二二・六、㉖八・五、㉗二二・八、㉘三〇・四、㉙二二・六、㉚三八・七センチメートル。

他巻と同じく、料紙の表裏を用いた冊子体から巻子本への改装が行われ、裏面にまわった分は補写されているが、脱落して失われているところもある。現状の紙数での順序と対応関係を示す。①オ、①ウ（補写欠）、②オ、②ウ（補写③オ）、④オ、④ウ（補写⑤オ）、⑥オ、⑥ウ（補写⑦オ）、⑧オ、⑧ウ（補写⑨オ）、⑩オ、⑩ウ（補写⑪オ）、⑫オ、⑫ウ（補写欠）、⑬オ、⑬ウ（補写欠）、⑭オ、⑭ウ（補写⑮オ）、⑯オ、⑯ウ（補写⑰オ・⑱オ）、⑲オ、⑲ウ（補写⑳オ）、㉑オ、㉑ウ（補写㉒オ・㉓オ）、㉔オ、㉔ウ（補写㉕オ・㉖オ）、㉗オ、㉗ウ（補写㉘オ）、㉙オ、㉙ウ（補写㉚オ）。翻刻では、当初書写の面を本文とし、補写面を解読・校訂の参考にした。補写料紙はおおむね書状（勘返状もあり）を翻したものであるが、詳しい検討は後日に委ねる。後述の㈡の末尾⑧ウには余白が取られており、最後の二行を補写した⑨末尾の虫損は、軸木に関わるものとみることもできる。左に整理した㈠㈡と㈢㈣とは料紙や筆跡も異なっており、別の巻であったのが、後世にまとめられたものであろう。

＊　＊　＊

本巻に収録されている記文は以下の通り。

(一)建久四年（一一九三）五月九日（前欠）～六月十五日。

(二)建久四年六月某日（二十日以前、前欠）～十二月二十三日。

　この両者は、中間欠で連続した部分とみなすことができる。特定の仏事に関するものではなく、定能が関わった多様な仏事等についての記事と言えるが、仏事以外の行事についての記事も多く含まれ、相対的にもとの日次記の様子を残している。(一)の書き始めに「去る三月以後の事、数月を経て五月以後これを注す」とあり、何らかの事情（後述の近親者の逝去によるか）で三月から日記を記すことが継続できなくなり、五月になってまとめて書いたという。

(三)安元三年（一一七七）六月二十二日（前欠）～七月八日。

　七月五日から同八日にかけて、閑院内裏で行われた故建春門院のための高倉天皇宸筆御八講[1]に関わる記事。女院は前年の安元二年七月八日に亡くなっており、一周忌にあたる仏事である。この時の上卿は右大臣藤原兼実で、『玉葉』六月二十一日条以降にかなり詳しい記録がある。定能は蔵人頭・左中将で、例えば六月二十二日条に御前において僧名を定め申す（『玉葉』同日条にも記事あり）など、遂行の実務にあたっている。また『定能卿記部類』には記されていない（記事が残されていない）が、『玉葉』では定能が兼実の許に訪れた記事がみえ、六月二十九日条には御八講の作法などについて問い合わせている。二十二日条によると、「最勝講定日記」として別の記録があったことがみえるが、九条家本『定能卿記部類』五「最勝講下」に同じ安元三年も含まれ、五月十七日条の僧名定の記事のなかで、殿下に参って奏覧したことに触れており、これを指す可能性がある。

(四)治承二年（一一七八）閏六月十二日～七月六日。

「内裏臨時御仏事」と標題があり、(三)の翌年七月六日に営まれた故建春門院追善の宸筆御経供養である。文中にもあるように、天皇自身の仏事で密儀とされたが、当日は兼実も参仕しており『玉葉』に記事があるも、開催の経緯は『定能卿記部類』が詳しい。導師以下への布施の調進など費用面での準備は、娘が高倉天皇の乳母となっている藤原邦綱があたったが、最勝講を上回る量の布施で、兼実も「過差」と評している。当日の儀について『玉葉』から補っておくと、兼実の指示を受けて開始の合図をしたのは定能であり、仏事に用いられた絵像の釈迦三尊は、邦綱に内々に天皇の意を奉じて中務少輔藤原隆成が描いている。公式な儀礼である女院御願寺の最勝光院における法華八講は、忌日の七月八日から十二日の五日間に行われた。

＊　＊　＊

　建久四年の(一)(二)には、記主の親族であろう女性二人が亡くなったことと関わる記事がある。

　一人は「大納言上尼上」と記される人物で、三月十三日に亡くなっている。六月十三日条に「故尼上月忌仏事常のごとし」、同二十一日条には邸内の神祭に関して、四月に竈神を祀ることは「故尼上御事」の触穢の期間は過ぎていたけれども、憚りがあるので延引したという。六月二十四日条に「大納言上尼上」百日の小仏事を営んでおり、同二十六日条では兼実の往生講に「大納言上事」の年内のため辞退を申し出ている。定能の日記の異称『心記』として、建久三・四年の後白河院諒闇に関わる記事を集めたもののうち、建久四年三月十三日条（『歴代残闕日記』三一、『大日本史料』四編之四、三一七頁）には、「法皇周闋御正日、依㆓大納言上尼上事㆒不参、旁歎難㆑尽㆓筆端㆒、経㆓数日㆒後記レ之、僻事多歟、御導師勝賢僧正、右府已下素服人皆黒装束云々、」とあって、ここでも後日になって記したとするのに注意されるが、ちょうど後白河院一周忌のこの日に尼上は亡くなった。六月二十一日条の内容は、尼上と定能は同居していたように読め、親しい間柄の目上の女性と思われるが、確定に至っていない。

「大納言上」の呼称から単純に考えると、定能から見て「大納言(殿)」と呼びうる親しい人物の妻となるが、定能の周辺で大納言になった人物として、母(藤原宗能女)の兄弟となる宗家がおり、文治五年(一一八九)閏四月二十二日に権大納言で世を去っている。『公卿補任』に定能は「為外祖父子云々」とあり、宗能の養子となっており、母方とは親密であった(宗忠『中右記』を参照できたことも母方の縁である)。宗家室の一人を引き取っていたのであろうか。

むしろ妻の実家筋に注目すべきかも知れない。定能室は、源通家女(『尊卑分脈』・『公卿補任』の藤原親能母)ないし源資賢女で通家の兄妹(『尊卑分脈』源資賢の項)で、通家は仁安二年(一一六七)に早世しているが、その父資賢は権大納言となり、出家後の文治四年に亡くなっている。資賢室の一人で定能室の母ないし祖母である女性との可能性を考えられようか。楽に秀でた定能であるが、神楽は資賢より、催馬楽は宗家より相伝しており(『大日本史料』第四編之十、定能薨伝)、二人の大納言ともに縁がある。判断を保留し、今少し周辺を確認することとしたい。なお定能の女の一人は、大納言藤原忠良(基実二男、一一六四~一二二五)の室となっているが、記事の建久四年に忠良は権大納言任中で蓋然性は低かろう。

もう一人、十一月二日条に不例の記事があり、四日条では光明院へ移され、八日に七十七歳で亡くなった「尼上」がいる。この女性は定能の母で、『公卿補任』にも「建久四年十一月日服解、母、」とあり、『玉葉』同年十二月八日条の京官除目の初日にも、中陰の内の復任が話題となっている。『玉葉』同年十一月八日条には「酉刻、九条尼上女房母儀、中宮外祖母、入二滅于東山光明院堂一、生年七十、女房在二九条一、大将同也、但閉眼以前帰二一条一了、」とあって、兼実の妻(北政所)である兼子(藤原季行女で定能とは兄妹)の母で、中宮任子の外祖母にあたる。没年齢については、『玉葉』の脱字か『定能卿記部類』の衍字か確証がない。多賀宗隼編『玉葉索引』(四四九・五〇、四五六頁)では、定能母は嘉応三年七月二十日に亡くなった御匣殿とされていたが、『図書寮叢刊　玉葉』十四(三一一・二頁)が指摘するように別人である。この点は、宮崎康充「九条兼実室「兼子」について」(小原仁編『「玉葉」を読む』勉誠出版、二〇一三年)に詳しい。

尼上が息を引き取った光明院は、例えば『玉葉』建久六年九月十六日条に「先母墓所」とあり、如法経供養の後に埋経されているように、兼実の母(藤原仲光女加賀)の墓所がある法性寺の堂であった。忌日である二月十日には仏事を営み、七月十四日には亡父忠通の浄光明院と光明院の両堂、養和元年に皇嘉門院が亡くなってからは西御堂を加えた三堂へ盆供を送るのが常であった。基本的な事項については、杉山信三『院家建築の研究』(吉川弘文館、一九八一年)に記述されている。『玉葉』元暦二年十月二十六日条では、源義経が西国に後白河院を始め貴族を拉致して下向するとの噂が流れ、兼実は妻を光明院に逃れさせている。また『明月記』正治二年七月十三日条によれば、兼実息良経の夫人が出産後に亡くなってしまい、葬儀の場となっている。

兼実の親族女性が集い、後世を弔う場でもあった。この『定能卿記部類』建久四年十一月二十六日条では、光明院には兼実亡母のために毎日阿弥陀経を読経する住僧が置かれていたことが分かる。『玉葉』治承五年（養和元年）二月十日条の遠忌の記事には「光明院南堂」との表記が出てくるが（九条家清書本でも文字は「南堂」と読める）、「両堂」の誤写の可能性もある。なお九条家本『定能卿記部類』三「行啓」には、建久三年二月七日条として、中宮任子の「九条之亭」への方違の記事があり、「此九条之亭尼上家也、以外吉所也、殿下於二此亭一即令レ蒙二摂政宣旨一給、即自二此所一有二御拝賀一」との注記を加えている。(2)

その後の尼上追善のなかでは、十二月十八日に兼実北政所が修した仏事で、「観音経一品御筆、野道風筆跡に異ならず」とみえるのは、兼実の書写と思われるが、『玉葉』には対応する記文が残らない。同二十三日には、遺品の衣を用いて普賢菩薩十羅刹女の画像を制作している。この画題が女性の信仰と関わり深いことは種々示唆されている。

ついでながら本記によると、この建久四年九月には、定能は十九回目の熊野詣を行っている。院政期貴族の熊野詣として珍しいことではないが、その事例を加えることができる。その間に出家していたことを後に聞く源定忠は、大納言定房の息男で、定能の娘婿である。『公卿補任』によれば、建久元年七月十八日に定能は左衛門督を辞し、定忠が左権少将に申し任じられている。詳らかにしえていないが、定忠の出家には何らかの事情があったようである。

注

(1) この法会に関しては、『拾珠鈔』一（『天台宗全書』二〇）に、公顕の開白、弁暁の第六座説法、澄憲の結座説法を含み、東大寺図書館蔵『代々宸筆御八講願文等記』上・公家［113-102-1］には、これらに加えて僧名・御願文（藤原永範作）・呪願文も収む。山崎誠「三井寺流唱導遺響――「拾珠抄」を遡って――」（『国文学研究資料館紀要』一六、一九九〇年）、中野雅之「建春門院一周忌御八講供養表白について」（『金沢文庫研究』三〇二、一九九九年）、滝沢優子「高倉院御筆御八講初座表白」の特徴――「高倉天皇奉為前建春門院被修法華八講御願文」との比較に於いて――」（『同志社国文学』七六、二〇一二年）などが扱っている。

(2) 伊藤瑞恵「九条殿――兼実第と皇嘉門院御所――」（『日本建築学会大会学術講演梗概集（中国）』一九九九年九月）に、その位置の推定がなされている。

〔付記〕所蔵者には閲覧と翻刻につき御高配を賜った。原稿の電子入力には巽昌子氏の御助力を得た。記して謝意を表す。

翻刻

【凡例】

・翻刻は、原本の改行に従い、表裏の変わり目の末尾に』を付した。
・原則として通行の文字を用いたが、字形が大きく変わるため、旧字を用いた場合もある。
・重ね書きによる修正は、煩雑になるため割愛した。
・補写面より補いうる文字はホとして傍注した。
・音通する文字については、必ずしも校訂注を入れていない。
・首書（標出）は、当該の日付の左肩に付いていても、全て右肩に移した。

（後補表紙貼紙外題）
「定能卿記部類（仏事）」　』（後補表紙）
（旧表紙直書外題）
「仏事類記」　』（旧表紙）
（前欠、建久四年五月）
去三月以後事、経数月五月以後注之、定僻事多歟、
思出猶々可記禄〔録〕、毎事迷惑之間、不委記、
初出仕事
九日、甲戌、日次宜仍初出仕、但不参内、只着布衣、参六条殿尼上
之御許、後日可参内也、
御供花
□□□日吉小五月也、如形被行云々、但無競馬、自余如常云々、
十五日、御供花始如常、予着強衣参入、
初参内吉書事
十七日、今日雖為广〔厭〕（マヽ）対日、々次宜、又最勝講不参、内有其恐、仍
無官人用登時事
今日初参内、又申下蔵人方吉書、蔵人兵衛尉忠綱（藤原）下之、移
端座令置軾、只今無官人、仍用登時、招権弁定経（藤原）兼相語也、下之、起座参宮
御方、其後欲参殿下（藤原兼実）之処、令渡九条給云々、随又只今小雨降、
仍退出了、
〔宰〕
□相中将着浅黄練指貫事
今日参入時、宰相中将実教（藤原）相遇陣中、着浅黄練指貫如何、　』（1オ）
雖浅黄□着坐歟、如何〳〵、彼人今年四十三云々、
六月
故院御〔月〕□忌
十三日、故院（後白河）御月忌、於長講堂被行、左府（藤原実房）已下七八人参
入、予着布衣参上、御導師公胤、次第如常、帰家後
故尼上月忌仏事如常、
十四日、無内□〔覧〕、
〔今〕
□熊野六月会
十五日、今熊野六月会也、依催後院沙汰也、着浄衣、辰剋参入
〔人々カ〕
□□未被参、頃之三位中将忠経（藤原）、参入、伝供僧許立之、男不立之、里神
〔楽〕
□如常、近臣公卿七八人、殿上人頭中将実明（藤原）、已下五六人参入、
奉行人□〔内〕蔵頭経仲（高階）遅参、検校大僧正実慶、予・左大弁（藤原定能）（藤原定長）
等相残□〔不カ〕待奉行人始之、行道之間奉行人参入、法会
次第如故院御在生之時、思往事涙連々、法会了殿上人
引布施、相撲十七番如常、社家令手結也、事了退出、　』（1ウ）
（中欠、建久四年六月）
金峯山相撲事
〻〻〻退出之間経仲朝臣云、明日金峯山相撲去年ハ奉行院司
許参入行了、若可参者可相待之由示之、予云、無別仰
者、只任去年例可被行之由示了、仍不参〻〔入〕也、
廿一日、丙辰、今日神祭也、是去四月故尼上御事雖過穢限、
竈神已御坐家中、中陰之内祭之、有憚之由、主税頭在宣（賀茂）
令申也、仍延引了、在宣云、神祭事、春不祭之時、冬同
停止、或又六月以吉日可祭之由、雖聞置、慥先例未勘得、
両方之間、可相計之由示送也、大膳権大夫季弘（安倍）云、四月有
憚不祭之時、六月祭之恒例也、不能勘例、早可祭之由示也、

予廻今案、家主現存、依女子事不祭之者、冬祭又停
止非無憚歟、且加今案、且依両人説、今日祭之、在宣勘日時也、
故尼上百日仏事
廿四日、今日大納言上故尼上満百日也、仍修小仏事、皆籠僧等也、』（2オ）
以晴雅律師為導師、百日仏事児女子説歟、公家幷可然
人々多不修歟、然而廻今案、令修仏事、有何難哉、仍修之、
殿下往生講
廿六日、於殿下有阿弥陀講、予・六条三位（藤原経家）・中将成定（藤原）・忠季（藤原）・少将
忠行（藤原）参入、有安（中原）・範頼（多）・好方（多）・近久（狛則房カ）・利秋（豊原）・則方（安倍）・季遠父子候
砌下、段々楽後、予依仰朗詠、十方仏出、願今生、第一第二、催馬楽更衣、老鼠、
楽等相交事多々不注也、大納言上事歳内、如此摂管絃座之
条不存事也、然而依度々召参入許、哀哉〳〵、有存旨詠
第一第二之句、
〔六月祓ホ〕
□廿九日、「若君六月祓、資能（藤原定能男）陪膳、国仲（高階仲国カ）役送、已上布衣、予日者服（来ホ）
薙、今日止之、」（以上、囲ミテ抹消）
主水司申宣旨事
主水司申氷室事、蔵人次官親国（平）以消息下之、下本奉行
左少弁資実（藤原）了、』（2ウ）
〔故〕□院御月忌
七月十三日、故院御月忌如常、在堂童子、御導師公胤、
依降雨御読経延引
廿四日、戊子、今日可被行祈雨御読経、可定申日時・僧名之由、日
来蒙催領状、而昨日雨降、仍延引之由奉行職事光綱（藤原）告送也、
八月一日、北政所（藤原季行女兼子、兼実室）御祈供一壇始之、
〔北〕□政所御発心□□〔地〕
六日、北政所御発心、自去廿八日令発給、今日実全法印参入、
奉落、左大将殿（藤原良経）取御釵賜之、予取単重賜之、被引御馬、
蔵人大夫康宗（源）・御随身忠武（下毛野）引之、又自大将殿方給馬、

随□□〔身等〕引之、公卿数輩参入、実驚耳目、
次東寺長者印性賜単衣、姉小路三位（藤原季経）取之、此人率弟子於寝殿尊勝念殊〔珠〕也、
八日、猶参殿下、実全法印誦法花経祗候、是一昨日僧退
出之後、猶聊有不審気、仍被召之、及申終酉始、全別事
不御、仍法印退出、御扇十本許裹薄様賜之、〇実霊験殊勝也、』（4オ）
熊野詣
九月大、一日、甲子、始熊野精進、第十九度也、此両三日出於他所、是
此家一年内猶相憚故也、
六日、己巳、進発、道十一日、
十六日、参着、
十七日、朝奉幣、
廿四日、入洛、参稲荷、未終帰家、中将家也（藤原親能、定能男）、此亭猶一年内
憚思故也、入夜帰蓬屋、
後聞、十一日少将定忠（源、定能婿）出家、
夢想事
十月廿日、今年依熊野参、寿命延引之由有夢想、事躰
厳重也、不委記之、
大納言不参仗議延引
十一月一日、今日可有仗議、八幡、而依大納言不参延引、
今年五節、坊門中納言親信（藤原）、藤中納言兼光（藤原）、安木、兵部卿沙汰（平基親）、甲斐、権弁宗隆沙汰（藤原）、』（4ウ）
二日、尼上（藤原宗能女、兼実室兼子母）御不例大事御、仍自今日参住九条、北政所・大将殿
同令渡給、
尼上御不例事
四日、丁卯、依吉日尼上以輿令渡光明院給、北政所・大将殿同渡給、
尼御前御入滅事
八日、酉時令御気絶給了、御年七十七、大原西修房為善
知識、御臨終無違乱、只如令寝入給、歎中慶也、日来御老
病不及沙汰、然而当時悲歎不知所謝、先是北政所・大将殿末

時許令出給了、是不可令穢給之由、自殿下令申給也、
御後事兼日皆有遺言、任彼状可致沙汰、
御入棺□□
〔九〕□日、戊時御入棺、役人女房三人、内一人ハ指脂燭、侍四人
□弘(中原信弘カ)、為言(中原)、為光、信弘子(中原弘綱カ)、皆御乳母孫等也、　御棺等多年被造置也、
今日春日祭也、然而任御遺言行之、
御葬送
十日、御葬送、即光明院内也、如平生御行、但御車簾懸擔也、』(6オ)
侍二人取松明、予・越中守(藤原資家カ)・宗厳律師御養子也、御共、
籠僧権少僧都宗元護摩、阿弥陀、権律師晴雅此僧去春故尼上中陰籠之人也、
勘先例、近衛院御前僧参籠鳥〔羽ホアリ〕院御忌、二条院御前僧籠中摂政(藤原基実)御忌、仍申合殿下請定也、　阿闍梨昌円・円隆、
事了後修毎日仏事、
十三日、依吉日始諷誦、又入夜着服、於砌下着之、其後参御墓所、
五七日
十二月十二日、五七日也、予修仏事、以晴雅為導師、
大将殿御仏事
十三日、大将殿御仏事、於南御堂被行、法印澄憲為導師、
非籠僧也、公卿四人・殿上人数輩参入、提婆・薬王両品・心経・阿弥
陀経御筆、諷誦文合書也、
北政所御仏事
十八日、北政所御仏事、於御堂令修給、迎接二尺六寸観音
像造立之、観音品一巻御筆不異野(小野)道風筆跡、
導師昌円、公卿二人・殿上人十人許参上、』(6ウ)
法事
廿一日、御法事、両界曼陀羅前僧正勝賢為導師、讃
衆八人内籠僧四人、無庭儀、次第如常、公卿直衣、堂童子衣冠、
分花莒、事了賜布施、導師廿許、散衆七、過差也、
北政所御沙汰也、於御堂修之、
一品経
廿三日、一品経也、北政所・大将殿已下勤之、以晴雅為導師、
有諷誦、以故尼御前御衣、書普賢并羅刹、公卿布衣、
於御堂修之、
七々日
廿六日、正日、導師昌円、本所沙汰也、
例時了分散、護摩同結願了、
本自住光明院僧、於御墓所毎日可読阿弥陀経
之由下知了、是本自殿下母儀(藤原仲光女加賀)御料、於御堂毎日読
阿弥陀経僧也、仗〔仍カ〕仰件僧了、七々日如夢■馳過』(8オ)
了、依無暇委不記、北政所毎七日渡御、又一品経・
大将殿御仏事等同渡御、(以下余白)』(8ウ)
(中欠、安元三年六月廿二日)
之歟、然者不可有例文、又於昼御座可定申之由、有殿下(藤原基房)
仰也、仍夜前於昼御座可定申之由、以女房令申了之
由所示也、予招蔵人(藤原定能)、出御昼御座者、可告示之由下
知了、頃之蔵人来告出御之由、先是予内々所
書定文入柳筥、続紙一両取替了、続紙一巻、定文一巻也、令蔵人
於御殿東取也之歟、以南殿通用御殿也、進出居御殿未申角簀子、
主上(高倉天皇)有御喚声、予微音称唯、褰西一間御簾、依御
物忌也依御物忌也、西妻参入直進、居御座西間置柳筥正座、先突左膝、
候気色巻返続紙、当右方也、摺墨書定文、案折紙取出令書之、先例也、事了
巻之一返見了、更巻之置柳筥、徹〔撤〕硯具、押右方也、座下方也、本
自所書定文許ヲ残柳筥、膝行奏覧、乍柳筥取廻置之、退頗
磬折祗候、不正座、叡覧□〔畢カ〕進寄返給、遂行本所入加
硯具、右廻経本路□〔退ホ〕下、
定文於御座書間〔前歟、ホ傍注アリ〕、極熱之比遅筆之条、且無心且散々』(10オ)

歟、仍今朝於宿所相尋左少弁、僧名内々書之懐中、取
柳筥(笘之)時入之、続紙一巻ニ取替了、是且非無先例、
今日主上黒橡御直衣、紅御袴、
次参殿下於親(藤原)光奏之、其儀見最勝講定日記、次参右府(藤原兼実)、是御八講上卿也、奉
〔下〕□之、依御物忌於(藤原)光経伝奏、不仰々詞、是省略儀也、依無内外也、不可為例歟、右府仰
云、無別仰詞歟、可依何年之由有仰哉、予申云、無別
ゝ(仰)云々、予今案、猶可依何年例哉之由、申定殿下、
又可尋奉行職事也、頗失礼歟、且又奉行職事
不触此由、又失歟、如何、此定文下給左中弁(藤原)重方朝臣云々、官方奉行人也、

』(10ウ)

定文書様

証義者

権僧正教縁　前権僧正公顕

法印覚智　空縁(玄歟)

講師

前権僧正公顕　権大僧都〔澄〕隆憲

信円　法眼公慶

権律師　蔵俊　覚憲

弁暁　覚弁

聴衆

成宝　隆英

乗慶　尋忠

覚乗　宴仁

信性　慶範

公雅　雅覚

』(12オ)

安元三年六月廿二日

講師八人・聴衆十八人許也、是両座可有二間故也、寺
次第書之、同寺ハ臈次也、有不審先於内裏相尋綱
所也、綱所者可召儲之由、昨日下知蔵人了、但新参之者二人公雅・雅覚、臈次不審、綱所
申云、未勤公請、仍綱所同不知也、仍惟(推歟)量書之了、
廿三日、参院、伝聞、公顕僧正天台宗講師員少之由被
取申云々、仍可改請之由、有其沙汰、若請了者不可
改請、不然者暫不可請之由、為親(平)宗朝臣奉行仰遣行
事弁重方朝臣許了云々、
廿四日、参院、伝聞、御講僧等猶如本云々、不被改請云々、

』(12ウ)

七月小

一・二日、竪固物忌也、依無指公事不出仕、
五日、壬寅、自午終甚雨、今日公家於閑院東渡殿、故女院(建春門院)旧居、
奉為前建春門院被行〔宸〕震筆御八講、自去年振震筆御書写、一巻并心経阿弥
在開結経、関白書之、八巻并心経・阿弥陀経外題右府書給、白檀釈迦三尊同被供養、御装束儀
追可尋記、未一点参内、位袍、相具釼・笏、人々少々被参、今日於七条
殿被行正日御法事、公顕僧正為彼御導師、仍頗及遅
々歟、申剋諸卿参集仗座、関白令候仏ゝ(前)給、予進寄申
事具由、被仰可打鐘之由、予退帰、於殿上々戸辺召蔵
人仰鐘、即帯釼取笏自東中門、経対南庭昇南殿東
階着出居座、北上東面、件座向南殿北廂、只今南北、然而不曳襲、自堂上曳之、右中将(源)通親朝臣・頼(藤原)
実朝臣・左中将(藤原)泰通朝臣以上橡、同著座、次関白令著座給、
予依関白気色起座、自前起之、給〔経〕本路向左仗座、自座上方出陣座、依便宜也、

』(13オ)

着膝突召公卿、其儀〔如カ〕□賭弓、右廻経本路帰着出居座、今度自後着之、次
右府以下着座、其路如出居、右府、大納言邦綱(藤原)・実国(藤原)、中納言宗家(藤原)、、、忠親(藤原)・実綱(藤原)、参議家通(藤原)、此外六人依無座不着、実家(藤原)・実守(藤原)・基家(藤原)・俊経(藤原)・実宗(藤原)・長方(藤原)等也、講読師等着高座、次法用如常、堂童子
納花筥後、頭右中将光能(藤原)朝臣橡袍、帯釼、奏院御誦経使
参之由、於東中門降会、経公卿座前、申殿下不奏聞、此作法如何、只可奏也、次蔵人敷円
座公卿座前、末程也、使右少将隆房(藤原)朝臣、院司、位袍、帯釼、着座、光能朝臣
取白大褂一領給之、使給之、於軒廊二拝、依諒闇不舞踏歟、退出、
此間及秉燭、殿上五位棟範(平)取打敷、次々皆六位取之、
御所前一、講師高座前一、證義者座前二、一僧綱講
師座前一、聴衆座末程一、公卿座上程一、
次説法終頭予起出居座、経公卿座前入自證義』(13ウ)
(一行略、前行ノ補写ナリ)
者座当間、仰證義者教縁云、證誡第一也、論義問答令注記ヨ、即退
帰、不帰出居座、直退入、證義者召威儀師、仰南北輩歟、次蔵人二人
盛硯紙於柳筥、置注記者二人前、後々日如此之、此間論義依□〔證〕
義者問題許也、行香如常、関白以下家通卿以上、次僧侶退下、公卿出居等退下、
次夕座予申事由、仰蔵人令打鐘、今度於南殿辺仰之、予不着
座退出了、仍不見夕座儀、但夕座不召公卿、聞鐘被着歟、
今日朝座講師前権僧正公顕、寺、證義者第二也、問乗慶、興福寺、依堪能□〔為カ〕講師、
夕座講師権大僧都信円、興福寺、問者宴仁、山、
御願文呪願草宮内卿永範(藤原)卿、清書右大臣殿、料紙紫、外濃内薄、無薄、
今日蔵人弁兼光(藤原)示云、中宮御捧物、任長ゥ保例貫首可(四年十月二十二日)
持云々、而光能朝臣持院御捧物、仍予可持之由有其
沙汰云々、予答云、於長保者中宮御捧物以上、無院宮蔵人頭列侍臣下否事
御捧物、仍両貫首(藤原正光・源経房)并公信(藤原)持之、於治暦(元年九月二十五日)・長治(元年八月一日)中宮
御捧物在末、仍貫首不持之、就中件年頭中将
顕実(藤原)兼大宮権亮便可持之、而依貫首不列之由
見為證記、随予非中宮職事何様可候哉、但所
存申許也、早可被取重御気色、左右只可随御
定、更非固辞之由返答了、』(14オ)
六日、未時参内、装束如昨日、雨猶不止、申剋事具了、仍予
参朝餉方付内侍奏事具由、即召蔵人仰鐘如昨
日、今日予不着出居座、右中将清通(藤原)朝臣・通親、、・左
中将泰通等着出居座、只今雨止、参殿上議〔儀〕如昨日、清通、、通召公卿如昨日、公
卿大納言定房(源)・邦綱・実国、中納言資長(藤原)・頼盛(平)、参議朝方(藤原)、三位隆輔(藤原)、参上如昨日、皆懸下襲尻於東階下曳之、僧侶参上
法用如常、朝座講師公慶、興、問公雅、寺、事了次第
退下如常、次予奏夕座可初〔始〕之由、其儀如朝座、夕座雖不蒙召』(14ウ)
公卿直着座、雨又降、仍公卿俳廻南殿辺、不被着座也、講師
蔵俊、興、問者信性、山、慶範、寺、未事終予退出、今日朝
座二問也、
七日、朝間小雨、巳時天晴、陽光甚明、午初参内、予相
会左少弁、持中宮御捧物事、其後不承左右、尤不
審之由相尋弁之処、答云、ゥ触関白并本宮可左右之由
有　勅定、仍申殿下、又申本宮、所申非無其謂、仍可
持他人云々、只今人々群参、午終事始、予奏事

由令打鐘如昨日、出居通親・頼資(藤原)、隆房・有房(源)、以上椽、位袍、参上、通親朝臣向左
仗召公卿、其儀如前々、左右大臣以下七人被着御座、僧参
上如常、爰院御捧物使蔵人頭光能朝臣院司、参上、立弓 』(16オ)
場殿辺、予帯釼正笏出会、参御前、其路如出居、但公卿座後出居僧等為路、仍甚広、仍自彼後参御前也、
跪散花机東長押下蒙気色、経本路召御使、帰昇南
殿東階経南簀子廻御後方、須経公卿・出居等座後也、然而依便宜也、先是蔵
人敷円座於公卿座前、末程、使着座了、予指笏取禄白
褂賜使、抜笏退帰、光能於軒廊二拝歟、令蔵人即ヽ
即令撤円座、爰堂童子分花莒即退下、可立行道故也、散花
師発声、公卿経南殿南簀子下立(衍カ)、西透廊下立、
侍臣西中門内、僧證義者以下降自軒廊行道、
次薪持、一臈判官長俊(源)、次菜籠、兵衛尉基行(源)、次水桶、高蔵人仲国、諸大夫四
位・五位廿人、四位三人、五位十七人、執褂一領列立、行事所々儲也、付松枝、一匝後付行事所歟、次院
宮御捧物人々行列、
一院蔵人頭右中将光能朝臣、院司、銀如意一捧、　皇嘉門院(藤原聖子)左中将泰通朝臣、銀香鑪、 』(16ウ)
上西門院(統子内親王)右中将頼実朝臣、銀花莒、入散花、　八条院(暲子内親王)右中将通親ヽヽ、銀香鑪、付松枝、
大〔太〕皇大〔太〕后宮(藤原多子)侍従成家(藤原)、銀香鑪、　皇太后宮(藤原忻子)左少将公守(藤原)、銀花籠代一枝、付蓮枝、
中宮(平徳子)三捧亮左馬頭重衡(平)ヽヽ、銀袈裟、　右少将時実(平)(家)ヽヽ、錦横被、　彼宮職事、　権亮右少将維盛(平)ヽヽ、水精念珠、
前女御殿(藤原琮子)右少将雅賢朝臣(源)、名香、以錦裹ｏ也、有銀文、挿銀仗、
白河殿(平盛子)左衛門権佐光長(藤原)、大褂三飲〔領〕、　次関白蔵人右少弁光雅(藤原)持之、納〔衲〕袈裟、関白不参内、持也、
次左右大臣以下公卿廿一人列立、皆紫甲袈裟付巻数枝、次予紫甲袈裟、付巻数枝、以下侍

臣十八人左中将雅長(藤原)朝臣雖為信〔位〕階上臈、列予下也、皆青甲袈裟、公卿・侍臣捧物皆兼日催之、権右中弁親□〔宗〕ヽヽ、一人唐綾横被二重也、今日近衛司外不帯釼、是先例也、
次蔵人所雑色衆等十八人雑色三人、所衆十五人、取捧物・大褂相従、不参公卿
捧物、院宮所献大褂等也、右廻三匝後、薪等并院宮御捧物昇
堂上置仏前、公卿・侍臣等置軒廊内先是敷莚、以東為上也、関白捧物同之、退
帰、雑色・所衆等同置之、公卿出居等帰着御前座、堂
童子納花莒、次所衆等取捧物付行事所、即徹〔撤〕 』(19オ)
莚、事了僧侶退下、公卿出居退下如常、此間雨
降、朝座講師覚憲、南、問者雅覚、寺、次夕座、予申
事由令打鐘如朝座、講師弁暁、東大寺、問尋忠・覚乗、
已上南、夕座移之間、始歟、予退出、
今日侍従家俊(源)一人吉服巻纓、人々側目、■若有故歟、可尋、蔵人
右少弁光雅置御捧物之後、取自分捧物取〔置カ〕之、自
余不然、非也、明後日大祓日申下禁色宣旨事間、有先
例、可申下禁色宣旨之由、示右少弁了、
今日参上公卿、左大臣(藤原経宗)、右大臣、大納言、定房、実房(藤原)、邦綱、実国、中納言、宗家、宗盛(平)、
兼雅(藤原)、忠親、成範(藤原)、雅頼(源)、参議、実家、家通、実守、頼□〔定〕(藤原)、実宗、長方、三位、脩範(藤原)、親信(藤原)、知盛(平)、中将、
八日、雨降、未終参内、朝座巳初了、伝聞、光能朝臣召
公卿云々、又光能ヽヽ示予云、今日欲仰度者如何、予
早可被仰之由返答了、朝座講師覚弁、南、問成宝 』(19ウ)
東大寺、酉初夕座、講師澄憲、問隆英、南、出居光能朝臣・
通親ヽヽ・泰通朝臣、已上椽、隆房朝臣・有房(源)ヽヽ、位袍、公卿参
上如常、法用之後、光能朝臣仰度者、事了有行香、
関白以下、家通以上、次禄、右府以下、長方朝臣以上取僧綱禄、予取凡僧講師禄、侍臣等取

聴衆〔禄脱カ〕、深更事了退出、
　後聞、依證義者命、今日夕座款三問云々、
今日参公卿
　関白、右府、大納言、実房、実国、邦綱、中納言、資長、実綱、宰相家通、実守、長方、
　三位、（藤原）俊経、早出、（藤原）信隆、
今度論義注記、興福寺乗慶・薗城寺公雅、法相宗
　一人・天台宗一人、是例也、證義者差定之、

内裏臨時御仏事

治承二年壬六月十二日、参内、以美作内侍（高階仲子カ）被仰云、於禁裏奉為故女院可有御経供養沙汰、（高倉天皇）有（奉）
為故女院（建春門院）提婆品宸筆書写了、紺泥、仏名一補（鋪）尺迦（像）
三尊被図絵了、於禁裏被供養如何、且尋先
例且示合関白（藤原基房）可沙汰、予（藤原定能）承仰即参殿下、只今
職事等退出之間、顕家（藤原）少将伝奏了、御返事
云、御筆御八講於禁裏被行、如此追善○於禁裏被行、可有憚之由全不存知、蜜々於二 」（21オ）
間被供養何事候哉、即帰参内可申御返事、
然而及秉燭了、強非急事、可有来月御供
養之由、有其沙汰故也、仍明日可申御返事、
十三日、参内、申御返事、然者早日次可尋、来月
八日為御忌日、若日次宜者、彼日可有供養、不然者
催（雖）何日可依日次、且又此間（旨歟）可申院（後白河）、即参院申此
由了、明旦早旦（旦）可参内陰陽頭在憲（賀茂）許仰遣了、 」（21ウ）
十四日、巳時参内、在憲朝臣依所労、男済憲（賀茂）為代官参
上、於閑所以蔵人問日次、猶依不審、予眼前問之、
七月六日宜之由内々択申、且其由奏聞了、供養

次第、且尋先例且示合関白、可被（致）沙汰之由有勅定、
伝聞、長治（元年八月一日）・保元（二年五月十四日カ）之比、追善御仏事於禁裏被行
云々、仍彼記等所相尋也、今夕山階有御幸、予参上、
十五・六日、御違（逗）留、十七日還御、
十八日、参内、院参、
十九日、参内、御経供養之時、内蔵司大褂許、猶可有
何様哉、若可然者他布施可被相加、且此由可示合
関白、即参殿（下）申此由、御返事、布施被加何事候哉、
此次予申云、為略儀出居・堂童子・請僧等不可候歟
如何、又御願文不可候歟如何、御願文・出居・堂童子・諸僧 」（24オ）
不可有也、即帰参申御返事了、
廿日、左〔木〕津（八幡別当慶清木津山荘）有御方違御幸、予参上、仍今日不参内、
廿一日、辰剋還御、午時参内、美作内侍伝勅云、布施
可加也、誰人可調進哉、且可申院之由有勅定、即参
院、外人不可被仰、土御門大納言邦綱（藤原）様人可調進、若不
然者自院可被調献、帰参申此由、即大納言参
会、被仰可調進由了、今日祈面（雨）奉幣、
廿四日、参内、同六日御経供養御導師可○（請）證憲（澄）之
由有勅定、即内々遣御教書了、
廿六日、参内、来月六日御経供養、心経・阿弥○（陀）経猶宸筆 」（24ウ）
御書写、泥自院内々被進、予持参、
七月五日、宸筆御経供養沙汰 震筆御経供養事、可申沙汰故也、午刻
許参殿下申明日事、御布施土御門大納言内々所相
儲也、然而於御前内蔵寮大褂許ヲ給テ、彼布施等

於弓場辺可付御導師歟之由令申也、御返事
云、事為最蜜儀、内蔵寮大褂不可有、只彼布施
等於御前可給也、又其所西台盤所可宜云々、次参
内、其間(旨)等下知行事蔵人時長(源)了、又近臣殿上人
四五輩内々可依(候)之由、同与奪了、
六日、丁卯、今日蜜々公家奉為前建春門院被供養震
筆ｏ(御)経、午一点参内、先是行事蔵人大膳亮時長』(27オ)
御装束了、其儀、小寝殿西面三ケ間母屋懸御簾、
上庇御簾皆懸幡・花幔代、中央間西面立仏
台懸御仏、一福(幅)釈迦三尊也、其前立香花机、在花香・仏布施、其前立
仏供机、在覆、其前立前机、置震筆御経三巻也、提婆品、心経、阿弥陀経、幷三巻也、其前立礼盤、立磬台、南一間敷緑縁畳一枚、
為御導師座、同間母屋立屛風、其内敷御座、須敷
半帖也、然而依略儀如此、図書官人供仏具、掃部官
人敷座也、依為蜜儀無上卿・出居・堂童子・請僧等也、
仍不敷座、御導師権大僧都澄憲法服、参上、蜜
々徘廻南殿辺、相待殿下御参也、内々以消息事具了
之由下総前司高佐(藤原)、、許示送了、只今有御参之由
返事也、申剋殿下参給、即依ｏ(仰)御導師参上、従僧』(27ウ)
先置香慮〔爐〕筥如常、此間公卿両三為聴聞被参、皆近
臣也、或直衣、或束帯、予以蔵人付内侍申殿下云、
公卿両三参会、直衣人取布施如何、御返事云、為
蜜儀□〔全カ〕不可有憚、直衣公卿早可取也、仍其間示(旨歟)人
々了、又近習殿上人四五人兼日相催也、秉燭以前説
法了、布施等北対方相儲也、南殿方ｏ(無)便宜故也、中宮(平徳子)
々司公卿・殿上人不取布施、近日殊有其故歟、御懐姙歟、
土御門大納言邦綱直衣、・藤大納言実国(藤原)同、・宰相中将実守(藤原)束帯、帯剱、
予以下殿上人五六人依無出居不帯剱、皆束帯也、事
了賜布施、土御門大納言已下取之、人々退出、今日無御
願文・御誦経等也、
今日儀頗先例少歟、仍偏申殿下、随彼仰也、是為遁』(29オ)
後難也、御布施於堂上賜事、或人不時忠(平)、不甘心、仍内々
示女房、々々殿下参給時重令申云々、然而全不可憚之
由殿下仰云々、
御布施法
綾被物一重、絹裹十、納絹卅疋、綿百屯云々、法服一具、供来(米)十石
云々、最勝講證義者八石云々、然而土御門大納言
内々如此相儲也、布施・御仏・御経調巻皆彼大納言
所課云々、御経・御仏等当日自台盤所下給也、
仏具等蜜々行事蔵人借用八条院(暲子内親王)御堂具云々、
是予下知也、此御仏事為追善、仍蔵人所仏具
最勝講等所用也、頗似有憚、仍借用也、布施目六可付御導師之
由、与奪蔵人了、秉燭間退出、』(29ウ)

伏見宮本『惟房公記』

木下　聡

万里小路惟房の日記は、天文十年（一五四一）・同十一年・永禄元年（一五五八）・同七年の記が、多くの写本が存在することもあってよく知られており、刊本としては『続々群書類従第五記録部』に、影印が『歴代残闕日記第二十七冊』に収められている。その他の惟房の日記は、『国書総目録』によれば、天文二年記（関白宣下記）、天文十七年記（除目雑記）、そしてここで紹介する伏見宮の享禄二年～天文十五年の記となる。刊本になっている部分が日々記であるのに対し、これらの日記は、除目や節会といった儀式に関連する、いわば別記のようなものである。またすでに活字となっている分は、多くの研究に用いられているが、伏見宮本は、『国史大辞典』（執筆岩沢愿彦氏）の惟房公記の項で取り上げられてはいるものの、これまで十分に活用されているとは言えない。そこでここに該当分を翻刻し、今後の研究に資することとしたい。

伏見宮本の各記について簡単な紹介をすると、一冊目「元日節会記」は、享禄二年（一五二九）十二月二十七日に惟房が元日節会の奉行をすることが決まったため、それに対処する動きと、翌年元日当日の次第を書き記している。

二冊目「元日幷白馬節会記」と三冊目「元日幷白馬節会記」は、天文九年と同十五年の、正月一日の元日節会と七日の白馬節会を記している。なお天文十五年の白馬節会では、初めて奉行職事となった勧修寺晴秀が、腫れ物のために参仕できない状況にありながら、惟房が奉行初度に不参はよくないと述べたため、無理に出仕したものの、やはり起居の叶わない有様で、結局儀式の側で平臥している様子が描かれている。

四冊目「叙位記」は、天文十年正月五日の叙位の記で、惟房が叙位簿を書くにあたっての様子などが記されている。

五冊目「県召除目記」・六冊目「除目竟夜記」・七冊目「県召除目記」は、いずれも県召除目の記であるが、五冊目が天文九年三月二十二日の県召除目初夜、六冊目が天文十年三月二十七日の県召除目竟夜、そして七冊目が天文十二年三月二十三日の県召除目初夜と、本来三ヶ日ある除目の一日分しか記されていない。それぞれ初夜・竟夜とあることから、一日しか行われなかったわけではない。元は三日分揃っていたが、今では一日分しか残っていないのか、それとも最初から一日分しか別記を作成していなかったかは定かでない。ただ六冊目の元表紙部分に、重ねて清書する時に添削すべきところが多いと記していることからすると、清書する以前の段階の記が残ったものであるとも考えられる。なお六冊目の除目の際、惟房は眼病のため休息しつつ儀式を遂行しており、途中では睡魔にも襲われている。

最後の八冊目「賀茂伝奏記」は、これまでのと少し趣が異なり、惟房が天文十二年八月十九日に賀茂伝奏となったことで生じた、賀茂社の奏事や社官とのやりとりなどを記したもので、同十九日から二十七日までの、賀茂社関連の記事を抜き出した形になっている。

なお冊それぞれに紙背文書があるが、紙幅の関係上今回は翻刻を行っていない。ちなみに第一冊の紙背には、葉室頼房書状・滋野井季国書状・西洞院時長書状などが、第二冊の紙背には、中院通為書状が八通ほどある。第四冊の紙背には、万里小路惟房書状案・山国庄惣中書状・幕府奉行人連署奉書案などが、第八冊の紙背には、甘露寺伊長書状・中御門宣治書状・東坊城長淳書状・三条公頼書状・万里小路惟房三条西公条勘返状などがあり、同時代の公家の書状が多く紙背に確認される。

〔付記〕　翻刻に当たって遠藤珠紀・小瀬玄士両氏の示唆を得た。ここに礼を申し上げる。

【凡例】

・文字はおおむね現時通用の字体に改め、改行は原則追い込みとした。傍書・挿入も適宜本文中に追い込みとした。また校訂により改めるべき文字を〔　〕に入れて記した。

・本文には読点および並列点を適宜施した。

・適宜人名を比定して傍に（　）内へ記した。なお現在通用する家名・名を用いている。

・■は文字が紙背と重なる、あるいは抹消によって判読できない場合用い、□は欠損により判読できない場合に用いた。

・挿入符は○で示し、挿入符が無い文字は文中に入れ込んだ。なお第四冊の「　」の中の文は、本来は挿入文であるが、数行にわたっているため、便宜文中に入れたことを示す。

第一冊　元日節会記（全5紙）

（表紙外題）「元日節会記享禄二十二廿七 万里小路惟房記」

元日節会之記

享禄二年十二月廿七日以左中弁兼秀朝臣（広橋）元日節会可被行奉行事、可令存知之由、被仰出候、予申入云、万事未練之事間、○一向無分別候、雖然、無御人之間、可存知由申入畢、則頭中将実世朝臣（三条西）有与奪一通之間、則予以一通諸卿并次将等催之、諸司公人者、極﨟・同両局所江以一通申遣処、則催之云々、少納言範久朝臣（高倉）為御点之間、以一通申遣処、一向不具、旁以故障之由有返答、則少納言為康朝臣（五条）所へ申遣処、是又依勧〔歓〕楽故障之由有之、然者次将前々勤少納言役之例有之間、則内蔵頭言継朝臣（山科）所江申遣処、未練之事候条、迷惑之由被申了、内々覚悟者有意趣由伝聞畢、更不○廿心得意趣歟、重不及申遣也、則四辻少将季遠所江以書状内々申遣畢、是又毎事未練之由有返答之間、強申遣処、就御事決者、可令存知之由被申条、其分相定也、

一関白御参事、兼日以書状申西洞院所へ■■申遣也則有御返事、俄御参之儀、難事行之由有之、

一公物袍并表袴以下申出、不具処へ遣之畢、

一南殿御掃除之事、兼日官務行事官以下参状催之、

一諸司公人御訪之事、伝　奏存知也、

当日事

予七時分着装束、則令参　内、散状御所へ進也、次仰出納以仕人遅参人令催之、次新中納言重親卿（庭田）拝賀舞踏畢、則着陣、次権大納言実胤卿（正親町）有拝賀、舞踏畢、着殿上此儀今度之着大臣畳、意失歟、次着陣、次持明院宰相基規卿着陣、次小朝拝初之由、以内侍内々申入畢、則小朝拝初之、其作法如常、於東庭舞踏了後、帥大納言公條卿（三条西）着陣、次節会初之節会初之由、以内侍申入畢、次諸卿着仗座畢時、予仰内弁其辞内弁ニ依職事沓揖無之、引裾不持笏、内弁移端座、帰出宣仁門直参、御所方漸可有奏由、内儀告内侍、次内弁移端座、以官人召外記、令置外任奏、次官人招職事、則予進軾許、内弁置笏給外任奏、予取之、待時内弁取笏仰職事云、諸司奏ハ内侍所ニ則予立軾右廻、出宣仁門、入無名門、昇小板敷、経棹間東方入上戸、於台盤所妻戸付内侍奏之、御覧了、則返給則持外任奏、進軾以此筥待間、内弁置笏、則予付陣座ノ下、以左右手下之、内弁此筥ヲ引寄前職事此間軾ニ待筥中ニテ披、礼帋右脇ニテ文ヲ披テ前ニテ見了、又右脇ニテ結申源家不結之、給時予仰云、列ニ次内弁巻文入筥、則取笏時予重仰云、諸司奏聞食矣、次職事立軾此儀内弁職事ニ下筥時、諸司奏ハ内侍所ニトアル時ハ、諸司奏聞食スト云也、又諸司奏留就所ニト候フト内弁仰職事時ハ、職事諸司奏内侍所ニト云也、次内弁以官人召外記、賜外任奏仰詞同職事、次内弁西方ニ居ナヲル、其時諸卿上首次第起座、着外弁諸卿着了時内弁起座、出宣仁門、陣後ノ於西軒下着靴、召外記押笏帋此間近仗称警蹕了、立拝居胡床、次内弁入宣仁門、着宣陽殿兀子、次内侍臨西檻召但今度内侍西檻ニ臨ヲ待テ、次内弁、宣陽殿着兀子、此不審、重可尋、次内弁謝座参上着座、内侍臨西檻召時、内弁起兀子、敬折、次内侍帰給、次内弁一揖〆、軒廂ノ第二間ニ進テ、其ヨリ橘木ノ坤へ進テ練始ル今度帥大納言落練《ヲトシネリ》、作法畢、自西妻戸就南殿兀子、次開門、次囲司着座、次召舎人少納言就版位此間公卿起座、雁列左兵衛陣、門一二二雁列此分、次内弁宣大夫達召、次外弁王卿入月華門、立標下、次内弁宣敷戸、次群臣再拝、次造酒正（押小路師象カ）持空盞授外弁上首、次造酒正参進、返給空盞、次群臣昇殿、次臣下餛飩以下了、

則立楽此間ニ予殿上口ニ着浅沓、引裾、不持笏〆待申　立楽不畢前、内弁下殿着陣座、見宣命、見参作法了、起座出宣仁門、就弓場奏之、次職事為康入神仙門、出無名門、進寄師大納言前其間二三尺、次師大納言笏ヲサシ、自外記方宣命見参ヲ杖トモニ取テ左方ヨリ渡職事、予進寄取之待間ニ、師大納言笏ヲ腰ヨリ貫《ヌキ》テ奏トアル時、予左廻、入無名門、昇小板敷、経上戸於台盤所妻戸、付内侍奏之杖トモニ入簾中　次御覧了、三通ヲ杖ニ取添テ返給但今度杖ニ挟テ返給、雖然、杖ニ取ソヘテ持之了　則経本路、師大納言前ニ進黄門同前相待、則師大納言笏懐中ヲ《ス》、則予聊近寄テ、杖ヲ取直〆渡之、次師大納言文ト杖トヲ請取テ、○給外記宣命一通ヲ左手ニ残置テ、右手ニテ笏ヲ自懐中取出〆、笏ノ中ニ取ソヘテ、向職事小揖〆帰、其時則予入神仁門、自殿上口帰也、則師大納言復座して、自参議持明院宰相出西妻戸、入南妻戸、師大納言後《ウシロニ》ノ方ニ進時、師大納言笏ノ中ニ取ソヘタル宣命ヲ渡持明院宰相也、次持明院宰相笏ヲサシテ取宣命也、次笏ヲヌイテ笏ノ中ニ取添テ、出南妻戸、入西妻戸、着本座、次上首次第起座、橘木辺也、

第二冊　元日弁白馬節会記（全15紙）

(表紙外題)「元日節会記天文九万里小路惟房記」

(モト表紙外題)「

参議右大弁藤原惟房廿八才

天文九

元日節会記予初参

」

天文九年子、正月一日、天晴、節会也、兼日頭右中弁宣治朝臣(勧修寺)右少弁晴秀送御教書、予参仕之事所触催也、捧領状之請文了、仍酉刻着束帯甘露寺大納言(伊長)来臨之次、令奉仕給、左衛門督(山科言継)兼日令約之処、故障之故也　巡方玉帯金魚袋如常但今夜参議拝賀也、仍先略魚袋、至節会日者、可付之哉、重可訪先達、　為拝賀之祝着、於愚亭盃酌三献、甘露寺大納言伊長卿・菅宰相長淳卿(東坊城)・頭右中弁宣治朝臣(中御門)今夜節会参仕之条、着束帯来入・右少弁晴秀等也、按察卿(三条西公条)已下雖令招引、依故障不来入、次予出門先於庭上二拝、又二拝、父母之拝也、次二拝、祖丹之拝也、次出門如木追前、次入四足門下裾、経床子座前政官不作之、甚冷蔵之躰也、進立弓場代無名門前、次極﨟藤原氏直(富小路)出逢兼日申次事申送者也、本儀可申触頭弁之処、近年之躰只仰極﨟、仍倣近例了　予可揖氏直、答揖而帰入、暫時来拝立傍今度帯剱持笏　奏聞之躰也、次出神仙・無名等門、進有先所一揖、予答揖今夜深揖也、依承仰也、以氏直帰入、次予両三歩々出、又両三歩逆ニ逆行進立、舞踏等如常、次入無名門、出神仙門、於殿上口之沓脱下西第一間、揖懸膝於長押上先右足、聊起揚着殿上板敷、逃足揖等如例依節会日挿畳、掌灯等挙之、頗陪■■■、然、構畳之間、次着座者也　須臾起座揖如例、入上戸、於傍之簀子取裾藤宰相永家卿(高倉)取畳賜之、参前方、御荷留之事欲申入之処、只今御祝之御時分云々、仍不及申入、天酌之時分惣次間出参之、■奉次拝　天顔、称名之○置笏於傍参之、不持参予御前、次中山宰相中将孝親卿

奏八座之慶、次右大臣(鷹司)忠冬公被奏丞相之慶、令見物了、小朝拝無謂及半鐘何事哉、頭弁油断之故也、至丑刻小朝拝始、於無名門前仮立如例、先関白(近衛稙家)着殿上奥、右府同前端、次右府先起、殿上之趣仮立云々、殿下未被立之間、空被帰入無名門云々、見苦敷事也、不見及之条、臣為不知之、予仮立之時不揖仮立之時不揖、善説也、次第関白・右府・勧修寺中納言(尹豊)・広橋中納言(兼秀)・中山宰相中将・四辻宰相中将(季遠)・予・頭弁資将朝臣(町)但申次之後立加之・頭右中弁宣治朝臣(藤原)・少将基孝朝臣(持明院)・右少弁晴秀(勧修寺)・源少将重保(庭田)・○氏(藤原)直・○懐世(源)・○為仲(五辻)等次第一列立定之後、次第離列進東庭、関白被練之程、各於長橋為見物--練也練歩警固者也、次右府(自関白)至予一列、自資将朝臣至重保一列、六位又一列、立定之後、拝舞如例、自下臈六位退出源為仲当年十一歳也、後ノ二拝令失念歟、惣別舞踏早速歟、各二拝、未終之時分、已退出也、少年之所作自愛之事也、不可難々々(進退)、予揖離列退出於東庭上進立時、モ揖如例、於傍殿下練歩見物之、次自高遣戸妻(沓)脱堂上、抑仮立之時、申次資将朝臣及数刻不出逢諸人、成不審者也、広橋中納言自後方乍仮立招青侍、蜜(密)々尋問事之子細於資将朝臣之処、未出御之間、奉相待之由返答、其謂如何哉、凡小朝拝者、為臣下可奉拝天顔之由申入之時、有御斟酌及三度於御本儀也、見諸臣参列之由、令　奏聞、経其佳事者、及数刻不苦、且可為本儀也、奉相待出御、移更鐘之条、無其道理、資将朝臣未練之所意也、此恥辱何日詰之兼秀卿、殿下已下乍列招青侍、入祝之躰、甚無骨之式歟、幸万端公事諷諫之上者、兼日可加異見事也、就中出御之由申関白之時、持笏引裾猶着浅履、殿下答揖之後、経無名門前不入無名門、於脇之壁之下着靴、加列者也、此進退尤不審、帰出告出御之由時者、■(着)靴告申之、直加列常事也、当家必此分也、又猶告申之時、着浅沓之時者、入無名門、出神仙門、於殿上着靴、加列常例也、(今度)違両様如何、定可有御方(此)説哉、比興之進退、向後後生之輩莫效之、先予・甘亜相伊長卿、于時為頭弁申次之時、有此進退、先達難之、異説之由又無其聞、凡如此事者、家説々有之(二之)、雖不可然も、古人○(為)及沙汰之説之条記之、猶可尋先達者也、

次節会始、右大臣着仗座奥、次勧修寺中納言尹豊卿奥、広橋中納言兼秀卿不着之、座狭之時毎々如此、今日不着之、何子細哉、不知其故、次中山宰相中将孝親卿着横敷残第一座着之、但下臈座狭之間、着上者也、下臈着之時分着上了、次四辻宰相中将季遠卿・予等着之、沓座等揖如例、裾官人直之、予此庇之躰計也、今夜予座狭之間、雖不及着之、新任初度之間、可着陣之由思案、以外狭少之躰也、季遠卿及度々之間、今夜可斟酌事歟、御承引着陣之間、外弁上首不及請益、但今夜晴秀不得外弁之着陣、仰内弁、尤違失也、然者以遅参之分、外弁上首可請益事歟、為後筆可訪先達、次右府移端座、被行次第之事、外任奏更召外記被仰之、初度之時大概如此、尚可有人之所為哉、外任奏以外■奏聞之後、移刻了内侍髪上遅々之故云々、奉行職事、其時刻可被申入之事也、尤油断也、暫時晴秀就軾、返下外任奏、仰詞等如例、次職事起軾之後、以官人召外記、被返下外任奏、次向外弁上首被仰、可着外弁座之由被仰之今夜外弁不着陣之已前、仰内弁之間、先内弁被移外座了、仍各座定之間不着陣、参木各不着陣之間、起居之時不及平臥也、次勧修寺中納言已下起陣、着外弁経床子座前猶着浅沓、於立蔀南着靴、着外弁座政官在床子座也、上首一揖勿論也、今夜■■不候之間、不及此儀、位次之、外弁者、猶引之間、不及一揖、是例也、納言兀子、参木長床子也、今夜勧修寺中納言経式案之北着兀子、違失也、可為案之南事也、次至召使着了後、勧中召々使、参進磬折、次第之事仰之式筥之事仰之時、尋常式筥下せト仰之、於勧修寺説者、式ノ筥トハカリ仰之、下せ不仰之、一家之説也、一門不如此、南家又加下せノ字者也、建久已来此分云々、見建内記、今度此趣内々予令入魂了、次上首次第起座雁列、但内弁謝座之後不雁列、各於月花門下佇辺(立間)、舎人之時分令雁列者也、本儀令雁列、可相尋事也佇立之後、言継卿密々催勧、盃之条欣悦、兼頗逢興事也、次舎人(五条)為康朝臣出逢召之、勧中答揖之後此間ニ少納言、退出、向下臈取参、進於月花門参列、

異位重行如例、予依四位参木、列中納言之後、上首三位 謝座謝酒了、堂上次第気色于下﨟雁列、揖〆 揖堂上也、其儀上首昇西階之時分揖間、進入軒廊南第一間也、各如此、勧修寺中納言昇階、入西面妻戸、着端座、外弁上首必着端座也内弁故障之時、早出 続内弁之故也可為、此外者奥端相分可着也、最末参木又着端座、為催雑事也、予着端座了入西面妻戸、母屋西第一間可入之処、存亘■■■入西第二床子末了、尤相違也、後日下殿堂上之時、用同間、既入二間之条、可相替事見苦之故也、初、参毎事廃忘、無念之事也、次内弁被催饂飩、■不召名字、饂飩ハカリ被仰之、有気色之間、予乍座合服本来笏在手者也置座前一揖、経長床子末西第二間、於西面妻戸傍南扉、出之自左足降階傍北扉、下之先自右足、於軒廊第二間西面立、以官人気色之躰也、厳重不召之、但官人不及召之、予下殿之時歟、直裾相従予顧之、仰之召内竪、一進出在予前内竪磬折、予仰云饂飩猥音仰之、内竪退、持饂飩進出、予見之、則堂上復座凡如此事催之時、其杓出現之時令堂上、故実也、古為遅々之時、重可仰之故也、如饂飩者、一度令堂上、之後、予可堂上■也、沙汰内竪、予堂上之躰相待而、不堂上之間、予先令堂上、違古例了、内竪先自端座居之一身居之、者也居■、予気色于内弁合眼乍座、又箸申上了、内弁寄懸笏於台盤、取箸被寄懸之、各応之其儀、如内弁土器ニ小餅二ツ入■持参也、箸匕最前ヨリ在台盤上、仍箸ハカリ取之、土器ノ鰭ニ寄懸テ参、也、笏同台盤ニ寄懸テ、逆ニ其可置之、次内弁撤箸取笏、気合眼色于予、々乍座撤箸取笏、参仰内弁仰云、飯汁、予微唯気色計也、立座前一揖、下殿仰之如饂飩、復座如元寄懸笏、内竪居之、其儀如饂飩土器ニ盛飯居之、近年不居汁物也、予取笏御申申上之気色許由次内弁已下取匕立飲外方但被寄懸、也、次取箸立内方同前、各応之在之孝親季遠等両卿厳重立座、立箸也、予雖可立匕箸、只寄懸之由見御記、且故実候哉、仍不及立之、寄懸之、次一献、内弁被仰之儀同前、今度被免予下殿催之、則復座之後、造酒正英名(小槻)・内竪、、奥端相分一度被酌之但雖各別上首未受之時不取盃、令相待上首取之時受之、次第巡流如例、予笏自座上之時置之間更不及置之取之右手片手也、受之飲之後、不献陸湯依最末也返上之、当家不取尻居者間、上一取之飲之了、

次二献、其儀同前、予乍座催之依内弁也、許也免造酒正・内竪両人奥端勧之、如一献之時先之広橋中納言早出也、次内弁召参木其詞左ノ近衛ノ司藤原朝臣ト被仰之合眼于季遠卿合眼之時被取真実名、例也、季遠卿乍座受気色、立座前一揖、経長床子上方、進寄内弁之後方、欲指笏之時、内弁仰持笏已下夾名於参木、季遠卿 々々直下殿於軒廊第二間南面、以官人召外記、召夾名外記持来之時、取之懐中、昇階簀子右廻、出南面簀子、東行立西第二間一揖乍持笏、次顧南方伸腰、又顧南、次一揖左廻、入妻戸端座之間入西面妻戸復座、先之内弁先下殿次三献、内弁撤箸取笏、合眼于予、々内弁被撤箸之時分、同撤箸取笏、受仰了此儀内弁気色之時、可取笏事也、雖然、、聊承仰之様躰重々之間、大概同時取之、立座■■召内竪其詞チサハラハ、、内竪来座下仰之相持笏、其儀如二献、内竪帰出之時分如元寄懸笏於台盤了、造酒正・内竪相分勧之、次内弁下殿参木立座前磬折如例、着陣見宣命、見参奏聞之後復座此時内弁依失念忙然之躰也、仍予蜜々宣命事令入魂之処、則不及下殿、召、参木孝親卿、先可為下殿之由、内々申上之、待其時被下殿之、尤違失也、次召宣命使、左近衛中将孝親卿承仰、取笏、乍座承仰、次立座前一揖於南面妻戸、入西面妻戸、進内弁之座下、如指笏之時、内弁賜宣命後、進寄取之右手、両三歩逆行、取副笏、左廻復座、次内弁揖起座下殿参木各磬折、次勧修寺中納言下殿、次四辻宰相中将、次予下殿、出軒廊西第一間列立、右仗南頭異位重行、予四位参木之間、立中納言後了、以上北上東面也、但今夜内弁向巽方被立、仍各向巽、予不可及由断存之、既各向巽之間、一身難向東方之間、效衆了、無力事也、内弁違失比興々々、仮令内弁雖立違、勧中可有用捨事也、次宣命使下殿、出軒廊於西第一間南行、当月花門西扉辺一揖曲折揖也、東行■■聊大輪ニ南ヘ歩出様也、自此所徐歩、立宣命版、南方左右二歩足ツ、逆行、一揖、指笏披宣命、次宣制一段、群臣再拝、又一段、群臣拝舞、次宣命使復座今度孝親卿籠宣命版、令復座了、於曲折之所一揖如前、但帰入之時、西面立而、一揖也、次群臣復座、但今夜宣命使之外不復座、近例也、尤略儀也、

抑今夜宣命拝之後、不得宣命使也、復座内弁既一揖、欲帰入之間、予自後方以勧中申入魂、仍被立留訖、宣命復座時分、不及一揖、被帰入軒廊最前被一揖之、故也 次勧賞同前、次四辻宰相中将欲帰入、一揖之後四歩歩行之処、内弁既出軒廊被向禄所四（之間）、季遠卿下向北磬折、過前之時分帰入、予同令啓折、過前了、被着蘆弊之時分、予一揖、離列左廻入軒廊、此事案之、内弁之進退相違之上、予又依臨時所分令廃亡者也、本儀禄所通路ト宣命拝所ト各別也、不及磬折可帰入歟事、叶道理事、但既被過前之間、聊磬折○（又）無難哉、殊四辻相公羽林磬折之間、■不得上首難帰入、旁以此分也、後日■訪先達之処、不可及磬折歟之由有諷諫、如此事不慮之題目、初参廃忘之難治（迷惑）之事也、次予帰入軒廊西第一間、次第出軒廊西第一間、経宜陽殿壇上、自蘆弊之北方着之経蘆弊北方、蘆弊之辺ニテ左廻蘆弊之二ニ跪、也○（向）艮御所方也、跪之時乍着靴、、打懸禄於笏畳紙ヲ摸絹、躰也、乍懸笏一揖（拝）、起座左廻、棄禄於月花門傍了此事各棄禄事、蘆弊之上也、建聖院内大臣殿、御所為猶棄、傍可宜之由、令記■給、仍応此御所、為了、於壇下（月花門）改浅履、取裾退出、于時辰一点了、予初参、如形無事遂其節、自愛々々、有冥加、毎年可参懃之由、令心念者也、

白馬節会記

天文九年正月七日、微雨不吹晴、入夜猶陰、白馬節会也、予参勤之事、兼日奉行職事頭弁資将朝臣送御教書、令請文了、仍酉刻着束帯高倉三位範久卿無役、兼日令約之、兼、参内依既下歩行、抑今夜内弁甘露寺大納言伊長卿初度也、為一門如此之時、見訪者勿論也、仍可被扈従之由、兼令約諸者也、仍先向彼亭自按察卿第、先也、装束奉仕（用意）之時遇也、暫時相待、出門之時分、内弁出妻戸、予佇立西中門内、内弁下沓脱、着沓之後一揖、予答揖、次令同道入四足参内、少々外弁上卿参之、三条中納言着陣時分云々、経数刻、

節始之由、奉行職事示之、各下殿着仗座、内弁伊長卿・三条中納言（正親町）実世卿・権中納言公叙卿・左衛門督（山科）言継卿・管宰相長淳卿・予等也、着座之時但言継・長淳両卿不着陣、佇立宣仁門外、陣座狭少之間如此云々、予一身着陣、定有加叙者可書之也、依■■使両卿令記故、不着陣座 資将朝臣仰内弁退、次内弁起■座、移端座揖等如例、次以官人召台外記○（枝賢）、○（問）諸司已下之事軾ハ公事日、必官人兼 覆儲之条不仰之、式諸司之事仰之、次官人敷之用仰之事有之、若官人令失念者可仰之歟、如此事可有時宜、、外記毎度申候之由、内弁仰、可令唯之由、外記枝賢称唯退出外任奏事仰可持参之由、次持参外任奏入筥退、次招職事資将朝臣、奏外任奏、職事取筥、奉待軾之時、内弁取笏仰云、諸司奏御弓ノ奏、内侍所ニ左右馬頭申障不参、職事聊気色起軾、次返給外任奏、内弁結申、職事仰云、列ニ今度此分歟、可尋之哉、令列ニ候メヨ、此次職事仰云、諸司奏御弓奏聞食ツ、左馬頭代左中（少）将基孝朝臣、右馬頭代右少将重保、次職事退、次小〔少〕外記小槻通昭跪小庭、申代官《シロツカサ》早晩不定、申之今度此続目之時、内弁仰云、誠タリヤ、次外記申二省輔代某―、丞代某―了、内弁云候セヨ、外記唯退此儀官申事、其期不実也、若有懈怠者、内弁加催之、有加叙者○此次可行之、次内弁起座於宣仁門召外記、押笏紙、次内弁着靴入宣仁門、進立宜陽殿壇上此間次将引陣歟、不見及、次内侍持下名、臨西檻五位職事密々定、令扶持歟次内弁参上、給下名、着宜陽殿兀子其儀入西第一間東行、至階下指笏東面、昇階先右足、両階昇之歟一懸右膝、給下名式兵二通、不歴階歟、即退立逆へ退而下階、猶向東也、本所抜笏取副文式左、兵右、右廻自軒廊内西行、○（出西）第一間南行、立兀子前揖、着之東面、抑繆下名（西礼之時）、取副笏左廻而可出宜陽殿之由、旧記分明也、今度都護卿訓譴之様、以晴之方為本之条、西礼之時可為右廻云々、両説是非如何、後日引見古次第之処、東礼之時左廻之由有之、然者右廻（都護卿）之礼令相当者也、猶可否可引尋、

次内弁令内竪二音、内竪入日花門、立宜陽殿坤壇下、内弁仰云、式部省廿・兵部省廿・召廿、内竪唯退、次二省丞入自日華門、立宜陽殿壇下、内弁宣式部省廿二省立定之後召之、先式省也、式部丞但式部丞不参、為此分中務丞氏直参之○称唯挿笏、就内弁南脇、内弁自笏内方以右手被下歟縿下名、丞縿之退復本列、次内弁召兵部、雖下名其儀同前、式部丞定揖時、召兵部縿之、次二省相共退、内弁起兀子揖、暫帰入、幔北方徘廻宜陽殿乾南辺、今度不入幔北方、宜陽殿南辺佇立之■間諸卿出、外弁上首次第在座、先三条中納言起座、出宣仁門、経床子座前猶着浅沓、政官小槻于恒宿祢・清原朝臣枝賢動座如何、三中向于恒宿祢一揖、于恒・枝賢不答揖之後過去、次者不及揖、是相引過之故也、或説毎人可揖之由有之、雖然近年不及此儀歟、次三黄於立蔀南辺着靴着外弁、次権中納言公叙卿同前、次予同前言継・長淳両卿者不着陣之間、経立蔀外、着外弁、着外着弁之次第者、上首次第也、予依最末、着最末了、其儀入西幔門、着長床子揖着之懸腰也、召使来直裾、次清少納言業賢朝臣同着之、外記史官掌等如例、次三中行○外弁之事、

其役黄門召々使○来前跪其詞召使《メシツカイ》、仰云式筥下せ、召使則移、立式筥案等畢、退去、次又召々使二音仰云、外記召せ、外記小槻通昭歟来上宣大舎人候ヤ、刀祢列候ヤ、二省弾正候ヤ、外記毎度申候之由、上宣令候ヨ、外記称唯退、

今度召使初心之者也、無分別、上卿召之時、則不奉仰詞、欲下式筥黄門制之而仰々詞了、後日黄門仰云、○雖不及此儀初度之外弁之間、如此制之、仰々詞之由被言談了、

次

次上首次第揖起座、雁列月花門下不揖、予今夜可立叙列之間、不起、外弁幄幄屋可留之処、当時長床子無余分、仍取渡堂上之由、于恒宿祢兼日語之間、予同徘徊月花門下令見物、内弁謝座畢出此所、蜜々仰官外弁、兀子借渡、懸腰令休息、左衛門督携一壺来、各蜜々令勧盃、防寒意了

此間内弁謝座今度鼻高練也、次入西第二間裾不懸練歩如形、神妙也、堂上着座入西面妻戸、次開門、次闈司其詞闈司座ニ罷リ寄レ、次内弁下殿、奏叙位宣命、其儀起座揖、左廻出西面妻戸、佇立軒廊兀子前南面、内記持参叙位宣命今度内記不見随之間、以官人召内記云々、小内記、、持参宣命今度例、宣命持参之内弁被見誤歟、則奏聞如例令披見、罷弓場奏聞内記持、従宣命、

○次○取副宣命於笏復座、次召二省賜位記筥其儀巨細不及、記之、次召舎人清少納言業賢朝臣、参■■殿、次内弁宣、刀祢召せ、次少納言退出、喚諸卿其於月花門下向外弁上首一揖、外弁上首一人答揖畢退、諸卿入月花門、参列東上北面異位重行参也、予依四位参議立三位中納言後■、次内弁宣敷尹、此時外弁上卿謝座謝酒畢、而堂上着座、此間予入自月花門諸卿堂上之後、立四位標下計其程、在指図、次頭右中弁宣治朝臣入同門、立標下四位標、也、次内弁召権中納言公叙卿、賜叙位宣命此儀不見及、標下之故也、予在、賜宣命復座、次内弁以下々殿、列○立橘樹下北上東面、異位重行、次宣命使下殿、当宣命版、立宣別等畢、堂上復座、次二省召叙人賜位記其儀、在別記、今度予叙列拝畢、可令退出之処、兼日奉行職事頭弁資将朝臣依別勅可堂上之由談之内弁又兼日■■、被参此義了、立幔傍殿上内、下侍也、得親族拝■過■■大臣上歟、堂上之後、次親族拝畢、各堂上、内弁一人為催白馬奏、留軒廊北間也、予自宣仁門■着靴経軒廊、入西面妻戸、堂上着座着端座、

第三冊　元日幷白馬節会記（全4紙）

(表紙外題)「元日節会記
白馬節会記天文十五」

天文十五年丙午正月一日　天晴、元旦節会也、内弁西園寺大納言公朝卿、今夜奏慶也申次、、初度也、奉行職事頭弁国光朝臣(広橋)也、左中弁也、外弁公卿藤中納言永家卿(高倉)・権中納言公叙卿(正親町)・山科中納言言継卿・高倉宰相範久卿・右大弁宰相宣治卿(中御門)等也、亥刻許、事具之由、国光朝臣告諸卿、内弁以下下殿着仗座奥、参木横敷座如例、国光朝臣仰内弁懸裾参進毎度如此、公卿裾混乱有煩之由、贈祖父菩提院殿(万里小路冬房)彼先祖ハ諷諫、仍如此云々、不知実否、当家不必然、可依于時事歟、次移外座、仰次第之事、次内弁起座此儀失念歟、於元日節会者、向外弁上首仰可着外弁之由之後起座也、不及其儀也、予対国光朝臣、於宣治卿畳見物之次、不審之由談之、国光朝臣翌日談(広橋兼秀)父卿、引勘旧例、一ヶ度—内弁時有之、不審之由其時及沙汰云々、予云、尤為違失、但応永卅五年実秀卿(裏辻)内弁之時、不仰此儀、直起座也、建聖院(万里小路時房)内大臣殿令参外弁、存亘白馬節歟、不審之由有之、若実秀卿存旧例歟、為違失歟之由談之、只違失勿論歟、次諸卿起座、着外弁幄屋、此間内弁着宜陽殿兀子、内侍臨西檻召新内侍房也、職事扶持之、次内弁起座、謝座也鼻高練、参上着座、開門、闈司着座、舎人大夫達敷尹等如例、群臣昇殿、藤中納言端・権中納言奥・山科中納言奥・右大弁宰相端、次饂飩内弁不及○下殿、以参木○仰之、仍饂飩飯汁以下右大弁宰相宣治卿、初参也、節会今夜御酒勅使・宣命使重役也、宣命使之時、伏地一拝云々、尤違失也、応永卅五年贈内府秀光(日野)改家光大弁参木之時、勤宣命使之時、伏地一拝、各一笑之由、建聖院殿被遊置之、今度如此云々、予窮屈過法之間、此時分退出之間、不見及之、後日広橋大納言談之了、

同十五年丙午白馬節会也、奉行職事晴秀朝臣(勧修寺)白馬初度申沙汰也、兼日条々受商量之間、令諷諫了、予雖為御点、彼朝臣申沙汰無度仕之上、父卿(尹豊)俄内弁之事被仰出之間参懃、旁忙然之条、為見訪申故障者也、戌刻許、内弁勧修寺大納言尹豊卿白馬第二度参内入四足、雑色四本取松明先行、如木雑色同取松明、前駈丹後守頼充取松明先行、自高遣戸堂上也、是参仕公卿已下不事具之間、為休息也云々、先之大納言已後無着陣、仍蔵人方着陣有之亥刻許各着仗座奥、三条中納言公兄卿・山科中納言言継卿・中山中納言孝親卿・高倉宰相範久卿・右大弁宰相宣治卿以下相引着陣、蔵人左少弁頼房(葉室)参、内弁座下奥座仰々詞内弁ニ内弁微唯右中弁晴秀即為奉行職事之間、仰詞以下之事可存知之処、自一両年(日)以前股□上腫物以外也、仍今夜参仕之事只以難治之由昨日父卿示送于予之条、予云、初度奉行不参之条不可然、殊白馬節之事○大節之間職事若輩難申沙汰之者也、依此儀故障之風聞可為必定之条無勿躰、奏聞以下之事、及臨期頼房与奪可然之由申送之、仍扣而雖参懃之、起居不叶平臥于傍也、就此儀頼房一部申沙汰也、於諸篇予令後見了、職事越帰入、○次内弁起座移端座、揖等如例、沓軾仰官人共直之、雖非宿徳人内弁被目如此、但不必然之事也、次以官人召大外記、々々参軾仰四諸司頭也、御弓奏候哉、申候之由、造酒正候哉、申候之由、申候之由候■■、又仰云、外任奏候哉、申候之由持テ参也、大外記枝賢称唯退、則持参外任奏入筥置笏取之、引寄付枝礼紙、於筥中見了、外記退、以頼房奏之、今度内弁依忘却、奏聞之間ニ起座、予在于傍之処、兼秀卿起座之由告之条候、走向宣仁門辺之処已起座也、左府公頼公裹頭之躰見物、可有如何之由談之、予云、依失念起座之上者、更可着之也、外任奏未被返下之間、不着陣者、難下外記之由述愚意、仍更又着陣座也、

第四冊　叙位記（全14紙）

（表紙外題）「叙位記天文十年」
（モト表紙外題）「天文十年叙位記」

今度叙位条々

一叙位入眼上卿御前執筆存知（兼行）之事、永享○（十三年）二比■（三条西公条）東山左府実凞（洞院）公奉行也、此已前之定可有之、猶可勘之、今夜按察卿奉行也、

一予依目所労、灯（陣掌灯）光普通之分者、定可為難治之由、上卿令察歟、南方之掌灯被寄予座前史小槻通昭、沙汰之、後（権大）日語云、随分故実之由一笑也、漸守続目之上卿ナラハ、不可令沙汰故実也、尤為予祝着也、

一今夜五日於陣按大（仰）以官人令直沓也、裾又悉ク被縿上不引残地上、○（今夜）始而宿徳之進退也矣、

一今夜（清書之時）陣ノ硯之内へ、蜜々仰外記可書也、筆令随身遣之、今夜不及其儀、叙人数少之間也、去年除目時返遣之了、

叙位記　参議従三位行右大弁兼近江権守臣藤原朝臣惟房生年廿九才

天文十年正月五日壬辰天晴、叙位議也、予参仕之事、兼日奉行職事頭弁資将（町）朝臣送御教書、仍子刻許着束帯参　内、於鬼間関白内覧之時分也、職事頭弁資将朝臣・頭右中弁宣治（中御門）朝臣・蔵人弁権右中国光（広橋）等如例歟、此後奏聞議定等如例、極﨟藤原氏直（富小路）取目六盛硯蓋云々、予不見及之、予昇高遣戸、沓脱向御末之方、執筆按察大納言自先刻祗候云々、種々言談之間末始、目所労尤難治之条、招奉行職事、早可申沙汰之由入魂了、夜半鐘頻報、漸被始之、按察大納言着陣奥、次日野中納言光康卿、次予、於宣仁門辺令請益、入宣仁門着横敷座末也□最末也、沓座等揖如例、次資将朝臣来執筆座下、仰々詞退、次執筆起座、移着端座、縿裾之後召官人、被仰沓軾等之事、次以官人召大外記、々々々枝賢（船橋）■着軾被仰、々之旨外記称唯退、次以官人召弁、蔵人弁国光参上、奉仰退国光於敷政門代召史、仰々詞歟、床子無人、仍尋問之声於陣座所半及也、次執筆以官人召外記、枝賢参上、被仰筥文之事此間関白被着殿上歟、不見及之、外記、、取筥文列立小庭、御前召以外遅々、各奉相待之、暫時藤原氏直着軾示召之由気色迄也、執筆微唯気色許之後退去、次執筆起座揖等如例、次日野黄門起座、次予起座座揖等如例、各列立弓場代、納言東上北面、予南上東面、列立之後、殿下起殿上、被着御前座、次執筆立上大臣之立所北上西面、揖之後申遣外記、外記、、持参硯箱、執筆持笏取笏（硯筥）、入無名門、被着御前座、次日野中納言揖、立上同所一礼、持笏取箱一揖同時予可令奏揖之処、失念納言又不経程揖之後、則入無名門之間、旁懈怠也、入無名門、着御前座、次予揖立上同所但聊南方也、旧例如此、一揖之後、顧外記方、外記、、持参筥、次指笏取筥○（申）文検知之、入無名門、昇小板敷、経台盤所朝餉間等、入鬼間妻戸先右足、当関白之座前程蹲居於此所自腰笏落板上、有声、尤無念比興也、、膝行先右足、三度膝行也、取廻筥、以右手並置之、其儀載指図了、次逆行三度、足先右、取笏出妻戸、更入妻戸、着横敷座、揖如常、直足候、次関白起座此時予可令平伏之処、依忘却無其儀、尤無礼、、経簀子入額間、被着円座、次御簾動之時、按察大納言起座、着御前円座進退以目所労為、朦朧、仍不分明、次御簾動歟、執筆被奏十年労帳、被返下、復座之後召男共、蔵人中務丞藤氏直極﨟、経簀子参進、執筆仰云、弁ニ続紙ト云々、帰出告蔵人権弁国光、々々持参続紙居柳筥、柳筥被返下之後取之、帰出通路簀子勿論也、出入当間、、執筆巻返続紙、「次少々叙之、次召院宮御申文、其儀奏事之由、顧座下仰云、宰相ハ誰カ候了、日野中納言無答旨不覚悟歟、予遮難答之間気色、黄門猶以無返答、仍執筆仰云、右大弁ト召之、予微唯、揖起座、出妻戸、

経簀子入当間、参進執筆之座下、執筆取笏仰云、院宮御申文、予微唯、左廻帰出尋取、奉行職事持参之、一通之間、殿下被進之、取副笏内方持参、先置笏自袖下方徴々進之、只一通歟之由、執筆被尋之、其分答了、」此後火櫃衝重、関白前蔵人権弁国光、納言前、、、、予前蔵人源為仲(五辻)等也、次勧盃、頭弁資将朝臣持参盃、国光瓶持参、餅子其儀如例、両人帰出之後、日野中納言経簀子入当間、取盃復座、置盃自懐中取出笏、揖直足、引直裾、次取揚盃気(擬)色于予、々又気色之後、如飲受予、々置笏左方取之、如飲尻居不取之、家例也、取重尻居置座下、予為清書欲休息而起座之処、日野黄門既直之、又起座之間、予暫時停留、退出之後、予揖起座、於傍令休息了、天已欲曙之時分、御前儀終之由各告来之、仍向殿上辺之処、執筆取副簿於笏出殿上但入眼奉行之間、聊此間休息、可然之由示之、於傍有勧盃歟、着納言座、次予自高遣戸下殿、自殿上口昇沓脱揖、着横敷、執筆随身来、以蔵人氏直外記可召之由示之為召筥、申、外記及遅々之間、不待筥、取副簿於笏此又両説也、是出神仙門座揖沓揖等□□、如何、引裾弁無名門等、直着陣端座、予又経此路着陣横敷先於宣仁門外、伺気色引裾残第二座着之、凡大弁参儀者、至清書之日者、雖最末、○(直)可着第一座之条古例也、可守此説之処、去年左大弁宰相(日野)晴光卿用此説、当年予又如此之時者、必然之様也、仍用或説、此上又左大弁有之時者、下﨟大弁令用捨、可着第二座之条、旧有故実歟、旁如此、次■■■■■■■■■■■■■■(亜相)上卿也、召官人令敷軾、次召外記、々々清原枝賢着軾、上卿仰諸司事等歟、次召弁国光着軾、(被)可仰内記座可敷之由、掃部寮敷座於軒廊此次位乱、案木匠寮遮而、立之、仍上卿不及被仰之、次亜相被目予、々移着第一座、「先之亜相以官人召外記、今硯続紙於参木座前小槻通昭持参之」揖等如令、此間○(大)内記菅原長雅(高辻)朝臣着軒廊座、亜相被遣蹲、内記着軾取之退、一々入眼於内記両人相随門一々沙汰之畢、返上之、

次亜相又目予、々以左手取笏置左方如此不帯釼者、当右手於硯筥右方下方揖■取筥内方押遣之、左手於硯筥左下方不出赤手、以鰭袖裏手左右同前、押遣座下方、次取笏退左足、揖起座参進、跪上卿前亀居、納(亜相)言取簿被授予先之小(少)内記位記筥簿等持参上卿前、此後上卿被目予、々参進予以左手取笏、置左方、賜文、取副笏■右廻退帰進時筵ノ端方西、退時、筵端方東至座前、乍向南突左膝、乍跪右廻、着座揖先持笏於左手、引下裾之後、揖直足、以左手置笏、次置簿於前横置之文首左(左)方、裏左右手、則直硯筥先右手ハカリニテ引寄テ、膝ノ辺ヘ引寄ル時分、加左手テ置前也次取笏気色于亜相、々々目許、予置笏左、頗引寄硯箱於前方左右手裏手、如先次取○(火)瓶入水於硯也三滴入之、次同手取墨、先見墨切口裏手、取墨次磨之、乃文字用之(以)先○墨三度水ヲ、掻上也九十磨之、次伸腰之後、見墨磨口、又七十磨之、又伸腰見墨口、又三十磨之、次見墨口、置筆台、次取筆見筆鋒、次染筆、次見鋒前置筆台、次取硯之方之筆、如先染之、置筆台筆下付不懸筆台也、次取続紙、向座下方繆之今度続紙二巻、不加懸紙、以細紙結之入箱内下方横、仍解緒一巻取之、巻返之一巻ハ、硯箱外ニ相副、置之也、外記近年各未練之間、毎々如此、不慮硯具不慮之有之如書巻返之、○置硯筥与膝之間、次取簿巻返之端方三位分巻之、至正四位下通開之、、(従五下)至王氏爵之辺折返、次奥巻入下方、次左手押件折目、入右手於下取■方辺取之為軸代如除目大間、置硯筥左方相並箱也、次取副簿於笏、続紙巻返シ名続紙之気色于亜相目許之後、置笏於右方、持簿(続紙)於左手、染筆一々書之、書終放余紙、自奥方巻直之、置硯与膝之(座)間、次取余紙書兵下名(下名)、書終置同所、次巻直簿而又置同所、押下硯於座下、巻籠兵下名於式下名、袖内為一通下名并簿等、取副笏、気色無礼々々、目許之後、退足揖参進、置笏於左方、先取下名進之、次取簿進之、次取笏候、上卿所令検知、目許之後右廻復座、其儀如先○揖等如例、引寄硯於本所○調□之具、次又退足、揖起座、着改最末座揖等如例、此間上卿令持簿於小(少)内記、就弓場奏聞、被出宣仁門之時分、予揖起座、至宣仁門

退、朝進退（漸）未練微明之天也、進退続目下名等之儀、定可為違失、汗顔々々、
従一位
藤原朝臣房通（一条）
藤原朝臣忠冬（鷹司）
正三位
藤原朝臣言継（山科）
平朝臣時長（西洞院）
菅原朝臣長淳（東坊城）
正四位下
兵一藤原朝臣親氏（水無瀬）
従四位上
式二太神朝臣景範（山井）楽人
兵二藤原朝臣晴嗣（近衛）
従四位下
式三紀朝臣宗頼（高橋）
正五位下
兵三藤原朝臣以親（斎藤）
従五位上
式四安倍朝臣有脩（土御門）
式五藤原朝臣実維（今出川）
従五位下
式一業豊王貞和御後
式六中原朝臣並久式部
式七藤原朝臣包松民部
式八源朝臣光道氏
式九藤原朝臣家昌氏
式十橘朝臣宇弘氏
式十一星川、、影澄太政大臣給
兵四橘朝臣花芳右近
式十二文室真人書盛入内
外従五位下
兵五古氏梅香左近
兵六春野、、居鷹外衛
兵七御舩、、順風外衛

天文十年正月五日
執筆於御前古氏梅香申文、古氏ノ尸○（宿祢歟之由）被尋申、殿下其分歟之由被答、仍古氏宿祢ト被書之、仍予清書之時、六位者除尸者也、仍古氏梅香ト書之、後日引見姓尸録之処、古ハ性〔姓〕、氏ハ尸也、然者宿祢重書也、執筆被存亘歟、如此於清書違失者無之歟、除分除宿祢之字了、後日執筆誤之由有沙汰、按察卿節会之折招予云、古氏事為直如此、仍清書也、下名昨夜申留之次、被出改之云々、祝名之由奏了、以執筆之誤、為清書之誤、無念々々、

予今度令清書分式下名
四位
太神朝臣景範
五位

紀朝臣宗頼
藤原朝臣以親
安陪〔倍〕○朝臣有脩
藤原朝臣実維
文室真人書盛
四位無位
業豊王
六位
中原並久
藤原包松
源　光道
藤原家昌
橘―宇弘
星川影澄
橘　花芳
天文十二年正月五日
　兵下名如此
四位
藤原朝臣親氏
藤原朝臣晴嗣
五位
藤原朝臣以親
六位
橘　花芳
古　梅香
春野居鷹
御舩順風
天文十二年正月五日

於陣予所書、々下名式兵ニ通如此、清書之時、四位五位之叙人之間、一行計置之書之、七日加叙之時、為令書加也、於六位篇者、不置行最末之者与年号之間、数行置之者也、於六位者、年号之間ニ可書加之料也、巨細雖乱、別紙又述愚意了、

第五冊　県召除目記（全5紙）

(表紙外題)「県召除目記天文九年三月」

天文九年

三月

廿二日戊子晴、自今日被始行県召除目、奉行蔵人頭左中弁資将(町)朝臣也、去五日内々申送之未及御教書、為竟夜御点之由示之、加領状之処、又今夜公卿一人不足、猶可構参之由、及黄昏催触之、仍戌(申)刻許着束帯無文丸鞆(玉帯)参内、先立入于傍休息、各遅参之故奉行蔵人馳走之程也、経数刻事始、今度三公不参近年此分、零落也、先関白(近衛稙家)令着外座直端座如何、被下高遣戸沓脱之時、五位職事前駈已下持脂燭先行、両頭在後方供奉、之次三条中納言実世卿・左大弁宰相晴光(日野)卿・予等着座之後左大弁宰相・予両人、着横敷如例、殿下気色左大弁宰相、々々々顧官人、々々参之、仰可召外記之由、大外記枝賢(船橋)朝臣着軾、殿下令問文書具否、次蔵人中務丞藤原氏直(富小路)着軾召諸卿、次召官人殿下以左大弁宰相被伝仰之、召外記、少外記、、、参軾被仰筥文之事、次小(少)外記取筥文列小庭、次殿下令起座給左大丞・予平伏、広橋中(兼秀)納言逃足警屈、依家礼也、次納言已下起座、次殿下○(已下)列立弓場代、予立定揖如常、次殿下揖諸卿答揖同時也、予此答揖之後伸腰、殿下離列之時更磬折、雖有両説、用此説了、離列入無名門、直令御前座給、次三条中納言立大臣立所揖、(各答揖)次令目外記、々々、、、参、進献筥文硯也、指笏取之無揖、入無名門進御前、次々同前、予如諸卿離列揖○(後納言等立所)立揚大臣之立所(寄立)聊南方也参木之時、此分由見旧記揖最末之時此揖多繁也、取筥之後不揖、答揖無人之故也見遣外記方、、、参進予前、予挿笏見筥、納物之後取筥、外記小揖退之後、予不揖入無名門、於小板敷東方脱沓昇不懸膝而履之、猶可否可尋之、召使在小庭内取沓伝雑色、諸卿如此経簀子台盤所妻戸前、朝餉御手水間等、簀子前入妻戸也入御殿妻戸先右足、鬼間妻戸也、南西也、徐歩或者傍御簾之説有之、今度無其儀、此説案之尤可然也、近年御殿御装束灯台之類省略之事有之、不略之者、傍御簾、通路可然也、不然者進退不可叶意歟、到御座間南程突膝先左、膝行左右三度、相計其程自先筥○(隔)二尺余止膝行、其程聊遠之間、膝行定可見苦歟、聊程近之時者、膝行於同所両三度令進之、可然之由見古抄等者也整左右膝、置筥於前、以右手取筥下方之左角懸大指於筥之外方、人指ハカリ入筥内方、微令引廻、成筥下方於円座方筥上方御前方也、次右手当筥中央押遣之今度左手突板上不加筥也、可否、可尋、如先筥並置之、合鰭袖逆行先左如膝行之時、於後所聊居向乾方、抜笏起座左廻、出妻戸、更入妻戸着横敷、次被動御簾、関白被着円座、左大丞・予平杖外足、座定之後伸腰、次殿下縿大間被摺墨○(去夜)勘申文之事、今夜、勘上無之、被失念、此後之一両輩被任之時分、置火櫃衝重殿下前蔵人弁国光(広橋)、参木前六位蔵人置之、納言前一、、勧盃頭弁資将朝臣、続杓国光納言前不取続杓、是例也、巡流如例、予勧盃、々作法無異事、不取尻居置板上、家説也、次殿下取笏、被目三条中納言、々々起座、出殿上懸廂於殿上南長押下足、於小板敷着之、至于予同前但此所一両輩之外無可着之座、仍一両、人宛着之、次第参御前者也、権少外記英名(小槻)令持文書於史生、入来無名門、先覧新叙文入筥有籖予懐中笏取文許覧之、如元返入之、

———

件文之中可挙之人可思定、上首改挙之、同国三人以上不可有難之由見旧記、大概相計可挙之也、次外記入挙於筥加筆持参、予又懐中笏取、挙再筆書入之筆之末外記染之、出之、封目○(片字等)奥方位署之名字幷上之字○(同)書加之、今度予位署兼国落之間、返遣可改之処、既御前儀及遅引、又実不披覧之文也、仍不及改之者也、相遣之由仰外記、則参御前了、次各着御前座之後、上﨟次第奉挙但今度為早遣歟、直奉挙於大臣(執筆)予可為同前之処、当年初度也、省略有其憚、仍先着横敷、

次起座参進退奉之其儀○揖経簀子到当間、懸膝於長押膝行、挙取副笏了、立笏於板上左方、奉挙於殿下執筆也、今夜次大臣不参左廻経本跪退、可復座之処、為清書欲令休息、直立入傍者也先復座可然歟之由、後日尋之暫而御前儀終時分、三条中納言更着御前此間為休息之、故也殿下被目納言、々々参進取大間入筥退、着殿上端座、次左大弁宰相・予等着横敷、次納言起殿上、入神仙門、同出無名門引裾、先之自棹間方賜大間於外記、乍筥賜之、如例直着外座外記捧従大間筥、左大丞・予両人着横敷、納言令敷軾之後、外記置筥退、

第六冊　除目竟夜記（全10紙）

（表紙外題）
「除目竟夜記天文十年三月廿七日」
（モト表紙外題）
「天文十年三月廿七日
除目記未遂熟覧重清書之時可令添削事多繁也」

天文十年三月廿七日甲寅、天晴、除目竟夜也、兼日奉行蔵人頭弁資将（町）朝臣送御教書、仍秉燭之程、着束帯無文巡方帯、借渡三条中納言参内、於高遣戸辺謁頭弁、漸可相始、先可参殿下御直廬之由示之、三条中納言（実世）令伴参了、有盃酌、巡流之後各退散、有召仰事、其儀頭弁入妻戸直廬、承仰之後、退於簀子、乍立仰大外記枝賢（船橋）、々々昇沓脱、於簀子乍立承仰退、此後殿下被着陣、先之広橋中納言（兼秀）・予同着陣不及請益、次殿下被目予、々微唯気色計也、顧座、上官人来、予座下仰云、軾則敷之、次又殿下被目予、々如先顧座上、召官人顧計也、仰可召外記之由其詞大外記召せ、此時未被目予之処、依見誤召外記、言語道断也、眼中所労灯下難治之故也、仍御前召被仰筥文之後、就軾頭弁申之、此後六位外記四人持筥文、○列立小庭、続目物忩併予曲事也、次殿下被起座、予平伏、広黄門先殿下起座■者也、次予伸腰揖、起座進弓場、列立之様如例、殿下被起陣、直令着殿上給、予列立之後、殿下起殿上、被進御前座、被入御殿妻戸之時、黄門揖立、上大臣立所揖顧左、外記持参硯筥指笏取硯筥、入無名門、進御前入妻戸之時、予揖立、上大臣立所揖此揖両度也■今度如此顧左方、外記持参筥、予指笏取直筥文下方予方、裹赤手取之、入無名門昇小板敷、懸右膝右廻、経高遣戸妻戸前等、入妻戸右足、相計其程、跪膝行一ヶ、置筥於板上○後第下方之左角、以右手取筥、左方角如乙字微々引廻、成筥下方於円座方、次以右手当筥中央押遣之、左手押板敷了、居直搔合

鰭袖逆行、於先所聊向乾方御所方也、当時有向、西方之人不可然事歟、抜笏起座左廻、出妻戸先左
足、則着座揖如例、次頭弁取笏参進、次頭右中弁宣治朝臣同前、公卿不足之故也、○、次殿下依召被着円座、予平伏、黄門下簀子跪
無座揖、有此礼広黄門依家礼、座定之後予伸腰、黄門同着座無揖、予不逃足平伏、一説也被縿大間
時分、居衝重、蔵人権弁国光(広橋)懃之、黄門(先之)起御前、休息于傍、仍不及居
衝重、次藤原懐世居予前之衝重、○(自)予床下居之入妻戸也、勧盃之事、依
殿下命被略云々、予為清書欲令休息起座揖、退御前、無人之条、不可
然事也、内々可候傍之由、示国光了、受領挙時分、黄門着御前座、予
猶有傍、黄門承執筆命起座、着殿上、予自傍直着殿上無揖入上戸、懸尻於
殿上長押東上南面也、本儀入上戸、下小板敷懸尻也、雖然、只今予先跪長押後下足者也、有上首已在此所、聊無骨之様也、仍如此、但猶下小板敷之後、懸尻人々有之、
可否可、尋決次小槻通昭持来新叙申文立籤入覧筥也、但不納覧筥、只如硯筥、■而蓋之物用之、不可然事也、黄門不審之間、近年不
納覧筥之由、談之、微笑黄門覧之返遣、次通昭持来挙、再筆取之、所思定之名字書
加之、五位署之下方名字上之字等書加之、返遣之後、封文而来、又片
字書之返遣、筆取副文於笏内、起座、進御前着本座、次通昭如前持来、
新叙之文予令懐中、笏取之覧之、、、花隆式部也・橘好香民部也、新叙
之者両人也、仍以花隆可任之由思定之、次通昭如前持来挙之間、披之
筆持来、同取之以花隆任丹波国、次位署下方名字上之字加之、返遣之後、封
文来之闇(時)、加○(名字)片字返遣、筆取副文於笏、起座無揖、着御前座予令忘却、黄門申文
未進着座之処、直欲令持参、先可着座之由黄門命之、其時思出、則帰着横敷、近比之違失也次黄門揖起座、経簀子入当間階
間、懸膝於長押、進寄執筆座下進之、退直(不)及復座、直休息于傍也、予
如黄門揖参進通路同前、但着横敷之間、出、後方之妻戸、左廻経簀子也進申文於殿下執筆也、三公祗候之時者、次第可取上之間、
直不可進殿下也、今夜(度)執筆殿下懃仕之条、以上御一身也其儀懸膝於長押上進寄、次置笏於板上■左方、
不帯剱之故也、以右手聊加左手也自殿下之袖下微御進上之、取之、令置前
給之時、予亦取笏、左廻下長押復座但予為清書、欲令休息、仍直、不復座在傍、本儀可復座也次納言数

刻休息之後復座、執筆事訖、令目納言給、納言揖起座、○持大間成柄参進、殿下令授大
間成柄納言、入筥退、着殿上納言座也、左大弁宰相(日野晴光)・予等可着殿上歟之由、雖示之、
於予者、可略之由示黄門、左大丞同前、仍黄門下殿進陣之時分、左大
丞・予等下殿上口揖等無之、出神仙・無名等門、進宣仁門辺、黄門直
着端座、令敷軾之後、左大丞着横敷、予又同前、次外記進置大間於上
卿前退、黄門■官人召外記、々々参上、仰硯折堺可持参之由目左大
丞、々々々被仰硯之事歟之由存繕歟、抑官人既仰、可持参硯之由仰之、
不可然之由、黄門制之、猶○(雖)令目左大丞、不納得、予密々示云、可着
上第一座之由入魂、之(仍)時着第一座也、次予可着上之由被命之条、同揖
起座、着沓揖着上之、揖等如例、次黄門以官人召外記、々々参上、仰
可持参硯折堺之由、則持参置之、黄門目左大丞、々々已欲令揖之間、
予内々命■可押下硯歟之由、大丞置笏、押下硯於床下、参進黄門前、
黄門置笏、取大間被授了、左大丞取之、取副笏右廻復座只乍立於我座前右廻復座、未曾見之
進退也、官人頻扶持裾、官人不御者不可知我座歟、前々之躰也揖着、是(直)大間笏等置■(前)如例、次引寄硯之後、
取笏気色、上卿目許之時、置笏摺墨不引上硯而摺之、凡三百余摺之歟、作法前々事也、不遑記、染筆、
次取出折堺、一巻授予、々取之巻○(返)之、一巻左大丞巻返之近年折堺不加懸《カケ》紙、只両巻
入硯筥也、仍巻、返懸紙作法無之次左大丞巻(縿)置大間於庭上右方縿之、不押硯而縿之条、其間甚狭少、頻退身於座下之条、予座無其席、于時下﨟参来、
難治之事也、押下硯、者謂本説、可然事也次取黄紙巻返之有二枚、自始続之、納硯内了、取副笏伺上卿気色、
則置笏、取渡黄紙於左手、以右手染筆書之大間乍置硯右方書之、仍不便也、可置硯与人(膝)之間歟、勅
任幷公卿兼官兼国等書取之後、予可書之由命之、予云自何所可書哉、
左大丞曰、自外国可書者、仍予外国之分縿出大間書之、左大丞可縿出
大間於予前之処、無其儀、只可書之由示之、大間猶可縿出之由、雖示
之、以外無故実之条、無益于中ム、仍予引取大間○(縿)置前也、硯不押両

人之間之条、猶可押下之由仰之、猶硯与座之間狭少之間、聊可押遣先方之由、密々入魂、此儀為下臈上首之作法、雖似教訓、不述愚意者、予作法難治也、硯之間程遠之間、難及乎、仍如此、予清書之趣、無殊作法、最前繆置之、折堺取之左手、染筆書之、不伺上卿之気色之条、勿論也、此間左大丞京官等悉書之、巻直之、授予、々取之、○副置硯左外方也之後、左大丞早出、予一身相残、一々書之、大間京官之分、○猶引寄予前、不乱之様繆置悉書之、放召名之余紙床下方、先巻調召名、而之後左大丞所書之召名京官分也取之、於床下続加之左大丞所書与予所書続而為一巻、又置硯左方縦、此事案之下名書之後、可続加之処、睡魔競来之間、可続事定可失念、仍先続之、非古例也、次書下名二通式兵、式下名五人四位一人五位二人六位二人、兵下名三人五位二人六位一人、兵之内四位之輩無之条、不書四位之人也、其位無其人之時、不書之由旧記分明也、仍如此、次兵召名勅任一通・下名二通式兵式部奏任了、袖内巻籠之、○置座前横、次所残之折堺入硯筥内搔板之下入之、猶可入硯左方歟次所奏大間、其儀所繆置之軸代、以左手取出之、以左右手巻之、余于手裏中之時、以左手乍付板巻之、端一枚計之時、持上巻之令懐中、次取副召文於笏内、気色于上卿目許之後、揖起座参進左足踏板、右足踏畳、参進之後○先授進召名、次自懐中取出大間授之、上卿取之並置前取笏、目予、々取笏大間等授上卿之後、則取笏也、右廻復座以右足踏畳、左足踏板也、至本座前右廻、官人直裾、揖直足、次硯具調之先水入直之、懸筆下方於筆差、墨等直之、押上座上、去年不用此説之間、如此、先次揖起座、下着我座此事予令失念、不可然也、押上硯之後、猶可在其座、此間上卿可検察之後、目許之後可着我座也、上卿可検察之後、召外記筥納之成柄下名猶残不納之、取出而置座、起座就弓場奏聞、予猶候座、近年只奏聞時分、則参木起座、○雖略儀如流例、可為此分之処、既■■昨夜、予龍作昇否之事可被宣下、清書之儀今日計也、仍守本儀猶作之了、暫時上卿奏聞了、帰着陣、

外記小槻通昭不進召名筥、上卿頻雖被目之、不見来、頭弁資将朝臣於宣仁門外内々示之時、就軾進之、上卿対予微笑、次可封大間召名等之由、上卿被仰外記之間、予揖起座退出、于時日三竿如形、無事珍重也、此次左大将公頼卿（三条）任槐之事可被宣下云々、三条中納言実世卿亜相、予納言等之事可被付行之由、兼日各令約之条事由愛満足也、上卿■■了、定可奉行也、此時也、予清書之事、去年除目初度、当年叙位、今夜除目以上当官之中不渡前、至于三ヶ度勲了、未練不堪之名、雖可遺于後代、継列祖之遺苑、而汚横敷座之条、■自愛也、

第七冊　県召除目記（全2紙）

（表紙外題）
「県召除目記天文十二年三月」

管領頭　左大弁
頭弁
奉行職事資将朝臣

天文十二年三月廿三日、天晴、○県召除目被始行之、執筆左府内大臣也初度也被参
之、子刻許有出門従里第出門、歩行也、先被奏左府慶者也（一条房通）、予兼日蒙催、仍構
参之紺地平緒・蒔絵細太刀、如常雑色両人取松明先行、単物少々召供之、依陣
下毎々不及行粧者、自北門参内之処、左府拝舞之時分也、仍佇立有其
煩、自看道密々参之、於殿上傍令見物了、舞隙了、入無名門、昇小板
敷、被着殿上奥座、須臾起座、被徘徊上戸辺、是子息亜相扈従之次拝（一条兼冬）
賀也、仍急被起座也、亜相■入四足門雑色取松明、御府長取松明、経床子座所、被進立
弓場代舞踏之後、入無名門出神仙門、被着殿上薄縁畳、也、暫時起座、父
子被拝　天顔於議定所、間対面也、此後次左府有着陣、直被着端座一上之、前也、左衛門督言継卿（山科）
着横切座、陣官可召告之折也、開白之時直不召陣官、以参木召之、雖
非殿下、依内覧歟○如此歟、左府目之時、左衛門督小揖之後、仰官人令
敷軾其儀自座下方目官人、々々来仰軾之事、以音不召之、次頭弁資将朝臣左大弁也下蔵人方吉書、左府被結之
如例、資将朝臣仰々詞起軾、次左府■召左少弁頼房（葉室）今夜参陣弁也、召陣官事同前、於仰者官人於
軾直、被下吉書頼房結之、起軾於敷政門代■乍立下史取副笏下之如例、於宣仁門外兼令持之、笏自僮僕
方取之下之、史不及結退■去、次左府次甘露寺大納言伊長卿着座奥可為請益歟、不及見之
常事也
次新中納言通為卿（中院）、次予、次左衛門督言継卿・菅宰相長淳卿（東坊城）、各着畢終之後、
左府以左衛門督仰陣官召外記、外記清原枝賢（船橋）参軾、左府被仰被仰（衍字カ）筥文
之事於文書具否者、於直廬被問之、仍筥文之事許、於陣被仰之、枝賢○称唯退、次六位外記四人少外記小槻通、昭――
次御前召也、藤原氏直（富小路）就軾召之
取筥文列立小庭、○次左府起座揖参、如例、被進立弓場代■先之菅宰相揖起座、佇立宣仁門外、依家
礼也、左衛門督平伏如例、次第進立弓場代、予進立揖、参木立畢之後、左府揖起座
離列、諸卿答揖、次入無名門、昇小板敷無揖、但、不見及也、左廻直被進御前座不直
着殿上直□進御前、不審之由可尋□□　次甘露寺大納言離列揖有無載忘却
（後欠カ）

第八冊　賀茂伝奏記（全11紙）

（表紙外題）
「賀茂伝　奏記天文十二八十九 万里小路惟房記」　（花押）
（モト表紙外題）
「天文十二八十九
賀茂伝　奏愚記　」

天文十二年癸卯八月十九日
賀茂伝　奏之事、自今日可存知由一通致〔到カ〕来敷奏之事同一通副送之、則可下知社務・祝等之処、今日及晩、仍略之者也、社頭再興之事、尤所希也、

一通案

賀茂社之事、可令伝　奏給之由、天気所候也、仍言上如件、国光（広橋）謹言、
　八月十九日　左中弁国光奉
進上　万里小路中納言（惟房）殿

廿一日癸巳雨下、
今日賀茂下上伝奏存知之趣、令触社務・祝等者也、此案文甘露寺大納（伊長）言所相談也、

当社之事、従去十九日可有御伝奏之由候処、[redacted]間為御案内被申慶事、具可被申入之旨可有御注進候、為御案内被申候旨所候也、可申由候也、恐惶謹言、自奏事具可被申入候旨、恐惶謹言、
　八月廿一日　大藤右京亮　栄時判
下賀茂社務館　下賀茂祝殿
上賀茂社務館

三人各々遣之者也、於上賀茂者、祝無之者也、

廿二日甲午晴、
鴨社祝秀行来、昨日折節相触之条、為礼来者也、両種一荷随身、対面、賜盃、彼社之事、条々談之、

廿三日乙未晴、
鴨社祢宜三位祐春申也、謝伝奏之儀者也、両種一荷随身、清三位業賢卿令同道為案内者来、彼卿有親昵之好云々、賜盃、祢宜三位申云、昨日下知之折節、表書鴨社務館書之、此条前々不然、鴨社祢宜殿ト載之、上階以後者加三位之字云々、日野町広光卿・甘露寺一品（元長）・勧亜相（勧修寺尹豊）已下旧案正文持示予談之、早可改遣之由、令領状者也、一昨日書送之分非愚存、甘露寺大納言相談之処、可為鴨社々務御館之由被談之、仍如此、雖然先々之儀不如此、可任近例者也、祐春又申云、当社之事、造替之社也、非修理之社、廿一ヶ年一度古者有造替、近年社領等漸及退転間、故甘露寺一品之時、以了簡打掻候様ニ森ノ枯木直之、如形取立者也、前ハ小ホコラナリシヲ、今如形有建立、尤造替所希也云々、当社本社東西ニ両社有之、末社多之、両社ニ続てハ、河合社尤有貴敬之子細、祢宜等も各別ニ有之云々、彼祐春嫡男祐間、権祢宜也、然処先年属武士一向祢宜之儀不及兼帯、辞退之後、次ノ新権《シンコン》祢宜可転権祢宜之処、於河合社者、社領得分有之間、新権祢宜不致転任、於権祢宜者、此間闕也、往古以来権祢宜闕之時、新権祢宜不及転任之例無之云々、付陽明別関白内々訴申之如此不転任云々、言語道断也、常住者祢宜方廿人、

祝方十人也、以上卅人社司也、近年一向零落、祢宜方も五六人、祝方も二三人之外無人云々、又祝方可然神事公事以下之儀、自伝奏各別ニ相催之儀無之云々、然処(鴨)光雄別ニ申取之初日也云々、秀行先日来云、各別之由申之候、尤旧例可尋決者也、

御歯固神事以下諸下行等回奔、彼欲遂行之処、就未下氏人等、及違乱云々、所詮別而可然之様可被致調法、神事無為之沙汰候者、尤可為神妙候、各きと可被相談之由、厳密所候也、恐惶謹言、

文亀三
正月十六日　河内守 光貞奉

鴨社祠官御○中

右広光卿伝奏之時下知之折紙案也

就経所之事、一昨日御注進候旨、被加御一見了、任御規、両人可参懃之条、珍重候、猶々可抽御祈禱丹誠之由、可令加下知給之由、内々可申旨也、恐惶謹言、

正月廿一日　光貞奉

(祐春)
梨木新三位殿

右同前折紙也

祐春拝賀之事、于今無沙汰、不可然候、早々被遂其節、可被相従相掌会神事之条、可目出候、当時社官無人、毎度及闕如子細渕底御存知之間、別不及被仰候、御蔭山祭以前、旁難叶之由被歎申之間、重無御沙汰候、於于今無尽期之上、数年御未役事候、彼是きと不被遂其節者、不可然候、如此子細雖注不及、被仰之神事、毎々無人闕如之由注進之間、重被仰出之旨所候也、恐惶謹言、

(明応七年)
後十月廿三日　光貞奉

梨木西
前祢宜三位殿

右同前折紙也

御読経所御本尊遷座之事、供僧中被仰出候訖、森中之番事、一社前官当官各被加談合、可有補沙汰之由、大納言殿所候也、恐惶謹言、

永正十四
九月十一日　賀藤三郎 国胤判

鴨一社御中

右故甘露寺一品伝奏之時下知之折紙也

御戸開神事、近年無之歟之間、涯分被御調法、可有遂行御思案旨候、雖然当下行之外、非分申事在之者、可被打置候、諸役人中被相触、急度可有御注進由、可申旨候、恐惶謹言、

正月十三日　賀藤三郎 国胤判

鴨社祢宜三位殿

右同前

供僧懃行、去月依手代之違乱、可及闕如之由注進間、先可致無為沙汰由、被仰遣訖、当月猶以同篇歟、不可然、池坊可令一決由、可被加下知旨、中納言所候也、仍執啓如件、

永正十三
九月廿日　通隆判

鴨社祢宜殿

右同前

来月可被行御即位、為風雨之難、一社一同可被抽懇祈由、被仰出候旨、大納言殿御奉行所候也、仍執啓如件、

永正十五此年号御祢宜後日加之歟

十一月廿五日　国胤奉

謹上　鴨社祢宜殿

右奉書也、懸紙立文如例杉原

就変異、従明後日五日一七ヶ日、別而可被抽御祈禱之精誠之由、一位殿御奉行所候也、仍上啓如件、

九月三日　国胤奉

謹上　鴨社祢宜三位殿

右同前、調様以下同前

来廿六日可被行御即位、無事遂行并止雨之事、従来十三日一七ヶ日、一社一同殊可被抽精誠懇祈之由、被仰下之旨、勧修寺大納言殿御奉行所候也、仍執達如件、

二月十日　備後守久富（三宅）奉

謹上　鴨社祢宜三位殿

天文五年也、右勧修寺大納言伝奏之時奉書案

来年三合御祈事、毎月一七ヶ日、一社一同可被抽精誠之由、被仰出候旨、勧修寺大納言殿御奉行所候也、仍執達如件、

十二月廿七日　右衛門大夫孝家（井家）奉

謹上　鴨社祢宜三位殿

右同前文言之中、勧修寺大納言ト有之、称号書加之条、未見及事也、其家僕遣之上者、称号無益也、只大納言殿ト可有之也、自余之古案皆如此、

天文十二年八月廿七日惟房　奏

鴨社条々

○神事再興之事　祢宜三位申造替事

○造替之事　同申神事再興事

○神領再興事　同申神領再興事

天文十二年八月　日惟房　奏

賀茂社条々

○神事再興事　祢宜賀久（森）申造替事

○造替之事　同申神事再興事

○神領再興事　同申神領再興事

右奏事始之目六、令存如此由、甘露寺大納言被談之、以強帋書之、此目六以吉日可被奏事始之覚悟也、

右目六調様之外相違之事、甘露寺依文案如此異見也、不可説之事也、本儀紙中被相語《カタライ》テ、目六ヲ調テ宿帋也、

廿六日戊辰晴、

鴨社前社務祐氏同社、、来、依他行不対面、前社務巻数一枝進之、令頂戴了、賀茂社祢宜当時森也、社務事也（賀久）、廿一日予伝奏存知之由申遣之処、参貴布祢社、無返答之後、至今日無音之条、不得其意之間、則以折紙令不

審之、次彼名字不知之、相尋之処、家僕出逢、返答云先日折紙之段、不及是非申、只名字之事返答計也、其申分、自先々更名字注進之例無之云々、近比之有興返答驚入、且令呵笑之者也、勿論為恒例名字相尋之、作法依何事可有之哉、近日相属之者也、仍各不知之、此間も伝奏勧亜相之間、定可被存之、唯今《当時》依職事、一切不及問答者也、然処如此申来之間、言語道断、云未練、云緩怠、条々相積之間、明日以使者可仰遣也、

廿七日己巳晴、

賀茂祢宜事、昨日申分不分別之条、以使者可仰遣之処、祢宜来申云、昨日以折紙之処、令仰行若輩之者、不存是非御返答申入候、令迷惑、仍為礼来云々、先以仰之後対面、不及賜盃也、対面之次、曲事之段頻仰之、一切不存之由申上也、不及是非者也、巻数一枝・柿籠一ヶ物来、名字之事、賀《ヨシ》久云々、令叙爵云々、次申云、自　御方御所先々必為御祈禱掌〔賞〕、毎月廿疋被出之、近年無之由申之云々、尤不審事也、追付奏者申之間、予不聞入之分也、可尋決事也、為　禁裏同有之、其用意可有之由申之、

今日　奏事始目六可持参之処、依不合期、密々付勾当内侍局申入之者也、尤自由之儀也、先例自然之由断歟、又者不合期之謂歟、先例如此之間、不及参　内、尤神慮・叡慮有恐事也、当時零落之躰、甚可謂無念歟、目六調様注右、以一通申入者也、

かも下上の　奏事始もくろくまいらせ候、めてたく社頭さい興の事ともハ、入申沙汰とも持参候て申へきを、不合期の事にて候まゝ、申入候、しやうしなる事なから、もと〱もかやうに申入候事にて候ほとに、申入候き、かしく、

表かき

勾当内侍とのへ

申給へ　惟ふさ

祢宜三位来、令仰通不致対面、対秀行申云、河合社新権祢宜申分有之、猶可尋決之趣可返答、猶明日可来申云々、

東京大学史料編纂所所蔵『公維公記』天正二年～七年記

遠藤珠紀

一　徳大寺家旧蔵史料について

徳大寺家は藤原氏閑院流の庶流で、清華家として大臣に至る家である。その旧蔵史料が現在、東京大学史料編纂所、国文学研究資料館、大阪府立中之島図書館、住友史料館、泉屋博古館などに所蔵されている。これら徳大寺家旧蔵史料の明治期の伝来状況については、安国良一氏の検討がある[1]。氏に拠れば、徳大寺家の旧蔵史料は明治期には別邸清風館に保管されていた。その内容については、明治三四年（一九〇一）ごろに作成されたと推測される「清風館御書籍目録」から窺うことができるという。清風館は明治四〇年（一九〇七）ごろ、徳大寺公純の六男友純が養子として継いでいた住友家に譲渡された。この時、同邸にあった版本を中心とする一部の蔵書も友純に譲られたのであろう。住友家に譲渡されたうちの大部分は現在、中之島図書館に、残りが住友史料館、泉屋博古館に所蔵されている。その他はこの時、徳大寺家の本邸の在った東京に送られたと推測されている。

また昭和二四年（一九四九）東本願寺において、高柳光寿氏と斎木一馬氏が徳大寺家記録文書の一部の調査を行った。その折の目録は、東京大学史料編纂所編『徳大寺家記録文書採訪目録』[2]、『徳大寺家旧蔵書目録』[3]としてまとめられている。これは明治末に本邸に送られた分の一部であろう。両氏の調査の前提として、これ以前に徳大寺家で作成した古文書目録三冊が存在した。その内容は、

（一）古文書目録　書函第二号ヨリ第二九号ニ至ル
（二）同　号外目録　号外第一号ヨリ号外第五号ニ至ル
（三）同　別目録　別第一号ヨリ別第五号ニ至ル

とある。高柳・斎木両氏はこのうち書函七・一六～一八・二二・二五函、別一・二・四函を除く分を調査、存否確認をした。さらに「同上追加」（書函五二・五九号）、「近代家記」五函[4]、「その他」の整理を行ったという。

その後東京大学史料編纂所では、昭和三〇年（一九五五）、当時の当主徳大寺実厚氏より前近代史料一〇六七部二四六一冊を購入し、特殊蒐書徳大寺家本として保管している。一九九〇年度・一九九一年度には特定研究経費によりその整理・調査を行い、四五二八件に及ぶ細

目録が『徳大寺家史料目録』上下および史料編纂所データベースで公開されている。中世に関わる史料には、様々な古記録の写本、部類記、次第書などが多い。中には今回紹介する公維の関係文書、および公維が書写蒐集したと思われる次第書・部類記が多く存在する。(5)近世史料には「公武御用日記(徳大寺実堅)」など歴代当主の日記、叙任関係文書などがある。また昭和三二年(一九五七)、国文学研究資料館が近代以降を中心とする一二七九点を購入した。(6)その詳細な目録は『山城国京都徳大寺家文書』(福田千鶴氏担当)として公開されている。総点数を合わせると、かなり膨大な旧蔵史料が残されている家と言えよう。

二　徳大寺公維公記について

本稿では徳大寺家旧蔵史料の中で、東京大学史料編纂所所蔵の『公維公記』天正二年(一五七四)・五年(一五七七)・六年(一五七八)・七年(一五七九)記の紹介を行う。まず他の徳大寺家史料も参照しながら、記主徳大寺公維の経歴をまとめる。

公維は久我通言と吉田兼満の娘の間に、天文六年(一五三七)正月四日に誕生した。時の徳大寺家当主は右大将実通であったが、天文一四年(一五四五)四月九日、在国中の越中(家領般若野荘か)で殺害された。(7)実通は任内大臣の勅約を受けた直後のことであった。(8)継嗣がなかったため、朝廷ではその相続について議論が行われた。この時、候補となったのが一条房通の次男と公維である。(9)公維父通言の室は徳大寺実淳女であり、その縁によるものだろうか。ただしこの時点では公維が、父の出家後に誕生した子であること、また徳大寺家(藤原氏)とは他姓(源氏)であることが問題視されている。しかし、一条房通次男は浄土寺入室が決まっており、最終的には公維が継嗣とされた。

公維は天文一五年(一五四六)九月一二日付で従五位下に叙され、(10)同一六年(一五四七)には足利義晴に参礼している。(11)その後も着実に昇進を重ね、天正二年には三八歳で正二位権大納言の地位にあった。なおこの間の口宣案・位記などがやはり徳大寺家本の中に遺されている。天正六年・七年には、神宮伝奏を勤めており、本稿で紹介する天正七年記には神宮伝奏関係の記事も多い。天正八年(一五八〇)、父が果たせなかった内大臣の地位を望み、菊亭晴季から一時的に借り受ける形で就任、(12)半年後に辞している。天正一三年(一五八五)七月、従一位に叙され、(13)天正一六年(一五八八)五月十九日、五二歳で薨じた。死後は三日間の廃朝とされ、朝廷で敬意を払われていた様子が窺える。文学的事蹟も多い。雲厳院と称され、報恩寺に葬られたという(『徳大寺家譜』)。

男子としては実満がいたが、天正元年(一五七三)ごろに右少将で早世した。(14)そのため、没後の天正一七年娘ややと花山院定熙の子実久(一五八三〜一六一七)が継嗣として迎えられた。なお、ややと定熙の婚姻は天正七年正月二七日に執り行われた。『公維公記』からはその準備から当日まで、公維が心を砕いている様子が窺える。天正一〇年二月二七日に実久が誕生した時も、度々記されている。また菊亭晴季の弟空慶を猶子として興福寺喜多院に入寺させている。(15)

さて今回紹介する『公維公記』については、先述の特定研究経費による調査を担当された菅原正子氏の紹介があり、諸写本との比較などが詳細に行われている。(16)

体裁についてまとめる。天正二年・五年・六年記は、縦二六・七センチの一巻の巻子に仕立てられている（徳大寺〇六—一二「公維公記等」）。紺表紙が付され、外題には「公維公御記〈天正二年正月／同六年正月／同五年二月十六日権大納言御拝賀御記〉」とある。紙背文書はない。最初の一紙は、中原師郷の『師郷記』嘉吉三年・四年記からの甲子革令に関する記事の抜書となっている（近くは永禄七年が甲子であり、あるいはこの頃の書写か）。続けて天正二年正月一日～九日記が一紙、その次に天正六年正月一日～五日条二紙、その次に東常縁書状の写五紙、さらに天正五年二月一六日条三紙が貼りつがれるという構成になっている。天正五年記は、自らの権大納言拝賀に関する別記仕立てであるが、他の二年は日次記として書き継がれていたものの一部が剥落したのであろう。天正七年記以降がいずれも冊子形態で残っていることからも、この三年分も本来は冊子体であり、剥落した分が近世に巻子仕立てとされたと推測される。なお天正五年記と六年記は貼り継ぎの順番が入れ替わっており、本稿でも現状の順に翻刻した。この巻子には、先述のように公維公記のほか冒頭に『師郷記』の抜書、天正六年記の後に、「天正十二年十月廿九日　前内大臣（花押）」という公維の書写奥書のある東常縁書状写がある。しかしいずれも巻子に仕立てる過程で混入したと推測されるため、本稿では割愛した。天正七年記（徳大寺二六—九五）は正月一日条～四月一五日条までが冊子体となっている。縦二六・三センチ、横二〇・二センチで原表紙含め二〇丁から成る。紙背文書はない。表紙には打ち付け書きで「日記天正七年」とある。

次に内容について略述する。天正二年・六年は正月記の冒頭のみ現存している。各所との年始のあいさつ、家領との関係、正月行事などに関する記載が見える。天正五年記は二月一六日の権大納言拝賀の折の記録である。公維は永禄三年（一五六〇）に権大納言となる。天正三年、織田信長の権大納言任官に伴い一度辞すが、同四年一二月一四日に還任し、この日拝賀を行った。拝賀に当り、方々から装束や人員を借用している様子、また行列の様相が窺える。さらに昇進の祝いに届けられた進物・返礼の一覧が貼りつがれている。天正七年記は四か月分が残っており、織田信長・村井貞勝等、武家とのやり取りも見える。先述の通り正月末に娘ややと花山院定煕の婚姻が行われ、衣装や行列の準備に奔走する様子が窺える。また三月・四月に多く見える神宮伝奏の勤めも注目される。禰宜の補任や社家の叙位について一連の文書案が書きとどめられており興味深い。

いずれも一部しか残っておらず惜しまれるが、当時の公家の生活の様相が窺える史料である。

『公維公記』は、このほか史料編纂所に天正八年・一三年記がある（いずれも自筆本）。この両記については傷みが見られ、紙背文書も存在する。そのため現在史料編纂所史料保存技術室高島晶彦・山口悟史両氏によって修復が行われている。同じく和田幸大氏が画像処理、影写を進めている。また石川武美記念図書館（旧お茶の水図書館）成簣堂文庫に天正一〇年正月～五月記（自筆本）が所蔵されている。[17] これらについては稿を改めて紹介したい。

（1）安国良一「住友家旧蔵書の伝来について」『住友史料館報』三五、二〇〇四年。
（2）一九五一年。東京大学史料編纂所架蔵番号RS四一七〇—五二。

(3) 東京大学史料編纂所架蔵番号RS四一〇〇―二九。
(4) 内容は徳大寺公全（一六七八～一七二〇）以下公純（一八二一～一八八三）に至る近世の五代の当主の日記。
(5) 徳大寺家はこれ以前、家の存続を危ぶんで蔵書を売却しようとしたこともある（『実隆公記』明応四年八月一日条など）。菅原正子「徳大寺家史料と和歌御会」『東京大学史料編纂所紀要』四、一九九四年も参照。
(6) 国文学研究資料館史料館編『山城国京都徳大寺家文書』国文学研究資料館史料館、一九九六年。
(7) 『言継卿記』四月一六日条。なお『言継卿記』の伝聞では四月八日の出来事とするが、実通の位牌の日付は天文一四年四月九日という（徳大寺家本〇六―〇四―〇二）。おそらく八日深夜から九日にかけての出来事だったのであろう。
(8) 『言継卿記』天文一四年三月一八日条。
(9) 『言継卿記』天文一四年五月一六日条。
(10) 徳大寺家本四二―〇二―〇一。
(11) 木下聡「「室町幕府申次覚書写」について」『東京大学史料編纂所研究成果報告書二〇一一―三　目録学の構築と古典学の再生』二〇一二年。
(12) 徳大寺家本〇六―〇四―一五、〇六―〇四―二一など。これら公維関係文書の一部は、本書所収別稿および拙稿「東京大学史料編纂所特殊蒐書徳大寺家本「古キ文」の紹介」（『古文書研究』七八、二〇一四年）で紹介している。
(13) 徳大寺家本四二―〇二―一四。
(14) 『徳大寺公維詠草』徳大寺家本〇五―六。
(15) 徳大寺家本〇六―〇四―二四。
(16) 「徳大寺家史料と和歌御会」『東京大学史料編纂所紀要』四、一九九四年。「『公維公記』と公維詠草」『和光大学人文学部紀要』三〇、一九九五年。
(17) 金子拓氏のご教示による。

【凡例】

・文字はおおむね現時通用の字体に改め、改行は原則として追い込みとした。
・本文には読点および並列点を適宜加えた。
・尊敬を表す闕字は適宜存した。
・欠損の箇所はおよその字数を計って□または□□で示した。抹消された文字は左傍に〻を付し、判読不能の塗抹文字は、およその字数を計って■または■■とした。
・本文中で校訂により改められるべき文字や加えられるべき文字は〔　〕、人名注など参考のためのものは（　）に入れ傍に記した。なお人名注は現在通用する家名および名を用い、各月の初出時に示した。
・その他、適宜〇を付して注記を示した。
・丁替りについては、各丁の終わりに」を付した。

「（表紙題箋）公維公御記　天正二年正月　同六年正月　天正五年二月十六日権大納言御拝賀御記　」

○以下一紙、『師郷記』嘉吉三年十二月四日～同四年二月四日条の抄出に就き略す、

天正貳年正月

一日、天晴、小笠原民部少輔（秀清）御礼、御さか月参、外記一臈（中原康雄）御筆一対進上、御さか月参、

二日、天晴、

三日、天晴、ゟ沢二郎五郎御扇進上、御さか月まいる、乳ニ串柿進上、

同日、■及晩雪散、　飛鳥井中将（雅敦）御礼被参候、門より被帰候、

同日、狩野弥三郎被参候、　紹巴（里村）、元日発句物語、

けふやたつあしもと遠き春かすみ　紹巴

きえ間も雪のちかひちのやま　昌叱（里村）

奥ふかきみきりの花に雨過て　心前（芦中）

四日、天晴、但朝雪少降、■誕生日、御さか月御かんあり、

同日、田中左衛門尉いとま遣候、朝く御、御かん過テ也、

同日、大工、かへの大工参候、花平ひしにて御酒アリ、

五日、天晴、ゟ上々野より定使子太郎二郎若菜のかめまいる、をこし米進上、御扇被遣候、御かん御酒アリ、

同日、田中左衛門尉晩ニのほる也、夕く御過テ上ル也、

六日、雪少降、

同日、五霊へ紀伊守代官参、祇園へ源介代官参、

同日、鶏冠井庄草位田より御鏡一・ひし花平・串柿アリ、若菜参人夫ニ扇被遣候、

同日、八条大将町よりひし花平貳百七十二、串柿・勝栗・穂表・ミかんアリ、田中千夜叉持せまいり候、若菜若菜進上人夫ニ御扇被遣候、田中ニモ御扇被遣候、千夜叉かへ進上、各上申者ニ御かん御酒あり、

同日、徳大寺郷より御鏡、栗ひし花平・串柿・栗・ミかんアリ、人夫御かん・御酒アリ、御扇被遣候、

七日、青木兵庫御礼ニ被参候、

同日、夕かた田左御いとまこい申候、

八日、竜安寺西源院御茶持参、さりなから一条御借宿之間、御対面無之、御物詣之由被仰候、同竜安寺之円首座牛黄円二貝進上申候、是ハ御目ヲカケラル、者ニより参候也、

九日、官務（壬生朝芳）・寿命院（賢宿）・三福寺三人同道ニテ御参、御留守之由也、

同日、小民うら《うら》白の懐紙持参候、やかて〳〵返了、又伊勢物語本小民返ス、」

天正六年正月

元日、小朝拝、　先関白（二条晴良）鬼間被候、次入殿上々戸、殿上関白座着座、次小板敷ヲヘテ出無名門、々々々前ニ列立、

同日、節会、内弁三条大納言（三条西実枝）、外弁源大納言（庭田重保）・四辻中納言（公遠）・甘露寺中納言（経元）・山科中納言（言経）・烏丸（光宣）・日野（輝資）・中院（通勝）、御酒勅使、

二日、外記一臈（中原康雄）御筆進上、

三日、三条内者木村越前守為礼貳十疋被遣之候、

同日、木村越前守両種壱荷進上、御礼被参候、則対面、スイ物ニテ

御盃まいらせ候、
同日、三大へ百疋被持御礼まいり候、スイ物ニテ御盃参候、初献三大御シヤクニテまいり候、次三大へ御シヤクニテ被参候、召出候、一人、入眼上卿硯御前へ持参候ニ、タカサイカホトニト尋候処ニ、礼儀持物ハ胸ニアテ、サクル物ヲハ腰《コシ》ニアテテト候、胸ノホトニ硯持テト也、
同日、信濃兵部丞(治昆)錫二色進上、御対面、御盃まいり候、
同日、従三大叙位無之由夜ル使アリ、七日白馬之外弁可参被仰出之由同使ニアリ、
同日、広橋右中弁(兼勝)ヨリ夜中扣門、叙位無之旨申来、
四日、三大へ行、外弁次第相尋候、白馬外弁可参候へ共、菊(菊亭晴季)ニテ表袴・裾・石帯・平緒等借用申候、然内弁ニ菊被参候へとん、道具指合不具之条、十六日踏歌外弁ニ可参之間、此旨被申候而と申候、心得申候旨候、
同日、山科中納言ヨリ書状来、内々可申候旨、御方御所宮(誠仁親王)ヨリ白馬外弁可参之由候、何以職事可被仰出之由内状来、折節三大へ行、返事後申候、
同日、山科大納言(言継)へ指貫ヲカリ申候、番御番ニ参、則年始御礼申候、申次五辻治部卿(為仲)也、同宮御方へ申、申次治部卿也、
同日、菊へ御礼御出候、御盃まいらせ候、
五日、山科大納言へ指貫返進、錫・食籠遣之候、
同日、甘露寺へ、雑色狩衣、七日かり申度由使遣候、同心候、」
○以下五紙、東常縁書状写に就き略す、

天正五
二月十六日、権大納言、
今夜雨晴、於山科亭束帯、衣紋藤中納言、(高倉)永相、こせう藤右衛門佐、(高倉永孝)
永相同橋本(実勝)可参之由候、不具之由候間、袍・裾・冠・笏・石帯等、於此方よをひ候、雖然昼降故歟不参、次三盃予計、参、次三献参、さうに、くミつけあり、かミにけつり物、したに鳥の焼物、小かくニスエル、鯛ノスイ物、次鯨ノスイ物也、御相伴《シヤウハン》山中山大納言(孝親)・山科大納言(言継)・藤中納言・極山科中納言(言経)・正親町(実彦)・右衛門佐・極蔵人(薄諸光)申次、等也、次盃次第之事、予一献、四方ニテ参候、二献め、中山為上首之間被参候、三献め山科、予より雖為下臈、彼亭ヲカル故被参候、相伴衆者皆三方にて也、さか月も皆へは三方ニテまいらせ候、
一、彼亭簾ヲ懸、履脱《クツヌキ》アリ、タテスナアリ、履諸大夫ヲナヲス、予ハク、ヘイシユ門ヲ出時、前駈《センクウ》諸大夫事、松明ヲトル、如木サキヲヲフ、ヘイシユ門ノ外《ト》ニコセウ立テ、被居ヲニ小揖、又コセウ、当ノ揖アリ、四足ノ御門ヲ入之時、前駈主人之左ニ居ル、松明ヲトリ、如木主人之右ニ居ル、サキヲヲフ、四足御門ヲ入時ナカヲ〇不入、南之腋ヨリ入、左足ヲ先トス、四足御門入テ裾《キヨ》ヲ引也、先進弓場代、陣ノ座ノ南ヨリ柱三目ノ程マテ進也、無名門ト進《スヽム》、同三間計也、サテ先小揖アリ、是ヲカリ立ノ称揖ト、次申次〇出逢、予揖、浅、次申次揖シテ退入、次申次帰出揖、其時又予揖、深、申次退入、先二拝、折右ノヒサヲ折、立時モ右ノヒサヨリ、置笏《シヤクヲ》於地、先立、左右左、居、左右左、次取笏、乍居小揖、次立、二拝如此次初、持笏於左手ニ、刷《カイツクロフ》ニ衣装ヲ深三気許、又揖、是又仮立揖也、次無名門入テ棹間《サヲノマ》小板敷《コイタシキ》ニヲ左ノ足ヲ先アケ、右ノ足ヲ後ニヒサマツキテ、殿上昇、東行遣戸、参御前、御対面、以後退出之時、自高遣戸下殿《ゲデン》、次四足出時、如木前追《サキヲフ》、前駈《センクウ》松明ヲ取、北

行、北御門ヲ入テ御方御所へ参、御対面アリ、退出御盃参御シヤク中院(通勝)也、次退出候、
参、予頂戴、三ツタヘ候也、次山科之」大納言タヘラレ候也、次山科大納言盃ヲス、メラ
山科亭へ帰入、束帯ヲ直衣ニアラタメ候也、次山科大納言盃ヲス、メラ
レ候也、予ノム、次山科中納言、予又、次山科大納言、次紀伊守(懐尚)物加波、
次帰宅也、

雑色　雑色　雑色　雑色　如木此如木藤中納言雑色也、予雑色サキヲフ事成カタクテクレラレ候也、其カヘニ予雑色ヲ遣也、
侍ーーー田中子、年十六歳、布衣、孫十郎、
主人年四十一歳　笠持元ハ多分笠持雑色、前行《サキへ》ヲ、近年跡ニ居ル間、此度モ跡ニ置也、
侍　田中左衛門尉　太刀ーーー
雑色　雑色　雑色　雑色　前駈物加波、五位袍也、

ヱホシスワウ人数事、
沢喜介、田中左衛門尉、中村橘、出口才右衛門尉、福地源丞、
此外被官人五人、ゑほしスワウ也、
前駈雑色三人申付也、此雑色狩衣不着者三人在之、
雑色狩衣借用方々、
四具ゑほし、勧修寺(晴豊)
二具　甘露寺(経元)
二具ゑほし、吉田右衛門督(兼和)、雑色五人合力、
三具ゑほし、賀茂より、花臺院とり次、
一具　東寺、田中取次、」

かも　■一おり
御ひら　一おり
こふ　一おり
御たる　三か
以上、　きん維上(徳大寺)

引合一重ニ目録かなに書テ、長橋(高倉永相女)へ参候、
とり　一折《おり》
御ひら　一おり
こふ　一おり
御たる　三か
以上、　きん維上

引合一重ニ、是ハ御方御所(誠仁親王)へ、
かも　たうふ　たる二か
なかはしへ、もくろくなしに
かも　昆布たうふ　たる二か
藤右衛門佐へ、こせう也、
一かも　十五たうふ　たる三か
山科へ
二たい　十五たうふ　たる三か
薄(諸光)へ、極蔵人、申次也、
一こい　一串柿　たる二か
藤中納言へ、ゑもんに被参候、
■二かも　一串柿　たる二か
中山へ

二たい　■昆布一折　たる一か
　正親町へ
二こい一折
広橋殿(兼勝)へ、裾御無心在也、
○以下折裏、
此方へ御樽まいる方
するめ　串柿　御たる一か
　山科殿より
するめ　昆布一折　御たる一か
　中山殿より
御太刀一腰
　正親町殿より
三貳十疋
　藤中納言殿
　天正五年二月十六日」

(表紙)「日記天正七年」

天正七年つちのとのう
正月大
一日、ひのとのひつし、晴、
小笠原又六御扇進上、外記(中原康雄)一﨟御筆御進上、外記一﨟所へ錫・食
籠被遣候、是ハ方違ニ御出之故也、
晴、二日、つちのえさる、中林入道扇御進上、

晴、三日、つちのとのとり、三宅十疋御進上、礼ニ御簀進上、吉書、
源氏初音巻見初ル、
従菊亭(晴季)当年祝詞在使者、次村井長門守(貞勝)所へ礼ニ被下候、予可有同行
之由在之、然共隙入不下者也、久我殿(季通)門前迄御出候、年頭御礼、
雖為十日、今日御番之条、着衣冠御礼申也、中次山科中納言(言経)、於山科大納言(言継)亭、こし
らへ申候也、彼亭へ錫・小食籠二参候也、御方御所(誠仁親王)へ御礼申、竹内
右兵衛督(長治)(左カ)、同息も(季治)礼ニ、菊亭重門前迄御出候、村井長門守百疋持参、
晴、四日、かのえいぬ、中院(通勝)・伯(雅朝)・烏丸父子(光康・光宣)・正親町(実彦)・広橋(兼勝)」・万里
小路(充房)・甘露寺父子(経元・経遠)、大工平左衛門・半左衛門、松煙十ちやうつゝ、被
下、
雨降、・五日、かのとのい、上野散在より定使太郎二郎をこし二棹進上、
若菜まいり候、御扇被遣候、小笠原へ茶湯ニ夕かたよはれ候、細
川左衛門佐相伴、母人へ錫・食籠被参候、土器大夫ニ御扇被下、
雪降、六日、みつのえね、西岡鶏冠井庄草位田より、御鏡・ひし花平・
くた物・若菜まいり候、御かんにて御悦候、若菜人夫ニ扇被下候、八
条大将町よりひし花平貳百七十二枚・くた物以下まいり候、田中左
衛門尉若菜進上、孫十郎(田中)錫二色進上、左衛門尉ニ御扇被下候、御
鏡晩ニ御すへり候、北野能重、久喜進上候、
晴、七日、みつのとのうし、西三条大納言(三条西実枝)へ二種二荷被参候、三之内
者木村越前守へ十疋被遣候、大外記(中原師廉)被参候、村井長門守貳百疋被持
御出候、　近衛殿(前久)御出候、御盃参候、」
晴八日三条所へ参候、大納言咳気之由候て、中納言(三条西公国)出逢、盃まいり候、

物加波(懐尚)侍一人召出、　久我殿御礼ニ参候、御留主之由候、　二条殿
へ参候、内大臣(二条昭実)御見参候、御盃まいらせ候、一献御礼在之、二献御
礼在之、二献めまいらせ給候、御しやくにて給候、　持明院(基孝)・五辻(為仲)
礼ニ被来候、御盃被参候、　木村御扇二本進上、無御対面、留主ニ
テ、
・晴、八日、竜安寺西源院御茶廿袋御進上、御対面候て御参〔茶カ〕参候、　信濃
兵部(治昆)、勢多左〔判カ〕官(治房)まいり候、二種・錫進上、兵部善勝寺末茶進上、　一
臺へ二種・錫被参候、　三条より以権少輔二種二荷被参候、権少輔
ニ御対面候て御盃まいらせ候、三条中納言被来候、御盃まいらせ候、
木村御とをりに召候、
未雨、九日、勧修寺入道(紹可)御出候、○自門前御被帰候、大和宮内入道(宗恕)しこう、
御対面候、　本妙御時参候、墨二ちやう進上、竹村伊介御扇進上、
かんにて御盃たへさせられ候、
・雨、十日、一臺より錫・こふ・しきろふ三、文にてまいらせ候、返事あ
り、台所より■すみ三籠まいらせ候、　近衛殿より進藤先日礼ニ被
参候、
十一日、ひのとのみ、□□よりこすゝ給候、夜御出候、かんにて
御」盃まいらせ候、　南豊(周清)より錫、かへ・かん二色被参候、則御参
候、伊勢祭主(藤波慶忠)御礼ニまいり候、御祓進上、各人候て門より被帰候、
・晴、十二日、勧修寺より使給候、
・晴、但夜雨、十三日、番、故障申候、　吉田(兼和)礼ニ来、留主ニテ無対面、
晴、十四日、山科中納言・冷泉(上冷泉為満カ)礼ニ、竜安寺円首〔座〕主所へさきつちやう竹
十本、葉ヲそへ取テ参候、
晴、十五日、藤中納言父子(高倉永相・永孝)礼ニ御参、御盃参候、　水無瀬(兼成)礼御参、御盃
参候、広橋より除服・復任宣旨可為下知之由申来、さきつちやう二
かとあり、
・晴、晩雨、十六日、　花臺院御祈禱、　鯨鯢安土より村井長門守、以磯辺来、
彼使対面候て礼御申、　北野天神へ御参、三十三燈被参候、北野ゝ
妙蔵院、青松院跡職知之由申、巻数・御牛玉参候、奏者ニ申させ候
は、青松院跡被知候て、御祈禱在之由珍重候、然者巻数・牛玉・久
喜桶進上候か、久喜桶無之由申候也」
一条殿(内基)より祝詞之御使あり、次二八明題集上巻、旧冬申請候、とり
給候、則返申候、
晩雪、十七日、
十八日、山科大納言来臨、かんにて御盃まいらせ候、又除服・復任
下知談合、申調者也、

口　宣二枚

　権中納言藤原朝臣除服・復任事、

　　天正七年正月十四日　　　　権大納言(徳大寺公維)判

右、仰詞内々奉入如件、

　　　大外記局

天正七年正月十四日　宣旨　　職事、宣旨大外記(中原師廉)方へ遣、案文留之、

従二位行権中納言藤原朝臣

　宜復任、

　　蔵人頭右中弁藤原兼勝奉」

天正七年正月十四日　宣旨　　職事、宣旨大外記方へ遣、案文留之、

　権中納言藤原朝臣

　宜令除服出仕、

蔵人頭右中弁藤原兼勝奉

口　宣二枚献上之、早可令下知給之状如件、

正月十四日　　　右中弁兼勝奉

進上　徳大寺大納言殿

・十九日、狩野弥三郎匂貝一つゝみ、やゝ様進上、

廿日、盛芳院(浄勝)御参、盃まいらせ候、智慶院錫給候、夜る迄御遊候、

花臺院より山椒(朝倉)一つゝみ、

廿一日、

・廿二日、勧修寺中納言(晴豊)被来、一日双六在之、　広橋より口宣来候、

石部ニ米三石借、やゝ用ニ、

廿三日、御番まいり候、」

廿四日、御きぬの米五斗請取、(切紙)宮内少輔(物加波懐尚)遣候、ちゝ取次、

・廿五日、をひ二すち母者よりやゝニ御やり候、又御乳(料)人より御をし《う》ろひ一はこ御やり候、

同日、をひふたたけの事、

合八斗、やかて〳〵まいらせ候へく候、かしく、

天正七年正月廿五日　　とく大し殿御内より

（同日、）廿六日一臺より錫給被来候、かんにて盃まいらせ候、

同日、九条殿(兼孝)ゝ上らふより三色三荷、以御乳給候、盃有之、是ハ年始之礼也、

（寒大、）廿六日、如安より匂貝、三、手、おほい姫公様へ進上、

同日、山之内人夫二三人可来之由申来、

同日、北野松梅院末に一荷、からひつ有、西庄侍三人来候へと人遣、可参之由候、廿七日ニ也、

（同日、）廿七日藤大納言御うへよりこし・同縄・はんてう・簾まいる、」

同日、一条殿より荷こしまいり候、

廿七日、やゝさま花山院(定熙)へ御あり付、三献まいらせ候、同細左女房衆相そへ下、荷こし、沢女《ムスメ》馬にて下、供之人之事、物加波・田中父子・沢・中村・三宅子・福地甚丞・福地源丞、雑色三人、又竹村弥介、

・廿八日、こし藤大女房衆へ返す、荷こし一条殿へ返す、

廿九日、花山院より餅百・鯉五・荒巻廿・樽三荷まいる、使者檜山、めしあり、御ひき百疋、人夫百文ツヽ、中間以上四人めし過候て取、さかなにて御対面あり、やゝより文まいる、

・卅日、長ひつ、信濃兵部へ返す、」

二月小

一日、

（晴、）二日、祇園へ参、　山科大納言(言継)宣旨方本二冊持来候、留主ニテ被帰候、

・（同、）三日、山科大納言被来候、菊亭内大臣(晴季)内々正月廿七日ニ勅許之由物語候、

・四日、

五日、山科へ参、公卿補任令披見、以山中納言(山科言経)、従禁裏公卿補任二冊書可遣之由候、

同日、勧修寺入道(紹可)へ参、中将碁さし申候、

六日、南豊(周清)・如安来候、

・七日、

雨、
八日、従藤中納言(高倉永相)、村民申(村井貞勝)とて、来十四日上洛之由申とて候よし申
来、大炊御門(経頼)・薄(諸光)被来、双六あり、
同日、三西(三条西公国)へ経、やないはニすへ遣候、」
雨、
九日、本妙御時まいらせ候、薄ゟ来、双六あり、
・十日、
・十一日、従勧修寺(晴豊)御番二番之由申来、其状ニ御参、(徳大寺公維)盛長朝臣(東坊城)、
十二日、防正所(東坊城盛長カ)へ御二番案内申遣候、御番ニまいり候、
同日、進物板物茶之しゝら八斗ニとる、もんめん二たんを参斗貳升、
板物之方ニ遣候、残四斗八升也、
十三日、勧修寺・薄被来、双六アリ、
・十四日、南豊被来、
十五日、東福寺へまいる、　長岡治(秋共)・沼田弥七郎(統兼)ニ逢申候、吉田子(兼治)、
同日、山科大納言被来也、
十六日、大炊御門・平野(兼興)来、双六アリ、
・十七日、大炊御門へ細川左衛門佐同行申、盃まいらせ候、同日平野
所へも行、御茶、又御盃まいらせ候、
十八日、安土より上洛之迎ニ、御屋敷迄参候へとも、無用之由申候
間、菊亭各同行申帰、」
同日、広橋(兼勝)より長教(葉室)改名字款状幷一通来候、
十九日、
・廿日、菊亭へ行、御盃まいらせ候、
同日、一臺へ行、西園寺(実益)・花山院(家雅)へ見参申、御酒アリ、
廿一日、勧修寺入道被参、将碁アリ、
廿二日、一臺被来候、下絵之事被申候、

廿二日、山科被来候、　又御番ニまいり候、
廿二日、右大将殿(織田信長)へ御礼ニ、菊亭内大臣・西園寺大納言・大炊御門
中納言・久我三位中将(季通)・花山院同行申候、進物以下不弁たるへく候
はん間、御とりあるましきとて、以村井(貞勝)御返候、
同日、神宮　奏事始之儀、文にて勾当内侍(高倉永相女)へ申候、その文に
神宮そうしはしめの事、来廿六日・七日りやう」日いつれたるへ
く候はんや、しかるへく御ひろう候へく候、かしく、
　勾当内侍とのへ　　きん維(徳大寺)
勾当内侍より使者ニ、りやう日いつれにても、こなた次第ニ御奏申
候へと候間、然者廿六日に可参之由、重而使者にて申候、御心えの
よし候、
廿四日、職事奉行へ奏事始来廿六日、可為申沙汰間、目六被調可給
之由申遣候、又去年国長爵之事、次第解依無之、于今遅々候条、官(壬
務、生朝芳)祭主■(藤波慶忠)申、国長次第解被調候歟、又者今度之爵次申か之由、申
遣候、職事返事、軽服来廿五日迄候、如何之由候、又職事へ申遣候、
然者幸廿六日・七日両日何にてもと被仰出候間、七日可為申沙汰之由、
重而伺可申之由申遣候、職事より使来、然者廿七日ニ申沙汰申候様
ニ申候へと申来候、
同日、勾当内侍へ、職事奉行廿五日迄服之由間、廿七日」奏事可為
申沙汰之由、重申入候、御心へよし候、
同日、従祭主使來、奏事始近日之由、珍重之由候、又禰宜かはりの
事、去年申子細候、代物十石之由候、雖申無同心之由、申遣候か、
又当年国より使者上之由申来候、何も近年次ニ申候て、神役ツトメ
可然之旨、申返事也、

廿五日、天神へ参候、
同日、就奏事始之儀、菊亭へ雑色狩衣○《烏帽子》二具かり申候、
同日、甘露寺中納言(経元)ニも狩衣二具・烏帽子かり申候、
同日、勧修寺中納言(晴豊)二具狩衣・烏帽子かり申候、
同日、庭田大納言(重保)狩衣一具かり申候、
同日、山科大納言指貫かり申候、ゐもんの事も申、同心、
廿六日、志田右衛門督(吉田兼和)方へ狩衣・沓等申之処、狩衣さし会よし申来候、沓者参候、」
同日、はく(雅朝王)、道具共とりよせ申候、
同日、奏事目六職事《広橋》より来、
廿七日、辰之時ニ出仕申、山科大納言ゐもん、冠衣重大帷、持笏、御出而入着円座、《笏座下をく、》○《読》目録、一个条ツヽ、ニ、天気を伺、三个目六読而、如先元巻、懐中申入円座下入御申退出、於鬼間天盃在之、
同日、内侍所へ神楽被参候、於神前うすへりを《庭上》しき、二拜、
同日、奏事目六○《加》仰詞、又日付等職事奉行遣候、則清書申、彼目六又一通等来、折節内府(菊亭晴季)へ参、留主者也、
同日、内府へ雑色狩衣・烏帽子・笠袋等、以沢返申者也、内府沢ニ有対面、少予きたり候へと候間、錫・食籠等まいらせ候て参候、終日遊申候、庭田大納言参会、同庭源中納言(重通)、後参会、」
同日、勧修寺入道へ、庭田大納言○《令》同行音信者也、則出逢、中将碁在之、
同日、職事奉行へ奏事目録、加銘来ヲ、又披露候やと以沢遣候、心得由候、然者加銘ヲニ神宮奏事目録と書之由、以早見彦太郎不審アリ、則令対面、但奏事目《六》出と計加銘ヲと申遣者也、

同日、道具共各へ返者也、
廿八《七》日、自花山院より御う(やこ)へのほり、
・廿八日、於小笠原中将碁興行、南豊と也、
同日、祭主方より禰宜職之事申来、従去年申者也、礼十石之由申来、各来在之、返事より被返、
《雨、》廿九日、祭主所へ橘介遣、十石之礼之事、去年より雖申無同心者也、それを又十石と申事無謂、近年有来通と申遣候、山崎といふ者、但幾重も」侘事之由申也、
同日、吉田へ沓返者也、
又金ノかうかい、又こつかを、信濃兵部(治昆)所ニ、貳石五斗かしち物ニ置者也、使沢也、二月三日也十四五日比也、

三月大

・一日、ひのえむま、前右府(織田信長)へ内府(菊亭晴季)・西園寺(実益)・久我(季通)・花山院(家雅)同行申、礼ニ下候、以菅屋九衛門(長頼)、美濃柿ヲ各へ給候、さて誰々今日礼衆也そと書立ヲさせられ候、くすの木長庵(楠木正虎)かなにて書之、一番ニきくてい、第二予、第三西園寺、第四花山院、第五ニ久我也、是ハ第四ニ久我にてあるへく候へとも正おほき町(季秀、モト実彦)申次第ヲ長庵書付也、○さて又当掌(堂上カ)以《下書也、》書立ヲとりて奥へ行、各御出候ヲ御覧候、可有対面候へとも、将碁さしかヽれ候間、先帰候へとの事、以菅九被申候也、」
二日、天正五年御年貢、西庄水《水》代四斗九升はかり也、請取不行、
又御番御参候、
三日、節日、前右府へ各と御礼ニ御下候、

・四日、雨、伊勢禰宜山崎方へ橘介行、十石五斗分ニテ侘言之由申間、同
心申也、
五日、御陣立御いとまこいに、五条まて、内府と同行申下候、前右
府下馬ありて、ことはヲかけられ候、
同日、経へ参、行次ニ舞師子舞・クモ舞見物申、
同日禰宜事祭主内者山崎方へ橘介行礼物之銀子申共ニ十石五斗と申
先同心者也
広橋(兼勝)より使来、禰宜事同心申候由候か、いかほと之礼ニテ同心之哉、
職事へは貳石之由申候間、相尋之由候間、右之通申遣候也、
同日、こや、まいり候、同五々も母者御侘言候間、召出候、
六日、」
・七日、
・八日、西庄より水代参、
九日、本妙御時ニ参候、
十日、
・十一日、勧修寺入道(紹可)ほしろ子かいのを給候、主被来候、
十二日、本妙御時参候、
・十三日、勧入・源大納言(庭田重保)・勧修寺中納言(晴豊)・仙也・南豊(周清)、中将碁あり、
・十四日、伝聞、親王(誠仁親王)鞍馬花御見物、
十五日、勧修寺入道、就西庄田地之儀、談合ニ来臨候、
十六日、雨、勧入、中将碁さしに来臨候、
・十七日、広橋(兼勝)より西三条(三条西公国)・同転法輪(三条実綱)除服・復任一通来、
十八日、前右府へ音信、くわしこしらへられ候、
十九日、くわし下申候、則書状花臺院書申候、返事あり、

・廿日、」
・廿一日、
廿二日、信濃兵部丞(治昆)より、前右府之返事持来候也、
同日、貳斗五升カル、五ワリ、女房衆取次、
廿三日、千本念仏見物、ス、、沢引替一つい、清酒、
廿四日、転法輪・西三条除服・復任下知大外記局(中原師廉)遣候、
同日、葉室(長教、頼宣)改名下知、大外記局へ遣候也、
・同日、
廿五日、北野へ参候、
廿六日、
・廿七日、
廿八日、あやの小袖壱石、しち物八斗下用渡、
・廿九日、八条大将町、六升判、ニテ錫二ツイトル也、
卅日、かたかい二一臈所(中原康雄)へ行、錫被遣候、」

四月大

一日、ひのえね、従広橋(兼勝)、伊勢禰宜闕替職一通・款状来、同社家
之叙爵・同加級申小折紙・款状、同祭主(藤波慶忠)・官務(壬生朝芳)次第解来、右中弁(広橋兼勝)一
通来、以早見右近、此次第来也、
二日、
権禰宜正六位上荒木田神主守副誠惶誠恐謹言、
請殊蒙　天恩、因准先例、預五品栄爵状、
右、謹考旧貫、太神宮之祠官等預栄爵、致御祈禱者、古今通規也、
爰謂守副之祖考者、父権禰宜守富、祖父権禰宜守泉、曾祖父権禰

宜守直、高祖父権禰宜守則等也、預栄爵之条、誰謂非據乎、望請
天恩、早預栄爵、致天下泰平国家安全御祈禱矣、守副誠惶誠恐謹
言、

天正七年三月日　　権禰宜正六位上荒木田神主守副款状」

荒木田守副申叙爵事、款状一通進上之、以此旨可令申上給、恐々
謹言、

三月十四日　　神祇権大副判

進上　四位史殿（壬生朝芳）

朝芳
進上、

祭主慶忠（藤波）書状両通、
荒木田守副款状、同守豊・守通・守是・守生、度会完彦・貞
幸等加級之事、小折紙八通副之、
右進上如件、

三月廿九日　　左大史小槻朝芳

進上　右中弁殿

荒木田守豊・同守通・同守是・同守生、并度会完彦」・同貞幸
加級之事、任先例可令申上給、恐々謹言、

三月十四日　　神祇権大副判

進上　四位史殿

申　　申

従五位上　　従五位下
従五位下荒木田守堅　　荒木田神主守重

申　　申
従四位上　　従五位下
従四位下荒木田守豊　　荒木田守副　*」

*（下欄補書）右小折紙二通、官務相調候、其子細ハ折節官務来間、彼官務状ニ小折紙八通トアレトモ無之ト云、然者相調也、又一通者款状候へ共、小折紙無之と候て、長橋より申され候間、為職事可申候共（事脱）、職参宮候間、直申候、いま一通調候へと申候、先夜申来条、御番二日参候間、夜中長橋へ参候、則披露候て、於御番所　勅許之旨、従長橋申来、以女房達也、

申
従四位下
正五位下荒木（田脱）守通

申
従四位下
正五位下荒木田守是

申
従五位上
従五位下荒木田守生」

申
従四位上

従四位下度会完彦

申

正五位下

従五位上度会貞幸

権禰宜正六位上荒木田神主守重誠惶誠恐謹言、

請殊蒙　天恩、因准先例、預五品栄爵状、

右、謹考旧貫、太神宮之祠官等預栄爵、致御祈禱者、古今通規也、爰謂守重之祖考者、」父権禰宜守良、祖父権禰宜守種、曽祖父権禰宜守治、高祖父権禰宜守村等也、預栄爵之条、誰謂據〔非〕乎〔脱カ〕、望請　天恩、早預栄爵、致天下泰平国家安全御祈禱矣、守重誠惶誠恐謹言、

天正七年三月日　　権禰宜正六位上荒木田神主守重款状

荒木田守重申叙爵事、款状一通進上之、以此旨可令申上給、恐々謹言、

卯月一日　　神祇権大副判

進上　四位史殿

進上、

祭主慶忠書状壱通、荒木田守重申爵之事、款状一通副之、」

右、進上如件、

三月廿九日　　左大史小槻朝芳

進上　右中弁殿

皇太神宮権禰宜従五位下荒木田神主守堅解申請祭主職事、

請殊蒙恩塩〔洫〕、因准先例、以権禰宜従五位下荒木田神主守堅、

被挙補前一禰宜守雄闕替職状、

右、謹検旧貫、二所太神宮祠官等被補禰宜職、致御祈禱者、古今之定例也、祖考者、父三禰宜守是、祖父前一禰宜守雄、曽祖父前一禰宜守晨、高祖父前一禰宜守秀等也、補之条、誰謂非據乎、早被恩補、前一禰宜守雄闕替職、為抽天下泰平国家安全御祈」禱精誠、守堅誠惶誠恐謹言、

天正七年三月日　　皇太神宮権禰宜荒木田神主守堅款状

従五位下荒木田神主守堅申、可被補任同宮禰宜守雄闕替職由事、款状一通進上之、以此旨可令申上給、恐々謹言、

卯月一日　　神祇権大副判

進上　四位史殿

朝芳
進上、

祭主慶忠書状一通、荒木田神主守堅可被補任同宮禰宜守雄闕替之事、款状副之、

右、進上如件、

三月廿九日　　左大史小槻朝芳」

進上　右中弁殿

立文、杉原一重ニ、
太神宮のねきしよしやく二人、かきう六人、したいのけ・くわし
やうとう、しかるへきやうに御ひろう候へく候、かしく、
　　　　　　　　　　　　　　　　　　　　　（徳大寺）
　　　　　　　　　　　　　　　　　　　　　きん維
　勾当内侍とのへ

同、
皇太神宮ねきしよくの事、したいのけ・くわしやうとう、しかる
へきやうに、きと
勅許なされ候やうに、御ひろう候へく候、かしく、
　　　　　　　　　　　　　　　　　　きん維
　勾当内侍とのへ

御番参候、御番所ニテ従勾当内侍　勅許之由候て、小折」紙九通・
次第解・款状等十通、以女房達新大夫、返給候、忝之旨申候、
同日、早見右近よひ、職事参宮之留主成共、可令披露迄　勅許候へ
は、此方より下知等候か、留主ニテハ如何之由相尋候処、申置候間、
但披露申候へと申、彼右近対面候て、盃候、
・三日、雨、一日夜より、長橋へ使者まいらせ、叙爵・加級・禰宜職
勅許忝存候、　勅許旨文にてうけ給候へと申候、心へのよし候、
同日、
勾当内侍より、
大神宮のねきしよくの事、ちよつきよなされ候よし申候へく候、
かしく、
　　とく大寺大納言とのへ」
勾当内侍より、
大神宮のねきしよしやく二人・かきう七人、
ちよつきよなされ候よし申候へく候、かしく、
　　とく大寺大納言とのへ

五
二日、
皇太神宮禰宜守雄闕替事、荒木田守堅所望事、早可令　宣下給之
由、被仰下候也、謹言、
　　四月二日　　　　　　　　　　　　　公―
　　　右中弁殿
五日、
荒木田守重・守副叙爵事、守是・守通・守豊・守堅・守生、度会
完彦・貞幸加級事、早可令宣下給之由、被仰下候也、謹言、
　　四月二日　　　　　　　　　　　　　公―
　　　右中弁殿」
此文言悪候て、卯月十四日とり返し申候、聽而調替候て遣候、
太神宮大宮司還任之事、雖馳過年限、于今未補、以外次第也、所
詮来五月中於不申入者、奏事一切不可　奏達之由、可被下知神宮
候也、
　　五日　　　　　　　　　　　　　　　公―
　　　右中弁殿
五日、職事へ二通・折紙一遣之、
神宮権禰宜荒木田守重申叙爵事、副款状、次第解如此、可有御
奏聞候哉、誠恐謹言、
　　三月廿九日　　　　　　　　　　　　兼勝
　　　徳大寺大納言殿
従五位下荒木田神主守堅可被補任同宮禰宜事、次第解如此、可有
申御沙汰候哉、可得御意候、誠恐謹言、

三月廿九日　　　　　兼勝
徳大寺大納言殿」

・五日、禰宜職礼物拾石五斗、於下京請取、馬ニテ参候、馬ハ彼方より出候、雑色ニ代物五十疋出候、
六日、禁裏へ御樽進上、〇こふ一折・御ひら五一折・山ふき一折十・御樽三荷、同勾当内侍へ御ひら三・こふ一折・二かまいらせ候、文に、
散書ニ、皇太神宮のねきしよくの事、　勅許かたしけなくそんし候、まめやかにミたてたく候へとも、三色三か、よろしきやうに御ひろうたのミたてまつり候、又二色二か御わたくしへけさんに入候、かしく、
勾当内侍とのへ　　　きん維
文のやうひろう申候、御たる三色三かまいり候、おもしろくおほしめし候よし、よく」申され候へく候、ことにわたくしへ二色二かたひ候、めてたく思ひまいらせ候、なを〳〵又々かしく、
とく大寺大納言とのへ
同日、五石借米返也、物加波（懐尚）取次也、
同日、勧修寺入道（紹可）・源大納言（庭田重保）・按察使（庭田重通カ）等中将碁あり、又盛芳院（浄勝）来候、御盃まいらせ候、
七日、笠ニ油ヲ指候、
・八日、自神宮職禰宜両人〇申叙爵事、官務・祭主同款状等、次第解来候、

権禰宜正六位上荒木田神主興香誠惶誠恐謹言、
請〇殊蒙　天恩、因准先例、預五品栄爵状、
右、謹考旧貫、太神宮之祠官等預栄爵、致」御祈禱者、古今〇之通規也、爰謂興香之祖考者、父権禰宜興基、祖父権禰宜貞胤、曾祖父権禰宜貞家、高祖父権禰宜貞継等也、預栄爵之条、誰謂非拠乎、望請　天恩、早預栄爵、致天下泰平国家安全御祈禱矣、興香誠惶誠恐謹言、
天正七年卯月日　　　権禰宜正六位上荒木田神主興香款状
権禰宜正六位上度会神主正辰誠惶誠恐謹言、
請殊蒙　天恩、因准先例、預五品栄爵状、
右、謹考旧貫、太神宮之祠官等預栄爵、致御祈禱者、古今之通規也、爰謂正辰之祖考者、父権禰宜正久、祖父権禰＊正綱、曾祖父権禰宜正貞、高祖父権禰宜正繁等也、預栄爵之条、誰謂非拠乎、望請　天恩、早預栄爵、致天下泰平国家安全」御祈禱矣、正辰誠惶誠恐謹言、
天正七年卯月日　　　権禰宜正六位上度会神主正辰款状
荒木田興香幷度会正辰申叙爵事、款状二通進〇上之、以此旨可令申上給、恐々謹言、
卯月四日　　　神祇権大副判
進上　四位史殿（壬生朝芳）

＊（下欄補書）宜之字落字歟、職事へ不審候へは、留主也、十一日使在之、同款状持来、如何したる不審候哉之由申来候間、禰宜之字落字、然者調なをされ候てと申遣候、同大宮司状、先度参候、雖然共、文言わるく候間、調

替候て可遣候間、先度返可給之由申候也、

進上、
祭主慶忠書状壱通、荒木田興香弁度会正辰申叙爵之事、款状両
通副之、
右、進上如件、
四月四日　左大史小槻朝芳
進上　右中弁殿」
神宮権禰宜荒木田興香弁度会正辰申叙爵事、副款状、次第解如此、可有申
御沙汰候哉、誠恐謹言、
四月七日　兼勝上
徳大寺殿

同日、
天正七年四月二日　宣旨
皇太神宮権禰宜従五位下荒木田神主守堅
宜令転補同宮禰宜闕替、
蔵人頭右中弁藤原兼勝奉
・九日、
十日、口　宣一枚返献之、早可令下知給之状如件、
四月二日　権大納言公維
頭弁殿

同日、菊亭(晴季)へ参候、然者さうめんニテ盃在之、」
十一日、広橋より有使、先度遣候款状持来候、不審何候哉由候条、
禰宜之字落字歟之由申遣候、
十二日、
・十三日、
十四日、職事より、先度正辰款状之落字相調来候、
同日、大宮司方へ之折紙文言悪候間、先可給候、相調替候て可遣之
由申、中村遣候、職事へ則折紙取返候也、
同日、叙爵正辰・興香両款状・次第ノ解《ケ》、長橋へまいらせ候、
太神宮のねき申しよしやくりやう人の事、くわしやう・したいの
けとう、しかるへきやうに内々御ひろう候へく候、かしく、
勾当内侍とのへ　きん維」
同日、
大神宮ねきりやう人しよしやくの事《事、》ひろう申候へハ、御心えよし
申とて候、かしく、
とく大寺大納言とのへ　公ー
同日、
荒木田興香・度会正辰申叙爵事、早可令　宣下給之由被仰下候也、
謹言、
四月十四日
頭弁殿
・十五日、頭弁より荒木田興香・度会正辰叙爵一通来候、」

徳大寺家旧蔵『和歌御会詠草』紙背文書の紹介

遠藤珠紀

はじめに

天正三年（一五七五）八月、織田信長は越前の一向一揆を攻めた。この時の詳細を語る史料の一つとして、八月二十二日付の村井貞勝宛織田信長印判状写が知られている。信長文書を網羅的に集成された奥野高廣氏の『織田信長文書の研究』五三五号では、『高橋源一郎氏持参文書』と『古文書纂』三四所収の写が典拠とされた本文が収められている。しかしなぜ村井貞勝宛の印判状の写が複数流布しているのだろうか。いつごろ誰によって写されたものなのか、その史料的性格は検討されていない。本稿ではまずこの点について考察を加え、あわせてこの文書と同時に伝来した他の文書の紹介を行う。

二通の写のうち『高橋源一郎氏持参文書』については、管見の限り現在原本・影写本・写真などの形での所在を確認できない。奥野氏による翻刻でのみ知られているようである。高橋源一郎氏（一八八一～一九六二）は吉田東伍門下で、広く古文書調査を行い、『東京府民政史料』『武蔵野歴史地理』『船橋市史』などの編纂に当たった人物である。(1)「持参」文書という表現からは、この信長印判状写は高橋氏の所蔵ではなく、史料博捜の過程で他の所蔵者から借用したものを、奥野氏が一覧されたのかもしれない。現在、その伝来過程は不明である。なお本史料の出典として『高橋源一郎氏持参文書』とのみ示されることも多い。しかし奥野氏は二つの文書を校合して『織田信長文書の研究』五三五号の形に記している。すなわち『高橋源一郎氏持参文書』では一定度の部分が欠損しており、『古文書纂』所収文書によって補われている可能性は否定できない。五三五号は幻の本文、奥野氏による復原文書と考えるべきではないだろうか。

いま一方の写が収められている『古文書纂』三四は、京都大学所蔵の影写本である（架蔵番号か二／諸国／八）。『古文書纂』は様々な家の古文書を集成した古文書集で全三五冊から成る。この三四冊目にも複数の文書群が収載されており、その中で「高僧武将消息」としてまとめられている六通のうち一通目が、この信長印判状写に当たる。影写本冒頭の目次には「京都市伏見区深草　村上弥穂若氏蔵　昭九・十一」とあり、京都在住の村上弥穂若氏の所蔵史料を影写したことがわかる。また文書の冒頭には「裏面　高僧武将消息」という題箋が付されており、何らかの史料の紙背文書であったと推測される。さらに原文書には文書名や人物注を付した付箋が貼られていたようで、これも影写されている。しかし具体的にどのような形であったかは不明である。こちらも現在、原本は確認されていない。

ところで東京大学史料編纂所所蔵影写本の中に『和歌御会詠草　附紙背文書』（架蔵番号三〇三一―八）という史料がある。これは享徳二年（一四五三）一〇月二五日の仙洞和歌御会始・同三年六月一七日の禁裏和歌御会の詠草を書写した史料の影写本である。さらに続けて「裏面　高僧武将消息」として、六通の文書が影写されている。その内容、また原史料に付されていると思しい付箋の影写は『古文書纂』三四「高僧武将消息」と全く同様であり、同じ史料の複本と推測される。そしてこの『和歌御会詠草』には

右御会懐紙案令一見条、則写之者也、于時天正十年九月下旬

正二位（花押）

との奥書があり、天正一〇年（一五八二）九月に当時正二位前内大臣の徳大寺公維が書写したものであることがわかる。徳大寺公維については、別稿「東京大学史料編纂所所蔵『公維公記』天正二年～七年記」（本書所収）で述べたので、そちらを参照していただきたい。一六世紀後半の公卿で、「和歌熱心の公家」と評されるように和歌への造詣も深い人物である。[2] 表の『和歌御会詠草』の書写が公維の手になることから、「裏面」の文書もこれ以前に徳大寺家にもたらされた文書群と推測される。かつこの影写本には、村上弥穂若氏所蔵の史料を「昭和九年十一月、京都帝国大学文学部国史研究室ニ托シテ影写了」とある。昭和九年（一九三四）一一月という作成時期、所蔵者は『古文書纂』と同じである。おそらくこの時、京都大学では影写を二つ作成し、一つは紙背文書のみ京都大学で『古文書纂』三四としてまとめられ、いま一つは『和歌御会詠草』として史料編纂所にもたらされたのであろう。さらに『古文書纂』三四も昭和一三年に「京都帝国大学文学部国史研究室ニ托シテ影写」したものが史料編纂所に所蔵されている（架蔵番号三〇七一・〇二―三―三四）。これは影写史料を影写したものとなる。本史料の検討により、昭和初期の史料蒐集の一側面も窺うことができよう。

以下に、この紙背文書六通の翻刻を掲げた。いずれも内容から、天正三年～一〇年頃の史料と判断される。個別の内容については翻刻の後に略述したが、本能寺の変後の丹後国における長岡（細川）家と一色家の戦いを生々しく記す二通目など、興味深い内容が多い。ただし表が二十紙よりなるのに対し、紙背文書は六通七紙分である。表裏の対応関係は不明だが、紙背文書の影写には「一」「二十」などの数字が記された付箋がある。あるいはこれが第一紙紙背、第二十紙紙背、という情報を示しているのではないだろうか。この推測が正しいとすると、付箋の数字の順と紙の順は一致していない。例えば、一通目の信長書状写は、二紙からなるが、その一紙目には「織田信長公御消息上」「一」、二紙目には「織田信長公御消息下」「二十」とある。表の『和歌御会詠草』は正しい順で並んでいるので、紙背文書の影写にあたっては、一紙目と二〇紙目に離れていた二紙を続けて写すなど、便宜の順とされた可能性がある。

さて先述の信長書状写は、ここまでの検討により、ほぼ同時代に徳

大寺公維が入手したものであることが推測される。この時期、信長は自らの勝利を村井貞勝に書き送り、貞勝から朝廷に披露させていたと指摘されている(3)。例えば天正四年の大坂本願寺攻めに際しては、信長から貞勝に黒印状が届き、その末尾では「此趣於京都可申聞候」「各此之趣具可申由候也」と周知を命じているという(4)。回覧されることを前提とした記述といえよう。貞勝は指示通り、朝廷に黒印状を披露したのであろう。公家の中御門宣教は禁裏小番の折にこれを見、翌日関白二条晴通にも伝えた。また日記中にも書き記したため、現代までその内容が伝わった。宣教や晴通が見たものが正文か写かは不明だが、宣教がいきなり日記中に写すとも考え難く、まず他の紙に写し取ったものを転記したと推測される。このような形で同時代的に複数の写が作成され、公家たちの間に広まったのであろう。豊臣秀吉も同様な形で公家達に戦況を伝えている(『兼見卿記』天正十八年四月九日条など)。越前一向一揆攻めに関しては、やや信長の態度が異なることも指摘されているが、情報自体は朝廷に伝わっていた。越前攻めに関するこの信長印判状写も、徳大寺家が朝廷、あるいは貞勝の許で書写した(あるいはさらにその転写の可能性もある)戦勝報告なのであろう。

徳大寺家の膨大な蔵書の主要部分の伝来状況については別稿解題にて述べたところである(5)。別稿で触れた主要部分のほか、本史料のように単独で所蔵されている部分もある。公維に関わる主なものとしても、このほか尊経閣文庫所蔵「和秘抄」「井蛙抄」、天理大学附属天理図書館綿屋文庫所蔵「覚勝院月次」、阪本龍門文庫所蔵「徒然草」、井上宗雄氏旧蔵「着到百首和歌」、『源氏物語聞書』などが知られている。中でも五島美術館大東急記念文庫は、「心敬法印庭訓」「連歌之事」「愚問賢注」をはじめ、公維の手による和歌・連歌関係史料を多く所蔵している。いずれも文学史上も注目される著である。さらに本稿で紹介した『和歌御会詠草』と同様、それらの紙背文書にも興味深いものがある。例えば「覚勝院月次」は永禄五年(一五六二)より一一年にかけて公維邸で催された連歌会の記録であるが(6)、その紙背には永禄三年の正親町天皇即位礼に関する文書群が見える。これらの把握・復元も徳大寺家の蔵書群を考える時に重要であろう。

(1) 佐藤堅司「彙報　高橋源一郎氏を悼む」『史観』六三・六四合冊、一九六二年。
(2) 井上宗雄『中世歌壇史の研究　室町後期』改訂新版、風間書房、一九八七年。
(3) 金子拓『織田信長〈天下人〉の実像』講談社現代新書、二〇一四年。
(4) 『宣教卿記』天正四年五月八日条・九日条。
(5) 拙稿「東京大学史料編纂所所蔵『公維公記』天正二年〜七年記」(本書所収)。「東京大学史料編纂所特殊蒐書徳大寺家本「古キ文」の紹介」(『古文書研究』七八、二〇一四年)。
(6) 奥田勲「徳大寺公維と覚勝院」『源氏物語古注釈の世界』汲古書院、一九九四年。

【凡例】

・文字はおおむね現時通用の字体に改め、改行は原則として追い込みとした。
・本文には読点および並列点を適宜加えた。
・欠損の箇所はおよその字数を計って□または［　］で示した。抹消された文字は左傍に〻を付した。
・折紙の折裏に移行する部分、紙替は」で示した。
・判読不能の文字の内残画等により推定しうる文字は〔　〕、人名注など参考のためのものは（　）に入れ傍に記した。なお人名注は現在通用する家名および名を用いた。
・各文書の末尾に、※を付して関係する注記を示した。その他、適宜○を付して注記を示した。

一　織田信長印判状写（折紙）

廿日書状、今日二廿、至府中到来、披見候、
□〔一〕此表之様子、去十七日申遣之状、則相届之由、得其意候、
一、木目・鉢伏追破、西光寺・下間和泉法橋（頼聡）・若林、其外豊原西方院・朝倉三郎（景胤）以下□□〔刎首〕之後、人数を四手にわけ、山々谷々無残所捜出、くひをきり候、十七日到来分二千余、生捕七・八十人有之、則くひを切候、同十八日、五百・六百つゝ、方々より持来候、一向不知数候、十九日原田備中守（直政）・滝川左近（一益）を茶筅（織田信雄）・三七郎（織田信孝）・上野介（織田信包）に相副遣候、其手より六百余、氏家（直通）・武藤（舜秀）手にて、一乗可然者共三百余、柴田修理（勝家）亮・惟住五郎左衛門（長秀）、朝倉与三構要害楯籠候を被崩、左右者六百余討捕之、生捕百余人、則くひをきり候、廿日ひなかたけと申山へ玖右衛門尉（菅屋長頼）・前田（利家）」［　］〔又左衛門尉〕○以下折裏、其外馬廻者共遣之□〔千〕余人切捨候、生捕百余人［　］〔これも〕則刎首候、茶筅・滝川［　］〔手に〕て、於大滝・白山籠屋追崩［　］〔六百余〕其外平野土佐・あさみ［　］〔鉄砲〕者共五十・六十つゝ、切之［　］〔生捕〕十人・廿人つゝ、到来、不知［　］〔数候〕廿一日佐久間甚九郎（信栄）手にて［　］〔五百〕余生取、十余人即切首候、
［　］〔一朝倉〕孫三郎（景健）、風尾要害楯籠［　］〔色々〕雖令懇望候、不赦免、昨日［　］〔廿一生〕害させ候、彼等被官［　］〔金子〕兄弟以下首をはね候、
［　］〔一廿一日〕柴田・惟住かたより［　］〔千余〕切之由注進候、同氏家・武藤［　］〔かた〕より二谷撫切にし候而、不知［　］〔数之〕由申越候、生捕三十六人［　］〔在之〕其内河野代坊主了源［　］〔これ〕も則くひをきり候、
［　］〔一今日〕二廿、生捕少々到来、其外［　］〔いま〕た無注進候、如此大略打果［　］〔隙明〕之

間、我々明日三《廿》、一乗谷へ□〔令陣〕替、猶々国中悉尋捜可打果候、
□〔一下間〕筑後事、先度者川へ追□〔はめ〕候由、申候き、風尾へ、竹杖にすか
り□〔竹笠〕にて罷通候を、此方へ忠節之□〔者くひをきり〕到来候、誠ニ気をさ
んし候、
□〔一、加賀事、口二郡悉敗北歟、河北・石川両郡之者共、十余人以連署種々〕」○以下第二紙、令懇望、
従大阪下置候□〔もの〕共悉生害させ、為忠節□〔罷〕出之由、申候間、申所無相
違者、可□〔相免〕之由、申遣朱印候間、是又□〔相済〕候、能登・越中事、不及
申□〔賀〕州相済候間、是又同前候、
□〔一当〕国事、去々年者大谷に□〔浅〕井候之間、爰元事、急打□〔帰〕候つる、今度
者、隙入かたも□〔無〕之候之間、ゆる〳〵と令逗留□〔ふ〕しおきのせさる様に
可申付候□〔然間〕いまた五十日も、卅日も、可逗留□〔行〕候、
□〔一そ〕れには、此国をいまた見候間敷候□〔第〕一木目、其外口々切所候□〔躰〕
番々城を構様子、彼是□〔みせ〕度候、其元宿之普請以下□〔大か〕た調候者、ふ
と可罷下候□〔くれ〕〳〵此国には、敵一人も無之候□〔加賀〕能登・越中同前候
間、隙入□〔事〕無之候へ共、国之成敗、其外□之儀、慥為可申付、逗留
候、□〔東国〕西国何口成共、少も敵蜂□〔起事〕も候者、可出馬令分別□〔候可成〕其
意候、謹言、

（天正元年）八月廿二日　信長○後欠、

※本文書は紙背文書として利用される時に上下が断たれており数文字が失われている。欠損部分は奥野高廣『織田信長文書の研究』により校訂注を付した。また『高橋源一郎氏持参文書』には「村井長門守殿」との宛所があるという。内容については先述。一紙目に「織田信長公御消息上」「一」、二紙目に「織田信長公御消息下」「二十」「天正元年八月廿二日」の付箋あり。

二　某書状（折紙）

返々申たく候者共《へは》□明日罷帰候に、申□候は丶、いそきわ
け□申ましく候、
御書忝拝見□随而其辺何事無御座由、目出度存計候、此方には一色
五郎（義有）に、宮津にて腹きらせ□則城へ押懸、せめ申候へ共、能内者御
座候て、二日二夜もち候て、ておい・死人、数をしらす候、雖然我等
うす手をも」○以下折裏、□い候はぬま丶□御心安候、殊□のさるの刻□に
二のまるまて□めあかり、本まる□になし候処□い入候て□
の者共のき申□帰陣申候□わのいのちひろひ□事候、此旨□
披露所仰候、かしく、
□

※「細川三斎消息」「拾六」の付箋あり。年月日は切れているが、一色五郎義有を丹後宮津で切腹させ、城を攻めているという状況からは、天正一〇年九月ごろと推測される。義有は長岡氏と丹後国を分割し、本能寺の変の後は明智方についた。九月、長岡幽斎・忠興（後の細川三斎）は宮津城に義有を招き殺害した。さらに弓木城を攻めこれを落としたという（『綿考輯録』）。この事件に関しては『綿考輯録』等に多くを頼っており、本史料は貴重な一次史料と言える。弓木城攻め直後に長岡（細川）方より届けられた書状であろう。

三　小笠原秀清書状（折紙）

信州令在陣候□帰陣候て、可申入□従其地塩少□は、、路次無異儀□
折紙頼候へく候□如此候、恐々謹言、
□月六日　小民(小笠原民部少輔)
秀清（花押）

※付箋には「天正三年勝頼討滅之時消息」「十九」とある。小笠原民部少輔秀清は、山城を本拠とする幕府奉公衆で、のち織田信長に、さらに長岡幽斎に仕えた（『兼見卿記』）。関ヶ原の合戦時に細川忠興室ガラシャの介錯をしたことでも知られる。徳大寺家とは親しかった様子が「公維公記」『兼見卿記』等から窺える。本文書は天正三年の長篠合戦、あるいは天正一〇年甲州攻めの時のものか。

四　山科言経書状（折紙）

良久不能参謁、頗非本意候、御床敷令存候、仍而公事根源抄、預恩借候者、可為祝着候、愚本者尋失候間、奉頼候、従禁中御借用子細候儘、此者付給候者、可為」○以下折裏、喜悦候、兼又老父(山科言継)借進候つる神楽注・拾芥抄中巻、忩々被下候者、祝着可申候、御用候は、、重而可進候、近日けしからす御疎遠此事候、必々此間に与風参、相比候て、万可得御意、猶以面上可申述候間、不能詳候也、
廿七日　言経(山科)
物加波殿(懐尚)

※「山科権中納言言経卿消息」「十八」の付箋あり。宛所の物加波懐尚は徳大寺家の家司。文中に見える言経の「老父」言継は天正七年三月に死去している。また『言経卿記』天正四年正月一〇日条に正親町天皇より『公事根源抄』が返されたこと、同三月一一日条に公維へ『公事根源抄』を返却したことが見える。天皇の所望により、公維から『公事根源抄』を借用して献上し、それが返却されたのが天正四年正月と推測される。さらに同年二月二四日には公維が『拾芥抄』下巻を言継より借用している（『言継卿記』）。これらより本書状は天正三年頃のものと推測される。

五　某書状

返々只今者、重々御懇之段、当山過分儀候、悉皆御取成故と存計候、陰又も同前分候□□以上、

只今者、致推参候処、種々御取成、本望至極候、殊被下酔無正躰儀、如何様之慮外申上候哉、前後不存候き、就其慮外成申事候へ共、城介殿(織田信忠)さま御隣他(地カ)へ御出之由候、然者村井殿(貞勝)も可為御伴候はん哉、ちと預御才覚度候、定而　殿さまの御伴に玄以(前田)と申仁候はん、是も御伴候欤、御次に急度、被相尋候て被下候者、可忝候、誠自由儀候へ共、彼是飛鳥井殿の□○後欠、
(端裏ウハ書)「(捻封墨引)物加波宮内少輔殿(懐尚)　参人々御中　より宗□」

※端に「八」、また文中人名の脇に「織田信忠秋田城介」「村井貞勝信忠臣、京都所司代、後信忠ト二条城ニ戦死」「前田玄以信忠子三法師ヲ被托人」の付箋あり。宛所は徳大寺家の家司物加波懐尚。天正五年三月に宮内少輔となり（『歴名土代』）、天正

一四年五月に死去した（『兼見卿記』）。織田信忠が秋田城介となったのは天正三年。故に本書状は天正五年から本能寺の変のあった天正一〇年の間のものと推測される。織田期の所司代村井貞勝、豊臣期の所司代前田玄以の姿が見えるのも興味深い。

六　徳大寺公維詠草

公維

籬款冬

手折るなといひし籬をきてみれはむへやまふきの花のあさ露

うへそへてまかきにあまる匂ひかなや重山吹の花のいろ〳〵

初逢恋

さむしろにたゝこよひこそ下ひもの心もとけて新枕すれ

きゝなれし夕つけ鳥の鳴音をもこよひそいとふ新枕して

（異筆）「何もおくの御詠殊勝存候、」

※付箋に「徳大寺内大臣公維公詠草」「二」とある。徳大寺公維が和歌の草に添削を加えてもらったものである。公維の和歌を集めた『徳大寺公維詠草』（史料編纂所所蔵特殊蒐書徳大寺本四四―一二六）に「天正八三月廿六日、於西三条亭月次懐に」として、「籬款冬／うへそへて籬にあまる匂ひ哉八重山吹の花の色々　初逢恋／きゝなれし夕付鳥の鳴音をもこよひそいとふ新枕して」の歌が収められており、本史料は、天正八年三月二六日の三条西公国亭月次会のための草と判明する。添削者が二番目の歌が良い、と評したのに従い、会ではそれぞれ二番目の歌を詠出したのであろう。また『徳大寺公維詠草』からは、この時期公維は、主に里村紹巴に添削を依頼していたことが窺える。この草に添削を加えている人物も里村紹巴の可能性があろう。

京都大学附属図書館寄託 菊亭家本『禁裏楽器幷譜諸目録』の書誌と翻刻

田島　公

解題

京都大学附属図書館に寄託される菊亭家本『禁裏楽器弁譜諸目録』一冊（請求番号　菊・キ・三四）は、明暦三年（一六五七）六月二十日の書写奥書を持ち、更に万治四年（一六六一）正月十五日に炎上した禁裏文庫収蔵の楽器や楽譜等の目録でもある。（1）

料紙は、広げると縦約三二㌢、横約四七㌢になる紙を横長に二つ折りにした折紙十一紙を、折った部分を下側にして（上側が開く状態）、右端の中程を紙縒で綴じ、右開きの横長の冊子である。現状では、横の中程で半分に折られて保存されている。紙縒で綴じられているため、計測が可能な第一紙（折）の表と最後の第十一紙（丁）の裏の法量は以下の通りである。（2）

	〈縦〉	〈横〉
第一紙表	一六・二㌢	四七・〇㌢（二四・五㌢、二二・五㌢）
第十一紙裏	一五・九㌢	四七・〇㌢（二五・二㌢、二一・〇㌢）

※（　）内は中程の折れ部分までの長さ（紙縒側より順に）

本目録の内容は、次の通りである。

（A）「御筝之目録」…第1紙表・裏　（通し番号1～13）
（B）「御筝之譜目六」…第2紙表・裏、第3紙表　（通し番号14～39）
（C）「御琵琶目六」…第4紙表1行目～6行目まで　（通し番号40～44）
（D）「同《（御琵琶）》譜目六」…第4紙表7行目～第4紙裏7行目まで　（通し番号45～56）
（E）「御笛目六」…第5紙表1行目～7行目まで　（通し番号57～62）
（F）「御目録之外」…第5紙表8行目～12行目まで　（通し番号63～66）
（G）「同《（御笛譜）》譜目録」…第6紙裏　（通し番号67～75）
（H）「篳篥目六」…第6紙裏1行目～7行目まで　（通し番号76～81）
（I）「同《（篳篥譜）》譜目録」…第6紙裏8行目～9行目まで　（通し番号82）
（J）「御笙目録」…第7紙表1行目～7行目まで　（通し番号83～88）
（K）「同《（御笙）》目録」…第7紙表8行目～第8紙表4行目　（通し番号89～108）

(L)「御笙細工之道具」…第8紙表5行目～8行目　（通し番号109～111）

(M)「舞樂画図・神楽・催馬樂目六」…第9紙1行目～11行目　（通し番号112～120）

(N)「諸目録」…第9紙12行目～第9紙9行目　（通し番号121～130）

以上のように十四の部分に分かれた目録である。本目録には、楽器では、(A)箏十三張・(C)琵琶五面・(E)笛七管・(H)篳篥七管・(J)笙六管など三十八点が、楽書（譜）では、(B)箏譜等二十五部、(D)琵琶譜など十二部、(G)笛譜九部、(I)篳篥譜一部五巻、(K)笙譜等二十部、(L)笙細工の道具三点、(M)舞楽画図・神楽・催馬楽譜九点、(N)諸目録十点が、それぞれ収載されている。なお、通し番号2「遠鴈」、9「和琴」、13「龍門」、57「海人焼サシ」、88「大聖」のそれぞれの右肩に爪点か角筆のような斜めの合点が記されている。

奥書には、

禁裏樂器幷譜諸
目録寫。
明暦三　六月廿日
（追筆）「右目録之分、万治四年正月
十五日　禁中炎上之時、悉
焼失也。」

とあり、冒頭に述べたように、本目録は、後西天皇の明暦三年六月二十日に書写された、禁裏の楽器と楽譜の目録であるが、残念なことに、万治四年正月十五日の禁中炎上の際に悉く焼失したため、本目録はこの時に焼失した禁裏の楽器と楽譜の焼失目録となってしまった。なおこの奥書部分は、菊亭家第十四代当主今出川公規（一六三八～九七）の筆跡であると指摘され、公規は万治三年（一六六〇）に禁裏文庫に出入りし楽器の出納に携わっていたことが知られるが、こうした役割を果たしたのは、公規が琵琶を家業とする音楽の家「菊亭家」の当主であったことによるという。(3) 明暦三年六月に本目録を書写したのも、そうしたことと深い関係が想定される。

なお、目録中に見える人物について注記しておくと、以下の通りである。

6の注記「大聖寺殿」は、加賀大聖寺藩の初代藩主前田利治（元和四年［一六一八］～万治三年［一六六〇］四月二十一日）と思われる。

11の注記「宗對馬守」は、万治元年時点では、明暦三年に父宗義成（慶長九年［一六〇四］～明暦三年［一六五七］十月二十六日）の死をうけて、宗家の家督を継ぎ、対馬守になった宗義真（寛永一六年［一六三九］～元禄一五年［一七〇二］）であるが、奥書の明暦三年六月二十日以前と考えると、義成であると考えられる。

50の注記「後陽成院」は第一〇七代の後陽成天皇（在位　天正十四年［一五八六］～慶長十六年［一六一一］）。正親町天皇の皇子誠仁《さねひと》親王の第一皇子。

108の注記「宰相宗雅卿記」は正三位参議中御門（松木）宗雅（建保五年［一二一七］～文永六年［一二六九］正月二十八日）の日記。宗雅は、藤原宗平の子で、本名宗基。中御門家七代。管絃に優れ、笙の名手。『鳳笙師伝相承』によれば、藤原敦通（六角中将）を師匠とし、子の中御門宗有（中御門侍従）に相伝したとあり、また、豊原豊秋に荒序を相伝したと記す。『神楽血脈』によれば、祖父二代が伝承を中絶したので、藤原孝継から神楽や催馬楽、朗詠等を伝授され、今様は三位源資信卿の弟子であるという。『体源鈔』に宗雅の日記を引き、仁治元年十二月十三日、仁和寺の御室で舞御覧があり、笙の所作人として参加し、蘇合香・胡飲酒・陵王を奏したと記す。

123の注記「梶井宮最胤」は、梶井宮門跡最胤法親王（一五六三〜一六三九）。伏見宮邦輔親王の第八皇子で、正親町天皇猶子となる。俗名は惟常。梶井宮応胤法親王に従って台教を学び、第一六九代天台座主となり、二品に叙せられた。寛永十六年（一六三九）に七十七歳で没した。

なお、本目録と関係するものとして、専修大学図書館所蔵の今出川（菊亭）公規の日記『公規公記』万治四年正月十五日条に引く「御楽器今度焼失ノ覚」[4]や上野学園大学日本音楽史研究所所蔵元和五年（一六一九）十一月二日付『禁裏御文庫楽書幷御楽器之目録』（雅・登録番号四四二〇）がある。[5]ともに田中幸江氏の紹介と翻刻があり、さらに本目録との比較検討も行われているので、記載内容に関しては、田中氏の研究を参照されたい。[6]

（1）田島公「近世禁裏文庫の変遷と蔵書目録――東山御文庫本の史料学的・目録学的研究のために――」（田島公編『禁裏・公家文庫研究』一輯、思文閣出版、二〇〇三年）の（補註4）で初めて指摘した。

（2）二〇一一年六月二十九日（水）に原本調査を行った際の計測値である。

（3）田中幸江「今出川公規と禁裏の楽器・楽書について――専修大学図書館蔵『公規公記』の記事から――」（磯水絵編『論集　文学と音楽史――詩歌管絃の世界――』和泉書院、二〇一三年）。

（4）註(3)参照。

（5）田中幸江「上野学園日本音楽史研究所蔵『禁裏御文庫楽書幷御楽書之目録』について」（『中世後期禁裏本の復元的研究』平成十八年度〜平成二十年度科学研究費補助金（基盤研究(B)）研究成果報告集、研究代表者　武井和人、二〇〇九年）。

（6）註(3)・註(5)参照。

〔謝辞〕翻刻及び写真掲載を許された京都大学附属図書館と寄託者である志賀賢子様に感謝の意を表します。

京都大学附属図書館寄託菊亭家本『禁裏楽器弁譜諸目録』（菊・キ・三四）翻刻

【凡例】翻刻の上の番号は、通番号と各紙（丁）ごとの行数を示す。翻刻の下の番号は、上野学園大学日本音楽史研究所所蔵元和五年（一六一九）十一月二日付『禁裏文庫楽書弁御楽器之目録』（元和五年目録。田中幸江註(5)前掲論文）と専修大学図書館本『公規公記』万治四年（一六六一）正月十五日条所引「御楽器今度焼失ノ覚」（万治四年焼失覚。田中幸江註(3)前掲論文）に付せられた、対応する史料の通し番号である。なお、〵は爪点（角筆）を示す。

通番号	行数		元和五年目録	万治四年焼失覚
A（第一紙表）	1	御箏之目録　（朱印）菊亭家藏書		
1	2	巴　袋アリ。柱包アリ。外家アリ。　柱アリ。蒔繪箱ニ入。　一張	63	1
2	3	〵遠鴈　袋アリ。柱アリ。柱包アリ。　蒔繪箱ニ入。外家有。　一張	64	2
3	4	虎　袋アリ。柱包アリ。柱アリ。外家有。蒔繪箱ニ入。　一張	65	3
4	5	三田村作　長餝　袋アリ。柱包アリ。　柱アリ。箱アリ。　一張	65	4
5	6	本末餝　袋アリ。柱包アリ。　柱アリ。箱アリ。　一張	65	5
6	7	紋瓢単（箪）　本末餝　柱アリ。柱包アリ。　依ニ御用ニ上ルニ大聖寺殿ニ有レ之。　一張		6
7	8	和琴餝　柱アリ。柱包アリ。　一張	65	7

図１　『禁裏楽器弁譜諸目録』第１紙(丁)表

8（第一紙裏）	1	琴 柱七ツ。柱包アリ。袋アリ。箱アリ。	一張		8
9	2	和〻琴 柱アリ。箱アリ。	一張 川霧	67	9
10	3	同（和琴） 此内一張ニ柱アリ。	二張	68	10
11	4	従ニ宗對馬守（義成）一進上琴 袋アリ。御目六ノ外。			10
12	5	古箏 目六外 筋ナシ。	一張		11
13	6	龍〻門 同 袋アリ。柱アリ。桐箱入。柱包ナシ。	一張		12

（以下、四行空白）

B（第二紙表） 1 御箏之譜目六〔録、下同ジ〕

14	2	仁智要録 青表紙。折本。	十二巻	34	13
15	3	同 無表紙。折本。	十一巻	35	14
16	4	同 大本。不足欤。折本。	一巻	36	14
17	5	同 白薄表紙ノ折本。	三巻	37	15
18	6	同 此内七巻無表紙。	十七巻	38	16
19	7	箏譜 折本。	一合 六巻		
20	8	勅筆 同（箏譜）キレ〳〵	一結 但四切。		
21	9	同（箏譜） 小本。青表紙。折本。外題、絃之字有レ之。	一巻	30	
22	10	同（箏譜） 色紙表紙。折本。	三巻		
23	11	同（箏譜） 大小色々。	一結		
24	12	同（箏譜） 色々。	一結		
25（第二紙表）	1	類箏治要	一結 十二巻		17
26	2	泰〔奏〕箏要録	三冊 此内一冊別本。		18
27	3	同（奏箏）血脉	一巻		19
28	4	箏血脉 折本。	一巻		20
29	5	箏譜 但色々。	一結		
30	6	用譜	一冊 但摸草子。		
31	7	一越調譜 口不足欤。	一巻		
32	8	盤渉調譜 口不足欤。	一巻		
33	9	催馬樂付物譜 口不足欤。	一巻		21
34	10	類箏治要	一結 十二巻		22
35	11	簀	一ツ		
36	12	爪袋	一ツ		
37（第三紙表）	1	無外題折本箏譜	三冊		24

	2	右之目六之外				
38	3	高麗曲	折本。	一巻		23
39	4	仁智要録	唐紙表紙。	一結		
(以下、九行空白)						
(第三紙裏、白紙)						
C (第四紙表)	1	御琵琶目六				
40	2	琵琶	麒麟箱ニ入。撥アリ。袋アリ。	一面	69	
41	3	(琵琶)同	鳳凰箱ニ入。撥アリ。袋アリ。	一面	69	
42	4	(琵琶)同	箱ニ入。撥アリ。糸袋アリ。	一面	69	
43	5	(琵琶)同	箱ニ入。水牛撥アリ。	一面	69	
44	6	(琵琶)同	箱ニ入。撥アリ。	一面	69	
D	7	(琵琶)同譜目六				
45	8	三五中録譜	折本	六巻	12	30
46	9	三五要録		六巻	13	31
47	10	三五要畧		四巻	14	32
48	11	三五樂録簡要抄	折本	一巻	15	34

49	12	琵琶譜		一巻	11	
50 (第四紙裏)	1	琵琶寸法	後陽成院震(宸)筆	一巻	55	
51	2	(後陽成院宸筆)同 樂目六		一巻	58	
52	3	撥(撥)合		一巻		33
53	4	妙音殿(天カ)像	ツ、ラ(葛)ニ入	一巻	31	
54	5	琵琶譜キレ〳〵		三巻	9	
55	6	琵琶譜キレ〳〵	此内五ツ、目六ノ外。	数十九 一結	7	
56	7	(琵琶譜)同	付半切一巻、譜二枚。又琵琶圖。同袋圖一包ニアリ。	二巻 折本	10	
(以下、五行空白)						
E (第五紙表)	1	御笛目六				
57	2	海人燒サシ	梨地蒔繪箱ニ入。袋アリ。	一管	70	35
58	3	裾野	高麗笛アリ。鞘、梨地蒔繪。	一管		36
59	4	笛	何ニモ高麗笛アリ。鞘ニ入。	四管	72	37
60	5	神樂笛		一管	74	38
61	6	笛箱	梨地蒔繪。外家アリ。	一ツ		
62	7	(笛箱)同	黒ヌリ(塗)	一ツ		

F	8	御目録之外				
63	9	御笛箱		一ツ		
64	10	同ふた(蓋)		一ツ		
65	11	新管		三管		39
66	12	古管		一管 鞘入		40
G (第五紙裏)	1	(笛)同譜目六				
67	2	笛血脉		一巻	19	41
68	3	(龍)竜笛譜		一合	49	42
69	4	(龍笛譜)同小本		一合 不足	48	
70	5	笛譜	此内不足有。	八巻	16	43
71	6	(笛譜)同	折本。無表紙。	一巻	17	
72	7	(笛譜)同	折本。不足欤。	一巻		
73	8	(笛譜)同	鳥子二枚。相原一枚。	三枚	18	
74	9	皇帝破陣樂		一巻	6	44
75	10	笛喝(唱)歌		六枚		45

(以下、四行空白)

H (第六紙折表)	1	篳篥目六				
76	2	篳篥	波返。	一管 家梨地。蒔繪。	77	46
77	3	(篳篥)同		二管 家二管入。	78	47
78	4	(篳篥)同		一管 家蒔繪文菊。	79	47
79	5	(篳篥)同		一管 家青貝。	80	47
80	6	(篳篥)同		一管 家アリ。		47
81	7	(篳篥)同		一管 新管。家アリ。(黒塗)クロヌリ。		48
I	8	(篳篥譜目録)同譜目六				
82	9	譜		五巻		

(以下、四行空白)

(第六紙裏　空白)

J (第七紙表)	1	御笙目録				
83	2	大唐	袋入。箱蒔繪梨地。外家アリ。	一管	75	50
84	3	松風	袋ニ入。箱梨地蒔繪。外家アリ。	(一管)同	75	51
85	4	(鳳凰)八八	同。同。同。同。	(一管)同		52
86	5	小澤潟	袋入。外内箱ナシ。焼失欤。	(一管)同	75	53

87	6	蠻繪袋入。箱梨〔地〕北蒔繪。外家アリ。	同（一管）		54
88	7	大聖 同。同。同。同。	同（一管）		55
K	8	同目六（御笙目録）			
89	9	鳳笙譜	二巻	22	56
90	10	〔鳳〕几管譜	二巻		57
91	11	〔鳳〕几笙略譜	一冊	23	58
92	1（第七紙表）	〔鳳〕几管略譜	一冊	24	
93	2	隨笙略譜	一巻	21	59
94	3	豊兼略抄	一冊	29	60
95	4	無外題譜	三巻 折本。無表紙。	25	61
96	5	（無外題譜）同表紙打曇	二巻		62
97	6	（無外題譜）同無表紙古本	三巻		63
98	7	（無外題譜）同小本	七巻		64
99	8	笙譜	一結 数七	28	
100	9	笙圖	一巻		
101	10	笙竹名	一枚		

102	11	調笙次第	二枚		
103	12	笙合竹次第	一枚		
104	13	笙血脉	一結 鳥子七枚。	46	
105	1（第八紙表）	笙譜	一結	27	
106	2	〔鳳〕几笙事	一枚		
107	3	慈尊萬秋樂譜	一巻		65
108	4	笙圖沙汰事 宰相宗雅卿記（中御門）	一巻		66
L	5	御笙細工之道具			
109	6	皿	四ツ 大小		
110	7	舌	二通		
111	8	焼か祢	四ツ 大小		
		（以下、四行空白）			
		（第八紙裏　白紙）			
M	1（第九紙表）	舞樂畫圖　神樂			
	2	催馬樂譜目六			
112	3	舞樂畫圖	四巻	4	67

113	4	舞樂譜		一冊	2	68
114	5	舞秘譜		宇宙 二冊	1	69
115	6	舞樂打物譜		一冊	3	70
116	7	水猿〔猿〕曲譜		一冊	5	71
117	8	神樂譜		四巻	53	72
117	9	催馬樂譜		二巻	54	73
119	10	猿〔猿〕曲		十二冊		74
120	11	拾菓集下（明空・撰）		一冊		75
N	12	諸目六				
121	13	圖竹	大小六之内、一蒔繪。此内三重圖竹八ツ不足。同蒔繪ノ圖竹。仙洞（後水尾院）江上ル。		86	76
122（第九紙裏）	1	十二律	大小三。此内大一具。仙洞（後水尾院）江上ル。寛永八・二・二日。（一六三一）		87	77
123	2	三重十二律	城重作　慶長年中、梶井宮最胤進上。			
124	3	拍子木	二人前。一人前不足。		88	78
125	4	琵琶撥〔撥〕		八	90	79
126	5	調子聞竹		二通　此内丸扎〔札〕不足。付丸札廿箱ニ入。同弁札箱ニ入。	91	80
127	6	調子譜		一巻		81

128	7	相傳切紙	数五十四
129	8	御樂目六	数廿五。勅筆廿也。
130	9	調子判	十二箱ニ入。調子判不足。付印□香箱壱ツ。
	10	禁裏樂器弁譜諸	
	11	目録寫。	
	12	明暦三（一六五七）　六月廿日	
（第十紙表）	1	右目録之分、万治四年（一六六一）正月	
	2	十五日　禁中炎上之時、悉	
	3	焼失也。	

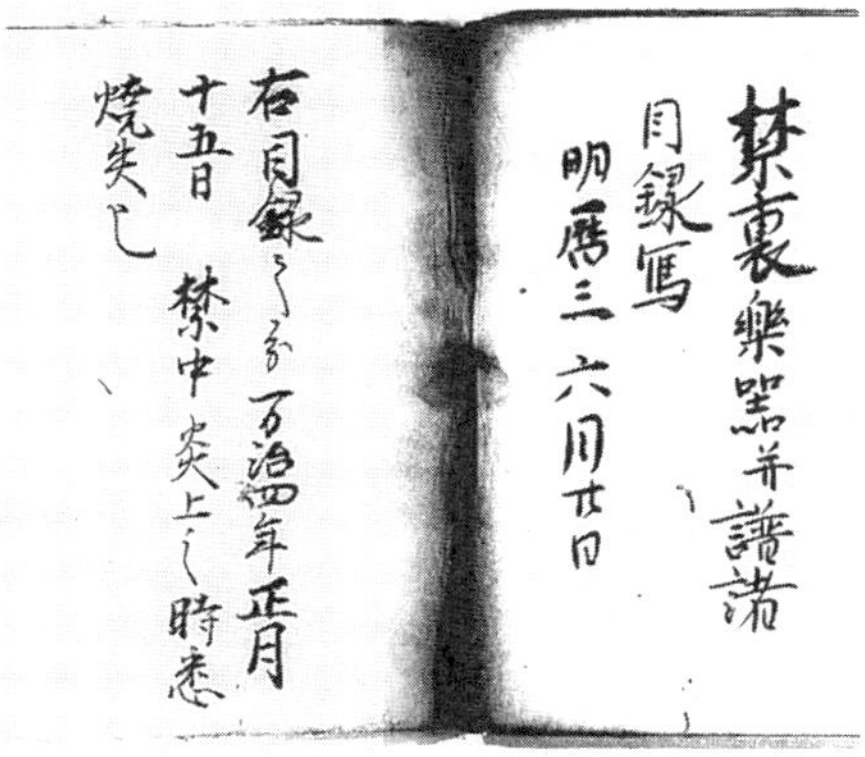

図２　『禁裏楽器弁譜諸目録』第９紙裏～第10紙表

（以下、十一行分空白）

（第十紙裏　空白）

〔付記〕本目録と関連する上野学園大学日本音楽史研究所所蔵元和五年十一月二日付『禁裏御文庫楽書并御楽器之目録』の翻刻（註(5)田中幸江論文）に訂正すべき箇所が見えるので、以下に私見を示しておく（傍点部分が訂正箇所）。

8　同（琵琶譜）　外題云、三五要録 譜十二巻仙洞被進之。　一包

66　同（箏）　荒作　二［張］｜

80　同（篳篥）　蓋　一

8丁裏後表紙の最終行

今改一行ニ写畢

東山御文庫蔵『桃園天皇御詠草』の紹介と翻刻

尾葉石　真理

一　解題

本稿は、京都御所東山御文庫蔵『桃園天皇御詠草』（勅封番号一〇六―二―一―一〜一〇六―三―二）のうち、寛延元年（一七四八）八月一三日（勅封番号一〇六―二―一―一）から寛延三年（一七五〇）四月七日（勅封番号一〇六―二―三―一七）までを紹介・翻刻するものである。稿者は原本を調査するには至っていないが、宮内庁書陵部所蔵のマイクロフィルムから科研費により作製したデジタル画像によると、本紙は縦約三二・三cm×横約四六・四cm。横に半折して詠歌を記し、それをさらに四分の一に折り畳み、縦約一二・五cm×横約一八cm程度の大きさの包紙に包む。包紙の表書きには年月日が記され、裏に添削者から桃園天皇宛の書き付けが記されているが、内容から判断するに、全ての歌について書き付けがあったわけではなく、特に注記すべき時に付されていたものと推測される。現存する包紙もその全てが揃っているのかどうかはわからない。

桃園天皇（寛保元年［一七四一］〜宝暦一二年［一七六二］）は諱は遐《とお》仁《ひと》、桜町上皇（享保五年［一七二〇］〜寛延三年［一七五〇］、諱は昭仁《てるひと》）の第一皇子で、母は開明門院（権大納言姉小路実武の女定子）であったが、延享二年（一七四五）一〇月女御舎子（青綺門院）の養子となり、同三年正月儲君治定、三月親王宣下、翌四年三月元服・立太子の儀を行い、ついで五月二日父天皇の譲位により践祚、九月二一日即位礼を挙げた。寛延元年より和歌を詠み始めたという(1)桃園天皇の御製は、これまで東山御文庫所蔵の『桃園天皇御製集』（勅封番号一一三―一―一―一一）及び『桃園天皇御製集』（勅封番号一一三―一―一―二）に編年的・網羅的に納められていることが知られていたが、本詠草はその草稿と思しく、桃園天皇が詠出した複数歌を添削し、注記を付して最終的に残すべき歌に合点を付けたものと思われる。よって本詠草は、御製集に納められた詠歌が完成するまでの推敲・改訂過程や、途中で除棄された歌を知ることができる唯一の史料となっている。

本詠草において合点・添削・注記・消息を認めた人物は、花押やその記載内容から、桃園天皇の実父・桜町上皇と考えられる。桃園天皇の和歌指導については、『八槐記』の延享五年六月一八日条によると

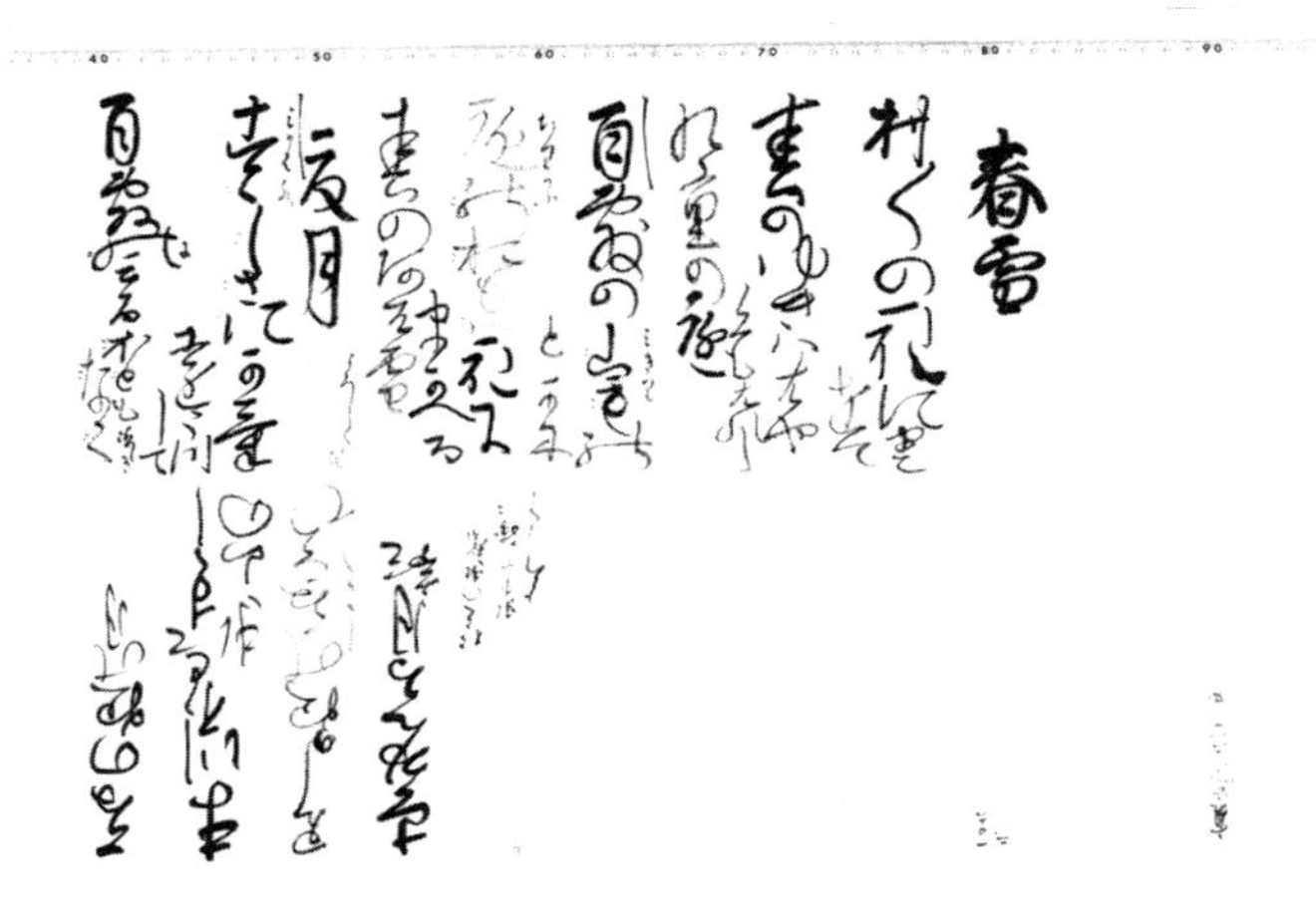

本紙

包紙　表書き

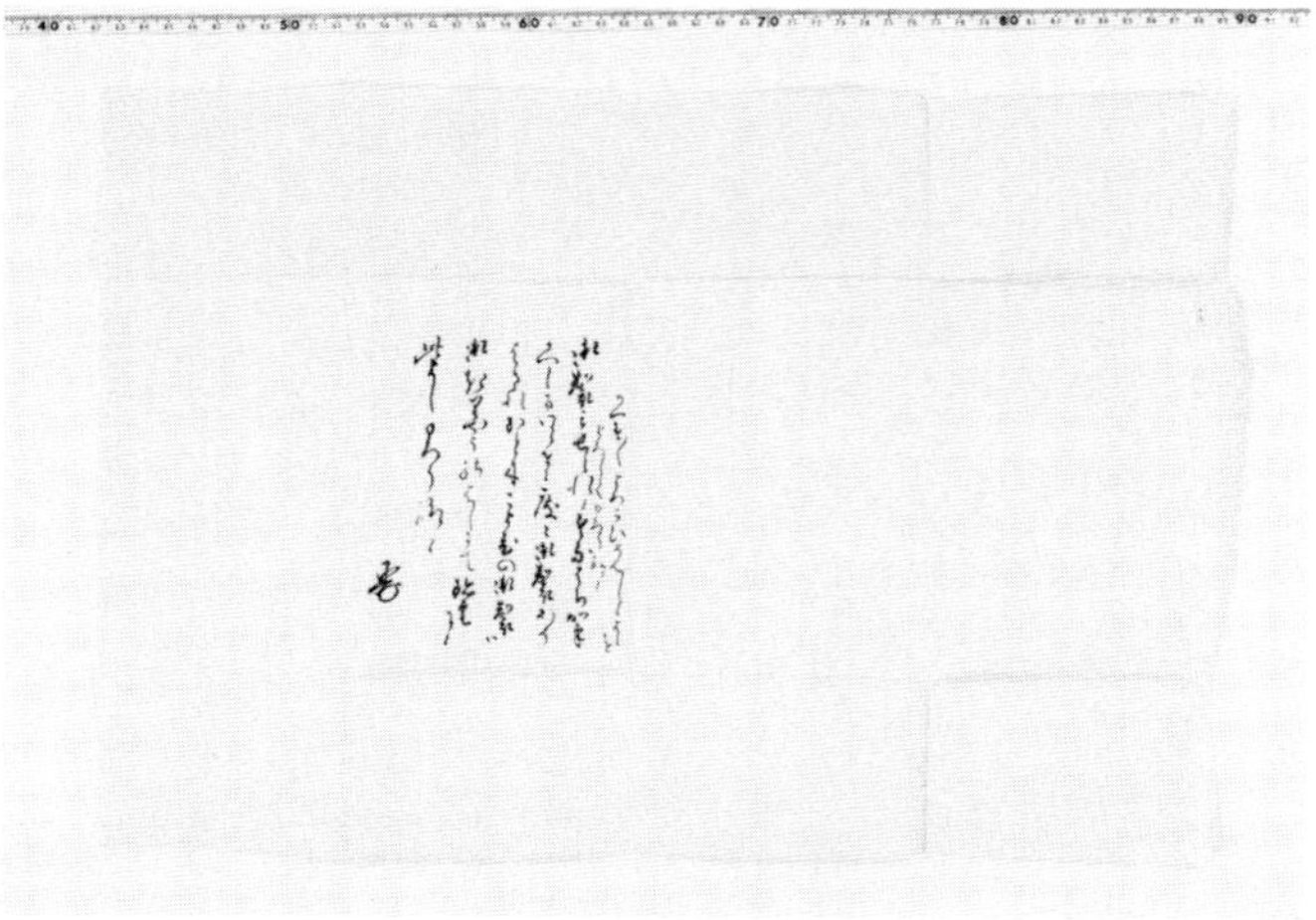

包紙　裏書き

中院通枝・烏丸光胤の二人が歌書進講を命じられており、恐らくこの二人が実際に詠歌指導も行っていたことが想像される。本詠草の書き付けにおいても「からす丸参り候とき、見せられ、御ふしんたづねられ候様に存候」（137・138の包紙）、「光胤卿参朝候節、拝見候様と存候」（159・160の包紙）、「からす丸・中院にも此御詠三、二、見せられ候様に存候」（298・299の包紙）、「からす丸中院参り候時分に、はいけん仰付られ候やうにと存候」（348・349の包紙）とある。また「中務卿宮にも折ふししらし候。拝見珍重のよし、申され候」（48・49の包紙）とあるから、この頃から有栖川宮職仁親王も桃園天皇の詠歌を見ることがあったのであろう。[(2)] しかし桜町上皇自身も直接和歌指導をしていたことが本詠草により初めて判明した。

　近親者で歌道に通じていた人物が天皇に和歌の手ほどきをし、その後にしかるべき歌道家の人物に指導を頼むという方法は当時において比較的よく行われていたのではないかと推測されるが、[(3)] 本詠草はそのような和歌訓練及びその指導の跡を具体的にたどることのできる稀有な史料であるといえよう。

桜町上皇の添削・指導は、歌語の意味や用法、また題によって詠むべき歌枕、用字などを事細かに記し教えており、水鳥は冬歌として詠むべきであること（65の包紙）や、野と庭の違い（81・82の包紙）、若菜は七草のことだが若草とは違うこと（133・134の包紙）など、弱冠八歳～一〇歳の天皇の考え違いや理解不足を指摘している。また歌語特有の用法についても事細かに書き付け、歌を改訂する。例えば137の歌において、添削前と添削後はそれぞれ次の通りとなる。

九重に雲かとぞみる花ざかりにほひえならぬ春風ぞ吹

山遠く雲かとぞみる花ざかりにほひえならぬ春風ぞ吹

この添削については、「面影残す」という第四句は、落花の後に山の雲を花に見立てるときに用いることが多く、「花似雲」という歌題にそぐわないという指摘が桜町上皇の書き付けにある。確かに桃園天皇詠は、かつては雲に見紛うほどであった花が散った時点を今とし、花を散らした春風にその面影が残っているものと見ようとしているかのように詠める。一方の桜町上皇による改訂歌は、遠くから見ると雲と見える今が盛りの花であるが、それが雲ではないのは春風が吹いてもそこに留まっていることによって明かであるとする。「えならぬ」については「えならぬは、いふにいはれぬと賞ぐわんの心に候」（153・154の包紙）とあるから、今が盛りの花の美しさは言うに言われぬほどだとして、「花似雲」題の本意を満たすよう手を加えたのであろう。またそのほか、稽古の歌題も二字題から三字題へと移行しており、徐々に難易度を上げて訓練を重ねていこうとしていた桜町上皇の指導計画の一端も垣間見える。

本詠草は、多いときは一ヶ月間ほぼ毎日の添削・指導のやり取りを行っているが、寛延三年四月七日を最後に途切れる。その間、一五九回、歌数は三五一首に及ぶ。最後の添削の一一日後に桜町上皇は体調を崩し、二一日に病状はさらに悪化、そのわずか二日後の二三日に崩御した。桜町上皇亡き後は桃園天皇の詠草は長らく断絶しており、詠歌自体行っていなかったのではないかと推測される。天皇が再び詠作を始めるのは寛延三年一〇月一三日で、約六ヶ月以上の間が空く。その後も合点・添削は見られるものの、注記・書き付け等は見られない。恐らく指導者が変わったため、添削以外の指導は文面を通じてではなく直接行われるようになったのであろう。本稿では、桜町上皇による合点・添削及び注記・書き付けの見られる寛延三年四月七日分の詠草までを紹介・翻刻することとした。

なお、東山御文庫には御製集とは別に、『桃園天皇御懐紙』（勅封番号一〇六―一一―一～一〇六―一一―一四）及び『桃園天皇御短冊』（勅封番号一〇六―一一―一七～一〇六―一一―三二）が存在する。特に『桃園天皇御懐紙』（勅封番号一〇六―一一―一～一〇六―一一―二）は寛延二年及び寛延三年に行われた和歌会における、桃園天皇の懐紙を年月日とその催しを注記した上で保存したものであり、本詠草において改訂した歌形を清書したものとなっている。本詠草ではその催し（月次・当座・法楽など）は記されない場合も多いが、本詠草で詠まれた和歌が最終的にどの歌会において披露されたかを知ることが出来る、本詠草を補完する史料となっているため、その他古記録等によって確認される歌会や桃園天皇・桜町上皇の和歌関係の事跡とあわせて三に掲げた。

（1）『憲台記』『八槐記』、寛延元年八月一三日条。
（2）桜町上皇没後の宝暦六年、及び宝暦一〇年の桃園天皇の詠草には職仁親王の手によって添削がなされているようである（勅封番号一〇六―二―一〇及び一〇六―三―二―三）。しかし現在はまだデジタル撮影がなされていないのため、原本及びデジタル画像未確認。
（3）後水尾天皇の場合は、伯父である近衛信尹が和歌指導に当たり、またそれ以前には父後陽成院や祖父の前久が教えたこともあった。鈴木健一「宮廷歌壇の充実」（天皇の歴史10『天皇と芸能』第三部第一章、講談社、二〇一一年）、同『近世堂上歌壇の研究』（汲古書院、一九九六年）参照のこと。

二　翻　刻

〈凡例〉

底本は次の基準に従い翻刻した。

1. 本文は底本の書写形式を忠実に伝えることを主眼とし、漢字・仮名遣い・畳字などは底本のままとしたが、用字は原則として通行字体によった。漢字は一部を除き通行の新字体を用い、仮名も通行字体を用いる。
2. 包紙・本紙の紙替わりは、終わりに」を付して示すこととし、半切の上段・下段は終わりに』を付して示した。
3. 包紙・本紙には、大正一三年（一九二四）一〇月から昭和二年（一九二七）六月にかけて京都御所東山御文庫の御物整理を行った、臨時東山御文庫取調掛によって付された勅封番号が記されている。しかし煩雑になるのを避けるため、寛延元年から寛延三年までの各年ごとに付されている三桁の勅封番号までを記すこととし、四桁以下の枝番号は省略した。
4. 便宜上、和歌には通し番号を付したが、草稿と清書と両方が存在する場合は、草稿にのみ通し番号を付し、清書には（　）に囲み、同様の番号を付した。

勅封番号　一〇六、二、一

〈包紙〉
くはん延元年
九月十三夜
御当座 」

〈本紙〉
庭松
1〽としことに松より
ふかく
山のはのいろこそ
みゑて
松のこたかき
珍重候 」
寛延元八十三初詠 」

郭公
2〽なくこゑもわれ《あかすとそきく》
もこすゑに
時鳥ゆくすゑ《遠き》
まては
けふ《千世》もかきらし 」

寛延元八十三 」

庭荻
3〽花のいろの《も》あけほのの
露も
こまの荻《いたはしを歎》はたりてみれは《えならぬ》
山のはきはら 」
寛延元八十三 」

遐仁

藤
4〽花いろもこかけの藤も
はないろの藤こそみ
ゑて
春やのこらん 」
寛延元八十五 」

〈包紙〉
寛延元年八月
十八日御当座 」

〈本紙〉

梅
5〽梅かゑ《の花》に風にゝほはす
そのゝ梅長くもみ《そ》ゑ《ま》
し
こゝのゑの庭 」
寛延元八十八 」

梅
(5)〽梅の花風にゝほ
はす
そのゝ梅長くそみ
まし
こゝのへの庭 」

紅葉
6〽す《う》ゝしさ《くこく》にそめる
もみちも
いろ〳〵のかしこそ《えならす》
みゑ《ゆる》て
紅葉なりけり

月
7〽つきさえ《は猶》てよひのそ《くもらぬ》

かけを《そ》
しるすにや《てりまさ》ひこ《よ》と
にみゑし《あかぬ》
秋になりけり
二首いつれもよろしく候歟」

寛延元八廿二」

花
8〽はなさそ《きにほ》ふくも
井の春は《の》
花さかりさかり久しき
こゝのへのはる
御製一首の御詞つゝきよろしく候歟」

寛延元八廿四」

鶴
9〽枝《松かけや》のしたこゝろに
いはふ
千世よりもちとせを
のふる
庭のともつる
めてたく候歟」

寛延元八廿七」

梅
10〽なかむれはのとけき
春も《の》
久堅《夕暮に》のふきくる風も
にほふ梅かゝ
珍重に候歟」

寛延元九五」

萩
11〽あかすみんあかつき
かけて
をく露にみたれ
てさける
庭の秋はき
御製よくとゝのひ候歟」

寛延元九六」

菊
12〽白露のまかきの菊
も
にほふらん《なり》さかりえ

白きくの花
ならぬ
よくとゝのひ候歟

寛延元九八」

〈包紙〉
寛延元九十二」

〈包紙紙背〉
かへす〳〵よろこひそんし候よしこと
よろしくひろう給候
御製みせられ候すなはち加筆
かへしまいらせ候度々御製あそ
はされことにこよひの御製は
御きりやうのはしにて珍重
に候
此よしひろう給候
（花押）」

〈本紙〉
瀧水
13〽九重にまた《つ》風ふ
かく《きて》
萬代を《の》岩ほ《お》とす

れは
瀧の水たま
珍重候歟
」

池月
14〽われなから《秋の夜の》なかむる
月《そら》も
くもりなく光さや
けき
池の月影
よろしく候歟
」

寛延元九十三
」

池月
⑭〽秋のよのなかむる
そらも
くもりなく光さや
けき
池の月かけ
」

15〽夏のよになく
郭公
時鳥

ゆめさめてあかつ
きかけて《たに》
な《き》くもうれしき
珍重候歟
」

寛延元九十三
」

〈包紙〉
寛延元九十五
」

〈包紙紙背〉
声の字二つにてもくるし
からすと
此よしひろう給候
」

〈本紙〉
鶯
16〽九重の《に》きゝてそあか
ぬ
春の日に声ものと
けき
うぐひすのなく《声》
よろしく候歟
」

〈包紙〉
寛延元九十七
」

〈包紙紙背〉
たひ〳〵御製あそはされ
めてたく
そむし候
此よし
ひろう給
候
」

〈本紙〉
竹
17〽萬代にいろもかはら
て《す》
ちきりをきて《く》ゆく
する長く《し》
庭のくれ竹
」

紅葉
18〽秋風にそめる
もみちも
龍田河《山》いろもめつら
し

秋の紅葉ゝ
よろしく候歟

寛延元九十八

雪

19〽こゝろにもふるをまち
ゐて
雪《ふり》つもるゆくするゝ《きそうれしき》
とをき
○庭のゝら
雪そふるらし
ことに
よろしく候歟

寛延元九十九

20〽山吹
いつくとか《庭のおもに》春風ふか《猶》
く
山ふきを《の》春ものと
かに
庭の山吹《さける此ころ》
よろしく候歟

寛延元九廿三

虫

21〽九重に秋をまち
えて《し》
虫のねに《を》いつくとそ
きく
むしのこゑ〳〵
よろしく候歟

寛延元九廿四

〈包紙〉
寛延元九廿五

〈包紙紙背〉
御製草うつしの御本
きのふは多用ゆへ
今日かきうつし
候て
かへし
まいらせ候

〈本紙〉

22〽松
中〳〵《色かへす》にとしふる

松の《を》
九重の人《にちきる》のこゝろ
は
すみよしの松
よろしく候歟

〈包紙〉
寛延元九廿六

〈包紙紙背〉
加筆おほく御覧遊はしかたく
候はんかと
かきつけまいらせ候
九重の庭の夏草しけりけり
のへのこゝろもかよふ夏草

〈本紙〉

23〽夏草
一九重に《の四》野辺心《のも》の
夏のよのいつまて
五かよを《ふ 夏草》
二庭の夏草《三しけりけり》
よろしく候歟

霞
24〽山かけに春ものとけ
き
あさになる〳〵たつる霞の
て
色をみす
ひまそしるらん
よろし
く候歟
寛延元九廿七

霜
25〽九重に霜はをけ
く比
とも
おく霜のあかつか
けて
庭の霜かな
にをく
り
よろし
く候歟
寛延元十一

庭霜
26〽あかすみんあかつき
冬の夜の
かけて
をきそふ
庭の霜たのしむ
の
庭は

冬そ久しき
霜のさむさよ
よろし
く候歟
寛延元十二当座

萩露
27〽をく露に秋かせさむき
はきはらを萬代かけて
もみん
秋
庭のむら萩
よろし
く候歟
寛延元十二

山花
28〽春たてはけふ九重
の日の
に
咲
にはのおもに花もにほは
なかむれは
ふ
ん
山いゝてける
もかすめ
よろし
く候歟
寛延元十三

梅風
29〽梅の花春ものとけ
き
九重にふきくる
風も
にほふ梅か枝
よろしく候歟

庭菊
30〽九重に庭の白菊
の
にほふなりまかきの
菊も
秋そたのしむ
ことによろし
く候歟
寛延元十四

朝鶯
31〽萬代の朝をきた
九重に
い
てゝ
久堅の春ものとけ
なかむれは
き
鶯そなく
よろしく候
ことに御二句珍重候歟

見月

32〽見月のなかむる　そらも
九重に光さや《た歟》けき
月そしのしむ　よろしく候歟
寛延元十五
〈包紙〉
十月六日
御当座
くはん延元年
〈本紙〉
庭花
33〽九重に春ものと　けき
庭の花春をま　ちえし《て》
さくそたのしむ　よろしく候歟
寛延元十六当座

庭花
(33)〽九重に春ものと　けき
庭の花春をま　ちえて
さくそたのしむ
夜蛍
34〽夕くれに《みかは水》夜をま　ちえて
とふ蛍けふ九重　に
とふそうれしき　珍重候歟
松雪
35〽時はなる松のみと　りを
九重に《の》としふる松を《に》
つもる雪《しら》かな　よろしく候歟
寛延元十六
砌竹

36〽九重にみきりの　竹も
みきりには竹のは　やしの《を》
庭竹か影《みせておひそふ》　ことに珍重候歟
寛延元十七
紅葉
37〽秋風にそめるも　みち。《の》
いろにえ《ふみ》て雲井の　庭の
秋の紅葉ゝ　よくとゝひ候歟
寛延元十九
山霞
38〽春風にかすむ
いうへ《ゆふ歟》の
九重に山。《そ歟》かすめ
る

はな《る》ものとかに
よろしく候歟
寛延元十十
梅風
39〽その、梅風もふき
くる
九重にむめさく
山の
春そたのしむ
珍重候歟
寛延元十十一
〈包紙〉
くはん延元年
十月十三日
御当座
〈本紙〉
紅葉
40〽龍田山《秋ことに》いろもかはら
す

九重にそめるも
みち
の
秋そたのしむ《ひさき》
よろしく候歟
寛延元十十三
紅葉
(40)〽秋ことにいろもかはら
す
九重にそめるも
みちの
秋そひさしき
水鳥
41〽はしめかな久き冬
もの
水鳥か《は》けふ九重
にの
水鳥《いけに》もいる
珍重候歟
寛延元十十四

郭公
42〽九重に山ほと、き
す
一こゑをふけゆく
よはに
もらすひとこゑ
よろしく候歟
寛延元十十七
秋月
43〽九重によゐをまち
ゑて
秋の月くもらの《ぬ》
そらも
秋そ久しき
よろしく候歟
寛延元十十八
庭松
44〽九重《に》のいろもはから
す
庭の松ときはの松も

いろまさりけり　よろしく候歟

寛延元十廿

初雪

45〽九重に朝をきたい　て丶

初雪をのけふまて　そみそむる

つゝく

庭の初雪　よろしく候歟

寛延元十廿一

祝言

46〽九重に朝ゆくするを　とゝき

萬代を小松をみせに　て

友鶴の声　めてたくそむし候歟

寛延元十廿五二

瞿麦

47〽なてしこのけふは九

重の　に

しけりけり咲まを　ませのうちに

ちえてし

庭の瞿麦

寛延元十廿五

〈包紙〉

寛延元十廿七

〈包紙紙背〉

中務卿宮にも折ふし

しらし候拝見珍重の

よし

申され候此よしも

ひろう給

候

〈本紙〉

桜

48〽桜花雲井の庭の

九重に春も長か

みよし野ゝ山花　き　よろしく候歟

舟

49〽こきいてゝかけをう

かむる

白雲の水のそこま

て

庭のとも舟　珍重候歟

寛延元十廿八

庭露

50〽あかすみんけふ九重

に

おく露のにあかつきか

けて

庭におくなり　よろしく候歟

寛延元十廿九

山吹

51 〽九重に雲井の春は

山吹のふきくる《さかりえならぬ》風も

春そ久しき

よろしく候歟

寛延元十卅

紅葉

52 〽そめそめて久しき秋の

九重にいろもめすら《つ》し

きくの紅葉ゝ

よろしく候歟

寛延元後○十一

鶴

53 〽千世《いく》よりも松かけふかく

九重にむれいて

庭とも鶴あつ《そ》ふ

めてたく候歟

寛延元後十六

月

54 〽九重に月の光も

かけさして光さやけき《かに》

すめる月かけ

よろしく候歟

寛延元後十九

蝉

55 〽ゆうくれに声《きく》もすゝしく

なく蝉のけふ九重に《の》

せみのもろこゑ

よろしく候歟

寛延元後十十六

若草

56 〽九重によそとも《のみきりに》みえす《あか》

若くさの春を

まちえて

さくそ《色そ》たのしむ《ひ行》

よろしく候歟

寛延元十一二

雪

57 〽初雪の冬を

まちえて

雪つもるけふ九重に《の》

庭の白ゆき

ことによろしく御こと葉つゝき珍重候歟

寛延元十一四

林中花

58 〽ふく風も雲井の春は

九重にみはし《のとかにて》

の花も
さかり久しき
御こと葉のにほひよろしく候歟

寛延元十一七

水蛍

59〽庭の池さそはぬ水のに
九重にくもらぬかけを
とふ蛍かな
三 五 みるそうれしき
よろしくそむし候歟

寛延元十一八

舟中月

60〽三こきいてゝくもらぬかけは
池みつ
九重に月の光も
しらす舟人

よろしく候歟

寛延元十一九

松上雪

61〽萬代の久しく
かけも
きえん
たかさこの松のあを葉に
しら
つもる雪かけ
よろしくそむし候歟

寛延元十一十

寄竹祝

62〽萬代をさらにもいはし
九重にちとせをのふる
庭のくれ竹
よろしく候歟

寛延元十一十四

山月

63〽秋のよのけふ九重に
山の月くもらぬそらも
光さやけき
よろしく候

寛延元十二十七

聞郭公

64〽九重になく時鳥
夏の夜の
夕暮にふけゆくそらに
すくる一声
よろしく候歟

寛延元十二廿一

〈包紙〉

寛延元十二廿二

〈包紙紙背〉

冬の夜のをく霜

みれは
池水にさゝ波こほる
庭のをしかも
水とりは
冬のものにて候
霜も冬さむきとき
雪のうすきやうに
あさ夜庭に
をき候
此よし
ひろう給候
かしく」

〈本紙〉
水鳥
65〽池水に三をく二霜
みれは
一冬夏の夜のさゝ四波ふけはゝゝこほる
庭のをしかも
よろしく候歟」

〈包紙〉
寛延元十二廿三」

〈包紙紙背〉
今日の御製は
此ころのよりも
又よろしく
候歟」

〈本紙〉
梅風
66〽梅の花ふく風ふ
けは
にほふなりむめさく
山の
こゝのえの庭
珍重に候歟」

寄竹祝
67〽いく千世ととしふる竹
の
萬代をゝゝは此けふ九重
の
庭のくれ竹
よろしく候歟」」
寛延元十二廿八」

勅封番号一〇六、二、二
〈本紙〉
初春
68〽春霞ちとせをのふる
九重に山もかすめるゝの けし
はるものとかにゝゝ
めてたくそむし候歟」
寛延二正十」」

鶯有慶音
69〽うくひすの声ものとかに梅もさく
春をよろこふ九重の庭
珍重無極候歟
70 九重の春をまちえてうくひすの
いく千世いはふ春ものとけき
71 いく千世の春をよろこふうくひすの
声ものとけき庭の梅か枝」
〈紙背〉
寛延二正廿四御会始」
初春山
72〽なかめやる山もかす

みて
はつ春のくも井の
庭は
のとかなりけり《る》
珍重候歟

73 かすみたつ萬代
いはふ
九重のおほうち
山の
春のゝとけさ」

寛延二二廿二水無瀬宮法楽」

桜

74 さくら花春ものと
けき
九重になをあかす
みて
千世もへぬへし

75 〽みよしのゝ山もかす
みて
さくら花さかりに
みゆる
春のゝとけさ

鶴

76 いく千世と人も
よろこふ
こゝのへに萬代いはふ
つるのもろ声」

77 〽こゝのへのつるもとし
へて
萬代をいは○《ふ》こゝろの
声そめてたき
珍重候歟

寛延二二廿四月次」

梅盛

78 〽さかりなる春をた
のしむ
こゝのへにふきくる
かせも○
〽にほふ梅かゝ《のはつ花》

79 梅のはな萬代いはふ
こゝのへのはるを
かさねん
さかりひさしき」

寛延二二廿五　雪庭法楽」

柳風

80 〽あを柳の春そ《糸うちなひき》
久しき
のとかなる風そよ《もふ》
くなり
こゝの庭」

寛延二三四当座」

〈包紙〉

寛延二三十四」

〈包紙紙背〉

もえいつると申候は春のはしめに
草のあを〳〵とみえはしめ
候事にて候
野と申候は御庭にてはなく候
きろく所の説なとに御さ候
御庭の事を遊し候はゝ御庭の事
はかり遊し候
野を遊し候はゝ野はかり遊し候
此よしひろう給候」

〈本紙〉

若草

81 〽春のゝに雲井の　の雪もとけつゝ

庭も

九重にむら〳〵あ　此ころは

をし

野辺の若草

下句よろしく候歟

82 こゝのえに春をま

ちゑて

萬代をあをしむ　雪まより　もえいつる

いろを

若草そみる　○みする

」

〈包紙〉

寛延二三十六

」

〈包紙紙背〉

庭のまさこと申候は御庭に

御さゝすなの事と候月夜には

きら〳〵と見え候

此よしひろう給候

」

〈本紙〉

花

83 〽桜咲春ものとけ

き

花いろにけふ九重　さかり　に

の

みねの春かせ　にほふ

84 色も香も春も　の

のとけき。　二

桜花けふはまち　さかり

みて　え

みよし野ゝ山

両首よろしく候歟

」

月

85 〽山かけもみねよりい　高き

つる　て、

九重に光りさやけき

秋の月かけ

」

又よろしく候歟

86 九重にくくのとり　の庭のまさこに＊

をもを

かけさえてひかりもかへる　そふ

秋の夜の月

」

山吹

87 こゝのえに春をまち

えて

萬代をまかきにさけ

る

山吹のはな

庭松

88 としことに松のみと

りを

契りをきてなを

ゆくすえの

千世もかきらし

寛延二三十六點取

」

郭公

89 夜もすからけふ　○夏の　の　めつらしく○

こゝのえに

ほとゝきす雲井の

庭に

一声そきく

三御句以下よろしく候歟

90 〽郭公一声きかす　三　四

九重に雲井の　一　の　二

」

＊86番歌二句目「くく」の箇所、重ね書きのため判読困難。

よそに
明を《ほ》の丶そら　よろしく候歟

寛延二三十八

〈包紙〉
寛延二三廿一

〈包紙紙背〉
水かさそふ《みかさとよみ候》　水のまし候事に候
此朝けは《はし》　けさと申候事と候
雪ふりて花のやうにみえ候事
雪のつもりたるを雲にまかへ《おく》
候事
此よしひろう給候

〈本紙〉
五月雨
91 〽をしなめてはしの《二》
もとより《まて》

水かさそふ《三》けふ《四》
ふりつゝくけふこゝ《一》
のえに《の》
五月雨のころ
よろしく候歟

92 五月雨はけふこの《の》
ころは
九重に《の》萬代いはふ
庭に《四》。ふりつゝ《もいけの　五水そなかる丶》
とまりにつゝは
よみ候はす候

雪
93 〽萬代《此朝け》を雲井の
庭は
冬ならすさつうき《花さく》山に《と》
ふれるしら雪《みゆ》
よろしく候歟

94 さひしさに《おもろく》雪そふ《は》
りつゝ《ける》
萬代を《庭のおもは》けふ九重に
みゆる《五》白雲《四こゝと　はかりに》

〈包紙〉
寛延二三廿一《二》

〈包紙紙背〉
御製いつれも珍重候ことに
霞はおく紅葉ははしよろ
しく
そむし候
紅ふかきは色のこきことにて候
此よしひろう給候

〈本紙〉
霞
95 〽春ことに《きぬ》ふきくる風も《る》
萬代を《のとかにて》山もかすめ
ゝて
九重の庭

96 〽春霞たなひく
山を
九重に《なかめやる》雲井の
庭は
のとかなりけり
両首おくことに
珍重候歟

紅葉

97 そめ〳〵て秋風さ
むし
紅葉ゝ《する》をかつらき山に
時雨ふるらし

98 九重に《や》時雨をかけ《にはやく》
よろしく候歟
て
そめぬらん萬代《紅ふかき》いはふ
秋の紅葉ゝ

點取
水色藤

99 〽咲〳〵てうつすか
けさへ
やり水の松にかゝれる
藤波の花

庭上鶴

100 〽百敷の雲井の庭は
松かけにむれゐてあ
そふ
とも鶴のこゑ

寛延二三十六《廿四》

〈包紙〉

寛延二三廿五

〈包紙紙背〉

秋さむきは九月ころの事に候
草花は七八月ころのものに候故
さむきといふ詞いかゝと候
野にはまかきはなく候庭に
ませと
いふ竹木なとにてゆひ候それを
まかきと申候
此よしひろう給候

〈本紙〉

草花

101 〽秋さむし《きにけり》まかき《庭の》に《の》
さける
ふしはかま色〳〵う
へし
庭の千くさは《も》

102 秋のゝにまかきの草《つゆもみたれて》
の
女《を》みなめし吹風さ《にそなひく》
むき

花の色〳〵
両首
よろしく候歟

池蛍

103 〽かけうつす雲井《にたかく》
まてとや
とふ蛍行《みる》ゐもし《すゝき》
れす

庭の池水

104 夏の夜のみゐ池に
かけは
うつすかと玉のは水
に
とふほたるかな

寛延二三廿五当座

〈包紙〉

寛延二三廿六

〈包紙紙背〉

はらひかねたるの詞類題なとにも
御さ候は霜をはらひかねたるにて候

霜なくては申かたく候
此よしひろう給候」
〈本紙〉
水鳥
105 〽をしかものはらひ《声〳〵なく》
かねとや
池水に氷《のみきは》もこほる
冬のさひし《むけ》さ
106 池水に《の》霜こそ《ほりも》さ
むし
九重に《の》かものはかひ
も
色かはるら《霜やをくら》む
両首
よろしく
候歟」
〈包紙〉
寛延二三廿八」
〈包紙紙背〉
此よしひろう給候
今日の端御製まことに
凡二慮をはなれ天性の

御き量行末たのもしく
珍重申つくしかたく候
猶此御詠草からす丸に
も
みせられ候様にそんし候
おくの御製もよろしく候へ共
端かくいるのあまり
おくには
筆をくはへす候」
〈本紙〉
夕立
107 〽夏山に日かけうつ
ろふ
そらくもか夕立
ふるゝ
あとそすゝしき
珍重之至
目出度存候歟
108 山たかみふるかと
そをもへ
いなつまのそらも
雲井の
夕立のあと」

春山
109 のとけしな雲井
にたかく
春風に花咲にほふ
かつらきの山
春鳥
110 九重にのとかにき
なく
鶯のいく千世い
はふ
春のめてたき」
寛延二四一」
山月
111 〽いく千世《つるより》と光さや
かに
秋風のかつらき
山に
すめる月かけ
よろしく候歟
112 秋《三》の夜の水のそて
まて

一
ふく風《いけひろみ》に光もさ《すめ》
をる
山の月影」
寛延二四一」
〈包紙〉
寛延二四二」
〈包紙紙背〉
両首よろしく候かつらき山
紅葉に多よみ候へとも先紅葉
には
山にても河にてもたつたを遊し
候てよろしく候歟
おく御製与風加筆少々
改め候故又々わきに
かきくわへ候
此よしひろう給候」
〈本紙〉
紅葉
113 〽立田川にしきに

そめし
紅なへ《ゐ》に秋の色こ
そ《き》
みねの紅葉ゝ
114 下葉までにしき《やま木ゝ》
の山《木すゑは》に
そめぬらむか《た》つら《たの》
き河に《も》
時雨ふる覧《なり》
両首ことに
端よろしく候歟」
〈包紙〉
寛延二四四」
〈包紙紙背〉
桜にかけてみせすともと
遊し候霞か雲か分たく
そんし候故少々加筆候
霞か雲かのおほしめし候へは
一首遊しやうはよろしく
そんし候
ことのほか

ことおほく候歟
端の
御製はかり
直しつけ候て
まいらせ候此よし
ひろう給候」
〈本紙〉
花盛
115 〽みねに《春かすみ》咲桜《高ね》に
かけて
みせすとも花の
盛を
見るそたのしむ」
116 山に盛《咲歟》みねにそ
よろしく候歟
うつす
花の色は桜にかさす
春そめてたき」
〈包紙〉
寛延二四七」
〈包紙紙背〉

きのふまてはまつ夜もきゝ候
けふ二声きゝたる心にて候
おくきかぬうちそ橘も咲
ゆへ
まつと郭公つけたき心にて候
此よしひろう給候」

〈本紙〉

郭公

117 〽きのふより《まて》まつ夜
もきかて
郭公けふ九重に
あまぬ二声
二句五句ことに珍重候歟

118 郭公きかぬほと
より
一声を花たち
花の《に》
まつ夜なくらむ《とつけはや》
両首よろしく候歟」

〈包紙〉

寛延二　四十二」

〈包紙紙背〉

さやけきとは月に
よみ候
御製二首とも
よろしく
そむし候歟此よし
ひろう給候」

〈本紙〉

菊花盛

119 〽風《秋に》ふけは秋《月も》にさや
けき
しら菊の花咲に
ほふ

120 玉敷の庭
色も香も《えならすに》秋風ふ
きて
花盛まかきにゝ
ほふ
庭の白菊
両首よろしく候歟」

〈包紙〉

寛延二　四十三」

〈包紙紙背〉

端御製ことに珍重候歟
あそはされやうよろ
しく
そむし候端はかり
加筆にて進し候
此よし
ひろう
給候」

〈本紙〉

月前虫

121 〽よるゐは《のま》また声は《も》きこ
ゑす
夜《ふくる》もすから《に》虫の音
たかし
すめる月影
殊に珍重候歟

122 秋きぬと露に草
はは
月影に夜をへて
たかし
虫の声〳〵」

〈包紙〉
寛延二　四十三
」

〈包紙紙背〉
おく下句花に春の
きたる心ちすると
申事に候
此よしひろう給候
」

〈本紙〉
早梅

123 〽としさむしはやくも
のうちに
咲て
梅花の枝よりかゝ
る
けさの白雪

124 雪のうちにさかりも
珍重候歟
はやく
咲梅の花にそう
春の
つす
冬のさむしさ
くる心ちする
」

〈包紙〉

寛延二　四十五
」

〈包紙紙背〉
春雨には庭のかすみたる
事と候
おく時雨に冬は木は紅葉
すれと
草はみとりの色かはらすみすも
春雨にみとりのそいたる心ち候
此よしひろう給候
」

〈本紙〉
春雨

125 〽九重にかさなる花
の
庭もかすみて
そ
草も木も色こ
そまさる
れ
春雨そふる

126 時雨には花もか
色
よろしく候歟
はらす
て
春雨の野なる草
に
葉も
は
色まさるまて
りける
」

〈包紙〉
寛延二　四十六当座
」

〈包紙紙背〉
おくの御製も
御しゆ向よろしく候
けふの御当座御せい
ゆへ
はしはかり
加筆いたし候
此よしひろう給候
」

〈本紙〉
卯花

127 〽九重に雪かとそみる
降つもる
白妙のまかきにさ
ける
庭の卯花

128 庭のをもに雪にま
よく御とゝのひ候歟
かえて
むら〳〵に月影う
つす
さける卯花
」

初雪

129 〽めつらしな花。《か》とや　みらん《えて》
九重に《の》庭のまさこ。《き》《と》　に
つもる初雪

130 あかすみんつもると　みえし
初雪はよし野ゝ山　に
花とみましや《えける》

寛延二四十七

〈包紙〉
寛延二四十八

〈包紙紙背〉
おくの御製御五句
雲と遊し候
雲は
山によみし庭には
いかゝ候
此よしひろう給候

〈本紙〉
庭萩

131 〽あかすみんけふ《四》　こゝのえに《の》
おく露《三そちる二》のふきくる　風も《に》
庭の秋萩

132 秋《吹》風に露《おく》おき　さそふ
九重に《の》《四みきりにさける》けふより
かゝる白雲　五庭の秋萩の

よろしく候歟

〈包紙〉
寛延二四十八

〈包紙紙背〉
わかなはなゝくさの事に候
なゝ草は女中なとそんしられ
候まゝ
御たつね遊はし候
わか草とは
ちかい申候
あさみとりはあさきみとりにて候
ゆへ朝の字をかき申候ほと
此よしひろう給候
先ほと進し候御題はからす丸
申説参り候時分御たつね候様か
申入らるへく候

〈本紙〉
若草

133 朝《あさ》みとりもれ《やゝえ》　いつるわ《て、》
かな
むらくに春ものと　かに《けき》

134 〽のとかなる春にま《を》　かえて《ち》
野辺の若草
若草のむらく　あをし《な》《む》
朝《あさ》みとりする

両首おくことによろしく候歟

連峯霞
135 〽山たか《とを》みかゝるとみ
えて
峯つゝく霞たな
ひく
春のゝとけさ
珍重候歟
136 のとかなる雲井に
みゆる
春霞みねにそかゝ
る
をちこちの山
これ又とゝのひ候歟 」

寛延二四廿一 」

〈包紙〉
寛延二四廿三 」

〈包紙紙背〉
からす丸に見せられ候はゝ此つゝみ紙
かきつけもみせられ候へく候
端御製山のこと有たく候歟
おもかけのこすの詞は多くは
落花のゝちの山の雲を花にまかへ
し事に候
おく御製よろしくそむし候
猶からす丸参り候とき見せられ
御ふしんたつねられ候様に存候
此よしひろう給候 」

〈本紙〉
花似雲
137 九重《山遠く》に雲かとそみ
る
花なれや《さかり》おも影《にほひえならぬ》
のこす
春風ぞ吹
138 〽《みねつゝき》白雲《立二》の《に五》花のさかり
を
まかえてもよし野ゝ《三ふかな四》
山に《の》
春のにほひを 」

初春
139 〽のとけしな山もかすみ
て
九重にけふあらたまる
春風そふく
140 春くると山風ふきて
のとかなるかすみたなひ
く
九重の庭
菊
141 〽うへしその庭のおも
にそ
咲そめしたかきにゝ
ほふ
白菊の花
142 秋風に八重さく花の
つゆをきてまかきにさ
ける
にほふ白菊 」

寛延二四廿四 月次 」

〈包紙〉
寛延二四廿四 」

〈包紙紙背〉
かな留りは初心先よみ申さす候
すたくはあつまる心にて候

此よしひろう給候

〈本紙〉

水辺蛙

143 池《三》水《の四》にうき草か《くれ》
けて
もろ声に《になく》春《一》も《ふかく》
すえのに
蛙《二すたく》な《の》くかな

144 〳〵庭《雨ふりて》のおもにまかする
水の《もまされる》
春《夕まくれ》にいま池のみき
はに
蛙なく声

二首とも
よろしく候歟

七夕橋

145 たなはたのいは《まちし》ふ
心は
こそよりや《や》ことし
のみ《こよひ》ちの
かさゝきの橋

146 〳〵天の河。ほ《けふ》しあひ
のそらも
秋風《きぬと》にかさゝきは
たす
たなはたの橋

珍重候歟

寛延二四廿五

杜蝉

147 夕くれにもり
やとゝ
まる
秋ちかき夏もほ
となく
うつ蝉の声

148 〳〵もり内に夏《は》のあ
つさも《さやしらぬ》
山かけに《の》蝉の声
こそ
夕《すゝしかりけ》くれになく

寛延二四廿六当座

〈包紙〉

寛延二四廿八

〈包紙紙背〉

此よしひろう給候
御製御しゆかうは端ことに
すくれ候一首の御と、
のひ
おくよろしく候故おくに
合点と遊しやうは端の
とをりに御しゆかう
第一に遊し候よく候

〈本紙〉

竹雪涼

149 け《さ》ふよりはさきは
みゑすに
ふりつもる雪もかゝ
れる
竹の下をれ

150 〳〵きのふよりまたふ
りつもる《そひて》
白雪のふかふつ《くそ》
もるも

庭のくれ竹 両首珍重候歟

夏月

151 夏の夜のそらのけし
きも
山のはもすゝしくも
みん
すめる月影

夏草

152 夏草の露もうかん
と
ひめゆりのしけみに
ましる
花をたのしむ

寛延二四廿九

〈包紙〉

寛延二五一

〈包紙紙背〉

此殿《このとの》はしゝん殿の心に候
えならぬはいふにいはれぬと
賞くわんの心に候
おくすくれ候か故おくにはかり
加筆にてまいらせ候此よし
ひろう給候

〈本紙〉

盧橘風

153 萬代を九重の庭
も
夏とかへふき暮
風は
にほふたち花

154 〽吹風《此殿》のみはしのち
かく
たち花の花さき
にほふ
かつをたのしむ《せそえならぬ》 此詞つかひ珍重候歟

水鳥蛍

155 ゆく蛍光もゝ
とに
百敷の三河の
池の

夏虫の声

156 〽せきいてゝ《る、》虫の《なかれもきよき》
音たかし
やり水の影《に》もすゝ
しき《く》
とふ蛍《とひふ》かけ

寛延二五十九

寒草霜

157 秋は《くれて》また冬にそ《もなれは》
草の
ふる里《山》に《の》山風にさ
むき
霜の下荻 御下句よろしく候歟

158 〽風《三》さむき花《く二》のま
かきも
庭《一》のおもに《の》萩の草《かれ》
葉に
霜そ《も》おくなる

寛延二五廿二

〈包紙〉

寛延二五廿三

〈包紙紙背〉

端の御製も御趣向よろしく候歟
ことにおく御製は一首御尾
殊勝

珍重に候光胤卿参朝候節
拝見候様と存候此
よし
ひろう給候
近習申　（花押）

〈本紙〉

夕立過

159 九重に又露はらふ
庭のおもにいつのまに
かは
夕立のあと

160 〽夕立はあとなく
はなし
山のは《も》にそらのけ
しきも
夏のすゝしき

珍重之至
目出度候歟

五月雨

161 ふりつゝく雲もかさ
なる
五月雨に水もまさ
れる
軒の玉水

162 〽五月雨は《に》水。《も》まさるら《りて》
し
このころは庭のまさ
こも
池とみへける

珍重候歟

聞郭公

163 夏の夜のそらのい
つくに
声なきて山ほとゝ
きす
初音つくらん

164 〽このころは《うれしくも》まつ夜も《にそ》
きゝ《く》て
ほとゝきすけふ九重

の
あかぬ二声

松歴年

165 〽九重に色もまさ
りて
萬代をとし《みきりに》へて
ちきる
松のこたかさ

166 ちとせふるよはひを
我に
契をきてみきりの
松の
色まさりける

寛延二五廿四月次

梅風

167 よそにみてをちく〱
花も
咲しより風に、
ほわす
春の梅か枝

168 〽春もいま色《咲》
そふか《花に》けを

千里まて梅か丶に
ほふ
さそふ《野辺の》夕かせ
よろしく候歟

寛延二五廿五

169
雲雀
九重に霞をわけて
このころは春ものと
かに
ひはりなく声

170
〽のとけ《か》しな《る》かすみ
もふかし《き》
春もいま《の、の》雲のい
つくに
雲雀なくなり《らん》

寛延二五廿六

171
庭菊
〽秋はいま《ふかき》まかき
にさけ《き》て
色まさりにほひ
もふかく《し》
庭の白菊

寛延二五廿六当座

172
水鳥
芦かものむれ
いてあそふ
やり水にふかれて
いつる
をしかも声

173
〽冬《の夜は》かけてもろ声《に》
きゝ《なく》て
をしかもの羽をと
そさむき
庭の池水
三御句以下殊に珍重候歟

寛延二五廿七

174
春雪
村〳〵の花にまこ
をて
春のゆきははや
くもはれし
九重の庭

175
〽百敷の山《みきり》もの
とかに
庭の《ちりかふ》おもの花に
まかへる
春のあは雪
よろしく候歟

176
夏月
〽すゝ《みかは水》しさにかけ
をうつ
して
百敷の《に》みるほとも《涼しき》
なく

177
夏の夜の月
まつほとにすゝし
き山の
みしか夜の別こそ
しらて
さめる月影
おくの御製御下句殊によろしく候

寛延二六十四

納涼

178 〽松かけや百敷の《は日かけはたて、》
庭も
やり水に風もふき《くる》
いてゝ
夏《秋》のすゝしさ
よろしく候歟

179 九重にあふきの
風は
てのうちにすゝしさ
たかき
たきの白糸

寛延二六廿

〈包紙〉

寛延二六廿二

〈包紙紙背〉

冬かれの中ひともとは外の
木々もみち葉のおち候なるに
一本めつらしく早く梅の咲
たる
事にて候
いとはやもはやき事にて候
此よしひろう給候

〈本紙〉

早梅

180 〽冬かれてにほひ《の中にひともと》
うつして
九重《めつらしく》にはやくも
咲て《る》
庭の梅か枝

181 こと《い》しまて《はやも》冬咲
梅は《の》
庭も香もにほひ《えならす》
もふかく《き》
九重の庭

松藤

182 〽九重やいく千世《の春も》
かけて
松かえにかゝりて
さける
池の藤なみ

183 やり水に咲てう
つろふ
よろしく候歟
藤波は松にそかゝ
る

初雪

春そのとけき

184 〽庭のおもにけさは
つもり
て
白妙のまさこの上
に
ふける初雪
殊勝候歟

185 めつらしくけさは
ふりても
初雪はのちにそ
きえる
色のおしさよ

寛延二六廿四月次

折梅

186 春風のにほひも
ふかく
咲梅のさかりの
花を
おりてかさゝん
187 〽おるそてににほひも
うつれ
色《わかやとの》も香ものとけき
春の
あかぬ《庭の》梅か枝」
寛延二六廿五聖廟法楽」
聞虫
188 〽秋風に草葉の
上に
なく声はふけゆく
よはに《の》
虫《庭のまつ》の音そ聞
189 おく《三》露《に四》のなく声
きけは
九重《一庭のおもの二》に風もふき
いてゝ

秋の虫なり」
寛延二六廿六」
〈包紙〉
寛延二六廿八」
〈包紙紙背〉
光胤卿参内之節此御製
拝見候様に可被仰下
候
両首抜群目出存候
此よしひろう給候
（花押）」
〈本紙〉
夏草
190 〽九重の夏草の
上に
露おきてすゝし
くもみる
秋のちかさよ
191 〽あさことの露より
秋を

まつみせて花をも
いろ〳〵
庭の夏草
両首珍重無極
再反感吟
合悦目候」
七夕草花《七夕会》
192 〽ほしあひのそらを《ゆふへ》
まちえて
咲そふや花のなゝ
くさ
けふのたむけに
よろしく
候歟
193 たなはたは花のにし
きも
色〳〵のけふの
たむけを
そらにまつらん」
寛延二七七」
山霧
194 あさ日かけさのみ
なかりし
九重に霧ふかく

する
〳秋の山風（端）
195 〳松ひはら秋風ふ（そこともわかす）
けは
露おきて霧たち（此ゆふへ）
こめる
百敷の庭

寛延二七九

初秋
196 〳九重にけふま（より）
て夏の（秋と）
しるしとやをと（先つけて）
こそかはれ
秋の初風（けさ）
197 露むすふけふこゝ
のへの
初風はをとにか
秋は
そこにしらるゝ
両首よろしく
猶くはしくは
からす丸参り
時申入候

寛延二七十七

菊盛
198 〳九重にさかりも
はやく
庭のおもににほひも
まさる
白菊の花　珍重候歟
199 秋の内ににほひ
もふかき
色〳〵のまかきの
菊の
花のさかりを

水鳥
200 九重に冬のさむ
さに
池水の声をゝにあ
けて
をしのなくらん
201 〳をしかものむれ（三）
いてあそふ
池水のはかえの上（一、に、ひ）
に
霜のおくなり（や、らん）

寛延二七十八

〈包紙〉
寛延二七廿四

〈包紙紙背〉
はる〳〵は春の心にては
なく候
はるかなる心にて候
千早ふる初心のうちよみ
申さす候
子日は九重にてはなく候
野に
いてゝ小松引候事を
よみ申候
此よしひろう給候

〈本紙〉
子日松
202 〳春〳〵と◦けふ（こ、に）
ひきそむる
小松原ちとせの
かけを
いはふことのは　珍重候歟

203 ちはや《たれもと》ふるのとけ
き春も《の》
九重《野へ》に◦《いて、》子日の
松を
引そめてたき」
下御句ことによろしく候歟

204 わかの浦に色そふ
松の
としをへてむれ
いてあそふ
友鶴の声

浦鶴

205 〽としへたる松も色
そふ
わかの浦にちとせ
をのふる《ちき》
鶴のもろ声』
おくことによろしく候歟

寛延二七廿七」

山吹露

206 山吹にふき落
風は
春ふかく山吹
の露に
ぬれてほすら
し

207 〽春風に《ふかき》まかき
にさける
山吹のさかりの
上《花》に
露そおきける』

寛延二七廿八」

立春

208 〽のとかにて霞たな
ひく
わか宿《あさ日かけ》にけふとて《こそ》
春の《に》《れ》
あらたまりけり

209 九重にかすむ影
日の
のとかなるけふたち
かはる
春の初風』

寛延二八一」

帰雁

210 ふる里《此ころの》は花もさ
かりに
のとかなるこし《みすて、や》、
にいそく
春の雁かね
下御句よろしく候

211 〽のとけし《か》な◦《る》花
をみすて、
雁かねのゆくゑも
しらす
かゑるなりけり』
よろしく候歟

寛延二八二」

〈包紙〉
寛延二八四」

〈包紙紙背〉

御製加筆にてまいせ候御下
かきもすなちまいらせ候
御短尺は三枚もまいらせ候
晩ほと中院もうたに
参り候
此ころのとをりに遊し候
此よしひろう給候
（花押）」

〈本紙〉

早春
212 〽久堅の○けふ九重
雲井に　は
ゝに
春くれは山ものと
かに
霞たなひく

213 のとかなる山のは
とおき
立霞よし野の
里に
春風そ吹」

春月
214 〽ひかりなくのとかに
かすむ

にほふ
一九重のをほろに
や
みゆる
215 三春の夜の月五○
そえならぬ
かけうつすむかしの
春も
のとかなる光もらす
し
をほろ夜の月」

寛延二八五」

池藤
216 春ふかき松にかゝ
りて
かけうつす藤咲宿
の
庭池の河波
池水
217 〽咲池の松にそ
れ
かゝる
藤波は水の内より
うへにそ
は
影そうつれる
両首ことに
おく御製歌

おほしめしわけられ
御趣意
珍重候
歟」

寛延二九七
八」

野薄
218 萬代になひくは
風の
ふけはなり秋のな
かはに
野辺の薄か
219 〽白妙に一村かけ
なひく
て
花薄秋風ふき
て
のへに咲なり
みたる、
すゝきは咲とは申さす候
ほにいつると申し候

舟中月
220 こきいてゝ秋のし
るしに
行舟は水のうち
より
てらす月かけ」

221 〽九重に月の光《の》し
あかくとも《き夜を》舟の
うちにて
みるそうれしき
御下句
よろしく候歟
寛延二八八

池辺月
222 〽こいのへにかけもく《二》
もらぬ《す》
一池水に光もあかし《四》
五秋の夜の月《三すむ》の《そら》
よろしく候歟

223 秋の夜の光さやか
に
九重の池のそこ
にも
すめる月影
寛延二八十六当座

見花
224 のとかなるわか九
重に
みるはなは春をま
ちえて
咲そめてたき

225 〽春ことにさきそふ
庭の
さくら花雲のうへ
にて
見そうれしき
目出度珍重
候歟
寛延二八八

池氷
226 〽このころの冬のさ
むさに
うき草の《も》氷にとつる
庭の池水

227 あさことに氷とち
ては
みつ鳥もあやうく
そみる
冬の池水
寛延二八十七

〈包紙〉
寛延二八廿

〈包紙紙背〉
おくの御製御三句より下
類題の歌に同類候歟
すいふんさやうの類よけられ
候事御けいこによろしく候
昭仁もまへかた類題に同類の
歌
ふとよみ候事も行〳〵御さ候
少もくるしからぬ事に
候へ共すいふんよけ候やうに
いたし候事けいこに候
猶からす丸にても御たつね
おはしまし候やうにそん
し候
此よしひろう給候

〈本紙〉
朝霜
228 〽あさことの冬のさ
むさに
おく霜ははやくそ

きゑる
九重の庭の真砂ち
珍重候歟

229 夜になりてはやあ
けかたの
朝日かけさすや
木のまの
霜の村きえ

寄竹祝
230 〳萬代とけふ《猶》九重
に
いはへ《ふな》けり竹の《みきりの》は
やうの
231 とし《いく世》をへぬらん
としをへて萬代ふ
かき《へ》
九重にま《のみ》かきの
竹の
○末いはふなりけり
両首よろしく候歟
寛延二八廿四

柳風
232 〳青柳のなひく
をみれは
のとかなる《にも》枝にみ《はゆるき》
たるゝ
春の初風《朝》
233 九重にかゝれる枝
の
春風はのとかにな
ひく
青柳の糸
寛延二八廿七

杠《杜》蝉
234 こぬ秋《ちかき》もふく《き》夕
暮の《は》
蝉のこゑ杠の内に
て
235 〳夕日さす杠のうち
にて
聞そうれしき《すゝしかりけり》
秋まちて木かけ

すゝし
き
蝉のもろ声
よろしく候歟
寛延二九二

菊契千年
236 契おきて久しき秋
に
おく露もいく千世か
けて
にほふ白菊
237 わかやどの此九重に
うつしうへて千とせの
秋に
にほふ白菊
238 〳こゝのへに咲そふ庭
の
秋の菊花のにほひ《契りて》
は
千世もつき《へぬへ》せし
寛延二九七

〈包紙〉

寛延二九十一」

〈包紙紙背〉

おくの御製近比
よろしくそむし候
光胤卿参内の
せち
此御詠草
拝見候様に存候
此よしひろう給候」

〈本紙〉

見月

239 けふ《あかす》もみて《る》池のそ
こより《さへ》
月そすむ光さや
けき

秋の夜のそら

240 〽秋の夜の月をみる
こそ
うれしけれひかり
もあか《き》し

九重の庭

おく御製
珍重之至候歟」

早梅

241 〽冬なからあや《は》咲
花は《そめて》
こゝのへの《に》にほひもふ
か《き》く

庭の梅か枝

242 九重に花はさか《春をもまたて》
むと
庭のおもにあや《は》咲
にほふ

冬の梅香ゝ

寛延二九十五」

〈包紙〉

寛延二九十八当座」

〈包紙紙背〉

秋かせの吹はみたれて九重の
まかきにさけるいと萩の花」

〈本紙〉

萩

243 〽けふといひは秋風ふ《の二》
き。て《けはみたれ》
九重に《の》まかきにさけ
る

庭のいと萩《の花》

244 風そ吹九重に咲
秋はきは露もおき
ける

玉河の水

朝霜《朝歟》

245 〽朝ことに此こゝの《なく》
への
庭のおもに《の》草木の
上に
霜そおきける

よろしく候歟

246 さむさにて《かれわたる》草葉の
色も
冬なから《さむき》けふ九重
に

」

四 にはの。朝霜《まかきのけさの》」

寛延二九廿」

〈包紙〉

寛延二九廿二」

〈包紙紙背〉

一字つゝけおとし候故すなはち
加筆にてしん上候此よし
ひろう給候

御懐紙御下りきはあすしん上候
今日は自由なから客来候故
御製はかり加筆にて
しん上候
此よしひろう給候」

〈本紙〉

秋風

247 朝な〱此こゝの
への
庭のおもになひく
を花に

秋風そ吹

248 〽夕くれはおく露ふ《き》
かく
秋なれは萩の下葉
も
風そ吹ける

秋山

249 〽そめ〱て夕日のさ
すに
見わたせはもみちは《の》
山の
秋そうれしき」

250 くれなゐに木々の
珍重候歟
このはの
秋もいまたつたの
山に
紅葉そめけり」

草花

251 さま〱九重の
庭に。
咲そふ《いつる》や草葉の
上に

露そおくなり《る》

252 〽咲《百》草の秋風ふ
きて
庭のおもにおく露
ふかき
花の色〱」

寛延二九廿八」

松蔦

253 〽九重に《の》ときはの
松に
かゝるなり紅ふかき
蔦の紅葉

254 〽松の上にかゝるかす
らの
蔦の葉も紅葉と
ともに
そめるなりけり
両首ともに珍重候歟」

寛延二九廿八」

松

255 〽萬代に色もかえ
らぬ
九重のときは
の松は
としをへぬらん《かけさかへゆく》
256 波のをと風にまき
れて
すみよしにいく千世
かけて
松のこたかさ』
寛延二九廿八当座」
257 點取
残菊
庭のおもは冬にそ
なりて
ませの内にうつろ
ふ色の
白菊の花
258 朝霜
冬さむし日かけう
つれと
朝しものかきねに

山陰のには
残る』
寛延二十六點取」
259 竹雪
〽冬さむし《き》けふ九
重の
庭のおもに雪そ
つもれる
竹の下折
よろしく候歟
260 くれ竹の冬につ《みとりもみえす》
ふりて
としを《しろた》へる《に》庭のま
さこに《も》
雪そふりけり《つもれる》』
寛延二十九」
261 菊露
〽百敷の秋にそ《や千とせのも》
なりて
にほふらんおく露

ふかき
庭の白菊
よろしく候歟
262 にほふなるおい《まかきの》
せぬ菊は
咲いつる《て、》花の上
にそ
露そ《も》おきける
下御句
よろしく候歟』
寛延二十十五」
〈包紙〉
寛延二十十五」
〈包紙紙背〉
おく御製五御句
一字そむしたかひ候て宸翰の
千字に愚署つゝけ候此よし
ひろう給候」
〈本紙〉
新樹
263 〽此ころの《花ちりし》けふこ

このへの
山陰の夏の木立は
青葉なりけり
御作意
よろしく候歟
264 夏にて《かけ》は花こそ
のこれ
みとりなる青葉
の山の
木々○の下草《のこかくれ》

千鳥
265 しをの山にとも
をはよひて
なく千鳥声こそ
さむき
和歌のうら波
266 〽萬代《はる〳〵と》にしをう○《ら》
○《な》みかけて
ゆく千鳥なく
声さむし
月のよる波〳〵
寛延二十十六

軒梅
267 〽○うえし《うつして》時春もの
とかに
のきちかく九重《此に》の
内へ
にほふ梅かゝ
268 のとかなるのきに
○梅《咲》かゝは里《まと》の内ま
そちかく
て
にほふなりけり
寛延二十十八

初雪
269 〽九重の冬《四》のさむ
さに
白妙《一》の庭《に二》のまさこ
に《も》
初雪そふる
270 庭のおもにけさこ《は》
そふりて《れとも》
初雪ははやくそ

きへる
玉露のには
両首
よろしく候歟
寛延二十廿二

款冬
271 〽露おきてのとけき
春の
まかきには咲山吹の
花をみるらん《そえなぬ》
272 の此夕《此夕》とかなる露こそ《さへ》
おきて
山吹は色はまさり
て
春風そ吹
よろしく候歟
寛延二十廿二

葵
273 〽賀茂山に《の》神のま
つりの
けふそ《こ》とて《に》あふひ

かつらを
かさすなりけり
珍重存候歟

274 としことの賀茂のみ
あれに
葵草けふのか
さしも
二葉なりけり

時雨
275 いくたひのはれると
みれは
またふりて時雨にそ
むる
木々の紅葉ゝ

276 〽庭のおもに日かけうつ
れと
冬はなを《山のは》時雨のくも《にの》
もみちそめけり《夕くれのそら》

寛延二十廿四月次

峯月
277 みねの上に光もあか《四》
し
すむ月の木かけは《二》
みえて
秋の夜のそら

278 〽うれしくも影こそ
うつれ
白雲の峯より
出る
秋の夜の月

寛延二十廿六

夜蛍
279 〽こゝのへ《いけ水》にもゆる蛍
の
とひくるは光もあかし
夏の夜のそら

280 〽もゝしき《此ころ》の夏のよる
こそ
涼しけれ星にま
きれる
蛍なりけり《みたれて》
両首よろしく候歟
おくことにおほしめし
つき候趣珍重候歟

寛延二十一四

水鳥
281 〽冬の夜のおく霜ふ《く》
かき
なくかものはをとそ
さむき
庭の池水

282 ふゆの夜の氷もと
つる
池水にをしのは
かいも
さえまさるらん

砌竹
283 萬代にとしふる
竹の
みとりなる色もかはら
ぬ
百敷の庭

284 〽いく千とせ色もかはら
す
九重に《の》みきりの竹

の
かけさかへゆく
寛延二十一廿四月次」
卯花
285 〽見はたせは盛にみ
ゆる
卯花は雪にま
かへる
九重の庭
286 玉河のけしきは
冬の
月雪に《の》同し色
こそ《にも》
さける卯花
両首よろしく候歟
七夕
287 秋の夜のあまの
河らの
七夕はけふこそちきる」
かさゝきの橋
288 〽九重の《まちえたる》秋のなぬ

かの
七夕の《此》星あひのそら
に
初風そ吹
寛延二十一廿四月次会」
池藤《稽古》
289 〽池水の春ものとかに
ふち波の松にかゝり
て
咲そうれしき
290 九重の春のとかなる
かゝる
松かえにこたかく
池のふち波
嶺紅葉
291 このころの秋も久しき
山〳〵は時雨にそむる」
みねのもみちは
292 〽時雨せしたかねを
みれは
くれなゐにそむる
紅葉の

にしきなりけり
寛延二十二廿三」
勅封番号一〇六、二、三
〈本紙〉
初春
293 〽萬代と《のとかなる》千世のはし《の》
めに
春きては《ぬと》霞みたなひく
九重の庭
めてたく
存候歟
294 いつしかと日かけく
もらて
はつ春ののとかに
なりて
氷とくらん」
寛延三正十二」
寛延三正廿四会始」
寄若菜祝言

295 もえいつる春日の野へにわかなつむ
千年のはるはのとかなりけり
296 〽萬代といはひてのへにをとめ子の
春ものとかにわかなをそつむ
よろしく
候歟
397 春の野はのとかになりて若菜つむ
ちとせを契るけふのもろ人
」

〈包紙〉
寛延三年二月
九日
院御點
」

〈包紙紙背〉
両首ともによろしく候端の
御製ことにおほしめし
つき
御趣向珍重のいたりに
存候
猶からす丸中院にも此御詠
三二
見せられ候様に存候此
よし
ひろう給候
」

〈本紙〉
梅
298 〽のとかなる庭のけ
しきも
梅か枝のにほひま
さりて
さそふ春風
ことに珍重候歟
299 こゝのへの《や》にほひも
四
あかぬ
梅かゝののとかに
二
なりて
春風そ吹
」
寛延三二九稽古
」
水無瀬宮法楽
岸柳
300 〽庭《池水》のおもに波よるき
しの
あを柳の春もの《はかせ》とか
に
なひくなりけり
301 ゆく水はのとかにな
りて

風ふけは波もきし
よる
春のあを柳
月次
籬菊
302 〽百敷やわかこゝのへ
の
ませの内ににほひまさ
れる
白菊の花
珍重候歟
303 末とをき萬代
かけて
ませの内ににほふも
あかぬ
庭の白きく
」
浦松
304 〽和歌の浦にとしへて
松の
みとりなる色もえ
ならす
波そ立《みゆるなり》ける《り》
305 朝またき風こそ吹
て
玉つしまなみものと
けき

和歌の浦松

寛延三 二 廿二 水無瀬殿法楽
廿四 月次

桜

306 〽としことに桜は咲て
我宿のくもものと 井
かに
春風そ吹

307 〽春ことにみはしの
さくら
さきにけりみるも
うれしき
九重の庭 両首珍重之至候歟

鶴

308 庭のおもやわかこゝの
への
松かえに千とせを
のふる
友鶴の声

309 〽まつか枝にちとせ
をかけて
いはふなり雲井に
ともつるの声
たかき
よろしく候歟

寛延三二廿三

聖廟法楽
鶯

310 このころは春も
のとけき
我宿の竹のさえ
たに
うくひすの鳴

311 〽いく千世のはるも をはつけて
久しき
九重に声ものと
かに
うくひすのなく

寛延三二廿五

霞

312 山たかみ春も 三 大うちの 四 けさより
久しき
一 九重やのとかに 二
なりて
霞たなひく

313 〽春はきて風ものと
かに
山〳〵は朝日の陰 のはの の事も
に
かすみたなひく よろしく候歟

藤

314 のとかなるわか
こゝのへの
やり水の松にそかゝ
る

315 〽我宿の庭のけ
しきも
池の藤波
のとかなる木たかく にて
かゝる
いけの藤なみ 両首ともによろしく候歟

寛延三二廿八

山

316 〽雲まよふ朝日は
いて丶
山のはにかすみ
たなひく
春ののとけさ
景色おもしろく候

317 〽夕日さすけふ《そなたのそらを》
九重に
見わたせはくもそ
か丶れる
遠近の山

松

318 〽いく千世と《とせ》色もかは
らて
みとりなるとしふる《みきりの》
松を
いはふなりけり
めてたく候歟
」

319 いく千とせみとりも
ふかく
住吉にも丶え
さしのほる
松の木たかさ
おくも上句よろしく候四句
百枝と候百枝の松は伊勢の
かみち山によみならはし候

寛延三三七 」

蛙

320 〽夕暮《此ころは》に井手の山
吹
咲にけり春かすみ
にて《と》
蛙なくなり　珍重候歟

321 山吹の花のさか
りに
見ゆるなり《にけりいけ》。中田の
蛙の
もろ声に鳴 」

寛延三三十 」

〈包紙〉
寛延三三十七 」

〈包紙紙背〉
御製いつれもよろしく存候
此のよしひろう給候 」

〈本紙〉
柳

322 〽あさまたき吹くる風
に
色そゑる《て》柳の糸の
うちなひくなり
よろしく候歟

323 九重《此ころ》の風に柳は
なひくなり糸は
みとりの
春になりけり

落花風

324 〽長閑かなるけふの
心は《に》
おしむなり風吹
ことに
花そちりける
又よろしく候歟

325 長閑かなるおし
む心は
春ことに花のちる
をは
雪にまかへる 」

三十九当座
野若菜
326 〽のとかなる千年の　春の
春日野にけふ　もろ人の
わかなつまま《むら》し
327 萬代とけふは　のとかに
もろ人のわかな　つむ野に
霞たなひく　」
寛延
宝暦三、、
稽古
五月雨
328 〽五月雨は《の》ふらぬまも　なく《き》
このころは庭のまさ　こも
水まさりける
329 つれ〳〵と日数かさね　て
このころははれまも　見えぬ　」

五月雨のそら
杜神楽
330 〽寒けしな月すみのほる
杜の内に朝くこ　そとふ
本すゐの声　」
331 杜の内にしらゆふかく　る
神かきに庭火をそ　いふ
声のさむけき
寛延三三廿一　」
〈包紙〉
寛延三三廿二　稽古　」
〈包紙紙背〉
いつれもよろしく候ことに花の端　の
御製殊勝珍重之至　まこと
めてたくよろこひ存候此よ　し

ひろう給候　」
〈本紙〉
夕帰雁
332 〽夕暮の雲井　はるかに
一つらの《は》花を見　すて、
かゑる雁かね
333 のとかなる花をみ　すて、
行雁の夕日の　雲に
春風そ吹
山花盛
334 〽みよし野のよしの、　山の
桜花盛にみゆる
春の白雲　珍重候歟
335 かつらきの高ま　の山の
さくらはなさかりと　みえて
さそふ春風　」

月次
桜

336 〽のとかなるわかこゝの　への
山さくらはなの
さかり《四》お《○久しく》
みるそうれしき　珍重候歟

337 のとかなるよし野ゝ　山の
桜はな久しき春　に
あかぬ色なり

款冬

338 行春はをく露　ふかく
玉河のかきねに　さける
山吹の花

暮行

339 〽花ちりて春の
まかきとてくちなし　いろに
さける山吹

寛延三三廿四

〈包紙〉
寛延三四一

〈包紙紙背〉
藤端の御製よろしく候　ほかの
御製もよろしくは候へ共月のおく
少々所存候とをり書加候
此のよしひろう給候

霞中月

340 〽我宿の池にそ　うつる
月影のかすみに《こめた》　まちる
春ののとけさ

341 池水に《更行は》霞は立　て
ふる里に《いと、猶》おほろ　月夜に
そらはるゝなり《の、とけき》
かすみの月ははるゝとは申かたく候歟

松上藤

342 〽やり水の松のそは　葉に
咲藤の色もかはら　て
見るそうれしき《さくもえならぬ》　よろしく候歟

343 行春の《むらさき》色もかはら《えな》　す
池水に松に《の》かゝれる
藤《庭の浪》の花ふさ

庭春雨

344 九重の花も　さきけん《かな》
玉水は《此ころ》のとかに　ふれる
庭の春雨

345 〽庭の面ののき《に》の　上より
玉水の春の雨　こそ
のとかにそふる

池款冬
346〽池水のかきね。《に》
さける
山吹は《の》花に露
おく
春のゝとけさ」
347 行水や春のなか
はは
のとかなる池の
まかきに
さける山吹

寛延三四四」

〈包紙〉
寛延三四七」

〈包紙紙背〉
はいけん仰付られ候やうにと存候
かへすく〜鶯のはし
珍重候
うくひすの端の御製
ことによろしくそむし候
鶯端花おくはかり御かき付

遊し
からす丸中院参り候時分に」

〈本紙〉
鶯鳴梅
348〽三のとかなるけに
色もかも
一梅かゝ《え》の花の《さかり》
にほひを
鶯そしる
御しゆ向よろしく候歟
349 鳴声は宿にさた
めて
鶯のにほふひも
あかぬ
庭の梅か枝
花初開
350 山桜此ころ
まては
さかりみえてけふの初に
花そさきける」
351〽九重ののとけき
春の
桜花けふのさか

りを
見るそうれしき」

三　桃園天皇和歌関係事跡一覧

〈凡例〉

1．本詠草によって判明した詠歌は歌題を【　】で囲んだ上で↓にて本稿における歌番号を付し、また『桃園天皇御懐紙』（勅封番号一〇六―一一～一〇六―一一―一四）において確認された歌会・詠歌については歌題を《　》で囲んで掲出し、ともに歌は、割愛した。古記録等によって確認できた詠歌については、歌題・詠歌ともに「　」を付して掲出することとした。

2．古記録によって確認した記事は、以下の略号によってその出典を示す。

（八）→八槐記、（憲）→憲台記、
（公御）→公宴御会、（公日）→公宴日記、
（御湯）→御湯殿上日記、（御点）→御点取、
（稙）→稙房卿記、（通）→通兄公記、
（続）→続史愚抄、（日）→日野西資興日記、
（頼）→頼言卿記、（月）→月次醜満

延享五年六月一八日　歌書の御読書始。桜町上皇、臨御あり。（御湯）
　権中納言中院通枝、参議烏丸光胤らに交替で参仕すべき由、仰せあり。（八）

延享五年六月二一日　歌書の御読書あり。烏丸光胤、参仕。桜町上皇、百人一首を進められる。（御湯）

延享五年七月七日　七夕の和歌御会あり。（八）（日）（続）

寛延元年八月一三日　当座、【庭松】（初詠）↓1　【郭公】【庭荻】↓2・3
　桃園天皇が初めて和歌御製、桜町上皇、感悦のあまり急遽「寄松祝」題にて御点取当座和歌会行われる。（憲）（八）

寛延元年八月一五日　【藤】↓4

寛延元年八月一八日　当座、【梅】↓5
　当座和歌御会あり、桜町上皇による和歌御点取行われる。（憲）（八）

寛延元年八月二二日　【紅葉】【月】↓6・7

寛延元年八月二四日　【花】↓8

寛延元年八月二七日　【鶴】↓9

寛延元年九月五日　【梅】↓10

寛延元年九月六日　桜町上皇、参議三条西実称に歌書進講の仰せあり。（御湯）
　【萩】↓11

寛延元年九月八日　【菊】↓12

寛延元年九月九日　重陽の和歌御会あり。（公御）（日）

寛延元年九月一二日　【瀧水】【池月】【郭公】↓13・14・15
　密に当座和歌御会あり。桃園天皇御製あり。題「池月」「秋のよのながむるそらもくもりなくひかりさやけき池の月影」。（公御）

寛延元年九月一五日　【鶯】↓16

寛延元年九月一八日　【竹】【紅葉】↓17・18
寛延元年九月一九日　【雪】↓19
寛延元年九月二三日　【山吹】↓20
寛延元年九月二四日　【虫】↓21
寛延元年九月二五日　【松】↓22
寛延元年九月二七日　【夏草】【霞】↓23・24
寛延元年一〇月一日　【霜】↓25
寛延元年一〇月二日　当座、【庭霜】↓26　【萩露】↓27
寛延元年一〇月三日　【山花】↓28
寛延元年一〇月四日　【梅風】【庭菊】↓29・30
寛延元年一〇月五日　【朝鶯】【見月】↓31・32
寛延元年一〇月六日　当座、【庭花】↓33　【夜蛍】【松雪】↓34・35
寛延元年一〇月七日　【砌竹】↓36
寛延元年一〇月九日　【紅葉】↓37
寛延元年一〇月一〇日　【山霞】↓38
寛延元年一〇月一一日　【梅風】↓39
寛延元年一〇月一三日　当座、【紅葉】↓40
当座和歌御会あり。（憲）（八）
寛延元年一〇月一四日　【水鳥】↓41
寛延元年一〇月一七日　【郭公】↓42
寛延元年一〇月一八日　【秋月】↓43
寛延元年一〇月二〇日　【庭松】↓44
寛延元年一〇月二一日　【初雪】↓45

寛延元年一〇月二二日　【祝言】↓46
寛延元年一〇月二五日　【瞿麦】↓47
寛延元年一〇月二七日　【桜】↓48
寛延元年一〇月二八日　【舟】↓49
寛延元年一〇月二九日　【庭露】↓50
寛延元年一〇月三〇日　【山吹】↓51
寛延元年閏一〇月一日　【紅葉】↓52
当座和歌御会あり。（八）
寛延元年閏一〇月六日　【鶴】↓53
寛延元年閏一〇月九日　【月】↓54
寛延元年閏一〇月一六日　【蝉】↓55
寛延元年一一月二日　【若草】↓56
寛延元年一一月四日　【雪】↓57
寛延元年一一月七日　【林中花】↓58
寛延元年一一月八日　【水蛍】↓59
寛延元年一一月九日　【舟中月】↓60
寛延元年一一月一〇日　【松上雪】↓61
寛延元年一一月一四日　【寄竹祝】↓62
寛延元年一二月一七日　【山月】↓63
寛延元年一二月二一日　【聞郭公】↓64
寛延元年一二月二二日　【水鳥】↓65
寛延元年一二月二三日　【梅風】↓66
寛延元年一二月二八日　【寄竹祝】↓67
寛延二年正月一〇日　【初春】↓68

寛延二年正月一二日　桜町上皇の仙洞にて、和歌御会始行われる。
(八)(憲)(稙)(日)

寛延二年正月二四日　禁裏の和歌御会始、延引。(通)
【鶯有慶音】↓69・70・71

寛延二年二月一日　禁裏の和歌御会始、追行。桃園天皇御製あり。題「鶯有慶音」「うぐひすの声ものどかにむめも咲春をよろこぶ九重のには」。

(御湯)(八)(月)(憲)(公日)

御会始、《鶯有慶音》

寛延二年二月二三日　水無瀬宮法楽、【初春山】↓72・73
水無瀬宮法楽和歌御会あり。(八)

寛延二年二月二四日　月次、【桜】【鶴】↓74・75・76・77

寛延二年二月二五日　雪庭法楽、【梅盛】↓78・79
北野社法楽三十首当座詩歌御会あり。(八)

寛延二年三月四日　当座和歌御会あり。(八)
当座、【柳風】↓80

寛延二年三月一四日　【若草】↓81・82

寛延二年三月一六日　【花】【月】↓83・84・85・86　点取、【山吹】【庭松】↓87・88
和歌の御点取あり。桃園天皇御製あり。題「山吹」、「萬代の春をまちえてこゝのへのまがきにさける山吹のはな」。(御点)

寛延二年三月一八日　【郭公】↓89・90
柿本社法楽和歌御会あり。(八)

寛延二年三月二一日　【五月雨】【雪】↓91・92・93・94

寛延二年三月二二日　【霞】【紅葉】↓95・96・97・98

寛延二年三月二四日　【水辺藤】【庭上鶴】↓99・100

寛延二年三月二五日　【草花】↓101・102　当座、【池蛍】↓103・104

寛延二年三月二六日　【水鳥】↓105・106

寛延二年三月二八日　【夕立】↓107・108

寛延二年四月一日　【春山】【春鳥】【山月】↓109・110・111・112

寛延二年四月二日　【紅葉】↓113・114

寛延二年四月四日　【花盛】↓115・116

寛延二年四月七日　【郭公】↓117・118

寛延二年四月一二日　【菊花盛】↓119・120

寛延二年四月一三日　【月前虫】【早梅】↓121・122・123・124

寛延二年四月一五日　【春雨】↓125・126

寛延二年四月一六日　当座、【卯花】↓127・128

寛延二年四月一七日　【初雪】↓129・130
東照宮法楽当座和歌御会あり。(八)(憲)

寛延二年四月一八日　月次、【庭萩】【若草】↓131・132・133・134

寛延二年四月二一日　【連峯霞】↓135・136

寛延二年四月二三日　【花似雲】↓137・138

寛延二年四月二四日　月次、【初春】【菊】【水辺蛙】↓139・140・141・142・143・144

寛延二年四月二五日　【七夕橋】↓145・146

寛延二年四月二六日　当座、【杜蝉】【竹雪涼】↓147・148・149・150

寛延二年四月二九日　【友月】【友草】↓151・152

寛延二年五月一日　【盧橘風】↓153・154
寛延二年五月一九日　【水鳥蛍】↓155・156
寛延二年五月二二日　【寒草霜】↓157・158
寛延二年五月二三日　【夕立過】↓159・160
寛延二年五月二四日　月次、【五月雨】【聞郭公】【松歴年】↓161・
162・163・164・165・166
寛延二年五月二五日　月次御会。《五月雨》《聞郭公》《松歴年》
【梅風】↓167・168
寛延二年五月二六日　【雲雀】↓169・170　当座、【庭菊】↓171
内々に当座和歌御会あり。桜町上皇御製、
桃園天皇御製あり。(八)(通)
寛延二年五月二七日　【水鳥】↓172・173
寛延二年六月一四日　【春雪】【夏月】↓174・175・176・177
寛延二年六月二〇日　【納涼】↓178・179
寛延二年六月二二日　【早梅】↓180・181
寛延二年六月二四日　月次、【松藤】【初雪】↓182・183・184・185
寛延二年六月二五日　聖廟法楽、【折梅】↓186・187
寛延二年六月二六日　【聞虫】↓188・189
寛延二年六月二八日　【夏草】↓190・191
寛延二年七月七日　七夕会、【七夕夏草】↓192・193
七夕の和歌御会あり。《七夕草花》
七夕節、和歌御会あり。題、「七夕草花」
(稙)(通)
寛延二年七月九日　【山霧】↓194・195

寛延二年七月一七日　【初秋】↓196・197
寛延二年七月一八日　【菊盛】【水鳥】↓198・199・200・201
寛延二年七月二四日　【子日松】↓202・203
寛延二年七月二七日　【浦鶴】↓204・205
寛延二年七月二八日　【山吹露】↓206・207
寛延二年八月一日　【立春】↓208・209
寛延二年八月二日　【帰雁】↓210・211
寛延二年八月四日　【早春】↓212・213
寛延二年八月五日　【春月】↓214・215
寛延二年八月七日　【池藤】↓216・217
寛延二年八月八日　【野薄】【舟中月】↓218・219・220・221
寛延二年八月一六日　当座、【池辺月】↓222・223
寛延二年八月一七日　【見花】【池氷】↓224・225・226・227
寛延二年八月二〇日　【朝霜】↓228・229
寛延二年八月二四日　【寄竹祝】↓230・231
寛延二年八月二七日　【柳風】↓232・233
寛延二年九月一日　伊勢神宮法楽当座和歌御会あり。(八)(通)
(憲)
寛延二年九月二日　【杜蝉】↓234・235
寛延二年九月七日　【菊契千年】↓236・237・238
重陽御会。《菊契千年》
寛延二年九月九日　重陽御会あり。題「菊送多秋」。(御湯)(稙)
(八)(公御)
寛延二年九月一一日　【見月】↓239・240

寛延二年九月一五日 【早梅】↓241・242
寛延二年九月一八日 当座、【萩】↓243・244
寛延二年九月二〇日 【朝霜】↓245・246
寛延二年九月二四日 【秋風】【秋山】↓247・248・249・250
月次御会。《秋風》《秋山》
寛延二年九月二八日 【草花】【松蔦】↓251・252・253・254 当座、
【松】↓255・256
寛延二年一〇月六日 点取、【残菊】【朝霜】↓257・258
寛延二年一〇月七日 桜町上皇、中院通枝に和歌天爾遠波を伝授。
(御)(通)(憲)
寛延二年一〇月九日 【竹雪】↓259・260
寛延二年一〇月一五日 【菊露】【新樹】↓261・262・263・264
寛延二年一〇月一六日 【千鳥】↓265・266
寛延二年一〇月一八日 【軒梅】↓267・268
寛延二年一〇月二二日 【初雪】【款冬】↓269・270・271・272
寛延二年一〇月二四日 月次、【葵】【時雨】↓273・274・275・276
寛延二年一〇月二六日 【峯月】↓277・278
寛延二年一一月四日 【夜蛍】↓279・280
寛延二年一一月二四日 【水鳥】【砌竹】↓281・282・283・284 月次、
【卯花】【七夕】↓285・286・287・288
寛延二年一二月二三日 月次御会。《水鳥》《砌竹》
稽古、【池藤】↓289・290 【嶺紅葉】↓291・
292
寛延三年正月一二日 【初春】↓293・294

寛延三年正月二四日 御会始、【若菜祝言】↓295・296・297
御会始、《寄若菜祝言》
和歌御会始、懐紙宸筆。桃園天皇御製あり。
題「寄若菜祝言」「萬代といはひて野べに
をとめ子の春ものどかにわかなをぞつむ」。
(八)(頼)(公御)
寛延三年二月九日 稽古、【梅】↓298・299
寛延三年二月一二日 和歌御会始。(八)(憲)(植)
寛延三年二月二二日 水無瀬法楽、【岸柳】↓300・301
寛延三年二月二三日 【桜】【鶴】↓306・307・308・309
寛延三年二月二四日 月次、【籬菊】↓302・303 【浦松】↓304・305
寛延三年二月二五日 【鶯】↓310・311
寛延三年二月二八日 【霞】【藤】↓312・313・314・315
寛延三年三月七日 【山】【松】↓316・317・318・319
寛延三年三月一〇日 【蛙】↓320・321
寛延三年三月一七日 【柳】【落花風】↓322・323・324・325
寛延三年三月一八日 柿本人麿影供和歌御会、桜町上皇御製あり。
(続)
寛延三年三月一九日 当座、【野若菜】↓326・327
寛延三年三月二一日 稽古、【五月雨】【杜神楽】↓328・329・330・
331
寛延三年三月二二日 稽古、【夕帰雁】【山花盛】↓332・333・334・
335
寛延三年三月二四日 月次、【桜】【款冬】↓336・337・338・339

寛延三年四月一日　月次御会。《桜》《款冬》

【霞中月】【松上藤】↓340・341・342・343

寛延三年四月三日　和歌当座御会あり。（憲）

寛延三年四月四日　【庭春雨】【池款冬】↓344・345・346・347

寛延三年四月七日　【鶯鳴梅】【花初開】↓348・349・350・351

寛延三年四月二一日　桜町上皇、十八日よりの体調不良が悪化。

（御湯）（八）（通）（憲）

寛延三年四月二三日　桜町上皇、崩御。（御湯）（八）（通）（憲）

（稙）（日）

備　考	典籍解題	家別	分類	紀要	頁
南北朝写　後愚昧記は翻刻『大日本古記録』513-8より分離	歴史 p181	壬生本	416	和漢	997
宝治２年写　513-8より分離	歴史 p181	壬生本	516	和漢	1335
室町～江戸期写　『図書寮叢刊』壬生家文書６　高橋隆三『国史学』45論文参照　513-8より分離	歴史 p145p181	壬生本	416	和漢	993
鎌倉写　513-8より分離	歴史 p181	壬生本	416	和漢	1021
鎌倉写　『図書寮叢刊』　棚橋光男『中世成立期の法と国家』参照　壬生家文書４　513-8より分離	歴史 p181	壬生本	416	和漢	981
江戸写　513-8より分離	歴史 p181	壬生本	416	和漢	979
原本写本　『図書寮叢刊』壬生家文書６　513-8より分離	歴史 p181	壬生本	416	和漢	989
原本写本　513-8より分離	歴史 p182	壬生本	416	和漢	985
南北朝写　513-8より分離	歴史 p181	壬生本	416	和漢	980
鎌倉写　513-8より分離	歴史 p181	壬生本	416	和漢	1006
室町写　『図書寮叢刊』壬生家文書６　513-8より分離	歴史 p181	壬生本	416	和漢	988
原本写本　513-8より分離	歴史 p181	壬生本	416	和漢	1007
文政13年写　目録はF10-468とする、現函架番号不明		壬生本	516	和漢	1311
43号にて510-8に変更	続歴史 p038	壬生本	510	和漢	1187
43号にてF10-254に変更		壬生本	514	和漢	1220

書　名	員	函	号
七仏薬師法於禁中被行例　附等持寺御八講　(後愚昧記永徳元・一二・二四条あり)　(諸官符口宣古宣命諸社寺申状等古文書の内)	1	壬	1006
仁王会図　(諸官符口宣古宣命諸社寺申状等古文書の内)	1	壬	1007
古宣命　治承四～万治二(一五通)　附奉幣使交名　(裏)梵恕記(永正五)　(諸官符口宣古宣命諸社寺申状等古文書の内)	1	壬	1008
大嘗会悠紀所着到　文保二　(諸官符口宣古宣命諸社寺申状等古文書の内)	1	壬	1009
伊勢神宮寛御厨検田注文　保延元　(諸官符口宣古宣命諸社寺申状等古文書の内)	1	壬	1010
河州天野山文書　治承、建久、貞応　(一四通)　寄進状・庁宣・院庁下文等　(諸官符口宣古宣命諸社寺申状等古文書の内)	1	壬	1011
記録所文殿関係文書　建久～永和、年不詳(一九通)　御教書・注進状等　(諸官符口宣古宣命諸社寺申状等古文書の内)	1	壬	1012
御厩領高峯山関係文書　延文二～四　御教書等(一〇通)　(諸官符口宣古宣命諸社寺申状等古文書の内)	1	壬	1013
安楽寺別当長済義絶状　菅原氏　正和四　(諸官符口宣古宣命諸社寺申状等古文書の内)	1	壬	1014
筑後国検交替使実録帳　仁治二　(諸官符口宣古宣命諸社寺申状等古文書の内)	1	壬	1015
官掌職関係文書　嘉慶、応永、年不詳(一四通)　補任状等　(諸官符口宣古宣命諸社寺申状等古文書の内)	1	壬	1016
東寺堂舎等損亡検注状　治承三　附東寺金堂材木申請注進状(建久三)・覆奏文　(諸官符口宣古宣命諸社寺申状等古文書の内)	1	壬	1017
神宮別宮一社奉幣之事　文政一三　回禄廃朝　　小槻以寧	1		
※欠番　(西宮記)		特	4
※欠番　(職原鈔)		特	95

備考	典籍解題	家別	分類	紀要	頁
小槻重房寛文8年写		壬生本	127	和漢	347
江戸初写		壬生本	127	和漢	347
江戸初写		壬生本	127	和漢	347
江戸初写		壬生本	127	和漢	359
原本写本　401巻144冊　明治41年式部職引継		壬生本	107	和漢	183
原本写本		壬生本	123	和漢	262
原本		壬生本	127	和漢	359
原本写本		壬生本	516	和漢	1312
全82点の内		壬生本	516	和漢	1312
全82点の内		壬生本	516	和漢	1312
全82点の内		壬生本	516	和漢	1312
全82点の内		壬生本	516	和漢	1312
全82点の内		壬生本	516	和漢	1312
全82点の内		壬生本	516	和漢	1312
全82点の内		壬生本	516	和漢	1312
全82点の内		壬生本	516	和漢	1312
全82点の内		壬生本	516	和漢	1312
全82点の内		壬生本	516	和漢	1312
全82点の内		壬生本	516	和漢	1312
全82点の内		壬生本	516	和漢	1312
全82点の内		壬生本	516	和漢	1312
全82点の内		壬生本	516	和漢	1312
全82点の内		壬生本	516	和漢	1312
全82点の内		壬生本	516	和漢	1312
全82点の内		壬生本	516	和漢	1312
全82点の内		壬生本	516	和漢	1312
全82点の内		壬生本	516	和漢	1312
全82点の内		壬生本	516	和漢	1312
全82点の内		壬生本	516	和漢	1312
全82点の内		壬生本	516	和漢	1312
保安3～寛延元年写		壬生本	516	和漢	1279
原本写本		壬生本	416	和漢	1019
永禄9年写		壬生本	106	和漢	169
→壬454に統合		壬生本			
鎌倉室町写　『図書寮叢刊』壬生家文書9		壬生本	416	和漢	1014
鎌倉写　元折紙2枚		壬生本	516	和漢	1304
原本　『図書寮叢刊』壬生家文書6	続歴史 p222	壬生本	416	和漢	980
鎌倉写　『図書寮叢刊』壬生家文書9　513-8より分離	歴史 p156p181	壬生本	416	和漢	999
鎌倉写　『図書寮叢刊』壬生家文書7　513-8より分離	歴史 p181	壬生本	416	和漢	988
原本　『図書寮叢刊』壬生家文書6　513-8より分離	歴史 p181	壬生本	416	和漢	990
鎌倉写　『図書寮叢刊』壬生家文書4　513-8より分離	歴史 p181	壬生本	416	和漢	981

書　名	員	函	号
御八講次第	1	壬	442
御八講交名	1	壬	443
御八講交名	1	壬	444
曼荼羅供次第　年不詳	3	壬	445
神官神職補任宣旨案　文安五～慶応三(有欠)	545	壬	446
一身阿闍梨款状並宣旨官牒　寛文三～元治二	52	壬	447
法華会探題職並講師宣旨案以下関係文書　明暦元～慶応二　(有欠)	90	壬	448
新造内裏遷幸一会　正長二～安政二	82	壬	449
新造内裏遷幸一会　01遷幸供奉両足之事　正長二		壬	449
新造内裏遷幸一会　02御移徙行幸日時勘申並下行事　寛永一八～二〇		壬	449
新造内裏遷幸一会　03遷幸路次折紙外雑事並行列　明応元		壬	449
新造内裏遷幸一会　04遷幸次第並行列書　万治四		壬	449
新造内裏遷幸一会　05遷幸雑事　寛文一三		壬	449
新造内裏遷幸一会　06遷幸日時勘文已下雑文書　延宝三		壬	449
新造内裏遷幸一会　07遷幸新造内裏次第並雑文書　宝永六		壬	449
新造内裏遷幸一会　08新造内裏遷幸一会　寛政二		壬	449
新造内裏遷幸一会　09新宮旬儀交名　寛政三		壬	449
新造内裏遷幸一会　10新宮旬儀次第		壬	449
新造内裏遷幸一会　11新宮旬儀已下御下行帳　寛政三		壬	449
新造内裏遷幸一会　12請取申御下行米之事　寛政三		壬	449
新造内裏遷幸一会　13造内裏木作始上棟遷幸日時定沙汰状並勘文　安政二		壬	449
新造内裏遷幸一会　14遷幸一会散状交名　安政二		壬	449
新造内裏遷幸一会　15遷幸一会諸触状　安政二		壬	449
新造内裏遷幸一会　16御造方書付　安政二		壬	449
新造内裏遷幸一会　17造内裏諸次第　安政二		壬	449
新造内裏遷幸一会　18准后御移徙行列　安政二		壬	449
新造内裏遷幸一会　19御造営ニ付再応奉伺候口上覚　安政二		壬	449
新造内裏遷幸一会　20遷幸供奉人心得事　安政二		壬	449
新造内裏遷幸一会　21遷幸供奉衣体馬具等沙汰状　安政二		壬	449
新造内裏遷幸一会　22遷幸関係雑文書　安政二		壬	449
新造内裏遷幸一会　23遷幸諸儀下行状　安政二		壬	449
新造内裏遷幸一会　24山科郷御家人由緒書　安政二		壬	449
新造内裏遷幸一会　25御造営及遷幸関係諸図　安政二		壬	449
新造内裏遷幸一会　26遷幸行列書		壬	449
吉書　保安三～寛延元	20	壬	450
壬生家古文書拾遺　応永～天保	2	壬	451
皇太神宮神剣紛失却ニ付宣旨案等　永禄九	1	壬	452
※欠番　(広田社雑事拾弐箇条官宣旨)		壬	453
広田社古文書　寛喜、建長、正元、正応、年不詳　官宣旨・摂関御教書・申状等	2	壬	454
四条天皇御葬送間之事　仁治三・正～二　(四条院御葬礼記)	1	壬	455
異国御祈文書(有裏文書)　釈相秀等　文永七年三月十五日異国御祈事、弘安四年七月廿五日異国御祈事、宝亀五年三月二日異国御祈事被仰諸国例	3	壬	1001
諸社奉幣関係文書　建久二、七、年不詳　二十二社等(一三通)　(諸官符口宣古宣命諸社寺申状等古文書の内)	1	壬	1002
官務局消息集　建久、年不詳(三三通)　(裏)伊勢太神宮司解等(建久原本)　(諸官符口宣古宣命諸社寺申状等古文書の内)	1	壬	1003
公卿消息　康正、寛正、永享、文明、年不詳(室町期)(一〇通)　(諸官符口宣古宣命諸社寺申状等古文書の内)	1	壬	1004
伊勢国河後郷等御厨関係文書　応徳、天文等(六通)　民有年等解・消息　(諸官符口宣古宣命諸社寺申状等古文書の内)	1	壬	1005

備　考	典籍解題	家別	分類	紀要	頁
原本写本		壬生本	108	和漢	207
原本写本		壬生本	108	和漢	224
原本写本		壬生本	123	和漢	269
原本写本		壬生本	514	和漢	1217
享保17年写		壬生本	516	和漢	1285
江戸初写		壬生本	516	和漢	1294
原本		壬生本	108	和漢	225
原本		壬生本	108	和漢	219
江戸初写		壬生本	106	和漢	172
原本		壬生本	106	和漢	176
江戸初写		壬生本	416	和漢	1001
原本		壬生本	108	和漢	224
江戸写		壬生本	108	和漢	224
鎌倉写　『図書寮叢刊』壬生家文書 9		壬生本	416	和漢	996
江戸中写		壬生本	513	和漢	1204
慶長 4 年写		壬生本	416	和漢	1011
室町写　『図書寮叢刊』壬生家文書 9		壬生本	106	和漢	172
江戸初写		壬生本	104	和漢	161
承応 3 年写		壬生本	106	和漢	172
自筆		壬生本	106	和漢	162
自筆		壬生本	326	和漢	762
江戸写		壬生本	106	和漢	169
江戸中写		壬生本	106	和漢	179
原本		壬生本	127	和漢	356
建久 5 自筆　『図書寮叢刊』壬生家文書 7		壬生本	416	和漢	1001
原本		壬生本	127	和漢	358
小槻忠利慶安 4 年写		壬生本	127	和漢	358
江戸初写		壬生本	127	和漢	344
弘安10年 3 月自筆		壬生本	127	和漢	353
自筆		壬生本	126	和漢	339
江戸中写		壬生本	126	和漢	336
小槻孝亮寛永 6 年写		壬生本	416	和漢	989
小槻孝亮寛永 6 年写　『図書寮叢刊』壬生家文書 7		壬生本	416	和漢	1005
原本		壬生本	127	和漢	359
原本写本		壬生本	127	和漢	359
原本写本		壬生本	123	和漢	269
原本		壬生本	123	和漢	262
原本		壬生本	127	和漢	358
原本写本		壬生本	123	和漢	269
原本写本		壬生本	123	和漢	269
原本写本		壬生本	127	和漢	343
正本鎌倉写、副本江戸写		壬生本	127	和漢	347
江戸初写		壬生本	127	和漢	347

書　名	員	函	号
賀茂下上祭一会　元禄七～慶応四　(有欠)	30	壬	396
神宮正遷宮一会　永正九～寛政二	186	壬	400
伝法灌頂阿闍梨官宣旨案　延享三～天保九　前大僧正祐常同敬雄(延享三、安永四　園城寺)、大僧正高演(寛政四　三宝院)、前大僧正敬雄(寛政一一、園城寺)、権僧正敬賢(文化八　園城寺)、前大僧正増護(文化一一、随心院)、権僧正盈存(天保五　園城寺)、入道二品慈性法親王(天保九　東大寺)、入道二品済範法親王(天保九　東大寺)	8	壬	401
検封阿闍梨職官宣旨　延享二～文久二　延暦寺	5	壬	402
敬法門院御葬列行列　享保一七・九	1	壬	403
御凶事旧例雑雑	1	壬	404
神宮風害御祈風宮遷宮並勘例　寛永二一	1	壬	405
後桃園天皇御不例御祈伊勢一社奉幣　安永八	1	壬	406
神宮諸法度ニ付宮奉行誓文　元和五・一〇	1	壬	407
内宮洪水ニ付宮司解状並書札　万治三・八	1	壬	408
神宮禰宜等解状　延宝九・六　偽書大成経開板停止ノ件	1	壬	409
神宮供御塩並御供物関係文書　元和八～寛永一六　1・2神宮奉供御塩已下御供物ニ付二見浦神人言上書　元和八、3二見浦神人供塩懈怠解状並奏文　元和八、4二見浦御塩御膳関係雑文書　元和八、5両宮年頭御礼事並御塩殿祭礼事書札　寛永一三～一六	5	壬	410
神宮宮司政所装束之事	1	壬	411
沙汰文　十一月　斎宮寮宗清狼藉事	1	壬	412
神宮服忌令　明暦元	1	壬	413
日本書紀神代巻神宮献上一件文書　慶長四・閏三	1	壬	414
神宮段銭夫役文書　応永一五、一六	1	壬	415
神宮境内制止文　外宮宛　寛永一八	1	壬	416
神宮連理木瑞文書　承応三	1	壬	417
伊雑宮怪異事並図　慶安四～万治四　　大崎信守	1	壬	418
山王神事能役者日吉彦大夫願書　元禄一五	1	壬	419
皇太神宮御鎮座由来　慶長八	1	壬	420
肥前国松浦佐与姫神社由来朱印事　慶安二	1	壬	421
奈良東大寺大仏供養文書　慶長一九	2	壬	422
神宮文書目録　建久五注進　　度会光親	1	壬	423
仁王会文書　建長七～文永九　附勘例(承保～寛元)	3	壬	424
後中院殿三十三回御八講交名並次第　慶安四・七　(二条昭実)	3	壬	425
公家孔雀御読経導師次第　残欠	1	壬	426
太元法之事　附副本　　成恵	2	壬	427
別当職之儀ニ付高辻国長訴状　　高辻国長	1	壬	428
北石蔵大雲寺勧進状　文明六　　釈頼賢	1	壬	429
教王護国寺講堂以下諸宇建立官宣旨　長享三	1	壬	430
太政官牒　正中三　教王護国寺	1	壬	431
東叡山法華懺法御経供養並曼陀羅供次第　慶安四	2	壬	432
仏事関係雑文書　弘仁二～寛永一一、年不詳	1	壬	433
東大寺戒和上官宣旨案　万治二～万延元	2	壬	434
円満院前大僧正常尊知行法務宣旨案　寛文三	2	壬	435
仁和寺宮灌頂之事　明暦三、元禄五	2	壬	436
東大寺別当宣旨案　寛文四～万延元	2	壬	437
東寺長者知行法務凡僧別当款状並宣旨官符案　寛永三～安政四	22	壬	438
禁中御仏事一会　正嘉元～文化一二	79	壬	439
御八講以御正日為初日例　治承二、建久八、寛元二	1	壬	440
御八講交名	1	壬	441

備　考	典籍解題	家別	分類	紀要	頁
原本		壬生本	108	和漢	192
原本		壬生本	108	和漢	244
原本		壬生本	108	和漢	246
原本写本		壬生本	108	和漢	215
原本		壬生本	108	和漢	185
慶応元年写		壬生本	108	和漢	201
天明６年写		壬生本	108	和漢	201
原本		壬生本	416	和漢	985
原本写本		外記局本	516	和漢	1274
正保２～天保13年写		外記局本	515	和漢	1255
原本		壬生本	106	和漢	172
原本		壬生本	127	和漢	343
原本		壬生本	127	和漢	345
江戸初写		壬生本	127	和漢	354
鎌倉～江戸写		壬生本	127	和漢	354
原本写本		壬生本	108	和漢	227
原本　『図書寮叢刊』壬生家文書９		壬生本	108	和漢	243
原本写本		壬生本	108	和漢	200
原本写本		壬生本	515	和漢	1242
承応３年写		壬生本	516	和漢	1296
明応９年写		壬生本	516	和漢	1294
原本写本		壬生本	108	和漢	219
寛保３～寛延４年写		壬生本	108	和漢	186
宝暦元年写		壬生本	108	和漢	245
明和元年写		壬生本	108	和漢	246
原本		壬生本	106	和漢	172
明和３年写		壬生本	107	和漢	184
宝暦10年写		壬生本	108	和漢	225
原本写本		壬生本	108	和漢	219
原本写本		壬生本	108	和漢	219
原本		壬生本	108	和漢	219
江戸中写		壬生本	108	和漢	231
写		壬生本	108	和漢	201
江戸初写		外記局本	516	和漢	1285
江戸中写		壬生本	126	和漢	334
寛延２、３年写		壬生本	516	和漢	1314
江戸中写		壬生本	517	和漢	1399
原本写本		壬生本	515	和漢	1240
原本写本		壬生本	108	和漢	202
原本写本		壬生本	108	和漢	193
原本		壬生本	108	和漢	190
原本		壬生本	108	和漢	241
原本写本		外記局本	515	和漢	1255
原本写本		壬生本	516	和漢	1310
原本写本		壬生本	108	和漢	208

書　名	員	函	号
稲荷社正遷宮日時定陣儀交名　文政五	1	壬	330
藤森社正遷宮日時定陣儀交名　文政二、安政六	1	壬	331
松尾社正遷宮日時定陣儀交名　嘉永五・五	1	壬	332
北野宮正遷宮日時定陣儀交名　明和七～嘉永四	1	壬	333
熱田神宮正遷宮参役並下向文書　慶応二	1	壬	334
大原野社正遷宮日時定陣儀交名　慶応元	1	壬	335
梅宮社正遷宮日時定陣儀交名　天明六	1	壬	336
嘉永六年以来国事関係書類有無之旨催方差出口上書　明治三	1	壬	337
掃部寮史生諸事下行分配並請取帳　安永六～文久二(有欠)	7	壬	338
年中雑事並着陣触状等　正保二～天保一三	21	壬	339
神宮諸件言上書往復書札　文久三　附禰宜居宅並神領海防等図	71	壬	350
禁中御八講之事　右中弁宛　太政大臣消息　　近衛政家	1	壬	351
後円融天皇三十三回聖忌宸筆御八講捧物留　(首欠)	1	壬	352
土御門院御菩提宸筆御八講並勘例　文永七　　花山院通雅　(後花山院大相国記)	1	壬	353
土御門院御菩提宸筆御八講並勘例　文永七　　花山院通雅　(後花山院大相国記)	2	壬	354
肥前国千栗八幡宮造営一件文書　文治二～建暦三	6	壬	355
大隅・日向・薩摩八幡宮造営一件文書　建長二～文永四　大隅八幡宮造営ニ付同国及薩摩日向三ヶ国公田可催勤由宣旨及関係文書、日向薩摩両国八幡宮造営無懈怠申沙汰並仔細言上書　弘長三、文永三、四、造営粮米雑事薩国可勤仕宣旨案　建長七、公卿勅使神宝之儀執達状　建長二	4	壬	356
宇佐八幡宮正遷宮一会　治安二～元亨元	14	壬	357
四方拝小朝拝元日節会大床子御膳等一会　元禄三～明治二(有欠)	176	壬	368
後西天皇践祚次第並政所吉書　承応三	2	壬	369
後柏原天皇践祚次第並雑文書　明応九・一〇	2	壬	370
後桜町天皇践祚並御即位ニ就キ神宮御祈一会　宝暦一二、一三	1	壬	371
伊勢御祈文書　寛保三、明和九、寛延四	1	壬	372
宝暦度改元御祈ニ就キ神宮宮司等解状　宝暦元・一一	1	壬	373
明和度改元御祈ニ就キ神宮宮司等解状　明和元・六	1	壬	374
神宮へ奉納物有之旨沙汰並請文　明和二・三	1	壬	375
神宮祠官諸法度文書　明和三・二	1	壬	376
神宮奉納和歌御祈ニ就キ宮司等解　宝暦一〇	1	壬	377
後桜町天皇和歌灌頂並御製一巻奉納御祈ニ就キ神宮々司等解　明和四、五	1	壬	378
後桜町天皇御譲位御祈沙汰状並神宮々司等解　明和七	1	壬	379
後桃園天皇即位御祈文書　明和八	1	壬	380
女御富子立太后御祈下知状並神宮宮司等解　明和八	1	壬	381
改元御祈ニ就キ神宮々司等解　延享元・二	1	壬	382
結政所指図	1	壬	383
日光慈眼大師廟図	1	壬	385
親王内親王叙品任大臣宣下等交名　寛延二、三　附中少将以下員数定事	1	壬	386
太政官庁図	2	壬	387
三節会一会　応永三一～明治二、年不詳(有欠)	267	壬	388
春日祭一会　明応二～明治二	39	壬	389
石清水八幡宮放生会一会　元和二～明治二(有欠)	259	壬	390
伊勢両太神宮例幣一会　正保二～明治二(有欠)	289	壬	391
新嘗祭並豊明節会一会　宝永四～慶応元　(有欠)	267	壬	392
年中公事触状交名已下下行触状等留　安永六～明治三(有欠)　1～42公事触状交名(安永六～明治三、有欠)、43～50雑事触状留(安政四～明治三)、51・52催方差出請書並催限指出(文化三～明治三)、53・54下行触留(弘化四～明治二)、55雑々書付(万延元～元治元)	55	壬	393
諸家着陣並下行文書　建仁三～寛永二〇、文化一一～慶応四	61	壬	394
賀茂下上社及末社正遷宮一会　元亨二～元治二　(有欠及年不詳)	131	壬	395

備　考	典籍解題	家別	分類	紀要	頁
		壬生本	515	和漢	1246
		壬生本	515	和漢	1246
		壬生本	515	和漢	1246
		壬生本	515	和漢	1246
原本写本		壬生本	108	和漢	212
慶長10～明治２年写		壬生本	416	和漢	997
原本写本		壬生本	514	和漢	1219
原本		壬生本	514	和漢	1221
原本		壬生本	106	和漢	171
原本		壬生本	108	和漢	246
原本写本		壬生本	108	和漢	214
原本		壬生本	108	和漢	193
写		壬生本	416	和漢	991
寛政写		壬生本	108	和漢	240
慶安４年写		壬生本	516	和漢	1296
写		壬生本	108	和漢	211
江戸中写		壬生本	516	和漢	1285
正保４年写		壬生本	517	和漢	1393
延宝７年写		壬生本	108	和漢	200
江戸初写		壬生本	100	和漢	156
天明２年写		壬生本	107	和漢	184
原本		壬生本	108	和漢	201
江戸中写		壬生本	516	和漢	1352
原本		壬生本	416	和漢	989
文久３年写		壬生本	107	和漢	184
文化６、７年写		壬生本	516	和漢	1259
弘化２、３年写		壬生本	516	和漢	1266
宝暦７～９年写		壬生本	416	和漢	1007
文久２、３年写		壬生本	416	和漢	985
寛政写		壬生本	108	和漢	240
山口権少外記等自筆		壬生本	430	和漢	1042
原本		壬生本	108	和漢	222
明治元年12月写		壬生本	517	和漢	1406
原本		壬生本	514	和漢	1229
原本写本		壬生本	108	和漢	235
原本写本		壬生本	108	和漢	220
原本		壬生本	108	和漢	247
文化12年写		壬生本	108	和漢	244

書　名	員	函	号
叙位除目関係文書　第19袋　293除目申文例並直物間之事(慶安二)、294叙位除目役付等(慶安二)、295一加階並可入内者(慶安四)、296叙位十年労帳(慶安四)、297叙位籍労帳(慶安四)、298叙位注文(慶安四)、299可宿官並転任者(慶安四)、300太政官以下挙奏案(慶安四)、301受領国勘申(慶安四)、302橘氏請爵申文(慶安四)、303新叙(慶安四)、304四五位並右少史自解(慶安四)、305中務舎人労帳(明暦四)、306叙位衝重饗膳図(寛文六)、307小除目叙位参仕散状並申沙汰状(安永八)、308小除目臨時叙位次第並請取手形(安永八、天明五、七、寛政一一)、309御即位叙位文書目録(天和五)		壬	293
叙位除目関係文書　第20袋　310欠官寄物(大永)、311太政官左右近衛挙奏案、312県召除目挙奏案例、313叙位十年労帳、314侍従従五位上例可入内者及除目雑事、315勘申加階叙位例、316除目小折紙、317兼国国宛事、318御即位叙位申沙汰並叙位注文等事、319除目聞書		壬	293
叙位除目関係文書　第21袋　320叙位除目関係雑文書		壬	293
叙位除目関係文書　第22袋　321叙位入眼略次第、322女叙位略頌、323除目執筆略頌及大間略頌、324御即位叙位執筆次第、325叙位略次第、326叙位次第、327叙位次第、328叙位略次第、329叙位略次第(内記要)、330小除目小叙位次第、331叙位次第、332県召除目三ヶ夜次第、333県召除目略次第、334除目雑例鈔、335叙位雑例抄、336除目兼国勘例抄、337除目筥文作法並盛様、338叙位御前之図、339叙位入眼指図、340叙位除目之時筥文外記列立図同筥文目録　附立籤頭、341結政座並西庁座政指図		壬	293
賀茂臨時祭一会　文化一一～弘化二	5	壬	294
日月蝕一会　慶長一〇～明治二	4	壬	295
地下叙任文書　文化一一～慶応三	5	壬	296
職人宣下文書　文化一一～慶応三	5	壬	297
神宮御用諸記　文久三	4	壬	298
松尾祭宣命奏聞陣儀並参向御下行帳　慶応二～明治二	11	壬	299
祇園社臨時祭御下行帳　慶応元～明治二	12	壬	300
石清水八幡宮臨時祭一会　文化九、一〇	6	壬	301
外記局関係文書　歎願書、勘例、日記抜書	5	壬	302
新嘗祭神嘉殿行幸御列書　寛政	1	壬	303
後光明天皇土御門殿行幸筵道図　慶安四	1	壬	304
賀茂社葵祭図	1	壬	305
外記候庁南所図	1	壬	306
清涼殿図　正保四	1	壬	307
宇佐八幡宮放生会図　延宝七　御再興	1	壬	308
神祇官図	2	壬	309
神宮々司並権禰宜次第　天明二	1	壬	312
改元御祈ニ就キ神宮々司等解　安永元・一一	1	壬	313
霊元院辞尊号表並落髪次第　正徳三	1	壬	314
救民勅答　文久三　　中御門経之等	1	壬	315
神宮権禰宜位次証例　文久三	1	壬	316
東宮恵仁親王御拝観参仕催並下行事　文化六、七	1	壬	317
東宮統仁親王拝観参仕催　弘化二、三　附下行帳	1	壬	318
伝奏ヨリ官務外記ヘノ手札　宝暦七～九	2	壬	319
外国一条御達書　文久二、三	1	壬	320
新嘗祭神嘉殿行幸御列書　寛政	1	壬	321
催方家来姓名居所届出書　明治三	2	壬	322
昭徳院殿拝殿立柱日時定下行事　明治元	1	壬	323
徳川慶喜将軍並内大臣宣下行事　明治元・一二	1	壬	324
武家叙位叙任宣旨等留　元禄一二～一六	1	壬	325
内侍所御神楽交名　寛文一二～享和三　(有欠)	1	壬	326
御霊社正遷宮日時定文書　文政三	1	壬	327
吉田社正遷宮日時定陣儀交名　文化一二～安政二	1	壬	328
平野社正遷宮日時定陣儀交名　文化一二・二	1	壬	329

備　考	典籍解題	家別	分類	紀要	頁
		壬生本	515	和漢	1245
		壬生本	515	和漢	1245
		壬生本	515	和漢	1245
		壬生本	515	和漢	1245
		壬生本	515	和漢	1246
		壬生本	515	和漢	1246
		壬生本	515	和漢	1246
		壬生本	515	和漢	1246
		壬生本	515	和漢	1246

書　名	員	函	号
叙位除目関係文書　第10袋　148除目正官欠草(大永二)、149叙位十年労帳(大永二)、150除目権官欠草(大永二)、151太政官以下挙奏案(大永二)、152除目申文並新叙(大永二)、153内竪所已下籍労帳(大永二)、154叙位小折紙(大永二)、155叙位聞書(大永二)、156鳥羽堤御領御代官職補任事		壬	293
叙位除目関係文書　第11袋　157叙位申文(天文五)、158叙位十年労帳(天文五)、159勘申加階叙位例事(天文五)、160叙位聞書(天文五)、161王氏爵調様事(天文五)、162叙位十年労帳(天文七)、163勘申加階叙位例(天文七)、164叙位聞書(天文七)、165除目下行案(天文七)、166掃部寮造酒司挙奏案(天文七)、167造酒司挙奏案(天文八、九)、168除目聞書(天文八)、169造酒司挙奏案(天文一〇)、170叙位除目略頌十年労等事(天文一〇)、171主殿寮已下挙奏案(天文一一)、172内竪所籍労帳(天文一二)、173内舎人籍労帳(天文一二)、174掃部寮造酒司挙奏案(天文一二)、175勧学院挙奏案(天文一二)、176北堂挙奏案(天文一二)、177進物所叙位勘申(天文一二)、178掃部寮挙奏案並宿紙払底申入(天文一三)、179掃部寮挙奏案(天文一四)、180掃部寮造酒司挙奏案(天文一五)、181除目正権欠官帳(天文一六)		壬	293
叙位除目関係文書　第12袋　182除目欠官寄物(天文一六)、183造酒挙奏案(天文一六)、184受領挙奏案(天文一六)、185除目掃部寮調進役調取(天文一七)、186掃部寮造酒司挙奏案(天文一八)、187勘申加階叙位例事(天文二〇)、188掃部寮造酒司挙奏案(天文二〇)、189除目申文並申文之事(天文二〇)、190左右近衛府挙奏案(天文)、191除目五位已上歴名帳(永禄二)、192叙位十年労帳(永禄三)、193王氏請爵申文(天正六)、194叙位十年労帳(天正六)、195叙位陣清書(天正六)、196大江俊孝位記(天正六)、197叙位十年労帳(寛永五)、198勘申加階叙位例事(寛永五)、199叙位注文(寛永五)、200入内勘文(寛永五)、201一加階勘文(寛永五)、202大江利信請従四位上自解(寛永五)、203源将安請叙正五位下自解(寛永五)、204太政官式部民部挙奏案(寛永五)、205左右近衛府挙奏案(寛永五)、206王氏已下請爵申文(寛永五)		壬	293
叙位除目関係文書　第13袋　207内舎人労帳事(寛永五)、208叙位簿(寛永五)、209叙位陣儀書(寛永五)、210安倍知信位記(寛永五)、211大神景治位記(寛永五)、212源仲賴位記(寛永五)、213西洞院時成位記(寛永五)、214園人菊香位記(寛永五)、215桜野花道位記(寛永五)、216除目役付(寛永五)、217叙位文書目録及叙位筥文図記(寛永五)、218叙位硯及筥文図記(寛永五)、219除目陣座図(寛永五)、220叙位除目入眼図(寛永五)、221除目欠官正権帳(寛永五)、222叙位入眼之図(寛永五)、223太政官以下寮司挙奏案(寛永五)、224叙位自解(寛永五)		壬	293
叙位除目関係文書　第14袋　225内舎人籍労帳(寛永五)、226内侍所籍労帳(寛永五)、227受領申文(寛永五)、228除目申文(寛永五)、229除目下文(寛永五)、230転任勘文及宿官勘文(寛永五)、231県召除目諸国名(寛永五)、232除目聞書(寛永五)、233除目官務用意文書目録(寛永五)、234除目ニ就キ息災ノ法事ノ事(寛永五)、235県召除目文書目録(寛永五)、236除目清書抜書(寛永五)、237太政官挙奏・勅・左右衛門府並受領等文書(寛永五)、238除目新叙(寛永五)		壬	293
叙位除目関係文書　第15袋　239県召除目寄物(寛永五)、240県召除目清書並叙位入眼上卿次第(寛永五)、241叙位十年労帳(寛永六)、242叙位十年労帳(寛永七)、243叙位十年労帳並請爵申文(寛永二〇)、244欠官寄物、245上意御昇身進下行之事(享保一二)、246叙位申文太政官挙奏案並勅授案等(宝暦四)、247太政官挙奏案並勅授案(宝暦六)、248京官諸司主典已上補任帳(慶長六)、249令外諸司主典已上補任帳(慶長六)、250可一加階者申文(慶長六)、251叙位十年労帳(慶長六)、252勘申加階叙位例(慶長六)、253勘申加階叙位例(慶長六)、254式部省已下挙奏案(慶長六)、255散位昇爵自解(慶長六)		壬	293
叙位除目関係文書　第16袋　256叙位可被叙輩事(慶長六)、257位記賦之事及可入内者(慶長六)、258叙位続文(慶長六)、259叙位清書(慶長六)、260叙位入眼上卿略次第(慶長六)、261叙位聞書並叙位入眼略次第(慶長六)、262叙位文書目録(慶長六)、263大間書の件某消息(慶長六)、264除目大間書(慶長六)、265除目之時得御意条々及申沙汰(慶長六)、266太政官以下挙奏案(慶長六)、267受領申文(慶長六)		壬	293
叙位除目関係文書　第17袋　268除目内給(慶長六)、269諸道年挙(慶長六)、270四五位自解(慶長六)、271兼国勘文(慶長六)、272除目成柄(慶長六)、273上召使事(慶長六)、274除目陣清書(慶長六)、275可転任者(慶長六)、276諸国掾目太政官符(慶長六)		壬	293
叙位除目関係文書　第18袋　277新叙調様(慶長六)、278除目入眼及竟夜次第(慶長六)、279除目執筆之事並文書目録(慶長六)、280叙位可被叙輩(慶長七)、281叙位十年労帳(慶長七)、282一加階勘文(慶長七)、283勘申加階叙位例(慶長七)、284左右近衛府挙奏案(慶長七)、285親王家以下年給請文(慶長七)、286五位自解並可入内者(慶長七)、287叙位清書(慶長七)、288叙位聞書草(慶長七)、289中臣延勝位記(慶長七)、290内舎人已下籍労帳(慶長七)、291叙位女叙位(慶長七)、292入内勘文(慶長七)		壬	293

備　考	典籍解題	家別	分類	紀要	頁
		壬生本	515	和漢	1243
		壬生本	515	和漢	1244
		壬生本	515	和漢	1244
		壬生本	515	和漢	1244
		壬生本	515	和漢	1244
		壬生本	515	和漢	1244
		壬生本	515	和漢	1244
		壬生本	515	和漢	1245
		壬生本	515	和漢	1245

書　名	員	函	号
叙位除目関係文書　第１袋　１太政官挙奏案(康和四)、２宿官勘文(長治二、永久四)、３叙位申文短冊袖書目録(永久二)、４顕官申文勘例、５除目等雑事准摂政儀令関白行之宣旨例(大治四)、5-2除目下文抄(保延七～正嘉二)、６除目五位自解(安元二)、７御即位以前復任除目例(寿永二、元暦元、文和二)、８叙位間事(安貞三)、９除目大間書(寛治八)、10除目申文(内給　建長七)、11算道挙奏案(正嘉三)、12除目聞書(正応四)、13除目の事に就き消息(永仁六、康永四)、14除目執筆之例(延慶元～康永元)、15叙位聞書(建武五、康永三)、16除目文書目録及可復任者之例(康永三、四)、17除目大間書(貞和五)、18除目大間書草(国名・官職ノミ)		壬	293
叙位除目関係文書　第２袋　19除目六枚折紙書様(観応元)、20新叙書様(文和五)、21転任并宿官勘文(永和四)、22公卿申二合同年相並申擬例(永徳三)、23叙位七巻文書並筥文外文書等草(至徳四)、24叙位文書目録(明徳三)、25叙位聞書(応永六)、26主計寮挙奏案(応永一一、一八)、27除目聞書並外階者入内例(応永二三、三二、三三)、28叙位十年労並勘申加階叙位事(応永二六)、29任大臣節会並小除目之事(応永二七)、30左近衛府挙奏案(応永二九)、31叙位十年労(応永二九)、32橘以益請爵申文(応永二九)、33小除目小折紙(応永三〇)、34参議息子二合之事(応永三三)、35県召除目聞書(応永三三)、36小除目小折紙(応永三五)、37後小松天皇御在位中県召除目目録(応永三、一八)		壬	293
叙位除目関係文書　第３袋　38新叙巡(永享一二)、39叙位清書叙位並入眼上卿次第(嘉吉三、四)、40叙位清書(文安二～四)、41叙位成柄(文安三)、42叙位清書断片(康正二)、43式部省叙位挙奏案(宝徳三)、44県召除目聞書(宝徳三)、45叙位十年労(宝徳四)、46県召除目聞書(宝徳四)、47叙位申文(享徳二)、48叙位申文(享徳三)		壬	293
叙位除目関係文書　第４袋　49県召除目初夜任官以口宣宣下例及叙位聞書支配(康正元、二)、50叙位文書並関係文書(康正二)、51女叙位次第(康正三)、52県召除目聞書並除目叙位宣下小折紙(長禄三、四)、53除目叙位聞書(寛正六、七)、54女叙位清書(文正元)		壬	293
叙位除目関係文書　第５袋　55除目大間書(文明七)、56県召除目聞書(文明七)、57除目欠官権帳(文明七)、58除目成柄(文明七)、59県召除目文書目草案(文明七)、60県召除目参仕人並次第(文明七)、61左近衛府奏案(文明七)、62主殿寮挙奏案(文明七)、63掃部寮挙奏案(文明七)、64太政官挙奏案(文明七)、65王氏年預巡給(文明七)、66明経道挙奏案(文明七)、67奨学学館両院奏案(文明七)、68藤原信友請被任民部少丞自解(文明七)、69道治時新家梁高並望諸国掾(文明七)		壬	293
叙位除目関係文書　第６袋　70兼国勘文草(文明七)、71中務省注進内舎人労帳事(文明七)、72大舎人寮番長籍労事(文明七)、73校書殿籍労帳事(文明七)、74内竪所進物所籍労帳事(文明七)、75叙任並叙位之例(文明七)、76諸司労帳及新叙(文明七)、77受領挙案及兼国小折紙(文明七)、78就県召除目事被進一条殿師富書札案(文明七)、79叙位沙汰状並請文等草案(文明七)、80叙位筥文(文明八)、81叙位文書草(文明八)、82叙位十年労帳(文明八)、83叙位聞書(文明八　三点)、84可入内者及叙位自解(文明八)、85左衛門府奏案(文明八)、86勘申加階例(文明八)、87勘申加階叙位例事(文明八)		壬	293
叙位除目関係文書　第７袋　88小叙位聞書(文明九)、89小叙位聞書草(文明一一)、90小除目叙位聞書(文明一一)、91公卿二合年官等之事(文明一二)、92県召除目筥文目録(文明一二)、93諸司労並除目注進(文明一二)、94小除目聞書(文明一七)、95除目聞書(長享二)、96王氏挙奏案(延徳四)、97左近衛府奏案(延徳四)、98請爵申文(延徳三、四)、99勘申加階叙位例事(延徳四)、100叙位十年労帳(延徳四)、101叙位聞書(延徳四)、102叙位小折紙(延徳四)、103小除目叙位小折紙(延徳四)、104源氏爵之事(明応元)、105氏爵申文事(明応元)、106藤原親豊請叙正五位下自解(明応二)、107叙位清書(明応二)、108叙位聞書(明応二)、109内竪所籍労帳(明応二)、110造酒司主水司挙奏案(明応二)、111除目之儀ニ付左相府ヨリ大外記ヘノ書札(明応二)、112県召除目聞書(明応二)、113県召除目挙奏案(明応二)		壬	293
叙位除目関係文書　第８袋　114叙位聞書支配(明応三)、115叙位申沙汰並散状等(明応三)、116民部省挙奏案(明応三)、117右近衛挙奏案(明応三)、118請爵申文(明応三)、119勘申加階叙位例(明応三)、120叙位聞書(明応三)、121入内勘文草(明応三)、122叙位間事(明応三)、123叙位筥文盛様之事(明応三)、124除目ノ儀ニ付嗣広ヨリ大外記宛書状(明応三)、125叙位沙汰状(明応三)、126叙位請爵申文(明応四)、127式部省右近衛府挙奏案(明応四)、128叙位十年労帳(明応四)、129叙位聞書(明応四)、130叙位清書並入眼上卿略次第(明応四)、131女叙位他月例御尋事(明応六)、132准后両人相並例事ニ付キ侍従大納言一条殿御状(明応六)、133県召除目外記方次第(明応六)		壬	293
叙位除目関係文書　第９袋　134小除目叙位聞書草(永正五)、135五位已上歴名並叙位外記方注進(永正一六)、136民部省挙奏案(永正一八)、137左近衛府奏位署草(永正一八)、138叙位十年労草(永正一八)、139叙位十年労勘申加階例(永正一八)、140女叙位沙汰文(永正一八)、141王氏已下請爵申文(大永二)、142太政官民部省挙奏案(大永二)、143四位五位自解(大永二)、144勘申加階叙位例事(大永二)、145叙位聞書(大永二)、146河内守延任申文草(大永二)、147除目大間書(大永二)		壬	293

備　考	典籍解題	家別	分類	紀要	頁
写		壬生本	516	和漢	1269
写		壬生本	516	和漢	1269
写		壬生本	516	和漢	1269
写		壬生本	516	和漢	1272
小槻重房写		壬生本	516	和漢	1272
写		壬生本	516	和漢	1350
写		壬生本	516	和漢	1350
江戸中写		壬生本	127	和漢	346
写		壬生本	127	和漢	349
慶応4年写		壬生本	108	和漢	246
鷹司政通写		壬生本	108	和漢	212
写		壬生本	108	和漢	193
写		壬生本	108	和漢	221
写		壬生本	108	和漢	200
江戸中写		壬生本	517	和漢	1415
江戸中写		壬生本	517	和漢	1393
原本		壬生本	325	和漢	753
写		壬生本	516	和漢	1329
写		壬生本	516	和漢	1329
江戸写		壬生本	516	和漢	1323
江戸写		壬生本	516	和漢	1263
写		壬生本	516	和漢	1317
写		壬生本	516	和漢	1263
写		壬生本	516	和漢	1263
写		壬生本	516	和漢	1317
写		壬生本	108	和漢	233
写		壬生本	108	和漢	234
写		壬生本	108	和漢	234
写		壬生本	108	和漢	234
江戸写		壬生本	108	和漢	234
写		壬生本	516	和漢	1280
写		壬生本	516	和漢	1324
小槻以寧写		壬生本	516	和漢	1291
写		壬生本	516	和漢	1291
写		壬生本	516	和漢	1280
写		壬生本	516	和漢	1261
写		壬生本	516	和漢	1308
写		壬生本	516	和漢	1268
写		壬生本	516	和漢	1268
写		壬生本	516	和漢	1351
写		壬生本	516	和漢	1298
写		壬生本	516	和漢	1298
江戸中写		壬生本	516	和漢	1298
写		壬生本	516	和漢	1298
江戸中写		壬生本	516	和漢	1298
写		壬生本	516	和漢	1298
写		壬生本	108	和漢	246
原本写本		壬生本	515	和漢	1243

書　名	員	函	号
改元条事定次第	1	壬	246
改元条事定次第	1	壬	247
改元条事定次第	1	壬	248
革令仗議並改元定次第	1	壬	249
革命仗議改元次第	1	壬	250
立后次第	1	壬	251
立后次第	1	壬	252
御懺法講次第	1	壬	253
下御所御祈次第	1	壬	254
明治天皇賀茂下上社御拝次第　慶応四　　白川資訓	1	壬	255
賀茂臨時祭次第	1	壬	256
石清水八幡宮臨時祭次第	1	壬	257
七社奉幣発遣並神祇官代儀	1	壬	258
宇佐八幡宮奉幣使発遣次第	1	壬	259
舞踏作法	1	壬	260
清涼殿東庭図	1	壬	261
御楽役付　天明六、七、文政一一～嘉永六	6	壬	262
東宮御元服御装束之図	1	壬	263
東宮御元服宴会御装束図	1	壬	264
太上天皇尊号宣下次第　年不詳	1	壬	265
院号定次第	1	壬	266
尊号宣下次第	1	壬	267
院殿上儀次第	1	壬	268
院殿上儀次第	1	壬	269
尊号御報書勅答申沙汰備忘	1	壬	270
内侍所仮殿本殿両渡御御次第	1	壬	271
内侍所渡御仮殿本殿両次第	2	壬	272
内侍所渡御仮殿本殿両次第	2	壬	273
内侍所渡御仮殿本殿両次第	2	壬	274
内侍所渡御仮殿次第	1	壬	275
行幸次第	1	壬	276
中宮行啓次第　年不詳	1	壬	277
光格天皇御譲位並新主御所儀　文化一四・三	1	壬	278
光格天皇御譲位並新主御所儀　文化一四・三	1	壬	279
行幸次第	1	壬	280
遺詔奏次第　附渡御倚廬還御本殿開関解陣	1	壬	281
詔書覆奏次第	1	壬	282
開関解陣次第	1	壬	283
開関解陣次第	1	壬	284
諒闇終次第	1	壬	285
御即位次第　無叙位儀	1	壬	286
御即位次第　無叙位儀	1	壬	287
御即位御前儀	1	壬	288
御即位次第　仮名付　無叙位儀	1	壬	289
御即位次第　無叙位儀	1	壬	290
御即位次第　無叙位儀	1	壬	291
御禊次第　附仮字御禊次第	2	壬	292
叙位除目関係文書　康和四～天和五、年不詳(有欠)	388	壬	293

備　考	典籍解題	家別	分類	紀要	頁
自筆		壬生本	127	和漢	357
江戸写	続歴史 p093	壬生本	437	和漢	1096
紙雛形		壬生本	517	和漢	1373
写		壬生本	516	和漢	1350
写		壬生本	516	和漢	1350
写		壬生本	516	和漢	1350
写		壬生本	516	和漢	1295
写		壬生本	516	和漢	1295
鷹司政通文化８年写		壬生本	516	和漢	1259
写		壬生本	516	和漢	1259
原本写本		壬生本	516	和漢	1282
原本		壬生本	516	和漢	1269
文化15年自筆		壬生本	516	和漢	1341
弘化４年自筆		壬生本	516	和漢	1270
自筆		壬生本	516	和漢	1261
原本写本		壬生本	108	和漢	207
原本写本		壬生本	123	和漢	270
原本写本　48葉		壬生本	123	和漢	270
原本写本		壬生本	108	和漢	229
江戸写		壬生本	416	和漢	988
原本写本		壬生本	108	和漢	228
原本写本		壬生本	108	和漢	229
原本写本		壬生本	127	和漢	341
原本写本		壬生本	108	和漢	228
鷹司政通文化６年写		壬生本	516	和漢	1259
鷹司政通文化６年写		壬生本	516	和漢	1259
写		壬生本	516	和漢	1259
天保10年写		壬生本	516	和漢	1266
江戸末写		壬生本	127	和漢	342
江戸中写		壬生本	127	和漢	342
江戸中写		壬生本	127	和漢	346
写		壬生本	516	和漢	1313
自筆		壬生本	516	和漢	1266
自筆		壬生本	514	和漢	1225
江戸初写		壬生本	127	和漢	343
延宝３年写		壬生本	516	和漢	1313
写		壬生本	516	和漢	1314
原本写本		壬生本	108	和漢	193
原本		壬生本	713	和漢	1462
明治元年写　袋入　入内次第・列書等		壬生本	516	和漢	1340
明治２年写		壬生本	516	和漢	1257
明治元年写		壬生本	516	和漢	1256
写		壬生本	516	和漢	1318
写		壬生本	516	和漢	1269

書　名	員	函	号
仁孝天皇十七回聖忌懺法講出仕備忘　文久二　山科言縄	1	壬	202
補略　元禄三～天保二(有欠)	118	壬	203
孝明天皇御引直衣御好雛形　嘉永七	1	壬	204
立后次第	1	壬	205
立后次第　附本宮次第	1	壬	206
立親王次第	1	壬	207
御元服次第　(年次不詳)	1	壬	208
御元服次第　(年次不詳)	1	壬	209
皇太子恵仁親王御元服次第　文化八・閏三	1	壬	210
皇太子恵仁親王御元服次第　文化八・閏三　一条忠良	1	壬	211
享和度辛酉革命改元一会　寛政一二、一三　高辻胤長等　高辻胤長革命当否勘申、安倍泰栄革命当否勘申、五条為徳革命当否勘申、三善亮寿革命当否勘申、賀茂保暠革命当否勘申、船橋師賢革命当否勘申、清岡長親高辻福長革命当否勘申、年号勘申(広橋在熈以下七名)、年号難陳、勘申辛酉年被行例事(延喜～天和)、革命当否諸卿定文	11	壬	212
改元年号勘申挙奏案並難陳　文久度　清岡長親等　文章博士清岡長親勘申、式部大輔五条為徳勘申、大学頭桑原為顕勘申、勘解由長官桑原為弘勘申、年号挙奏案、年号難陳	10	壬	213
文政度改元年号勘申並難陳　文化一五　清岡長親等	5	壬	214
嘉永度改元年号勘申　弘化四　高辻俊長	2	壬	215
安政度改元年号勘申　東坊城聡長	1	壬	216
春日神社並摂社造替遷宮文書　建保三～明和元　(有欠及年不詳)	70	壬	217
東本願寺同末寺僧官宣旨案　慶長八～慶安四　(有欠)	6	壬	218
菩薩号並僧官位等勅書宣旨官符已下関係雑文書　正安二～正保二　(有欠)	2	壬	219
日光東照宮奉幣使差遣太政官符並官宣旨　元和四～正保三	1	壬	220
官宣旨　元和三～寛永一九　東照宮勧請造替遷宮等	1	壬	221
水戸東照宮正遷宮一会　元和七・二、同・五	1	壬	222
上野東照宮仮正遷宮並大猷院贈官位一会　元和四、慶安三～五	15	壬	223
延暦寺根本中堂大講堂等造替宣下一会　永享七～寛永一七	8	壬	224
紅葉山東照宮仮正遷宮一会　元和四、承応三	9	壬	225
皇太子恵仁親王拝覲儀　文化六・三	1	壬	226
皇太子恵仁親王拝覲儀　文化六・三	1	壬	227
皇太子恵仁親王御元服並後宴次第　文化八・閏三	1	壬	228
皇太子統仁親王御読書始散状並次第　天保一〇・六	2	壬	229
御得度次第	1	壬	230
御得度次第	1	壬	231
御出家次第	1	壬	232
新造内裏遷幸次第　明和八・正	1	壬	233
皇太子統仁親王御名字勘文　天保六　(統仁親王御名字勅問申詞)　鷹司政通等	7	壬	234
鷹司政通欠官申詞	3	壬	235
禁中御八講年年並勘例　天暦九～元和九　小槻忠利	1	壬	236
新造内裏遷幸内侍所渡御行列書並次第　延宝三・一一～一二	4	壬	237
新女院行啓行列書	1	壬	238
石清水八幡宮遷宮一会　文化九、安政六	14	壬	239
客星出現勘申　文化八・九・一八　賀茂保救、賀茂保敬	1	壬	240
藤原美子入内並立后一会　明治元	4	壬	241
皇太后夙子新殿移徙行啓一会　明治二・二　大宮御移徙行啓交名、大宮新殿御移徙行列、皇太后宮行啓儀次第、中宮行啓勘例	4	壬	242
皇太后夙子九条家へ御方違行啓交名及口上書　明治元	1	壬	243
大嘗会関係諸次第	14	壬	244
改元条事定次第	1	壬	245

備　考	典籍解題	家別	分類	紀要	頁
		壬生本	123	和漢	268
		壬生本	123	和漢	268
		壬生本	123	和漢	268
		壬生本	123	和漢	268
		壬生本	123	和漢	268
		壬生本	123	和漢	268
		壬生本	123	和漢	268
		壬生本	123	和漢	268
		壬生本	123	和漢	268
		壬生本	123	和漢	268
		壬生本	123	和漢	268
		壬生本	123	和漢	268
		壬生本	123	和漢	268
		壬生本	123	和漢	268
		壬生本	123	和漢	268
		壬生本	123	和漢	268
		壬生本	123	和漢	268
		壬生本	123	和漢	268
		壬生本	123	和漢	268
		壬生本	123	和漢	268
江戸写　訓附、非殿上人も記載	続歴史 p093	壬生本	437	和漢	1097
江戸写　訓附	続歴史 p092	壬生本	437	和漢	1097
写		壬生本	437	和漢	1097
写		壬生本	437	和漢	1088
写		壬生本	437	和漢	1097
原本写本		壬生本	108	和漢	230
元和２～正保２年写		壬生本	416	和漢	1007
正保写		壬生本	514	和漢	1226
江戸写		壬生本	437	和漢	1097
写		壬生本	437	和漢	1096
写		壬生本	437	和漢	1094
写		壬生本	437	和漢	1088
写		壬生本	326	和漢	762
原本写本		壬生本	108	和漢	230
原本		壬生本	127	和漢	353
自筆		壬生本	437	和漢	1095
元禄16年写		壬生本	127	和漢	344
慶長８年写		壬生本	517	和漢	1405
江戸写		壬生本	516	和漢	1332
天正３年写		壬生本	416	和漢	995
弘化５年写		壬生本	127	和漢	343
弘化５年写		壬生本	516	和漢	1270
写(彩色)		壬生本	517	和漢	1421
山科言縄写		壬生本	108	和漢	239
山科言縄写		壬生本	108	和漢	209
自筆		壬生本	416	和漢	985
山科言縄写	続歴史 p075	壬生本	514	和漢	1215
自筆		壬生本	437	和漢	1088

書　名	員	函	号
天台座主宣下一会　47輪王寺宮一品公延法親王　天明六	1	壬	173
天台座主宣下一会　48妙法院宮二品真仁法親王　天明六	1	壬	173
天台座主宣下一会　49青蓮院宮一品尊真法親王　寛政七	1	壬	173
天台座主宣下一会　50輪王寺宮一品公澄法親王　寛政一一	1	壬	173
天台座主宣下一会　51青蓮院宮一品尊真法親王　寛政一一	1	壬	173
天台座主宣下一会　52輪王寺宮一品公猷法親王　文化一〇	1	壬	173
天台座主宣下一会　53梶井宮二品承真法親王　文化一〇	1	壬	173
天台座主宣下一会　54梶井宮一品承真法親王　文政三	1	壬	173
天台座主宣下一会　55輪王寺宮三品公猷法親王　文政一一	1	壬	173
天台座主宣下一会　56梶井宮一品承真法親王　文政一二	1	壬	173
天台座主宣下一会　57青蓮院宮二品尊宝法親王　文政一二	1	壬	173
天台座主宣下一会　58梶井宮一品承真法親王　天保三	1	壬	173
天台座主宣下一会　59妙法院宮二品教仁法親王　天保一二	1	壬	173
天台座主宣下一会　60輪王寺宮准三宮舜仁法親王　天保一三	1	壬	173
天台座主宣下一会　61妙法院宮二品教仁法親王　天保一三	1	壬	173
天台座主宣下一会　62青蓮院宮二品尊融法親王　嘉永五	1	壬	173
天台座主宣下一会　63梶井宮昌仁法親王　安政六	1	壬	173
天台座主宣下一会　64輪王寺宮二品慈性法親王　文久二	1	壬	173
天台座主宣下一会　65梶井宮入道二品昌仁法親王　文久二	1	壬	173
天台座主宣下一会　66山門座主次第　根不詳	1	壬	173
補略　享保二〇～安政二(有欠)	97	壬	174
補略　元禄一六～天保二(有欠)	110	壬	175
補略　明和二～文化六(有欠)	26	壬	176
禁中非常時参勤補略　延享四～天保一五(有欠)	70	壬	177
補略　延享四～安政二(有欠)	70	壬	178
日光東照宮例幣発遣一会　正保三～安政五、年不詳　(有欠)	331	壬	179
東照宮関係宣旨並官符案　元和二～正保二　建立・遷宮・奉幣等	2	壬	180
東照宮位記宣旨並宣命官符目録　永禄九～正保三	17	壬	181
補略　享保一四～二〇	8	壬	182
洞中非常参勤補略　安永一〇～天保一〇(有欠)	46	壬	183
洞中諸奉行補略　安永一〇～天保一〇(有欠)	48	壬	184
禁中諸奉行補略　延享四～天保一二(有欠)	68	壬	185
禁裏御能番組	1	壬	186
日光東照宮臨時奉幣及御八講一会　慶安四	8	壬	187
富貴宮尊峰法親王知恩院江御入寺行列書　宝暦四	1	壬	188
任官齢考　　山科言縄	2	壬	189
弘法大師八百五十年忌勅会曼陀羅参役名并下行事　貞享元	1	壬	190
徳川家康将軍宣下次第　慶長八	1	壬	191
中御門天皇御即位前後御祝儀並諸下行例　宝永七、八	1	壬	192
梶井宮惟常親王宣下之事　天正三	1	壬	193
禁中御懺法講次第　弘化五・二	1	壬	194
嘉永度条事定並改元定次第　弘化五	1	壬	195
女御祺子入内御用几帳手黒漆塗松下絵　文政八	2	壬	196
新嘗祭諸役留　文政三～元治元	1	壬	197
賀茂祭近衛使留　元禄七～嘉永五	1	壬	198
開港之儀ニ付公卿建白留　安政五　近衛忠熙等　　山科言縄	1	壬	199
官職秘鈔　　平基親	1	壬	200
近臣便覧　延享～天保　　山科言縄	1	壬	201

備　考	典籍解題	家別	分類	紀要	頁
元禄自筆		壬生本	510	和漢	1184
原本写本 以下の番号は目録掲載順により仮に付したもの		壬生本	123	和漢	268
		壬生本	123	和漢	268
		壬生本	123	和漢	268
		壬生本	123	和漢	268
		壬生本	123	和漢	268
		壬生本	123	和漢	268
		壬生本	123	和漢	268
		壬生本	123	和漢	268
		壬生本	123	和漢	268
		壬生本	123	和漢	268
		壬生本	123	和漢	268
		壬生本	123	和漢	268
		壬生本	123	和漢	268
		壬生本	123	和漢	268
		壬生本	123	和漢	268
		壬生本	123	和漢	268
		壬生本	123	和漢	268
		壬生本	123	和漢	268
		壬生本	123	和漢	268
		壬生本	123	和漢	268
		壬生本	123	和漢	268
		壬生本	123	和漢	268
		壬生本	123	和漢	268
		壬生本	123	和漢	268
		壬生本	123	和漢	268
		壬生本	123	和漢	268
		壬生本	123	和漢	268
		壬生本	123	和漢	268
		壬生本	123	和漢	268
		壬生本	123	和漢	268
		壬生本	123	和漢	268
		壬生本	123	和漢	268
		壬生本	123	和漢	268
		壬生本	123	和漢	268
		壬生本	123	和漢	268
		壬生本	123	和漢	268
		壬生本	123	和漢	268
		壬生本	123	和漢	268
		壬生本	123	和漢	268
		壬生本	123	和漢	268
		壬生本	123	和漢	268
		壬生本	123	和漢	268
		壬生本	123	和漢	268
		壬生本	123	和漢	268

書　名	員	函	号
恒例並臨時行事記　正元元～宝永二(有欠)　　小槻季連	10	壬	172
天台座主宣下一会　慶長二～文久二	66	壬	173
天台座主宣下一会　1妙法院宮二品常胤法親王　慶長二	1	壬	173
天台座主宣下一会　2梶井宮最胤法親王　慶長一七	1	壬	173
天台座主宣下一会　3梶井宮最胤法親王　慶長一七	1	壬	173
天台座主宣下一会　4妙法院宮二品堯延法親王　寛永四	1	壬	173
天台座主宣下一会　5曼殊院宮二品良恕法親王　寛永一六	1	壬	173
天台座主宣下一会　6妙法院宮二品堯然法親王　寛永一七	1	壬	173
天台座主宣下一会　7梶井宮二品慈胤法親王　寛永一九	1	壬	173
天台座主宣下一会　8青蓮院宮無品尊純法親王　寛永二一	1	壬	173
天台座主宣下一会　9妙法院宮二品堯然法親王　正保二	1	壬	173
天台座主宣下一会　10妙法院宮堯然法親王　正保三	1	壬	173
天台座主宣下一会　11曼殊院宮無品良尚法親王　正保三	1	壬	173
天台座主宣下一会　12梶井宮二品慈胤法親王　慶安三	1	壬	173
天台座主宣下一会　13青蓮院宮二品尊純法親王　承応二	1	壬	173
天台座主宣下一会　14妙法院宮二品堯然法親王　承応二	1	壬	173
天台座主宣下一会　15輪王寺宮一品尊敬法親王　明暦元	1	壬	173
天台座主宣下一会　16梶井宮二品慈胤法親王　明暦元	1	壬	173
天台座主宣下一会　17青蓮院宮無品尊証法親王　寛文九	1	壬	173
天台座主宣下一会　18妙法院宮無品堯恕法親王　寛文三	1	壬	173
天台座主宣下一会　19梶井宮無品盛胤法親王　寛文一三	1	壬	173
天台座主宣下一会　20梶井宮盛胤法親王　延宝元	1	壬	173
天台座主宣下一会　21妙法院宮二品堯恕法親王　延宝四	1	壬	173
天台座主宣下一会　22青蓮院宮一品尊証法親王　延宝四	1	壬	173
天台座主宣下一会　23梶井宮宮二品盛胤法親王　延宝五	1	壬	173
天台座主宣下一会　24妙法院宮二品堯如法親王　延宝七	1	壬	173
天台座主宣下一会　25輪王寺宮一品公弁法親王　元禄六	1	壬	173
天台座主宣下一会　26妙法院宮無品堯延法親王　元禄六	1	壬	173
天台座主宣下一会　27輪王寺宮一品公弁法親王　宝永四	1	壬	173
天台座主宣下一会　28妙法院宮二品堯延法親王　宝永五	1	壬	173
天台座主宣下一会　29梶井宮無品道仁法親王　宝永六	1	壬	173
天台座主宣下一会　30青蓮院宮無品尊祐法親王　正徳四	1	壬	173
天台座主宣下一会　31輪王寺宮一品公寛法親王　享保三	1	壬	173
天台座主宣下一会　32梶井宮二品道仁法親王　享保三	1	壬	173
天台座主宣下一会　33青蓮院宮二品尊祐法親王　享保七	1	壬	173
天台座主宣下一会　34輪王寺宮一品公寛法親王　享保一六	1	壬	173
天台座主宣下一会　35梶井宮一品道仁法親王　享保一六	1	壬	173
天台座主宣下一会　36妙法院宮堯恭法親王　元文元	1	壬	173
天台座主宣下一会　37輪王寺宮一品公遵法親王　延享二	1	壬	173
天台座主宣下一会　38輪王寺宮一尊祐法親王　延享二	1	壬	173
天台座主宣下一会　39妙法院宮二品堯恭法親王　延享四	1	壬	173
天台座主宣下一会　40輪王寺宮一品公遵法親王　寛延二	1	壬	173
天台座主宣下一会　41妙法院宮二品堯恭法親王　寛延二	1	壬	173
天台座主宣下一会　42輪王寺宮公啓法親王　宝暦一二	1	壬	173
天台座主宣下一会　43妙法院宮一品堯恭法親王　宝暦一二	1	壬	173
天台座主宣下一会　44青蓮院宮二品尊真法親王　明和元	1	壬	173
天台座主宣下一会　45梶井宮二品常仁法親王　明和九	1	壬	173
天台座主宣下一会　46青蓮院宮二品尊真法親王　明和九	1	壬	173

備　考	典籍解題	家別	分類	紀要	頁
原本写本　『図書寮叢刊』壬生家文書 9		壬生本	106	和漢	165
原本写本　『図書寮叢刊』壬生家文書 4		壬生本	416	和漢	1021
原本写本　『図書寮叢刊』壬生家文書 4		壬生本	416	和漢	1013
原本　『図書寮叢刊』壬生家文書 4		外記局本	416	和漢	987
室町写　『図書寮叢刊』壬生家文書 4		壬生本	416	和漢	999
原本写本　『図書寮叢刊』壬生家文書 4		壬生本	416	和漢	995
原本写本　『図書寮叢刊』壬生家文書 4		壬生本	416	和漢	993
原本写本		壬生本	514	和漢	1229
原本　『図書寮叢刊』壬生家文書 6		壬生本	416	和漢	1011
原本		壬生本	127	和漢	354
原本写本　『図書寮叢刊』壬生家文書 4		壬生本	416	和漢	1016
原本写本　『図書寮叢刊』壬生家文書 4		壬生本	416	和漢	983
原本写本		壬生本	108	和漢	231
江戸中写		壬生本	517	和漢	1377
江戸初写		壬生本	514	和漢	1226
寛正 6 年写		壬生本	517	和漢	1377
江戸中写		壬生本	517	和漢	1390
写		壬生本	517	和漢	1367
江戸中写		壬生本	517	和漢	1385
江戸写		壬生本	915	和漢	1506
江戸写		壬生本	517	和漢	1361
写		壬生本	517	和漢	1376
江戸中写		壬生本	517	和漢	1376
江戸中写		壬生本	517	和漢	1377
写		壬生本	915	和漢	1511
慶応元年写		壬生本	517	和漢	1363
弘化 4 年写		壬生本	516	和漢	1293
大炊御門経音元禄14年写		壬生本	517	和漢	1415
写		壬生本	517	和漢	1395
江戸写		壬生本	517	和漢	1420
写		壬生本	517	和漢	1356
写		壬生本	517	和漢	1393
江戸紙雛形		壬生本	517	和漢	1402
室町写　『図書寮叢刊』壬生家文書 4		壬生本	416	和漢	1017
元和 3 年写		壬生本	517	和漢	1405
寛保元年写		壬生本	416	和漢	999
慶安 4 年写		壬生本	517	和漢	1404
写	続歴史 p093	壬生本	437	和漢	1095
天明 6 年写		壬生本	515	和漢	1248
写		壬生本	126	和漢	334
原本		壬生本	517	和漢	1424
江戸初期紙雛形		壬生本	517	和漢	1360
写		壬生本	517	和漢	1418
江戸初写		壬生本	517	和漢	1402
原本		壬生本	515	和漢	1251
文化 7 、13年写		壬生本	516	和漢	1330
寛政 9 ～文化13年写　各年正月の宮中行事の日次を記す		壬生本	516	和漢	1282

書　名	員	函	号
春日神社就異変下知並注進文書　文永元～寛文九(有欠)	1	壬	125
洛中西京白河等酒屋公役等一件文書　嘉慶三～永禄二(有欠)	1	壬	126
播州小犬丸保御公用並代官補任文書　文明七～永正九(有欠)	1	壬	127
掃部頭領沙汰人請状並知行方目録　寛正二、永禄七、天正一三　(掃部頭領地一件文書)(掃部頭領租税納入幷石高一件文書)	1	壬	128
近江国商人関係文書　応永三一～天正一三　御教書・商人言上書等	1	壬	129
長坂口紺灰問屋関係文書　大永六～天正一一　法度・補任状・請文等	1	壬	130
穀倉院領山崎油関係文書　弘安四～天正一二(有欠)　附沽券(一三葉)	1	壬	131
左衛門大尉藤原政行兼任防鴨河判官宣下文書　文明一六	1	壬	132
女房奉書　大永二　中原師象進退の儀	1	壬	133
日光東照宮大猷院三回忌仏開眼供養一会　承応二	1	壬	134
米穀商売役関係文書　嘉吉二～永正七(有欠)	1	壬	135
大炊寮領御稲田関係文書　明徳五～天正一三(有欠)	1	壬	136
坂本東照社正遷宮一会　寛永一一、寛文五	3	壬	137
御即位内弁已下礼服留	1	壬	138
徳川家康秀忠家綱任官宣旨禄物方請取留並官符宣旨目録　永禄九～寛永一九	1	壬	139
後土御門天皇御即位並儲君御礼服用御舃之様　寛正六	1	壬	140
中御門天皇御即位諸臣玉冠図	1	壬	141
玉佩図　附玉佩	2	壬	142
笏箱神鏡裏紋様宝物入筥下絵	1	壬	143
馬具の図	1	壬	144
御扇の図	1	壬	145
古図雑集	1	壬	146
輿並馬具の図	1	壬	147
古代烏皮沓之図	1	壬	148
弓矢並箙図	1	壬	149
和宮様御素服帳　慶応元	2	壬	150
孝明天皇御即位御礼服以下次第　弘化四　追加共	3	壬	151
伏見院宸筆装束抄　　伏見天皇	1	壬	152
懺法講共行公卿以下衣体留　元禄一六～文久二	1	壬	153
明正天皇御装束一具色目　寛永七	1	壬	154
采女衣絵形	1	壬	155
石帯図並書付　安政二調進	1	壬	156
天皇御礼服大袖雛形	1	壬	157
柾之公事関係文書　永正九、明応八	1	壬	158
将軍徳川家康参内時諸役人拝領銀子之事　元和三	1	壬	159
諸司官人等奉願口上覚　寛保元(五通)　天英院叙品宣下	1	壬	160
徳川家綱将軍宣下参向雑文書　慶安四	1	壬	161
女房補略　安永～安政	2	壬	162
釈奠次第　天明六	1	壬	163
慈眼大師諡号勅使図並参役留	2	壬	164
諒闇御服御色目　文明三　附女中素服事	1	壬	165
御そばつづき袴雛形	1	壬	166
松下絵たゝう紙	1	壬	167
天皇御礼服以下装束事	1	壬	168
洞中祗候日次次第　寛政九～文化七(有欠)	1	壬	169
東宮諸儀日次次第　文化七、一三	1	壬	170
禁中諸儀日次次第　寛政九～文化一三	1	壬	171

備　考	典籍解題	家別	分類	紀要	頁
元禄９年写		壬生本	516	和漢	1345
原本		壬生本	106	和漢	175
原本写本		壬生本	516	和漢	1331
原本写本		壬生本	108	和漢	228
原本写本		壬生本	516	和漢	1330
貞享２年写		壬生本	516	和漢	1296
原本写本		壬生本	514	和漢	1227
原本写本		壬生本	514	和漢	1213
原本写本		壬生本	514	和漢	1216
原本写本		壬生本	514	和漢	1219
寛延３、４年写		壬生本	516	和漢	1302
原本写本		壬生本	516	和漢	1346
原本写本		壬生本	514	和漢	1218
原本写本	歴史 p165	壬生本	416	和漢	985
明応９年写		壬生本	516	和漢	1299
原本写本		壬生本	516	和漢	1301
原本写本		壬生本	108	和漢	228
宝永７年写		壬生本	516	和漢	1337
原本写本		壬生本	106	和漢	175
貞享４年写		壬生本	915	和漢	1508
室町写		壬生本	516	和漢	1274
写　石田実洋『書陵部紀要』64論文参照		壬生本	517	和漢	1377
江戸初写		壬生本	514	和漢	1222
元禄自筆		壬生本	510	和漢	1184
永正18年写		壬生本	416	和漢	995
江戸中写		壬生本	517	和漢	1390
元和９年写		壬生本	127	和漢	343
原本		壬生本	127	和漢	355
原本写本		壬生本	108	和漢	228
江戸初写		壬生本	514	和漢	1226
原本		壬生本	123	和漢	267
原本		壬生本	123	和漢	267
原本写本		壬生本	514	和漢	1222
江戸中写		壬生本	317	和漢	748
写		壬生本	517	和漢	1413
文久元年写		壬生本	517	和漢	1362
原本		壬生本	123	和漢	268
原本写本		壬生本	108	和漢	229
原本		壬生本	108	和漢	229
原本		壬生本	108	和漢	230

書　名	員	函	号
明正上皇御凶事一会　元禄九	5	壬	85
日光東照社奉授正一位勅並宮号宣旨関係文書　正保二	3	壬	86
中御門上皇御凶事一会　元文二、三	19	壬	87
日光東照宮回忌奉幣一会　元和八～正徳五(七回～百回)	133	壬	88
東福門院御凶事一会　延宝六、七	10	壬	89
後西上皇御凶事一会　貞享二	13	壬	90
内大臣等宣下文書　文明一三～寛延三(有欠)	27	壬	91
右大臣宣下文書　寛永一七～宝暦四(有欠)	10	壬	92
関白氏長者内覧准三宮随身兵仗牛車口宣案　応永一七～宝暦一三　(有欠)	15	壬	93
准大臣宣下文書　明応五～文久二(有欠)	12	壬	94
桜町天皇御凶事一会　寛延三、四	18	壬	95
桃園天皇御凶事一会　宝暦一二、一三	24	壬	96
近衛将官並馬寮御監宣下文書　長禄産～宝暦四、年不詳(有欠)	125	壬	97
改名款状並口宣案　(改名款状並宣旨案一会)　大永八～文化一一(有欠)	29	壬	98
後土御門天皇遺詔奏並諷誦諸寺使等文書　明応九	2	壬	99
後桃園天皇御凶事一会　安永八～一〇	13	壬	100
日光東照宮仮正遷一会　寛永一二～寛文五	46	壬	101
東山上皇御凶事一会　宝永七	17	壬	102
日光東照社建立及堂供養関係文書　元和二、三　1勧請陣儀及宣旨目録、2家康薨去ニ付禁中穢神霊及権現号等事、3内蔵寮臨時請米事、4可始行事所雑事之日時事、5木作始之事、6可被造始於仮殿之日時之事、7地曳之日時事、8奉遷御正体於仮殿之日時之事、9居礎之日時之事、10立柱之日時之事、11上棟之日時之事、12葺甍之日時之事、13神号為下野国東照大権現日時之事、14参向役者供奉人数、15宣旨副使役之事、16正遷宮日時之事、17正遷宮使差遣之事、18奉幣之日時之事、19神位之日時之事、20一社奉幣日時定事、21勧請宣命、石堂建立奉幣日時定事、薬師堂供養日時之事、薬師開眼供養日時之事、請諷誦事、神宝雑物事、遷宮并堂供養参向公家衆并拝領覚、薬師堂供養ニ就キ五畿七道行赦之事、薬師堂供養ニ就キ五畿七道殺生禁断之事、遷宮堂供養関係雑文書、遷宮関係諸次第、遷宮並堂供養参向下行帳	43	壬	103
藤原真楯卿餝剣図	1	壬	104
亀山天皇御即位叙位文書目録並勘文　正元元　(裏)明応七年仮名暦	1	壬	105
御即位調度図	1	壬	106
親王御給宣旨留　慶長六・二～三	1	壬	107
恒例並臨時行事記　寛文三・正～貞享四・三(有欠)　　小槻季連	1	壬	108
金剛峯寺大塔金堂諸伽藍等造立一件文書　永正一八　宣旨案・解等	3	壬	109
諸臣玉冠図並記	1	壬	110
禁中御八講舞楽並朝夕座音楽御下行之事　元和九	1	壬	111
上野東叡山中堂供養一会　元禄一一	22	壬	112
久能東照宮正遷宮一会　元和三・一一～一二	5	壬	113
徳川家康以下四代官位次第　永禄九～正保二　1官位次第(永禄九～元和四)、2官位次第(永禄九～元和二)、3位記宣旨上卿職事称号之覚、4官位之次第(文禄五～寛永三)、5家康至家綱昇進官位之記(元亀二～正保二)	5	壬	114
天台座主一品尊敬法親王慈覚大師将来聖教道具検討阿闍梨職宣下一会　明暦元	1	壬	115
一品尊敬法親王受戒和尚官宣旨並解　明暦元	1	壬	116
親王御給並叙品宣下文書　大永二～宝暦一四(有欠)	6	壬	117
冷泉為相和歌懐紙　夏日侍太上皇仙洞、同詠百首応制和歌　(二首)	1	壬	118
舞妓裳絵形	4	壬	119
和宮御調度並女中衣帳　文久元	11	壬	120
天海大僧正追謚大師号請状　正保四	1	壬	121
名古屋東照宮参向官宣旨及禄物之事　元和五・九	1	壬	122
和歌浦東照宮遷宮差遣人官宣旨及参向衆路銀小袖等事　元和七・一一	1	壬	123
上野東照宮曼陀羅供行赦殺生禁断官宣旨及勘例　承応三・八	1	壬	124

備　考	典籍解題	家別	分類	紀要	頁
江戸中写		壬生本	516	和漢	1351
寛政12年写		壬生本	516	和漢	1308
原本写本		壬生本	514	和漢	1229
原本写本		壬生本	514	和漢	1216
原本写本		壬生本	514	和漢	1228
原本写本		壬生本	514	和漢	1219
天明３、４年写		壬生本	516	和漢	1315
慶安４年写		壬生本	514	和漢	1226
原本写本		壬生本	516	和漢	1265
永享５年写		壬生本	516	和漢	1296
原本		壬生本	516	和漢	1308
延宝５年写		壬生本	516	和漢	1311
承応３年写		壬生本	516	和漢	1295
貞治３年写		壬生本	516	和漢	1292
原本写本		壬生本	123	和漢	267
原本写本		壬生本	514	和漢	1230
原本写本		壬生本	514	和漢	1229
原本写本		壬生本	514	和漢	1224
原本写本		壬生本	514	和漢	1218
正徳２年写		壬生本	516	和漢	1312
文化10年写		壬生本	516	和漢	1296
元和３、４年写		壬生本	516	和漢	1302
延宝８、９年写		壬生本	516	和漢	1301
原本写本		壬生本	514	和漢	1230
原本写本		壬生本	514	和漢	1217
原本写本		壬生本	514	和漢	1230
原本写本		壬生本	514	和漢	1227
原本写本		壬生本	514	和漢	1218
原本写本		壬生本	514	和漢	1214
原本写本		壬生本	514	和漢	1220
原本		壬生本	514	和漢	1216
原本写本		壬生本	107	和漢	183
全９点の内		壬生本	107	和漢	183
全９点の内		壬生本	107	和漢	183
全９点の内		壬生本	107	和漢	183
全９点の内		壬生本	107	和漢	183
全９点の内		壬生本	107	和漢	183
全９点の内		壬生本	107	和漢	183
全９点の内		壬生本	107	和漢	183
全９点の内		壬生本	107	和漢	183
全９点の内		壬生本	107	和漢	183
原本写本		壬生本	514	和漢	1222
原本写本		壬生本	514	和漢	1218
原本写本		壬生本	516	和漢	1315
宝永７年写		壬生本	514	和漢	1218
弘化３年写		壬生本	516	和漢	1312

書　名	員	函	号
諒闇方之記　延宝六～元禄九　東福門院崩御諒闇(延宝六、七)、後水尾院崩御諒闇(延宝八、九)、後西院崩御諒闇(貞享二)、明正院崩御諒闇(元禄九)	1	壬	48
成不動院宮御凶事触穢終清祓御下行帳　寛政一二	1	壬	49
弁官宣旨　文明九～文禄三(有欠)	22	壬	50
禁色宣下文書　文明七～元治元　(有欠)	24	壬	51
八省卿以下宣下文書　文明五～天正一〇(有欠)	17	壬	52
侍従宣下文書　文明七～天正九(有欠)	40	壬	53
盛化門院御凶事一会　天明三、四	15	壬	54
富好王請爵申文　慶安四	1	壬	55
正親町上皇御凶事一会　文禄二、三　大祓日時勘文並吉書等、渡御倚廬諒闇終大祓次第、諷誦諸寺使、御仏事並勘例及諸儀御下行事	4	壬	56
後小松法皇御凶事諷誦諸寺使　永享五	1	壬	57
承秋門院御凶事一会　享保五・三	11	壬	58
新皇嘉門院御凶事吉書　延宝五・一二	1	壬	59
後光明天皇御凶事一会　承応三	5	壬	60
光厳天皇御凶事五七日御誦経料請奏並諒闇例事　貞治三	1	壬	61
大僧都尊栄園城寺探題職款状並宣旨　寛文七	1	壬	62
暦博士及陰陽頭宣下文書　文明一六、永正一一、大永五	3	壬	63
文章天文博士並大学頭宣下文書　文明五～永正一八	8	壬	64
帯剣宣旨並口宣案　治承三～大永八(有欠)	19	壬	65
国守宣下文書　文明八～宝永七(有欠)	12	壬	66
新上西門院御凶事一会　正徳二・五	2	壬	67
後桜町天皇御凶事一会　文化一〇	4	壬	68
後陽成上皇御凶事一会　元和三、四	5	壬	69
後水尾天皇御凶事一会　延宝八、九	12	壬	70
列本座宣下文書　文明一〇～大永六(有欠)	17	壬	71
還任宣下文書　文明一一～慶長五(有欠)	9	壬	72
馬寮御監及頭宣下文書　文明七～宝暦五(有欠)	30	壬	73
納言参議将官帯剣列本座等宣下文書　文明九～宝暦八(有欠)	60	壬	74
参議等任官宣下文書　文明九～天正八(六三葉　有欠)	30	壬	75
衛門兵衛督佐等宣下文書　文明三～慶長六(有欠)	27	壬	76
掌侍典侍口宣案　文明五～大永六(有欠)	11	壬	77
権大納言甘露寺兼長坊城俊清兼任陸奥出羽按察使口宣案　応永一九～享保三(五葉)	1	壬	78
神祇伯及権大少副宣旨　文明八、延徳二、三、文亀元、永正五、九、一〇、永禄一二、天正四	9	壬	79
神祇伯及権大少副宣旨　1　大中臣則長任神祇権大副(文明八・八)	1	壬	79
神祇伯及権大少副宣旨　2　白川忠富王任神祇伯(延徳二・六)	1	壬	79
神祇伯及権大少副宣旨　3　大中臣能忠任神祇伯(延徳三・三)	1	壬	79
神祇伯及権大少副宣旨　4　大中臣清房転任神祇権大副(文亀元・二)	1	壬	79
神祇伯及権大少副宣旨　5　大中臣宣蔭任神祇権少副(永正五・六)	1	壬	79
神祇伯及権大少副宣旨　6　大中臣清祝任神祇権少副(永正九・二)	1	壬	79
神祇伯及権大少副宣旨　7　卜部兼堯任神祇権少副(永正一〇・四)	1	壬	79
神祇伯及権大少副宣旨　8　白川雅英王任神祇伯　(永禄一二・一二)	1	壬	79
神祇伯及権大少副宣旨　9　卜部兼任任神祇権少副(天正四・一一)	1	壬	79
諸爵申文　慶長六　1大江儁辰、2清水谷忠治、3竹屋光長、4藤原則量、5兵部少丞長岡信章、6玄蕃助岸田藤次、7神祇大祐中臣兼香	7	壬	80
左大臣口宣案　慶安五～延享二(有欠)	10	壬	81
菅原久長請学問料宣旨下知状等　享保五・一二	1	壬	82
近衛信尹叙位宣下文書　宝永七	1	壬	83
新清和院遺令奏　弘化三・七　附大祓申沙汰文	1	壬	84

備　考	典籍解題	家別	分類	紀要	頁
明和５年写		壬生本	516	和漢	1338
江戸初写		壬生本	516	和漢	1350
延享４年写		壬生本	516	和漢	1330
享保13年写		壬生本	516	和漢	1326
原本写本		壬生本	516	和漢	1259
天保10、11年写		外記局本	516	和漢	1266
原本写本		壬生本	516	和漢	1257
原本		壬生本	516	和漢	1348
天和３年写		壬生本	516	和漢	1340
原本写本		外記局本	516	和漢	1261
寛政６年写		壬生本	516	和漢	1348
弘化４年写		壬生本	516	和漢	1347
安永10年写		壬生本	516	和漢	1302
明和８年写		壬生本	516	和漢	1331
寛永元年写		外記局本	516	和漢	1273
宝永５年写		壬生本	516	和漢	1347
慶応４年写　目録「慶安四　慶安四写」とするは誤り		壬生本	108	和漢	226
原本		壬生本	516	和漢	1256
原本		壬生本	516	和漢	1256
慶応４、明治２年写		壬生本	516	和漢	1344
慶応４～明治元年写		壬生本	516	和漢	1345
原本		壬生本	516	和漢	1345
原本		壬生本	516	和漢	1353
原本		壬生本	416	和漢	1017
寛政２年写		壬生本	516	和漢	1315
江戸初写		壬生本	416	和漢	988
原本写本		壬生本	516	和漢	1281
寛政６年写		壬生本	516	和漢	1315
文政４年写		壬生本	516	和漢	1304
文政６年写		壬生本	516	和漢	1325
弘治３～永禄元年写		壬生本	516	和漢	1300
長享２年写		壬生本	516	和漢	1274
江戸中写		壬生本	415	和漢	905
天保11年写		壬生本	516	和漢	1289
延享２年写		壬生本	516	和漢	1262
延享元年写		壬生本	516	和漢	1264
明応６年写		壬生本	514	和漢	1218
中原師象等大永６年写		壬生本	516	和漢	1294
江戸中写		壬生本	516	和漢	1294
原本		壬生本	510	和漢	1189
天文５年写		壬生本	517	和漢	1416

書　名	員	函	号
英仁親王立太子一会　明和五	2	壬	5
立太子次第	1	壬	6
遐仁親王立太子一会　延享四・三	2	壬	7
昭仁親王立太子一会　享保一三・六	5	壬	8
恵仁親王立太子一会　文化六　立太子之儀ニ付触状並節会交名、立太子次第、立太子御下行帳、立太子諸図、立坊書抜、日次案	18	壬	9
統仁親王立太子一会　天保一〇、一一　立太子関係諸文書、立太子ニ付キ調進方諸司申達書、立太子本宮饗饌色目、立太子次第並御膳使備忘、立坊諸司休所図、立太子本宮饗饌図、英仁親王立太子本宮饗饌例図	8	壬	10
女御夙子御入内並立太后一会　慶応四～明治元　立太后関係諸文書、立太后ニ付調進物控、行列帳、立太后御下行帳、立太后飛香舎図	11	壬	11
女御幸子女王立后一会　宝永五	11	壬	12
女御房子立后一会　天和三	6	壬	13
女御舎子立皇太后一会　延享四　立太后関係諸文書、立太后次第、立太后本宮図	4	壬	14
欣子内親王御入内立后行啓等一会　寛政六	16	壬	15
女御祺子立太后一会　弘化四	19	壬	16
女御維子立太后一会　安永一〇	6	壬	17
女御富子立太后一会　明和八・五	3	壬	18
女御和子立后節会一会　寛永元　立后節会交名並小除目調進物下行之事、立后節会幷小除目調進物御下行帳之留、立后節会幷小除目下行帳	3	壬	19
慶仁親王立太子一会　宝永五	9	壬	20
崇徳天皇神霊御還遷御禊並白峰社参向一会　慶応四	3	壬	21
皇太后夙子御方違行啓一会　明治元　行啓申沙汰参仕諸司及交名等諸文書、行啓次第、行啓御車役人御下行帳	2	壬	23
皇太后夙子大宮御移徙行啓一会　明治二　行啓御召車供奉之役人以下文書、行啓行列書	2	壬	24
明治天皇賀茂下上社行幸一会　慶応四、明治二	2	壬	26
明治天皇泉山行幸一会　慶応四～明治元	2	壬	27
明治天皇操練所行幸之達　慶応四	1	壬	28
霊元法皇御凶事一会　享保一七	6	壬	29
温仁親王御凶事触穢関係文書　寛政一二　諸交名	1	壬	30
青綺門院御凶事一会　寛政二	1	壬	31
官宣旨　文安六　五畿七道諸社寺仁王般若経転読　附康富日記抄(文安六)	1	壬	32
恭礼門院御凶事一会　寛政七、八　遺令奏警固固関廃朝停止音楽奏警蹕申沙汰及宣旨、御凶事関係諸文書、開関解陣次第、御葬送行列、遺令奏指図並禊図、遺令奏以下諸儀下行帳、泉涌寺御中陰初結日御法事御下行帳、般舟三昧院御中陰御経供養御下行帳	12	壬	33
典仁親王御凶事一会　寛政六	6	壬	34
安仁親王御凶事触状並口上覚　文政四	1	壬	35
女御繋子御凶事触状並書付　文政六	1	壬	36
後奈良天皇諒闇倚廬並諒闇終調進料足之事　弘治三～永禄元	1	壬	37
嘉楽門院御凶事渡御倚廬殿次第　長享二	1	壬	38
後西院新上西門院御凶事心覚　貞享二、正徳二	1	壬	39
光格天皇遺詔奏警固固関次第　天保一一　附遺詔奏図	1	壬	40
一条兼香任大臣並一座宣下略次第　延享二	1	壬	41
延享度改元詔書	1	壬	42
参議兼国国宛事並例　明応六(二葉)	1	壬	43
後柏原天皇御凶事一会　大永六	5	壬	44
御凶事関係雑文書	1	壬	45
宣命之事大内記忌中少内記可下知事　正保四	1	壬	46
豊楽門院諒闇吉書及御調度料事　天文五	1	壬	47

備　考	典籍解題	家別	分類	紀要	頁
小槻忠利写		壬生本	107	和漢	181
江戸中写	続歴史 p124	壬生本	415	和漢	973
原本		壬生本	516	和漢	1350
小槻季連写		壬生本	106	和漢	176
写		壬生本	107	和漢	185
江戸中写		壬生本	517	和漢	1401
小槻季連延宝 7 年写		壬生本	517	和漢	1411
小槻忠利写		壬生本	516	和漢	1310
小槻重房写		壬生本	514	和漢	1230
小槻季連写		壬生本	517	和漢	1426
小槻重房写		壬生本	106	和漢	176
江戸初写		壬生本	514	和漢	1226
江戸初写		壬生本	415	和漢	939
紀氏辰天和 3 年写		壬生本	516	和漢	1296
原本写本		壬生本	106	和漢	171
原本写本　『図書寮叢刊』壬生家文書 5	歴史 p177	壬生本	416	和漢	1017
江戸初写		壬生本	516	和漢	1307
写		壬生本	517	和漢	1394
自筆		壬生本	108	和漢	191
写　目録の函架番号は誤り		壬生本	108	和漢	186
写		壬生本	516	和漢	1258
慶応 4 年写		壬生本	516	和漢	1344
慶応 4 年写		壬生本	516	和漢	1344
写		壬生本	108	和漢	241
自筆		壬生本	108	和漢	241
写		壬生本	713	和漢	1464
江戸初写		壬生本	106	和漢	171
小槻孝亮写		壬生本	106	和漢	163
写		壬生本	107	和漢	182
原本		壬生本	517	和漢	1390
写		壬生本	515	和漢	1255
写	続歴史 p166	壬生本	415	和漢	916
寛政写		壬生本	415	和漢	922
江戸中写		壬生本	107	和漢	184
江戸初写		壬生本	106	和漢	175
小槻重房写		壬生本	106	和漢	177
写		壬生本	514	和漢	1213
写		壬生本	517	和漢	1425
原本		壬生本	106	和漢	172
江戸写		壬生本	416	和漢	986
原本		壬生本	123	和漢	267
写		壬生本	415	和漢	888
原本写本		壬生本	106	和漢	171
写		壬生本	108	和漢	185
元和 5 年写		壬生本	517	和漢	1387
中原師生寛永元年写		壬生本	516	和漢	1351
原本写本		壬生本	516	和漢	1258
原本		壬生本	516	和漢	1351

書　名	員	函	号
伊勢内宮荒木田神主等叙位控	1	F10	657
立后部類記　寛治五～長承三　(中右記部類)	1	F10	658
立后宣旨並吉書御覧等勘例	1	F10	659
内宮回禄之事　天和元	1	F10	660
両太神宮神官叙位補任　元和六～九	1	F10	661
朝儀部類記　当局家説乗下車事	1	F10	662
陪膳次第　(陪膳故実抄)	1	F10	663
諸公事分配記　元亀三～天正一二	1	F10	664
綸旨並口宣留	1	F10	665
礼節部	1	F10	666
内宮伊雑宮言上	1	F10	667
東照宮台徳院殿官位之事	1	F10	668
東宮御元服記　恒仁親王(正元元)　資季卿記抜萃　　二条資季	1	F10	669
後小松天皇御元服式　永徳四	1	F10	670
神宮挙達留　安永、天明、寛政、文化等	1	F10	671
法光寺管領雑雑文書　文永～永禄、年不詳　江州苗鹿村　(五三通)	1	F10	672
条事定国解続文　康永四～寛文一三	1	F10	673
節会中間雨儀調事並庭燎図	2	F10	674
伊勢例幣催沙汰発遣備忘　附皇太神宮造替地曳日時定、勅使発遣　　小槻以寧	2	F10	675
伊勢一社奉幣次第　延徳三、永正一五、享保一四、寛延二、明和六、寛政元、文化六	7	F10	676
恵仁統仁両親王立坊拝観並御膳以下図　文化六、天保一一	2	F10	677
明治天皇御元服後宴賀表謝令等次第　慶応四	2	F10	678
明治天皇御元服次第　慶応四	2	F10	679
新嘗祭儀　寛政三	2	F10	680
新嘗祭備忘　　小槻輔世	2	F10	681
彗星部類　草　(彗星年表)	2	F10	682
神宮記	2	F10	683
伊勢神宮造替諸勘文宣旨留　慶長一五、寛永七、八	2	F10	684
兼長言上書　明暦二、三　卜部伝、祭主相続例	2	F10	685
諸節会之標図　文化六～明治二	2	F10	686
年中御装束図	2	F10	687
四節会違例部類　寛永七～明治二　附小朝拝舞御覧等	2	F10	688
新造内裏遷幸一会記　寛政二　抜萃　　小槻家	3	F10	689
大宮司精長言上書　明暦二～万治元	3	F10	690
東照宮官符	4	F10	691
内宮臨時造営間事　万治元、二　　小槻季連	4	F10	692
請文留牒　明和、安永、文化、安政　　壬生家	5	F10	693
類聚抄　円成寺殿　　一条兼輝	5	F10	694
神宮雑事　正保元～慶安二　　小槻忠利、寛文五～延宝三　　小槻重房	6	F10	695
下請符集　室町期	7	F10	696
僧官宣旨留　享保～明治	9	F10	697
官公事抄　正元～享保　　壬生家	22	F10	698
神宮挙達下知等留　明和六～寛政一二(天明八欠)、享和三～文久二	52	F10	699
熱田神宮宛御教書写並正遷宮式次第等　嘉永、安政、文久	1	F10	700
相国親王諸王等座次ニ就キ鷹司九条家両雑掌ヨリ奉行所へ上レル覚書　元和五	1	壬	1
立太子次第　　九条忠栄	1	壬	2
朝仁親王立太子一会　天和三　立太子関係諸文書、立太子次第、御下行帳	3	壬	3
立太子節会下知状　二月九日	1	壬	4

備　考	典籍解題	家別	分類	紀要	頁
小槻輔世写		壬生本	415	和漢	882
写		壬生本	415	和漢	939
小槻以寧写		壬生本	515	和漢	1251
写　文政10～天保15年部分続群書類従完成会『弁官補任』底本	続歴史 p090	壬生本	437	和漢	1098
小槻以寧写		壬生本	515	和漢	1251
小槻以寧写		壬生本	516	和漢	1326
写		壬生本	516	和漢	1324
写		壬生本	108	和漢	237
小槻以寧文政11年写	続歴史 p123	壬生本	108	和漢	242
小槻重房写		壬生本	516	和漢	1345
写		壬生本	516	和漢	1261
写		壬生本	516	和漢	1341
小槻孝亮写		壬生本	108	和漢	225
江戸写		壬生本	516	和漢	1320
江戸写		壬生本	436	和漢	1082
江戸写		壬生本	514	和漢	1224
江戸写		壬生本	436	和漢	1082
江戸写		壬生本	514	和漢	1224
小槻季連延宝４年写		壬生本	517	和漢	1415
江戸写		壬生本	516	和漢	1311
写		壬生本	106	和漢	171
貞享４年写		壬生本	516	和漢	1319
自筆		壬生本	517	和漢	1419
江戸初写		壬生本	107	和漢	184
寛文10年自筆		壬生本	516	和漢	1310
永正元年写		壬生本	415	和漢	884
貞享２年写		壬生本	516	和漢	1299
小槻重房寛文８年写	続歴史 p212	壬生本	126	和漢	336
江戸写		壬生本	416	和漢	993
室町写	続歴史 p094	壬生本	515	和漢	1233
江戸写		壬生本	516	和漢	1310
自筆		壬生本	106	和漢	172
小槻季連写		壬生本	415	和漢	902
江戸写		壬生本	415	和漢	939
江戸写		壬生本	517	和漢	1401
写		壬生本	108	和漢	228
小槻季連元禄８年写		壬生本	416	和漢	988
江戸初写		壬生本	107	和漢	182
原本		壬生本	108	和漢	224
江戸写		壬生本	514	和漢	1226
江戸写		壬生本	514	和漢	1226
原本		壬生本	106	和漢	175
自筆		壬生本	106	和漢	175
正保写		壬生本	514	和漢	1226
江戸写		壬生本	514	和漢	1228
写		壬生本	415	和漢	952

書　名	員	函	号
東宮統仁親王御元服記　天保一四　　小槻以寧	1	F10	611
東宮御元服記　承元二守成親王　(公継公記抜書)	1	F10	612
踏歌節会鋪設図　当時	1	F10	613
弁官補任　安永八～天保一五　附蔵人補任	1	F10	614
豊明宴会鋪設図	1	F10	615
東宮昭仁親王御元服前御装束記　享保一八	1	F10	616
着陣官方申文　天明七～慶応四　馬料・続文等	2	F10	617
新嘗祭　神今食之儀　　小槻盈春等	1	F10	618
新嘗祭部類	1	F10	619
明暦度改元年号難陳	1	F10	620
安政度年号勘文	1	F10	621
文久度改元年号勘文	1	F10	622
神事部類記	1	F10	623
大将御拝賀次第	1	F10	624
台徳院様御任官以下目録　官位次第　天正一五～寛永九	1	F10	625
台徳院殿御任官宣旨写	1	F10	626
台徳院殿任官目録　官位次第	1	F10	627
台徳院殿位記宣旨等草案目録	1	F10	628
不審条条	1	F10	629
新儀式補逸　御読書事	1	F10	630
神祇少副兼長言上　明暦四	1	F10	631
大嘗会諸国官符宣旨例　儀式巻四抜書	1	F10	632
御帳台寸法　　小槻以寧　　合綴南殿母屋南小間証、南殿臣下台盤敷設寸法、御忌日御物忌敷設	1	F10	633
神宮禰宜十人記　文保二・二・一七	1	F10	634
諸社行幸年年例文　　小槻重房	1	F10	635
改元記　康正元　(康富記)　　中原康富	1	F10	636
御即位由奉幣	1	F10	637
醍醐雑事記　巻一二	1	F10	638
御支配下諸事覚　元禄七～九　金剛王院等	1	F10	639
大間書　保元四　(裏)明月記(嘉禄二、三)	1	F10	640
諸例覚書　御深曽木之事、女御贈位次第、男女准后宣下並随身兵仗事、諸大夫家従一位大納言現任事、薨奏事	3	F10	641
神宮方記　天文八　　小槻于恒	1	F10	642
康雄記　天文二四　　中原康雄	1	F10	643
当局拝賀記　弘安四	1	F10	644
調度幷御装束之事	1	F10	645
天照皇太神宮御膳供之土器小数帳	1	F10	646
官務局消息集　建久、年不詳(三三通)　(裏)伊勢太神宮司解等(建久)	1	F10	647
外宮禰宜金彦等言上	1	F10	648
神宮奏事始　元文三	1	F10	649
東照宮御官位次第	1	F10	650
東照宮御任官宣旨並官符宣旨写	1	F10	651
東照大権現記　　小槻忠利	1	F10	652
東照社造替雑々記　寛文一二、一三　　小槻忠利	1	F10	653
東照大権現口宣　永禄九～元和二　附台徳院殿口宣(天正一九～寛永九)	1	F10	654
秀忠公任官位記宣旨宣命下書留　天正一五～寛永九	1	F10	655
花園天皇御元服記　延慶四　　中原師右(師古)　(大外記師古記)	1	F10	656

備　考	典籍解題	家別	分類	紀要	頁
自筆		壬生本	107	和漢	184
写		壬生本	516	和漢	1298
江戸写		壬生本	415	和漢	904
文化14年写		壬生本	516	和漢	1290
小槻忠利写		壬生本	516	和漢	1286
小槻忠利写		壬生本	517	和漢	1415
写		壬生本	516	和漢	1290
原本		壬生本	515	和漢	1235
江戸写		壬生本	516	和漢	1300
貞享３年写		壬生本	415	和漢	907
小槻孝亮写		壬生本	515	和漢	1240
江戸中写		壬生本	107	和漢	183
小槻重房写		壬生本	108	和漢	216
江戸写		壬生本	108	和漢	225
小槻忠利写		壬生本	310	和漢	714
写		壬生本	713	和漢	1464
写		壬生本	713	和漢	1464
江戸写		壬生本	106	和漢	173
写		壬生本	106	和漢	173
延宝８年写　『図書寮叢刊』壬生家文書７		壬生本	416	和漢	999
自筆		壬生本	416	和漢	1000
江戸後写　山田以文旧蔵	続歴史 p109	壬生本	106	和漢	173
写	歴史 p109	壬生本	106	和漢	173
江戸写		壬生本	516	和漢	1310
江戸写		壬生本	514	和漢	1223
江戸写		壬生本	516	和漢	1327
小槻季連貞享４年写(紀氏辰本転写)		壬生本	108	和漢	223
壬生孝亮写　『図書寮叢刊』壬生家文書７ 鈴木茂男『古事類苑月報』38論文参照		壬生本	416	和漢	999
写		壬生本	516	和漢	1333
小槻輔世写		壬生本	516	和漢	1271
小槻忠利正保２年写		壬生本	415	和漢	876
原本		壬生本	517	和漢	1416
江戸写		壬生本	514	和漢	1226
写		壬生本	106	和漢	176
江戸写		壬生本	107	和漢	184
写		壬生本	516	和漢	1341
写		壬生本	516	和漢	1282
江戸写		壬生本	515	和漢	1247
江戸写　墨付17丁　九5104と同内容		壬生本	515	和漢	1243
江戸初写　墨付７丁　表紙に朱書貼紙「明治十六十一持帰りノ内官務差出し」		壬生本	515	和漢	1243
江戸写		壬生本	515	和漢	1247
江戸写		壬生本	415	和漢	929

書　名	員	函	号
神宮禰宜職之事　天文一〇　（于恒宿禰記）　小槻于恒	1	F10	568
御即位散状　慶長一六～明和八　後水尾～後桃園天皇	1	F10	569
後光厳後円融両天皇御即位記　文和二、応安七	1	F10	570
光格天皇御譲位御下行草帳　文化一四	1	F10	571
元和甲子勘文	1	F10	572
成仁親王御元服調進記　長禄二	1	F10	573
光格天皇御元服直廬定　安永九	1	F10	574
元日宴会鋪設図　草　寛政三～安政三　　小槻敬義、小槻以寧	1	F10	575
後土御門天皇御即位下行帳　寛正六	1	F10	576
御即位記　治暦四後三条天皇、貞永元四条天皇	1	F10	577
三節会以下下行事　永正、天文、享禄	1	F10	578
権禰宜職沙汰文　神宮対三日市場事	1	F10	579
宮司長則神事供奉日記　延応二、仁治四、寛元四	1	F10	580
神事条々　附年中行事	1	F10	582
心底抄　　世尊寺経朝	1	F10	583
彗星勘文　草　日月蝕外六点	1	F10	584
彗星勘文　（彗星年表）　文化八・七勘申	1	F10	585
神皇雑用先規録	1	F10	586
神社雑事勘例部類	1	F10	587
諸官符宣旨案　弘仁～正保	1	F10	588
諸宣旨官符牒雑々文書等案　安永八　記録抜書　　小槻敬義	1	F10	589
神社部類　山田以文増補　（御堂関白記、小右記、権記、左経記、定家朝臣記、水左記、中右記、長秋記、永昌記、台記、兵範記、山槐記、愚昧記、吉記、玉葉、明月記、仲資王記、三長記、玉蘂、猪隈関白記、岡屋関白記、平戸記、仁部記、吉続記、管見記、園太暦、玉英、五愚昧記、大外記師茂記、卜家記、祇園執行日記、荒暦、建内記、薩戒記、親長卿記、十輪院内府記、菅為学記、宣胤卿記	1	F10	590
神社仏寺勘例部類　（百練抄、左経記、後二条師通記、永昌記、兵範記、山槐記、愚昧記、三長記、平戸記、吉続記、園太暦、後愚昧記、康富記、親長卿記、元長卿記、宣胤卿記、二水記、康貞記、康雄記、于恒宿禰記、朝芳宿禰記等）	1	F10	591
諸宣下鈔	1	F10	592
宣下案　承応四～寛文四	1	F10	593
天和度辛酉勘文　附外記勘例・年号勘文詔書	1	F10	594
神祇官年中行事	1	F10	595
諸官符案宣旨方　貞観～慶長　（諸官符案）	1	F10	596
二条斉敬御禊次第　元治二	1	F10	597
嘉永度大嘗会伝奏奉行備忘	1	F10	598
足利義満大将着陣同義教任大臣大饗記　鹿苑院殿、普光院殿　　小槻兼治等	1	F10	599
文政度大嘗会調進物記　　内蔵寮兼造酒司	1	F10	600
東照社宣旨目録	1	F10	601
内宮御神宝目録	1	F10	602
内外宮補任　元和六～九　権禰宜職補任外五点	1	F10	603
文久度辛酉諸道勘文　附別勘文、外記勘例	1	F10	604
享和度辛酉諸道勘文　附別勘文・外記勘例	1	F10	605
叙位目録部類抄	1	F10	606
叙位次第　　一条兼良　三条公敦書入　附叙位略頌・内外階大概・可尋奉行職事々等	1	F10	607
叙位次第	1	F10	608
叙位除目次第	1	F10	609
高倉天皇御元服事　嘉応三　玉葉抜書	1	F10	610

備　考	典籍解題	家別	分類	紀要	頁
写		壬生本	516	和漢	1351
写		壬生本	516	和漢	1350
江戸写　重綱記は寛正４年に洞院家本を書写したとの奥書あり	続歴史 p116	壬生本	415	和漢	925
小槻輔世写　拝覲之儀在別冊とあり		壬生本	415	和漢	877
写		壬生本	516	和漢	1341
江戸写		壬生本	415	和漢	903
江戸写		壬生本	516	和漢	1327
江戸写		壬生本	516	和漢	1308
江戸写		壬生本	436	和漢	1083
写		壬生本	127	和漢	355
江戸写		壬生本	514	和漢	1213
写		壬生本	516	和漢	1334
江戸写		壬生本	106	和漢	162
寛文２年写		壬生本	108	和漢	186
写		壬生本	516	和漢	1341
自筆		壬生本	515	和漢	1232
写		壬生本	106	和漢	167
江戸写		壬生本	108	和漢	189
江戸写		壬生本	108	和漢	186
小槻孝亮寛永６年写		壬生本	106	和漢	162
寛文２年写		壬生本	108	和漢	186
江戸写		壬生本	108	和漢	186
小槻重房写		壬生本	516	和漢	1269
小槻孝亮慶長14年写		壬生本	106	和漢	162
小槻忠利写		壬生本	107	和漢	184
江戸写		壬生本	107	和漢	181
小槻春芳写		壬生本	516	和漢	1271
江戸写	文学 p209	壬生本	233	和漢	597
原本		壬生本	106	和漢	163
写		壬生本	106	和漢	163
江戸写		壬生本	108	和漢	187
江戸写		壬生本	510	和漢	1180
自筆		壬生本	106	和漢	162
小槻忠利写		壬生本	106	和漢	162
小槻忠利写		壬生本	108	和漢	188
写		壬生本	107	和漢	182
小槻以寧写		壬生本	515	和漢	1242
江戸写		壬生本	107	和漢	183
小槻孝亮写		壬生本	107	和漢	184
小槻忠利写		壬生本	107	和漢	185
江戸写		壬生本	106	和漢	163
江戸写		壬生本	108	和漢	221
江戸写		壬生本	515	和漢	1240
江戸写		壬生本	516	和漢	1343
写		壬生本	166	和漢	380
江戸写		壬生本	435	和漢	1068
写		壬生本	106	和漢	169

書　名	員	函	号
臨時公事目録　次第	1	F10	520
立后散状交名部類　宝永五～寛政六	1	F10	521
践祚類集　仁治三～安永八部類記　（左大史匡遠宿禰記　観応三、大外記師守記　観応三、園太暦　観応三、右少史重綱記　観応三、後中記　仁治三、践祚弁剣璽渡御次第　明応九、右大史盛宣記　観応三、四条院崩御践祚記　仁治三、明応九年下行帳、澄仲卿記　安永八）	1	F10	522
恵仁親王立太子節会記　文化六　　北小路俊矩	1	F10	523
文久度革命定詞	1	F10	524
後柏原天皇践祚之記　明応九　　清原業忠	1	F10	525
天皇皇太子御元服次第記　寛平九、承平六　（西宮記）	1	F10	526
正徳度改元難陳	1	F10	527
東照宮御官位次第　徳川家康　永禄九～慶安元	1	F10	528
東叡山中堂供養　元禄一一	1	F10	529
家綱卿位記宣旨下書留	1	F10	530
仁孝天皇御移徙行幸並行啓供奉下行帳　文化一四	1	F10	531
伊雑宮旧記看聞条々　万治三	1	F10	532
伊雑宮造替遷宮雑事	1	F10	533
文久度改元年号難陳	1	F10	534
白馬節会鋪設図　　小槻以寧	1	F10	535
勘申伊雑宮旧記真偽之事	1	F10	536
伊勢内外宮遷宮例	1	F10	537
伊雑宮御遷宮記　嘉元三、元亨三、文永二	1	F10	538
伊勢神宮記　任性	1	F10	539
伊雑宮遷宮儀式幷諸末社記写	1	F10	540
伊雑宮年中行事並遷宮記	1	F10	541
改元文字吉凶事	1	F10	542
伊勢春日八幡社諸勘例	1	F10	543
神宮禰宜職補任之事　寛文三・二・九	1	F10	544
伊雑宮宮人等内人物忌職補任勘例　寛文三	1	F10	545
嘉永度大嘗会神祇官差文幷日時勘文	1	F10	546
伊勢参詣記　康永元　　坂十仏	1	F10	547
伊勢両宮造営雑々　寛永、正保、慶安　　小槻忠利	1	F10	548
伊勢両宮造替記　寛永八	1	F10	549
伊勢公卿勅使雑例	1	F10	550
勘物要集	1	F10	551
伊勢神宮神職諸任料留　明暦三～万治三　　小槻忠利	1	F10	552
伊勢神宮諸文書留　明暦三～万治三	1	F10	553
伊勢神宮御遷宮宣旨　寛永三、四、六	1	F10	554
外宮雑記　承応三	1	F10	555
四方拝小朝拝等敷設	1	F10	556
祭主職事諸社司事	1	F10	557
内宮外宮叙爵事　元和六～九	1	F10	558
伊勢外宮度会神主等叙位控	1	F10	559
伊勢両宮正遷宮文書留　慶長一四	1	F10	560
下野国東照大権現諸官宣旨留　元和三	1	F10	561
三節会雑雑　寛文七～延宝四	1	F10	562
宝永改元難陳	1	F10	563
小松三位中将教訓状　治承三　　平重盛	1	F10	564
御伝東照宮御代々	1	F10	565
外宮御神宝目録	1	F10	566

備　考	典籍解題	家別	分類	紀要	頁
江戸写		壬生本	517	和漢	1371
原本		壬生本	516	和漢	1319
小槻以寧写		壬生本	517	和漢	1401
小槻以寧写		壬生本	108	和漢	237
写		壬生本	108	和漢	242
小槻輔世写		壬生本	415	和漢	882
原本		壬生本	108	和漢	229
原本		壬生本	108	和漢	229
小槻輔世写		壬生本	415	和漢	882
写		壬生本	108	和漢	238
小槻輔世写		壬生本	416	和漢	1010
自筆		壬生本	106	和漢	180
写		壬生本	516	和漢	1347
自筆		壬生本	415	和漢	883
自筆		壬生本	415	和漢	969
小槻輔世写		壬生本	516	和漢	1267
原本		壬生本	106	和漢	163
江戸写		壬生本	516	和漢	1264
写		壬生本	516	和漢	1341
江戸写		壬生本	516	和漢	1265
寛保元年写		壬生本	516	和漢	1277
写		壬生本	517	和漢	1422
写		壬生本	516	和漢	1261
江戸写		壬生本	516	和漢	1263
江戸中写		壬生本	516	和漢	1327
写		壬生本	516	和漢	1260
江戸写		壬生本	516	和漢	1306
写		壬生本	516	和漢	1257
江戸写		壬生本	107	和漢	184
原本		壬生本	516	和漢	1351
小槻忠利写		壬生本	415	和漢	974
小槻以寧写		壬生本	415	和漢	934
江戸写		壬生本	516	和漢	1307
写		壬生本	516	和漢	1328
写		壬生本	516	和漢	1259
原本		壬生本	516	和漢	1259
写		壬生本	516	和漢	1343
壬生以寧天保 3 年写(葉室本の転写)		壬生本	516	和漢	1277
写		壬生本	516	和漢	1288
江戸写		壬生本	516	和漢	1281
小槻輔世嘉永 7 年写		壬生本	516	和漢	1329
写		壬生本	415	和漢	969
小槻輔世写		壬生本	517	和漢	1400
写		壬生本	516	和漢	1301
自筆		壬生本	108	和漢	229
江戸写		壬生本	416	和漢	1021
写		壬生本	514	和漢	1230
自筆		壬生本	415	和漢	902

書　名	員	函	号
元文度大嘗会御調度図目録	1	F10	471
大嘗会諸司訴訟幷届書留帳　明和八　　壬生家	1	F10	472
朝儀雑事備忘	1	F10	473
新嘗祭雨儀部類	1	F10	474
新嘗祭部類　有勧盃之事　　小槻以寧	1	F10	475
東宮統仁親王御元服記　天保一三～一五　　（六位蔵人日記）　附東宮御元服等次第	1	F10	476
東照宮二百回神忌参向ニ付日光門下諸司訴訟届書等留帳　文化一一　　壬生家	1	F10	477
東照宮二百五十回神忌一会　元治元、二　　壬生家	1	F10	478
東宮統仁親王御元服記　天保一三～一五　草稿　（六位蔵人記）	1	F10	479
新嘗祭記　天保六～一四　　小槻輔世	1	F10	480
二条亭行幸女院御幸女宮渡御等古文書　寛永三	1	F10	481
俚愚鈔　安永六　　小槻敬義	1	F10	482
女御祺子立后御下行武辺往来留　弘化四	1	F10	483
統仁立親王宣下記　天保六　　小槻輔世	1	F10	484
女御祺子立太后宮司参勤之記　弘化四　　山口定厚	1	F10	485
統仁親王立太子備忘散状　天保一一	1	F10	486
伊勢神宮造宮使改補幷辞退之事　天明二　　小槻敬義	1	F10	487
延享度改元難陳	1	F10	489
文化度改元年号難陳	1	F10	490
延宝度改元難陳	1	F10	491
寛保度改元難陳	1	F10	492
悠紀主基御帳継檀御装束類之事　文政度	1	F10	493
安政度条事定年号挙奏難陳詞等	1	F10	494
卯辰巳午日御装束設試　文政元	1	F10	495
天和度改元難陳	1	F10	496
安永度改元難陳	1	F10	497
貞享度改元難陳　天和三	1	F10	498
女御夙子立太后一会　慶応三、四	1	F10	499
神職諸宣旨留	1	F10	500
立太子備忘　明和四、天保一一　　小槻輔世等	1	F10	501
両局前駆部類記　元和七、寛永六～二〇、正保五、慶安五、元禄六	1	F10	502
朝覲行幸記　（忠利宿禰記抜書）　寛永一二、一七、慶安四	1	F10	503
条事定定詞幷年号勘申難陳　明和度	1	F10	504
天保度条事定改元議定仰詞　附勘者宣旨、年号勘文、難陳、判、詔書覆奏、公卿連書等	1	F10	505
東宮恵仁親王御元服記　文化八　　北小路俊矩　（東宮御元服手記）（北小路俊矩記）	1	F10	506
東宮恵仁親王就御元服願書並窺書留帳　文化八　　官務	1	F10	507
万治度年号勘文	1	F10	508
寛文度年号勘文	1	F10	509
元文度年号勘文	1	F10	510
享保度年号勘文	1	F10	511
天明度年号勘文難陳定詞詔書等	1	F10	512
女御祺子御入内記　文政八　（六位蔵人記）　　北小路俊常等	1	F10	513
中和門院二条亭御幸雑具書付　寛永三	1	F10	514
後水尾天皇二条亭行幸記　寛永三	1	F10	515
東照宮二百回神忌一会日記草　文化一一　　小槻以寧	1	F10	516
綸旨抄部類第一　下外記部　上卿要　（宣旨鈔）	1	F10	517
両局以下諸官人職掌抜書	1	F10	518
孝明天皇践祚記　弘化三　　小槻輔世	1	F10	519

備　考	典籍解題	家別	分類	紀要	頁
写		壬生本	415	和漢	947
原本		壬生本	415	和漢	902
自筆		壬生本	415	和漢	941
写		壬生本	517	和漢	1416
原本		壬生本	516	和漢	1320
写		壬生本	516	和漢	1342
写		壬生本	517	和漢	1416
江戸写		壬生本	516	和漢	1314
原本		壬生本	415	和漢	961
江戸写		壬生本	415	和漢	927
写		壬生本	106	和漢	168
安政２年写　嘉永７年大火による調度焼失状況を注進したもの		壬生本	517	和漢	1398
写		壬生本	517	和漢	1390
原本		壬生本	108	和漢	225
原本		壬生本	108	和漢	225
自筆		壬生本	415	和漢	961
原本		壬生本	516	和漢	1342
原本		壬生本	415	和漢	962
延享５年写		壬生本	516	和漢	1275
写		壬生本	415	和漢	961
自筆		壬生本	415	和漢	930
小槻輔世嘉永元年写		壬生本	516	和漢	1317
原本		壬生本	516	和漢	1327
自筆		壬生本	415	和漢	929
小槻以寧写		壬生本	325	和漢	757
慶応元年写		壬生本	516	和漢	1284
江戸写		壬生本	516	和漢	1333
自筆		壬生本	108	和漢	239
写		壬生本	108	和漢	238
写		壬生本	108	和漢	238
写		壬生本	108	和漢	238
元治元年写		壬生本	516	和漢	1286
享和写		壬生本	516	和漢	1282
江戸写		壬生本	516	和漢	1343
原本		壬生本	516	和漢	1260
写		壬生本	516	和漢	1343
写		壬生本	415	和漢	938
宝暦13年写		壬生本	516	和漢	1296
江戸写		壬生本	516	和漢	1301
明和７、８年写		壬生本	516	和漢	1301
写		壬生本	515	和漢	1239
慶安４年写		壬生本	415	和漢	941
自筆		壬生本	108	和漢	224
写		壬生本	713	和漢	1464
江戸写		壬生本	516	和漢	1329
江戸写		壬生本	516	和漢	1306
写		壬生本	516	和漢	1342
写		壬生本	415	和漢	961

書　名	員	函	号
仁孝天皇御即位一会記　文化一四　　壬生家	2	F10	423
孝明天皇御即位諸伺願書留　弘化三～五　附伝奏往来等	1	F10	424
徳川家重将軍宣下一会日記　延享二　　小槻盈春	1	F10	425
文政度大嘗会伴佐伯装束等ノ事	1	F10	426
大嘗会門下諸司訴訟届書留　明和元　　壬生家	1	F10	427
文政度大嘗会三節会交名	1	F10	428
文政度大嘗会調進物并進退之事　　大膳職	1	F10	429
親王叙品両宣下留　文亀四～天保一三	1	F10	430
文政度大嘗会家記　　壬生家	1	F10	431
大祀雨儀部類　天仁元～文政元	1	F10	432
慶光院山田奉行願書並答書	1	F10	433
内裏炎上恒例公事御調度焼失有無之事　安政二	1	F10	434
諸公事抜書	1	F10	435
神宮并御神事其外御用与奪中之記　嘉永五、六	1	F10	436
神宮并御神事御用与奪中之記　弘化四～嘉永元	1	F10	437
文政度大嘗会一会記　細注　　小槻以寧	1	F10	438
文政度大嘗会御下行一件　附武辺往復紙面写留	1	F10	439
文政度大嘗会行事官始記	1	F10	440
寛延度大嘗会卯日以下堂上地下参仕交名	1	F10	441
文政度大祀主基行事記　(右大史行厚記)	1	F10	442
鷹司政通任太政大臣宣下記　天保一三　　小槻輔世	1	F10	443
大祀部類　崇神～後桜町天皇　(大嘗会部類)　　滋野井公麗	1	F10	444
天皇御元服一会　慶応三、四　明治天皇　　壬生家	1	F10	445
大臣退出御前出立部類　治承三～慶応二　　小槻以寧	1	F10	446
東都管絃聴聞備忘　文政六	1	F10	447
慶応度改元難陳判詞	1	F10	448
日光関東参向要記　寛永一三～延宝八	1	F10	449
新嘗祭散状交名写　天保六　　小槻輔世	1	F10	450
新嘗祭記　安政六　　中原師親	1	F10	451
新嘗祭記　天保一四　　小槻輔世	1	F10	452
新嘗祭記　寛保二　雨儀	1	F10	453
元治度年号勘文難陳判詞	1	F10	454
享和度年号難陳	1	F10	455
宝暦度年号難陳	1	F10	456
安永度年号勘文難陳判詞等　　壬生家	1	F10	457
万延度年号勘文並難陳判詞	1	F10	458
天明文政大祀本文和歌御屏風調進記	1	F10	459
後桜町天皇御即位門下諸司訴訟届書請取等留帳　宝暦一三	1	F10	460
後花園天皇御即位式　永享元　　中原職行	1	F10	461
後桃園天皇御即位方諸司訴訟并届書等留帳　明和七、八	1	F10	462
小朝拝之事	1	F10	463
徳川家綱将軍宣下関東参向中記　慶安四　　小槻忠利	1	F10	464
神宮伝奏次第　草　　小槻以寧	1	F10	465
彗星出現記　天保一四　　足立左内　附白気考	1	F10	466
天明度大嘗会抜穂使之次第　　紀厚敷	1	F10	467
貞享度大嘗会記	1	F10	468
文政度大嘗会行事所始次第	1	F10	469
文政度大嘗会記　　生島秀叙	1	F10	470

備　考	典籍解題	家別	分類	紀要	頁
壬生家写		壬生本	516	和漢	1257
写		壬生本	516	和漢	1349
小槻輔世写		壬生本	515	和漢	1253
自筆		壬生本	108	和漢	237
写		壬生本	516	和漢	1335
写		壬生本	516	和漢	1334
小槻忠利写		壬生本	515	和漢	1247
江戸中写		壬生本	515	和漢	1247
江戸中写		壬生本	515	和漢	1238
写		壬生本	516	和漢	1280
小槻以寧写		壬生本	515	和漢	1242
江戸初写　墨付17丁		壬生本	515	和漢	1243
江戸中写		壬生本	515	和漢	1249
江戸中写		壬生本	516	和漢	1274
江戸初写		壬生本	516	和漢	1285
小槻忠利写		壬生本	516	和漢	1294
江戸中写		壬生本	516	和漢	1352
江戸中写		壬生本	515	和漢	1250
文化写		壬生本	516	和漢	1291
江戸中写		壬生本	516	和漢	1294
江戸初写		壬生本	515	和漢	1234
享保写		壬生本	515	和漢	1239
江戸中写		壬生本	515	和漢	1247
写		壬生本	516	和漢	1289
江戸初写		壬生本	515	和漢	1241
江戸初写		壬生本	515	和漢	1235
写		壬生本	516	和漢	1291
江戸中写		壬生本	517	和漢	1403
原本写本		壬生本	106	和漢	171
江戸初写		壬生本	510	和漢	1179
自筆		壬生本	415	和漢	890
写		壬生本	415	和漢	925
自筆		壬生本	516	和漢	1292
写		壬生本	516	和漢	1270
江戸中写		壬生本	416	和漢	985
自筆		壬生本	515	和漢	1234
江戸中写		壬生本	415	和漢	887
小槻以寧写		壬生本	516	和漢	1288
江戸中写		壬生本	516	和漢	1301
江戸写		壬生本	416	和漢	988
小槻輔世天保11年写		壬生本	415	和漢	930
小槻忠利写		壬生本	415	和漢	877
写		壬生本	516	和漢	1291
原本		壬生本	415	和漢	942
写		壬生本	108	和漢	216
文化14年写		壬生本	516	和漢	1290
写		壬生本	514	和漢	1218
写		壬生本	415	和漢	942

書　名	員	函	号
女御夙子立后次第　弘化四・三	1	F10	374
礼服御覧備忘　文化一四	1	F10	375
豊明節会備忘　附当時鋪設之図	1	F10	376
新嘗祭大殿祭等次第備忘　　小槻輔世	1	F10	377
仁孝天皇御即位伝奏奉行之備忘　文化一四	1	F10	378
仁孝天皇御即位一会　文化一四　　中原職平	1	F10	379
叙位入眼略次第　明応四	1	F10	380
叙位入眼上卿次第	1	F10	381
小除目臨時叙位次第　安永八	1	F10	382
行事所始東庁代儀　文政元	1	F10	383
四節会備忘　宝暦五～安政三	1	F10	384
叙位次第　大納言執筆儀　附内外階大概・叙位入眼儀　上卿要	1	F10	385
節会備忘	1	F10	386
寛延度改元難陳	1	F10	387
外記史分配　天文四～寛永八	1	F10	388
後柏原天皇御即位次第　永正一八	1	F10	389
霊元天皇御譲位次第　貞享四	1	F10	390
踏歌節会次第	1	F10	391
光格天皇御譲位備忘　文化度	1	F10	392
後円融天皇御譲位仮名次第　永徳二	1	F10	393
元日節会次第　天文五　無出御	1	F10	394
朔旦冬至次第　享保三	1	F10	395
叙位入眼略次第　明応四　上卿要	1	F10	396
光格上皇修学院御幸次第　文政七	1	F10	397
三節会次第　　一条兼良	1	F10	398
魚書奉行抄抜書	1	F10	399
光格天皇御即位覚悟帳　安永九	1	F10	400
当家記	1	F10	401
神宮下知消息雑々　天明、寛政等	1	F10	402
悪例勘以下諸例十種　百官略次第、諒闇中被行御即位例、代代女院号例、代代后宮院号、小朝拝、大職冠御破裂、関白御拝賀無之例、六位蔵人補拝賀無之例、大仏焼失	1	F10	403
儀式日記　天保四～一四　　小槻輔世、小槻以寧	1	F10	404
即位行事官日記抜書　安永九	1	F10	405
弘化度改元記　　小槻以寧	1	F10	406
嘉永度改元記	1	F10	407
改元年号勘者宣旨勘文詔書　宝永度	1	F10	408
元日節会散状交名備忘　安政七　　小槻亮功	1	F10	409
寛永御即位記略　明正天皇　　林道春	1	F10	410
元禄度難陳詞	1	F10	411
後桃園天皇御譲位方諸司訴訟幷届書等留帳　明和七	1	F10	412
官符幷宣旨留　享保三・二	1	F10	413
鷹司政通関白宣下記　文政六	1	F10	414
安徳天皇御即位記　治承四　玉葉抜萃	1	F10	415
光格天皇御即位並御譲位記　安永、文化	1	F10	416
徳川家慶将軍宣下参向日記　草稿　天保八　　壬生家	1	F10	417
祈年穀奉幣部類	1	F10	418
光格天皇御譲位一会催方願書留　文化一四	1	F10	419
古今将軍宣下宣旨並次第部類　　小槻以寧	1	F10	420
徳川家茂将軍宣下参向日記　安政五	1	F10	421

備　考	典籍解題	家別	分類	紀要	頁
写		壬生本	516	和漢	1302
写		壬生本	516	和漢	1342
自筆		壬生本	415	和漢	961
小槻忠利写		壬生本	515	和漢	1231
写		壬生本	515	和漢	1231
江戸写		壬生本	515	和漢	1231
江戸写		壬生本	515	和漢	1231
自筆		壬生本	515	和漢	1232
江戸写		壬生本	108	和漢	188
江戸写		壬生本	108	和漢	190
江戸写		壬生本	108	和漢	190
江戸写		壬生本	108	和漢	189
写		壬生本	108	和漢	190
江戸写		壬生本	108	和漢	190
寛政元年写		壬生本	516	和漢	1276
写		壬生本	516	和漢	1303
中原師生写		壬生本	515	和漢	1234
江戸写		壬生本	516	和漢	1269
江戸写		壬生本	516	和漢	1281
江戸写		壬生本	516	和漢	1287
写		壬生本	108	和漢	216
小槻輔世写		壬生本	516	和漢	1266
自筆		壬生本	515	和漢	1234
江戸中写		壬生本	516	和漢	1338
天保15年写		壬生本	517	和漢	1381
小槻忠利写		壬生本	515	和漢	1247
江戸写		壬生本	515	和漢	1247
元文写		壬生本	416	和漢	1003
写		壬生本	516	和漢	1291
写		壬生本	516	和漢	1334
写		壬生本	516	和漢	1291
小槻以寧写		壬生本	516	和漢	1342
江戸写		壬生本	516	和漢	1306
江戸写		壬生本	516	和漢	1287
天明７年写		壬生本	516	和漢	1329
写		壬生本	516	和漢	1319
写		壬生本	516	和漢	1257
江戸写		壬生本	516	和漢	1288
写		壬生本	515	和漢	1252
小槻輔世写		壬生本	516	和漢	1266
自筆		壬生本	108	和漢	241
写		壬生本	108	和漢	242
小槻忠利寛永19年写		壬生本	517	和漢	1385
写		壬生本	108	和漢	242
写		壬生本	108	和漢	241
小槻忠利写		壬生本	515	和漢	1235
写		壬生本	516	和漢	1341
江戸中写		壬生本	516	和漢	1348

書　名	員	函	号
女御維子立后本宮饗　安永一〇	1	F10	325
文政度大嘗会国郡卜定陣儀　　三善亮績	1	F10	326
文政度大祀申沙汰之備忘　　小槻輔世	1	F10	327
白馬節会次第　寛正六　西礼	1	F10	328
白馬節会次第　無叙位儀	1	F10	329
白馬節会次第　永正一四　西礼　里内	1	F10	330
白馬節会外弁要　大永二	1	F10	331
白馬節会備忘　　小槻輔世	1	F10	332
伊勢公卿勅使日時定次第　元文五	1	F10	333
伊勢両宮立柱上棟日時定次第　寛永六	1	F10	334
伊勢両宮造替日時定　寛永八	1	F10	335
伊勢内外宮日時定次第　慶長一三	1	F10	336
伊勢両太神宮奉幣発遣日時定陣儀　寛文九、元禄二　　小槻重房	1	F10	337
伊勢例幣次第　正徳五　　一条兼香	1	F10	338
寛政度改元難陳	1	F10	339
桜町天皇御譲位開関解陣次第　延享四	1	F10	340
女叙位次第　康正三　　二条持通	1	F10	341
改元難陳	1	F10	342
享保度改元難陳	1	F10	343
元文度大嘗会国郡卜定次第　元文三	1	F10	344
公卿勅使参宮次第　元文五	1	F10	345
皇太子統仁親王御元服次第　天保一四	1	F10	346
元日節会備忘並当時敷設図　　小槻輔世	1	F10	347
東山天皇御譲位次第　宝永六	1	F10	348
三節会臣下饗膳之図　元禄五	1	F10	349
叙位入眼略次第　明応四	1	F10	350
叙位入眼次第	1	F10	351
大嘗会関係文書　元文度　宣旨・消息(三通)	1	F10	352
光格天皇御即位次第　安永九	1	F10	353
仁孝天皇御即位次第並備忘　文化一四　　壬生家	1	F10	354
光格天皇御即位次第　安永九	1	F10	355
文政度大嘗会記	1	F10	356
貞享度大嘗会卯日次第　貞享四	1	F10	357
元文度大嘗会卯日次第	1	F10	358
天明度大嘗会雑事録　天明七	1	F10	359
大嘗会式　寛延～嘉永	1	F10	360
朝仁統仁両親王立太子次第　天和三、天保一一	1	F10	361
元文度辰日悠紀節会次第	1	F10	362
豊明節会次第　安政三　附図(二葉)共	1	F10	363
東宮統仁親王御元服式並諸次第　天保一五	1	F10	364
新嘗祭備忘　　小槻輔世	1	F10	365
新嘗祭無行幸儀　文化一四	1	F10	366
入眼作法	1	F10	367
新嘗祭留守蔵人行事蔵人等備忘　天保九　　小槻輔世	1	F10	368
新嘗祭豊明節会次第　宝暦三	1	F10	370
元日平座次第　明応一〇、大永七	1	F10	371
文政度改元難陳	1	F10	372
女御幸子立后次第　宝永五・二・二七	1	F10	373

備　考	典籍解題	家別	分類	紀要	頁
江戸初写　九条本と末尾を除き同内容		壬生本	516	和漢	1286
江戸写		壬生本	126	和漢	338
江戸初写		壬生本	123	和漢	269
江戸写		壬生本	100	和漢	154
江戸写　第6冊は415-278の転写　典籍解題は7冊とする	続歴史 p142p147	壬生本	415	和漢	885
天和2年写		壬生本	514	和漢	1216
元禄4年写　橋本義彦『平安貴族社会の研究』参照	歴史 p015	壬生本	416	和漢	996
江戸写	続歴史 p042	壬生本	510	和漢	1195
江戸中写		壬生本	437	和漢	1088
江戸中写		壬生本	510	和漢	1188
江戸写　相曽貴志『延喜式研究』10論文参照	続歴史 p012	壬生本	513	和漢	1197
江戸初写　目録・巻1～20(うち巻9は2冊に分かれる)	文学 p240 続歴史 p044	壬生本	515	和漢	1236
天明7年写		壬生本	516	和漢	1329
延宝7年写		壬生本	515	和漢	1234
写		壬生本	108	和漢	239
江戸初写		壬生本	515	和漢	1250
写		壬生本	108	和漢	226
自筆		壬生本	127	和漢	353
元禄3～嘉永元年写		壬生本	517	和漢	1387
天保13年写		壬生本	517	和漢	1367
写		壬生本	108	和漢	238
慶応元年写		壬生本	517	和漢	1361
写		壬生本	774	和漢	1475
原本写本		壬生本	516	和漢	1290
江戸中写		壬生本	515	和漢	1256
写		壬生本	108	和漢	186
原本		壬生本	108	和漢	187
江戸中写		壬生本	515	和漢	1241
自筆		壬生本	415	和漢	962
写		壬生本	516	和漢	1270
江戸中写		壬生本	516	和漢	1329
写		壬生本	516	和漢	1270
自筆		壬生本	415	和漢	906
写		壬生本	106	和漢	163
原本写本		壬生本	108	和漢	239
写		壬生本	516	和漢	1318
自筆		壬生本	108	和漢	239
江戸写		壬生本	516	和漢	1347
写		壬生本	517	和漢	1415
安永写		壬生本	516	和漢	1290
原本		壬生本	516	和漢	1350
小槻輔世写		壬生本	516	和漢	1266
自筆		壬生本	415	和漢	927
小槻輔世写		壬生本	516	和漢	1345
自筆		壬生本	108	和漢	241
写		壬生本	516	和漢	1288

書　名	員	函	号
元秘別録　養老～慶長　　高辻長成	6	F10	276
東宝記　巻七欠　　釈杲宝	7	F10	277
東寺長者補任　弘仁一四～寛永一一	7	F10	278
元元集　　北畠親房	7	F10	279
改元部類記　寛弘～享徳	6	F10	280
魚魯愚抄　　洞院公賢	8	F10	281
左丞抄　二、五欠　(類聚符宣抄)	8	F10	282
北山抄　　藤原公任	10	F10	283
公卿補任　承元五～貞享三(有欠)	17	F10	285
西宮記　　源高明	18	F10	286
延喜式　巻一～八、一三欠　　藤原忠平等	21	F10	287
江家次第　　大江匡房	22	F10	288
天明度大嘗会卯日次第	1	F10	289
御節会晴脁御膳次第　延宝六	1	F10	290
新嘗祭四節会等諸司休所図　嘉永二　(六葉)	1	F10	291
踏歌節会散状　元和八　附踏歌節会之事(文禄四)	1	F10	292
勢州例幣神祇官代幔晴雨鋪設図　寛政～慶応　(二一葉)	1	F10	293
泉涌寺御影殿正遷座次第　天保一〇　附図　　小槻以寧	1	F10	294
床子座勘物　元禄三～嘉永元　付図共	1	F10	295
宜陽殿敷設図　天保一三	1	F10	296
新嘗祭御装束等図同次第書　次第書二葉　附図四葉	1	F10	297
女鞍古図(七葉)　　土佐光文	1	F10	298
新造禁裏御所絵図　安政　部分図	1	F10	299
光格天皇御諡号宣下一会　天保一二	7	F10	300
例幣神祇官代図　宝永、享保(一一葉)　附例幣発遣次第、伊勢内外宮立柱、山口祭日時定	1	F10	302
伊勢神嘗祭一会　慶応元	1	F10	304
伊勢公卿勅使一会　享和元　附図	1	F10	305
四節会之図　寛永一三～寛政九、年不詳	1	F10	306
放求　万延二、慶応三　　小槻輔世	2	F10	307
嘉永度大嘗会一会記	1	F10	308
天明度大嘗会由奉幣鴨社御幣物図	1	F10	309
嘉永度大嘗会一会交名	1	F10	310
御譲位幷御即位記　文化一四、弘化三　光格・仁孝・孝明天皇　　小槻以寧	1	F10	311
伊勢両宮宛官務書状之留	1	F10	312
新嘗祭雑雑	1	F10	313
大嘗会勘例書類	1	F10	314
新嘗祭次第幷無行幸之儀次第等　　小槻輔世	1	F10	315
慶仁親王立太子次第　宝永五	1	F10	316
不審帳	1	F10	317
光格天皇御元服記　安永一〇	1	F10	318
立太后御即位等備忘	1	F10	319
東宮統仁親王御元服行列次第　天保一五　六位回覧分	1	F10	320
大祀並改元放求　文政、嘉永　　小槻輔世	1	F10	321
明治天皇御即位備忘　慶応四	1	F10	322
新嘗祭備忘　天保五　　小槻輔世	1	F10	323
元文度年号難陳	1	F10	324

備　考	典籍解題	家別	分類	紀要	頁
写		壬生本	415	和漢	967
江戸初写		壬生本	516	和漢	1333
江戸初写		壬生本	415	和漢	875
江戸写(有書継)		壬生本	404	和漢	803
竹屋光棣写		壬生本	517	和漢	1381
江戸中写		壬生本	310	和漢	714
小槻季連写		壬生本	123	和漢	267
江戸写		壬生本	517	和漢	1408
江戸初写		壬生本	517	和漢	1396
江戸写		壬生本	415	和漢	946
明治写		壬生本	437	和漢	1094
江戸初写		壬生本	220	和漢	472
写		壬生本	106	和漢	171
写		壬生本	434	和漢	1060
江戸初写		壬生本	415	和漢	970
江戸初写　巻11・16・71	歴史 p028	壬生本	412	和漢	838
写		壬生本	723	和漢	1469
延宝 9 年写		壬生本	516	和漢	1272
江戸初写		壬生本	517	和漢	1402
天和元年写(有書継)　諸家伝の摂家部分		壬生本	434	和漢	1055
江戸初写	続歴史 p035	壬生本	516	和漢	1278
江戸初写		壬生本	416	和漢	1001
江戸初写		壬生本	517	和漢	1407
江戸初写　部分翻刻末柄豊『室町・戦国期の符案に関する基礎的研究』　万里小路家旧蔵		壬生本	416	和漢	1012
慶長 4 木活後陽成天皇勅版　(特95を変更 和漢分類図書目録では p1220)　霞会館資料19『後陽成天皇とその時代』33頁		壬生本	514	43	
江戸中写		壬生本	510	和漢	1197
江戸中写		壬生本	517	和漢	1364
江戸初写		壬生本	437	和漢	1091
江戸中写		壬生本	517	和漢	1394
原本写本　『図書寮叢刊』壬生家文書 2	歴史 p181	壬生本	416	和漢	988
原本写本　『図書寮叢刊』壬生家文書 6 ～ 7		壬生本	416	和漢	1018
原本		壬生本	416	和漢	990
小槻季連元禄12年写	続歴史 p089	壬生本	437	和漢	1098
江戸写(有書継)	歴史 p198	壬生本	434	和漢	1055
写		壬生本	439	和漢	1107
江戸初写　翻刻旧輯国史大系	歴史 p182 続歴史 p019	壬生本	416	和漢	1001
小槻季連元禄11年写		壬生本	413	和漢	856
写		壬生本	516	和漢	1319
小槻季連元禄10年写		壬生本	517	和漢	1425
江戸中写	続歴史 p016	壬生本	510	和漢	1191
原本写本　『図書寮叢刊』壬生家文書 3 ～ 4	歴史 p180-181	壬生本	416	和漢	1009
写		壬生本	517	和漢	1398
写		壬生本	413	和漢	860
寛文写	続歴史 p011	壬生本	513	和漢	1212
写		壬生本	108	和漢	189

書　名	員	函	号
明月記　建保六　元日白馬宴　　藤原定家　附玉葉(白馬宴雨儀次第)	1	F10	229
二条良基持基任太政大臣大饗次第　永徳元、永享四	1	F10	230
足利義教任内大臣大饗記　(永享大饗記)　　清原業忠	1	F10	231
皇代記　陽成～中御門天皇	1	F10	232
傘笠考　　屋代弘賢	1	F10	233
書札秘事	1	F10	234
僧官補任　寛文一一～元禄一六	1	F10	235
二条持通任大臣大饗雑具目録　長禄二　(大染金剛院記)(持通公記)	1	F10	236
大饗雑事	1	F10	237
二条持通任太政大臣大饗之記　長禄二	1	F10	238
当局判授補任留　万延二～明治二	1	F10	239
竹苑抄	1	F10	240
神階部類　文徳実録・三代実録等	1	F10	242
伴略譜　大伴連咋～伴正方　文政九差出　　伴重賢	1	F10	243
康富記節会部類	1	F10	244
類聚国史　残欠三巻　　菅原道真等	1	F10	245
暦代地震考　　茅原定	1	F10	246
革暦類　昌泰四、寛仁五	2	F10	247
桃華蘂葉　　一条兼良	2	F10	248
摂家伝	2	F10	249
儀式	2	F10	250
新写古文書　　小槻季連	2	F10	251
内局柱礎鈔　(内局柱礎抄)(東府抄)　　東坊城和長	2	F10	252
宣秀卿御教書案　(有欠)　　中御門宣胤・宣秀	2	F10	253
職原鈔　　北畠親房	2	F10	254
簾中抄　　藤原資隆	2	F10	255
冠儀浅寡抄　　菅原在家	2	F10	256
相国様御朱印写并近年新知　元和三年公家門跡等分限帳	2	F10	257
世俗浅深秘抄　　一条兼良	2	F10	258
官務家所領雑々文書　仁平～天正、年不詳　綸旨・院宣・御教書・注進状等　(当局所領雑々)	3	F10	259
壬生家古往来書状　元暦～天正、年不詳　(一二九通)	3	F10	260
蔵人公事御教書　文禄三～承応二、年不詳	3	F10	261
弁官補任　寛弘七～承応二(有欠)	3	F10	262
新撰諸家伝　巻一、三欠	3	F10	263
山陵記	3	F10	264
新写古文書　(続左丞抄)　　小槻季連	4	F10	266
日本紀略　醍醐～村上天皇	4	F10	267
大嘗会部類　　小槻以寧	4	F10	268
類聚雑要抄	4	F10	269
朝野群載　(有欠)　　三好為康	4	F10	270
主殿寮領雑々文書　永治～永正、年不詳　申状・請文・補任状等	5	F10	271
大内裏図考証　残欠　　裏松光世	5	F10	272
本朝世紀　(史官記)　承平五～仁平三(有欠)　　藤原通憲	5	F10	273
類聚三代格　残欠	6	F10	274
伊勢勅使部類記　欠本	6	F10	275

備　考	典籍解題	家別	分類	紀要	頁
長享３年写		壬生本	516	和漢	1269
承応２年写		壬生本	435	和漢	1074
江戸写		壬生本	514	和漢	1227
江戸写		壬生本	515	和漢	1233
江戸写　群書類従本系統	歴史 p077	壬生本	123	和漢	270
江戸写		壬生本	415	和漢	929
写		壬生本	439	和漢	1113
自筆		壬生本	415	和漢	883
江戸写		壬生本	416	和漢	1018
江戸写		壬生本	515	和漢	1232
江戸写		壬生本	515	和漢	1232
室町写		壬生本	515	和漢	1233
小槻重房寛文10年写		壬生本	517	和漢	1422
小槻季連元禄12年写		壬生本	108	和漢	196
江戸写		壬生本	108	和漢	196
小槻忠利写		壬生本	415	和漢	902
江戸写		壬生本	415	和漢	943
江戸写		壬生本	415	和漢	931
江戸写		壬生本	516	和漢	1286
小槻季連写		壬生本	415	和漢	961
江戸写		壬生本	510	和漢	1183
江戸写		壬生本	232	和漢	590
寛保元年写	続歴史 p079	壬生本	514	和漢	1215
小槻季連写		壬生本	416	和漢	987
宝永２年写		壬生本	437	和漢	1089
江戸写		壬生本	126	和漢	335
江戸写		壬生本	514	和漢	1222
江戸写		壬生本	430	和漢	1040
小槻季連宝永２年写		壬生本	516	和漢	1305
写		壬生本	107	和漢	183
江戸写		壬生本	437	和漢	1092
室町写		壬生本	415	和漢	972
江戸写		壬生本	516	和漢	1321
安政３年写		壬生本	513	和漢	1205
写		壬生本	415	和漢	933
写		壬生本	516	和漢	1304
江戸写		壬生本	127	和漢	355
江戸初写		壬生本	123	和漢	269
慶安４年写		壬生本	516	和漢	1335
江戸写		壬生本	415	和漢	948
江戸写		壬生本	516	和漢	1335
江戸写		壬生本	404	和漢	805
江戸写		壬生本	516	和漢	1336
写		壬生本	516	和漢	1264
江戸写	続歴史 p099	壬生本	437	和漢	1096
江戸写　伏302のツレ		壬生本	514	和漢	1229
写		壬生本	413	和漢	860
写		壬生本	517	和漢	1418

書　名	員	函	号
改元条事定文書　長享三	1	F10	180
日本武将録	1	F10	181
任符案　寛永五　県召除目	1	F10	182
県召除目符案　慶長六	1	F10	183
仁和寺御伝　　釈尊海	1	F10	184
高倉天皇御元服記　嘉応三　（坊槐記）　藤原実宗	1	F10	185
廟陵記	1	F10	186
左大史小槻敬義備忘　寛政一一、一二	1	F10	187
御教書案　（宣秀卿御教書案）	1	F10	188
県召除目次第	1	F10	189
県召除目次第　慶長六・三　（後陽成院宸記）　後陽成天皇	1	F10	190
県召除目略次第	1	F10	191
有職抄　戸部書下之巻	1	F10	192
石清水放生会記　延宝七	1	F10	193
石清水放生会記　明徳四　（兼治宿禰記）　小槻兼治	1	F10	194
康雄記　永禄二、一二、一三　中原康雄	1	F10	195
鳥羽上皇賀茂詣記　久寿二	1	F10	196
匡遠宿禰記　建武二　量実宿禰拝賀初参結政記　小槻匡遠	1	F10	197
元和度改元定記	1	F10	198
文安度改元記	1	F10	199
考物記　少納言外記史　合綴康富記抜書	1	F10	200
吉備大臣物語	1	F10	201
官職難儀　　吉田兼右	1	F10	202
官方吉書国宛部類　文禄～寛保	1	F10	204
外記補任　平治元～承元五	1	F10	205
諸寺社吏務	1	F10	206
諸司相続官位挙奏之事　寛文	1	F10	207
諡号雑記	1	F10	208
赦事詔書官符事　（恩赦旧例記・詔書施行官符事）	1	F10	209
神祇官并伯職之事	1	F10	210
摂政関白大抵記　藤原良房～一条内経	1	F10	211
養和度大嘗会記　養和四	1	F10	212
大将拝賀雑事　永享二・七　　広橋兼郷	1	F10	213
内裏式　　藤原冬嗣等	1	F10	214
着袴部類　承暦四～暦応五	1	F10	215
地震勘例　文政一三　官外記注進草　　中原師身等	1	F10	216
等持院殿三十三回御仏事　明徳元	1	F10	217
東寺長者補任　弘仁一四～安貞二　抜書	1	F10	218
任大臣大饗雑事記　嘉禎元	1	F10	219
任大臣大饗部類記　延久二～保延二	1	F10	220
任大臣大饗次第	1	F10	221
年代記　神代～後陽成天皇	1	F10	222
年号文字考　永安、建正	1	F10	223
延文度改元年号字事　　三条実継	1	F10	224
武家補任　天正一六～元禄一七	1	F10	225
弁官至要集　（弁官至要抄　　広橋兼秀）	1	F10	226
本朝世紀　（史官記）　久安三　欠本　　藤原通憲	1	F10	227
まさすけ装束抄　（雅亮装束抄）(仮名装束抄)　　源雅亮	1	F10	228

備　考	典籍解題	家別	分類	紀要	頁
原本		壬生本	108	和漢	249
原本		壬生本	108	和漢	205
原本写本　目録には壬生本との記載なし		壬生家旧蔵ヵ	516	和漢	1310
原本		壬生本	514	和漢	1216
原本		壬生本	123	和漢	266
写		壬生本	514	和漢	1219
江戸写		壬生本	416	和漢	995
室町写　『図書寮叢刊』壬生家文書5		壬生本	416	和漢	1018
江戸写		壬生本	516	和漢	1279
江戸写　『図書寮叢刊』壬生家文書7		壬生本	416	和漢	1005
江戸写		壬生本	436	和漢	1079
江戸写		壬生本	516	和漢	1265
写		壬生本	510	和漢	1184
万延元年写		壬生本	516	和漢	1272
元禄4年写	続歴史 p035	壬生本	516	和漢	1278
江戸写		壬生本	514	和漢	1216
貞享2年写		壬生本	514	和漢	1216
江戸写		壬生本	517	和漢	1375
小槻朝芳写		壬生本	310	和漢	711
江戸写		壬生本	517	和漢	1373
写	続歴史 p059	壬生本	515	和漢	1239
小槻重房写	続歴史 p168	壬生本	415	和漢	911
江戸写		壬生本	515	和漢	1239
江戸写		壬生本	415	和漢	911
江戸写		壬生本	123	和漢	265
壬生家江戸写		壬生本	127	和漢	345
江戸写		壬生本	517	和漢	1392
江戸写		壬生本	517	和漢	1390
延宝5年写		壬生本	516	和漢	1273
小槻重房写		壬生本	513	和漢	1202
正保3年写		壬生本	517	和漢	1383
小槻輔世万延元年写		壬生本	516	和漢	1341
江戸写		壬生本	516	和漢	1285
延宝2年写		壬生本	415	和漢	916
貞享元年写		壬生本	415	和漢	924
江戸写		壬生本	434	和漢	1058
小槻季連元禄12年写		壬生本	106	和漢	174
自筆　『図書寮叢刊』壬生家文書2　貴重図書影本刊行会コロタイプあり(172-192)		壬生本	510	和漢	1181
江戸初写		壬生本	517	和漢	1390
小槻孝亮慶長6年写		壬生本	510	和漢	1191
江戸写		壬生本	515	和漢	1243
小槻忠利写		壬生本	516	和漢	1327
小槻季連写		壬生本	415	和漢	952

書　名	員	函	号
例幣上卿弁記　嘉永三～慶応二	1	F10	133
春日祭上卿弁交名　嘉永、安政、文久、慶応等	1	F10	134
諸節会散状	2	F10	136
公家申文　位階　江戸末～明治	2	F10	137
僧官申牒	2	F10	139
地下人申牒	4	F10	140
古文書　弘安一〇　国解、官符	1	F10	143
壬生家古文書雑雑　文保～正応、年不詳　断簡拾遺　（久安六年二月二十七日記録、節日由緒記、永正九親王御名字勘文案、壬生家文書目録、聖徳太子未来記等）	1	F10	144
宮中諸儀雑例　（外題「雑例」）（応永二諸祭幷大祓国忌等公卿分配、南庭橘事(寛保三)、上召使事、元文三　千俊記見参禄法事、二条綱平元服記、二条吉忠元服記、二条宗基元服次第、史為外記代官之例等）	1	F10	145
太政官符　治暦～寛喜(七通)　越中・淡路・太宰府・出羽・摂津宛	1	F10	146
閑院贈太政大臣冬嗣伝	1	F10	147
応徳度革令勘文　永保四	1	F10	148
災異部類　賢所之事、右近陣落雷之事、蝕之事、造宮城以下之事	1	F10	149
革命革令仗議定文　永保～文安	1	F10	150
儀式　巻六、七	1	F10	151
魚魯愚抄文書標目	1	F10	152
魚魯愚抄別録　巻一　　洞院公賢	1	F10	153
故実雑事	1	F10	154
弘安書札礼	1	F10	155
公武大体略記　　空蔵主	1	F10	156
後水尾院当時年中行事	1	F10	157
朔旦旬部類記　長元四～建武二　（台記、朝隆記、光長記、大外記良枝記、大外記頼元記、官方記等）	1	F10	158
朔旦賀表部類	1	F10	159
朔旦冬至記　正和五、建武二、久安元　　甘露寺親長	1	F10	160
諸寺院家伝	1	F10	161
後円融院七回聖忌曼供記　応永六　石泉院尋源僧正記抄出	1	F10	162
新任弁官抄　　藤原俊憲	1	F10	163
初任大臣饗雑例	1	F10	164
勝仁親王可除服宣下否之事　宣秀卿御教書案抄出	1	F10	165
赦雑雑　五流五刑之事　（恩赦旧例記を含む）	1	F10	166
四節八座抄　　樋口定能	1	F10	167
文亀度辛酉仗議定文	1	F10	168
元亨嘉吉両度辛酉諸道勘文	1	F10	169
執柄家記　治承三　関白宣下之事	1	F10	170
政初着記　抄出	1	F10	171
当家御系図　徳川家　清和天皇～家綱	1	F10	172
大織冠縁起　（多武峰縁起）	1	F10	173
官務文庫記録　（当局遺誡）　　小槻晴富　文明一六、一七	1	F10	174
除秘抄	1	F10	175
朝野群載　抜萃	1	F10	176
除目執筆略頌	1	F10	177
天祚礼祀職掌録　宇多～後花園天皇	1	F10	178
花園天皇御元服記　師右記(師古記)、継塵記、三内記　附任大臣略次第、元服理髪作法、天子冠礼部類記惣録、通秀公記(文明一三)	1	F10	179

備　考	典籍解題	家別	分類	紀要	頁
自筆		壬生本	100	和漢	155
江戸中写　「林氏家蔵之記」印あり	続歴史 p035	壬生本	516	和漢	1311
江戸中写		壬生本	516	和漢	1311
写		壬生本	127	和漢	350
江戸写		壬生本	123	和漢	266
江戸写		壬生本	108	和漢	223
→ F10-140に統合		壬生本			
江戸中～末期写		壬生本	516	和漢	1280
江戸初写		壬生本	126	和漢	335
江戸初写	歴史 p206	壬生本	434	和漢	1061
写		壬生本	515	和漢	1254
壬生家江戸写　左経記等諸記録の抜萃		壬生本	510	和漢	1185
写		壬生本	106	和漢	170
江戸初写		壬生本	415	和漢	902
→ F10-50に統合		壬生本			
写		壬生本	108	和漢	206
原本		壬生本	108	和漢	201
慶応 3 年写		壬生本	108	和漢	245
江戸写		壬生本	108	和漢	229
写		壬生本	108	和漢	213
原本		壬生本	108	和漢	213
原本		壬生本	108	和漢	203
自筆		壬生本	108	和漢	199
原本		壬生本	108	和漢	209
写		壬生本	108	和漢	246
原本		壬生本	108	和漢	208
写		壬生本	108	和漢	201
原本写本		壬生本	108	和漢	214
原本		壬生本	108	和漢	245
原本写本		壬生本	108	和漢	221
自筆		壬生本	108	和漢	207
写		壬生本	108	和漢	186
写		壬生本	515	和漢	1254
原本		壬生本	108	和漢	192
原本		壬生本	515	和漢	1249
原本写本		壬生本	510	和漢	1192
原本		壬生本	514	和漢	1214
写		壬生本	514	和漢	1214
写　目録には壬生本との記載なし		壬生家旧蔵ヵ	514	和漢	1214
写　目録には壬生本との記載なし		壬生家旧蔵ヵ	516	和漢	1310
原本		壬生本	108	和漢	223
原本		壬生本	108	和漢	248
原本		壬生本	108	和漢	230
写		壬生本	127	和漢	352

書　名	員	函	号
雑穢間事　　小槻季連	1	F10	66
新儀式	1	F10	67
新儀式	1	F10	68
諸堂幷塔供養事　天禄～弘化　　壬生家　合綴堂塔造立幷修理事、橋供養事、諸寺輩諍論幷訴事	1	F10	69
諸門跡承伝系図　仁和寺、随心院、東南院、三宝院、勧修寺、曼殊院、妙法院、梶井、青蓮院、聖護院、実相院、円満院、大乗院	1	F10	70
諸例部類　神事仏事同日例、神事人参向仏事事、妊者事幷産婦妊者夫、服者従公事或不従例、除服宣下有無事、服中着陣例、未拝賀未着陣之人事、着陣之日従公事例、重服中大臣転任之例	1	F10	71
※欠番		F10	72
凶事部類　贈官位・諡号	1	F10	73
僧事勘例雑々　寛文四～延宝三	1	F10	74
本朝皇胤紹運録　神代～後水尾天皇	1	F10	75
年中行事秘抄　近代	1	F10	76
赦事　外十種　一　赦、二　封戸、三　調物、四　公事有故延引停止並省略事並不停止省略事、五　公事依日次有用捨事並無用捨事、六　内裏焼亡例並皇居焼亡等、七　所々回禄例、八　諸堂房舎等回禄例、九　天変地災　附御祈、一〇　怪異　附御祈、一一　贖物事	1	F10	77
諸国神階之例　稿本	1	F10	78
康雄記　永禄六　　中原康雄	1	F10	79
※欠番		F10	81
春日祭列書幷雑事　慶応四	2	F10	82
大原野祭一会　慶応、明治　附図	2	F10	83
松尾祭　慶応三　楽所休所用意品書帳図共	2	F10	84
東照宮奉幣次第　元和、寛永、正保、慶安、明暦等	5	F10	85
賀茂臨時祭社頭之義備忘幷図　　小槻以寧	2	F10	86
加茂臨時祭舞人参勤一会　慶応二　(賀茂臨時祭舞人参勤一会)	2	F10	87
春日祭再興一会　元治二　附図	6	F10	88
石清水臨時祭諸次第並図　　小槻以寧　附中秋祭図	6	F10	89
賀茂祭次第図以下一会　明治三、四	6	F10	90
八坂祭次第一会　慶応、明治　附図　　小槻輔世	7	F10	91
加茂下上社幷末社正遷宮備忘類　寛永度	3	F10	92
男山祭次第図以下一会　明治四　附図	7	F10	93
北野祭次第一会　明治四　　小槻輔世	8	F10	94
松尾祭再興一会　慶応二	11	F10	95
七社奉幣宇佐奉幣等一会　延享、明和、文化、元治	5	F10	96
賀茂下上貴布禰社等造替並正遷宮記　延宝七　(季連宿禰記)　　小槻季連	2	F10	97
熱田宮惣図　附慶応二年正遷宮敷設図	4	F10	98
年中行事草　享保三～明治二　(有欠)　　壬生家	25	F10	108
石清水八幡宮祭使牒　嘉永、安政、文久、慶応	1	F10	111
節会次第奏上　弘化～明治	1	F10	115
届願書留　明治	1	F10	119
官位競望申牒　江戸末	1	F10	120
楽人衛士申牒	1	F10	122
衛士申牒	1	F10	124
諸宣下牒	1	F10	125
諸社祭参役交名文書　文久、元治、慶応	1	F10	128
両太神宮祭散状　嘉永、文久	1	F10	129
東照宮奉幣発遣日時定　嘉永～慶応	1	F10	130
懺法講御経供養不動法並開帳法会散状	1	F10	131

備　考	典籍解題	家別	分類	紀要	頁
小槻以寧写		壬生本	517	和漢	1425
自筆		壬生本	415	和漢	902
小槻輔世写		壬生本	517	和漢	1425
写		壬生本	108	和漢	223
江戸中写		壬生本	108	和漢	243
小槻輔世天保13年写		壬生本	127	和漢	348
写		壬生本	516	和漢	1311
写		壬生本	108	和漢	238
写		壬生本	108	和漢	191
江戸中写		壬生本	515	和漢	1254
写		壬生本	437	和漢	1093
自筆		壬生本	108	和漢	236
自筆		壬生本	415	和漢	880
江戸初写		壬生本	516	和漢	1317
写		壬生本	108	和漢	196
自筆		壬生本	108	和漢	212
江戸中写		壬生本	516	和漢	1292
原本		壬生本	106	和漢	166
小槻輔世写		壬生本	517	和漢	1425
写		壬生本	516	和漢	1296
写	続歴史 p175	壬生本	415	和漢	893
江戸初写		壬生本	123	和漢	265
写		壬生本	108	和漢	203
写		壬生本	106	和漢	179
自筆		壬生本	127	和漢	359
小槻重房寛文11年写		壬生本	127	和漢	355
小槻重房寛文11年写		壬生本	127	和漢	340
江戸初写		壬生本	127	和漢	360
江戸中写		壬生本	127	和漢	343
江戸初写		壬生本	127	和漢	347
明暦４年写		壬生本	123	和漢	266
写		壬生本	127	和漢	345
小槻重房写		壬生本	127	和漢	340
小槻重房寛文11年写		壬生本	127	和漢	350
江戸初写		壬生本	127	和漢	348
江戸中写		壬生本	127	和漢	343
江戸初写		壬生本	100	和漢	153
江戸中写		壬生本	106	和漢	167
写		壬生本	127	和漢	345
延宝６～８年写		壬生本	415	和漢	909
江戸中写		壬生本	415	和漢	885
江戸中写		壬生本	127	和漢	355
中原師定慶安元年写		壬生本	108	和漢	207
江戸初～末期写		壬生本	516	和漢	1280

書　名	員	函	号
亮陰備忘	1	F10	20
孝明天皇御凶事記　慶応二　　小槻輔世	1	F10	21
亮陰中雑々	1	F10	22
神階宣下次第　元禄七　多田権現叙位	1	F10	23
荷前山陵使部類	1	F10	24
後桃園院十三回聖忌懺法講記　寛政三	1	F10	25
新朔平門院御凶事書留　弘化四	1	F10	26
新嘗祭記　文政一三　　丹波頼永	1	F10	27
稲荷社仮殿遷宮宣旨使参向記　文政四	1	F10	28
年中行事　賀茂保隆所伝本	1	F10	29
地下上階部類	1	F10	30
南北祭記　天保度　　小槻以寧	1	F10	31
右大史亮功記　万延元　　山名亮功	1	F10	32
大師並徽号勅書持参記　慶安元～宝永八	1	F10	33
石清水放生会宣命奏聞陣儀備忘　万延元・一一・二七　　小槻亮功	1	F10	34
賀茂臨時祭記　天保一三　　小槻輔世	1	F10	35
貢物瑞雲醴泉等ニ依リ改元例　外二種	1	F10	36
賀茂下上社造替催願窺留　天保五、六	1	F10	37
亮陰部類草	1	F10	38
後桜町院御凶事雑記並御葬送列　文化一〇	1	F10	39
凶事部類記　元文二～文化一〇亮陰　（元文二中御門院　俊包記・澄仲記、寛延三桜町院　澄仲記・俊民記・俊章記、天明三盛化門院　常芳記・俊幹記、文化一〇～一二後桜町院　山頭使常顕記）	1	F10	40
諸寺伝法記	1	F10	41
春日祭旧例　附弘安中神木入洛記　　大中臣祐之、大中臣祐宣	1	F10	42
密奏神異事記	1	F10	43
諷誦文案　　小槻忠利	1	F10	44
等持寺八講記　康正三　　花山院定誠	1	F10	45
足利義満七回忌八講記　応永二一	1	F10	46
贈皇太后源朝子三十三回忌八講記　大永四・七	1	F10	47
禁中御八講記　延徳二　（衣被記）	1	F10	48
後伏見院十三回聖忌懺法講記　貞和四	1	F10	49
諸門跡次第　1御室御所・仁和寺真光院・仁和寺菩提院・仁和寺勝宝院、2醍醐寺三宝院・醍醐寺理性院・醍醐寺金剛王院・醍醐寺報恩院・醍醐寺無量寿院、3日光門跡・妙法院・梶井門跡・聖護院・青蓮院・円満院・毘沙門堂、4勧修寺・曼殊院・実相院・小野随心院・若王子乗々院、5興福寺一乗院・興福寺大乗院・東大寺東南院・興福寺喜多院	5	F10	50
後小松院七回聖忌御法事等事　永享一一　御仏事要脚御下行事	1	F10	51
足利将軍家八講例	1	F10	52
武家相国寺八講記　応永二	1	F10	53
後陽成院七回聖忌八講下行帳　元和九・八	1	F10	54
厳有院殿御仏殿日時定事	1	F10	55
禁忌方角部類	1	F10	56
勘申伊雑宮旧記真偽之事	1	F10	57
後小松院十三回聖忌八講記　文安二	1	F10	58
後花園天皇御凶事記　文明二　附後陽成天皇東福門院御凶事記	1	F10	59
改元部類記　嘉保～天承　中右記	1	F10	60
等持寺八講一会　嘉吉二	1	F10	62
春日社臨時御神楽記　明応二	1	F10	63
凶事部類　贈官位・謚号	1	F10	65

備　考	典籍解題	家別	分類	紀要	頁
小槻季連元禄４年写		壬生本	415	和漢	932
江戸写		壬生本	415	和漢	912
小槻季連写		壬生本	415	和漢	946
江戸写		壬生本	415	和漢	968
写		壬生本	415	和漢	969
江戸写		壬生本	127	和漢	349
写		壬生本	415	和漢	907
小槻季連宝永４年写		壬生本	415	和漢	962
小槻季連写	続歴史 p135p149	壬生本	415	和漢	888
小槻季連元禄14年写(野宮定基本の転写)		壬生本	415	和漢	962
小槻重房写		壬生本	415	和漢	880
宝永２年自筆		壬生本	413	和漢	848
写		壬生本	415	和漢	944
江戸写		壬生本	413	和漢	858
江戸写		壬生本	415	和漢	926
小槻重房写		壬生本	415	和漢	880
自筆	歴史 p135	壬生本	415	和漢	937
江戸写		壬生本	415	和漢	967
小槻季連元禄５年写		壬生本	415	和漢	949
自筆原本		壬生本	415	和漢	888
小槻季連写	続歴史 p182	壬生本	415	和漢	912
自筆		壬生本	415	和漢	897
小槻忠利正保２年写		壬生本	415	和漢	970
自筆	歴史 p134	壬生本	415	和漢	972
自筆	歴史 p134	壬生本	415	和漢	943
江戸写		壬生本	415	和漢	934
自筆	歴史 p135	壬生本	415	和漢	924
小槻季連元禄写		壬生本	415	和漢	930
小槻季連写　F9-128より分離ヵ	歴史 p132p136	壬生本	415	和漢	966
紀氏辰写		壬生本	108	和漢	205
写		壬生本	106	和漢	166
明治写		壬生本	108	和漢	213
写		壬生本	516	和漢	1270
小槻重房等写		壬生本	515	和漢	1238
自筆		壬生本	415	和漢	972
室町～江戸写		壬生本	515	和漢	1255
写		壬生本	108	和漢	195
明治４年写		壬生本	516	和漢	1293
写		壬生本	108	和漢	249
江戸写		壬生本	516	和漢	1288
写		壬生本	515	和漢	1239
写		壬生本	108	和漢	208
写		壬生本	108	和漢	247
原本		壬生本	108	和漢	216
江戸写		壬生本	108	和漢	203
小槻忠利写		壬生本	516	和漢	1268
元禄３年写		壬生本	108	和漢	204
江戸写		壬生本	106	和漢	172

書　名	員	函	号
親長卿記　文明二～明応七抜萃　　甘露寺親長	2	F9	189
薩戒記　応永三二　（霜台記）　　中山定親	2	F9	190
二水記　永正一四～大永七　（一止記）　　鷲尾隆康	2	F9	191
元長卿記　延徳二～大永二抜萃　　甘露寺元長	2	F9	192
康雄記　大永八～天正六　　中原康雄	3	F9	193
左記　右記御記　（北院御室御記）　　守覚法親王	3	F9	194
後深心院関白記　応安二～永和五　　近衛道嗣	3	F9	195
兵範記　（人車記）　仁安元～四、嘉応元、治承四　　平信範	3	F9	196
管見記　弘安六、正和四　部類記共　　西園寺公衡等	3	F9	197
平戸記　延応二、仁治三、寛元三　　平経高	3	F9	198
永昌記　長治二、嘉承元～二、天仁三、天永二、保安三、大治元(天治三)　　藤原為隆	3	F9	199
四巻之日記　明応九～慶長一六　　小槻季連	4	F9	200
中原以永記　寛永一〇～一九　　中原以永	4	F9	201
百練抄部類抜書	5	F9	202
台記　康治元～三、久安三～仁平元(有欠)　　藤原頼長　（槐記）(治相記)(宇左記)	6	F9	203
園太暦　康永三～延文五抄出　　洞院公賢	6	F9	204
明麗宿禰公用日記　元治元～明治二　　小槻明麗	7	F9	205
明月記　建久九～寛喜二　　藤原定家	7	F9	206
宣胤卿記　文明一二～永正一六(有欠)　　中御門宣胤	11	F9	208
官局与奪中記　文化一四、弘化三、四、嘉永六、安政五～慶応元　　山口行厚・山名亮功等	11	F9	209
薩戒記　応永八～永享一一(有欠)　　中山定親	12	F9	210
公事抄　天保二～明治元(有欠)　稿本　（輔世卿記）　　小槻輔世	19	F9	211
康富記　応永八～康正元(有欠)　附抜萃・釈奠作法　　中原康富	21	F9	212
敬義宿禰記　安永五～享和二　　小槻敬義	34	F9	213
知音宿禰記　延享元～安永五　　小槻知音	37	F9	214
中右記　寛治元～保延四(有欠)　附公教卿記(保延七)　　藤原宗忠	30	F9	215
輔世卿記　文政一〇、天保五～慶応三　　小槻輔世　附公用要記・公私雑記・愚記	68	F9	216
孝亮忠利時代記　元和六、寛永二一～慶安四　取要本	2	F9	217
室町殿拝賀記　永享四　（周枝宿禰記）	1	F9	218
春日祭社頭鋪設図　貞享元、文化九　（四葉）	1	F10	1
春日神木御入洛略記　合綴枝葉抄	1	F10	2
賀茂臨時祭列書　明治二	1	F10	3
嘉永度大嘗会卯日次第	1	F10	4
五節句勘例幷本文之事	1	F10	5
敬義宿禰記　安永七　　小槻敬義	1	F10	6
平座次第幷図　明応、大永、寛文、宝暦　元日・重陽・朔旦(九葉)	1	F10	7
石清水放生会次第　弘化、嘉永	1	F10	8
孝明天皇御祭典勅使参向次第　明治四	1	F10	9
例幣上卿神祇官座設之事	1	F10	10
元文度大嘗会三節会並豊明節会散状	1	F10	11
小朝拝東宮御拝観一条家拝礼等雑文書　天明八、文化七、一二、文政一二、天保一二	1	F10	12
賀茂下上社河合社片岡社貴布禰社正遷宮図　天保六　（六葉）	1	F10	13
吉田祭之図　慶応元　（一四葉）　　山口定厚	1	F10	14
祈年祭一会　明治二御再興	1	F10	15
春日祭雑々	1	F10	16
改元勘文日時定次第	1	F10	17
春日祭次第　貞享元	1	F10	18
神号神位宣旨官符留	1	F10	19

備　考	典籍解題	家別	分類	紀要	頁
原本	歴史 p135	壬生本	415	和漢	915
自筆(36享保21年のみ新写)	歴史 p134	壬生本	415	和漢	965
原本		壬生本	415	和漢	882
自筆原本		壬生本	415	和漢	910
江戸写		壬生本	415	和漢	913
自筆		壬生本	415	和漢	944
江戸写		壬生本	127	和漢	350
江戸写　4月16日まで		壬生本	415	和漢	883
弘化4年写		壬生本	415	和漢	973
元禄12年写		壬生本	415	和漢	935
写		壬生本	415	和漢	929
写		壬生本	415	和漢	944
小槻以寧文化10年写		壬生本	517	和漢	1357
小槻輔世弘化4年写		壬生本	415	和漢	936
嘉永元年写		壬生本	415	和漢	949
原本		壬生本	415	和漢	882
写		壬生本	510	和漢	1185
自筆原本		壬生本	415	和漢	889
写		壬生本	415	和漢	879
小槻以寧写		壬生本	415	和漢	952
小槻以寧写		壬生本	415	和漢	903
自筆		壬生本	415	和漢	972
写		壬生本	517	和漢	1416
写		壬生本	415	和漢	969
小槻季連写		壬生本	415	和漢	969
自筆		壬生本	415	和漢	933
享保10年自筆		壬生本	415	和漢	920
江戸中写　翻刻稲葉伸道科研報告書『日本前近代社会における下級官人の研究』		壬生本	415	和漢	941
写、文化13年朱校		壬生本	415	和漢	921
小槻輔世弘化4年写		壬生本	415	和漢	921
写		壬生本	415	和漢	921
写	歴史 p098	壬生本	415	和漢	895
小槻以寧文政10年写		壬生本	415	和漢	899
小槻季連元禄8年写	歴史 p133	壬生本	415	和漢	909
写		壬生本	415	和漢	944
小槻季連元禄8年写		壬生本	415	和漢	944
江戸写		壬生本	415	和漢	972
小槻季連元禄9年写		壬生本	415	和漢	948
江戸写		壬生本	415	和漢	891
小槻季連延宝6年写		壬生本	415	和漢	886
小槻重房承応3年写		壬生本	415	和漢	906
小槻季連写　目録の函架番号は誤り		壬生本	413	和漢	842
写		壬生本	415	和漢	938
小槻季連元禄7年写		壬生本	415	和漢	966
小槻季連元禄7年写		壬生本	415	和漢	908
江戸写		壬生本	415	和漢	934
自筆		壬生本	516	和漢	1258
竹屋光棣文政12年写		壬生本	415	和漢	914

書　名	員	函	号
以寧卿記　文化元～弘化　(清書本)　　小槻以寧	29	F9	139
盈春卿記　享保二～元文二、寛保四、延享二、宝暦二　　小槻盈春	42	F9	140
御玄関御用日記　天明八～文化一五、天保一三～弘化四、嘉永三、四　　壬生家	69	F9	141
御用趣之記　宝暦九　　三善亮信等	1	F9	142
雑記　万治二～寛文二　(師定雑記)　　中原師定	1	F9	143
中務輔御用日録　嘉永五～文久二　(輔世宿禰記)　　小槻輔世	1	F9	144
白川御堂供養記　永久二	1	F9	145
御湯殿上之記　(御湯殿上日記)　慶長三・正～四	1	F9	146
頼業記　治承四　即位　　清原頼業	1	F9	147
長秋記　(水日記)　永久二・一〇・一射場始、元永二夏秋冬　　源師時	1	F9	148
平時信記　天承元・一一～一二	1	F9	149
中原以永時代記　寛永二〇、寛文九、一〇、年不詳	1	F9	150
衛府装束事　広橋家記	1	F9	151
経信卿記　(都記)(帥記)　延久四即位　　源経信	1	F9	152
信嗣卿記　応永二二	1	F9	153
御玄関御用幷雑事日記　天明八　　壬生家	1	F9	155
職事剪紙届等留　文化一二、一四、文政五　堂上、地下　　壬生家	1	F9	157
官務代仮日記　文化一二、文政五、天保八　　左少史村田春芳	1	F9	158
今出川前内大臣殿記抜書　天明七	1	F9	159
花園院宸記　応長二　神璽事　　花園天皇	1	F9	160
後円光院関白記　元弘二即位記　　鷹司冬教	1	F9	161
敬義宿禰記　寛政八　　小槻敬義	1	F9	162
弁少納言両局等参着之諸例	1	F9	163
師庸記　寛文七～一三　　中原師庸	1	F9	164
康雄記　永禄二御即位行事等　　中原康雄	1	F9	165
治部正路日記　享和三	1	F9	166
職庸記　享保八　　平田職庸	1	F9	167
時元宿禰記　永正三・正～二　　小槻時元	1	F9	168
人車記　仁安三　御即位　(兵範記)(平兵部記)　　平信範	1	F9	169
人車記　仁安三　(兵範記)(平兵部記)　　平信範	1	F9	170
仁車記　仁安三　(人車記)(兵範記)(平兵部記)　　平信範	1	F9	171
清原重憲記　(権少外記重憲記)　康和五、康治三　(康和五は師遠記)	1	F9	172
外記師尚記　　中原師尚	1	F9	173
後法音院日記　文明八、延徳二　文庫修理事　(雅久宿禰記)　　小槻雅久	1	F9	174
中原康貞記　永正一〇～大永六　　中原康貞	1	F9	175
長興宿禰記　抜萃　文明七～一〇　　小槻長興	1	F9	176
陽竜記　寛元四　(公光卿記)　　滋野井公光	1	F9	177
仁部記　弘長元～文永一二(有欠)　　日野資宣	1	F9	178
吉記　寿永元　　吉田経房	1	F9	179
和長卿記　明応九　　東坊城和長	1	F9	180
後常瑜伽院御日次記　応永四～永享九(有欠)	1	F9	181
建武三年以来記　　小槻晴富	1	F9	182
天仁度大嘗会記　(江記)　　大江匡房	1	F9	183
御堂御記　寛弘二、三　(御堂関白記)　　藤原道長	1	F9	184
後二条関白記　(師通公記)　寛治六、七　　藤原師通	1	F9	185
長秋記　(水日記)(権大夫記)　大治四・八～九　　源師時	1	F9	186
皇太子恵仁統仁両親王立坊拝観記　文化六、天保一一　(輔世宿禰記)　　小槻輔世	2	F9	187
実躬卿記　弘安元～正応四　　三条実躬	2	F9	188

備　考	典籍解題	家別	分類	紀要	頁
江戸写		壬生本	106	和漢	180
自筆　翻刻橋本善彦『平安貴族社会の研究』	歴史 p132	壬生本	415	和漢	931
鎌倉～江戸写　『図書寮叢刊』壬生家文書５　元３巻より F9-53を分離		壬生本	416	和漢	1019
→ F9-67に統合	歴史 p165p177	壬生本			
原本		壬生本	108	和漢	192
原本		壬生本	516	和漢	1312
原本写本　『図書寮叢刊』壬生家文書6		壬生本	416	和漢	1019
自筆　草稿巻子本	歴史 p133	壬生本	415	和漢	929
原本写本		壬生本	416	和漢	1005
自筆	歴史 p133	壬生本	415	和漢	964
→ F9-84に統合	歴史 p180	壬生本			
自筆　１～３巻は翻刻稲葉伸道科研報告書『日本前近代社会における下級官人の研究』	歴史 p133	壬生本	415	和漢	972
原本写本　『図書寮叢刊』壬生家文書５		壬生本	416	和漢	1019
自筆　翻刻『図書寮叢刊』	歴史 p133p135	壬生本	415	和漢	953
小槻季連元禄３年写	歴史 p133	壬生本	415	和漢	897
小槻季連写		壬生本	415	和漢	915
自筆	歴史 p134	壬生本	415	和漢	915
小槻季連元禄９年写	歴史 p133	壬生本	415	和漢	917
自筆　清書冊子本	歴史 p133	壬生本	415	和漢	930
自筆	歴史 p133	壬生本	415	和漢	931
室町写		壬生本	415	和漢	931
小槻重房写		壬生本	415	和漢	972
自筆		壬生本	415	和漢	972
江戸中写　原外題「勘例　目録有之」　御即位日時幷擬侍従礼服公卿定勘例事等		壬生本	510	和漢	1182
原本	歴史 p134p139	壬生本	415	和漢	915
小槻季連写		壬生本	415	和漢	915
自筆	歴史 p134	壬生本	415	和漢	923
季連取要本　→５冊は F9-131に、２冊は F9-132に統合	歴史 p133	壬生本			
写　明応５年７～８月の翻刻『図書寮叢刊』	歴史 p136	壬生本	415	和漢	953
→ F9-124に統合	歴史 p139	壬生本			
小槻季連元禄３年写	歴史 p133	壬生本	415	和漢	930
小槻季連元禄写　F9-127より５冊統合	歴史 p133	壬生本	415	和漢	931
自筆　元和６年夏・寛永21～慶安４年の２冊を分離、F9-127より２冊統合	歴史 p133	壬生本	415	和漢	931
自筆	歴史 p134	壬生本	415	和漢	915
原本　元56冊、混入していた章弘宿禰記１冊を昭和17年に F9-137へ分離	歴史 p134	壬生本	415	和漢	923
自筆		壬生本	415	和漢	913
自筆原本	歴史 p134	壬生本	415	和漢	874
自筆原本　元14冊、昭和17年に F9-134季連宿禰記56冊中混入の章弘宿禰記１冊を統合	歴史 p134	壬生本	415	和漢	874
自筆	歴史 p135	壬生本	415	和漢	915

書　名	員	函	号
麗気記　天地麗気記、二所太神宮麗気記、天照太神宮鎮座次第、豊受皇太神鎮座次第、降臨次第麗気記、神梵語麗気記、万鏡本縁神霊瑞器記、心柱麗気記、神号麗気記、三界表麗気記、神形注麗気記、現図麗気記、仏法神道麗気記、神体図一二三四	3	F9	99
匡遠宿禰記　建武二・四～六、同四・一二、暦応元・三、同二・一二等　　小槻匡遠	3	F9	100
壬生家雑文書　建久～天文、年不詳(二八通)　書状・検注状・請文・算用状等　(酒麹役本司沙汰書等雑文書、女房装束事等雑文書)	2	F9	101
※欠番　(法光寺管領之事　壬生晨照訴状等)		F9	102
石清水遷宮放生会参向一会　寛文、元文、嘉永、安政	4	F9	103
新鋳銭宣下一会　文久三	4	F9	104
壬生家蔵消息類　弘安～寛永六、年不詳(有欠)	4	F9	105
孝亮宿禰記　文禄四、五、慶長二、三、五、六　附勘例雑々　　小槻孝亮	4	F9	106
太政官符　安政元　諸国梵鐘ヲ以テ炮銃鋳造ノ件　附関係文書(宣旨勘例等)	5	F9	107
雅久卿記　文明八、一一、延徳二、文亀二、三、年不詳　　小槻雅久	4	F9	108
※欠番　(当局所領文書)		F9	109
于恒宿禰記　永正一二～天文九、年不詳　　小槻于恒	8	F9	110
壬生家雑文書拾遺　保元～慶安(五五通)　宣旨・院宣・雑文書等	8	F9	111
晴富卿記　(晴富宿禰記)　文安三、寛正四、五、文明一〇～一二、延徳二、四、明応二、四、六、年不詳　　小槻晴富	19	F9	112
弘誓院記　慶長一六～寛永六　(孝亮宿禰記)　　小槻孝亮	1	F9	113
重房宿禰要集　万治、寛文、延宝　　小槻重房	1	F9	114
重房宿禰雑用私録　寛文三～延宝二　　小槻重房	1	F9	115
寿楽院記　永正一二～天文一〇　(于恒宿禰記)　　小槻于恒	1	F9	116
孝亮宿禰日記　慶長一二～一四　　小槻孝亮	1	F9	117
忠利宿禰記　寛永一二・正　　小槻忠利	1	F9	119
匡遠宿禰記　観応三　後光厳院践祚記　　小槻匡遠	1	F9	120
于恒宿禰記　永正一二、一六　　小槻于恒	1	F9	121
于恒宿禰記　天文五～九　　小槻于恒	1	F9	122
禁裏諸儀勘例　(重房宿禰記)　　小槻重房	2	F9	123
三宝院日次記　承応三～元禄七　(重房卿日次記、季連卿日次記)	15	F9	124
重房日次記目録　万治二～延宝四　　小槻重房	5	F9	125
季連宿禰雑用私録　延宝六～宝永二　　小槻季連	6	F9	126
※欠番　(忠利宿禰記)		F9	127
晴富卿記　(晴富宿禰記)　文安三、文明一〇～一一、延徳二、四、明応二、四～六(有欠)　小槻晴富	7	F9	128
※欠番　(季連卿日次記)		F9	129
孝亮宿禰記　文禄四～寛永一一(有欠)(取要本)　　小槻孝亮	12	F9	130
忠利宿禰日記　(忠利宿禰記)　元和一〇～寛永五、一一～寛文三　取要本　　小槻忠利	26	F9	131
忠利宿禰記　寛永二〇～寛文三　　小槻忠利	23	F9	132
重房宿禰記　寛文三～延宝四　　小槻重房	26	F9	133
季連宿禰記　延宝二～宝永六　　小槻季連	55	F9	134
雑用私録　宝永二～五　(章弘宿禰記)　　小槻章弘	1	F9	135
章弘宿禰記　享保元、二　小槻章弘	1	F9	136
章弘宿禰記　元禄一六～正徳六　　小槻章弘	15	F9	137
以寧卿記　文化元～天保六　(草稿本)　　小槻以寧	28	F9	138

備　考	典籍解題	家別	分類	紀要	頁
原本	歴史 p179	壬生本	416	和漢	1014
小槻有家等鎌倉室町写　『図書寮叢刊』壬生家文書２　元 F9-15・47・50・98等を統合	歴史p162p177p178p179	壬生本	416	和漢	988
嘉吉～大永写　『図書寮叢刊』壬生家文書１	歴史 p174	壬生本	514	和漢	1216
原本写本　『図書寮叢刊』壬生家文書６		壬生本	416	和漢	988
→ F9-95に統合	歴史 p175	壬生本			
原本写本　『図書寮叢刊』壬生家文書５　元 F9-58・49・81・102等を統合	歴史p165p175p176p177	壬生本	416	和漢	1018
→ F9-95に統合	歴史 p176	壬生本			
→ F9-95に統合	歴史 p175	壬生本			
→ F9-95に統合	歴史 p176	壬生本			
小槻季連写		壬生本	126	和漢	336
南北朝写		壬生本	415	和漢	961
寛政写		壬生本	515	和漢	1254
室町写		壬生本	515	和漢	1237
南北朝写		壬生本	106	和漢	164
室町期　原本写本		壬生本	415	和漢	946
室町写		壬生本	516	和漢	1305
→ F9-95に統合	歴史 p176	壬生本			
→ F9-67に統合	歴史 p176	壬生本			
→ F9-84に統合	歴史 p158p179	壬生本			
→ F9-84に統合	歴史 p179	壬生本			
原本写本　『図書寮叢刊』壬生家文書１　目録には壬生本との記載なし　元 F9-82・89・97・102・109を統合	歴史p151p158p177p178p179p180	壬生家旧蔵	416	和漢	988
原本写本　『図書寮叢刊』壬生家文書1		壬生本	416	和漢	988
建武元～寛正５年写　→同番号に統合	歴史 p154	壬生本	416	和漢	988
南北朝室町期原本写本　（官宣旨　建武元～寛正五、外記徳庵之記等を統合）　丸山裕之『駿台史学』143論文・『日本歴史』775論文　康綱流中原家伝来	歴史 p154	壬生本	416	和漢	1013
室町写		壬生本	416	和漢	1019
江戸写		壬生本	415	和漢	904
→ F9-84に統合	歴史 p158p179	壬生本			
寛永８、寛文８年写		壬生本	106	和漢	164
江戸写　『図書寮叢刊』壬生家文書７		壬生本	416	和漢	1001
原本　『図書寮叢刊』壬生家文書６	歴史 p150	壬生本	416	和漢	983
→ F9-86に統合	歴史 p160	壬生本			
原本　『図書寮叢刊』壬生家文書７		壬生本	416	和漢	1019
原本写本　『図書寮叢刊』壬生家文書３　元 F9-66・68・69・70・79を統合	歴史 p175p176	壬生本	416	和漢	1009
原本　『図書寮叢刊』壬生家文書６	歴史 p169	壬生本	416	和漢	1018
→ F9-84に統合	歴史 p151p178	壬生本			
→ F9-62に統合	歴史 p162p177	壬生本			

書　名	員	函	号
備前国新田庄御米目録　永徳元　注進状	1	F9	61
官中便補地関係文書　壬生大宮官中便補地相論文書(鎌倉期五通)、小槻有家奏聞状案(文永六)、小槻有家奏聞状案、官中便補地相伝由緒注文(鎌倉期)、安芸国世能荒山庄国使入勘停止官宣旨(建久九)(裏)文永五年具注暦、若狭国国富庄関係文書(建保～永正、年不詳、原本写本二軸)(宣旨案、官中便補地事、有家宿禰奏聞状、壬生家所領之事、便補地相伝由緒注文、当局所領若狭国国富庄事)	7	F9	62
官務並氏長者間事	1	F9	64
官務家伝来古文書　文永～大永、年不詳(一二通)　補任状・消息等　附室町将軍細川家花押写	1	F9	65
※欠番　(小野供御人請文等　主殿寮所領文書)		F9	66
壬生家家領関係文書　建久～天正　(苗鹿村雄琴荘之事、大炊寮領美作国久世保事、家地并所領之事)	7	F9	67
※欠番　(主殿寮所領文書　洞院公賢御教書等)		F9	68
※欠番　(主殿寮年預之事)		F9	69
※欠番　(主殿寮年預伴守方解状)		F9	70
大安寺縁起	1	F9	72
文永代始公事抄　文永一一	1	F9	73
年中行事敷設図　寛政新内裏	1	F9	74
恒例公事　(有欠)	1	F9	75
石清水八幡宮文書　応安四、勘例	1	F9	76
日記諸勘例切　壬生官務家　(裏)古文書　詠三首和歌、不知記(至徳四・二)、晴富宿禰記(明応六・三)、周枝記(永享三・二)、応安七年記、勘例(大臣納言兄弟礼事)、書状、勘例、勘例(大祓参行事)、勘例、勘例(兄弟礼節事)、後徳記(治承三)、南都事書(応安七・一一)、勘例、不知記(天皇加冠儀事)　(後愚昧記・実冬公記断簡)	1	F9	77
受禅以後恒例外被行公事例　寛元四～永徳三　後深草～後小松院	1	F9	78
※欠番　(小野供御人等申状)		F9	79
※欠番　(常盤内常林寺領之事)		F9	81
※欠番　(高倉院法華堂安芸国世能荒山庄事)		F9	82
※欠番　(高倉院法華堂尾州国富庄事)		F9	83
官務所領関係雑文書　摂津国能勢郡採銅所関係文書(応徳～大永　一軸)、官務所領文書(平安末～室町　五軸)、諸領綸旨院宣御教書類(平安末～室町　二軸)、官務所領雑々(鎌倉～室町三軸)	11	F9	84
官務家勘要古文書　建久～享禄、年不詳(二七通)　御祈願所・文殿別当以下	1	F9	85
(官宣旨　建武元～寛正五　諸国隼人召)		F9	86
隼人関係文書　諸国隼人召、隼人司領、消息等　(行幸召諸国隼人宣旨、後花園天皇御方違行幸方申状請取等之事、応永度大嘗会御禊行幸召隼人状、賀茂石清水行幸召隼人状、隼人司領并行幸召隼人消息、隼人司領之事、垣屋駿河守贈隼人正書状、外記徳庵之記)	9	F9	86
室町将軍家関係文書　弘安～寛正　昇進関係(二八通)	1	F9	87
後光明天皇御元服即位等記　寛永二〇	1	F9	88
※欠番　(壱岐島志原保之事)		F9	89
卜部兼永及兼右言上諸社勧請文書	2	F9	90
神宮文書　康安、貞治、年不詳　注進状・書状等	2	F9	91
仰書　永徳～元亀　(女房奉書)	2	F9	92
※欠番　(外記徳庵之記　室町幕府奉行奉書等)		F9	93
壬生家蔵消息　貞治、応安、永徳、年不詳　(三〇通)　　三条実継・三条実音等　(後愚昧記付載文書等)	2	F9	94
主殿寮所領関係文書　鎌倉～室町　(主殿寮所領文書、小野供御人請文等、主殿寮年預伴守方解状、主殿寮年預之事、小野供御人等申状)	7	F9	95
壬生家古往来消息雑雑　鎌倉～室町　書状・院宣・勘申・申状・渤海国中台省牒等(四九通)	2	F9	96
※欠番　(諸領綸旨院宣御教書類)		F9	97
※欠番　(若狭国国富庄事)		F9	98

備　考	典籍解題	家別	分類	紀要	頁
江戸写　『図書寮叢刊』壬生家文書 6		壬生本	416	和漢	990
自筆		壬生本	415	和漢	965
江戸写		壬生本	415	和漢	931
→ F9-62に統合	歴史 p179	壬生本			
江戸写		壬生本	108	和漢	215
江戸写		壬生本	514	和漢	1226
文明写	歴史 p132	壬生本	415	和漢	887
小槻重房寛文 8 年写		壬生本	415	和漢	927
自筆	歴史 p134	壬生本	415	和漢	915
小槻季連延宝 5 年写		壬生本	0	和漢	8
貞享 4 年写　『図書寮叢刊』壬生家文書 9		壬生本	416	和漢	987
室町写　翻刻『大日本古記録』後愚昧記		壬生本	415	和漢	939
江戸初写	続歴史 p023	壬生本	513	和漢	1200
小槻重房写		壬生本	415	和漢	910
室町写　『図書寮叢刊』壬生家文書 9		壬生本	416	和漢	1015
原本写本　『図書寮叢刊』壬生家文書 4	歴史 p175	壬生本	416	和漢	1009
原本　『図書寮叢刊』壬生家文書 5	歴史 p166	壬生本	416	和漢	988
江戸写		壬生本	416	和漢	999
自筆		壬生本	413	和漢	842
室町写　『図書寮叢刊』壬生家文書 6	歴史 p175	壬生本	416	和漢	1018
江戸写		壬生本	416	和漢	1005
江戸写		壬生本	513	和漢	1199
自筆		壬生本	106	和漢	166
江戸写　『図書寮叢刊』壬生家文書 7		壬生本	416	和漢	988
慶安写		壬生本	415	和漢	929
江戸写		壬生本	416	和漢	1009
小槻重房写		壬生本	415	和漢	905
南北朝写	続歴史 p090	壬生本	437	和漢	1089
原本		壬生本	415	和漢	903
南北朝写	続歴史 p021	壬生本	513	和漢	1198
延徳元年写		壬生本	430	和漢	1041
南北朝写		壬生本	415	和漢	927
室町写　翻刻石田実洋・橋本雄『古文書研究』69論文		壬生本	415	和漢	925
写		壬生本	106	和漢	161
→ F9-62に統合		壬生本			
室町写		壬生本	516	和漢	1258
江戸写		壬生本	415	和漢	964
→ F9-62に統合	歴史 p178	壬生本			
明応9年写	歴史 p162	壬生本	416	和漢	1006
原本　『図書寮叢刊』壬生家文書 1		壬生本	416	和漢	984
原本写本　F9-101壬生家雑文書より分離『日本歴史』288口絵・290口絵	歴史 p200-202	壬生本	416	和漢	1007
江戸写		壬生本	416	和漢	981
原本写本		壬生本	416	和漢	985
原本		壬生本	416	和漢	993
→ F9-67に統合	歴史 p175	壬生本			
→ F9-67に統合	歴史 p178	壬生本			

書　名	員	函	号
記録所文書　永和度　鞍馬寺賀茂社堺相論一件	1	F9	12
盈春宿禰記　（盈春卿記）　兼香関白宣下事　　小槻盈春	1	F9	13
匡遠宿禰記　観応三後光厳院践祚記　　小槻匡遠	1	F9	14
※欠番　（宣旨案）		F9	15
北野社正遷宮記　元禄一四　　紀氏辰	1	F9	16
東照宮宣命写　元和三～寛永二一	1	F9	17
兼治宿禰記　嘉慶三叙位　（叙位議勘例）　　小槻兼治　附晴富教誡状・泉涌寺勧進帳	1	F9	18
大外記師郷朝臣記　永享五　　中原師郷	1	F9	19
重房宿禰記　寛文一三　内侍所渡御　　小槻重房	1	F9	20
文庫記並官務文庫記　　一条兼良・南禅天祐・小槻晴富等	1	F9	21
賀茂社所領関係文書　寛仁二太政官符、寿永二源頼朝下文	1	F9	22
踏歌節会記　応安二　（公直卿記）　　今出川公直　（後愚昧記応安二・正・一六）	1	F9	23
慶長十八年御定書　（公家衆諸法度）　附山伏法度条々（寛文八）	1	F9	25
伊綱宿禰記　正安二　摂政復辟記	1	F9	26
播磨国広峯社文書　承久～応永　（八通）　所領安堵状、所司職補任状、関東御教書等	1	F9	27
主殿寮領北畠図并文書　文治、文明　（三通）	1	F9	28
官務氏寺起請　文永一〇　　大宮秀氏、小槻有家	1	F9	29
諸国司解文　書式先例	1	F9	30
建武三年以来記　　小槻晴富	1	F9	31
壬生官長者宿所制札并文庫修営文書　応仁二、明応五、年不詳　（七通）	1	F9	32
太政官符並春宮令旨等文書　寛文～文久（六通）	1	F9	33
駕輿丁定法条条　慶長度、寛永度	1	F9	34
春日神社造替之記　寛文一一　　小槻重房	1	F9	35
官宣旨並官符案　長治元～寛永五	1	F9	36
後大染金剛院御記　延徳二将軍宣下事　　二条尹房	1	F9	37
度牒並宣旨案　天長一〇～寛永六	1	F9	38
後西院践祚即位記　承応三	1	F9	39
外記補任　平治元～承元五	1	F9	40
後柏原天皇践祚記　明応九　　清原業忠	1	F9	41
応安四年御定書	1	F9	42
帝王改諱文書　延徳元勘例案	1	F9	43
大外記師宗朝臣記　応長元・八・一三　四品拝賀事　　中原師宗	1	F9	44
宋朝僧捧返牒記　応永九	1	F9	45
阿淡両国風土記神名帳　合巻	1	F9	46
※欠番		F9	47
足利義教右大将拝賀并着陣散状　永享二　附足利義政任大臣着陣直衣始等散状（長禄二）	1	F9	48
雅言卿記　文永五後嵯峨院御出家記	1	F9	49
※欠番　（壬生家所領之事）		F9	50
長福寺知行分敷地手継文書写　明応九　売券・紛失状等（貞和～延徳）	1	F9	51
小槻有家置文　文永一〇　　小槻有家	1	F9	52
帝王系図並勘例　正元元、弘安四、帝王記・御歴代御諱等　（裏）消息・下知状等	1	F9	53
出雲紀伊国造文書　文安、寛文　宣旨案（二通）	1	F9	55
改姓改名文書　貞元、天正　（七通）	1	F9	56
古所領水帳　文明九　壬生家	1	F9	57
※欠番　（家地并所領之事）		F9	58
※欠番　（大炊寮領美作国久世保事）		F9	59

備　考	典籍解題	家別	分類	紀要	頁
原本		壬生本	108	和漢	189
小槻孝亮写		壬生本	108	和漢	224
江戸写		壬生本	108	和漢	207
室町写		壬生本	108	和漢	227
江戸写		壬生本	106	和漢	174
原本		壬生本	108	和漢	231
原本(南北～室町初期)　『図書寮叢刊』壬生家文書 9		壬生本	106	和漢	178
自筆		壬生本	107	和漢	184
江戸写		壬生本	108	和漢	217
小槻孝亮慶長14年写		壬生本	108	和漢	231
江戸写		壬生本	108	和漢	248
江戸写		壬生本	516	和漢	1345
江戸写		壬生本	516	和漢	1316
小槻以寧文政 6 年写		壬生本?	517	和漢	1391
万治 2 以後写		壬生本	107	和漢	184
江戸写		壬生本	108	和漢	223
自筆		壬生本	107	和漢	182
原本写本		壬生本	108	和漢	248
室町写		壬生本	106	和漢	169
原本		壬生本	107	和漢	181
小槻以寧写		壬生本	516	和漢	1311
原本		壬生本	107	和漢	184
小槻重房写		壬生本	108	和漢	224
小槻重房寛文 9 年写		壬生本	516	和漢	1314
原本		壬生本	108	和漢	239
小槻重房寛文12年写		壬生本	108	和漢	235
原本(江戸中期)		壬生本	108	和漢	249
江戸写		壬生本	516	和漢	1316
小槻重房寛文 5 年写		壬生本	108	和漢	188
寛文 3 年写		壬生本	516	和漢	1296
江戸写		壬生本	108	和漢	250
原本		壬生本	123	和漢	267
原本		壬生本	416	和漢	1012
原本写本		壬生本	516	和漢	1324
→ F6-5に統合		壬生本			
原本写本		壬生本	515	和漢	1237
原本写本		壬生本	515	和漢	1237
江戸写		壬生本	415	和漢	947
写		壬生本	415	和漢	889
天保10年写		壬生本	416	和漢	1008
室町写		壬生本	127	和漢	356
江戸写	歴史 p148	壬生本	416	和漢	996
江戸写		壬生本	416	和漢	998
写　『図書寮叢刊』壬生家文書 7		壬生本	416	和漢	1005
小槻重房慶安 4 年写		壬生本	415	和漢	925
小槻季連宝永 3 年写		壬生本	127	和漢	344
小槻重房写		壬生本	515	和漢	1234
室町～江戸写		壬生本	123	和漢	268

書　名	員	函	号
伊勢奉幣ニ付参向路銭請取覚　正保四	1	C7	54
神宮祭主物忌勘文	1	C7	55
春日社幣料並内侍所御神楽御供留	1	C7	58
大神宮四度御幣惣用留　文明一二、明応二	1	C7	60
造外宮二頭方小工職補任書式	1	C7	61
豊受大神宮造替遷御ニ付神祇大副注進状	1	C7	62
八幡社務状　（二通）	1	C7	65
大神宮禰宜上階勘例案　　小槻重房	1	C7	66
外宮奉幣神事記	1	C7	67
内宮仮殿遷宮一件柳原資定書状　真継兵庫助宛	1	C7	69
両宮幣料書上	1	C7	70
明正天皇御即位由奉幣宣命留　寛永七	1	C7	72
造内裏行事所始次第　建武二・六	1	C7	74
新皇嘉門院御葬送轜楊並棧寸法図	1	C7	75
神宮祭主職ニ付兼長口状	1	C7	77
於陣座諸社奉幣例	1	C7	78
外宮祠官給位一件ニ付足代権大夫書状　弘化四	1	C7	83
例幣以下神事諸儀雑簡　官務宛　　葉室頼孝等	1	C7	86
外宮月読宮炎上間事　天文三	1	C7	88
加級勅許ニ付権禰宜等謝状　官務宛	1	C7	90
新宮旬儀次第	1	C7	91
内宮権禰宜末清仮服届	1	C7	92
神宮遷宮月日書上　天正一三	1	C7	94
親王内親王法親王宣下次第	1	C7	95
新嘗祭再興以前下行取調方依頼状　寛政六官務宛	1	C7	96
内侍所御神楽略次第	1	C7	97
例幣ニ付葉室冷泉両家雑掌口上覚　官務・外記宛	1	C7	98
贈位宣下略次第　盈春宿禰記取要	1	C7	99
伊勢神宮心御柱正遷宮日時定次第　寛文五	1	C7	101
後西天皇御譲位警固固関次第　寛文三	1	C7	102
例幣略次第	1	C7	103
僧官宣旨　文化～慶応	65	F6	1
拝賀着陣関係文書　文政～慶応	34	F6	2
着陣文書　文化～天保(六四二葉)	6	F6	3
※欠番		F6	4
恒例公事　文政六～明治三	36	F6	5
恒例公事雑文書　安永一〇、年不詳(七二葉)	1	F6	6
如法寿院政嗣公記　寛正六　壬生晨照宿禰還補事	1	F9	1
勘仲記抄　永仁二　着陣記　　勘解由小路兼仲	1	F9	2
東大寺古文書　天平～天平宝字　新造舎蔵　(正倉院文書)	1	F9	3
東大寺大仏供養記　建久六	1	F9	4
桜井門跡庄園文書　文永五　宣旨	1	F9	5
沙弥円爾疏　承久元	1	F9	6
太政官牒並綸旨写　寛喜二、天正一一　高山寺	1	F9	7
糟粕記　応仁三	1	F9	8
比丘光定受菩薩戒疏　弘仁一四	1	F9	9
元日白馬両節会用記　康正三	1	F9	10
太政官牒符写　大同二、昌泰二(東大寺)、永久元(東寺)、延慶三(醍醐寺)	1	F9	11

備　考	典籍解題	家別	分類	紀要	頁
原本		壬生本	108	和漢	226
小槻以寧写		壬生本	300	和漢	707
江戸写		壬生本	108	和漢	201
原本写本		壬生本	108	和漢	225
小槻以寧写		壬生本	516	和漢	1332
江戸写		壬生本	516	和漢	1345
原本写本		壬生本	108	和漢	233
江戸写		壬生本	108	和漢	236
江戸写		壬生本	108	和漢	247
写		壬生本	108	和漢	201
原本　『図書寮叢刊』壬生家文書 9		壬生本	108	和漢	231
原本		壬生本	108	和漢	249
江戸写		壬生本	108	和漢	224
原本写本		壬生本	108	和漢	224
原本写本		壬生本	108	和漢	234
宝永 7 年写		壬生本	516	和漢	1332
原本写本		壬生本	516	和漢	1317
江戸写　元函架番号353-421		壬生本	517	和漢	1382
江戸写　元函架番号353-422		壬生本	317	和漢	744
江戸写　元函架番号150-198		壬生本	310	和漢	714
原本		壬生本	107	和漢	182
江戸写		壬生本	416	和漢	979
写		壬生本?	326	和漢	764
江戸写		壬生本	108	和漢	227
小槻忠利慶安元年写		壬生本	108	和漢	191
原本　『図書寮叢刊』壬生家文書 9		壬生本	108	和漢	231
写		壬生本	108	和漢	214
写		壬生本	108	和漢	227
小槻孝亮写		壬生本	107	和漢	184
慶長写		壬生本	108	和漢	191
小槻忠利慶安 2 年写		壬生本	108	和漢	248
江戸写		壬生本	416	和漢	985
江戸写		壬生本	517	和漢	1413
江戸写		壬生本	107	和漢	184
写		壬生本	106	和漢	163
小槻忠利写		壬生本	107	和漢	184
江戸写		壬生本	108	和漢	186
江戸初写		壬生本	108	和漢	243
室町写		壬生本	108	和漢	225
江戸写		壬生本	108	和漢	225
室町写		壬生本	108	和漢	224
江戸写		壬生本	108	和漢	189
江戸写		壬生本	108	和漢	243
江戸写		壬生本	104	和漢	161
江戸写		壬生本	108	和漢	214
江戸写		壬生本	107	和漢	184
小槻孝亮慶長13年写　目録には壬生本との記載なし		壬生家旧蔵	108	和漢	189
自筆		壬生本	107	和漢	181

書　名	員	函	号
神武天皇山陵宣命使発遣儀一会　文久三	1	558	118
正倉院宝物絵図　天保四	1	558	119
御羽車御鳳輦等奉仕駕輿丁人数覚	1	558	120
神宮別宮遷宮勤行一会　享保、寛延	1	558	121
中御門天皇御譲位図　享保二〇・三	1	558	122
明正天皇御譲位並剣璽渡御図　寛永二〇	1	558	123
内侍所鎮座沙汰文並下行留　天正一八	1	558	124
中御門天皇御譲位並桜町天皇御受禅神宮御祈事　享保二〇	1	558	125
立后節会神宮御祈事　元文五	1	558	126
改元神宮御祈事　寛延元、元文元	1	558	128
豊受大神宮造替山口祭並木作始日時勘文　天文二〇	1	558	129
例幣沙汰文　宝暦	1	558	130
神宮造営日時定達状	1	558	131
神宮奏事始文書	1	558	132
内侍所渡御一会　承応二～慶応元	7	558	134
中御門天皇御即位図　宝永七・一一	1	558	138
大嘗会一会　元文、寛延、文政、嘉永	14	558	139
詩経衣裳図	1	B6	765
藤原定家和歌懐紙　詠二首和歌	1	B6	766
諸状雛形　（七二葉）	35	B6	771
鹿島大宮司等位記　弘化四～文久二	5	B7	134
赤松家文書　時藤夏畠等事(円心)、河魚捕獲禁断事(建武二　則祐)、円光寺領違乱事(性松)	1	C7	3
本庄光子叙位並生見玉祝儀能番組　元禄一五	1	C7	20
大神宮山口祭日時定書状案　慶長九　頭右大弁宛　　小槻孝亮	1	C7	22
伊勢例幣発遣留　慶安元	1	C7	23
内宮遷宮神宝本様使発遣等ニ付行事弁沙汰文　文安四	1	C7	24
唐櫃並御幣之図	1	C7	25
造大神宮御船代等ノ儀ニ付神祇大副書状	1	C7	27
神宮祠官叙爵之事　応仁元～天正一三	1	C7	31
一社奉幣神祇官参向交名　慶長一四	1	C7	32
両宮遷宮ノ年例幣被延引事　慶安二	1	C7	34
鹿島香取両社奉幣使発遣官符　天暦五	1	C7	35
昼御座図	1	C7	36
玉串役人補任書様	1	C7	37
伊勢両宮別宮書上	1	C7	39
内宮長官訴訟一件ニ付宮奉行上京下知状　寛永一九	1	C7	40
伊勢一社幣料並下行勘例　文安四	1	C7	42
八幡宮遷宮並十六社奉幣使発遣日時定勘例　応安四・一二、文永一一・一一	1	C7	43
神宮並七社奉幣使勅使留　弘長～宝徳	1	C7	44
神宮幣料請書　寿永二	1	C7	45
神宮並春日社遷宮諸覚書　応永、天正度	1	C7	46
伊勢遷宮下行ニ付長野内蔵等書状　真継美濃守宛	1	C7	47
二十二社天変御祈奉幣達状	1	C7	48
諸社行事官役法度条々　慶長五	1	C7	49
祈雨奉幣ノ儀ニ付三善伊親問合書	1	C7	50
内宮祠官訴訟一件　寛永四	1	C7	51
伊勢遷宮ニ付陣儀惣用之事　応永度他	1	C7	52
神祇大副大中臣兼長仮服問状　官務宛　寛元以後	1	C7	53

備　考	典籍解題	家別	分類	紀要	頁
室町～江戸写		壬生本	516	和漢	1346
室町～江戸原本写本		壬生本	123	和漢	267
原本写本		壬生本	514	和漢	1223
原本写本		壬生本	514	和漢	1226
原本写本		壬生本	514	和漢	1217
室町江戸写		壬生本	514	和漢	1220
原本写本		壬生本	514	和漢	1219
原本写本	続歴史 p193	壬生本	439	和漢	1108
原本写本		壬生本	517	和漢	1406
原本		壬生本	127	和漢	356
原本写本		壬生本	516	和漢	1289
鎌倉～室町写　『図書寮叢刊』壬生家文書6　一部壬1002～1017に分離	歴史 p151p181	壬生本	416	和漢	1018
室町～江戸写		壬生本	123	和漢	269
原本写本　目録には壬生本との記載なし		壬生家旧蔵	416	和漢	1003
原本写本		壬生本	123	和漢	266
原本写本		壬生本	514	和漢	1225
原本写本		壬生本	514	和漢	1217
原本写本		壬生本	514	和漢	1214
原本写本		壬生本	123	和漢	266
原本写本		壬生本	127	和漢	355
原本		壬生本	127	和漢	353
原本写本		壬生本	127	和漢	340
享保～寛政写		壬生本	516	和漢	1309
原本写本		壬生本	516	和漢	1310
原本		壬生本	517	和漢	1373
江戸写		壬生本	516	和漢	1336
写		壬生本	515	和漢	1255
原本		壬生本	127	和漢	356
原本		壬生本	127	和漢	356
原本　『光格天皇と幻の将軍』133		壬生本	127	和漢	356
原本		壬生本	127	和漢	356
原本写本		壬生本	516	和漢	1309
原本写本		壬生本	516	和漢	1309
原本写本		壬生本	106	和漢	171
原本		壬生本	127	和漢	340
原本		壬生本	127	和漢	353
原本		壬生本	416	和漢	1009
江戸中写		壬生本	108	和漢	250
写		壬生本	108	和漢	219
原本　昭和14年図書録		壬生本	108	和漢	228
江戸中写		壬生本	108	和漢	231
江戸中写		壬生本	108	和漢	248
原本写本		壬生本	516	和漢	1312
小槻忠利等貞享4年写		壬生本	516	和漢	1338
弘化3年写		壬生本	410	和漢	811
寛永3年写		壬生本	516	和漢	1333
江戸初写		壬生本	517	和漢	1417

書　名	員	函	号
門院号宣下一会　応永～弘化　(一〇三葉)	1	512	298
大師号　嘉禎、徳治、永享、長禄、文明、天正、慶長、元和、寛永、慶安、承応、寛文、元禄、年不詳　(二三葉)	1	512	299
贈官贈后宣下文書　貞治、元和、寛永、延宝、享保、文政、文久(三四葉)	1	512	300
内教坊別当宣下文書　享保、安永、寛政、文政(一四葉)	1	512	301
検非違使別当佐尉等宣旨官符　仁安、弘安、寛永、慶応　(二三六葉)	3	512	302
将軍宣下文書　文治二、応安二、大永元、慶長一〇、元和六(六葉)	1	513	1
将軍宣下以下官位任叙一会　慶長～慶応(有欠)	7	513	2
山陵使一会　文久、元治　(九〇葉)	1	513	3
徳川贈位宣下一会　慶長一六～慶応二　(二〇〇葉)	2	513	4
徳川仏殿造営一会　承応二～慶応三　(三九八葉)	4	513	5
光格孝明両天皇御謚号宣下一会　天保、慶応(一二六葉)	1	513	7
壬生官務家所職関係文書　保延～応永、年不詳(五九通)　(諸官符口宣古宣命諸社寺申状等古文書の内)	4	513	8
度者官符并登壇受戒口宣案・阿闍梨職并知行法務東大寺長者等　治安～正徳　(九六葉)	1	513	9
僧中勘例並宣旨　建久～元禄　(六二葉)	62	513	10
僧官勘例　寛正、文明、寛文	2	513	11
探題講師来講師戒和上宣下文書　永正～慶安、年不詳(一二三葉)	2	513	12
興福寺東大寺別当職等宣下文書　延久～万治　(二七葉)	1	513	13
戒和上　文安、永正、天文、慶長、元和、寛永、延宝、年不詳(六二葉)	1	513	14
僧官戒和上古文書　永暦、元久、長享、慶長	12	513	15
伝法灌頂并天台法華会講師宣下文書　貞観～正保　(二一葉)	1	513	16
太元法並後七日御修法一会　文化、文政、天保、年不詳(六〇葉)	1	513	17
秋篠寺役太元法香水并塗壇等下知状　文化、文政、年不詳　(三〇葉)	1	513	18
諸公事恒例臨時触状　享保～寛政	16	513	19
諸下行方并触状　享保～安永(一二五葉)	1	513	20
恒例臨時諸司調進物留　享保一五　　壬生家	1	513	21
年番着陣留　元文～天保	1	513	22
年中公事諸次第　例幣発遣、放生会、東照宮奉幣発遣日時定、恒例臨時公事	1	513	23
東照宮百回忌　正徳五　(七〇葉)	1	513	24
東照宮百五十回忌　明和二　(三〇三葉)	2	513	25
東照宮二百回忌　文化一二　(二六一葉)	1	513	26
東照宮二百五十回忌　元治二　(一〇三葉)	1	513	27
諸公事交名散状　享保～天保(三四四葉)　恒例、臨時	2	513	28
諸公事交名散状　享和、文政(一六八葉)　恒例、臨時	1	513	29
諸社神号神階宣下並祭幣料　元禄、嘉永　和気清麻呂、多田権現、六孫王権現、壺井権現	47	513	52
安鎮法修法　慶長一二、一八、元和六、寛永七、明暦元、寛文二、嘉永三	1	515	78
太元帥法後七日両御修法請定並交名　安政五～元治二	1	515	83
鳥座売渡証文　永禄九	1	516	213
和歌御奉納神宮御祈事　延享元・一一	1	558	105
国家安全玉体安康神宮御祈事　寛延三	1	558	106
東宮昭仁親王御元服神宮御祈事　享保一八	1	558	107
遐仁親王立太子神宮御祈事　延享四・三	1	558	108
霊元院法皇御不例神宮御祈事　享保一七・六・一〇	1	558	109
新造内裏遷幸一会　慶長一八～安政二	23	558	110
東山天皇御即位並大嘗宮図	3	558	112
公家町絵図　文禄、寛永二〇、寛文一一、延宝三	4	558	115
二条亭行幸啓一会　寛永三	1	558	116
鳳輦雨皮之図　建暦元	1	558	117

備　考	典籍解題	家別	分類	紀要	頁
原本写本		壬生本	515	和漢	1253
原本		壬生本	516	和漢	1307
原本写本		壬生本	516	和漢	1282
原本		壬生本	108	和漢	221
原本写本		壬生本	108	和漢	248
原本写本		壬生本	516	和漢	1277
写		壬生本	108	和漢	223
原本写本		壬生本	516	和漢	1309
原本写本		壬生本	516	和漢	1307
原本写本　236葉		壬生本	516	和漢	1331
安永写		壬生本	516	和漢	1290
原本写本　394葉		壬生本	516	和漢	1329
安永写　１枚		壬生本	516	和漢	1290
江戸写　３巻７枚		壬生本	516	和漢	1329
江戸写　内１点　御即位御装束絵様は清閑寺熙房万治元年書写「明暦」印あり　元413-622後光厳天皇御即位定記とツレ（昭和10年に分離）　石田実洋『書陵部紀要』64論文参照		壬生本	516	和漢	1298
原本		壬生本	516	和漢	1351
原本写本		壬生本	516	和漢	1351
原本		壬生本	516	和漢	1347
原本		壬生本	516	和漢	1350
写		壬生本	516	和漢	1349
原本写本		壬生本	516	和漢	1283
原本写本		壬生本	516	和漢	1340
原本写本		壬生本	516	和漢	1322
原本写本		壬生本	514	和漢	1213
原本写本		壬生本	516	和漢	1331
原本写本		壬生本	514	和漢	1216
室町～江戸写		壬生本	515	和漢	1240
原本写本		壬生本	515	和漢	1240
写		壬生本	515	和漢	1253
小槻孝亮慶長６年写		壬生本	515	和漢	1232
原本写本		壬生本	516	和漢	1267
原本写本		壬生本	516	和漢	1272
原本写本		壬生本	516	和漢	1269
原本		壬生本	516	和漢	1341
原本		壬生本	516	和漢	1341
原本写本		壬生本	516	和漢	1302
原本写本		壬生本	516	和漢	1273
江戸写　４巻７葉		壬生本	516	和漢	1333
原本写本		壬生本	514	和漢	1219
原本写本		壬生本	514	和漢	1219
原本写本		壬生本	514	和漢	1219
原本写本		壬生本	514	和漢	1219
原本写本		壬生本	516	和漢	1315
江戸写		壬生本	516	和漢	1346
原本写本		壬生本	514	和漢	1219

書　名	員	函	号
新嘗祭諸下行一会　元文～天保(二〇三葉)	1	512	253
将軍秀忠公参内諸役人拝領配分帳　元和五	1	512	254
禁裏諸役人中出納帳　寛永一六、慶安三、万治元	6	512	255
式年両宮遷宮下行一会　寛文六～九	8	512	256
両宮御造営方下行雑事　明和、寛政、文化、文政、天保、嘉永、文久、元治　(一一七葉)	1	512	257
関白宣下任大臣拝賀着陣以下并諸家献料雑雑　文化～慶応(一二八葉)	1	512	258
諸社祭下行一会　天保、元治　(三二葉)	1	512	259
諸儀式下行方一会　享保～安永(一二一葉)	1	512	260
諸受取手形雑雑　延享～慶応(八五葉)	1	512	261
中御門天皇御元服一会　宝永	2	512	262
光格天皇御元服殿庭之図　安永度	1	512	263
東宮御元服一会　貞享四～天保一五	3	512	264
光格天皇御元服絵図　安永度	1	512	265
東宮御元服絵図并式書　昭仁・恵仁・統仁親王	4	512	266
御即位記並絵図　(西礼即位清涼殿紫宸殿図、御手水次第、御即位御装束絵様(文安御即位調度図))	3	512	267
立太子立后一会　慶長一六、天和三　(八九葉)	1	512	268
立坊一会　享保一三、延享四、明和五、年不詳　昭仁・遐仁・英仁三親王　(一九五葉)	1	512	269
慶仁・英仁・統仁三親王立太子之事并図　宝永五、明和五、天保一一　(二〇葉)	1	512	270
立后一会　寛永～明治　(二三三葉)	1	512	271
欣子内親王立后一会並絵図　安永一〇、寛政六　(一〇九葉)	1	512	272
九条輔実近衛内前摂政宣下一会　正徳、宝暦(三五葉)	1	512	273
復辟宣下一会　元禄～寛政(九四葉)	1	512	274
太政大臣并任大臣宣下一会　享保～天保(有欠)(二四六葉)	1	512	275
氏長者宣下一会　天和～慶応　(二八葉)	1	512	276
内覧宣下一会　天和～文久(一〇五葉)	1	512	277
関白宣下一会　天和～文久　(四九二葉)	5	512	278
朔旦冬至旬部類古文書　正治～元禄　年不詳	5	512	279
朔旦冬至旬部類　文禄二～天明六(有欠)　(一五三葉)	2	512	280
年中規式　寛政～嘉永	2	512	281
県召除目外記筥文並任符旧草　魚魯愚鈔抜書	1	512	282
改元一会　万治～慶応(有欠)	17	512	283
革令改元一会　延宝、天和、貞享、元禄、宝永、宝暦、寛政、慶応	32	512	284
改元年号並革令之事　万延、文久、元治(四三葉)	1	512	285
文久度革命改元一会(九一葉)　附元治度革令改元一会	1	512	286
文久度革命改元之事　国解、条事、宣旨	1	512	287
女御維子富子勝子御入内一会　元和、寛文、宝暦、安永(一九葉)	1	512	288
女御和子御入内中和門院御幸並後水尾上皇御移徙供奉等一会	8	512	289
女御入内并中宮御降誕　貞観、寛平、延長、承平、天慶、寛永、寛文、宝永、年不詳	5	512	290
准三宮宣下一会　宝永～寛延(一五葉)	1	512	291
准后宣下古文書　長暦～寛延、年不詳(五巻三七葉)	1	512	292
准后宣下一会　慶長～寛政(一五〇葉)	2	512	293
准后宣下一会　文化～慶応、年不詳(三三二葉)	3	512	294
淑子親子両女王内親王宣下一会　天保、文久(三九葉)	1	512	295
門院号宣下一会　慶長～寛延　(三六葉)	1	512	296
准后門院号并勅筆御名字牛車宣下等古文書　万寿～寛永、年不詳	4	512	297

備　考	典籍解題	家別	分類	紀要	頁
原本		壬生本	108	和漢	241
原本		壬生本	108	和漢	238
原本		壬生本	108	和漢	238
原本写本		壬生本	108	和漢	248
原本		壬生本	108	和漢	190
原本		壬生本	108	和漢	230
原本写本		壬生本	108	和漢	243
原本写本		壬生本	516	和漢	1310
原本写本		壬生本	516	和漢	1345
原本写本		壬生本	515	和漢	1242
原本写本		壬生本	515	和漢	1234
原本写本		壬生本	515	和漢	1250
原本写本		壬生本	515	和漢	1231
原本		壬生本	515	和漢	1240
原本写本		壬生本	516	和漢	1317
原本		壬生本	515	和漢	1235
原本		壬生本	515	和漢	1238
原本		壬生本	516	和漢	1279
原本		壬生本	516	和漢	1269
原本		壬生本	516	和漢	1307
原本		壬生本	516	和漢	1269
原本		壬生本	516	和漢	1312
原本		壬生本	516	和漢	1327
写		壬生本	516	和漢	1340
原本		壬生本	517	和漢	1404
原本		壬生本	516	和漢	1277
写		壬生本	514	和漢	1222
原本		壬生本	516	和漢	1310
原本		壬生本	516	和漢	1305
承応２～慶応元年写		壬生本	517	和漢	1406
原本		壬生本	517	和漢	1405
原本		壬生本	517	和漢	1406
原本		壬生本	517	和漢	1405
原本		壬生本	516	和漢	1301
原本		壬生本	516	和漢	1316
原本		壬生本	516	和漢	1308
原本		壬生本	516	和漢	1308
原本		壬生本	127	和漢	352
原本写本		壬生本	516	和漢	1309
原本写本		壬生本	108	和漢	222
原本写本		壬生本	515	和漢	1242
原本写本		壬生本	516	和漢	1309
原本写本		壬生本	516	和漢	1309
原本写本		壬生本	516	和漢	1309
原本写本		壬生本	108	和漢	222

書　名	員	函	号
新嘗祭豊明節会一会　文化、文政、天保　（三三八葉）	2	512	207
新嘗祭御下行幷分配帳　元文～文化　附文化以来残米帳	60	512	208
新嘗祭御下行幷分配帳　文化～慶応　附文化以来残米帳	107	512	209
例幣一会　文化、文政、天保　（二九〇葉）	2	512	210
伊勢例幣御下行帳　慶安～慶応	121	512	211
東照宮例幣一会　文化、文政、天保　（二四三葉）	2	512	212
日光山東照宮奉幣発遣　寛永～慶応	11	512	213
諸所行幸文書一会　永延～正保(有欠)	6	512	214
明正後光明両天皇行幸御下行一会　寛永一二、慶安四　（五〇葉）	1	512	215
四方拝一会　文化、文政、天保(六一葉)	1	512	216
元日節会幷小朝拝一会　文化～天保　（一一五葉）	1	512	217
踏歌節会一会　文化～天保(一四一葉)	1	512	218
白馬節会一会　宝永、享保、文化、文政、天保(一六五葉)	1	512	219
三節会下行幷配分帳　寛永～明治	116	512	220
尊号転昇贈后院号門号等下行帳　慶長～天保(有欠)	5	512	222
元日平座下行帳　元文三、寛延四、宝暦一三、弘化四	4	512	223
小除目下行帳　寛保～文政	10	512	224
吉書御覧陣儀下行帳　元文、寛保、延享、宝暦、明和	6	512	225
改暦宣下下行帳　宝暦、寛政、天保	3	512	226
条事定幷改元下行帳　正保～明治	21	512	227
改元詔書覆奏下行帳　寛保～明治　草・清書	17	512	228
新鋳銭宣下陣儀御下行帳　文久三	1	512	229
天台座主宣下下行帳　明暦元～文久二　輪門、青蓮院、梶井宮　附尊敬法親王一品宣下下行帳(慶安二)	13	512	230
復辟御下行配分帳　宝暦五	1	512	231
徳川家斉太政大臣宣下下行帳　明和五、文政一〇	3	512	232
関白宣下下行帳　宝永～文久	8	512	233
叙品並禁色宣下一会　文化、文政(五六葉)	1	512	234
叙品叙位禁色雑袍幷随身兵仗宣下下行帳　享保～文化(有欠)	5	512	235
准后宣下下行帳　享保～文政(有欠)	6	512	236
徳川任転幷叙位下行帳　承応二～慶応元	11	512	237
徳川凶事下行帳　慶安～慶応	16	512	238
徳川御台所叙位下行帳　元禄一五、宝暦一〇、天保一三	3	512	239
徳川家将軍宣下転任幷叙位下行帳　慶安～天保	6	512	240
後水尾光格両天皇諒闇一件御下行帳　延宝、天保、弘化	7	512	241
送葬幷中陰法会下行帳　延宝、享保、弘化、慶応	7	512	242
承秋門院御凶事遺令奏以下諸儀下行帳　享保五	2	512	243
承秋門院御凶事錫紵脱御心喪終下行一会　享保五　（一六葉）	1	512	244
懺法講下行帳　天保、弘化、嘉永、安政、文久	5	512	245
諸官拝賀下行一会　明応～元治(一一九葉)　叙位、摂政関白、将軍相国、任大臣、親王宣下	1	512	246
諸下行一会　明応～寛政　諸社遷宮幷奉幣内侍所遷宮幷御神楽　（一二四葉）	1	512	247
四方拝三節会平座等諸下行一会　天正～寛政(一五五葉)	1	512	248
諸儀式下行一会　天正～寛政(一六六葉)　春日祭、条事定改元定、小朝拝、大祓、法会、門号定、朔旦冬至、放生会、小除目小叙位、大嘗会、大殿祭、改暦	1	512	249
諸儀式下行一会　天正～宝暦(一一九葉)　行幸、拝賀着陣、女院御所御移徙以下、内裏御造営、遺詔奏陣儀並調進物、宇佐使、詔書覆奏陣儀等、天台座主宣下、諒闇終日時定以下部類	1	512	250
諸儀式下行一会　天文～文政(一一三葉)　武家若公叙爵任官宣下、准后宣下、譲位即位、武家贈位、立坊、東宮御元服、立后	1	512	251
諸下行一会　元和～寛政、年不詳　日光神忌参向、日光例幣、伊勢例幣　（一九七葉）	1	512	252

備　考	典籍解題	家別	分類	紀要	頁
写		壬生本	106	和漢	164
原本		壬生本	108	和漢	200
原本		壬生本	108	和漢	214
写		壬生本	106	和漢	179
原本		壬生本	106	和漢	174
原本		壬生本	106	和漢	180
江戸写		壬生本	106	和漢	164
江戸写		壬生本	514	和漢	1214
原本写本		壬生本	106	和漢	172
原本		壬生本	106	和漢	165
原本		壬生本	108	和漢	233
原本		壬生本	108	和漢	233
原本		壬生本	108	和漢	233
原本		壬生本	108	和漢	232
原本		壬生本	108	和漢	233
原本写本		壬生本	516	和漢	1313
原本		壬生本	516	和漢	1274
原本		壬生本	108	和漢	233
原本写本		壬生本	516	和漢	1316
原本写本		壬生本	108	和漢	233
安政写		壬生本	774	和漢	1474
安政２年写		壬生本	515	和漢	1249
原本		壬生本	108	和漢	187
原本		壬生本	108	和漢	189
写		壬生本	108	和漢	187
原本		壬生本	108	和漢	188
原本		壬生本	108	和漢	187
写		壬生本	108	和漢	187
原本写本		壬生本	108	和漢	221
江戸写		壬生本	108	和漢	226
原本		壬生本	107	和漢	183
原本		壬生本	108	和漢	224
原本写本		壬生本	107	和漢	184
原本		壬生本	107	和漢	181
原本		壬生本	108	和漢	193
原本		壬生本	108	和漢	193
原本		壬生本	108	和漢	196
原本写本		壬生本	106	和漢	171
原本写本		壬生本	106	和漢	172
原本写本　『図書寮叢刊』壬生家文書９	歴史 p172	壬生本	106	和漢	162
原本　『図書寮叢刊』壬生家文書９	歴史 p156	壬生本	108	和漢	221
原本写本　目録は29点、現在は２冊に製本『図書寮叢刊』壬生家文書９		壬生本	106	和漢	170
原本写本		壬生本	108	和漢	224
原本		壬生本	516	和漢	1342
原本		壬生本	108	和漢	216
原本		壬生本	108	和漢	214
原本写本		壬生本	108	和漢	239

書　名	員	函	号
宇佐使御神宝調進色目寸法　文化元	4	512	160
宇佐使発遣一会　元治元　(一〇四葉)	1	512	161
祇園社臨時祭一会　慶応　(五四葉)	1	512	162
水無瀬宮神号宣下　明応三(三葉)	1	512	163
多田権現神階宣下　元禄九	38	512	164
六孫王権現神階宣下壺井権現神階宣下　元禄一四	2	512	165
奥州諏訪大明神神階之事　元禄一五	1	512	166
柿本社神階官符幷宣命位記　享保八　(二葉)	1	512	167
神護寺神号宣下一会　嘉永四	45	512	168
春日社神鏡破御之事　文久二	13	512	169
内侍所御遷宮一会幷仮殿本殿御遷座　享保一八　(八四葉)	1	512	170
内侍所御造営幷仮殿本殿渡御　宝暦五　(八六葉)	1	512	171
内侍所造営遷宮文書　安永三　仮殿本殿　(一二六葉)	1	512	172
内侍所仮殿造営渡御幷御神楽　天明八、文化七、嘉永七　(一一三葉)	1	512	173
内侍所仮殿本殿渡御幷御神楽　文化、文政、天保、慶応　(二三七葉)	1	512	174
新造内裏遷幸一会　寛政二(三四一葉)　附新調々進物書付駕輿丁書	1	512	175
仮皇居幷新調御道具調進物御下行一会　嘉永七　内裏炎上	2	512	176
内侍所仮殿本殿渡御幷御神楽一会　嘉永四　(八四葉)	1	512	177
造内裏遷幸内侍所渡御一会　安政二(三四九葉)	2	512	178
内侍所御拝幷御神楽　文化、文政、天保　(一〇七葉)	1	512	179
安政二年遷幸新造内裏図類(一四葉)	1	512	180
内裏炎上仮皇居恒例公事敷設之図　安政二　桂殿(八葉)	1	512	181
伊勢公卿勅使一会　享和元(二七葉)	1	512	182
伊勢両宮公卿勅使一会　元文、文政、安政　(五八葉)	1	512	183
伊勢公卿勅使神宝御覧之図幷東庭下御図　安政五(一一葉)	1	512	184
伊勢公卿勅使幷伊勢賀茂石清水等三社奉幣一会　安政、文久、元治　(一〇五葉)	1	512	185
伊勢公卿勅使一会　安政五、文久元(二二四葉)	2	512	186
伊勢公卿勅使神宝御覧之図其他　文久元(一六葉)	1	512	187
七社奉幣一会　延享、明和、文化、元治　(一八七葉)	2	512	188
造宮使之事　永正、寛正　(七葉)	1	512	189
祭主職之事　応仁～天保(九七葉)	2	512	190
神宮奏事始之事　弘治～慶長	10	512	191
奏事始以下荒木田度会叙爵幷加級之事　応仁～寛永	79	512	192
荒木田度会叙爵文書　永正、慶長、元和、寛永其他	10	512	193
石清水放生会一会　文化、文政、天保、年不詳　(一八〇葉)	1	512	194
石清水放生会下行幷分配帳　天和三～宝暦　(四七一葉)	3	512	195
石清水放生会宣命奏聞陣儀御下行帳　明和、安永、享和、文化、天保、弘化、安政、万延、文久、慶応	63	512	196
神宮下知状　安永	1	512	197
神宮消息一会　天明～慶応	7	512	198
伊勢斎宮古文書　元永、嘉禎、寛元、永仁、建武	3	512	199
四角四境鬼気祭文書　安元、建久、正和、観応　　小槻季連	1	512	200
諸社勘例古文書　天暦五～寛文八　(裏)梵恕記(永正五)	2	512	201
神宮御祈部類　寛元～文政、年不詳	19	512	202
文政度大嘗会一会(三三葉)　附嘉永度大嘗会一会	1	512	203
祈年祭一会　明治二　(一七葉)	1	512	204
神嘗祭一会　慶応元　(一二葉)	1	512	205
新嘗祭御再興一会　元文、寛政、文化　(三二五葉)	1	512	206

備　考	典籍解題	家別	分類	紀要	頁
原本		壬生本	107	和漢	183
原本		壬生本	107	和漢	183
原本		壬生本	107	和漢	183
原本		壬生本	107	和漢	181
原本写本		壬生本	107	和漢	183
写		壬生本	107	和漢	181
原本写本		壬生本	108	和漢	189
写		壬生本	516	和漢	1275
原本写本		壬生本	108	和漢	248
原本写本		壬生本	108	和漢	248
原本写本		壬生本	108	和漢	248
原本写本		壬生本	108	和漢	248
原本写本		壬生本	108	和漢	248
原本写本		壬生本	108	和漢	248
原本写本		壬生本	108	和漢	232
原本		壬生本	108	和漢	232
原本		壬生本	108	和漢	228
原本		壬生本	108	和漢	186
原本		壬生本	108	和漢	208
原本		壬生本	108	和漢	206
原本		壬生本	108	和漢	246
原本		壬生本	108	和漢	185
原本		壬生本	108	和漢	231
原本		壬生本	108	和漢	201
江戸写		壬生本	108	和漢	217
原本写本		壬生本	108	和漢	193
原本		壬生本	108	和漢	192
原本		壬生本	108	和漢	201
原本写本		壬生本	108	和漢	244
原本		壬生本	108	和漢	225
原本写本		壬生本	108	和漢	201
原本写本		壬生本	108	和漢	247
江戸初写		壬生本	106	和漢	167
原本写本		壬生本	108	和漢	219
原本写本		壬生本	108	和漢	215
原本写本		壬生本	108	和漢	226
原本写本		壬生本	108	和漢	244
原本写本		壬生本	108	和漢	231
原本		壬生本	108	和漢	202
原本		壬生本	108	和漢	198
写		壬生本	108	和漢	198
原本写本		壬生本	108	和漢	212
原本		壬生本	108	和漢	211
原本		壬生本	108	和漢	247
原本		壬生本	108	和漢	201
原本		壬生本	108	和漢	201
原本		壬生本	108	和漢	245
原本写本		壬生本	108	和漢	215

書　名	員	函	号
社家諸大夫等任官宣旨　元禄	20	511	181
社家輪門諸大夫任官宣旨　宝永	5	511	182
諸司社家輪門諸大夫任官宣旨　延徳～元文	2	511	183
大中臣氏継嗣文書　明暦元	1	511	184
祠官補任文書　長暦四～寛文一二	8	511	185
改元ニ付祭主等解状　明暦元(六通)	1	511	186
伊勢神宮遷宮文書　長暦～寛文	5	511	187
菅家文章院款状並宣旨写　延享～慶応	129	511	188
両宮造替正遷宮一社奉幣一会幷東庭下御　文化、文政、嘉永、明治　(七八葉)	1	512	118
両宮造替木作始日時幷正遷宮日時定等　享和、文化、文政、天保　(一四四葉)	2	512	119
両宮造替木作始日時幷正遷宮日時定等　嘉永、文久、明治　(一〇三葉)	2	512	120
両宮造替山口祭一会幷造宮使任符官符　享和、文政、天保、文久　(九四葉)	1	512	121
両宮別宮造替日時定　文化、文政、嘉永、慶応　(一三九葉)	2	512	122
両宮別宮正遷宮　文化、文政、嘉永、明治　(一二四葉)	2	512	123
内宮臨時造営遷宮文書　天和二年回禄後　(八巻)	1	512	124
内宮臨時造営遷宮　万治元年回禄後　(四五葉)	3	512	125
月読宮臨時造営遷宮一会　寛文十年回禄後	3	512	126
荒祭宮臨時造営遷宮一会　文政一三回録後(一一葉)	1	512	127
加茂下上社幷末社遷宮部類　安永、享和、天保、文久、元治　(七五〇葉)	6	512	128
春日社幷末社造替遷宮部類　延享～文久　(五七八葉)	5	512	129
松尾神社仮殿遷宮幷本殿正遷宮一会　附社頭其外図	2	512	130
熱田神宮仮殿遷宮消息宣下一会　慶応二(二二葉)	1	512	131
多武峰社遷宮一会　慶長一九	1	512	132
越前国敦賀気比大明神正遷宮一会　慶長一九	11	512	133
熊野新宮遷宮之事　建保三　附諸社遷宮日時次第	1	512	134
石清水八幡宮平野神社正遷宮一会　元禄一四、文化一二　(二九葉)	1	512	135
稲荷神社正遷宮一会　元禄七、文政五　(四二葉)	1	512	136
大原野神社正遷宮一会　慶応元　(一一葉)	1	512	137
日吉社正遷宮一会　保元、養和、文保、貞治、寛文、貞享、享保　(三四葉)	1	512	140
新日吉社正遷宮一会　元治元　(一四葉)	1	512	141
梅宮神社正遷宮其他　応安、元亀、寛永、元禄、安永、天明　(四二葉)	1	512	142
吉田神社正遷宮一会　文化一二、弘化四、嘉永元、安政二　(九一葉)	1	512	143
祇園社造替一会　建武二	6	512	144
御霊社正遷宮一会　寛政三～安政二　(九六葉)	1	512	145
北野社正遷宮一会　文安元～嘉永五	4	512	146
摂州西成郡天満宮正遷宮一会　天明六、文政二、弘化二　(三一葉)	1	512	147
藤森社正遷宮一会　安永三、文政二、安政六　(三六葉)	1	512	148
豊国大明神遷宮幷御神楽　慶長四、九　(一七葉)	1	512	149
春日祭一会　文化、天保、安政、元治、慶応、明治、年不詳　(五〇四葉)	14	512	150
石清水臨時祭　御再興来　文化、文政、安政、年不詳　(一八六葉)	1	512	151
石清水臨時祭絵図　文化一〇　(九葉)	1	512	152
賀茂臨時祭一会幷図　文化一一御再興来　(一四七葉)	2	512	153
加茂臨時祭一会　(賀茂臨時祭一会)　文化、文政、天保、嘉永、明治　(二四六葉)	1	512	154
吉田祭一会　慶応元御再興来　(二〇葉)	1	512	155
大原野祭一会　慶応元年御再興来　明治二　(六七葉)	1	512	156
大原野祭絵図　慶応元、二　(三葉)	1	512	157
松尾祭一会　慶応二　(三三葉)	1	512	158
北野臨時祭一会　元治元御再興　(九八葉)	2	512	159

備　考	典籍解題	家別	分類	紀要	頁
江戸初写		壬生本	416	和漢	1017
室町～江戸写	歴史 p144	壬生本	516	和漢	1269
写		壬生本	516	和漢	1345
江戸写　『図書寮叢刊』壬生家文書 7		壬生本	516	和漢	1268
原本　『図書寮叢刊』壬生家文書 7		壬生本	516	和漢	1264
江戸初写		壬生本	516	和漢	1306
江戸写		壬生本	516	和漢	1269
江戸初写		壬生本	416	和漢	985
江戸写		壬生本	516	和漢	1341
室町～江戸写		壬生本	516	和漢	1269
原本		壬生本	516	和漢	1343
原本写本		壬生本	516	和漢	1284
原本写本		壬生本	516	和漢	1328
原本写本		壬生本	516	和漢	1280
原本写本		壬生本	516	和漢	1264
原本写本		壬生本	516	和漢	1277
原本写本		壬生本	516	和漢	1260
原本写本		壬生本	516	和漢	1276
原本写本		壬生本	516	和漢	1345
原本写本		壬生本	516	和漢	1305
原本写本		壬生本	516	和漢	1286
元和10年写		壬生本	516	和漢	1274
原本写本		壬生本	516	和漢	1308
原本		壬生本	516	和漢	1343
原本		壬生本	516	和漢	1343
原本		壬生本	516	和漢	1341
原本		壬生本	416	和漢	1016
写		壬生本	516	和漢	1343
原本		壬生本	514	和漢	1221
原本写本		壬生本	123	和漢	270
元禄元年写		壬生本	516	和漢	1288
元亀元年写		壬生本	516	和漢	1285
原本		壬生本	516	和漢	1264
江戸写		壬生本	516	和漢	1314
江戸初写		壬生本	516	和漢	1307
江戸写		壬生本	516	和漢	1268
元禄17年写		壬生本	516	和漢	1343
明和 9 年写		壬生本	514	和漢	1229
江戸写		壬生本	516	和漢	1269
江戸初写		壬生本	106	和漢	165

書　名	員	函	号
保延改元国解続文	1	511	119
改元詔書　長享、延徳、明応、大永、享禄、天正、元和	1	511	120
明暦改元一会	1	511	121
改元国解続文　文応、大永	1	511	122
永正改元国解続文並蔵人方吉書案	1	511	123
正応改元条事定定文	1	511	124
改暦条事定定文　宝暦四	1	511	125
加賀国司解状　寛永六　興子内親王宣下吉書	1	511	126
文亀度改元辛酉暦道勘文	1	511	129
改元文書雑雑	1	511	130
宝暦改元一会	9	511	131
慶安改元文書　１条事定並改元定次第、２国解続文並条事定定文、３官蔵人方吉書、４赦宣旨、５諸書付	5	511	132
天明改元一会　条事定並改元定次第、勘者宣下等次第、改元定並詔書覆奏沙汰文、国解解文、条事定定文、官蔵人方吉書、散状並交名	7	511	133
享保改元一会　仗議催沙汰文、国解続文、条事定宣旨、条事定定文、赦宣旨	5	511	134
延享改元一会　甲子革令当否勘文、国解続文、条事定定文、条事定宣旨、吉書並書付、交名其他書付雑々	6	511	135
寛保改元一会　辛酉革命勘文並添状、辛酉仗議沙汰状、辛酉仗議並改元定次第、国解続文、条事定定文、条事定宣旨、赦宣旨、官蔵人方吉書、散状交名並諸書付	9	511	136
安永度改元一会　改元定沙汰文、条事定次第並改元定次第、国解続文、条事定定文、条事定宣旨、詔書覆奏沙汰文、詔書写、詔書覆奏次第並散状、官蔵人方吉書、赦官符並草案、散状並諸書付	11	511	138
寛政改元一会　改元定催沙汰文、条事定弁改元定次第、奏聞年号弁国解次第、奏聞国解弁定文次第、改元詔書写、改元詔書覆奏次第、改元詔書施行官符、条事定宣旨、条事定定文、赦宣旨、交名、改元国解続文	12	511	140
明和改元一会　１改元定催沙汰文、２条事定宣旨、３条事定次第、４国解続文、５条事定定文、６官蔵人方吉書、７詔書覆奏沙汰文並交名、８奏聞次第並交名、９明和改元国解並続文	9	511	141
承応改元一会	13	511	142
元和改元一会　１条事定次第、２条事定次第、３国解続文、４書付雑々	4	511	143
寛永改元一会　甲子革令当否宣旨、甲子革令勘者宣旨、仗議沙汰状、甲子革令勘文並副状、国解続文、改元定次第、改元定禁中御用米之事、年号勘文、蔵人方吉書、赦宣旨、諸書付	11	511	144
正保改元一会	12	511	145
宝永改元一会	5	511	147
宝暦改元一会	7	511	151
文亀度改元一会	6	511	153
布施下野守貞豊書状　寛正四　官務宛	1	511	159
万治度改元一会	2	511	161
職人宣下文書　慶安二～延享元	13	511	162
法橋宗悦宗和法眼叙位口宣案　慶安四	1	511	164
元禄改元年号勘者口宣案並宣旨写	1	511	165
元亀年号勘者口宣並宣旨案	1	511	168
永正甲子改元触状並口宣宣旨案	1	511	170
辛酉改元外記勘例	1	511	172
条事定次第	1	511	174
改元定陣儀御下行請状留　寛永、年不詳	1	511	175
宝永改元年号勘者宣旨写　元禄一七	1	511	177
広教図書権助転任宣旨　明和九	1	511	178
改名宣下款状	1	511	179
改元之時神社位階昇進之例	1	511	180

備　考	典籍解題	家別	分類	紀要	頁
室町写		壬生本	516	和漢	1258
慶長10年写		壬生本	514	和漢	1218
文明写		壬生本	516	和漢	1258
天正19年写		壬生本	514	和漢	1226
原本		壬生本	514	和漢	1224
原本		壬生本	516	和漢	1338
慶長13年写		壬生本	514	和漢	1216
正保４年写		壬生本	514	和漢	1217
原本写本	歴史 p147	壬生本	514	和漢	1213
原本写本		壬生本	516	和漢	1261
寛永12年写		壬生本	514	和漢	1227
慶安４年写		壬生本	514	和漢	1218
元和９年写		壬生本	514	和漢	1218
元和５年写		壬生本	514	和漢	1216
原本写本　27冊８巻　『図書寮叢刊』壬生家文書８～９	歴史 p157p172	壬生本	106	和漢	178
原本写本		壬生本	516	和漢	1281
原本		壬生本	516	和漢	1341
原本		壬生本	516	和漢	1342
原本写本		壬生本・外記局本	516	和漢	1260
原本写本		壬生本	516	和漢	1343
原本写本		壬生本	516	和漢	1264
原本	歴史 p144	壬生本	516	和漢	1344
原本写本		壬生本	107	和漢	185
原本写本		壬生本	515	和漢	1251
原本写本　１巻５冊　内２冊翻刻『神道大系』文学編神道和歌		壬生本	516	和漢	1271
原本　内２冊翻刻『神道大系』文学編神道和歌		壬生本	516	和漢	1342
江戸初写		壬生本	516	和漢	1267
原本写本		壬生本	516	和漢	1268

書　名	員	函	号
足利義政右大将辞任次第　寛正二	1	511	79
近衛信尹公関白宣下一会　慶長一〇	1	511	80
足利義尚右馬寮御監宣下沙汰文　文明一八	1	511	81
豊臣秀次公関白宣下一会　天正一九	1	511	82
鷹司信尚公関白宣下一会　慶長一七	1	511	83
一橋治済贈太政大臣宣下一会　文政一二	1	511	84
九条忠栄幸家公関白宣下一会　慶長一三	1	511	85
九条道房公摂政宣下一会　正保四	1	511	86
足利義満以下将軍宣下文書　応安二～永禄一一	1	511	87
一条昭良兼遐公摂政再任宣下一会　正保四	1	511	88
二条康道公摂政宣下一会　寛永一二	1	511	89
近衛尚嗣公関白宣下一会　慶安四	1	511	90
近衛信尋公関白宣下一会　元和九	1	511	91
九条忠栄幸家公関白再任宣下一会　元和五	1	511	92
八幡宮関係文書　1～15石清水八幡宮遷宮文書(貞観一八、弘安一〇、慶長一一、永正六、大永五、天正八、元和五、寛永八、一一、慶安四、寛文五、六、元禄四、六、延享元、二、安永七、文化元、九、安政五、六)、16～20石清水八幡宮放生会文書(延宝七～九、天和二、三、貞享元、二、四、元禄二、年不詳)、21石清水八幡宮放生会図、22宇佐八幡宮諸古文書(天暦四～延徳四、年不詳)、23宇佐八幡宮太政官符(治承四～貞和三)、24宇佐八幡宮宣旨(建久四～元亨二)、25宇佐八幡宮注進状案(文永一一)、26宇佐八幡宮炎上次第(延慶二)、27太宰府八幡宮解文(建暦二、三)、28太宰府八幡宮諸古文書(文治二～元亨元)、29大隅国八幡宮諸古文書、30讃岐国石清尾八幡宮古文書(文安、寛永)、31対馬八幡宮古文書、32八幡宮古文書雑、33八幡宮古文書散片、34八幡宮諸古文書(国所不明)、35大隅国正八幡宮大神宝用途事備前次郎宗長状	35	511	97
享和度改元文書　享和改元革命勘文・享和改元条事定沙汰文・享和改元条事定次第・享和改元定沙汰文・享和改元定等次第・享和改元詔書写・享和改元散状交名・享和改元赦官符等・享和改元摂津守申請雑事・享和改元官吉書・享和改元蔵人方吉書	11	511	101
文化度改元文書　革令勘文、革令改元定沙汰文、改元散状並書付、改元詔書写、革令改元仗議改元定並詔書覆奏次第、改元官方吉書、改元蔵人方吉書、改元赦官符	8	511	102
文政度改元文書	20	511	103
安政改元文書　1安政改元定催沙汰文(官留)、2安政改元定催沙汰文(外記局)、3安政改元勘者宣下沙汰文並請文、4安政改元勘者宣下次第(官留)、5安政改元勘者宣下次第(外記局)、6安政改元日時定、7安政改元条事定宣旨、8安政改元条事定定文、9安政条事定並改元定次第(官留)、10安政条事定並改元定次第(外記局)、11安政条事定並改元定陣儀下行帳(外記局)、12安政条事定並改元定陣儀下行配分帳(外記局)、13安政国解並年号勘文奏聞次第(官留)、14安政国解並年号勘文奏聞次第(外記局)、15安政改元定奏聞次第(官留)、16安政改元定文奏聞次第(外記局)、17安政年号勘文進文、18安政改元国解続文、19安政改元国解続文勘例(訓点付)、20安政改元条事定国解続文並宣旨伺草、21安政改元詔書並覆奏、22安政改元詔書施行官符、23安政改元条事定国解並定文宣旨写、24安政改元詔書覆奏次第、25安政改元詔書覆奏次第、26安政改元詔書覆奏下行帳、27安政改元詔書覆奏下行配分帳、28安政改元官方吉書、29安政改元蔵人方吉書、30安政改元散状交名、31安政改元着座次第、32安政改元庭燎之図、33安政改元御下行米請取状、34安政改元雑々書付	34	511	105
万延改元文書	25	511	106
永享度大嘗会関係文書　国郡卜定、検校定文(立籤)、検校定文、悠紀主基行事定文(立籤)、悠紀主基行事定文、由奉幣定文、由奉幣定文(立籤)、奉幣諸社使定文並歴名帳写	8	511	108
明治改元文書	4	511	109
両宮禰宜職事文書	1	511	112
東照宮例幣一会　寛文二～一二(有欠)	1	511	113
嘉永度大嘗会関係文書　大嘗会式、御禊日時勘文、悠紀主基風俗和歌、悠紀主基屛風和歌、悠紀主基屛風勘文、悠紀主基勘文	6	511	115
文政度大嘗会関係文書	4	511	116
改元書付雑雑	1	511	117
改元吉書並諸書付　弘治、元亀、寛政、年不詳	1	511	118

備　考	典籍解題	家別	分類	紀要	頁
全70点の内		壬生本	516	和漢	1318
全70点の内		壬生本	516	和漢	1318
全70点の内		壬生本	516	和漢	1318
全70点の内		壬生本	516	和漢	1318
全70点の内		壬生本	516	和漢	1318
全70点の内		壬生本	516	和漢	1318
全70点の内		壬生本	516	和漢	1318
全70点の内		壬生本	516	和漢	1318
全70点の内		壬生本	516	和漢	1318
全70点の内		壬生本	516	和漢	1318
全70点の内		壬生本	516	和漢	1318
全70点の内		壬生本	516	和漢	1318
全70点の内		壬生本	516	和漢	1318
全70点の内		壬生本	516	和漢	1318
全70点の内		壬生本	516	和漢	1318
全70点の内		壬生本	516	和漢	1318
全70点の内		壬生本	516	和漢	1318
全70点の内		壬生本	516	和漢	1318
全70点の内		壬生本	516	和漢	1318
全70点の内		壬生本	516	和漢	1318
全70点の内		壬生本	516	和漢	1318
全70点の内		壬生本	516	和漢	1318
全70点の内		壬生本	516	和漢	1318
全70点の内		壬生本	516	和漢	1318
全70点の内		壬生本	516	和漢	1318
全70点の内		壬生本	516	和漢	1318
全70点の内		壬生本	516	和漢	1318
全70点の内		壬生本	516	和漢	1318
暦応3年写		壬生本	514	和漢	1227
慶長18年写		壬生本	516	和漢	1322
明治写		壬生本	520	和漢	1435
原本		壬生本	516	和漢	1338
正保5年写		壬生本	514	和漢	1218
原本		壬生本	108	和漢	238
原本写本		壬生本	516	和漢	1264
原本		壬生本	516	和漢	1338
原本写本		壬生本	516	和漢	1262
江戸写		壬生本	415	和漢	878
江戸写		壬生本	514	和漢	1227
原本写本		壬生本	514	和漢	1216
天正13年写		壬生本	514	和漢	1226
原本		壬生本	514	和漢	1227
天正13年写		壬生本	514	和漢	1227
至徳4年写		壬生本	514	和漢	1218
原本		壬生本	514	和漢	1213
原本写本		壬生本	514	和漢	1224

書　名	員	函	号
大嘗会関係文書　22大奉幣之事		511	50
大嘗会関係文書　23大嘗会由奉幣次第並神祇官代儀　三種		511	50
大嘗会関係文書　24即位由奉幣発遣次第		511	50
大嘗会関係文書　25大嘗会由奉幣次第		511	50
大嘗会関係文書　26大嘗会三社由奉幣次第　二種		511	50
大嘗会関係文書　27国郡卜定並三社奉幣之事		511	50
大嘗会関係文書　28大嘗会御調度御覧之儀		511	50
大嘗会関係文書　29大嘗会礼服御覧次第		511	50
大嘗会関係文書　30荒見河祓並斎場所点地次第		511	50
大嘗会関係文書　31御禊次第　四種		511	50
大嘗会関係文書　32御禊前後陣供奉人　応永二二　二種		511	50
大嘗会関係文書　33大嘗会新儀式		511	50
大嘗会関係文書　34卯日辰巳日豊明節会諸次第　二種		511	50
大嘗会関係文書　35卯日次第　四種		511	50
大嘗会関係文書　36大嘗会供昼御膳次第		511	50
大嘗会関係文書　37大嘗会昼御座陪膳次第		511	50
大嘗会関係文書　38大嘗会供饌次第		511	50
大嘗会関係文書　39卯日小忌卜定写		511	50
大嘗会関係文書　40小斎卜定日時勘文		511	50
大嘗会関係文書　41大嘗会御湯殿奉仕之事		511	50
大嘗会関係文書　42豊明節会次第		511	50
大嘗会関係文書　43辰日豊明節会次第		511	50
大嘗会関係文書　44辰巳午日節会次第		511	50
大嘗会関係文書　45大嘗会詠進和歌之事		511	50
大嘗会関係文書　46催馬楽簑山並今様蓬莱山		511	50
大嘗会関係文書　47大嘗会双調曲　承和		511	50
大嘗会関係文書　48大嘗会神斎事		511	50
大嘗会関係文書　49大嘗会叙位御直廬儀事　延慶二		511	50
大嘗会関係文書　50叙位大内記要略次第		511	50
大嘗会関係文書　51大嘗会雑々		511	50
大嘗会関係文書　52五位已上歴名帳　二種		511	50
中院通冬元源氏長者並奨学院別当宣旨　暦応三	1	511	55
鷹司教平元服次第　慶長一八	1	511	57
明治度大嘗会国郡卜定次第	1	511	58
一橋治済贈内大臣宣下一会　文政一一	1	511	59
近衛忠通公准摂政宣旨案写　大治四	1	511	60
新嘗祭勘例　　近衛内前等	1	511	61
延享度大嘗会雑事	1	511	62
一橋治済准大臣宣下一会　文政八	1	511	64
一条兼遐昭良公関白宣下一会　寛永六	1	511	65
一条兼良任大臣之事　永享四　薩戒記抜書	1	511	66
二条尚基関白氏長者宣旨　明応六	1	511	68
九条兼孝公関白宣旨案等　慶長五	1	511	69
豊臣秀吉公関白宣下一会　天正一三	1	511	70
中原康顕叙位任官口宣案　文明六	1	511	71
二条昭実公関白宣旨　天正一三	1	511	73
近衛兼嗣公摂政宣下案　至徳四	1	511	75
足利義昭昇叙宣下沙汰文　永禄一二	1	511	76
鷹司信房公関白宣下一会　慶長一一	1	511	78

備考	典籍解題	家別	分類	紀要	頁
慶安4年写		壬生本	108	和漢	230
江戸中写		壬生本	516	和漢	1347
写		壬生本	516	和漢	1293
弘化3年写		壬生本	516	和漢	1312
万治4年写		壬生本	410	和漢	811
江戸写		壬生本	127	和漢	355
小槻忠利慶安2年写		壬生本	516	和漢	1317
室町〜江戸写		壬生本	516	和漢	1275
原本		壬生本	300	和漢	706
小槻以寧写		壬生本	325	和漢	758
江戸写　昭和14年図書録		壬生本	516	和漢	1332
原本		壬生本	127	和漢	358
小槻以寧等写		壬生本	516	和漢	1290
写		壬生本	108	和漢	212
文化2年写		壬生本	774	和漢	1475
宝暦3年写		壬生本	515	和漢	1252
慶応4年写		壬生本	516	和漢	1325
天保11年写		壬生本	774	和漢	1475
正応5年写		壬生本	516	和漢	1273
弘化3年写		壬生本	454	和漢	1129
明和5年写		壬生本	516	和漢	1338
写		壬生本	516	和漢	1350
安永写　1綴3枚　昭和14年図書録		壬生本	516	和漢	1290
文化14年写		壬生本	516	和漢	1335
万治4年写		壬生本	516	和漢	1296
平安〜江戸写　（特4を変更　和漢分類図書目録では p1187）　影印宮内庁書陵部本影印集成	文学 p239 続歴史 p038	壬生本	510	43	
原本写本		壬生本	516	和漢	1318
全70点の内		壬生本	516	和漢	1318
全70点の内		壬生本	516	和漢	1318
全70点の内		壬生本	516	和漢	1318
全70点の内		壬生本	516	和漢	1318
全70点の内		壬生本	516	和漢	1318
全70点の内		壬生本	516	和漢	1318
全70点の内		壬生本	516	和漢	1318
全70点の内		壬生本	516	和漢	1318
全70点の内		壬生本	516	和漢	1318
全70点の内		壬生本	516	和漢	1318
全70点の内		壬生本	516	和漢	1318
全70点の内		壬生本	516	和漢	1318
全70点の内		壬生本	516	和漢	1318
全70点の内		壬生本	516	和漢	1318
全70点の内		壬生本	516	和漢	1318
全70点の内		壬生本	516	和漢	1318
全70点の内		壬生本	516	和漢	1318
全70点の内		壬生本	516	和漢	1318
全70点の内		壬生本	516	和漢	1318
全70点の内		壬生本	516	和漢	1318

書　名	員	函	号
日光山東照宮臨時奉幣発遣陣儀下行帳　慶安元・七	1	508	175
慶仁親王立太子節会図　宝永五・二・一六	1	508	176
孝明天皇御践祚小御所図　弘化三	1	508	177
新清和院御凶事一会　弘化三・七	1	508	179
京都大火ニ付公家衆以下配分金留　万治四	1	508	181
日光山東照宮三十三、五十回忌参向門跡方路物並人馬目録　慶安元、寛文五	1	508	182
尊敬法親王一品宣下次第　慶安二	1	508	183
還幸御訪等之事　文明一一内裏炎上後	2	508	184
正倉院開封宝物目録　天保四、六	1	508	186
儛楽新鞋鞨袍考	1	508	187
中御門天皇御元服並調進物図　宝永八・正	2	508	188
仁和寺宮伝法灌頂参向一会　元治二・三・二七	1	508	189
光格天皇御凶事一会　天保一一	1	508	190
於桂殿仮皇居賀茂臨時祭御禊庭上敷設丈尺図　嘉永七	1	508	191
御学問所設計図　文化二建造	1	508	194
豊明節会図　宝暦三	1	508	195
中殿並御遊之図　慶応四	1	508	196
御学問所図	1	508	197
春日神木御入洛ニ因リ小朝拝並節会不被催例　弘安五、正応五	1	508	198
築地内外図　宝永	1	508	199
英仁親王立坊節会図　明和五	1	508	200
立后図	1	508	201
光格天皇御元服図類　安永一〇	4	508	203
仁孝天皇御即位図　文化一四	2	508	205
後西天皇仮皇居遷幸並内侍所渡御一会　万治四　近衛基熙第	4	508	206
西宮記　　源高明　附旧蔵目録及借進文書(小槻家)	19	510	8
大嘗会関係文書	70	511	50
大嘗会関係文書　01大嘗会式　三種		511	50
大嘗会関係文書　02即位之翌年大嘗会挙行例		511	50
大嘗会関係文書　03大嘗会儀式次第		511	50
大嘗会関係文書　04国郡卜定日時勘文　弘化五		511	50
大嘗会関係文書　05国郡卜定月例　寛平～文正		511	50
大嘗会関係文書　06国郡卜定次第　二種		511	50
大嘗会関係文書　07国郡卜定作法		511	50
大嘗会関係文書　08国郡卜定之例		511	50
大嘗会関係文書　09節下装束司次第司女御代之例　寛平～延慶		511	50
大嘗会関係文書　10国郡卜定並検校行事弁之例		511	50
大嘗会関係文書　11国郡卜定参陣公卿例　正応、永和、永享		511	50
大嘗会関係文書　12大嘗会諸司交名　二種		511	50
大嘗会関係文書　13大嘗会儀覚		511	50
大嘗会関係文書　14国郡卜定前官不参之例		511	50
大嘗会関係文書　15国郡卜定検校行事職員之例		511	50
大嘗会関係文書　16大嘗会検校勘例		511	50
大嘗会関係文書　17悠紀主基行事		511	50
大嘗会関係文書　18大嘗会行事所始略次第　永享二、年不詳		511	50
大嘗会関係文書　19大嘗宮之図　二種		511	50
大嘗会関係文書　20大嘗宮並廻立殿之図		511	50
大嘗会関係文書　21兼連所進之大嘗会図並勘物		511	50

備　考	典籍解題	家別	分類	紀要	頁
原本		壬生本	123	和漢	267
原本写本		壬生本	515	和漢	1237
原本		壬生本	416	和漢	1012
写		壬生本	516	和漢	1298
享保６年写		壬生本	516	和漢	1352
江戸初写		壬生本	516	和漢	1330
寛永元年写		壬生本	516	和漢	1273
享保元年写		壬生本	514	和漢	1226
天保15年写		壬生本	516	和漢	1333
写		壬生本	516	和漢	1345
小槻以寧等写		壬生本	516	和漢	1309
小槻季連等元禄３年３月写		壬生本	517	和漢	1393
小槻忠利等写		壬生本	516	和漢	1330
寛文６年写		壬生本	516	和漢	1315
元禄３年写		壬生本	513	和漢	1206
江戸中写		壬生本	516	和漢	1333
江戸写		壬生本	516	和漢	1345
小槻以寧写		壬生本	517	和漢	1400
嘉永７年写		壬生本	415	和漢	898
江戸中写　２枚　昭和14年図書録		壬生本	516	和漢	1330
室町末写		壬生本	517	和漢	1407
小槻章弘写　今江広道『日本歴史』270論文参照		壬生本	430	和漢	1041
自筆		壬生本	127	和漢	349
小槻重房等写		壬生本	516	和漢	1314
小槻忠利写		壬生本	127	和漢	353
小槻忠利寛永14年写		壬生本	516	和漢	1256
自筆		壬生本	416	和漢	1020
宝永６年写		壬生本	516	和漢	1311
慶安４年写		壬生本	516	和漢	1295
嘉永７年写		壬生本	774	和漢	1474
写		壬生本	126	和漢	335
写		壬生本	774	和漢	1475
享保18年写　３枚　昭和14年図書録		壬生本	516	和漢	1326
写		壬生本	517	和漢	1405
写		壬生本	515	和漢	1235
小槻輔世写　１綴３枚　昭和14年図書録		壬生本	516	和漢	1266
慶応４年写　昭和14年図書録		壬生本	516	和漢	1344
慶応４年写		壬生本	108	和漢	226
江戸中写　昭和14年図書録		壬生本	516	和漢	1324
弘化３年写		壬生本	516	和漢	1334
文化14年写		壬生本	516	和漢	1291
小槻以寧写		壬生本	516	和漢	1303
貞享４年写		壬生本	516	和漢	1331
慶応３年写		壬生本	516	和漢	1292
江戸初写　昭和14年図書録	歴史 p208	壬生本	434	和漢	1052
原本		壬生本	127	和漢	354
原本		壬生本	108	和漢	229

書　名	員	函	号
僧官宣旨　元応二～天保七　(有欠)	122	504	2
恒例公事　慶長一一～文化元(有欠)	87	504	3
拝賀着陣関係文書　寛永一二～文化一四(有欠)	88	504	4
御即位次第　無叙位儀	1	506	62
霊元院林丘寺御幸御列書　享保六・九・二七	1	508	8
東福門院院号定略次第　寛永六・一一・九	1	508	11
女御和子中宮定次第　寛永元・一一・二八	1	508	15
徳川吉宗将軍宣下官外記宣旨留　享保元・七・一八　附宣命	1	508	16
日時定陣儀並下行勘例　鴨御祖社正遷宮(正徳二)、元服由奉幣(宝永六)	1	508	17
明正天皇朝覲行幸行列次第　寛永一七・三・一二	1	508	18
諸公事催行当日開門一件留	1	508	19
正朔当日蝕時諸公事催否勘例	1	508	20
智忠貞敬両親王叙品宣下次第　明暦三、寛政一〇	1	508	21
聖忌免者宣下次第　寛文六　後陽成・後光明天皇	1	508	23
内侍所付駕輿丁参仕定事　元禄三	1	508	24
二条吉忠関白宣下次第　元文元・八・二七	1	508	25
明正天皇仙洞行幸一会　寛永一二・九・一六	2	508	26
改正中和院図	2	508	29
六門外四町四方焼亡之節蔵人方諸司参勤並御調度類運送等之事	1	508	33
東宮御元服図　朝仁親王	2	508	37
豊明鋪設事	1	508	38
天皇御諱訓調　天智～後水尾天皇	1	508	39
慈性法親王伝法灌頂一会　天保九・九・二三　　小槻以寧	1	508	40
親王宣下次第　貞治七～慶安元　栄仁親王、貞敦親王、毎敦親王、常嘉親王、紹仁親王、良仁親王	1	508	42
尊純堯然慈胤三法親王天台座主宣下次第　寛永二一～慶安三	1	508	43
昭子内親王宣下次第　寛永一四・一二・八	1	508	45
柳原光愛書状　官務宛　官外記文挾一件	1	508	46
新院御所御移徙行列書　宝永六・七	1	508	47
後光明天皇朝覲行幸次第並列書　慶安四・二・二五	4	508	48
仮皇居桂殿之図　嘉永七	1	508	152
泉涌寺下乗指図　弘化三	1	508	154
神嘉殿仮廂筵道鳳輦並御湯殿鋪設丈尺図　安政三～八	3	508	155
東宮昭仁親王御元服図類　享保一八・二	3	508	156
徳川家茂将軍宣下次第　安政五・一二・一於柳営	1	508	157
元日平座一会　宝暦、天明、弘化　附後桜町天皇御譲位饗図	1	508	158
東宮統仁親王御元服図類　天保一五・三	4	508	159
明治天皇御元服図類　慶応四・正	5	508	160
崇徳天皇神霊御還遷一会　慶応四	1	508	163
中宮御産所退出次第　寛政一一　附御列書	1	508	164
仁孝天皇御凶事一会　弘化三	1	508	166
光格天皇御譲位図　文化一四	1	508	167
桜町天皇御譲位図　延享四	1	508	168
豊明節会図　貞享四大嘗会	1	508	169
孝明天皇御凶事一会　慶応二	1	508	170
後陽成天皇他三帝皇親略譜	1	508	171
大猷院殿諸供養下行帳　承応二・三	1	508	172
東叡山東照宮造替下行並参向門跡方路物目録　慶安三、四	1	508	174

備　考	典籍解題	家別	分類	紀要	頁
江戸初写	歴史 p209	壬生本	434	和漢	1046
江戸初写		壬生本	434	和漢	1059
江戸初写		壬生本	434	和漢	1052
江戸初写		壬生本	434	和漢	1046
原本		壬生本	434	和漢	1061
江戸初写		壬生本	434	和漢	1050
江戸初写	歴史 p192	壬生本	434	和漢	1049
江戸初写	歴史 p212	壬生本	434	和漢	1047
江戸初写		壬生本	434	和漢	1050
江戸初写	歴史 p192	壬生本	434	和漢	1059
江戸初写	歴史 p210	壬生本	434	和漢	1047
江戸初写	歴史 p192	壬生本	434	和漢	1049
江戸初写	歴史 p191	壬生本	434	和漢	1055
江戸初写	歴史 p193	壬生本	434	和漢	1047
江戸初写	歴史 p210	壬生本	434	和漢	1048
江戸初写　部分翻刻『陰陽道関係史料』	歴史 p193	壬生本	434	和漢	1045
原本		壬生本	107	和漢	181
原本		壬生本	107	和漢	181
江戸写		壬生本	107	和漢	185
原本		壬生本	107	和漢	185
原本		壬生本	107	和漢	184
江戸初写		壬生本	107	和漢	183
原本		壬生本	107	和漢	185
江戸初写		壬生本	107	和漢	185
原本		壬生本	516	和漢	1293
寛文 6 年写		壬生本	108	和漢	248
江戸初写		壬生本	108	和漢	248
江戸中写　『図書寮叢刊』壬生家文書7		壬生本	416	和漢	1005
小槻輔世天保11年写		壬生本	516	和漢	1266
江戸中写　昭和14年図書録		壬生本	516	和漢	1258
江戸写		壬生本	108	和漢	224
室町写		壬生本	106	和漢	176
弘化 4 年写		壬生本	516	和漢	1293
写		壬生本	108	和漢	196
写		壬生本	108	和漢	207
写		壬生本	106	和漢	167
写		壬生本	517	和漢	1383
保安写　翻刻国史大系　橋本義彦『平安貴族社会の研究』参照	歴史 p015	壬生本	416	和漢	996
写		壬生本	517	和漢	1424
寛文 9 年版、小槻以寧手校　速水行道明治20年手校　『日本書紀古本集影』52		壬生本	412	和漢	835
呉三郎入道永仁 5 年 2 月写、清原教有永仁 7 年点　櫛笥節男『書庫渉猟』p149　阿部隆一『斯道文庫論集』6 論文参照　『御物目録』(413-463)によれば明治16年 8 月今村長賀の申立により御買上	漢籍 p042	壬生本	175	和漢	390
自筆		壬生本	415	和漢	904
原本		壬生本	108	和漢	230

書　名	員	函	号
卜部氏系図	1	415	205
豊原氏系図	1	415	206
狛氏系図	1	415	207
多氏系図	1	415	208
藤林氏系図関係文書　寛永一九　　藤林寿継	1	415	209
源平系図　清和源氏、平氏	1	415	210
清原氏系図	1	415	211
小槻氏系図　算道	1	415	212
源平系図　清和源氏、平氏	1	415	213
中原氏系図　明経道	1	415	214
越智系図	1	415	215
清原氏系図　明経道	1	415	216
菅原氏系図　紀伝道	1	415	217
楽所系図　楽所十家　狛氏系図、多氏系図、山村氏系図、豊原氏系図、戸部氏系図、大神氏系図、玉手氏系図、安陪氏系図、中原氏系図、三宅氏系図	1	415	218
紀氏系図	1	415	219
医陰系図　和気氏系図、丹波氏系図、惟宗氏系図、賀茂氏系図、安陪氏系図	1	415	220
大中臣氏継嗣異議文書　明暦元	9	415	224
大中臣氏継嗣文書拾遺　明暦元	8	415	225
三日市場荒木田氏再興文書写　承応三	10	415	226
日吉社執事任命之状　正応元、延慶元	1	415	227
出口信濃加級等異議文書　承応三	5	415	228
祠官補任文書　承応二、三	5	415	229
度会延伊加級等異議文書　承応三～万治二	17	415	230
明正天皇践祚時禰宜叙位濡滞訴文書　慶安四、五	7	415	231
孝明天皇御謚号宣下御下行帳　慶応三	1	415	232
両宮遷宮勘例	1	464	5
両宮仮殿遷宮年譜　寛治四～天正九	1	464	6
太政官符　長暦二～寛正三(四通)　伊勢大神宮御装束御神宝之事	1	464	7
統仁親王立太子饗饌図　天保一一・三	1	464	9
東宮朝仁親王御元服南殿装束図　貞享四・正	1	464	11
神宮造営日時勘文　天文一〇～慶長一三	1	464	12
内宮古殿心御柱顛倒勘例　寛正四・七・一八	1	464	14
孝明天皇御即位庭上装束並諸調度図　弘化四	1	464	15
石清水放生会社頭図	1	464	16
上賀茂他五社幄舎設方図　天保六	1	464	17
賀茂御祖神社菅蓋寸尺図	1	464	18
四節会南殿諸門内装束図	1	464	22
左丞抄　二、五欠　(類聚符宣抄)	8	500	13
立后大床子供物之図	1	500	32
日本書紀	15	501	4
古文孝経　一巻　　漢孔安国　附旧巻子表紙断片錦一枚	1	503	168
後光厳天皇践祚記　観応三・八・一七　附影本・釈文　　安倍盛宣	3	503	170
日光山東照宮例幣発遣日時定陣儀　正徳三～慶応三　(有欠)	4	504	1

備　考	典籍解題	家別	分類	紀要	頁
江戸初写		壬生本	434	和漢	1050
江戸初写	歴史 p194	壬生本	434	和漢	1054
原本副原本　巻121は翻刻『大日本古記録』実冬公記　翻刻国史大系・図書寮刊本　皆川完一『正倉院文書と古代中世史料の研究』参照	歴史 p181-182、p201 続歴史 p019	壬生本	416	和漢	1019
写		壬生本	516	和漢	1299
室町写		壬生本	514	和漢	1216
江戸中写		壬生本	516	和漢	1340
室町写		壬生本	516	和漢	1258
室町写　小槻晴豊筆ヵ　翻刻石田実洋『続日本紀研究』381論文		壬生家旧蔵ヵ	516	和漢	1315
明治写		壬生本	520	和漢	1435
江戸初写		壬生本	516	和漢	1307
写		壬生本	516	和漢	1265
小槻重房等写		壬生本	516	和漢	1277
写		壬生本	516	和漢	1340
江戸中写		壬生本	106	和漢	162
室町、江戸写		壬生本	516	和漢	1321
写		壬生本	516	和漢	1340
江戸初写		壬生本	517	和漢	1398
室町写		壬生本	516	和漢	1333
江戸初写		壬生本	517	和漢	1405
小槻重房写		壬生本	516	和漢	1262
江戸初写		壬生本	514	和漢	1227
江戸初写		壬生本	516	和漢	1268
江戸中写		壬生本	516	和漢	1308
江戸中写		壬生本	516	和漢	1267
江戸中写		壬生本	516	和漢	1268
江戸初写		壬生本	516	和漢	1279
江戸初写		壬生本	516	和漢	1307
写		壬生本	516	和漢	1294
原本		壬生本	416	和漢	1019
江戸中写		壬生本	434	和漢	1061
江戸初写		壬生本	434	和漢	1054
江戸初写		壬生本	434	和漢	1055
江戸初写		壬生本	434	和漢	1055
江戸初写		壬生本	123	和漢	270
江戸初写		壬生本	123	和漢	268
文亀３年12月写		壬生本	516	和漢	1273
室町写		壬生本	514	和漢	1220
室町写		壬生本	416	和漢	987
原本写本		壬生本	514	和漢	1216
江戸初写		壬生本	434	和漢	1046
江戸初写		壬生本	434	和漢	1047
江戸初写	歴史 p210	壬生本	434	和漢	1063
江戸初写	歴史 p192	壬生本	434	和漢	1049
江戸初写		壬生本	434	和漢	1047

書　名	員	函	号
源氏系図　宇多	1	414	46
諸家系図	1	414	47
壬生新写古文書底本　（続左丞抄）　天暦二～天正一〇	128	415	4
御即位並由奉幣次第	2	415	146
関白宣旨案勘例古記	1	415	147
復辟次第	1	415	148
足利義尚直衣始散状　文明一九	1	415	149
節度使将軍補任例　天平四～元慶二	1	415	150
明治度大嘗会国郡卜定次第	1	415	151
将軍秀忠拝賀行列留　慶長一〇・四・二六	1	415	153
応永度大嘗会関係文書　御禊前後陣供奉人、悠紀殿御座方	2	415	154
関白宣下次第	1	415	155
復辟勅答次第	1	415	156
伊勢神宮祈願之例	1	415	157
大将拝賀並左大臣拝賀雑雑　康正二～永徳二	1	415	158
復辟之例	1	415	159
大猷院殿仏殿造立並院号之事　附台徳院院号事(寛永九、慶安四、五)	1	415	160
二条政嗣関白宣下詔書次第　文明二	1	415	161
徳川家康以下将軍宣下任大臣等例	1	415	162
一条教房関白宣下次第　長禄二	1	415	163
二条兼基公准摂政宣旨写　正安二	1	415	164
改元定次第	1	415	168
条事定並改元定次第	1	415	169
改元勘者人数之例　嘉吉～享禄	1	415	170
改元散状　元和～寛文	1	415	171
久寿度改元定次第	1	415	172
条事定次第	1	415	173
康暦年号勘者口宣並宣旨写	1	415	176
室町殿幕下御辞退御次第清書之事ニ付書状　寛正二・七・二三　附大将御辞退次第	1	415	182
武家系図序　寛永一九　（寛永諸家譜真名序）	1	415	183
諸家系図目録	1	415	184
菅原氏系図　合綴大江氏系図、高階氏系図、小野氏系図、文屋氏系図、壬生氏系図、凡河内氏系図、佐伯氏系図、春道氏系図、大伴氏系図、都氏系図、坂上氏系図	1	415	190
菅原氏系図	1	415	192
曼殊院座主宣下宣命写　寛永一六	1	415	194
太政官牒写　天承元　醍醐寺	1	415	195
甲子勘例　康保、万寿、応徳、天養、元久、文永、元永、至徳、文安　(裏)明応八年暦	1	415	196
将軍宣下文書　文明、永禄	1	415	197
鎌倉室町将軍叙任関係文書	1	415	198
関白宣下文書　応永一六～天正一九	1	415	199
今大路系図　藤原魚名流	1	415	200
陰陽家系図　安倍・賀茂二氏	1	415	201
毛利家系図　大江音人～毛利隆元	1	415	202
清原氏系図　附近澄氏系図	1	415	203
春日神社神主家系図	1	415	204

備　考	典籍解題	家別	分類	紀要	頁
江戸中写		壬生本	516	和漢	1340
天明３年写		壬生本	516	和漢	1315
慶長５年写		壬生本	516	和漢	1312
文久４年写		壬生本	515	和漢	1234
江戸初写		壬生本	516	和漢	1285
江戸初写		壬生本	516	和漢	1353
江戸中写		壬生本	516	和漢	1323
写		壬生本	517	和漢	1417
写		壬生本	516	和漢	1316
承応３年写		壬生本	516	和漢	1316
小槻忠利寛永12年写		壬生本	415	和漢	967
小槻重房写		壬生本	516	和漢	1332
文安３年写		壬生本	516	和漢	1316
小槻以寧天保12年写		壬生本	517	和漢	1413
写		壬生本	300	和漢	706
小槻季連宝永２年４月写　目録には壬生本の記載無し		壬生家旧蔵	404	和漢	802
原本写本		壬生本	416	和漢	989
小槻季連写		壬生本	415	和漢	892
小槻季連写		壬生本	415	和漢	892
一条兼輝寛文９～11年写(本奥書の可能性あり)等　『典籍解題』は壬生本とする　第６・７冊に「小槻宿祢季連」印あり(元禄12年滋野井公澄本転写)	続歴史 p167	壬生家旧蔵あり	415	和漢	898
小槻季連元禄４年写(１冊は補写)	続歴史 p175	壬生本	415	和漢	912
小槻季連元禄５年写	歴史 p100	壬生本	415	和漢	915
小槻重房写		壬生家旧蔵	413	和漢	858
小槻季連写	続歴史 p163	壬生本	415	和漢	914
小槻季連延宝６年写		壬生本	415	和漢	902
享保９年写		壬生本	410	和漢	810
室町写		壬生本	415	和漢	966
版　御歌所旧蔵		壬生本	434	和漢	1062
写		壬生本	516	和漢	1307
写		壬生本	437	和漢	1088
写		壬生本	437	和漢	1097
写	続歴史 p093	壬生本	437	和漢	1097
小槻以寧弘化５年写		壬生本	127	和漢	343
江戸初写	歴史 p045	壬生本	123	和漢	270
自筆　512-267のツレで昭和10年に分離整理　後光厳天皇の誤り、また著者も誤り(石田実洋『書陵部紀要』64論文参照)		壬生本	415	和漢	901
写		壬生本	106	和漢	176
寛文７年写		壬生本	106	和漢	168
原本		壬生本	106	和漢	175
江戸初写		壬生本	434	和漢	1052
江戸初写		壬生本	434	和漢	1063
江戸初写		壬生本	434	和漢	1063
江戸初写	歴史 p196	壬生本	434	和漢	1061

書　名	員	函	号
復辟次第	1	176	220
盛化門院遺令奏　天明三・一〇　附諸次第	1	176	221
新上東門院院号定次第　慶長五・一二・二四	1	176	222
元日節会執柄内弁備忘　文久四	1	176	223
彦胤道周法親王宣下次第　永正一七、寛永三	1	176	224
鷲尾隆量貫首拝賀次第　寛永一一・一二・三	1	176	227
太上天皇尊号宣下開関解陣次第	1	176	229
鳳輦雨皮下行米請取方之事　延享四～天保八	1	176	232
贈官位略次第	2	176	233
造内裏木作始日時定次第　承応三・三	1	176	236
明正天皇朝覲行幸覚書　寛永一二・八　(忠利宿禰記別記)	1	176	237
中御門宣秀貫首拝賀次第	1	176	238
造内裏紫宸殿以前自余殿舎立柱例事　文安三・一一	1	176	239
昼御座図　天保諒闇中	1	176	241
集古図続録　　藤貞幹	1	250	118
鎌倉年代記	1	250	154
京都兼康町回禄一会　正徳三・三	1	257	247
吉御記　承安二～文治二(有欠)　(吉記)　　吉田経房	6	259	123
吉続記　文永四、五、七～一〇、正応二、正安三、乾元元　附別記　　吉田経長	7	259	124
愚昧記　仁安元～寿永元(有欠)　　三条実房	25	259	130
左経記　寛仁元～長元八　附類聚雑例(長元二～九)　(糸束記)　　源経頼	8	259	138
三長記　(如天記)(東進記)　建久六～建永元　　三条長兼	4	259	142
百練抄　第四～一七	14	259	170
山槐記　(達幸記)(貴嶺記)　永暦元～治承四(有欠)、元暦元抜書、元日節会部類記、陣執筆図　中山忠親	19	259	214
迎陽記　改元定(弘安～応永)、諷誦文(応安五～明徳二)、諒闇記(貞治三)　(菅相記)　　東坊城秀長	1	259	277
大阪回禄図　享保九	1	261	128
室町新第移徙布衣次第　長禄三・一一・一六	1	261	129
編纂本朝尊卑分脈図　(尊卑分脈)　　洞院公定	13	272	78
条事定改元定次第	1	353	423
禁中非常参勤補略　明和七	1	353	424
補略　嘉永七	1	353	425
補略　嘉永七	1	353	426
禁中御懺法講次第　弘化五・二	1	353	427
仁和寺年代紀　(仁和寺年代記)	1	406	38
光厳天皇御即位定記　(後光厳天皇御即位定記)　文和二　　加茂定秀　(小槻量実ヵ)	1	413	622
内宮御金物盗人注進文書　元和七　解並書状	1	414	39
外宮御太刀紛失文書　寛文七	1	414	40
東照宮例幣一会　寛文一〇・三・二三	1	414	41
佐々木家系図　宇多源氏	1	414	42
三木系図　宇多源氏流	1	414	43
村上源氏略系図	1	414	44
藤原氏分流系図　坊門・水成瀬・楊梅・二条等	1	414	45

備　考	典籍解題	家別	分類	紀要	頁
小槻重房写　目録には壬生本との記載なし		壬生家旧蔵	106	和漢	172
明治写		壬生本	108	和漢	222
江戸中写		壬生本	106	和漢	170
江戸写		壬生本	108	和漢	224
江戸初写		壬生本	108	和漢	231
写		壬生本	107	和漢	184
原本		壬生本	107	和漢	182
原本		壬生本	107	和漢	184
写		壬生本	108	和漢	249
江戸中写		壬生本	108	和漢	191
自筆		壬生本	108	和漢	189
元文５年写		壬生本	108	和漢	241
自筆		壬生本	127	和漢	352
小槻忠利寛永21年10月写		壬生本	127	和漢	354
小槻孝亮慶長17年９月写		壬生本	127	和漢	354
江戸中写		壬生本	123	和漢	264
壬生家慶長写		壬生本	127	和漢	361
江戸初写		壬生本	123	和漢	263
自筆		壬生本	127	和漢	351
写		壬生本	127	和漢	350
江戸中写		壬生本	123	和漢	270
江戸中写　目録には壬生本との記載なし		壬生家旧蔵ヵ	127	和漢	354
文久３年写　明治41年引継		壬生本	126	和漢	338
江戸写　→B6-771に函架番号変更		壬生本	310	和漢	714
元禄８年写		壬生本	123	和漢	267
原本		壬生本	123	和漢	266
明暦２、万治元年写		壬生本	415	和漢	925
江戸初写		壬生本	123	和漢	266
享保３年12月写		壬生本	123	和漢	267
小槻知音写		壬生本	514	和漢	1218
慶応２年写		壬生本	514	和漢	1226
明和元年写		壬生本	514	和漢	1225
承応２年写		壬生本	516	和漢	1333
文政11年写		壬生本	514	和漢	1229
江戸末写		壬生本	126	和漢	339
江戸初写		壬生本	516	和漢	1325
原本		壬生本	514	和漢	1229
写		壬生本	514	和漢	1229
文化３年写		壬生本	516	和漢	1344
写		壬生本	123	和漢	267
写　彙報の函架番号は誤り　「禰家蔵書」「中外史蔵書印」「出納」印あり		壬生家旧蔵/平田家旧蔵	517	23	
江戸初写		壬生本	517	和漢	1362
小槻季連元禄７年写		壬生本	516	和漢	1321
享保17年写		壬生本	516	和漢	1352
江戸初写		壬生本	516	和漢	1268
江戸中写		壬生本	516	和漢	1313
嘉永７年４月自筆		壬生本	516	和漢	1274
原本		壬生本	517	和漢	1412

書　名	員	函	号
神宮雑事記	6	109	207
諸社祭一会　元治、慶応、明治　白峯宮、八坂社、北野社臨時祭	2	109	291
沙沙貴大神縁起	1	109	563
神宮造営日時定奉行留　慶長一三～慶安元	1	109	589
豊受大神宮仮殿正遷宮等日時定次第　寛文四・九	1	109	590
神宮祭主職ニ付故長等口状　万治三・一二・二	1	109	591
外宮禰宜湯治願出書　万治三・四・一六	1	109	592
神宮伝奏禰宜中対談ノ儀ニ付使口上之覚並返札　承応三・八	1	109	593
例幣御拝御座一件　天明八、寛政元、二	1	109	594
伊勢例幣並公卿勅使参宮次第行事	1	109	597
伊勢両宮正遷宮ニ付藤波修理書状　寛永二一　官務宛	1	109	598
新嘗祭図　元文五	1	109	601
懺法講次第　　小槻以寧	1	111	4
尊教親王入寺並得度次第　寛永二一・一〇・一六	1	111	451
天台座主陣儀臨時除目諸社仮殿遷宮日時定等次第	1	111	452
官位別寺門僧名覚	1	111	453
陽光院追善八講記　慶長三・七	1	111	454
御門跡親王宣下並法名覚	1	111	455
慎徳院殿拝殿上棟開眼供養等日時定陣儀次第　嘉永七・六・三　　山口定厚	1	111	456
聖武天皇金銅勅願文	1	111	457
本覚山経王寺累祖補任留	1	111	460
大法要図	1	111	461
梅香寺仏誉差出候由緒書　文久三・四	1	111	493
※欠番　(諸状雛形　(七二葉))		150	198
僧徒贈官之事	1	170	73
僧官位任叙留　慶安四～延宝二	1	170	75
贈官位任叙ニ付禁中他進物書上	1	170	76
僧官進階年序勘例	1	170	78
僧超苑任叙ニ付官務宛頭弁書状	1	170	79
四位已下宣旨伝達方質疑口状留	1	170	80
徳川慶喜将軍宣下文書　慶応二・一二・五	1	170	81
竹屋光予主基所行事宣旨留　明和元・一〇・一二	1	170	82
二条光平関白宣下次第　承応二・九・二一	1	170	83
藤原輝子他三方贈位宣下留　文政一一・正・二〇	1	170	84
本願寺末寺権律師宣旨料	1	170	85
勅符　寛文三・正　譲位固関	1	170	87
源景房叙位口宣案　文化一三・四・二七	1	170	201
藤原忠邦叙任宣旨上卿請文	1	170	202
正法山妙心寺造替綸旨案　文化三・六・三	1	170	203
僧官宣旨留　享保二、寛政六	2	172	178
滋草拾露(有欠)　　滋野井公麗	41	173	159
飾抄　　土御門通方	1	175	471
代始公事　後深草～後宇多天皇　附文永代始公事抄	1	175	511
霊元天皇遺詔奏並開関解陣次第　享保一七・八・六	1	176	34
開関解陣次第	1	176	160
新造内裏遷幸次第	1	176	161
仮皇居遷御他三件ニ付二条経之申達状	1	176	162
飛香舎造営成否問状　寛政度	1	176	218

以外の壬生家旧蔵本については「壬生家旧蔵」等と記した。(外)とあるものについては外記局本と記した。

「分類」………… 分類番号。

「紀要」…………『和漢図書分類目録』上・下に掲載のものは「和漢」と記し、『書陵部紀要』に掲載のものはその号数を数字で示した。『和漢図書分類目録』および『書陵部紀要』に掲載されていない場合（欠番等）は空欄とした。

「頁」……………『和漢図書分類目録』の頁数を示した。

4．壬生家旧蔵本は宮内庁書陵部の他、京都大学総合博物館に壬生文書および狩野亨吉氏蒐集古文書としてまとまって蔵され（後者には壬生家旧蔵本以外のものも含まれる)、他に京都大学附属図書館・京都大学文学部・東北大学附属図書館狩野文庫・国立歴史民俗博物館田中穣氏旧蔵典籍古文書・前田育徳会尊経閣文庫・筑波大学附属図書館・明治大学図書館の中にも含まれている。

〔付記〕データの確認において、一部、高田義人氏、宮内庁書陵部図書寮文庫の方々にお世話になった点がある。記して謝意を表したい。

宮内庁書陵部所蔵壬生家旧蔵本目録(稿)

小倉慈司編

凡　例

1．本目録は宮内庁書陵部図書寮文庫所蔵の壬生家旧蔵本を函架番号順に並べたものである。壬生家旧蔵本は大きく２つの群よりなる。１つはもと明治３（1870）年に壬生家より太政官に提出され、その後、明治21（1888）年３月（申請は２月）に皇室へ献納され、ついで図書寮に引き継がれたものである。これとは別に明治23（1890）年11月に宮内省内事課が管理していた維新前の書類、また明治41（1908）年９月および10月に宮内省式部職が管理していた旧儀式祭典等その他にかかる書類61箱が図書寮に引き継がれることになったが、これらはもと京都御所内の文庫に置かれていた官務・外記・出納の書類であり、壬生家旧蔵史料が含まれていた（中村一紀「宮内庁書陵部と所蔵資料群」『古文書研究』62　2006年、宮内庁書陵部所蔵『図書録』明治23・41年、『参攷図書寮史』等参照）。後者についてはその後の図書寮における整理時点で明確な由来が不明となっていたものも少なくなく（『図書録』昭和14年参照）、内容上から壬生家旧蔵と判断されることになったものである。これらは『和漢図書分類目録』上・下（宮内庁書陵部　1952年、1953年）に(壬)の家別記号を付して掲載されており、総点数約1万1000点と数えられている（『貴重史料の世界』宮内庁書陵部　1998年）。本目録作成にあたっては、それらを抜粋し、さらに函架番号や史料内容・蔵書印等から壬生家旧蔵と判断される史料も加えて作成した。なお函架番号が「壬」で始まりながら家別記号が「(外)」(外記局本——外記局旧蔵史料——の意)とされる史料も存在するが、これらについても参考として掲げることとした。また、『図書録』明治25年10号によれば、壬104、壬118～120、壬140～153、壬155～156、壬189、壬194～202、壬204は壬生家旧蔵ではなく山科家旧蔵本の可能性がある。以上のように本目録の中には壬生家旧蔵本以外のものも含まれており、さらにこれ以外に壬生家旧蔵本が宮内庁書陵部に蔵されている可能性も残されている。なお『和漢図書分類目録』では明治43年刊『心月集』(函架番号152-305　512頁）が壬生本とされているが、誤りと判断し、掲載しなかった。

2．データの内容は原則として宮内庁書陵部刊行の『和漢図書分類目録』および『書陵部紀要』の彙報欄、宮内庁書陵部図書寮文庫閲覧室架蔵のカード目録の記述によったが、一部に私見による情報、また書陵部所蔵資料目録・画像公開システムによる情報を付け加えた。なお、原則として常用漢字によって表記することとした。また『図書寮典籍解題』『和漢図書分類目録』刊行後に史料統合・分割や函架番号変更がなされた場合があるため、参考としてかつて使用され現在欠番となっている壬生家旧蔵本の函架番号も示すこととした。

3．データの内容は以下の通りである。

「書名」…………　書名および著者等の付加データ。書名の別称については丸括弧で括って示した。また現在、欠番となっているものについては、冒頭に「※欠番」と記し、続けて旧史料名を丸括弧に括って示した。

「員」……………　員数。

「函」「号」………　函架番号。

「備考」…………　筆者および書写時期等。『図書寮叢刊』等に収録されている場合には、その旨記した。

「典籍解題」……『図書寮典籍解題』に言及されている場合の冊頁を示した。

「家別」…………『和漢図書分類目録』で(壬)とあるものについては「壬生本」と記し、それ

第四部

あとがき――禁裏・公家文庫研究の着実な進展・熟成をめざして――

近年の世界的な古典学研究復興の中で、日本古典学は新出資料が少ない上に活字化された既存のテクストの信頼性が揺らぎ始めており、閉塞感が否めず、創造的な自己革新を遂げにくい状況下にあったが、そうした状況を改善するため、二〇〇七年度〜二〇一一年度科学研究費補助金（学術創成研究費）「目録学の構築と古典学の再生――天皇家・公家文庫の実態復原と伝統的知識体系の解明――」〔*Establishing Library Catalogue Studies and Reviving Japanese Classical Studies―Restoration of the Royal and Noble Library Holdings and Investigation of Traditional Intellectual Systems―*〕（研究課題番号：19GS0102）が採択された。前近代日本における古代・中世以来の伝統的な知識（知識体系）は主に天皇家を中心とした公家社会に育まれた禁裏文庫・公家文庫やそれと深く関わる社寺文庫を中心に手書きの写本という形態で有機的に分類（類聚）され、世代を超えて保管されてきたという特徴があり、そうした知識体系は前近代の禁裏・公家文庫の蔵書目録と家分けに集積したデジタル画像の組合せにより復原が可能である。その研究成果の一部として、『禁裏・公家文庫研究』第三輯を二〇〇九年三月に、第四輯を二〇一二年三月に、それぞれ刊行させていただいた。

そして、右記学術創成研究費を継続する科学研究費補助金として、幸い二〇一二年六月より二〇一六年度までの予定で、科学研究費補助金（基盤研究（S））「日本目録学の基盤確立と古典学研究支援ツールの拡充――天皇家・公家文庫を中心に――」〔*Establishing the Foundation of Japanese Library Catalogue Studies and Expanding the Research Tools for Classical Studies ― With a Focus on Royal and Noble Library Holdings*〕（研究課題番号：24222001）が採択された。

本研究は、学術創成研究費による研究成果により、日本古典学の基礎学問領域として創成した日本目録学の研究基盤を確立するため、禁裏・公家文庫の所蔵家分け目録の復原や集積した天皇家ゆかりの文庫・陽明文庫所蔵近衞家本など主要公家文庫収蔵史料のデジタル画像を公開し、『日本古代人名辞典』の増訂改訂など古典学研究支援ツールの拡充により、停滞気味の日本古典学を再生することを目的とするものである。この研究プロジェクトも約三年間が終了しようとしており、研究成果として、既に東京大学史料編纂所の閲覧室で、以下の史料のデジタル画像をメタデータ付きで公開させていただくことが可能となり、閲覧者の方に自由に利用していただいている。

宮内庁書陵部図書寮文庫所蔵伏見宮家本（一〇八〇件、六七四〇四コマ）・九条家本（九九九件・七四四六三コマ）・壬生家本（架蔵番号F9、九六件、五五一三〇コマ）・桂宮日記（三九五冊、八五〇八四コマ）・白川家日記（二二〇冊、四一五三コマ）・柳原家本（一六三七件、一三八〇一七コマ）・平田家本（九件、四二五九一コマ）・三条西家本（五二件、三九三四コマ）、宮内庁正倉院事務所所蔵東南院文書（九七九件、二一九一コマ）、陽明文庫所蔵近衛家記録十五函文書（一一六件、二四七七〇コマ）・近世近衛家当主日記（六人分・三六五冊、一五六七九コマ）、西尾市岩瀬文庫所蔵柳原家旧蔵本（五一九件、七〇七三〇コマ）合計六二一四六コマの公開が許された（二〇一五年三月末現在予定）。所蔵者である、宮内庁書陵部・同正倉院事務所、公益財団法人陽明文庫、西尾市岩瀬文庫の関係者の皆様に深謝の意を表します。

その他の研究成果に関しては、紙幅の都合で、中間報告書『科学研究費（基盤研究（S））「日本目録学の基盤確立と古典学研究支援ツールの拡充――天皇家・公家文庫を中心に――」』（二〇一五年三月）に譲ることにする。

さて、本書第五輯は、右記科学研究費（基盤研究（S））の三年間の研究成果をまとめたものである。以下にその内容を簡単に紹介する。

第一部は、家分けの文庫全体の研究、公家文庫の蔵書目録を用いた目録学の研究論文を収載した。

吉岡眞之「柳原家旧蔵書籍群の現状とその目録――蔵書群の原形復原のための予備的考察――」は、近代になって分蔵された公家文庫の復原研究のケーススタディーとして、現在、宮内庁書陵部図書寮文庫、西尾市岩瀬文庫などに分蔵されている藤原氏北家日野流柳原家に伝来した書籍群をとりあげ、復原の道筋を示したものである。先ず、柳原紀光による柳原家蔵書群の集積・再興を再確認してから、近代になって分散されることにより、文庫の原蔵形態（原形）が損なわれた柳原家蔵書群を復原するため、（ｉ）寄託していた京都帝国大学附属図書館を経て明治四十三年に岩瀬文庫に所蔵されることとなった西尾市岩瀬文庫所蔵の柳原家旧蔵本と、（ⅱ）昭和二年に帝室博物館から図書寮に移管された伯爵柳原義光献納品である宮内庁書陵部図書寮文庫所蔵の柳原家旧蔵本に関して、（ｉ）については、明治末期～昭和初期に存在して系統が不明であった複数の蔵書目録の系統を比較検討し、①柳原家で作成された蔵書目録（「原目録」〔所在不明〕系の目録）、②岩瀬文庫で最初に登録された際の蔵書目録（西尾市岩瀬文庫所蔵『図書原帳』）、③西尾市岩瀬文庫所蔵『柳原家本旧蔵本目録』系の蔵書目録、三系統であることを示した。（ⅱ）については、帝室博物館から図書寮への移管や整理完了の経緯を記した宮内庁書陵部宮内公文書館所蔵の昭和二年『図書録』・同八年『図書録二』所収の記録（献納願・整理報告書等）を紹介・分析し、昭和二年に柳原家から献納された当初の蔵書形態の復原への道筋を示した。また、（ⅲ）岩瀬文庫本分離後の柳原家蔵書群の状況を復原するためには、明治四十四年に書写した東京大学史料編纂所所蔵『柳原家所蔵記録目録』と、大正七年に柳原義光所蔵本を書写した東京大学史料編纂所所蔵『柳原家記録』及び前述の昭和八年『図書録二』所収の「柳原伯爵家献納整理図書目録」を用いて、書陵部所蔵柳原家本の内容を総合的に検討することが、柳原家蔵書群の原形復原のために必要であるという、蔵書群全体の復原研究の重要な方向性を示された。今後は、個々の蔵書を蔵書目録と逐一比較するなど、「力業」が必要であるが、方向性が示されたことにより、困難であった近代になって分蔵された公家文庫の復原研究にとって、光明が見えてきた。

主に近代に作成された様々な蔵書目録と蔵書の原本とを比較することによって分析し、その復原を目指した研究であるが、参考資料として、1西尾市岩瀬文庫所蔵『図書原帳』全六冊より、第二冊に収める柳原家旧蔵本に関する記載（(i)①の系統）と、2東京大学史料編纂所保管『柳原家旧蔵本目録』（(i)③の系統）が翻刻されているので、今後の柳原家本の復原研究に利用していただきたい。

第二部は、禁裏・公家文庫所収の史料をもとにした個別の研究論文を収載した。

まず、田島公「古代の官撰史書・儀式書の写本作成――「壬戌歳戸籍」の紙背利用を通して――」は、かつて林陸朗・彌永貞三・岸俊男の各氏らによって議論が交わされた、『続日本紀』の一部写本に紛れ込む「紀伊国名草郡旦来郷壬戌歳戸籍」の十四文字中の「壬戌歳戸籍」ついて、天理大学附属天理図書館所蔵『禮服制』所引の『(貞観)儀式』または『延喜儀式』の「礼服制」中に新たに見出した「美濃国安八郡戸籍承和九年歳次壬戌」の十六文字との比較検討から、それが承和九年壬戌歳であったこと、戸籍継目裏擬入説が正しかったことを論証した研究である。従来、「庚午年籍」（天智天皇九年・六七〇年）や「庚寅年籍」（持統天皇四年・六九〇年）より前の「壬戌歳」、すなわち天智天皇元年（六六二・壬戌）に造籍を考える説があったが、岸俊男氏の指摘のように「壬戌歳」＝天智天皇元年説は成立せず、全く新たな根拠を用いて、それが承和九年壬戌歳であることを証明し、古代史研究史上、未解決であった論争に終止符が打たれた。更に官撰の正史や儀式書を書写し、関係部署に置く場合に、料紙として地方から中央政府に貢進されて、中務省や民部省の倉に保管され、三十年間の保管期間終了後に払い下げられる戸籍の紙背が用いられることから、当時の法令・行政細目、前例集としての正史などの書写のあり方についても言及する。

田島公「『延喜式』諸写本の伝来と書写に関する覚書――平安中期から江戸前期までを中心に――」は、律令国家の行政細目である『延喜式』の写本系統を解明するため、伝来や書写に関する情報を収集し整理して、二〇〇五年三月に吉岡眞之氏を研究代表者とする科研費の報告書に掲載した同名の論文を、その後の研究によって大幅に増補し改訂したものである。新たに追加した事柄として重要なことは、先ず『実隆公記』延徳二年九月十一日条に見える、町広光が三条西実隆のもとに持ってきた「奏覧本」で「桃花坊《（一条家）》秘本」とされる「延喜式第一・第二」は、延長五年十二月二十六日に完成し、醍醐天皇に奉呈された『延喜式』（奏覧本『延喜式』）であり、その後、それが一条家に伝来し、延徳二年当時、巻一・巻二が伝存していたと解釈したこと、次に九条家本『延喜式』巻四十二の「附図」に関連して、近衛家所蔵『宮城図』についても言及したこと、また、天理大学附属天理図書館所蔵『禮服制』所引の「延喜式左右近衛式」二十三条を翻刻したこと、更に京都国立博物館所蔵京都博物館旧蔵本を伴信友がいう「京極宮御本」と考えたこと、などである。今後、正しいテクストの作成のためには、複製本を用いて焼失したとする一条家本を復原するとともに、近世前期の善本と思しき京都博物館旧蔵本（京極宮本ヵ）の研究の進展が俟たれるところである。

恵美千鶴子「藤原行成筆「陣定定文案」の書誌・伝来」は、藤原行成が書写した寛弘元年（一〇〇四）閏九月五日と翌同二年四月十四日の二回の陣定における議事録である定文案に関する原本に基づく研究である。この「陣定定文案」に関しては、従来、近世書写の平松家文書（京都大学総合博物館所蔵）の写本をもとに翻刻が行われ、藤原行成筆の自筆本は、個人蔵のため公開されていなかった。しかし、二〇一三年夏に開催された東京国立博物館の特別展「和様の書」で原本が初めて展示公開された。恵美論文は初めて「陣定定文案」の書誌を紹介するとともに、藤原行成の真跡であることを確認し、釈文を作成する。また、「陣定定文案」の紙背花押と同じ花押を「後嵯峨院本白氏詩巻」（藤原行成筆、国宝、正木美術館蔵）の紙背に見出し、双方の花押が一致することから、藤原忠通であると推測し、「陣定定文案」の伝来を検証しながら、「三跡」と称された藤原行成の書がいかに尊重されてきたのかを考察する。藤原行成筆「陣定定文案」の原本に基づく釈文の呈示及び伝来の研究は、日本史の研究のみならず、書道史や美術史にとって大変画期的で貴重な成果である。

さて、天皇自身の撰による儀式書としては、村上天皇撰『新儀式』、順徳天皇撰『禁秘抄』が伝来している。また、後三条・白河の両天皇は、それぞれに年中行事書を撰述したことが知られているが、これらの写本は現存しないと考えられてきた。しかし、遠藤基郎「後三条・白河院の年中行事書」は、従来、全く見過ごされていた『続群書類従』第十輯上　公事部所収の『年中行事』の諸本を検討し、続群書類従本系統と宮内庁書陵部所蔵柳原家本系統の二つがあることを示し、後者の方が善本であることを指摘した後、引載される行事の内容を検討し、その成立時期を、延久五年二月以降、承保二年三月以前、すなわち白河天皇最初期、後三条上皇の「院政」時期（延久四年十二月～同五年五月）を含む時期であるとする。更に『年中行事』の内容を成立年代の近い『江家次第』や『師遠年中行事』と比較することにより、『年中行事』が天皇の作法に照準を据えて天皇自らが撰述したものと論証し、更に、『年中行事』と、後三条院撰の『後三条院年中行事』（『延久御抄』・『延久年中行事』・『後三条院（御筆）次第』）や白河院撰の『（近代禁中作法）年中行事』の逸文や内容との比較検討により、内容的に三者は一致することを示した。また、『後三条院年中行事』と『（近代禁中作法）年中行事』、更には白河院の命による『後三条院日記部類』との比較により、①後三条の年中行事書（『後三条院年中行事』）は、『続群書類従』第十輯上　公事部に収められた『年中行事』であること、②白河は独自に年中行事書を撰述したのではなく、後三条のものを継承したに過ぎないこと、などを論じたものである。この後三条・白河の年中行事書をめぐっては、この時期の年中行事の政治史的・国家論的意義を考える素材として、多くの論者が論及するところであるが、年中行事書そのものの内容を吟味したものではない。遠藤論文の結論があたっているとするならば、従来の学説史は再検討を迫られることとなろう。近年、確認された後三条院撰の叙位・除目の儀式書である『院御書』の「発見」に続き、後三条院撰の年中行事書の「発見」は、後三条天皇及び後三条朝の再評価につながるであろう。

木下聡「「足利義昭入洛記」と織田信長の上洛について」で取り上げる京都御所東山御文庫所蔵「足利義昭入洛記」（勅封二十三―三―十八）は、永禄十一年（一五六八）九月に織田信長が足利義昭を擁して岐阜から上洛し、義昭を将軍に就任させた時の一連の出来事を書き留めたものである（書写は正親町天皇）。従来、写真が『皇室の至宝　東山御文庫御物』三（毎日新聞社　一九九九年）に掲載されていたにもかかわらず、未だ翻刻されていないこともあり、近年盛んに行われている織田信長と足利義昭に関する研究に用いられていない。木下論文では、先ず全文を翻刻した上で、書写した元の本を所持していた「竹内殿」を正親町天皇の弟の曼殊院門跡覚恕と比定し直す。更に、この時の信長の上洛を述べる際に従来、用いられてきた『言継卿記』・『信長公記』の記事とも比較して、記事独自性についても触れる。本書には、従来知られていた部分に大きな修正を迫るような新知見は無いが、同時代の日記『言継卿記』に無い部分を含み、成立年代の下る『信長公記』の内容を裏付け、修正を加える意味でも重要であると指摘する。

金子拓「天正四年興福寺別当職相論をめぐる史料」は、氏が二〇一二年に発表した論文「天正四年興福寺別当職相論と織田信長」の校了直前に、京都御所東山御文庫所蔵史料の中に見出した新たな関係史料、また末柄豊氏より教示を受けた東山御文庫所蔵史料中の関係史料、遠藤珠紀氏より教示を受けた成簣堂文庫所蔵の関係史料を併せて紹介し、あらためて天正四年興福寺別当職相論を検討したものである。本論文中に紹介した新史料により、興福寺別当職相論の経緯をさらに精緻にたどることが可能になっただけでなく、別当職相論の処理をめぐる正親町天皇・誠仁親王と織田信長とのやりとりが明らかとなり、現在研究上の論争となっている朝廷と信長との関係を考えるうえで、重要な素材を提供するものとなっている。

木下論文・金子論文から窺えるように、東山御文庫には織田信長の動向を示す史料も含まれており、今後の研究が俟たれるところである。

第三部は、禁裏・公家文庫に収蔵される史料の紹介（解題）と翻刻を掲載した。

まず、小倉慈司「陽明文庫所蔵『勘例 御薬・朝賀・小朝拝』所引弘仁宮内式逸文」は、陽明文庫所蔵『勘例 御薬・朝賀・小朝拝』（第一三函一八号）に見出した学界未紹介の『弘仁宮内式』逸文を紹介し、『延喜宮内式』との比較を示す。陽明文庫所蔵『勘例』七巻は、十三世紀前半から正中元年までの間、局務中原氏や官務小槻氏らにより作成された勘文や先例等を集成し十四世紀後半に編集されたものであるが、奈良時代から平安時代を中心に鎌倉時代前期までの政務関係の先例を多数引用し、『大日本史料』一（補遺）・二・三編、『千葉県の歴史』・『山口県史』・『青森県史』などの自治体史で部分的に引用され、宮崎康充編『国司補任』でも国司の出典史料とされるに過ぎず、奈良・平安・鎌倉前期の研究の可能性を広げる最後の未翻刻の「大物」史料と言え、翻刻が俟たれる史料である。

稲田奈津子「東京大学史料編纂所蔵『見忌抄』の紹介と翻刻」は、触穢や服喪に関する明法家の見解をまとめた故実書で、鎌倉初期の中原章重の撰とされる『見忌抄《げんきしょう》』の紹介と翻刻である。従来の研究では、「律集解」逸文の研究に関連し、高塩博氏が「養老律若干条の復原について」（『日本律の基礎的研究』汲古書院　一九八七年）で検討され、また、平安・鎌倉時代の法制史における『令義解』の伝来と利用の研究に関連した石上英一氏の指摘（「『令儀解』金沢文庫本の成立」土田直鎮先生還暦記念会編『奈良平安時代史論集』下巻　吉川弘文館　一九八四年、五四一頁「（後記）」参照）がある程度で、これまで十分に研究に用いられておらず、主に宮内庁書陵部所蔵鷹司家本などが利用されてきた。東京大学史料編纂所所蔵本は、蔵書印から広橋家旧蔵本であることが知られ、末尾には天文二年（一五三三）の吉田兼右（永正十三年〔一五一六〕～元亀四年〔天正元年・一五七三〕）による書写奥書があり、それに続いて吉田家代々の記録からの抜書が追記されているように、室町後期の古写本で、より祖本に近い良質なテクストと判断される。本書には、「神祇式」（延喜神祇式）・「新儀式」・「応和新制」・「日本書紀」・「礼記」・「政事要略」・「（村上天皇）御記」・「大外記（中原）師光抄」・「義解」（令義解）・「儀制令」・「喪葬令」・「集解」（令集解）・「治部式」（延喜治部式）・「白氏文集」・「（惟宗）允亮説」・「名例律集解」・「法意簡要（抄）」・「喪葬令古記」などが引用される。従来、十分な研究がなされていなかったが、この度の全面的な紹介・翻刻によって、古代・中世の触穢や服喪、明法家に関する研究の進展が期待される。

　次に、藤原重雄「宮内庁書陵部所蔵九条家本『定能卿記部類』九「仏事」」は、本シリーズ第二輯から第四輯にかけて、藤原重雄氏が中心となって研究を進める『定能卿記』の翻刻・研究の続編。これまでに、国立歴史民俗博物館所蔵高松宮家旧蔵禁裏本『定能卿記（安元御賀記）』（第二輯）、宮内庁書陵部所蔵九条家本『定能卿記部類』七「御願供養」（抄）（第三輯）、宮内庁書陵部所蔵九条家本『定能卿記部類』八「興福寺供養」（第四輯）が翻刻されている。記主権大納言藤原定能（久安四年〔一一四八〕～承元三年〔一二〇九〕）は平安末期から鎌倉初期の公卿であり、後白河院の近臣として活躍し、朝儀の故実に精通しており、日記『定能卿記』は『心記』ともよばれ、膨大な量の日記が残されていたと思われる。このことは、九条家本『定能卿記部類』九軸（紹介は、吉野敏武・宮崎康充「九条家本『定能卿記部類』の修補報告とその紹介」『書陵部紀要』五二号　二〇〇〇年、参照）から窺える。本稿は、九軸「仏事」を翻刻する（安元三年〔一一七七〕六月二十二日条～七月八日条、治承二年〔一一七八〕閏六月十二日条～七月六日条、建久四年〔一一九三〕五月九日条～（中間欠）～十二月二十六日条）。従来、『玉葉』のみで議論されることが多かった当該期の研究が進展することを期待したい。

　木下聡「伏見宮本『惟房公記』」は、室町後期の公卿、内大臣万里小路惟房（永正十年〔一五一三〕～元亀四年〔一五七三〕）の日記のうち、従来、十分に紹介されておらず未翻刻であった宮内庁書陵部図書寮文庫所蔵伏見宮家本八冊（第一冊「元日節會記」〔享禄二年〈一五二九〉十二月二十七日〕、第二冊・三冊目「元日弁白馬節會記」〔天文九年〈一五四〇〉正月一日・七日、同十五年正月一日・（七日）〕、第四冊「敍位記」〔天文十年正月五日〕、第五冊・第七冊「縣召除目記」〔天文九年三月二十二日、同十二年三月二十三日〕、第六冊「除目竟夜記」〔天文十年三月二十七日条〕、第八冊「賀茂伝奏記」〔天文十二年八月十九日・二十一日～二十三日・二十六日・二十七日〕）を、簡単な紹介を付し、翻刻したもの。『惟房公記』は、『続々群書類従』五　記録部所収のものが知られているが、伏見宮本は未翻刻であるため、存在そのものが従来ほとんど知られていない。内容的には全て『続々群書類従』五に無い記事であり、正月の節会や叙位・県召除目といった、部類記に分類されるものが大部分だが、戦国期の朝廷における儀式がどのように行われていたかを知る上で重要と思われる。

　遠藤珠紀「東京大学史料編纂所所蔵『公維公記』天正二年～七年記」は、藤原氏閑院流の庶流の徳大寺家の旧蔵書の伝来状況や調査目録に触れたあと、東京大学史料編纂所が所蔵する大規模な公家文書群のひとつである特殊蒐書徳大寺家本のうち、織豊期の当主である内大臣徳大寺公維《きんふさ》（天文六年〔一五三七〕～天正十六年〔一五八八〕）の日記

『公維公記』を紹介・翻刻する。史料編纂所では、一九五五年、当時の当主徳大寺実厚氏より同家伝来の前近代史料一〇六七部二四六一冊を購入したが、このほか、徳大寺旧蔵本は、国文学研究資料館・大阪府立中之島図書館・住友史料館・泉屋博古館などがまとまった形で所蔵しており、現存する公家文庫としてかなりの規模を有している。史料編纂所所蔵『公維公記』は、現在、天正二年・五年・七年・八年・十三年が知られるが、今回はそのうち、天正二年・五年・六年を収める巻子本一巻（天正二年正月一日条～九日条、同五年二月十六日条、同六年正月元日条～五日条）と冊子本の「天正七年記」一冊（天正七年正月一日条～四月十五日条）が翻刻・紹介されている。

徳大寺家の旧蔵書・文書群は、前述の如く、各所にまとまった形で所蔵されているほか、個別に伝来した部分もある。徳大寺家文庫の復元のためにはこれらの把握も重要である。

遠藤珠紀「徳大寺家旧蔵『和歌御会詠草』紙背文書の紹介」は、昭和初期に個人蔵となり、京都大学において影写本が作成された『和歌御会詠草』及びその紙背文書を取り上げたもの。『和歌御会詠草』が織豊期の徳大寺家の当主公維の手になるものであり、徳大寺家旧蔵書の一つであることを指摘するとともに、その紙背文書の紹介を行っている。紙背文書は公維の活動した天正年中の文書であり、当時の社会情勢を知る上でも貴重であると考えられる。遠藤珠紀氏による徳大寺家旧蔵本の全容の復原が期待される。

田島公「京都大学附属図書館寄託菊亭家本『禁裏楽器并譜諸目録』の書誌と翻刻」は本シリーズ第一輯所収田島「近世禁裏文庫の変遷と蔵書目録――東山御文庫本の史料学的・目録学的研究の為に――」の（補注4）で紹介を約束した菊亭家本『禁裏楽器并譜諸目録』の書誌と翻刻である。同目録は近世前期の禁裏文庫に収納されていた楽器や楽譜の目録であるとともに、万治四年正月十五日の内裏の大火で焼失した楽器や楽譜の目録でもある。近年、関連史料として、田中幸江氏により上野学園大学日本音楽史研究所蔵『禁裏御文庫楽書幷御楽器之目録』などが紹介され、菊亭家本『禁裏楽器并譜諸目録』との比較研究が期待される研究状況になったため、遅ればせながら、紹介をさせていただくことにした。なお、天皇家ゆかりの文庫・宝蔵に納められていた楽器の目録として、古いものでは蓮華王院宝蔵に収納されていた琵琶・箏・和琴などの目録（「蓮花王院宝蔵御琵琶・箏・和琴等目録事」宮内庁書陵部編・刊『図書寮叢刊　伏見宮旧蔵楽書集成』三　一九九八年、「六　管絃した、むる事」所収）がある。中世の天皇家に伝来した楽器の研究には貴重な史料であるので、以下に引用しておく。

蓮花王院宝蔵御琵琶・箏・和琴等目録事

合

一合二面内　一面 破爪《ハレツメ》 甲桑、　一、倍呂〳〵《ヘロヘロ》 甲桑、　撥面在船　人切月竹

一合一面　毛犬《ムク》　甲柞　撥面胡人乗馬　覆手柞

一面　白象《ヒヤク》　甲紫壇　覆甲《伏欱》　撥面人乗象

一面、三等、（源有仁）元花園左大臣御物　甲紫檀五径　撥面人在座上

一面　御前丸　甲紫檀甲在袋　撥面在唐女

一面　飼口　甲花梨木三径　撥面猪飼

一面　道能小琵琶　甲桑赤漆　撥面入角在鶏

一面　賢圓　甲桑　撥面師下　覆手花梨木

一合二面内〔面〕一、白石甲無腹、〔面〕一、支度、目甲不審、建久四年（一一九三）十二月十五日、被召。
元七條女院（藤原殖子カ）御物、號唐物。　撥面在松

一面　猫額　甲榎

箏
一張、元妙音院（藤原師長）御物皆木繪　號唐物
一張　鬼丸在袋　甲桐　在袋繪當用也。
一張　小師子在袋　甲槻欤《ケヤキ》〻　師作　在繪當用也　審智作
一張　甲塩地　在繪
一張　元殷富門院（亮子内親王）御物葦鶴《アシタツ》在袋　甲桐　在繪　當用
一張　甲槻　在袋　貝唐草

和琴
二張〔張〕一、在袋、〔張〕一、無繪、在繪　已及破損。
天福元年（一二三三）十一月　日在判
奉行辨　（藤原）信盛　院御使一﨟判官（平）繁茂
證判人　木工権頭入道藤父子三人
弘長三年（一二六三）十二月二日　書寫之。
定祐本

尾葉石真理「東山御文庫蔵『桃園天皇御詠草』の紹介と翻刻」は、京都御所東山御文庫蔵『桃園天皇御詠草』（勅封番号一〇六―二―一～一〇六―三―二）のうち、勅封番号一〇六―二―一―一から一〇六―二―三―一七までの紹介・翻刻である。上記の部分は、桃園天皇の詠草を桜町上皇が添削し注を記したもので、寛延元年（一七四八）八月十三日から寛延三年（一七五〇）四月七日までの詠草分に当たる。従来、桃園天皇の和歌指導については、中院通枝・烏丸光胤が天皇への歌書進講を命じられていることから、この二人が詠歌指導も行っていたことが想像されるに過ぎなかったが、当該資料によって、実父である桜町上皇が直接指導を行っていたこと、またその注記内容から中院通枝・烏丸光胤の両名、及び有栖川宮職仁親王も桃園天皇への和歌指導をしていたことが明らかとなった。当該資料は近親者で歌道に通じていた人物が天皇に和歌の手ほどきをしたことが具体的にわかる貴重な資料であり、また実際の和歌訓練及びその指導の跡を具体的にたどることのできる稀有な史料である。今回、翻刻した寛延元年八月十三日から寛延三年四月七日までの分というのは、桃園天皇の初詠から桜町上皇の薨去までの部分である。この後、『桃園天皇御詠草』は約六ケ月以上の空白期間がある。寛延三年十月十三日から和歌指導は再開されるが、若干の合点・添削は見られるものの、桜町上皇のような詳細な注記・書き付け等は見られなくなるため、今回は、紙幅の都合から史料的価値のより高い桜町上皇指導時期を先ず翻刻した。寛延三年十月十三日から十一月二十六日までの分は続きとして、本科研費中間報告書に掲載したので参照されたい。

第四部は、公家文庫の家分けの蔵書目録として、小倉慈司編「宮内庁書陵部所蔵壬生家旧蔵本目録（稿）」を収載した。小倉氏による労作の家分け蔵書目録の集成は、本シリーズでは、宮内庁侍従職管理京都御所東山御文庫本（マイクロフィルム）（第一輯～第三輯）、宮内庁書陵部所蔵の伏見宮家本（第三輯）・九条家本（第四輯）・柳原家本

（第四輯）が公開され、古典学研究には欠かせない共通のツールとなっている。今回も多大な労力と時間をかけ、宮内庁書陵部所蔵壬生家本を隈なく探しだし、書名・員数など目録情報とともに、有益な知見を加えていただいた。小槻氏は、院政期より太政官弁官局において諸記録を司り、大夫史（五位の左大史）と算博士を世襲したことから「官務家」と呼ばれたが、中世以降、太政官の文庫を管理し、南北朝期頃から隆職流は壬生家と称し、様々な史料・典籍・記録を伝えた。近世以降も幾度かの火災を切り抜け、近世のみならず、室町後期以前の古写本も数多く伝えた。近代になり、蔵書は同家を離れ、現在は、宮内庁書陵部図書寮文庫の外、京都大学総合博物館や東北大学狩野文庫などにも分蔵されているが、最もまとまって収蔵されている書陵部所蔵壬生家旧蔵本の目録が公開され、研究に裨益すること大と言えよう。いつもながらの小倉氏の努力に感謝しながら研究に利用したい。なお、京都大学総合博物館所蔵の壬生家本に関しては、本科研費の研究分担者である吉川真司氏の指導の下で目録作りが進行しているので、今後、その成果を何らかのかたちで公開できると考えている。

さて、説明が前後するが、序文の「序——禁裏・公家文庫雑感」は北啓太氏に執筆していただいた。北氏は宮内庁書陵部編修課長・同正倉院事務所長を経て、昨年度まで宮内庁京都事務所長を務められ、現在進行中の科学研究費による研究プロジェクトの始まりともいえる一九九八年度～二〇〇〇年度科学研究費補助金（基盤研究（A））「東山御文庫を中心とした禁裏本および禁裏文庫の総合的研究」〔*A Study of the Imperial Court Library Holdings Focusing on the Higashiyama Collection*〕（研究課題番号：10301015）及びそれに続く二〇〇二年度～二〇〇五年度科学研究費補助金（基盤研究（A））「禁裏・宮家・公家文庫収蔵古典籍のデジタル化による目録学的研究」〔*Bibliographic Research Based on the Digitalization of Library Collections in the Inner Palace, Princely Residences, and Aristocratic Houses*〕（研究課題番号：14201032）の研究分担者で、その後の科学研究費による研究活動の遂行に当たっても大変理解を示された方である。北氏は、東山御文庫本の研究史上でも重要な『皇室の至宝　東山御文庫』一～五（毎日新聞社　一九九九年～二〇〇〇年）の編集にも当たられ、本シリーズでも第一輯の巻頭に「明治以降における東山御文庫御物の来歴」を寄稿してくださったが、この度はそのような、禁裏・公家文庫の研究の積み重ねを体現した序文をお寄せいただいた。

今後、本科研費による研究プロジェクトが終了する二〇一七年三月末までには、研究成果の最終まとめとして第六輯を刊行する予定であるが、これからは、基礎的なデータの公開とともに、最終的な目的であるより良いテクストの確立をもとに、古典籍や古文書を深く読み込んだ研究、蔵書群を通じて前近代の知識の体系の特質を解明できるような総合的な研究、データベースを縦横に活用した熟成した古典学の研究成果を中心に掲載できればと考えている。

最後に本書の刊行にあたって、史料の調査研究・翻刻にご理解をいただいた禁裏・公家文庫収蔵史料の所蔵機関・個人の方々、及び編集担当に当たられた思文閣出版の原宏一・田中峰人・秦三千代の各氏にお礼を申し上げる。また、本シリーズの刊行の機会を与えて下さった思文閣出版相談役長田岳士が本年二月二十日に逝去された。慎んで御冥福をお祈り申し上げます。

（田島　公）

執筆者一覧（掲載順）

編者

田島　公（たじま・いさお）

1958年生．京都大学大学院文学研究科博士後期課程（国史学専攻）中途退学．東京大学史料編纂所教授．

＊　＊　＊　＊　＊　＊　＊　＊

北　啓太（きた・けいた）

1953年生．東京大学大学院人文科学研究科国史学専門課程博士課程単位取得退学．元宮内庁京都事務所長．

吉岡眞之（よしおか・まさゆき）

1944年生．東京大学大学院人文科学研究科国史学専攻修士課程修了．国立歴史民俗博物館・総合研究大学院大学名誉教授，東京大学史料編纂所非常勤講師．

恵美千鶴子（えみ・ちづこ）

1969年生．千葉大学大学院文学研究科（修士課程）人文科学専攻．東京大学史料編纂所学術支援職員／東京国立博物館客員研究員．

遠藤基郎（えんどう・もとお）

1963年生．東北大学大学院文学研究科博士課程単位取得退学．博士（文学）．東京大学史料編纂所准教授．

木下　聡（きのした・さとし）

1976年生．東京大学大学院人文社会系研究科（日本文化研究専攻）博士課程単位取得退学．博士（文学）．東京大学史料編纂所特任研究員．白百合女子大学文学部非常勤講師．

金子　拓（かねこ・ひらく）

1967年生．東北大学大学院博士課程後期単位取得退学．博士（文学）．東京大学史料編纂所准教授．

小倉慈司（おぐら・しげじ）

1967年生．東京大学大学院人文社会系研究科博士課程単位取得退学（日本文化研究専攻）．国立歴史民俗博物館准教授．

稲田奈津子（いなだ・なつこ）

1975年生．東京大学大学院人文社会系研究科日本文化研究専攻日本史学専修課程（博士課程）単位取得退学．博士（文学）．東京大学史料編纂所助教．

藤原重雄（ふじわら・しげお）

1971年生．東京大学大学院人文社会系研究科（日本史学）博士課程単位取得退学．東京大学史料編纂所助教．

遠藤珠紀（えんどう・たまき）

1977年生．東京大学大学院人文社会系研究科単位取得退学．東京大学史料編纂所助教．

尾葉石真理（おばいし・まり）

1982年生．東京大学大学院博士課程単位取得満期退学（日本文化研究専攻）．東京大学史料編纂所学術支援専門職員．

禁裏《きんり》・公家《くげ》文庫《ぶんこ》研究《けんきゅう》　第五輯

2015(平成27)年3月16日発行

編　者
田島　公
発行者
田中　大
発行所
株式会社 思文閣出版
〒605-0089 京都市東山区元町355　電話 075(751)1781(代)

定価：本体12,000円(税別)

印刷・製本　株式会社 図書印刷 同朋舎
© Printed in Japan, 2015　　ISBN978-4-7842-1792-2　C3321